Voraussetzungen und Grenzen nachträglicher Sozialplanänderungen

Studien zum Arbeitsrecht und zur Arbeitsrechtsvergleichung

Herausgegeben von Manfred Weiss und Spiros Simitis

Band 8

PETER LANG
Frankfurt am Main · Berlin · Bern · Bruxelles · New York · Oxford · Wien

Lena Huth

Voraussetzungen und Grenzen nachträglicher Sozialplanänderungen

PETER LANG
Europäischer Verlag der Wissenschaften

Bibliografische Information Der Deutschen Bibliothek
Die Deutsche Bibliothek verzeichnet diese Publikation in der Deutschen Nationalbibliografie; detaillierte bibliografische Daten sind im Internet über <http://dnb.ddb.de> abrufbar.

Zugl.: Frankfurt (Main), Univ., Diss., 2004

D 30
ISSN 1615-4606
ISBN 3-631-52361-0

www.peterlang.de

Meiner Mutter

und

meinem Vater

Vorwort

Unternehmen und Betriebe unterliegen gerade heute ständigem Wandel. Arbeitsplätze werden geschaffen oder abgebaut, Betriebe stillgelegt, versetzt, zusammengelegt oder auf andere Art umstrukturiert. Der Sozialplan dient dazu, die durch solche Betriebsänderungen zu Lasten der Arbeitnehmer entstehenden Nachteile aufzufangen. Entsprechend ihrer betriebsverfassungsrechtlichen Konzeption werden Sozialpläne im Regelfall vor Beginn der Betriebsänderung aufgestellt. In diesem frühen Stadium sind jedoch Folgen und Erfolge der Betriebsänderung nur schwer überschaubar. Erweisen sich die bei der Aufstellung eines Sozialplans antizipierten Annahmen nachträglich als unzutreffend, stellt sich die Frage, ob und wie eine Änderung des Sozialplans erreicht werden kann.

Auf diese Frage halten weder das Gesetz noch die Rechtsprechung eine befriedigende Antwort bereit. Das Bundesarbeitsgericht hat sich vor allem mit der Anpassung von Sozialplänen anhand der Grundsätze der Lehre von der Geschäftsgrundlage beschäftigt. Zum Zeitpunkt der wenigen einschlägigen Entscheidungen war die berühmt-berüchtigte Generalklausel der Geschäftsgrundlagenstörung noch nicht kodifiziert und erlaubte eine maximale Berücksichtigung von Einzelfallgesichtspunkten. Zwar führten vor allem Billigkeitserwägungen zu meistenteils vernünftigen Ergebnissen, eine Auseinandersetzung mit den im Schuldrecht entwickelten Voraussetzungen und Rechtsfolgen der Lehre von der Geschäftsgrundlage und deren Übertragbarkeit in das Sozialplanrecht fand jedoch nicht statt. Diese Praxis mag in Bezug auf die einzelne „billig" getroffene Entscheidung unproblematisch sein, sie läuft jedoch dem starken Bedürfnis sowohl der Arbeitnehmer als auch der Unternehmer nach Rechts- und Planungssicherheit im rechtlich, wirtschaftlich und sozialpolitisch hochsensiblen Bereich der Betriebsänderungen zuwider.

Im Schrifttum sind die im Zusammenhang mit Sozialplanänderungen auftauchenden rechtlichen Schwierigkeiten bislang zwar vereinzelt aufgegriffen worden, ein wesentlicher Fortschritt gegenüber den in der Rechtssprechung entwickelten Lösungsansätzen konnte aber nicht erzielt werden. Vor diesem Hintergrund ist die vorliegende Arbeit der Entwicklung eines praktikablen Konfliktlösungsmodells gewidmet, das unter Beachtung des spezifischen Gefüges der Betriebsverfassung sowohl einem berechtigten Anpassungsinteresse vor allem auf Seiten des Unternehmens und der verbleibenden Belegschaft als auch dem Bestandsinteresse, der im Zuge der Umstrukturierung ausscheidenden Arbeitnehmer gerecht wird.

Die vorliegende Untersuchung wurde im Wintersemester 2003/2004 an der Johann Wolfgang Goethe-Universität in Frankfurt am Main als Dissertation angenommen. Mein besonderer Dank gilt in diesem Zusammenhang Herrn Prof. Dr. Manfred Weiss für die außergewöhnlich zügige und eingehende Erstbegutachtung, Frau Prof. Dr. Monika Schlachter, die mir bei allen auftauchenden Fragen und Problemen als offene und kritische Gesprächspartnerin zur Seite stand sowie meinem langjährigen akademischen Lehrer, Herrn Prof. Dr. Heinz Koriath.

Daneben danke ich meinen Eltern, ohne deren seelischen und finanziellen Beistand diese Arbeit sicher nicht zustande gekommen wäre, Frau Christine Gärtner LL. M., die dankenswerter Weise die so wichtige Rolle des ersten Lesers übernommen hat, Herrn RA Dr. Kay Diedrich, der vor allem während der konzeptionellen Arbeiten immer wieder bereitwillig seinen Nachtschlaf geopfert hat, um sich meine neuesten Ideen anzuhören und all meinen Freunden, die sämtliche promotionsbedingten Launen und Tiefs stets freundlich ertragen haben.

Frankfurt am Main, im Januar 2004 Lena Huth

Inhaltsverzeichnis

A. Einleitung

I. Der Gegenstand der Untersuchung

Die vorliegende Untersuchung beschäftigt sich mit der Abänderbarkeit von Sozialplänen. Diese Thematik ist erstmals in den Blickpunkt des öffentlichen Interesses gerückt, als im Zusammenhang mit der Währungs- und Wirtschaftsunion im wiedervereinigten Deutschland die Sozialplanrichtlinien der Treuhandanstalt die Änderung einer Reihe von unrealistischen Sozialplänen in ostdeutschen Unternehmen erzwangen.[1] Die schon damals zutage getretenen Schwierigkeiten verdienen aber auch und gerade mit Blick auf die derzeitige wirtschaftliche Schieflage in der Bundesrepublik besondere Aufmerksamkeit.[2] Unternehmen und Betriebe unterliegen ständigen Veränderungen. Je nach wirtschaftlicher Situation werden Arbeitsplätze geschaffen oder abgebaut, Betriebe stillgelegt, versetzt, zusammengelegt oder auf andere Art umstrukturiert. Das Betriebsverfassungsgesetz lässt die unternehmerische Entscheidungsfreiheit im Bereich der Betriebsänderungen grundsätzlich unangetastet. Um jedoch zu verhindern, dass sich die unternehmerischen Entscheidungen einseitig zu Lasten der Arbeitnehmer auswirken, verpflichtet es den Unternehmer in den §§ 111-113 BetrVG, sich um die Vermeidung von Nachteilen für die Belegschaft oder wenigstens um Ausgleich bzw. Milderung der den Arbeitnehmern aus einer konkreten Betriebsänderung entstehenden Nachteile zu bemühen. Die Aufgabe des Sozialplans ist es, die durch die Betriebsänderung verursachten Nachteile aufzufangen, wenn deren Entstehung nicht durch die Aufstellung eines Interessenausgleichs verhindert werden konnte.

Besondere Bedeutung erlangt der Sozialplan dadurch, dass ihn der Betriebsrat erzwingen kann, indem er die Einigungsstelle anruft. Diese Ausgestaltung als echtes Mitbestimmungsrecht ist es denn auch, die in der Praxis immer wieder als zu weitgehend beklagt worden ist. Kritisiert wird vor allem die investitionshemmende Wirkung überhöhter Sozialpläne. Besonders in Krisensituationen abgeschlossen, könne der Sozialplan zu einer weiteren Schwächung, ja sogar zur Vernichtung der Existenz des Unternehmens und damit auch der verbliebenen

---

[1] Vgl. dazu *Meyer*, NZA 1995, S. 974-984; *ders.*, Die nachträgliche Abänderung von Sozialplänen; BAG v. 10.08.1994, AP Nr. 86 zu § 112 BetrVG 1972; die im Rahmen dieser Untersuchung verwandten Abkürzungen sind *Kirchners* "Abkürzungeverzeichnis der Rechtssprache" entnommen.

[2] Wie u. a. auch eine Entscheidung des BAG v. 05.10.2000, AP Nr. 141 zu § 112 BetrVG 1972 zeigt, die sich mit den Grenzen einer späteren Sozialplananpassung beschäftigt.

Arbeitsplätze führen.[3] Der Gesetzgeber hat auf diese Kritik reagiert und die Unternehmer durch das Beschäftigungsförderungsgesetz vom 26. April 1985 entlastet. Die Einigungsstelle ist seitdem gemäß § 112 Abs. 5 S. 2 BetrVG verpflichtet, bei der Bemessung des Gesamtbetrags der Sozialplanleistungen eine Existenzgefährdung des Unternehmens und/oder der verbliebenen Arbeitsplätze zu vermeiden. Zum Verstummen der Kritik[4] hat diese Gesetzesänderung jedoch nicht geführt.

Problematisch für Unternehmer wie Arbeitnehmer sind Sozialpläne vor allem deshalb, weil sie entsprechend ihrer betriebsverfassungsrechtlichen Konzeption im Regelfall vor Beginn der Betriebsänderung aufgestellt werden, in einem Zeitpunkt also, in dem Folgen und Erfolge der Betriebsänderung nur schwer überschaubar sind. Dadurch basiert der Sozialplan typischerweise auf einer Prognose der Betriebspartner. Es liegt nun aber in der Natur von Prognosen, dass sich - auch erheblich - abweichende Entwicklungen ergeben können. Erschwerend kommt hinzu, dass Sozialplanregelungen trotz ihrer Bezogenheit auf ein konkretes Ereignis bei umfangreichen und zeitintensiven Betriebsänderungen über einen langen Zeitraum Geltung beanspruchen können. Hier seien nur einige Beispiele besonders problematischer Fallgestaltungen aufgeführt: Der Betrieb, dessen geplante Stilllegung zu großzügigen Abfindungsvereinbarungen geführt hat, kann plötzlich als Ganzes verkauft werden. Der Betrieb, dessen angestrebte Sanierung den Betriebsrat zu großen Zugeständnissen bewegt hat, wird doch stillgelegt. Wichtige Darlehen und/oder Subventionen werden von der Verringerung des Sozialplanvolumens abhängig gemacht. Die finanzielle Situation des Unternehmens ändert sich nach Aufstellung des Sozialplanes grundlegend oder wurde schon im Zeitpunkt der Sozialplanaufstellung falsch beurteilt, weshalb eine Erfüllung der Sozialplanansprüche ohne Gefährdung der Existenz des Betriebes nicht möglich ist.

In diesen und ähnlichen Fällen, in denen zumindest ein Betriebspartner den aufgestellten Sozialplan für anpassungsbedürftig hält, kommt der Frage, wie und unter welchen Voraussetzungen eine Änderung möglich ist und wie weit die Sozialplanänderung gehen kann, insbesondere, ob auch ein Eingriff in bereits entstandene Ansprüche der Arbeitnehmer möglich ist, große Bedeutung zu. Vor allem wenn die künftige Existenz des Betriebes oder des ganzen Unternehmens und damit auch der verbliebenen Arbeitsplätze von der Anpassung der Sozialplanleistungen abhängt, wird die auch in anderen Zusammenhängen äußerst aktuelle Frage aufgeworfen, ob unter diesen Voraussetzungen eine Abweichung von Arbeitnehmerschutzvorschriften erlaubt oder sogar geboten ist.

---

[3] Vgl. *Gift*, RdA 1984, S. 300; *von Hoyningen-Huene*, Betriebsverfassungsrecht, S. 358; *Knorr*, Sozialplan, S. 1.
[4] Vgl. *Hemmer*, Sozialpläne und Personalanpassungsmaßnahmen, S. 39 ff.

Auf der anderen Seite muss der Abänderbarkeit bzw. der Beständigkeit von Sozialplanregelungen im Hinblick auf die betroffenen Arbeitnehmer ebenfalls existenzielle Bedeutung beigemessen werden. Das wird deutlich, wenn Arbeitnehmer in Erwartung der vereinbarten Abfindung, von erfolgversprechenden Kündigungsschutzklagen abgesehen, unattraktive Arbeitsplatzangebote ausgeschlagen oder eine finanziell aufwendige Existenzgründung geplant haben. Die Liste von Lebensentscheidungen, die von Arbeitnehmern auf der Grundlage von Sozialplanregelungen getroffen werden, ließe sich beliebig verlängern. Wird der Sozialplan zur Steuerung der Beschäftigungsfähigkeit entlassener Arbeitnehmer oder zur Schaffung neuer Beschäftigungsperspektiven eingesetzt, offenbaren sich die über den Betrieb hinausreichenden Folgen der Abänderung von Sozialplänen. Die Möglichkeit des Einsatzes von Sozialplänen als Mittel zur Beschäftigungsförderung hängt auch und vor allem von der Stabilität dieses Instrumentes ab. Unter dem Gesichtspunkt seiner sozialen Befriedungsfunktion betrachtet, erscheint der Sozialplan schließlich sogar als Garant der unternehmerischen Entscheidungsfreiheit. Diese Funktion verlangt eine gewisse „Bestandskraft" der Sozialplanregelungen, steht und fällt also ebenfalls mit den Voraussetzungen und Grenzen von Sozialplanänderungen.

Trotz der Brisanz dieses Themenbereichs fehlt eine gesetzliche Regelung. Auch das zum 29.07.2001 in Kraft getretene Gesetz zur Reform des Betriebsverfassungsgesetzes enthält keine Regelungen zur Abänderbarkeit von Sozialplänen. Dennoch ist das Reformgesetz nicht ohne Interesse für die vorliegende Untersuchung: Die Bedeutung von Interessenausgleich und Sozialplan wurde durch die Umwandlung des betriebs- in einen unternehmensbezogenen Schwellenwert in § 111 S. 1 BetrVG generell verstärkt. Die Beteiligungsrechte des Betriebsrates bei Betriebsänderungen entstehen nunmehr in Unternehmen mit in der Regel mehr als zwanzig Arbeitnehmern.[5] Des weiteren wurde durch die Einfügung der Nr. 2a in § 112 Abs. 5 S. 2 BetrVG das Ziel der Beschäftigungssicherung deutlicher hervorgehoben. Der Sozialplan soll nicht mehr wie bisher hauptsächlich als Abfindungsinstrument eingesetzt, sondern vorrangig als Mittel für die Schaffung neuer Beschäftigungsperspektiven genutzt werden.[6] Zu diesem Zweck wird die Einigungsstelle bei der Aufstellung von Sozialplänen dazu angehalten, die im Dritten Buch des Sozialgesetzbuches vorgesehenen Förderungsmöglichkeiten zur Vermeidung von Arbeitslosigkeit der betroffenen Arbeitnehmer zu berücksichtigen. Voraussetzungen und Grenzen von Sozialplanänderungen gewinnen im Zusammenhang mit diesem Funktionswechsel weiter an Bedeutung.

---

[5] Wie *Lingemann*, NZA 2002, S. 934, 935 ff. aufzeigt, besteht aber die Gefahr, dass diese Neuregelung wegen des unveränderten Schwellenwertes für die Erheblichkeit der Betriebsänderung gem. § 111 S. 3 BetrVG i. V. mit § 17 KSchG leer läuft.

[6] Vgl. BT-Drucks. 14/5741, S. 52.

Die Rechtsprechung hält ebenfalls keine befriedigenden Antworten auf die Frage nach Voraussetzungen und Grenzen von Sozialplanabänderungen bereit. Das Bundesarbeitsgericht hat sich vor allem mit der Anpassung von Sozialplänen nach den Grundsätzen der Lehre von der Geschäftsgrundlage beschäftigt.[7] Im Zeitpunkt der wenigen einschlägigen Entscheidungen war die berühmt-berüchtigte Generalklausel der Geschäftsgrundlagenstörung noch nicht kodifiziert und erlaubte eine maximale Berücksichtigung von Einzelfallgesichtspunkten. Vor diesem Hintergrund führten vor allem Billigkeitserwägungen zu meistenteils vernünftigen Ergebnissen. Eine Auseinandersetzung mit den im Schuldrecht entwickelten Voraussetzungen und Rechtsfolgen der Lehre von der Geschäftsgrundlage und deren Übertragbarkeit in das Sozialplanrecht fand nicht statt. Diese Praxis mag in Bezug auf die einzelne „billig" getroffene Entscheidung unproblematisch sein, sie läuft jedoch dem starken Bedürfnis sowohl der Arbeitnehmer als auch der Unternehmer nach Rechts- und Planungssicherheit[8] im rechtlich, wirtschaftlich und sozialpolitisch hochsensiblen Bereich der Betriebsänderungen zuwider.

Im Schrifttum[9] sind die im Zusammenhang mit Sozialplanänderungen auftauchenden rechtlichen Schwierigkeiten zwar vereinzelt aufgegriffen worden, ein wesentlicher Fortschritt gegenüber den in der Rechtssprechung entwickelten Lösungsansätzen konnte aber nicht erzielt werden. Auch die in der Literatur befürworteten Lösungsmodelle sind zu sehr an einer Konfliktbewältigung in den diskutierten Einzelfällen ausgerichtet. Das Ziel einer Beschäftigung mit der Abänderbarkeit von Sozialplänen muss die adäquate Lösung des dargestellten Interessenkonflikts sein. Es gilt praktikable Lösungsvorschläge zu entwickeln, die sowohl einem berechtigten Abänderungsbedarf gerecht werden, als auch die Arbeitnehmerinteressen angemessen schützen. Angesichts der auf der Grundlage von Sozialplänen von Seiten der Unternehmer wie der Arbeitnehmer zu treffenden Planungsentscheidungen muss dabei vor allem auf größtmögliche Rechtssicherheit für alle Beteiligten Wert gelegt werden. Dies kann nur durch eine methodengerechte Ableitung der Lösungsvorschläge aus dem vorhandenen Gesetzesrecht erreicht werden.

II. Der Gang der Untersuchung

Die Untersuchung ist in sechs Kapitel gegliedert. Die ersten drei Kapitel befassen sich mit der Zulässigkeit und dem Anwendungsbereich der rechtlichen Instrumente, die den Betriebspartnern zur Abänderung von Sozialplänen zur Verfügung stehen, als da wären: die einvernehmliche Abänderung, die Kündigung

---

[7] Vgl. die Darstellung der höchstrichterlichen Rechtsprechung im dritten Kapitel unter I.
[8] *Gift*, RdA 1984, S. 300 ff.
[9] Vgl. vor allem *Luding*, Beendigung; *Meyer*, Nachträgliche Abänderung.

und die Anpassung gem. § 313 BGB. Für alle genannten Abänderungsinstrumente muss zunächst ihre Anwendbarkeit im Sozialplanrecht überprüft werden. Eine eingehende Darstellung der Abänderbarkeit von Tarifverträgen ist zu diesem Zwecke nicht erforderlich. Zwar lassen sich – vor allem in Rationalisierungsschutzabkommen – auch in Tarifverträgen Regelungen über den Ausgleich der den Arbeitnehmern durch Betriebsänderungen entstehenden Nachteile finden, eine Vergleichbarkeit mit dem Einzelsozialplan ist aber dennoch nicht gegeben. Rationalisierungsschutzabkommen enthalten in der Regel Mindestbedingungen für noch nicht geplante Betriebsänderungen. Insoweit besteht lediglich eine begrenzte Ähnlichkeit mit den im sechsten Kapitel behandelten Rahmensozialplänen. Vor allem aber stehen der Übertragung tarifrechtlicher Lösungen die strukturellen Unterschiede zwischen dem betrieblichen und dem tarifrechtlichen Kollektivvertrag entgegen. An dieser Stelle ist die unterschiedliche Legitimation der tariflichen Rechtsetzungsmacht, aber auch der andere Umgang mit Vertragsstörungen und Pflichtverletzungen und nicht zuletzt die bei Neuregelungen zum Schutz der Arbeitnehmerinteressen einsetzbare Möglichkeit des Arbeitskampfes zu nennen.

Unverzichtbare Grundlage für die Untersuchung der Anwendbarkeit der angesprochenen Abänderungsinstrumente ist dagegen die Klärung der Rechtsnatur und der Legitimation des betrieblichen Normenvertrages. Beantwortet werden muss außerdem die Frage, ob der Sozialplan als Betriebsvereinbarung einzuordnen ist, weil nur in diesem Fall die Regelungen zur Abänderbarkeit von Betriebsvereinbarungen problemlos auf Sozialpläne übertragbar sind. In diesem Zusammenhang spielen die mit dem Sozialplan verfolgten Zielsetzungen eine wichtige Rolle. Diese Grundsatzfragen werden im ersten Kapitel im Rahmen der Prüfung des, Einigkeit zwischen den Betriebspartnern voraussetzenden, Anpassungsinstrumentes der einvernehmlichen Abänderung behandelt. Daran schließt sich die Prüfung der Kündbarkeit und der Anwendbarkeit des § 313 BGB an. Beides Rechtsinstitute, die eine einseitig erreichbare Neuregelung versprechen.

Das zweite Kapitel ist untergliedert in die Prüfung der Zulässigkeit der ordentlichen sowie der außerordentlichen Kündigung aus wichtigem Grund. Trotz der schon im Zusammenhang mit der Eingruppierung des Sozialplans in das System der Betriebsverfassung, vor allem aber im Hinblick auf die Frage der Kündbarkeit sichtbar werdenden Unstimmigkeiten und Brüche innerhalb des Betriebsverfassungsgesetzes, wird auch an dieser Stelle eine methodengerechte Auslegung angestrebt.[10] Im Ergebnis müssen beide Formen der Kündbarkeit haupt-

---

[10] *Naendrup*, AuR 1984, S. 193, 198 hält eine Bezugnahme auf das Betriebsverfassungsgesetz in diesem Bereich für unzulässig. Für eine Betrachtung, die ihre Grundlagen offen legt und nicht scheinlegal argumentiert, kann es seiner Ansicht nach nur darum gehen, rechtsfortbildend zu entscheiden. Der in dieser Untersuchung verfolgte Lösungsansatz ist ein anderer. Aus Fehlern oder Ungenauigkeiten des Gesetzgebers kann nicht geschlossen werden, dass der

sächlich wegen ihrer Unvereinbarkeit mit den gesetzlichen Zielsetzungen des Sozialplans abgelehnt werden.

Vor diesem Hintergrund gewinnt vor allem die Möglichkeit einer Anpassung des Sozialplans gem. § 313 BGB an Bedeutung, wodurch sich die besondere Ausführlichkeit erklärt, mit der im dritten Kapitel zunächst die Grundlagen der Lehre von der Geschäftsgrundlage dargestellt und dann ihre Übertragbarkeit ins Sozialplanrecht untersucht wird. Im Dienste größtmöglicher Praktikabilität der gefundenen Ergebnisse werden die im Sozialplanrecht unter dem Begriff der Geschäftsgrundlagenstörung versammelten Problemkonstellationen nach Fallgruppen geordnet besprochen. Hier sollen nur einige Schwerpunkte dieser Ausführungen angedeutet werden. Führt der Unternehmer Betriebsänderungen später gar nicht oder anders als geplant durch, erledigen sich viele Probleme schon durch die exakte Bestimmung des Entstehungszeitpunkts der Sozialplanansprüche. Im Zusammenhang mit der rechtlichen Einordnung des beidseitigen Motivirrtums ist die inzidente Prüfung der in Literatur und Rechtsprechung stiefmütterlich behandelten Frage der Anfechtbarkeit von Sozialplänen erforderlich. Herzstück der Arbeit ist aber - nicht zuletzt wegen der enormen praktischen Relevanz dieses Problems - die Prüfung der Voraussetzungen der Geschäftsgrundlagenstörung bei einer wirtschaftlichen Notlage des Unternehmens. Zum Abschluss des dritten Kapitels werden die gewonnenen Ergebnisse durch eine Anwendung auf die in der höchstrichterlichen Rechtsprechung diskutierten Fallkonstellationen auf ihre Praxistauglichkeit hin überprüft.

Das vierte Kapitel beschäftigt sich aus gegebenem Anlass[11] mit der kritisch zu betrachtenden Möglichkeit einer Abänderung von Sozialplänen im Rahmen der gerichtlichen Inhaltskontrolle. Nachdem damit die Wege, auf denen eine Sozialplanänderung erreicht werden kann, abschließend behandelt worden sind, gilt es im fünften Kapitel möglichen Änderungen inhaltliche Grenzen zu ziehen.[12] Die Normwirkung des Sozialplans macht es in diesem Zusammenhang erforderlich, die Anwendbarkeit und die Rechtsfolgen der bei der Änderung von staatlichen Gesetzen zu beachtenden Grenzen zu untersuchen. Hinsichtlich bereits entstan-

---

Wille des Gesetzgebers dort, wo er verständlich zum Ausdruck gekommen ist und sich nicht widersprüchlich darstellt, ebenfalls nicht gehört werden soll.

[11] Die praktische Relevanz dieses Frage resultiert vor allem aus einer Entscheidung des BAG v. 09.12.1981, BAGE 37, 237 ff. = AP Nr. 14 zu § 112 BetrVG 1972. In diesem Fall kam das Gericht im Rahmen der von ihm vorgenommenen Billigkeitskontrolle des fraglichen Sozialplans zu dem Ergebnis, dass den vom Sozialplan nicht bedachten Klägern diejenigen Beträge zustünden, die ihnen nach Ansicht der Richter hätten eingeräumt werden müssen. Faktisch stellte das BAG damit einen neuen Sozialplan mit erweitertem Gesamtvolumen und Adressatenkreis auf.

[12] Wenig weiterführend ist nicht nur in diesem Zusammenhang der von vielen Autoren angestellte Vergleich mit der Kürzung betrieblicher Ruhegeldvereinbarungen.

dener Ansprüche auf Sozialplanleistungen steht die Prüfung des Bestandsschutzes gem. Art. 14 GG im Vordergrund. Zwar wird von vielen Autoren pauschal auf einen absoluten oder relativen Schutz von Sozialplanansprüchen gem. Art. 14 GG verwiesen, eine detaillierte Prüfung der Voraussetzungen und der Reichweite dieses Schutzes ist aber zumindest im Sozialplanrecht noch nicht erfolgt. Schon die Untersuchung des Schutzbereiches des Art. 14 GG zeigt beispielsweise, dass die oft als solche bezeichneten „Anwartschaftsrechte" auf Sozialplanansprüche diesem Begriff weder im zivilrechtlichen noch im verfassungsrechtlichen Sinne entsprechen. Neben der Bestimmung der Eingriffsart ist bei der Kürzung bereits entstandener Ansprüche auf Sozialplanleistungen vor allem die Übertragung der zur Enteignung entwickelten Grundsätze in das Sozialplanrecht problematisch. Im Ergebnis muss ein absoluter Schutz, jedenfalls bei Vorliegen einer wirtschaftlichen Notlage des Unternehmens, abgelehnt werden.

Wird ein Sozialplan dagegen schon vor Entstehung der Sozialplanansprüche zu Ungunsten der Betroffenen verändert, richtet sich der Bestandsschutz in erster Linie nach den Vertrauensschutzgrundsätzen, die das BVerfG im Zusammenhang mit der tatbestandlichen Rückanknüpfung von staatlichen Gesetzen entwickelt hat. Hier zeigt sich, dass bei der Kürzung von Ansprüchen zuvor gekündigter Arbeitnehmer die gleichen Anforderungen wie an die Kürzung bereits entstandener Ansprüche zu stellen sind.

Nachdem sich in den ersten fünf Kapiteln alle Erörterungen auf den im Zusammenhang mit einer konkret geplanten Betriebsänderung aufgestellten Einzelsozialplan beziehen, widmet sich das sechste Kapitel abschließend der Zulässigkeit und Abänderbarkeit von „Sozialplänen", die unabhängig von einer konkret geplanten Betriebsänderung beschlossen worden sind.

B. Die einvernehmliche Abänderung von Sozialplänen

Die einvernehmliche Abänderung des Sozialplans durch die Betriebspartner stellt die einzige einhellig anerkannte Möglichkeit zur Reaktion auf veränderte Verhältnisse dar. Bei der Konfliktlösung durch eine einvernehmliche Anpassung des Sozialplans gewährleistet schon die Beteiligung beider Betriebspartner in der Regel einen angemessenen Ausgleich der verschiedenen Interessen. Angesichts dieser besonderen Bedeutung und des Fehlens einer gesetzlichen Regelung verdienen die in der Literatur und Rechtsprechung zur Begründung dieses Abänderungsinstrumentes vertretenen Ansätze eine eingehende Analyse. Die auf den gewonnenen Erkenntnissen aufbauende Bestimmung der inhaltlichen Grenzen einer nachträglichen Abänderung von Sozialplänen bleibt dann dem fünften Kapitel dieser Arbeit vorbehalten.

I. Überblick über den Meinungsstand

In einer Entscheidung vom 24.03.1981 bejahte das BAG[1] zum ersten Mal ausdrücklich die Möglichkeit einer einvernehmlichen Abänderung von Sozialplänen durch die Betriebspartner. Aus dem besonderen Regelungsgegenstand des Sozialplans ergebe sich nicht, dass ein einmal aufgestellter Sozialplan einer späteren Änderung schlechthin nicht mehr zugänglich sei. Jedenfalls dann, wenn der Sozialplan bei fortbestehendem Arbeitsverhältnis unbefristete Dauerregelungen mit ständig wiederkehrenden Leistungen enthalte, müssten im Laufe der Zeit Korrekturen und eine Anpassung an sich wandelnde Verhältnisse möglich sein. In späteren Entscheidungen geht das BAG[2] von der Geltung des Ablösungsprinzips aus, das grundsätzlich auch für die betroffenen Arbeitnehmer ungünstige Änderungen zulasse. Von einer Beschränkung auf Dauerregelungen ist nicht mehr die Rede.

Die ganz überwiegende Ansicht in der Literatur geht ebenfalls davon aus, dass Sozialpläne von den Betriebspartnern mit Wirkung für die Zukunft innerhalb bestimmter im Einzelnen umstrittener Grenzen[3] auch zu Ungunsten der Arbeitnehmer einvernehmlich geändert, aufgehoben oder durch einen neuen Sozialplan ersetzt werden können.[4] *Däubler*[5] stellt zur Begründung auf das Bedürfnis

---

[1] BAG v. 24.03.1981, BAGE 35, 160, 166.

[2] BAG v. 10.08.1994, BAGE 77, 313 ff.; BAG v. 11.02.1998, AP Nr. 121 zu § 112 BetrVG 1972; BAG v. 27.10.1998, AP Nr. 29 zu § 61 KO; BAG v. 05.10.2000, BAGE 96, 15 ff.

[3] Vgl. dazu die Ausführungen im fünften Kapitel.

[4] *Richardi-Annuß* § 112 Rn. 183; *Beseler*, Abänderung, S. 219, 226; *Bopp/Gross*, Mitbestimmung, F S. 256 für eine einvernehmliche Abänderbarkeit; GK-*Fabricius/Oetker* §§ 112, 112a Rn. 159 ff.; von *Hoyningen-Huene*, RdA 1983, S. 225, 228; *Knorr*, Sozialplan, § 6 Rn. 170

der Betriebspartner nach einem Instrument, das ihnen die Reaktion auf wandelnde Verhältnisse erlaubt, ab. Andere Autoren argumentieren mit der Identität von Sozialplan und Betriebsvereinbarung. Für den Sozialplan gelte das im Recht der Betriebsvereinbarung nach ganz überwiegender Ansicht[6] anwendbare Ablösungsprinzip[7]. Vereinzelt wird unterstützend die Ablösbarkeit individualrechtlich begründeter betrieblicher Einheitsregelungen durch Betriebsvereinbarung in Bezug genommen.[8]

II. Vergleich mit der Ablösbarkeit individualrechtlicher Einheitsregelungen

Hier soll an erster Stelle auf die Vergleichbarkeit zwischen der einvernehmlichen Abänderung von Sozialplänen und der Ablösung individualvertraglicher Einheitsregelungen durch Betriebsvereinbarung eingegangen werden. In Literatur und Rechtsprechung wurde die Frage der Ablösbarkeit individualvertraglicher Einheitsregelungen durch (verbösernde) Betriebsvereinbarung deutlich intensiver diskutiert als die Ablösung betrieblicher Kollektivverträge durch eine nachfolgende Vereinbarung der Betriebspartner. Beide Problemkreise weisen denn auch erhebliche Unterschiede auf. Da beim Sozialplan schon anfänglich

---

unter Berufung auf das Ordnungsprinzip; *Luding*, Beendigung, S. 5 spricht insoweit nicht ganz zutreffend von der Geltung des „Ordnungsprinzips"; *Röder/Baeck*, Interessenausgleich und Sozialplan, S. 140; *Rumpff/Boewer*, Mitbestimmung, S. 369; *Schaub/Schindele*, Kurzarbeit, S. 118; *Stege/Weinspach* §§ 111-113 Rn. 98b; *Wollgast*, Betriebsvereinbarungen, S. 163.

5 *Däubler*, NZA 1985, S. 545, 547.

6 So die ständige Rspr. des BAG, vgl. aus neuerer Zeit z. B.: BAG v. 22.05.1990, AP Nr. 3 zu § 1 BetrAVG Betriebsvereinbarung mit Anm. von *Herrmann*, SAE 1992, S. 295 ff.; BAG v. 16.07.1996, AP Nr. 21 zu § 1 BetrAVG Ablösung, Bl. 2 m. w. N.; BAG v. 19.01.1999, AP Nr. 28 zu § 87 BetrVG 1972 Ordnung des Betriebes Bl. 3; für die Kommentarliteratur vgl. *Däubler/Kittner/Klebe-Berg* § 77 Rn. 12 mit vielen weiteren Hinweisen auf die Rspr.; *Blomeyer*, DB 1985, S. 2506; *Däubler*, AuR 1984, S. 1, 3 f.; *Fitting* § 77 Rn. 192 m. w. N.; ausführlicher GK-*Kreutz* § 77 Rn. 356 ebenfalls m. w. N.; *Löwisch*, ZGR 1984, S. 272, 278; ausführlich *Säcker*, Gruppenautonomie, S. 349 f., 284 ff.

7 *Richardi-Annuß* § 112 Rn. 183; *Bopp/Gross*, Mitbestimmung des Betriebsrates, F S. 217; *Däubler/Kittner/Klebe-Däubler* §§ 112, 112a Rn. 135; *Däubler*, NZA 1985, S. 545, 547 f.; *Fitting* §§ 112, 112a Rn. 204; *Gaul*, Anm. zu BAG 28.08.1996, EzA Nr. 87 zu § 112 BetrVG 1972, S. 11; AR-Blattei SD-*Heckelmann* Der Sozialplan Rn. 191; *Kaven*, Das Recht des Sozialplans, S. 137 f.; *Schaub-Koch* § 244 V 4; *Löwisch/Kaiser* § 112 Rn. 72; MünchArbR-*Matthes* § 362 Rn. 51; *Weber/Ehrich/Hörchens* Teil J Rn. 85.

8 *Hilger*, Anm. zu BAG v. 24.03.1981, AP Nr. 12 zu § 112 BetrVG 1972. Eine Vergleichbarkeit sieht offenbar auch das BAG. In der Entscheidung v. 24.03.1981, BAGE 35, 160, 170 verweist es ohne einschränkende Hinweise auch auf solche Urteile (BAG v. 30.01.1970, BAGE 22, 252, 258 ff.; BAG v. 19.06.1980, AP Nr. 8 zu § 1 BetrAVG Wartezeit) die sich mit der Ablösung einer auf einzelvertraglicher Grundlage geschaffener betrieblichen Ordnung durch Betriebsvereinbarung befassen.

nur Kollektivrecht gegeben ist, entfällt die Kollision mit dem Individualrecht.[9] Es sind keine Wertungen zum Vor- oder Nachrang der individualrechtlichen im Verhältnis zur kollektivrechtlichen Regelungszuständigkeit notwendig. Hinfällig sind auch Abgrenzungsprobleme, die sich aus der Gemengelage von zwingender und freiwilliger Mitbestimmung ableiten.[10] Die Problematik ist somit nicht nur weniger komplex[11], sondern rechtlich ganz anders gelagert. Damit steht zwar noch nicht fest, dass die Besonderheiten beider Sachverhalte eine unterschiedliche rechtliche Behandlung erforderlich machen, die Heranziehung von Rechtsprechung und Literatur zur verbösernden Betriebsvereinbarung ist jedoch wegen der dort zusätzlich auftretenden Begründungsprobleme umständlich und wegen der auf der rechtlichen Unterschiedlichkeit beruhenden Notwendigkeit zur Überprüfung der Übertragbarkeit der Ergebnisse nicht weiterführend. Eine echte Vergleichbarkeit besteht demnach nur im Hinblick auf die einvernehmliche Abänderbarkeit von Betriebsvereinbarungen.

Aus diesem Ergebnis sollen zur Vermeidung von Unklarheiten auch sprachliche Konsequenzen gezogen werden. Häufig ist im Zusammenhang mit der einvernehmlichen Abänderbarkeit von Sozialplänen von der Geltung des Ablösungsprinzips die Rede. Das BAG bezeichnete mit dem Begriff "Ablösungsprinzip" ursprünglich[12] eine Betriebsvereinbarung, die eine individualrechtliche betriebliche Einheitsregelung ablöste. Dem BAG wurde damals vorgeworfen, dass sich das Ablösungsprinzip inhaltlich nicht vom umstrittenen Ordnungsprinzip unterscheide, hier also eine rein verbale Kehrtwendung vorgenommen worden sei.[13] Das mit der Einführung des Ablösungsprinzips obsolet gewordene Ordnungsprinzip hatte zum Inhalt, dass eine spätere Betriebsvereinbarung selbst günstigere einzelvertragliche Abmachungen dann verdrängt, wenn die einzelvertraglichen Regelungen in Wahrheit Teil einer allgemeinen betrieblichen Ordnung sind, die sich im Abschluss zahlreicher gleichlautender Arbeitsverträge niederschlägt.[14] Der Begriff „Ablösungsprinzip" umfasste demnach mehr als die reine Zeitkollisionsregel (lex posterior derogat legi priori), die lediglich besagt, dass die zeitlich nachfolgende Norm die vorangegangene unabhängig vom Regelungsinhalt und -niveau ersetzt.[15] Da im Zusammenhang mit der einvernehmli-

---

[9] *Däubler*, NZA 1985, S. 545, 545 f.; *Naendrup*, AuR 1984, S. 193, 195.

[10] Bei den durch die ablösende Betriebsvereinbarung gekürzten Leistungen handelt es sich potentiell um solche, die zumindest hinsichtlich ihres Umfanges (sog. Dotierungsrahmen) freiwillig sind. Nur die Art der Verteilung ist mitbestimmungspflichtig. Demgegenüber bestehen beim Sozialplan schon hinsichtlich seiner generellen Ausstattung kollektivrechtliche Entstehungsgesetze, vgl. *Naendrup*, AuR 1984, S. 193, 195.

[11] So aber *Hilger*, Anm. zu BAG v. 24.03.1981, AP Nr. 12 zu § 112 BetrVG 1972.

[12] Erstmals in einer Entscheidung v. 30.01.1970, BAGE 22, 252, 263 ff.; vgl. auch BAG v. 25.03.1971, BAGE 23, 257, 274 f.

[13] Vgl. *Scharmann*, Betriebsvereinbarung, S. 97 Fn. 106 m. w. N.

[14] Vgl. BAG v. 25.03.1971, BAGE 23, 257, 274.

[15] *Merten*, Regelungsbefugnisse, S. 77.

chen Abänderbarkeit von Sozialplänen nur die Geltung der reinen Zeitkollisionsregel in Frage steht, soll im weiteren Verlauf der Arbeit auch nur noch dieser unzweideutige Begriff verwandt werden.[16] Aus den gleichen Gründen wird in dieser Untersuchung auch nicht von ablösenden[17], sondern von ersetzenden oder abändernden Betriebsvereinbarungen und Sozialplänen die Rede sein.[18]

III. Die Zeitkollisionsregel

Der Vergleich mit der Ablösbarkeit individualrechtlicher Einheitsregelungen hat deutlich gemacht, dass hinreichende und notwendige Bedingung für die einvernehmliche Abänderbarkeit von Sozialplänen die Anwendbarkeit der Zeitkollisionsregel (lex posterior derogat legi priori) im Sozialplanrecht ist. Diese Erkenntnis macht eine kurze Darstellung der Zeitkollisionsregel und ihrer Rechtsfolgen erforderlich.

Die Zeitkollisionsregel besagt, dass die zeitlich nachfolgende Norm die vorangegangene unabhängig von Regelungsinhalt und -niveau ersetzt.[19] Sie entstammt der allgemeinen Rechtsquellenlehre und gilt heute nahezu unangefochten im Verhältnis zeitlich aufeinander folgender und auf gleicher Stufe stehender Normen gleichen Geltungsgrundes.[20] Ihre materielle Begründung findet die Zeitkollisionsregel in der sozialgestaltenden Funktion des Gesetzes. Der Gesetzgeber kann die zeitliche Geltungsdauer der innerhalb seiner Normsetzungsgewalt erlassenen Gesetze selbst festlegen und diese, wenn er es für sinnvoll hält, durch neue Bestimmungen ersetzen, die mit ihrem Inkrafttreten für den von der Neuregelung betroffenen Personenkreis in gleicher Weise verbindlich sind wie die bisher geltende Regelung.[21] Wem die Befugnis zur Aufstellung abstrakt-genereller Regelungen zusteht, der darf diese Regeln, jedenfalls für die Zukunft und in den Grenzen einer noch durchzuführenden Rechtmäßigkeitskontrolle auch ändern. Inhalt und Umfang der Kontrolle der allgemeinen Rechtmäßigkeitsvoraussetzungen sind bei einem abändernden Gesetz die gleichen wie bei

---

[16] Ebenso BAG v. 22.05.1990, AP Nr. 3 zu § 1 BetrAVG Betriebsvereinbarung.

[17] Der Ausdruck bezeichnet im allgemeinen eine mit dem Regelungsziel einer Verschlechterung individualrechtlich begründeter Arbeitsbedingungen abgeschlossene Betriebsvereinbarung (vgl. die Abgrenzung bei *Pfarr*, BB 1983, S. 2001, 2003; vgl. die Nachweise bei *Scharmann*, Betriebsvereinbarung, S. 9 Fn. 37). Synonym werden auch die Begriffe „verschlechternde, verbösernde und belastende" Betriebsvereinbarung verwendet (vgl. *Scharmann*, Betriebsvereinbarung, S. 9 Fn. 38-40 m. w. N.).

[18] Ähnlich *Ahrend/Förster/Rühmann*, BB 1987, Beil. 7, S. 2.

[19] *Merten*, Regelungsbefugnisse, S. 77.

[20] Vgl. *Merten*, Regelungsbefugnisse, S. 77; *Ipsen*, Europäisches Gemeinschaftsrecht, S. 278 f.; *Säcker*, Gruppenautonomie, S. 284 m. w. N. in Fn. 113 ff.

[21] *Säcker*, Gruppenautonomie, S. 284.

solchen Gesetzen, die einen Regelungstatbestand erstmalig aufgreifen.[22] Weil spätere Normsetzung nicht blockiert werden darf, ist die Geltung der Zeitkollisionsregel vom Willen des früheren Normgebers unabhängig. Ansonsten würde die Funktion des Gesetzes als integrierendes und sozialordnendes Gestaltungselement der konkreten gesellschaftlichen Wirklichkeit paralysiert.[23]

Teilweise wird in dem Prinzip der lex posterior lediglich oder zumindest auch eine Auslegungsregel gesehen.[24] Die Ablösung der lex prior beruht nach dieser Ansicht auf dem in der lex posterior zum Ausdruck gekommenen Willen des Normgebers. Ohne die Befugnis des Normgebers zur Normersetzung, die ihrerseits nur in einem Rechtssatz wurzeln kann, ist jedoch auch eine vom Normgeber gewollte Normenderogation nicht möglich. Das bedeutet, dass die Zeitkollisionsregel letztlich auf einen Rechtssatz zurückzuführen sein muss.[25] Ist der Norm ein Ersetzungswille zu entnehmen, wird von diesem Rechtssatz Gebrauch gemacht.[26] Ein Nebeneinander beider Begründungsansätze (Wille und Rechtssatz) ist ausgeschlossen. Ansonsten wären einander widersprechende Ergebnisse zu befürchten, wenn der Wille des Normgebers der rechtssatzmäßig geltenden Zeitkollisionsregel entgegensteht.[27]

Im Arbeitsrecht ist die Geltung der Zeitkollisionsregel bei der Ablösung von kollektiven Normenverträgen wie Betriebsvereinbarung und Tarifvertrag weitgehend anerkannt.[28] Die Folgerung einer Ersetzungsmöglichkeit aus dem Grundsatz der lex posterior ist aber nicht so selbstverständlich wie landläufig angenommen wird. Wie *Säcker*[29] für den Tarifvertrag richtig festgestellt hat, ist nicht der rechtsquellentheoretische Rechtssatz, sondern sind die seine Anwendung legitimierenden Sacherwägungen entscheidend. Die Anwendbarkeit der Zeitkollisionsregel kann nur das Resultat umfassender teleologischer Vorerörterungen, das Ende einer Induktion, nicht aber der Beginn einer Deduktion sein.

---

[22] *Merten*, Regelungsbefugnisse, S. 77.
[23] Vgl. *Säcker*, Gruppenautonomie, S. 285.
[24] BAG v. 10.08.1994, BAGE 77, 313, 321; *Däubler*, AuR 1984, S. 1, 4 Fn. 32; *Engisch*, Die Einheit der Rechtsordnung, S. 47 f.; *Mayer-Maly*, RdA 1964, S. 441, 443; *Merten*, Regelungsbefugnisse, S. 78 ff.; *Säcker*, Gruppenautonomie, S. 285.
[25] Strittig ist, ob die Zeitkollisionsregel apriorisch (so *Maschke*, Die Rangordnung der Rechtsquellen, S. 8; *Merten*, Regelungsbefugnisse, S. 77 ff.) oder de lege lata (so *Bachof*, AöR 87, 1962, S. 1, 4 Fn. 10; *Maurer*, Allgemeines Verwaltungsrecht, § 4 Rn. 37; *Renck*, JZ 1970, S. 770) gilt. Diese Frage ist aber im Rahmen der hier vorzunehmenden Untersuchung irrelevant und kann deswegen dahingestellt bleiben.
[26] So auch *Jaeckle*, Ablösung, S. 26 m. w. N.
[27] So auch *Jaeckle*, Ablösung, S. 10 für das Ordnungsprinzip.
[28] Für den Tarifvertrag vgl. *Löwisch*, ZGR 1984, S. 272; *Säcker*, Gruppenautonomie, S. 285 ff.; *Oetker/Wank/Wiedemann-Wank*, TVG, § 4 Rn. 261 m. w. N.; für die Betriebsvereinbarung und den Sozialplan vgl. die Darstellung des Meinungsstandes unter I.
[29] *Säcker*, Gruppenautonomie, S. 286; ebenso *Zöllner*, RdA 1964, S. 443, 446.

Dieser Befund gilt auch im Betriebsverfassungsrecht. Über die Anwendbarkeit der Zeitkollisionsregel kann demnach nur vor dem Hintergrund einer genauen Untersuchung der Rechtsnatur und der Zielsetzungen des Sozialplans entschieden werden.

IV. Der Sozialplan als eine Form der Betriebsvereinbarung

Im Hinblick auf die Tatsache, dass die Anwendbarkeit der Zeitkollisionsregel im Sozialplanrecht vielfach mit dem Hinweis auf die rechtliche Einordnung des Sozialplans unter den Oberbegriff der Betriebsvereinbarung begründet wird, stellt sich die Frage, ob insoweit für den Sozialplan gesonderte Ausführungen erforderlich sind, oder ob auf die im Recht der Betriebsvereinbarung gewonnenen Erkenntnisse aufgebaut werden kann. Aus diesem Grund soll zunächst die rechtliche Selbstständigkeit des Sozialplans untersucht werden. Diese Fragestellung verdient auch deswegen besondere Aufmerksamkeit, weil sie im weiteren Verlauf dieser Untersuchung immer dann von Bedeutung sein wird, wenn die Übertragbarkeit von Regelungen aus dem Recht der Betriebsvereinbarung in Rede steht.

1. Der Meinungsstand

Nach der missverständlichen Formulierung des § 112 Abs. 1 S. 3 BetrVG[30] kommt Sozialplänen lediglich "die Wirkung einer Betriebsvereinbarung" zu. Dennoch sind Sozialpläne nach überwiegender Ansicht echte Betriebsvereinbarungen im Sinne des Betriebsverfassungsgesetzes.[31] Vereinzelt wird der Wortlaut sogar als Argument für die rechtliche Unselbstständigkeit des Sozialplans verwendet.[32] Überwiegend dient die Formulierung des § 112 Abs. 1 S. 3 BetrVG aber einer Gegenauffassung als Begründung, derzufolge der Sozialplan keine Betriebsvereinbarung sondern eine betriebliche Vereinbarung sui generis dar-

---

[30] § 112 AbS. 1 S. 3 BetrVG lautet: „Der Sozialplan hat die Wirkung einer Betriebsvereinbarung."

[31] BAG v. 29.11.1978, AP Nr. 7 zu § 112 BetrVG 1972; BAG v. 17.02.1981, BAGE 35, 80, 92; BAG v. 24.03.1981, BAGE 35, 160, 166; BAG v. 09.12.1981, BAGE 37, 237, 242; BAG v. 08.11.1988, BAGE 60, 94 ff.; BAG v. 17.10.1989, BAGE 63, S. 152 ff.; BAG v. 10.08.1994, BAGE 77, 313, 321; ArbG Berlin v. 11.05.1992, Az.: 82 Ca 21428/91 n. v.; *Becker*, BlStSozArbR 1974, S. 54, 59; *Bopp/Gross*, Mitbestimmung des Betriebsrates, F S. 217; *Buchner*, SAE 1972, S. 69, 70 f.; *Galperin/Löwisch* § 112 Rn 47, 41; *Hanau*, ZfA 1974, S. 89, 90; MünchArbR-*Matthes* § 362 Rn. 47; *Ohl*, Sozialplan, S. 65 ff.; *Pottmeyer*, Anm. zu BAG v. 10.08.1994, SAE 1995, S. 304, 305; *Röder/Baeck*, Interessenausgleich und Sozialplan, S. 132; *Schulin*, Anm. zu BAG v. 17.02.1981, SAE 1982, S. 47, 48; *Teubner*, BB 1974, S. 982, 987; *Winderlich*, BB 1994, S. 2483, 2484.

[32] *Richardi-Annuß* § 112 Rn. 171 f.; *Fuchs*, Sozialplan, S. 14 f.; *Luding*, Beendigung, S. 4.

stellt.[33] In § 112 Abs. 1 S. 3 BetrVG werde hinreichend deutlich zum Ausdruck gebracht, dass es sich um ein Rechtsinstitut eigener Art handele. Wenn der Sozialplan eine Betriebsvereinbarung wäre, hätte der Gesetzgeber ihm nicht ausdrücklich die Wirkungen einer solchen zuordnen müssen.

Einer vermittelnden Ansicht zufolge handelt es sich bei Sozialplänen um „Betriebsvereinbarungen besonderer Art“.[34] Die “Besonderheiten“ werden im Ausschluss des Tarifvorbehaltes gem. § 112 Abs. 1 S. 4 BetrVG[35], in der Möglichkeit der Vereinbarung von Individualregelungen[36], im Regelungsinhalt[37] und in einem erhöhten Bestandsschutz[38] gesehen. Andere entnehmen dem Gesetzestext, dass der Sozialplan nicht notwendigerweise den Rechtscharakter der Betriebsvereinbarung besitze, wohl aber deren Wirkungen und verzichten auf eine genaue Einordnung des Sozialplans.[39] *Kaven*[40] will dem Sozialplan den Charakter einer Betriebsvereinbarung nur dann zusprechen, wenn er generelle Regelungen trifft, nicht jedoch, wenn Individualregelungen bezogen auf einzelne Arbeitsverhältnisse angesprochen seien, da ein einzelnes Arbeitsverhältnis nicht durch Betriebsvereinbarung gestaltet werden könne.

2. Der Wortlaut des § 112 Abs. 1 BetrVG

Trotz der offensichtlichen Schwierigkeiten beim Umgang mit der Formulierung des § 112 Abs. 1 S. 3 BetrVG muss eine Untersuchung des Umfangs der Parallelität oder gar Identität der betrieblichen Kollektivvereinbarungen Betriebsvereinbarung und Sozialplan beim Wortlaut dieser Regelung ansetzen. Gem. § 112 Abs. 1 S. 3 BetrVG hat der Sozialplan die Wirkung einer Betriebsvereinbarung.

---

[33] LAG Hamm v. 01.03.1972, AP Nr.1 zu § 112 BetrVG 1972; *Beseler*, Abänderung, S. 219, 220; *Birk*, ZfA 1986, S. 73, 90; *Gift* in: Das Arbeitsrecht der Gegenwart, Bd. 15 (1977), S. 51, 53 f.; *Schaub/Schindele*, Kurzarbeit, S. 118; kritisch auch *Naendrup*, AuR 1984, S. 193, 197 f.

[34] BAG v. 27.08.1975, AP Nr. 2 zu § 112 BetrVG 1972; BAG v. 05.02.1997, AP Nr. 112 zu § 112 BetrVG 1972; GK-*Fabricius/Oetker* §§ 112, 112a Rn. 112; *von Hoyningen-Huene*, RdA 1983, S. 225, 228; ähnlich *Wollgast*, Betriebsvereinbarungen, S. 162.

[35] Vgl. BAG v. 27.08.1975, AP Nr. 2 zu § 112 BetrVG 1972, Bl. 463; *Richardi-Annuß* § 112 Rn. 172 wendet zu Recht ein, dass der Vorrang des Tarifvertrages nicht zu den Begriffsmerkmalen der Betriebsvereinbarung zählt.

[36] BAG v. 27.08.1975, AP Nr. 2 zu § 112 BetrVG 1972, Bl. 463; *Däubler/Kittner/Klebe-Däubler* §§ 112, 112a Rn. 24; ein Beispiel für konkret-individuelle Regelungen in Sozialplänen enthält der Sachverhalt der Entscheidung des BAG v. 12.02.1985, AP Nr. 25 zu § 112 BetrVG 1972.

[37] *Däubler/Kittner/Klebe-Däubler* §§ 112, 112a Rn. 24.

[38] *Däubler/Kittner/Klebe-Däubler* §§ 112, 112a Rn. 24, ausführlich dazu Rn. 134 ff.

[39] *Däubler/Kittner/Klebe-Däubler* §§ 112, 112a Rn. 24; *Fitting* §§ 112, 112a Rn. 172; *Hess/Schlochauer/Glaubitz-Hess* § 112 Rn. 49; *Kaven*, Das Recht des Sozialplans, S. 124; *Rumpff/Boewer*, Mitbestimmung, S. 366.

[40] *Kaven*, Das Recht des Sozialplans, S. 124; ähnlich auch *Hess/Schlochauer/Glaubitz-Hess* § 112 Rn. 49.

Dieser Satz hat nur dann einen Regelungsgehalt, wenn der Sozialplan keine Betriebsvereinbarung darstellt. Die Einordnung des Sozialplans als eine Form der Betriebsvereinbarung ist demnach unter Berufung auf den Wortlaut des § 112 Abs. 1 S. 3 BetrVG zumindest gewagt. Denkbar ist zwar grundsätzlich auch, dass es sich um eine rein deklaratorische Regelung handelt, dann aber wäre die Formulierung „der Sozialplan ist eine Betriebsvereinbarung" eindeutiger gewesen. Der Wortlaut spricht daher für die Annahme einer bloßen Rechtsfolgenverweisung.[41] In diese Richtung deutet auch die Regelung von Formerfordernissen in § 112 Abs. 1 S. 1 und 2 BetrVG. Der Hinweis auf die Schriftform wäre überflüssig, wenn es sich beim Sozialplan um eine Betriebsvereinbarung handeln würde, die bereits gem. § 77 Abs. 2 BetrVG der Schriftform bedürfte.[42] In diesem Zusammenhang kann wiederum nicht von einer rein deklaratorischen Vorschrift ausgegangen werden, da ansonsten unverständlich bliebe, warum von der Pflicht zur Auslage der Vereinbarung gem. § 77 Abs. 2 S. 3 BetrVG keine Rede ist.[43]
Missverständlich ist auch der Wortlaut des § 112 Abs. 1 S. 4 BetrVG, demzufolge § 77 Abs. 3 BetrVG auf den Sozialplan nicht anzuwenden ist. § 77 Abs. 3 BetrVG regelt nicht die gem. § 112 Abs. 1 S. 3 BetrVG auf den Sozialplan übertragbaren Wirkungen der Betriebsvereinbarung, sondern die Zuständigkeit der Betriebspartner und damit eine Betriebsvereinbarungsvoraussetzung. Aus diesem Grund hätte die Unanwendbarkeit der Norm bei rechtlicher Selbstständigkeit des Sozialplans nicht erwähnt werden müssen.[44] In diesem Fall sind jedoch Gründe, die gegen die Annahme einer bloß deklaratorischen Norm sprechen, nicht ersichtlich.

Abschließend bleibt festzuhalten, dass der Wortlaut zwar gegen eine Einordnung des Sozialplans als Betriebsvereinbarung spricht, von Eindeutigkeit aber nicht die Rede sein kann. Das Ergebnis der grammatikalischen Auslegung steht des-

---

[41] *Ohl*, Sozialplan, S. 65 ff.

[42] GK-*Fabricius/Oetker* §§ 112, 112a Rn. 112; a. A. *Ohl*, Sozialplan, S. 66 Fn. 38, der von einer rein deklaratorischen Vorschrift ausgeht.

[43] Die Anwendung des § 77 AbS. 2 S. 3 BetrVG auf den Sozialplan ist selbst dann problematisch, wenn man den Sozialplan als Betriebsvereinbarung ansieht. Dass der Gesetzgeber die Schriftform regelt und die Auslegung vergisst, erscheint nur schlecht denkbar. *Küchenhoff*, BetrVG, § 112 Rn. 4 (so im Ergebnis wohl auch *Richardi-Annuß* § 112 Rn. 78 f.; *Fitting*, §§ 112, 112a Rn. 112) geht davon aus, dass die Auslegung zwar bei der Betriebsvereinbarung nicht aber beim Sozialplan erforderlich ist. Die Bekanntgabe des Sozialplans fiele demnach gem. § 80 AbS. 1 Nr. 1 BetrVG in den Aufgabenbereich des Betriebsrats. A. A. GK-*Fabricius/Oetker* §§ 112, 112a Rn. 155; *Galperin/Löwisch* § 112 Rn 41; *Kaven*, Das Recht des Sozialplans, S. 123; *Löwisch/Kaiser* § 112 Rn. 53; vgl. auch *Ohl*, Sozialplan, S. 65 ff., der einem klassischen Zirkelschluss erliegt; *Stege/Weinspach* § 111-113 Rn. 85; *Hess/Schlochauer/Glaubitz-Hess* § 112 Rn. 67 verweist nur pauschal auf die Form der Betriebsvereinbarung.

[44] *Fuchs*, Sozialplan, S. 15.

halb einem abweichenden Ergebnis nach Befragung der übrigen Kanones der Auslegung nicht entgegen.[45]

3. Der Bedeutungszusammenhang des Gesetzes

Die Betriebsvereinbarung ist in § 77 Abs. 2-6 BetrVG im Ersten Abschnitt („Allgemeines") des Vierten Teils („Mitwirkung und Mitbestimmung der Arbeitnehmer") geregelt. Es handelt sich demnach bei den die Betriebsvereinbarung betreffenden Vorschriften um allgemeine Regelungen, die prinzipiell auch für den nachfolgenden „Besonderen Teil" Geltung beanspruchen.[46] Wenn in § 87 Abs. 2 BetrVG von einer „Einigung über die Angelegenheiten nach Abs. 1" die Rede ist, kommt die Betriebsvereinbarung dadurch zwangsläufig ins Blickfeld. Es liegt unter systematischen Gesichtspunkten nicht fern, den gleichen Schluss für die „Einigung über den Ausgleich oder die wirtschaftlichen Nachteile" i. S. des § 112 Abs. 1 S. 2 BetrVG zu ziehen.[47]

Teilweise wird zur Unterstützung dieser These darauf hingewiesen, dass das Betriebsverfassungsgesetz abgesehen von der Betriebsvereinbarung keine spezifischen Formen möglicher Vereinbarungen zwischen den Betriebspartnern mit normativer Wirkung erwähnt.[48] Die Verfechter dieser Argumentation können sich auf *Flatow*[49] berufen, der 1921 als Erster den Begriff der Betriebsvereinbarung benutzt hat, um mit ihm die verschiedenen Formen einer betrieblichen Gesamtregelung zwischen den Betriebspartnern zu bezeichnen. Allerdings ist diese Definition angesichts des geltenden Betriebsverfassungsgesetzes nicht mehr aktuell. § 77 Abs. 1 BetrVG behandelt allgemein Vereinbarungen zwischen den Betriebspartnern und enthält in den folgenden Absätzen besondere Bestimmungen für die Betriebsvereinbarung. Der Begriff der Betriebsvereinbarung ist deshalb auf eine formgebundene Vereinbarung im Sinne S. des § 77 Abs. 2 BetrVG zu beschränken und z. B. von der formlosen Regelungsabrede (Betriebsabrede, Betriebsabsprache) zu unterscheiden, der keine unmittelbare und zwingende

---

[45] Die Wortlautauslegung gesetzlicher Vorschriften steckt nur den äußeren Rahmen ab, in dem die gesetzlichen Wertungen gesucht werden müssen. Sie gibt die Verständnisalternativen vor, die aufgrund des übrigen Auslegungskanons verworfen oder bestärkt werden müssen (*Larenz*, Methodenlehre, S. 309, 332 f.). Speziell der Wortlaut des Betriebsverfassungsgesetzes sollte auch deswegen nicht überbewertet werden, weil gerade bei Gesetzen, die in mehreren Entwürfen vorliegen und politisch so stark kontrovers diskutiert wurden, bis ins letzte ausgereifte Texte nicht in jedem Fall vorauszusetzen sind (so auch *Fuchs*, Sozialplan, S. 14 f.).

[46] GK-*Fabricius* §§ 112, 112a Rn. 62, 6. Aufl.

[47] GK-*Fabricius* §§ 112, 112a Rn. 62, 6. Aufl.

[48] *Buchner*, SAE 1972, S. 69, 70; *Fuchs*, Sozialplan, S. 15.

[49] *Flatow*, Betriebsvereinbarung und Arbeitsordnung; vgl. *Waltermann*, Rechtsetzung, S. 100 ff. zur Geschichte der Betriebsvereinbarung.

Wirkung zukommt.[50] Als Oberbegriff im *Flatowschen* Sinne kann er nicht mehr verstanden werden. Eine Zweiteilung zwischen Betriebsvereinbarung und Regelungsabrede in dem Sinne, dass der Begriff „Regelungsabrede" jede verbindliche Vereinbarung zwischen den Betriebspartnern ohne Normwirkung und der Begriff „Betriebsvereinbarung" jede Vereinbarung mit Normwirkung bezeichnet, kann dem Gesetz ebenfalls nicht entnommen werden.[51] Ein Blick auf den formgebundenen Interessenausgleich, der, obwohl verbindlicher Vertrag zwischen den Betriebspartnern, von der ganz überwiegenden Auffassung[52] als Kollektivvereinbarung besonderer Art qualifiziert wird, zeigt, dass das Betriebsverfassungsgesetz noch andere Vereinbarungen als die Betriebsvereinbarung und die Regelungsabrede kennt.

Unergiebig ist im Hinblick auf die rechtliche Einordnung des Sozialplans in das System der Betriebsverfassung auch der, in § 112 Abs. 1 S. 2 BetrVG für den Sozialplan verwandte Begriff der "Einigung". Er findet sich gleichfalls in den §§ 39 Abs. 1 S. 3, 74 Abs. 1 S. 2, 87 Abs. 2, 98 Abs. 4 BetrVG und bezieht sich dort nicht ausschließlich auf Betriebsvereinbarungen.[53] Der Bedeutungszusammenhang des Gesetzes spricht demnach nicht zwingend für eine Identität von Sozialplan und Betriebsvereinbarung, legt diese aber nahe.

4. Der historische Kontext

Nachdem sowohl die semantische als auch die systematische Auslegung des Gesetzes trotz starker Tendenz Raum für verschiedene Auslegungen lassen, soll versucht werden, über eine Einordnung der §§ 112, 112a BetrVG in ihren historischen Kontext ein eindeutiges Ergebnis zu erzielen[54].

Das BetrVG von 1952 enthielt keine Bestimmungen über die Aufstellung von Sozialplänen. Der Betriebsrat hatte gem. § 72 BetrVG 1952 ein Beteiligungsrecht bei Betriebsänderungen, das den Arbeitgeber verpflichtete, einen Interessenausgleich herbeizuführen. Das BAG nahm allerdings in Übereinstimmung mit der vorherrschenden Ansicht in der Literatur an, der Betriebsrat dürfe seine Zustimmung zum Interessenausgleich und damit zur Durchführung der Be-

---

[50] *Richardi-Richardi* § 77 Rn. 22.

[51] So aber GK-*Kreutz* § 77 Rn. 8.

[52] GK-*Fabricius/Oetker* §§ 112, 112a Rn. 48 m. w. N.

[53] In § 74 AbS. 1 BetrVG ist eher ein abstraktes Einigsein gemeint. Das in § 98 AbS. 4 BetrVG eingeräumte Mitbestimmungsrecht kann durch Betriebsvereinbarung oder Regelungsabrede genutzt werden (vgl. *Richardi-Richardi/Thüsing* § 98 Rn. 19). Gleiches gilt für § 87 AbS. 2 BetrVG (vgl. *Richardi-Richardi* § 87 Rn. 76 m. w. N.). Eine Betriebsvereinbarung ist lediglich in § 39 AbS. 1 BetrVG gemeint (vgl. *Richardi-Richardi/Thüsing* § 39 Rn. 7 m. w. N.).

[54] Zur Rangfolge der Auslegungsmethoden im Lichte der Diskurstheorie vgl. *Alexy*, Theorie der juristischen Argumentation, S. 303 f.

triebsänderung von der Zahlung von Abfindungen an die betroffenen Arbeitnehmer abhängig machen.[55] Das Verhältnis zwischen Interessenausgleich, dem fast einhellig keine normative Wirkung auf die Arbeitverhältnisse zuerkannt wurde[56] und Sozialplan war damals umstritten.[57]
Ohl[58] erklärt die verwirrende Formulierung des § 112 Abs. 1 S. 3 BetrVG vor diesem Hintergrund mit einer Unsicherheit des Gesetzgebers hinsichtlich des wahren Rechtscharakters des Sozialplans. Der Gesetzgeber habe die wesentlichen Punkte der Betriebsvereinbarung, nämlich die Schriftform und die unmittelbare und zwingende Wirkung der Betriebsvereinbarung, zur Klarstellung noch einmal aufzählen wollen. Dem lässt sich entgegenhalten, dass aus der - unbelegten - Tatsache, dass der Gesetzgeber hinsichtlich des wahren Charakters des Sozialplans unsicher war, schwerlich eine Einordnung als Betriebsvereinbarung gefolgert werden kann. Vielmehr würde eine solche Unsicherheit darauf hindeuten, dass der Gesetzgeber diese Frage offen lassen, dem Sozialplan aber auf jeden Fall die Wirkung der Betriebsvereinbarung zuschreiben wollte. *Fabricius*[59] geht in diesem Sinne davon aus, der Gesetzgeber habe Streitfragen, die sich aus der eindeutigen Kennzeichnung des Sozialplans als Betriebsvereinbarung ergeben könnten, durch die unklare Formulierung vermeiden wollen. Der Sozialplan sei daher, wenn überhaupt, eine Betriebsvereinbarung eigener Art. Auch dieser Ansicht könnte nur dann zugestimmt werden, wenn sich aus den Materialien zum BetrVG Anhaltspunkte dafür ergäben, dass die Problematik unter diesem Gesichtspunkt diskutiert worden wäre oder Bedenken gegen eine Einordnung des Sozialplans als echte Betriebsvereinbarung bestanden hätten.[60] Tatsächlich findet sich in den Materialien aber nur der Hinweis, der Sozialplan solle die zwingende und unmittelbare Wirkung der Betriebsvereinbarung haben.[61] So muss mit *Fuchs*[62] abschließend festgestellt werden, dass sich für die schließlich gewählte Formulierung des § 112 Abs. 1 S. 3 BetrVG keine historische Begründung finden lässt.

Die Gesetzgebungsgeschichte enthält jedoch an anderer Stelle Hinweise, die für die rechtliche Selbstständigkeit des Sozialplans sprechen. So offenbart die Be-

---

[55] Vgl. die Darstellung des damaligen Meinungsstandes bei *Fuchs*, Sozialplan, S. 11.
[56] *Ohl*, Sozialplan, S. 66 m. w. N. in Fn. 41.
[57] Vgl. BAG v. 20.11.1970, SAE 1972, S. 64, 66; vgl. auch die Darstellung des Meinungsstandes bei *Kalb*, RdA 1965, S. 367, 368 f.; allerdings ging schon damals die überwiegende Meinung in der Literatur davon aus, dass es sich bei Sozialplänen um Betriebsvereinbarungen handelt, vgl. *Buchner*, SAE 1972, S. 69, 70 f.; *Matthes*, DB 1967, S. 1175, 1178 m. w. N.; *Ohl*, Sozialplan, S. 66.
[58] *Ohl*, Sozialplan, S. 66.
[59] GK-*Fabricius* §§ 112, 112a Rn. 63, 6. Aufl.
[60] *Fuchs*, Sozialplan, S. 15.
[61] Vgl. den schriftlichen Bericht des Ausschusses für Arbeit und Sozialordnung zu BT-DruckS. VI/2729, S. 8.
[62] *Fuchs*, Sozialplan, S. 14 f.

gründung des Regierungsentwurfs, dass der Gesetzgeber des BetrVG[63] dem Sozialplan zwar die "Wirkung" einer Betriebsvereinbarung zugeschrieben, darunter aber nicht die Identität beider Rechtsinstitute im Sinne einer grundsätzlichen Gleichbehandlung verstanden hat. Dort ist in Bezug auf § 77 Abs. 4-6 BetrVG von „Fragen der Wirkung, Kündigung und Nachwirkung von Betriebsvereinbarungen" die Rede. Der Begriff der "Wirkung" ist demnach keine Sammelbezeichnung für sämtliche Rechtsfolgen der Betriebsvereinbarung, sondern beschränkt sich auf die Auswirkungen von Betriebsvereinbarungen auf die regelungsbetroffenen Arbeitsverhältnisse.[64] Damit spricht die historische Auslegung ebenfalls dagegen, den Wortlaut des § 112 Abs. 1 S. 3 BetrVG als Argument für die rechtliche Unselbstständigkeit des Sozialplans zu verwenden.

Bedeutsam ist in diesem Zusammenhang auch die bisher völlig unbeachtet gebliebene Tatsache, dass die Möglichkeit einer Abweichung vom Sozialplan aus „zwingenden Gründen", wie sie der CDU/CSU-Entwurf[65] vorsah, von der Mehrheit des Ausschusses für Arbeit und Sozialordnung, (der die endgültige Fassung des BetrVG von 1972 vorgeschlagen und ausgearbeitet hat) abgelehnt wurde, „weil eine einseitige Lösung des Arbeitgebers von bestehenden Verpflichtungen aus sozialen und rechtssystematischen Gründen nicht vertretbar sei"[66]. Der Hinweis auf rechtssystematische Gründe, die einer einseitigen Loslösung vom Sozialplan entgegenstünden, spricht gegen eine vorschnelle Einordnung in die Kategorie „Betriebsvereinbarung", die als Folge ein ordentliches Kündigungsrecht gem. § 77 Abs. 5 BetrVG nach sich ziehen würde.

Schließlich ist gegen eine Einordnung des Sozialplans als Betriebsvereinbarung die unterschiedliche Behandlung beider Rechtsinstitute in der Insolvenzordnung durch den heutigen Gesetzgeber einzuwenden. In § 120 Abs. 1 InsO wird eine Pflicht zur Durchführung von Beratungen über die Herabsetzung von in Betriebsvereinbarungen vorgesehenen Leistungen statuiert. Außerdem wird die Kündigungsfrist selbst bei anderslautender Vereinbarung zwischen den Parteien auf drei Monate beschränkt. Gem. § 120 Abs. 2 InsO bleibt das Recht zur Kündigung aus wichtigem Grund unberührt. Ein Sozialplan dagegen kann gem. § 124 Abs. 1 InsO, wenn er bis zu drei Monate vor der Eröffnung des Insolvenzverfahrens aufgestellt worden ist, sowohl vom Insolvenzverwalter als auch

---

[63] BT-DruckS. VI/1786 S. 47.

[64] Ebenso *Wollgast*, Betriebsvereinbarungen, S. 6 f.; a. A. *Naendrup*, AuR 1984, S. 193, 196.

[65] § 45 AbS. 2 des Entwurfs eines Gesetzes über die Mitbestimmung der Arbeitnehmer in Betrieb und Unternehmen, Antrag der Fraktion der CDU/CSU, BT-DruckS. VI/1806: „Ist ein Sozialplan vereinbart worden oder liegt ein Vorschlag eines Sozialplans vor und weicht der Unternehmer ohne Grund davon ab, so hat er den betroffenen Arbeitnehmern die aus der Abweichung entstandenen wirtschaftlichen Nachteile auszugleichen, § 10 des Kündigungsschutzgesetzes ist anzuwenden."

[66] Zu BT-DruckS. VI/2729, S. 8.

vom Betriebsrat widerrufen werden. Von einem Kündigungsrecht ist nicht die Rede.

Als Ergebnis der historischen Auslegung bleibt festzuhalten: § 112 Abs. 1 S. 3 BetrVG muss tatsächlich wörtlich verstanden werden. Er schreibt dem Sozialplan die unmittelbare und zwingende Wirkung der Betriebsvereinbarung zu, nicht mehr und nicht weniger. Die übrigen Eigenschaften der Betriebsvereinbarung sollten durch § 112 Abs. 1 S. 3 BetrVG nicht in Bezug genommen werden.

5. Zwischenergebnis

Sowohl die semantische als auch die historische Auslegung sprechen gegen eine Identität von Sozialplan und Betriebsvereinbarung, der Bedeutungszusammenhang tendenziell dafür. Da das Gesetz demnach keine eindeutige Aussage enthält, muss je nach Fragestellung entschieden werden, ob die gesetzliche Funktion des Sozialplans eine Gleichbehandlung mit der Betriebsvereinbarung zulässt. Es ist dagegen nicht zulässig, eine Gleichbehandlung einfach mit der Natur des Sozialplans zu begründen. Inhaltlich wird es vielfach keinen Unterschied machen, ob man von einer Betriebsvereinbarung besonderer Art spricht und vor Anwendung der Regeln zur Betriebsvereinbarung prüft, ob die Eigenarten des Sozialplans eine Abweichung von diesen Regeln verlangen, oder ob man den Sozialplan für eine betriebliche Gesamtvereinbarung sui generis hält und eine analoge Anwendung der Regeln zur Betriebsvereinbarung in Erwägung zieht. Das Gesetz kennt aber keine Betriebsvereinbarung besonderer Art, weshalb diese Bezeichnung der Lösung der mit dem Sozialplan verbundenen Probleme, nur insoweit förderlich sein kann, als sie auf die Ähnlichkeit mit der Betriebsvereinbarung hinweist. Die Bezeichnung als Betriebsvereinbarung besonderer Art hat darüber hinaus den Nachteil, dass sie Sicherheit und Erkenntnisse vortäuscht, wo keine vorhanden sind und so zu übereilten Schlüssen verleiten kann.[67] Hier soll deshalb auf eine solche, mehr Fragen aufwerfende als klärende Einordnung verzichtet werden. Der Sozialplan ist somit als eine eigene Form der verbindlichen Vereinbarung zwischen den Betriebspartnern zu verstehen.

6. Der über § 112 Abs. 5 BetrVG hinausgehende Sozialplan

Die bisherigen Untersuchungen haben gezeigt, dass der Sozialplan grundsätzlich eine von der Betriebsvereinbarung unterscheidbare, eigene Regelungsform darstellt. Fraglich ist aber, ob nicht die freiwillige Erweiterung der Sozialplanleistungen über den in § 112 Abs. 5 BetrVG vorgesehenen Umfang hinaus ihre Rechtsgrundlage in § 88 BetrVG findet und deshalb als Betriebsvereinbarung

---

[67] Ähnlich *Gift* in: Das Arbeitsrecht der Gegenwart, Bd. 15 (1977), S. 51, 53.

einzuordnen ist.[68] Dagegen ist jedoch einzuwenden, dass § 112 Abs. 5 BetrVG nur die Regelungsmacht der Einigungsstelle, nicht aber die der Betriebspartner beschränkt.[69] Zu Recht weist *Fabricius*[70] darauf hin, dass bei freien Verhandlungen zwischen den Betriebspartnern der Interessengegensatz zwischen Betriebsrat und Arbeitgeber, die notwendige Kompromissbereitschaft auf beiden Seiten sowie die grundsätzliche Gleichgewichtigkeit der Verhandlungspositionen geeignet sind, ein vernünftiges Ergebnis herbeizuführen. Erst wenn dies nicht möglich ist und die Einigungsstelle angerufen wird, gelten die engeren Grenzen des § 112 Abs. 5 BetrVG. Auch die über § 112 Abs. 5 BetrVG hinausgehende, von den Betriebspartnern ausgehandelte Sozialplanregelung basiert demnach auf dem Mitbestimmungsrecht aus § 112 BetrVG, solange sie dessen Tatbestandsvoraussetzungen erfüllt, indem sie dem Ausgleich oder der Milderung von Nachteilen dient, die den Arbeitnehmern im Zuge einer konkret geplanten Betriebsänderung entstehen.[71] Somit existiert – von den praktischen Schwierigkeiten bei der Trennung beider Teile einmal abgesehen - keine rechtliche Grundlage für eine gesonderte Einordnung dieses Vereinbarungsteils.

V. Gemeinsamkeiten von Sozialplan und Betriebsvereinbarung

Aufgrund der rechtlichen Selbstständigkeit des Sozialplans kommt hinsichtlich der im Zusammenhang mit Sozialplanänderungen auftauchenden Rechtsfragen ein pauschaler Verweis auf die entsprechenden Regelungen im Recht der Betriebsvereinbarung nicht in Betracht. Umgekehrt kann aber auch eine analoge Anwendung einzelner Vorschriften und Rechtsgrundsätze nicht ausgeschlossen werden. Um hinsichtlich der Anwendbarkeit der Zeitkollisionsregel und anderer im weiteren Verlauf der Untersuchung auftauchenden Fragestellungen entscheiden zu können, ob auf die Lösung der parallelen Problematik im Recht der Betriebsvereinbarung verwiesen werden kann, oder ob eine eigene Lösung gesucht werden muss, müssen zunächst die Unterschiede und Gemeinsamkeiten von Sozialplan und Betriebsvereinbarung herausgearbeitet werden.

---

[68] So *Löwisch*, Festschrift für Dieterich, S. 354, 347; *Löwisch/Flüchter*, Anm. zu BAG v. 26.08.1997, EzA Nr. 96 zu § 112 BetrVG 1972, S. 13, 14.

[69] Vgl. stellvertretend: BAG v. 26.08.1997, BAGE 86, 228, 237; *Däubler/Kittner/Klebe-Däubler* §§ 112, 112a Rn. 64; *Fitting* §§ 112, 112a Rn. 118; *Röder/Baeck*, Interessenausgleich und Sozialplan, S. 134.

[70] GK-*Fabricius* §§ 112, 112a Rn. 75, 6. Aufl.

[71] Auf die Frage, ob § 88 BetrVG zum Abschluss von Vereinbarungen ermächtigt, die wirtschaftliche Nachteile noch nicht konkret geplanter Betriebsänderungen mildern oder ausgleichen, wird im Rahmen der Untersuchung der Sonderformen von Sozialplänen im sechsten Kapitel einzugehen sein.

Der Sozialplan hat gem. § 112 Abs. 1 S. 3 BetrVG die Wirkung einer Betriebsvereinbarung. Was genau unter dem Begriff „Wirkung“ zu verstehen ist, bedarf im weiteren Verlauf dieser Arbeit im Zusammenhang mit der ordentlichen Kündbarkeit von Sozialplänen noch eingehender Untersuchung. Sicher ist aber, dass damit auf § 77 Abs. 4 S. 1 BetrVG Bezug genommen wird. Neben der unmittelbaren und zwingenden Wirkung verbindet den Sozialplan mit der Betriebsvereinbarung das parallele Zustandekommen durch eine schriftliche Vereinbarung der Betriebspartner oder einen Spruch der Einigungsstelle.[72] Die Rechtsnatur – hier begrenzt auf die Frage des rechtlichen Zustandekommens unter Ausklammerung der Frage nach der rechtlichen Wirkung[73] - und die Normwirkung stellen demnach Gemeinsamkeiten beider Kollektivvereinbarungen dar. Gleiches gilt für die Legitimation der Betriebspartner zur Schaffung von Rechtsnormen. Sowohl der Rechtsnatur als auch der Normwirkung von Regelungswerken und der Legitimation der Rechtssetzer kommt im Hinblick auf die Frage der Abänderbarkeit durch eine ersetzende Vereinbarung besondere Bedeutung zu. Voraussetzungen und Grenzen der Abänderbarkeit können nur dann bestimmt werden, wenn zuvor die rechtliche Entstehung und die Wirkung hinsichtlich der von der jeweiligen Regelung betroffenen Arbeitsverhältnisse geklärt wurde. Aus diesem Grund sollen sowohl die Rechtsnatur als auch die Normwirkung von Sozialplan und Betriebsvereinbarung sowie die Legitimation des betrieblichen Gesetzgebers trotz der offensichtlichen Parallelität hier im Einzelnen dargestellt werden.

1. Das vertragliche Zustandekommen

Lange Zeit war strittig, ob es sich bei Betriebsvereinbarung und Sozialplan um Verträge, Satzungen oder Vereinbarungen handelt. Die Vereinbarungstheorie[74] versuchte, den betriebsverfassungsrechtlichen Besonderheiten bei der Entstehung der Betriebsvereinbarung gerecht zu werden, konnte aber nicht an der Tatsache vorbei, dass die Betriebsvereinbarung eine – wenn auch wegen des Initiativrechts des Betriebsrats und der Erzwingbarkeit vor der Einigungsstelle nicht immer freie – Willenseinigung zwischen Betriebsrat und Arbeitgeber darstellt. Eine Differenzierung aufgrund der Interessenlage, die im Gegensatz zu den korrespondierenden Willenserklärungen beim Vertrag zu inhaltsgleichen und gleichgerichteten Willenserklärungen bei der Vereinbarung führen soll, ist in der Rechtsgeschäftsdogmatik nach geltendem Recht nicht angelegt. Die Vereinbarung setzt wie der Vertrag eine Willenseinigung voraus, und nur auf diese

---

[72] *Wolf/Hammen*, Anm. zu BAG v. 09.12.1981, SAE 1982, S. 301.

[73] Zur Trennung von Entstehungsakt und Rechtswirkung vgl. *Kreutz*, Betriebsautonomie, S. 15 m. w. N. in Fn. 5.

[74] Begründet wurde die Vereinbarungstheorie von *Jacobi*, Grundlehren, S. 344, 350 ff.

kommt es an, wenn im bürgerlichen Recht von einem Vertrag die Rede ist.[75] Zudem ist die Vorstellung von einer gleichgerichteten Interessenlage der Betriebspartner im bipolaren System der Betriebsverfassung wirklichkeitsfremd.[76]

Nach der Satzungstheorie[77] und ihrer Modifikation, der Beschlusstheorie[78] stellt die Betriebsvereinbarung eine durch übereinstimmende parallele Beschlüsse der Organe der Betriebsverfassung zustande kommende autonome Satzung für den Betrieb dar. Die Vertreter beider Theorien gehen davon aus, der Betrieb stelle einen den Arbeitgeber und die Arbeitnehmer umfassenden Betriebsverband mit den gleichberechtigt zusammenarbeitenden Organen Betriebsrat und Arbeitgeber dar. Einen derartigen übergeordneten Betriebsverband gibt es jedoch nicht. Die Betriebsverfassung ist bipolar strukturiert. Arbeitgeber und Betriebsrat stehen einander grundsätzlich mit unterschiedlichen Interessen gegenüber. Das Mittel, zu einem Interessenausgleich zu kommen, ist der Vertrag, nicht der Beschluss.[79]

Heute werden beide Vereinbarungen von der ganz herrschenden Vertragstheorie[80] als privatrechtliche Verträge angesehen, die zwischen dem Arbeitgeber und dem Betriebsrat als dem Repräsentanten der Belegschaft abgeschlossen werden und kraft staatlichen Geltungsbefehls unmittelbar und zwingend die betrieblichen Arbeitsverhältnisse normativ gestalten. Für die privatrechtliche Einordnung des Vertrages ist die Person des Rechtssetzers maßgeblich. Bei natürlichen Personen ist eine funktionale Betrachtungsweise erforderlich.[81] § 130 BetrVG nimmt Verwaltungen und Betriebe öffentlich-rechtlicher Körperschaften, Anstalten und Stiftungen vom Anwendungsbereich des Betriebsverfassungsgesetzes aus. Der Betriebsrat nimmt keine öffentlich-rechtlichen Aufgaben wahr, eine Inkorporation in die staatliche Verwaltung oder ständige Staatsaufsicht besteht nicht. Die Betriebsräte werden nicht durch den Staat errichtet. Die Betriebspart-

---

[75] *Kreutz*, Betriebsautonomie, S. 15 f.; *Richardi-Richardi* § 77 Rn. 24; *ders.*, Kollektivgewalt, S. 310.

[76] *Kreutz*, Betriebsautonomie, S. 15 f.

[77] So insbesondere *Herschel*, RdA 1956, S. 161, 168; *ders.*, Festschrift für Küchenhoff, S. 245, 255; *Kessal-Wulf*, Innenverbände, S. 333; neuerdings *Nebel*, Betriebsvereinbarung, S. 162 ff.; vgl. auch die weiteren Nachweise bei *Richardi-Richardi* § 77 Rn. 23.

[78] Z. B. *Adomeit*, BB 1962, S. 1246, 1248 f.

[79] *Fitting* § 77 Rn. 14; *Kreutz*, Betriebsautonomie, S. 15; vgl. auch *Richardi-Richardi* § 77 Rn. 23.

[80] Vgl. BVerfG v. 23.04.1986, BVerfG 73, 261, 268 f.; *Däubler/Kittner/Klebe-Berg* § 77 Rn. 8; *Fitting* § 77 Rn. 13 m. w. N.; *Hess/Schlochauer/Glaubitz-Hess* § 77 Rn. 5; *Kreutz*, Betriebsautonomie, S. 15 f.; GK-*Kreutz* § 77 Rn. 35 f. m. w. N.; *Oetker*, Mitbestimmung, S. 60; *Richardi-Richardi* § 77 Rn. 23 ff.; *Schulin*, Anm. zu BAG v. 17.02.1981, SAE 1982, S. 47, 48; *Waltermann*, Rechtsetzung, S. 140 f.; *Wollgast*, Betriebsvereinbarungen, S. 75 ff. m. w. N.

[81] *Kirchhof*, Private Rechtsetzung, S. 98 ff.; *Waltermann*, Rechtsetzung, S. 140 f.

ner[82] sind demnach Organisationseinheiten des Privatrechts.[83] Als privatrechtlicher Vertrag unterliegen Betriebsvereinbarung und Sozialplan grundsätzlich dem Vertragsrecht des BGB, sofern betriebsverfassungsrechtliche Sachgesetzlichkeiten keine Modifizierung dieser Vorschriften erfordern.[84]

2. Die Normwirkung von Betriebsvereinbarung und Sozialplan

Sozialplan und Betriebsvereinbarung wirken nach nahezu einhelliger Ansicht gem. § 77 Abs. 4 S. 1 BetrVG normativ auf die Arbeitsverhältnisse ein, ohne zum Bestandteil des Arbeitsvertrages zu werden.[85]

Bevor die zu diesem Ergebnis führende Argumentation nachvollzogen wird, soll, um Missverständnissen vorzubeugen, eine kurze Klarstellung erfolgen: Der Begriff „Rechtsnorm"[86] wird in dieser Untersuchung in traditioneller Weise, d. h. als gegensätzlicher Begriff zum Rechtsgeschäft verwendet. Zwar ist es rechtstheoretisch auch möglich, wie es die auf die normlogische Theorie der Wiener Schule[87] zurückgehende Vorstellung vom Stufenbau der Rechtsordnung nahe legt, jede rechtlich verbindliche Regel menschlichen Verhaltens, einschließlich des Rechtsgeschäfts, als Rechtsnorm zu bezeichnen,[88] die traditionelle Terminologie ist jedoch vorzugswürdig. Sie lenkt den Blick auf die typische Heteronomität und Generalität der einen und die typische Selbstbestimmtheit und den begrenzten Geltungsbereich der anderen Regel, während es sich nach der normlogischen Rechtstheorie hierbei lediglich um eine Frage des Adressatenkreises handelt.[89]

Im Bereich privatautonomer Rechtsgeschäfte, agiert der Einzelne grundsätzlich frei. Die Rechtsordnung verhilft seinen rechtsgeschäftlichen Handlungen lediglich zur Geltung. Hier liegt der begrifflich deutlich gemachte, wichtige Unterschied zu Fremdbestimmungsordnungen durch Sätze objektiven Rechts, deren rechtliche Anerkennung durch den Staat von besonderen Anforderungen abhän-

---

[82] Dass nicht die Belegschaft sondern der Betriebsrat Partei der Betriebsvereinbarung ist, hat *Kreutz*, Betriebsautonomie, S. 16 ff. nachgewiesen.

[83] *Waltermann*, Rechtsetzung, S. 140 f. m. w. N.

[84] *Adomeit*, Rechtsquellenfragen, S. 139; *Kreutz*, Betriebsautonomie, S. 16.

[85] *Fitting* § 77 Rn. 125; *Hess/Schlochauer/Glaubitz-Hess* § 77 Rn. 181; GK-*Kreutz* § 77 Rn. 168 ff.; *Richardi-Richardi* § 77 Rn. 134.

[86] Zum Begriff. der Rechtsnorm vgl. *Kirchhof*, Private Rechtsetzung, S. 57 ff.; *Meyer-Cording*, Rechtsnormen, S. 17 ff.; *Säcker*, Gruppenautonomie, S. 96 ff.; weitere Nachweise bei *Waltermann*, Rechtsetzung, S. 92 ff.

[87] Vgl. stellvertretend *Kelsen*, Allgemeine Staatslehre, S. 84 f.; umfassende Nachweise zur Wiener rechtstheoretischen Schule bei *Säcker*, Gruppenautonomie, S. 97 Fn. 65.

[88] Vgl. zu diesem Problemkreis und dem unterschiedlichen Verständnis des Rechtsnormbegriffs *Richardi*, Kollektivgewalt, S. 21 ff.

[89] So auch *Waltermann*, Rechtsetzung, S. 96 f.; GK-*Kreutz*, § 77 Rn. 215.

gig ist, wenn die Rechtsnormensetzer Private sind.[90] Durch die Hervorhebung des Normcharakters des betrieblichen Normenvertrages soll auf seine Eigenart jenseits eines lediglich schuldrechtlich wirkenden Vertrages verwiesen und zugleich deutlich gemacht werden, dass frühere Versuche[91] längst aufgegeben sind, mit Hilfe privatrechtlicher Konstruktionen (Vertretung gem. § 164 BGB oder Vertrag zugunsten Dritter gem. § 328 BGB) die unmittelbare Wirkung der Betriebsvereinbarung auf die Einzelarbeitsverhältnisse zu erklären.[92]

Während die Heteronomität bei Verwendung des traditionellen Rechtsnormbegriffs nach einhelliger Ansicht eine unabdingbare Voraussetzung von Rechtsnormen darstellt, sind die sonstigen Voraussetzungen umstritten. Einige Autoren verlangen, dass es sich bei den fraglichen Regelungen um generelle[93] oder sogar um generell-abstrakte[94] Regelungen handelt. Ob dies berechtigt ist, bedarf insbesondere mit Blick auf den Sozialplan einer eingehenden Untersuchung. Es ist allgemein anerkannt, dass Sozialpläne auch konkret-individuelle Regelungen enthalten dürfen. Wären also Generalität und Abstraktheit Voraussetzungen der Normwirkung, so müsste trotz des Verweises in § 112 Abs. 1 S. 3 BetrVG auf § 77 Abs. 4 S. 1 BetrVG an der Rechtsnormqualität der in Sozialplänen enthaltenen konkret-individuellen Regelungen gezweifelt werden. Gegen die Notwendigkeit des Vorliegens abstrakt-genereller Regelungen spricht, dass selbst das Verfassungsrecht kein allgemeines Verbot des Einzelfallgesetzes kennt.[95] Die Abgrenzung zum Rechtsgeschäft erfolgt über das Merkmal der Heteronomität.[96] Das Merkmal der Generalität dient der Abgrenzung vom Verwaltungsakt, die

---

[90] *Waltermann*, Rechtsetzung, S. 96.

[91] Vgl. etwa *Jacobi*, Grundlehren S. 348 ff., der von der gesetzlichen Vertretung einer gemeinschaftsverbundenen Personenvielheit (der Arbeitnehmerschaft) durch den Betriebsrat ausging und *Gaul*, BB 1984, S. 931, 932, der die Annahme einer Verpflichtungsermächtigung befürwortete.

[92] So auch GK-*Kreutz* § 77 Rn. 217.

[93] Vgl. *Jacobi*, Grundlehren, S. 76; *Meyer-Cording*, Rechtsnormen, S. 24; aus der Rspr. vgl. BSG v. 30.05.1969, BSGE 29, 254, 258. Dabei soll eine potentielle Generalität genügen, d. h. es muss sich um eine nach allgemeinen Merkmalen erfolgende Ordnung handeln, die sich an einen breiten Adressatenkreis wendet. Unerheblich ist, ob die allgemeine Regel in der Praxis nur für eine Person oder überhaupt nicht zur Anwendung gelangt, vgl. *Waltermann*, Rechtsetzung, S. 93; ausführlich zum Merkmal der Generalität *Kirchhof*, Private Rechtsetzung, S. 57 ff., 64 ff., 84 ff., 95 ff. m. w. N.

[94] Üblicherweise wird die Rechtsnorm als abstrakt-generelle Regel definiert, der man den Einzelakt als konkret-individuelle Regelung gegenüberstellt, vgl. dazu stellvertretend *Meyer-Cording*, Rechtsnormen, S. 24 f.; *Wolff/Bachof/Stober*, Verwaltungsrecht, Bd. 1, § 24 II 3; weitere Nachweise bei *Richardi*, Kollektivgewalt, S. 24 Fn. 28, der sich aber dagegen ausspricht, die generell-abstrakte Natur zum Wesensmerkmal von Rechtsnormen zu erheben.

[95] Vgl. BVerfG v. 13.04.1965, BVerfGE 25, 271, 396; BVerfG v. 05.03.1974, BVerfGE 36, 383, 400. Allerdings unterliegen die Einzelfallgesetze des Parlamentsgesetzgebers gem. Art. 19 AbS. 1 S. 1 GG zusätzlichen formellen Bindungen.

[96] *Jacobi*, Grundlehren, S. 76 f.

bei Kollektivverträgen keine Rolle spielt. Es ist deshalb *Jellinek*[97] zuzustimmen, der offen legt, dass zwar die Mehrzahl der Rechtsnormen allgemeine Regeln enthält, das Moment der Generalität aber höchstens ein naturale und keinesfalls ein essentiale des Gesetzes im materiellen Sinne ist. Auch die Abstraktheit einer Regelung erscheint, wie in neuerer Zeit etwa *Kirchhof*[98] bewiesen hat, in Grenzfällen als nicht hinreichend aussagekräftig zur Differenzierung zwischen Rechtsnormen und anderen Rechtsbefehlen, wenngleich die schlagwortartige Kennzeichnung „abstrakt-generell" den Regelfall trifft. Soweit Sozialpläne konkret-individuelle Regelungen enthalten, steht dies nach dem Gesagten dem Rechtsnormcharakter der Vereinbarung nicht entgegen. Für die rechtliche Einordnung als Rechtsnorm ist entscheidend nur auf die Heteronomität des betrieblichen Kollektivvertrages abzustellen.

In Bezug auf den Sozialplan und die Betriebsvereinbarung wird ganz überwiegend davon ausgegangen, dass ihre Regelungen nicht aus der Selbstbestimmung der Arbeitnehmer resultieren, sondern eine Fremdbestimmungsordnung aufstellen.[99] Betriebsvereinbarungen gestalten unabhängig vom Willen und von der Kenntnis der Arbeitnehmer die Arbeitsverhältnisse.[100] Wie der Tarifvertrag sind demnach auch Betriebsvereinbarung und Sozialplan in der Lage, objektive Rechtsnormen zu erzeugen und werden deshalb als Gesetze im materiellen Sinne eingeordnet.[101] Dieser Einordnung steht die vertragliche Entstehung nicht entgegen. Weil dem im Privat- wie im öffentlichen Recht grundsätzlich nur inter partes wirkenden Vertrag die häufig generelle und immer heteronome Wirkung von Rechtsnormen fremd ist, bedarf es jedoch einer gesetzlichen Anordnung um die unmittelbare und zwingende Wirkung zu erzeugen.[102] Durch den gesetzlichen Geltungsbefehl in § 77 Abs. 4 S. 1 BetrVG erlangen Betriebsvereinbarung und Sozialplan Heteronomität und können einen offenen Kreis Dritter binden. Dass er typischerweise als Kompromiss gegensätzlicher Positionen zweier

---

[97] *Jellinek*, Gesetz und Verordnung, S. 238 f.; im Ergebnis ähnlich *Kirchhof*, Private Rechtsetzung, S. 64 ff.

[98] *Kirchhof*, Private Rechtsetzung, S. 60 ff.; vgl. auch *Säcker*, Gruppenautonomie, S. 110 ff.; *Waltermann*, Rechtsetzung, S. 93 f.

[99] Vgl. ausführlich *Kreutz*, Betriebsautonomie, S. 51 ff.; GK-*Kreutz* § 77 Rn. 214 ff.; *Waltermann*, Rechtsetzung, S. 86 ff. m. w. N.

[100] Vgl. *Fitting* § 77 Rn. 125; GK-*Kreutz* § 77 Rn. 216; *Richardi-Richardi* § 77 Rn. 124.

[101] Ausführlich dazu *Kirchhof*, Private Rechtsetzung, S. 212 ff.; *Waltermann*, Rechtsetzung, S. 92 ff. m. w. N.; *Wiedemann*, Festschrift für Dieterich, S. 661, 680; so wohl auch BVerfG v. 23.04.1986, BVerfGE 73, 261, 271 f.; a. A. *Kreutz*, Betriebsautonomie, S. 76 ff., der die Kategorie der privatheteronomen Rechtsgeschäfte einführt; wenig überzeugend unter Hinweis auf das Fehlen einer ausdrücklichen Bezeichnung der Betriebsvereinbarung als Rechtsnorm im BetrVG *Hanau*, RdA 1989, S. 207 ff.; zurückhaltender ErfK-*Hanau/Kania* § 77 BetrVG Rn. 2.

[102] *Kirchhof*, Private Rechtsetzung, S. 92; *Waltermann*, Rechtsetzung, S. 96 ff.

Normsetzer zustande kommt und nicht als Mehrheitsentscheidung eines Gremiums entsteht, gibt dem kollektiven Normenvertrag sein besonderes Gepräge.[103]

3. Die Legitimation der Rechtsetzungsmacht der Betriebspartner

Die Besonderheit liegt bei der umstrittenen Frage nach der Legitimation des betrieblichen Rechtssetzers darin, dass sowohl der Sozialplan als auch die Betriebsvereinbarung als privatrechtlicher Vertrag Normen hervorbringen, deren Geltung nicht individualrechtlich-privatautonom erklärt werden können.[104]

Die inzwischen wohl als überholt anzusehende Lehre von der originären Rechtsetzungsmacht[105] ging davon aus, dass der Betrieb als Verband von sich aus objektives Recht setzen könne. Anders die Tatbestandstheorie[106], die im Abschluss der Betriebsvereinbarung nur ein Tatbestandselement des § 77 Abs. 4 S. 1 BetrVG sieht. Die in den Arbeitsverhältnissen eintretende Wirkung der Betriebsvereinbarung soll unmittelbar auf dieses staatliche Gesetz zurückzuführen sein. Damit ist die Tatbestandstheorie – je nachdem, wie sie verstanden wird – privatrechtsdogmatisch und verfassungsrechtlich ohne Erklärungswert oder unhaltbar und wird deshalb allgemein verworfen.[107] Besagt sie, dass Rechtsfolgen letztlich auf die gesetzliche Anordnung zurückgehen, vermag sie zur Problemlösung nicht beizutragen.[108] Besagt sie, dass die betriebliche Normsetzung als unmittelbare staatliche Gesetzgebung kraft Verweisung anzusehen ist, so wäre § 77 Abs. 4 S. 1 BetrVG verfassungswidrig. Eine dynamische Verweisung, durch die das in Bezug genommene Regelwerk zum Bestandteil des staatlichen (Bundes-) Rechts werden soll, ist nur dann zulässig, wenn die in Bezug genommenen Regelungen bei Inkrafttreten der Verweisungsnorm im Wesentlichen feststehen und ihr Inhalt in Zukunft keinen entscheidenden Veränderungen unterworfen ist.[109] Wenn diese Voraussetzungen wie bei der Verweisung auf unzählige in der Zukunft abzuschließende Betriebsvereinbarungen und Sozialplänen nicht erfüllt sind, verletzt der Gesetzgeber das im Gesetzesvorbehalt in Art. 20 Abs. 3 GG enthaltene Gebot, demzufolge er alle wesentlichen Entscheidungen selbst treffen muss.

---

[103] *Waltermann*, Rechtsetzung, S. 97.
[104] GK-*Kreutz* § 77 Rn. 220.
[105] Vgl. *Gierke*, Deutsches Privatrecht, S. 119 ff., 142 ff., 150 f.; *Herschel*, Verhandlungen des 46. DJT 1966, Band II, S. D 7, D 11, D 16; zur Kritik an der Lehre von der originären Rechtsetzungsmacht vgl. *Waltermann*, Rechtsetzung, S. 112 f. m. w. N. in Fn. 58.
[106] *Bickel*, ZfA 1971, S. 181, 193 ff.
[107] Vgl. auch *Kreutz*, Betriebsautonomie, S. 41, Fn. 1; GK-*Kreutz* § 77 Rn. 221; *Nebel*, Betriebsvereinbarung, S. 172 jeweils m. w. N.; *Waltermann*, Rechtsetzung, S. 143 f. Fn. 6.
[108] So auch *Waltermann*, Rechtsetzung, S. 143 f. Fn. 6.
[109] Vgl. dazu *Schmidt-Bleibtreu/Klein*, GG, Art. 20 Rn. 36 m. w. N.

Die in ihren Einzelheiten unterschiedlichen Delegationstheorien[110] führen die betriebliche Rechtsetzung auf eine Delegation von Rechtsetzungsmacht durch den Staat zurück. Gestritten wird über die Frage, ob es sich um eine öffentlich-rechtlich hoheitliche[111] oder eine privatrechtlich autonome[112] Rechtsetzungsbefugnis handelt.
Kreutz[113] bestreitet die Möglichkeit einer Delegation von Rechtsetzungsbefugnissen auf die Betriebspartner. Seiner Ansicht nach verbietet das Rechtsstaatsprinzip eine „Rückverlagerung staatlicher Rechtsetzungsgewalt in die Gesellschaft". Der Staat dürfe nicht „Staatsgewalt" und damit einen Teil „von sich selbst" gesellschaftlichen Gruppen ausliefern, was „eine partielle Abdankung des staatlichen Gesetzgebers" bedeute. Daher könne es sich bei den Normen der Betriebsvereinbarung nicht um Rechtsnormen im Sinne der staatlichen Rechtstheorie handeln. Die daraus eigentlich folgende Verfassungswidrigkeit des § 77 Abs. 4 S. 1 BetrVG wegen eines Verstoßes gegen das Rechtsstaatsprinzip vermeidet *Kreutz*[114], indem er mit den privatheteronomen Rechtsgeschäften neben den Rechtsnormen und den privatautonomen Rechtsgeschäften eine dritte Kategorie einführt.

Nach der Ansicht von *Waltermann*[115] liegt sowohl den Delegationstheorien als auch der *Kreutzschen* Ausweichlösung[116] die fälschliche Annahme eines Rechtsetzungsmonopols des Staates zugrunde. Tatsächlich ist die Befugnis Recht zu erzeugen keineswegs in allen Lebensbereichen das exklusive Recht des Staates.[117] Das Gewaltmonopol führt nicht zu einem umfassenden Rechtsetzungsmonopol in dem Sinne, dass Regelbildung nur vom Staat vorgenommen werden

---

[110] Vgl. die Darstellung der verschiedenen Delegationstheorien bei *Bickel*, ZfA 1971, S. 181, 183 ff. und GK *Kreutz* § 77 Rn. 223 ff.

[111] Vgl. z. B. *Adomeit*, Rechtsquellenfragen, S. 136 ff.

[112] *Säcker*, Gruppenautonomie, S. 344 f., spricht in diesem Zusammenhang von einer Autonomieermächtigung; *Kreutz*, Betriebsautonomie, S. 77 nennt diese Richtung die „Theorie delegierter Autonomie".

[113] *Hönn*, Vertragsparität, S. 213; *Kreutz*, Betriebsautonomie, S. 76 ff., zusammenfassend S. 98.

[114] *Kreutz*, Betriebsautonomie, S. 99 ff., besonders S. 105.

[115] *Waltermann*, Rechtsetzung, S. 99 ff., insbeS. S. 122 ff.

[116] *Waltermann* (Rechtsetzung, S. 133; ebenso *Kreutz*, Betriebsautonomie, S. 111) weist aber auch darauf hin, dass die rechtliche Beurteilung der Betriebsvereinbarung, was die Konsequenzen ihres Fremdbestimmungscharakters angeht, nicht von der Einordnung als privatheteronomes Rechtsgeschäft oder als Rechtsnorm abhängt. Die Möglichkeit rechtlicher Fremdbestimmung resultiert aus einem staatlichen Gesetz und muss als solche nach beiden Ansichten mit der Verfassung in Einklang stehen.

[117] So auch BVerfG v. 09.05.1972, BVerfGE 33, 125, 156 f.; *Kirchhof*, Private Rechtsetzung, S. 107 ff.; *Meyer-Cording*, Rechtsnormen, S. 39 ff.; *Nebel*, Betriebsvereinbarung, S. 192 f.; *Schnorr*, Rechtsquellen, S. 47 ff.; *Waltermann*, Rechtsetzung, S. 123.

darf.[118] Die Monopolisierung der Rechtserzeugung beim Staat ist auch nicht durch die Verfassung geboten. Das Demokratieprinzip fordert lediglich eine - mehr oder weniger enge – Anbindung autonomer Rechtsetzung an den Staat[119]. Nach dem Grundgesetz ist die BRD ein freiheitlich-demokratischer Rechtsstaat. Strukturelement ihrer Gesellschafts- und Rechtsordnung ist der Pluralismus. Er beruht auf dem Gedanken, gesellschaftliche Kräfte zu aktivieren und gesellschaftlichen Gruppen die Regelung von Angelegenheiten zu übertragen, die sie besonders sachkundig beurteilen können.[120] Ein Beispiel ist die verfassungsrechtlich garantierte Selbstregelungsbefugnis der Tarifpartner. Der Staat ist zwar Träger der Rechtsordnung, nicht aber ihr einziger Rechtsetzer. Ihm kommt kein Rechtsetzungs- sondern ein Rechtsanerkennungsmonopol zu. Der Staat entscheidet, ob und inwieweit von Privaten gesetzte Rechtsnormen anzuerkennen sind. Er erlässt das System der Gesamtrechtsordnung und gewährleistet die Einheitlichkeit des Rechtssystems. Er regelt die Voraussetzungen der Anerkennung autonomer Rechtsschöpfung und sorgt für deren Durchsetzung, wobei er an rechtsstaatliche Grundsätze gebunden ist.[121] Alles positive Recht muss auf die Autorität des Staates zurückgeführt werden. Von Privaten gesetztes Recht kann nur mit Hilfe eines staatlichen Geltungsbefehls Rechtsnorm sein.[122]

Es stellt sich aber die Frage, ob die den Betriebspartnern übertragenen Aufgaben nicht doch in den Bereich fallen, in dem auch die Rechtsetzung und nicht nur die Rechtsanerkennung dem Staat zusteht. Die Aufgaben der Betriebspartner ergeben sich nicht wie die der Tarifpartner aus der Verfassung, sondern beruhen auf der einfachgesetzlichen Grundlage des BetrVG. Grundsätzlich steht die Begründung, die Beendigung und die inhaltliche Gestaltung von Arbeitsverhältnissen den Parteien des Arbeitsvertrages im Rahmen ihrer Vertragsfreiheit als Teil der Privatautonomie zu (Art. 2 Abs. 1, 12 Abs. 1 GG). In diesen Bereich fallen auch die als soziale, personelle und wirtschaftliche Angelegenheiten bezeichneten Aufgabenfelder der Betriebspartner. Aufgabe des Staates ist es dagegen, grundrechtssichernd tätig zu werden, und in Erfüllung des Sozialstaatsgedankens zu gewährleisten, dass die abhängig Beschäftigten ihre Vertrags- und Berufsfreiheit

---

[118] *Kirchhof*, Private Rechtsetzung, S. 119 ff.; *Nebel*, Die Normen des Betriebsverbandes, S. 192 f.; *Waltermann*, Rechtsetzung, S. 123.

[119] Dazu *Waltermann*, Rechtsetzung, S. 148 ff.; BVerfG v. 09.05.1972, BVerfGE 33, 125, 158 ff.

[120] *Schnorr*, Rechtsquellen, S. 26, 31 ff.; *Waltermann*, Rechtsetzung, S. 123; BVerfG v. 09.05.1972, BVerfGE 33, 125, 156 f. m. w. N.; BVerfG v. 27.02.1973, BVerfGE 34, 307.

[121] *Kirchhof*, Private Rechtsetzung, S. 133 ff.; *Waltermann*, Rechtsetzung, S. 123 f.; *Zöllner*, Rechtsnatur, S. 14.

[122] *Kirchhof*, Private Rechtsetzung, S. 133 ff., 134 m. w. N. in Fn. 120; *Waltermann*, Rechtsetzung, S. 124 Fn. 114; dies ist wohl auch die Ansicht des BVerfG, vgl. BVerfG v. 27.02.1973, BVerfGE 34, 307, 317 und BVerfG v. 24.05.1977, BVerfGE 44, 322, 345 ff.

unter angemessenen Bedingungen ausüben können.[123] Die Aufgabe des Staates ist demnach die Organisation der Betriebsverfassung und nicht die Regelung der betrieblichen Angelegenheiten im Einzelnen. Die Kompetenzen der Betriebspartner gehören somit nicht in einen dem Staat zur Regelung zugewiesenen Bereich.

Vor diesem Hintergrund kann hinsichtlich der Regelungsmacht der Betriebspartner von einer echten Delegation hoheitlicher Befugnisse nicht die Rede sein.[124] Es fragt sich, ob nicht schon das Etikett der Theorie delegierter Autonomie einen inneren Widerspruch offenbart.[125] Jedenfalls kann auch von einer Delegation im weiteren Sinne nicht gesprochen werden, weil Regelbildung in betrieblichen Angelegenheiten nicht Sache des Staates[126] sondern der Arbeitsvertragsparteien ist. Die in der Regelungskompetenz der Betriebspartner liegende Beschränkung der Vertragsautonomie wird in Anwendung der Schutzpflichtenlehre zugelassen und dient der Gewährleistung des Grundrechtsschutzes im Arbeitverhältnis.[127] Der Staat genügt seinen grundgesetzlichen Pflichten durch die Errichtung einer der Wertordnung des Grundgesetzes entsprechenden Ordnung der Betriebsverfassung. Die Kompetenz dazu folgt aus Art. 74 Nr. 12 GG.[128]

4. Zwischenergebnis

Es handelt es sich bei der Betriebsvereinbarung wie beim Sozialplan um Rechtsnormen privatrechtlicher Natur, die zweiaktig durch den Vertragsschluss zwischen den Betriebspartnern und die staatliche Geltungsanordnung in § 77 Abs. 4 S. 1 BetrVG entstehen. Die Geltungsanordnung beinhaltet nicht die Delegation staatlicher Rechtsetzungsmacht, sondern die Zuordnung eines Autonomiebereichs. Die Betriebspartner setzen Recht, das der Staat anerkennt. Aus der Tatsache, dass der Staat dabei an grundgesetzliche Vorgaben gebunden ist, ergeben sich bestimmte Anforderungen und Schlussfolgerungen hinsichtlich der Rechtsetzungsbefugnis der Betriebspartner, die an dieser Stelle noch nicht Thema sein sollen. Der Betriebsrat kann als ein innerhalb der Betriebsverfassung vom Gesetz mit bestimmten Aufgaben und Befugnissen ausgestatteter Funkti-

---

[123] Vgl. BVerfG v. 06.10.1987, BVerfGE 77, 84, 116 f.; *Waltermann*, Rechtsetzung, S. 127 m. w. N. in Fn. 126; vgl. dazu auch *Hänlein*, RdA 2003, S. 26, 29 f., der die betriebliche Rechtsetzungsmacht als durch den Arbeitsvertrag ergänzt durch die Betriebsratswahl legitimiert ansieht.

[124] *Waltermann*, Rechtsetzung, S. 126 ff.

[125] Vgl. *Waltermann*, Rechtsetzung, S. 128.

[126] *Schnorr*, Rechtsquellen, S. 31 f.; nach Ansicht *Waltermanns* (Rechtsetzung, S. 129) kann auch dann nicht von einer Delegation gesprochen werden, wenn der Staat in Fällen, in denen die Sache an sich in seine Regelungszuständigkeit fällt, gesellschaftlichen Kräften Autonomie zugesteht, wie z. B. im Fall der Universitäten und der Sozialversicherungsträger.

[127] Vgl. stellvertretend *Waltermann*, Rechtsetzung, S. 145.

[128] *Waltermann*, Rechtsetzung, S. 128 ff.

onsträger nur im Rahmen seiner Zuständigkeit und nur in der gesetzlich vorgesehenen Weise mit Rechtswirkung für die der Betriebsvereinbarung unterworfenen Arbeitnehmer tätig werden.[129] Es besteht keine Vertragsfreiheit.

VI. Unterschiede zwischen Sozialplan und Betriebsvereinbarung

1. Der Regelungsgegenstand

Ein erster wichtiger Unterschied zwischen Betriebsvereinbarung und Sozialplan liegt in den unterschiedlichen Regelungsgegenständen beider Vereinbarungen. Das Betriebsverfassungsgesetz enthält zur Frage der durch Betriebsvereinbarung regelbaren Gegenstände, anders als das TVG (§ 1 Abs. 1) und das Sprecherausschussgesetz (§ 28 Abs. 1) keine allgemeine Regel (Ausnahme: § 115 Abs. 7 Nr. 3 BetrVG für Bordvereinbarungen). Es beschränkt im Unterschied zu § 73 BPersVG die Betriebsvereinbarung auch nicht auf Angelegenheiten, in denen das Gesetz sie ausdrücklich vorsieht. Allerdings wird in § 77 Abs. 3 BetrVG die Regelungszuständigkeit der Betriebspartner im Hinblick auf die Tarifautonomie begrenzt. Nach überwiegender Ansicht soll, soweit § 77 Abs. 3 BetrVG nicht eingreift, jede gem. § 1 Abs. 1 TVG durch Tarifvertrag regelbare Angelegenheit Gegenstand von Betriebsvereinbarungen sein können.[130] Auch aus der nur beispielhaften Aufzählung in § 88 BetrVG wird abgeleitet, dass eine Betriebsvereinbarung grundsätzlich alle sozialen Angelegenheiten, d. h. alle formellen und materiellen Arbeitsbedingungen im weitesten Sinne regeln könne.[131]

Kreutz[132] folgert den Regelungsgegenstand der Betriebsvereinbarung ausschließlich aus § 77 Abs. 3 und Abs. 4 S. 1 BetrVG und sieht deshalb nur normativ wirkende Regelungen über Rechte und Pflichten der Arbeitsvertragsparteien als zulässigen Inhalt einer Betriebsvereinbarung an, nicht aber Regelungen über betriebliche oder betriebsverfassungsrechtliche Angelegenheiten oder die Festlegung schuldrechtlicher Verpflichtungen der Betriebspartner. *Richardi*[133] dagegen ist der Ansicht, dass den Betriebspartnern die Regelung materieller Arbeitsbedingungen, d. h. die Bestimmung des Verhältnisses zwischen Arbeitsleistung

---

[129] Vgl. *Fitting* § 77 Rn. 45; *Richardi-Richardi* § 77 Rn. 66 m. w. N.; *Säcker*, Gruppenautonomie, S. 342 f.

[130] So ausdrücklich BAG v. 07.11.1989, BAGE 63, 211, 216; *Fitting* § 77 Rn. 46 f. m. w. N.; *Hess/Schlochauer/Glaubitz-Hess* § 77 Rn 16; *Kreutz*, Betriebsautonomie, S. 206 ff.; *Säcker*, Gruppenautonomie, S. 342 ff.; *Wollgast*, Betriebsvereinbarungen, S. 127 ff. m. w. N.; krit. *Richardi* § 77 Rn. 66 f. m. w. N.; kritische Darstellung des Meinungsstandes auch bei *Waltermann*, Rechtsetzung, S. 18 ff.

[131] *Hess/Schlochauer/Glaubitz-Hess* § 77 Rn. 16; *Säcker*, Gruppenautonomie, S. 343 ff.; *Wollgast*, Betriebsvereinbarungen, S. 128 m. w. N.; a. A. *Birk*, ZfA 1986, S. 73, 80.

[132] Vgl. GK-*Kreutz* § 77 Rn. 187 ff.; *ders.*, Betriebsautonomie, S. 206 ff.

[133] *Richardi*, Kollektivgewalt, S. 319 ff.; MünchArbR-*Richardi*, Bd. I, § 12 Rn. 23 ff.

und Arbeitsentgelt, nicht zustehe. Voraussetzung für die Regelungsbefugnis sei, dass der Arbeitgeber ansonsten ein einseitiges Leistungsbestimmungsrecht inne habe.

Nach allen Ansichten beziehen sich die möglichen Regelungsgegenstände der Betriebsvereinbarung auf den Betrieb in seiner statischen und dynamischen Komponente als seinem typischen Erscheinungsbild. Personelle Angelegenheiten sind regelmäßig nicht Gegenstand von Betriebsvereinbarungen (vgl. die §§ 99 ff. BetrVG), wenn das auch nicht völlig ausgeschlossen ist (vgl. § 102 Abs. 6 BetrVG[134]). Im Gegensatz dazu stellt die Betriebsänderung als Voraussetzung des Sozialplans gerade eine Umgestaltung des typischen Erscheinungsbildes des Betriebes dar, mit der Entlassungen oder andere Folgen personeller Art verbunden sind.[135] Vor allem wenn die Betriebsänderung Entlassungen zur Folge hat, ist schon fraglich, ob überhaupt noch von der Regelung von Arbeitsbedingungen die Rede sein kann.

Ein weiterer und überaus bedeutsamer Unterschied besteht darin, dass bei der Regelung materieller Arbeitsbedingungen durch eine erzwingbare Betriebsvereinbarung der Betriebsrat nicht über die Höhe des Sozialleistungsvolumens mitbestimmen kann. Selbst im Rahmen der Mitbestimmung gem. § 87 Abs. 1 BetrVG können grundsätzlich keine zusätzlichen Leistungspflichten des Arbeitgebers erzwungen werden.[136] Der Sozialplan dient dagegen in erster Linie der Festlegung des Sozialplanvolumens. Er regelt für die betroffenen Arbeitnehmer den Ausgleich bzw. die Milderung wirtschaftlicher Nachteile und begründet dabei individuelle Ansprüche. Dadurch gewinnt der Sozialplan eine Bedeutung, die Betriebsvereinbarungen fremd ist. Eine Folge davon ist beispielsweise das besondere Gewicht des Vertrauensschutzes bei Sozialplanänderungen.[137]

2. Die Zielsetzungen von Sozialplan und Betriebsvereinbarung

Von Bedeutung für die Frage nach der Übertragbarkeit von Regelungen aus dem Recht der Betriebsvereinbarung auf den Sozialplan sind auch die Zielsetzungen der beiden Normenverträge. Da der Zweck des Sozialplans darüber hinaus bei vielen anderen mit der Beendigung und Abänderung von Sozialplänen verbundenen Rechtsproblemen eine große Rolle spielt, ist eine eingehende Untersuchung auch für andere, später auftauchende Fragen notwendige Vorarbeit.

---

[134] Mit der dort genannten Vereinbarung ist nach überwiegender Ansicht eine Betriebsvereinbarung gemeint, vgl. *Fitting* § 102 Rn. 124; *Waltermann*, Rechtsetzung, S. 10.

[135] GK-*Fabricius* §§ 112, 112a Rn. 62, 6. Aufl.

[136] Vgl. stellvertretend *Fitting* § 87 Rn. 441, 514 ff. m. w. N.; a. A. *Buchner*, SAE 1972, S. 69, 70.

[137] *Däubler*, NZA 1985, S. 545, 549; *Naendrup*, AuR 1984, S. 193, 197 f.

a) Der Zweck der Betriebsvereinbarung

Gegenstand der folgenden Erörterungen ist nicht die instrumentale Bedeutung der Betriebsvereinbarung im System der Betriebsverfassung, sondern ihre Eigenbedeutung. Der Zweck der verschiedenen Betriebsvereinbarungen ergibt sich aus den jeweiligen Befugnisnormen des Betriebsverfassungsgesetzes oder der Vereinbarung selbst. Wegen der Vielfalt der mit den möglichen Regelungen verfolgten ganz konkreten Ziele ist hier auf den übergeordneten Zweck der Betriebsvereinbarung abzustellen.

Vor allem *Canaris*[138] schreibt der Betriebsvereinbarung eine Schutz- und Ordnungsfunktion zu. Der Differenzierung zwischen Schutz- und Ordnungsfunktion soll die Unterscheidung zwischen formellen und materiellen Arbeitsbedingungen dienen. Formelle Arbeitsbedingungen sind diejenigen, die mit der Ordnung des Betriebes und dem Verhalten der Arbeitnehmer im Betrieb zusammenhängen.[139] Materielle Arbeitsbedingungen bestimmen dagegen das Verhältnis von Arbeitsleistung und Arbeitsentgelt.[140] Ein überragendes betriebliches Interesse an einer einheitlichen Ordnung besteht nach der Auffassung von *Canaris* vorwiegend bei den formellen Arbeitsbedingungen; hier habe deshalb das Ordnungsprinzip Vorrang. Im Gegensatz dazu herrsche bei den materiellen Arbeitsbedingungen ein geringeres Interesse an Einheitlichkeit, weshalb die Schutzfunktion im Vordergrund stehe.[141]

Im Gegensatz dazu schreibt *Kreutz*[142] der Betriebsvereinbarung keinerlei Ordnungsfunktion zu. Seiner Ansicht nach ist der alleinige Zweck der Betriebsvereinbarung der Schutz der Arbeitnehmer. Dennoch unterscheidet auch er zwischen formellen und materiellen Arbeitsbedingungen. Im Bereich der materiellen Arbeitsbedingungen werde die Schutzbedürftigkeit der Arbeitnehmer durch die fehlende Verhandlungsparität hervorgerufen. Letztere werde durch die Mitbestimmungsrechte des Betriebsrates wenigstens teilweise ausgeglichen. Bei formellen Arbeitsbedingungen verursache dagegen die dort an sich bestehende Alleinbestimmungsmacht des Arbeitgebers durch das Direktionsrecht ein Schutzbedürfnis, dem schon durch den bloßen Abschluss von Betriebsvereinbarungen unabhängig von deren konkretem Inhalt Genüge getan werde.

---

[138] *Canaris*, AuR 1966, S. 129 ff.

[139] *Richardi*, Kollektivgewalt, S. 319.

[140] *Richardi*, Kollektivgewalt, S. 319.

[141] *Canaris*, AuR 1966, S. 129 ff.

[142] *Kreutz*, Betriebsautonomie, S. 225 ff.; GK-*Kreutz* § 77 Rn. 316.

b) Der Zweck des Sozialplans

Nach dem Wortlaut des § 112 Abs. 1 S. 2 BetrVG dient der Sozialplan dem Ausgleich oder der Milderung der wirtschaftlichen Nachteile, die den Arbeitnehmern infolge der geplanten Betriebsänderung entstehen. Wie jeder Rechtsnorm ist dem Sozialplan jedoch mehr als ein Zweck zuzuordnen. Es gibt nähere, entferntere, niedere und höhere Zwecke. Der Begriff des Zweckes erstreckt sich dem Inhalt nach vom konkreten realen Effekt bis hin zu abstrakten und ideellen Zielen, wie z. B. der Wahrung der Rechtssicherheit, der Aufrechterhaltung der öffentlichen Ordnung etc.[143] Interessant ist im vorliegenden Zusammenhang das dem Ausgleich oder der Milderung von wirtschaftlichen Nachteilen übergeordnete Ziel. *Fabricius*[144] definiert wie folgt: „Zweck ist das aus dem Wortlaut der gesetzlichen Vorschrift, ihrem Zusammenhang mit anderen Vorschriften desselben Gesetzes oder auch sonstiger Vorschriften der Rechtsordnung sich ergebende, über den Inhalt des Wortlautes hinausgehende gesellschaftspolitische (rechts-, wirtschafts-, sozial- oder kulturpolitische) Ziel einer gesetzlichen Vorschrift oder auch eines Gesetzes, das in manchen Rechtsordnungen nicht selten in einer Präambel zum Ausdruck gebracht wird." Im Sozialplanrecht ist die Frage zu entscheiden, ob es sich beim Ausgleich bzw. der Milderung der wirtschaftlichen Nachteile der Arbeitnehmer um eine vergangenheitsorientierte Entschädigung für den Verlust des Arbeitsplatzes, eine Entlohnung für bereits geleistete Dienste und erbrachte Betriebstreue oder um eine zukunftsorientierte Vorsorge für kommende schwierige Zeiten und damit zusammenhängend um eine im Allgemeininteresse liegende Entlastung öffentlicher Kassen handelt.

Ein beachtlicher Teil der Literatur[145] hängt der von *Richardi*[146] begründeten Entschädigungstheorie an. Die Abfindung ist nach dieser ehemals auch vom Großen Senat des BAG[147] vertretenen Ansicht Ausgleich für den Verlust des Arbeitsplatzes und die im Laufe des Arbeitsverhältnisses erworbenen Vorteile (Be-

---

[143] Vgl. *Engisch*, Einführung in das juristische Denken, S. 96.

[144] GK-*Fabricius* § 111 Rn. 26, 6. Aufl.

[145] *Fuchs*, Sozialplan, S. 28 ff.; *Hanau*, ZfA 1974, S. 89, 100 ff.; *Heinze*, DB 1974, S. 1814, 1817; *ders.*, NJW 1980, S. 145, 147; *von Hoyningen-Huene*, Anm. zu BAG v. 19.07.1995, AP BetrVG 1972 § 112 Nr. 96, Bl. 4 f.; *ders.*, RdA 1986, S. 102, 104; *Kreutz*, Festschrift für Wolf, S. 309, 320 ff.; *Ohl*, Sozialplan, S. 7 ff.; *ders.*, AuR 1980, S. 108, 110 ff.; *Richardi*, Sozialplan und Konkurs, S. 11 ff.; *derS.* DB 1967, Beilage 6, S. 6; *derS.* NZA 1984, S. 177, 181 f.; *Winderlich*, BB 1994, S. 2483, 2485.

[146] *Richardi*, Sozialplan und Konkurs, S. 13 ff.; *ders.*, DB 1976, Beilage 6, S. 6; *ders.*, NZA 1984, S. 177, 181 f.

[147] Nach Ansicht des BAG (GS) v. 13.12.1978, BAGE 31, 176, 206 f. erfüllen die Sozialplanleistungen einen doppelten Zweck. Neben der Entschädigungsfunktion soll ihnen auch eine auf die Zukunft gerichtete Überleitungs- und Vorsorgefunktion für die Zeit nach der Durchführung der Betriebsänderung zukommen, zust. *Grunsky*, RdA 1978, S. 174, 179 f.; *Heckelmann*, AR-Blattei, Sozialplan Rn. 1 f.

standsschutz, längere Kündigungsfristen, betriebliche Sozialleistungen, Aufstiegschancen ...). Zur Begründung wird vor allem auf § 113 BetrVG verwiesen, der jede Entlassung als wirtschaftlichen Nachteil ansehe.[148] Gegenstand des § 113 BetrVG ist jedoch nicht der Sozialplan sondern der Nachteilsausgleich. In § 113 BetrVG enthaltene Wertungen sind deshalb auf den Sozialplan nicht unmittelbar übertragbar.[149] Die in Bezug genommene Wertung findet ihre Begründung in der Lenkungsfunktion des § 113 BetrVG[150]. § 113 BetrVG knüpft undifferenziert an jede Entlassung an, um den Arbeitgeber zum Versuch eines Interessenausgleichs mit dem Betriebsrat bzw. zum Festhalten an der getroffenen Regelung anzuhalten. Da dem Sozialplan eine solche Sanktionsfunktion fehlt, kann § 113 Abs. 1 BetrVG argumentativ nicht für die Annahme einer Entschädigungsfunktion des Sozialplans verwendet werden.

Richardi[151] argumentiert weiter, der Arbeitnehmer habe „durch seine Arbeitsleistung einen Beitrag für den Erfolg des Unternehmens geleistet, der mit dem Arbeitsentgelt noch nicht abgegolten“ sei. Diese Argumentation zeigt, dass die vergangenheitsorientierte Entschädigungstheorie eng mit der ebenfalls vergangenheitsorientierten Entgelttheorie[152] verwandt ist. Eine Entgeltfunktion der Sozialplanabfindung wird auf verschiedenen Wegen begründet. *Körnig*[153] vertritt die Auffassung, die Zahlungen aus dem Sozialplan stünden im Synallagma zur Gesamtarbeitsleistung der Arbeitnehmer. Es handele sich um vorenthaltenen Arbeitslohn. Der Sozialplan rechne die aus der Verwertung des Arbeitsplatzes fließenden Leistungen ab. *Dorndorf*[154] sieht in den Sozialplanleistungen ein Entgelt für die vom Arbeitnehmer erbrachte Eingliederungsleistung. *Ohl*[155] ist der Ansicht, die Arbeitnehmer hätten einen Anspruch auf Teilhabe am wirtschaftlichen Erfolg des Unternehmens, der durch die positiven Auswirkungen der Betriebsänderung entstehe.

Auch diesem Ansatz muss die Gefolgschaft verweigert werden. Nach dem Wortlaut des Gesetzestextes sollen wirtschaftliche Nachteile ausgeglichen oder gemildert werden. Die Sozialplanleistungen stehen demnach nicht im Zusammenhang mit den wirtschaftlichen Vorteilen, die der Arbeitgeber durch die

---

[148] *Von Hoyningen-Huene*, RdA 1986, S. 102, 104; *Kreutz*, Festschrift für Wolf, S. 309, 320 ff.; *Richardi*, Sozialplan und Konkurs, S. 17.
[149] *Hanau*, ZfA 1974, S. 89, 102.
[150] Vgl. zum Sanktionszweck des § 113 *Fitting* § 113 Rn. 2.
[151] *Richardi*, Sozialplan und Konkurs, S. 13 ff.; *ders.*, DB 1976, Beilage 6, S. 6; *ders.*, NZA 1984, S. 177, 181 f.
[152] Vgl. *Beuthien*, Sozialplan, S. 29; *Dorndorf*, Sozialplan und Konkurs, S. 12 ff.; *Heinze*, DB 1974, S. 1814, 1817; *Körnig*, DB 1975, S. 1411 ff.; *Ohl*, Sozialplan, S. 6; einschränkend *Schlüter*, Sozialplanansprüche, S. 36 f.
[153] *Heinze*, DB 1974, S. 1814, 1817; *Körnig*, DB 1975, S. 1411 ff.
[154] *Dorndorf*, Sozialplan und Konkurs, S. 12 ff.
[155] *Ohl*, Sozialplan, S. 6; ähnlich *Beuthien*, Sozialplan, S. 29.

Durchführung der Betriebsänderung unter Umständen gewinnt. Überdies werden Betriebsänderungen häufig nicht eine den Gewinn steigernde Umstrukturierung, sondern eine den bisherigen Gewinn sichernde oder sogar eine nur den Ruin abwendende Umstrukturierung bezwecken.[156] Hinweise auf eine Entgeltfunktion der Sozialplanleistungen sind ebenfalls nicht vorhanden. Von Arbeitsentgelt im engeren Sinne eines im Synallagma stehenden pro rata temporis verdienten Entgelts kann bei den im Nachhinein vom Ermessen der Betriebspartner abhängigen Sozialplanabfindungen nicht die Rede sein. Auch eine Einordnung als Arbeitsentgelt im weiteren Sinne[157] bzw. als Nebenleistung zum Arbeitsentgelt[158] kann nicht befürwortet werden.[159] Als Arbeitsentgelt im weiteren Sinne ist eine Leistung zu verstehen, die mit Rücksicht auf das bestehende Arbeitsverhältnis und die vom Arbeitnehmer insgesamt erbrachte Leistung gewährt wird und infolgedessen wie das Arbeitsentgelt im engeren Sinne eine Gegenleistung für erbrachte Leistungen des Arbeitnehmers darstellt.[160] Wäre die Sozialplanleistung aber eine Gegenleistung für die vom Arbeitnehmer in der Vergangenheit in das Unternehmen eingebrachte Arbeitsleistung oder eine Entschädigung für den Verlust des Arbeitsplatzes, so ließe sich nicht erklären, warum die aus sonstigen betriebsbedingten Gründen entlassenen Arbeitnehmer keine Abfindung beanspruchen können.[161]

In einer Entscheidung vom 10.08.1994 spricht das BAG[162] von einer „quasisynallagmatischen“[163] Verknüpfung zwischen der Hinnahme der Betriebsänderung durch die Arbeitnehmer und den Sozialplanleistungen. Sinn der Sozialplanleistungen sei aus der Sicht des Arbeitgebers vor allem die Förderung der Akzeptanz der Betriebsänderung, um diese möglichst störungsfrei durchführen zu können. Der Sozialplan lege gewissermaßen das "soziale Entgelt" dafür fest, dass die unternehmerische Entscheidungsfreiheit des Arbeitgebers im Hinblick

---

[156] *Durchlaub*, DB 1980, S. 496, 496 f.; *Schlüter*, Sozialplanansprüche, S. 36.

[157] Vgl. die BAG-Entscheidungen v. 24.10.1990, DB 1991, 446, 447 und 868, 868. Dort ist mit Entgelt im weiteren Sinne eine Leistung bezeichnet, die nicht lediglich die Entlohnung erbrachter Arbeitsleistung zum Gegenstand hat. Konkret geht es in den Entscheidungen um Leistungen mit Mischcharakter bzw. Gratifikationen, die neben der geleisteten Arbeit auch oder nur die erwiesene Betriebstreue entlohnen.

[158] *Durchlaub*, DB 1980, S. 496, 497.

[159] Vgl. zum Entgeltcharakter von Abfindungen auch *Gagel/Vogt*, Beendigung, Rn. 97.

[160] Auch Gratifikationen u. ä. knüpfen mit der erbrachten Betriebstreue an eine Leistung des Arbeitnehmers an.

[161] *Richardi-Annuß* § 112 Rn. 54; *Beuthien*, Sozialpläne ohne Ende?, S. 73 ff.; *Galperin/Löwisch* § 112 Rn. 3; *Löwisch* in: Das Betriebsverfassungsgesetz auf dem Prüfstand, S. 57, 62; *Rumpff/Boewer*, Mitbestimmung, S. 365; *Wiedemann-Willemsen*, Anmerkung zu BAG v. 08.12.1976, AP Nr. 3 zu § 112 BetrVG 1972 Bl. 7 f.

[162] BAG v. 10.08.1994, BAGE 77, 313, 323.

[163] Begrifflichkeit von *von Hoyningen-Huene*, Anm. zu BAG v. 10.08.1994, AP Nr. 86 zu § 112 BetrVG 1972.

auf die Betriebsänderung unangetastet bleibe. Ein Entgeltcharakter des Sozialplans wird durch diese Ausführungen nicht begründet. Die Arbeitnehmer sind von Rechts wegen verpflichtet die Betriebsänderung hinzunehmen, eine ausgleichspflichtige Leistung liegt darin nicht.[164] Der Sozialplan dient auch nicht dazu, etwa nach Art eines Vergleichs im Wege gegenseitigen Nachgebens Zweifel oder Meinungsverschiedenheiten über die Rechtmäßigkeit der zur Durchführung der Betriebsänderung vorgenommenen arbeitsrechtlichen Maßnahmen zu beseitigen und ein Stillhalten der betroffenen Arbeitnehmer zu bewirken. Die Arbeitnehmer können sich gegen rechtswidrige Maßnahmen gerichtlich zur Wehr setzen. Insoweit bedarf es keines Sozialplans.[165] Der Sozialplanleistung kommt demnach, obwohl sie sicherlich zur Befriedung der betrieblichen Situation beiträgt, keine Entgeltfunktion zu.[166]

Vorrangig sind die vergangenheitsorientierten Theorien jedoch wegen der im Arbeitsverhältnis typischen Risikoverteilung abzulehnen. Das Arbeitsrecht, insbesondere das geltende Kündigungsschutzrecht bietet keinen Schutz gegen Kündigungen aus dringenden betrieblichen Erfordernissen. Die unternehmerische Freiheit bleibt im Kern unangetastet. Trotz der Bestandsschutzvorschriften des KSchG ist es dem Arbeitgeber prinzipiell erlaubt, aus betriebsbedingten Gründen Arbeitnehmer zu entlassen. Das KSchG sieht für diesen Fall auch keine Abfindungen vor. Hintergrund sind die Notwendigkeiten des marktwirtschaftlichen Systems. Selbst arbeitsvertraglich vereinbarte Abfindungsregelungen – wegen der typischen Überlegenheit des Arbeitgebers nur in Einzelfällen denkbar - würden, flächendeckend vereinbart, die Flexibilität der Arbeitgeber so stark beschränken, dass im Regelfall eine Anpassung an die sich wandelnden Verhältnisse und damit ein Überleben des Betriebes nicht mehr möglich wäre. Kennzeichnend für die Risikoverteilung im Arbeitsvertrag ist gerade die beidseitige Kündbarkeit.[167] Dem Absatzrisiko des Arbeitgebers steht das Arbeitsplatzverlustrisiko des Arbeitnehmers gegenüber. Dem entspricht es, wenn Abfindungen für ein entzogenes „Recht am Arbeitsplatz“ im Kündigungsschutzgesetz (§ 10) wie im Betriebsverfassungsgesetz (§ 113) nur bei rechtswidrigem Vorgehen des Arbeitgebers vorgesehen sind.[168] Es ist nicht anzunehmen, dass der Gesetzgeber durch die Institutionalisierung des Sozialplans mit diesem Grundsatz brechen wollte, zumal dadurch auch nur ein Teil aller betriebsbedingten Kündigungen erfasst würde. Die Theorie vom Entschädigungszweck des rechtmäßige

---

[164] Vgl. *von Hoyningen-Huene*, Anm. zu BAG v. 10.08.1994, AP Nr. 86 zu § 112 BetrVG 1972, der dem BAG im Ergebnis aber zustimmt.

[165] BAG v. 20.12.1983, AP Nr. 17 zu § 112 BetrVG 1972, Bl. 2 mit zust. Anm. von *von Hoyningen-Huene*.

[166] So jetzt auch ausdrücklich BAG v. 30.10.2001, Az. 1 AZR 65/01 n. v.; ähnlich *Luding*, Beendigung, S. 51 f.

[167] So auch *Beuthien*, ZfA 1982, S. 181 ff.

[168] *Hanau*, ZfA 1974, S. 89, 102; *Knorr*, Sozialplan, § 6 Rn. 21.

Maßnahmen betreffenden Sozialplans grenzt diesen deshalb auch nicht widerspruchsfrei von § 113 BetrVG ab.[169] Schließlich passt es zu einer vergangenheitsorientierten, auf Entschädigung für erlittenen Rechtsverlust hinauslaufenden Konzeption nicht, dass die Höhe und die Art der Sozialplanleistungen ins Ermessen der Betriebspartner gestellt sind.[170]

Gemäß dem Wortlaut der Legaldefinition in § 112 Abs. 1 S. 2 BetrVG soll der Sozialplan die wirtschaftlichen Nachteile ausgleichen oder abmildern, die den Arbeitnehmern infolge der geplanten Betriebsänderung entstehen. Diese Formulierung weist darauf hin, dass der Grund für die Einräumung von Sozialplanansprüchen zeitlich nur nach der Durchführung der Betriebsänderung liegen kann.[171] Darüber hinaus bringt die Formulierung zum Ausdruck, dass rein rechtliche Nachteile wie die Beendigung des Arbeitsverhältnisses als solche nicht ausreichen, sondern stets wirtschaftliche Nachteile erforderlich sind.[172] (Der Ausschluss immaterieller Nachteile verliert freilich an Bedeutung, wenn man den Verlust des Arbeitsplatzes per se als wirtschaftlichen Nachteil gelten lässt[173].) Eine allein zukunftsbezogene Betrachtung liegt weiterhin der durch Art. 2 Nr. 1 BeschFG 1985 geschaffenen Regelung des § 112 Abs. 5 BetrVG sowie den Bestimmungen über die Sozialplanpflicht in der Insolvenz zugrunde.[174] In den Materialien[175] zum Beschäftigungsförderungsgesetz von 1985 ist von einer „besonders schutzwürdigen Überbrückungsfunktion" des Sozialplans die Rede.

Die heute wohl überwiegende Ansicht in Rechtsprechung[176] und Literatur[177] geht denn auch von einer allein zukunftsorientierten Ausgleichs- und Überbrük-

---

[169] *Reuter*, Sozialplan, S. 13; *Rumpff/Boewer*, Mitbestimmung, S. 365.

[170] *Hanau*, ZfA 1974, S. 89, 102.

[171] *Richardi-Annuß* § 112 Rn. 53, 55; *Durchlaub*, DB 1980, S. 496, 496; *Willemsen*, Arbeitnehmerschutz, S. 210.

[172] *Richardi-Annuß* § 112 Rn. 53.

[173] So z. B. *Richardi*, Sozialplan und Konkurs, S. 13 ff.

[174] *Richardi-Annuß* § 112 Rn. 55; so auch ausführlich und mit vielen weiteren Nachweisen GK-*Fabricius* § 111 Rn. 24 ff., 6. Aufl.; *Knorr*, Sozialplan, § 6 Rn. 22; auch *Nick*, Konzernbetriebsrat, S. 206 f. geht davon aus, der Schwerpunkt der Regelung liege bei einem zukunftsorientierten Nachteilsausgleich.

[175] BT-DruckS. 10/2129, S. 6 rechts oben.

[176] BAG v. 23.08.1988, AP Nr. 46 zu § 112 BetrVG 1972, Bl. 4; BAG v. 26.06.1990, AP Nr. 56 zu § 112 BetrVG 1972; BAG v. 15.01.1991, AP Nr. 57 zu § 112 BetrVG 1972; BAG v. 28.10.1992, AP Nr. 66 zu § 112 BetrVG 1972; BAG v. 11.08.1993, AP Nr. 71 zu § 112 BetrVG 1972; BAG v. 24.11.1993, AP Nr. 72 zu § 112 BetrVG 1972; BAG v. 16.03.1994, AP Nr. 75 zu § 112 BetrVG 1972; BAG v. 09.11.1994, AP Nr. 85 zu § 112 BetrVG 1972; BAG v. 30.11.1994, AP Nr. 89 zu § 112 BetrVG 1972; BAG v. 19.07.1995, AP BetrVG 1972 § 112 Nr. 96, Bl. 3; BAG v. 28.08.1996, AP Nr. 104 zu § 112 BetrVG 1972 mit zust. Anm. von *Gaul*, EzA Nr. 87 zu § 112 BetrVG 1972, S. 11, 21; BAG v. 05.10.2000, AP Nr. 141 zu § 112 BetrVG 1972; BAG v. 30.10.2001, Az. 1 AZR 65/01 n. v.; im Ergebnis hat sich das

kungsfunktion der Sozialplanleistungen aus. Sie sind als soziale Übergangshilfe des bisherigen Arbeitgebers der Ersatz für den bei betriebsbedingten Kündigungen versagenden Bestandsschutz mit anderen, in die Zukunft weisenden Mitteln.[178] Der Arbeitgeber beteiligt sich aus sozialen Gründen am Arbeitsplatzverlustrisiko der Arbeitnehmer.[179] Diese Beteiligung hat allerdings nichts mit der umstrittenen allgemeinen privatrechtlichen Fürsorgepflicht des Arbeitgebers zu tun.[180] Hintergrund ist vielmehr eine unmittelbare Abwägung zwischen den Belangen von Arbeitgebern und Arbeitnehmern.[181] Seit Inkrafttreten des Gesetzes zur Reform des Betriebsverfassungsgesetzes am 28.07.2001 ist die Einigungsstelle gem. § 112 Abs. 5 Nr. 2a BetrVG bei der Sozialplanaufstellung verpflichtet, die im 3. Buch des Sozialgesetzbuches vorgesehenen Förderungsmöglichkeiten zur Vermeidung von Arbeitslosigkeit zu berücksichtigen. Damit dient der Sozialplan nun ausweislich der Gesetzesbegründung auch der Schaffung neuer Beschäftigungsperspektiven.[182]

BAG bereits in einer Entscheidung v. 23.04.1985, AP Nr. 26 zu § 112 BetrVG 1972 von der Entschädigungstheorie distanziert; zu den, die Diskrepanz zum Urteil des Großen Senats v. 13.12.1978 verschleiernden Bemühungen des Ersten Senats um Wahrung des Scheins einer kontinuierlichen Rechtsprechung vgl. GK-*Fabricius* § 111 Rn. 20, 6. Auflage.

[177] *Richardi-Annuß* § 112 Rn. 55; *Beuthien*, ZfA 1982, S. 181, 202; *ders.*, Sozialpläne ohne Ende?, S. 73 ff. (anders in: RdA 1976, S. 147, 154: die hier vertretene „modifizierte Sonderopfertheorie", nach der die Sozialplanleistungen lediglich das zugunsten der weiterarbeitenden Kollegen erbrachte Sonderopfer ausgleichen sollen, hat keine Anhänger gefunden; noch anders *Beuthien*: in: Sozialplan, S. 29, in dieser Publikation stellt er auf die Sozialplanbindung des von den Arbeitnehmern mitgeschaffenen Unternehmensvermögens ab); *Bopp/Gross*, Mitbestimmung des Betriebsrates, F S. 218; *Drukarczyk*, RdA 1986, S. 115, 117; *Durchlaub*, DB 1980, S. 496, 497; GK-*Fabricius/Oetker* §§ 112, 112a Rn. 98 f., der jedoch zu Recht darauf hinweist, dass dem Sozialplan eine zukunftsgerichtete Entschädigungsfunktion durchaus innewohnen kann; *Galperin/Löwisch* § 112 Rn. 3; *Hanau*, ZfA 1974, S. 89, 102; *Kessen*, Der Inhalt des Sozialplans, S. 23 ff.; *Knorr*, Sozialplan, § 6 Rn. 21 ff.; *Löwisch*, RdA 1997, S. 287, 287; *ders.*, in: Das Betriebsverfassungsgesetz auf dem Prüfstand, S. 57, 62; *ders.*, Festschrift für Müller, S. 301, 306; MünchArbR-*Matthes* § 362 Rn. 8; *Meyer*, NZA 1995, S. 974, 982; *ders.*, NZA 1998, S. 403 ff.; *ders.*, NZA 1995, S. 769, 770; *Otto*, ZfA 1985, S. 71, 79; *Vogt*, BlStSozArbR 1982, S. 232 ff.; *Wiedemann-Willemsen*, Anmerkung zu BAG v. 08.12.1976, AP Nr. 3 zu § 112 BetrVG 1972 Bl. 7 ff.; *Willemsen*, Arbeitnehmerschutz, S. 210 ff.; *derS.* ZIP 1981, S. 1058, 1059; als Konsequenz der Steuerungstheorie auch *Reuter*, Sozialplan, S. 27 ff.

[178] *Beuthien*, ZfA 1982, S. 181, 203.

[179] Vgl. *Beuthien*, ZfA 1982, S. 181, 198 f.; *Vogt*, BlStSozArbR 1982, S. 232, 236. Nur insoweit kann von einer teilweisen Verschiebung des Arbeitsplatzrisikos geredet werden. Weitergehender *Durchlaub*, DB 1980, S. 496, 497 und *Winderlich*, BB 1994, S. 2483, 2485.

[180] So aber *Galperin/Löwisch* § 112 Rn. 3; zumindest missverständlich insoweit *Hanau*, ZfA 1974, S. 89, 102, der davon ausgeht, es handele sich rechtssystematisch um eine kollektivrechtliche Ausprägung der Fürsorgepflicht des Arbeitgebers; unzutreffend daher die Kritik von *Richardi*, Sozialplan und Konkurs, S. 15 ff.

[181] *Richardi-Annuß* § 112 Rn. 55; *Bopp/Gross*, Mitbestimmung des Betriebsrates, F S. 218.

[182] Vgl. BT-DrucksS. 14/5741, S. 52; *Lingemann*, NZA 2002, S. 934, 940.

Nach einer in Rechtsprechung[183] und Literatur[184] weit verbreiteten Ansicht kommt dem Sozialplan in Bezug auf die vom Unternehmer geplante und letztlich frei durchführbare Betriebsänderung überdies eine Steuerungsfunktion zu. Indem die unternehmerische Entscheidung mit finanziellen Lasten verbunden wird, soll der Unternehmer dazu angehalten werden, Betriebsänderungen so durchzuführen, dass möglichst geringe wirtschaftliche Nachteile für die betroffenen Arbeitnehmer entstehen.[185] Die Vornahme der Betriebsänderung und die Gewährung von Sozialplanleistungen stehen zwar nicht in einem streng juristischen Sinne in einem Gegenseitigkeitsverhältnis, das eine ist gleichwohl Voraussetzung für das andere.[186] Die zwingende Durchsetzbarkeit rückt den Sozialplan in die Nähe einer Gegenleistung für die unbeschränkt bleibende unternehmerische Entscheidungsfreiheit.[187] Nach dem gesetzlichen Leitbild sollen sowohl der Sozialplan als auch der Interessenausgleich im Planungsstadium der Betriebsänderung aufgestellt werden. Durch diese Verknüpfung beider Vereinbarungen wird die Verhandlungsposition des Betriebsrates im Hinblick auf den Interessenausgleich verstärkt. Infolgedessen erhöht sich für den Unternehmer der Anreiz zur Durchführung einer möglichst arbeitnehmerschonenden Betriebsänderung. So verstanden macht auch die oben dargestellte Formel des BAG von der „quasi-synallagmatischen" Verknüpfung zwischen der Hinnahme der Betriebsänderung und dem Sozialplan Sinn. Der Sozialplan dient der Steuerung unternehmerischen Handelns im Allgemeininteresse und gewährt den betroffenen Arbeitnehmern nicht zuletzt zum Zwecke der Entlastung der Allgemeinheit eine Anpassungshilfe. Ohne diesen Bezug zum Allgemeinwohl müsste der Sozialplanregelung im BetrVG im Hinblick auf Art. 3 Abs. 1 GG die Verfassungsmäßigkeit abgesprochen werden, weil bei einer einzelnen betriebsbe-

---

[183] BAG v. 20.04.1982, AP Nr. 15 zu § 112 BetrVG 1972; BAG v. 09.11.1994, AP Nr. 85 zu § 112 BetrVG 1972.

[184] *Dorndorf*, Sozialplan und Konkurs, S. 57 ff.; *Drukarczyk*, RdA 1986, S. 115, 117; *Gift*, RdA 1984, S. 300 sieht hier die primäre Bedeutung des Sozialplans; GK-*Fabricius/Oetker* §§ 112, 112a Rn. 97; MünchArbR-*Matthes* § 362 Rn. 8; *Ohl*, *Nick*, Konzernbetriebsrat, S. 208; *Zöllner* in: Verhandlungen des 52. Deutschen Juristentages, S. D. 113; Sozialplan, S. 6 ist der Ansicht, da die Leitungsmacht in den Händen des Unternehmers liege, sei es angebracht, diesen für Fehler und Risiken wirtschaftlicher Entscheidungen aufkommen zu lassen. Der Grund für einen Sozialplan liegt jedoch nicht unbedingt in einem Fehler oder der Verwirklichung des Risikos wirtschaftlicher Entscheidungen (so auch *Durchlaub*, DB 1980, S. 496, 497). Es geht nicht um die Bestrafung von Fehlinvestitionen, sondern um eine Lenkung hin zu verantwortungsvollem Umgang mit Arbeitsplätzen. *Reuter*, Sozialplan, S. 17 ff. stellt in erster Linie auf die Steuerungsfunktion des Sozialplans ab; ähnlich *Schwerdtner*, DB 1979, Beilage 12, S. 19

[185] Vgl. *Däubler*, NZA 1985, S. 545, 548 f.; *Galperin/Löwisch* § 112 Rn. 2.

[186] *Däubler*, NZA 1985, S. 545, 548 f.

[187] BAG v. 10.08.1994, BAGE 77, 313, 324; *Beseler*, Abänderung, S. 219, 226; *Däubler*, NZA 1985, S. 545, 549.

dingten Kündigung keine Abfindung gewährt wird.[188] Die Allgemeinnützigkeit steht der Funktion als Daseinsvorsorge nicht entgegen. Das hat auch der Gesetzgeber erkannt, der im Zusammenhang mit dem BeschFG von 1985[189] den Zweck des Sozialplans unter anderem „in der Wahrung des sozialen Friedens" gesehen hat.

Festzuhalten bleibt: Der Sozialplan dient mit seiner zukunftsorientierten Überbrückungsfunktion der Daseinsvorsorge. Neben dieser auf den einzelnen betroffenen Arbeitnehmer bezogenen Schutzfunktion werden auch allgemeinnützige Ziele verfolgt wie die Vermeidung von Arbeitslosigkeit der von der Betriebsänderung betroffenen Arbeitnehmer. Darüber hinaus soll durch die mit dem Mitbestimmungsrecht als solchem verbundene ökonomische Anreizwirkung eine Lenkung des unternehmerischen Handelns hin zu einem verantwortungsbewussten Umgang mit den betrieblichen Arbeitsplätzen erreicht werden. Auf diesem Wege sollen Entlassungen vermieden werden, die trotz ihrer grundsätzlichen Zulässigkeit mit gesellschaftlichen Kosten verbunden sind.

c) Vergleich der Zielrichtungen

Die Sozialplanleistungen sind in ihren vorstehend geschilderten Zielrichtungen mit anderen gesetzlichen Sozialleistungen des Arbeitgebers vergleichbar ist. Soweit eine solche Einordnung überhaupt möglich ist, handelt es sich bei Sozialplanregelungen um materielle und nicht um formelle Arbeitsbedingungen.[190] Im Gegensatz zur Regelung materieller Arbeitsbedingungen durch die Betriebsvereinbarung resultiert die den Sozialplan rechtfertigende Schutzbedürftigkeit der Arbeitnehmer jedoch nicht aus der fehlenden Verhandlungsparität, sondern aus den strukturellen Gegebenheiten des Arbeitsverhältnisses. Hintergrund des Mitbestimmungsrechtes aus § 112 BetrVG ist der teilweise Ausgleich der strukturellen Zuweisung des Arbeitsplatzrisikos zum Arbeitnehmer. Eine Vergleichbarkeit besteht insoweit hinsichtlich des Ausgleichs des ebenfalls strukturell vorausgesetzten Direktionsrechts des Arbeitgebers durch die Regelung formeller Arbeitsbedingungen in Betriebsvereinbarungen. In beiden Fällen verwirklicht

---

[188] *Reuter*, Sozialplan, S. 9 ff. begründet mit diesem Argument seine Ablehnung sowohl der Entschädigungstheorie als auch der Theorie von der Daseinsvorsorge; auch das BVerfG hat diesen Gesichtspunkt in obiter dicta schon hervorgehoben, vgl. BVerfG v. 22.05.1979, AP Nr. 3 zu § 111 BetrVG 1972 Bl. 6 (in dieser Entscheidung wird § 113 AbS. 3 BetrVG von den Bedenken ausgenommen) und BVerfG v. 19.10.1983, AP Nr. 22 zu § 112 BetrVG 1972 Bl. 3; *Ohl*, AuR 1980, S. 108 ff. fordert auf der Basis der Entschädigungstheorie zur Vermeidung eines Wertungswiderspruchs eine gesetzliche Abfindungsregelung im KSchG bei Arbeitsplatzverlust.

[189] BT-DruckS. 10/2102, S. 17.

[190] Für diese Einordnung auch *Buchner*, SAE 1972, S. 69, 70; vgl. auch die Ausführungen zum Regelungsgegenstand unter VII. 1.

bereits die bloße Existenz eines Mitbestimmungsrechtes den Schutzzweck. Beim Sozialplan wird schon durch die Möglichkeit einer Wahrnehmung des Mitbestimmungsrechtes durch den Betriebsrat der spezielle auf den Erhalt von Arbeitsplätzen gerichtete Lenkungszweck erfüllt und das Arbeitsplatzrisiko der Arbeitnehmer dadurch abgemildert. Dem Sozialplan fehlt jedoch die bei der Regelung formeller Arbeitsbedingungen teilweise angenommene Ordnungsfunktion.

3. Die konkret-individuelle Regelung einzelner Arbeitsverhältnisse

Nach einer in Rechtsprechung und Literatur vorherrschenden Ansicht liegt ein weiterer Unterschied zwischen Betriebsvereinbarung und Sozialplan in der auf den Sozialplan beschränkten Zulässigkeit konkret-individueller Regelungen.[191] Zur unmittelbaren und zwingenden Regelung konkret-individueller Fälle, d. h. zur Regelung der Arbeitsverhältnisse einzelner Arbeitnehmer aus individualbezogenen Gründen durch Betriebsvereinbarung sollen die Betriebspartner nicht befugt sein.[192] Ob nur abstrakt-generelle Regelungen[193] oder auch generell-konkrete Regelungen[194] zulässig sind, ist umstritten.

Die Unzulässigkeit konkreter oder konkret-individueller Regelungen in Betriebsvereinbarungen wird unterschiedlich begründet. Unzutreffend ist jedenfalls der Verweis auf den Normcharakter der Betriebsvereinbarung. Wie bereits erläutert, setzt die Einordnung als Rechtsnorm nicht zwingend das Vorliegen einer

---

[191] Vgl. BAG v. 27.08.1975, AP Nr. 2 zu § 112 BetrVG 1972, Bl. 463; *Däubler/Kittner/Klebe-Däubler* §§ 112, 112a Rn. 24; vgl. auch *Hess/Schlochauer/Glaubitz-Hess* § 112 Rn. 49 und *Kaven*, Das Recht des Sozialplans, S. 124, die nur den zumindest potentiell generellen Regelungen in Sozialplänen den Charakter einer Betriebsvereinbarung zusprechen wollen; zur Zulässigkeit konkret-individueller Regelungen in Sozialplänen vgl. stellvertretend *Hess/Schlochauer/Glaubitz-Hess* § 112 Rn. 100 m. w. N.

[192] Vgl. BAG v. 27.08.1975, AP Nr. 2 zu § 112 BetrVG 1972, Bl. 463; BAG v. 08.12.1981, AP Nr. 1 zu § 1 BetrAVG Ablösung Bl. 4 (obiter dictum); *Hess/Schlochauer/Glaubitz-Hess* § 77 Rn. 19 m. w. N.; *Jacobi*, Grundlehren, S. 303 f.; *Säcker*, Gruppenautonomie, S. 346 f. ist dieser Ansicht allerdings nur für freiwillige Betriebsvereinbarungen. Für Mitbestimmungsrechte präferiert er eine Lösung nach dem jeweiligen Sinn des in Frage stehenden Mitbestimmungsrechtes; vgl. stellvertretend für die Gegenauffassung GK-*Kreutz* § 77 Rn. 311 ff. m. w. N.; *der.*, Betriebsautonomie, S. 228 ff.; *Nause*, Regelungsbefugnis, S. 19 ff.; *Richardi*, Kollektivgewalt, S. 339 ff.; *Richardi-Richardi* § 77 Rn. 95 ff. m. w. N.; *Waltermann*, Betriebsvereinbarung, S. 237 ff. m. w. N.

[193] So früher auch das BAG, vgl. BAG v. 08.10.1959, AP Nr. 14 zu § 56 BetrVG, Bl. 6; *Säcker*, Gruppenautonomie, S. 346 f.; *Zöllner*, ZfA 1988, S. 265, 276.

[194] Vgl. BAG v. 27.08.1975, AP Nr. 2 zu § 112 BetrVG 1972, Bl. 463; stellvertretend für viele Stimmen im Schrifttum *Hess/Schlochauer/Glaubitz-Hess* § 77 Rn. 19 m. w. N.; *Karakatsanis*, Kollektivrechtliche Gestaltung, S. 37; zur Streitfrage der Abgrenzung zwischen generellen und individuellen Regelungen vgl. die Nachweise bei GK-*Kreutz* § 77 Rn. 311.

generellen Regelung voraus.[195] Nach Ansicht einiger Autoren[196] ergibt sich die Unzulässigkeit konkreter Regelungen aus der Ordnungsfunktion der Kollektivverträge. Die Ordnungsfunktion, soweit man der Betriebsvereinbarung überhaupt eine solche zugesteht, existiert jedoch nur neben der Schutzfunktion. Ein Verbot konkreter Regelungen kann deshalb nicht allein aus der Ordnungsfunktion abgeleitet werden. Die These *Säckers*[197], Betriebsvereinbarungen sollten „nach unten hin ein Niveau allgemeiner und gleicher Mindestarbeitsbedingungen" sichern, ist ebenfalls nicht ausreichend begründet worden. Allein aus der Tatsache, dass nach Maßgabe des Günstigkeitsprinzips von den Regelungen einer Betriebsvereinbarung einzelvertraglich abgewichen werden kann, folgt nicht, dass ihr zwingender Mindestgehalt „allgemeiner und gleicher" Art sein muss.[198] Die Spezialität des Günstigkeitsprinzips steht nicht in notwendigem Gegensatz zur Generalität der Mindestarbeitsbedingungen. Die Vereinbarung von Einzelfallregelungen vermag ebenfalls ein Mindestniveau zu sichern, von dem zu Gunsten der Arbeitnehmer einzelvertraglich abgewichen werden kann. Der Schutzeffekt ist in beiden Fällen der gleiche.[199]

Ausreichend für die Begründung der Unzulässigkeit konkreter und individueller Regelungen in Betriebsvereinbarungen ist auch nicht der Hinweis darauf, dass die Befugnis zur Regelung durch Betriebsvereinbarung keine „das individuelle Arbeitsverhältnis betreffende Kompetenz" sei[200]. Es geht den Vertretern dieses Ansatzes um den Bereich individueller Selbstbestimmung, der nicht zur Disposition kollektivvertraglicher Gestaltung steht.[201] Hintergrund ist das Bestreben, dem Kollektivvertrag eine Grenze zu ziehen, um so den Einzelarbeitsvertrag vor der Bedeutungslosigkeit zu bewahren.[202] Der Begriff des kollektiven Gegenstandes soll dazu dienen, die zulässige kollektivvertragliche Regelung vom nicht erfassten Individualbereich abzugrenzen. Dieses Ziel ist zwar legitim, wird aber durch die Herausnahme bestimmter sachlicher Inhalte aus dem Kompetenzbereich der Betriebspartner effektiver und sinnvoller erreicht als durch die formale Abgrenzung zwischen generellen und individuellen Regelungen. Zudem ist die Betriebsvereinbarung nicht wegen ihres Inhalts kollektivrechtliches Gestaltungsmittel, sondern wegen der Beteiligung des Betriebsrates als dem Repräsen-

---

[195] GK-*Kreutz* § 77 Rn. 215; *Waltermann*, Rechtsetzung, S. 240 f.; a. A. vor allem *Karakatsanis*, Kollektivrechtliche Gestaltung, S. 104 ff.

[196] So vor allem *Jacobi*, Grundlehren, S. 184 ff.; *Karakatsanis*, Kollektivrechtliche Gestaltung, S. 34 ff., 51 f., 104 ff.; weitere Nachweise bei *Richardi*, Kollektivgewalt, S. 339 Fn. 1.

[197] *Säcker*, Gruppenautonomie, S. 346 m. w. N. in Fn. 19.

[198] *Kreutz*, Betriebsautonomie, S. 232.

[199] GK-*Kreutz* § 77 Rn. 313; *ders.*, Betriebsautonomie, S. 232.

[200] *Zöllner*, ZfA 1988, S. 265, 276.

[201] *Richardi-Richardi* § 77 Rn. 96.

[202] *Jacobi*, Grundlehren, S. 185; *Richardi*, Kollektivgewalt, S. 340 f.

tanten des „Kollektivs" Belegschaft.[203] Rückschlüsse auf die Grenzen der Regelungsmacht der Betriebspartner lassen sich auch nicht aus der im Zusammenhang mit § 87 Abs. 1 BetrVG stehenden Lehre von den mitbestimmungsfreien Individualmaßnahmen ziehen. An dieser Stelle ist vielmehr eine Auseinandersetzung mit den verschiedenen Tatbeständen, freiwillige Betriebsvereinbarung und Mitbestimmungsrecht zu führen.[204]

Die Beschränkung der Regelungsmacht der Betriebsvereinbarungspartner auf abstrakt- oder konkret-generelle Regelungen entbehrt demnach einer rechtlichen Grundlage und muss aus diesem Grund verworfen werden.[205] Es ist durchaus möglich, wenn auch unüblich, konkret-individuelle Regelungen in Betriebsvereinbarungen aufzunehmen. Der konkret- individuellen Gestaltung einzelner Arbeitsverhältnisse wird aber durch den Grundsatz der Gleichbehandlung, an den die Betriebspartner bei der betrieblichen Rechtsetzung gem. § 75 BetrVG gebunden sind, eine Grenze gezogen.[206] Übrig bleibt der tatsächliche Unterschied. Im Gegensatz zur Regelungspraxis bei Sozialplänen kommen in Betriebsvereinbarungen so gut wie keine konkret-individuellen Regelungen vor.

VII. Die Zeitkollisionsregel und betriebliche Normenverträge

Auf der Grundlage der zuvor erörterten Rechtsnatur des Sozialplans, ist nunmehr die Anwendbarkeit der Zeitkollisionsregel im Sozialplanrecht zu untersuchen. Bevor auf die Besonderheiten des Sozialplans eingegangen werden kann, muss zunächst das Augenmerk auf die beiden betrieblichen Normenverträgen eigene, vertragliche Entstehung in Kombination mit der normativen Wirkung gelenkt werden. *Herrmann*[207] begründet das „Ablösungsprinzip" bei Betriebsvereinbarungen mit der Privatautonomie der Betriebspartner. Wegen des dualistischen Charakters des Normenvertrages sei zu entscheiden, ob sich die Abänderbarkeit nach den für Verträgen oder nach den für Normen geltenden Regeln vollziehe. Die Lösung müsse im Entstehungsgrund der Betriebsvereinbarung gesucht werden. Das BetrVG selbst knüpfe hinsichtlich der Abänderbarkeit an die Vertragsnatur der Betriebsvereinbarung an, wenn es in § 77 Abs. 5 BetrVG

---

[203] GK-*Kreutz* § 77 Rn. 313.

[204] So auch GK-*Kreutz* § 77 Rn. 313; *Säcker*, Gruppenautonomie, S. 346 f.

[205] GK-*Kreutz* § 77 Rn. 313; *Ohl*, Sozialplan, S. 76; *Waltermann*, Rechtsetzung, S. 239.

[206] GK-*Kreutz* § 77 Rn. 314; *Ohl*, Sozialplan, S. 76; *Richardi-Richardi* § 77 Rn. 96; vgl. dazu auch die Ausführungen im fünften Kapitel.

[207] *Herrmann*, SAE 1992, S. 295, 297 f. unter Verweis auf *Hilger/Stumpf*, Festschrift für Müller, S. 209, 213, die den Grundsatz der Vertragsfreiheit allerdings für die Ablösung einer individualrechtlichen Einheitsregelung heranziehen. Das Ergebnis ist deshalb nicht auf die ersetzende Betriebsvereinbarung übertragbar. A. A. *Hilger*, Anm. zu BAG 24.03.1981, AP Nr. 12 zu § 112 BetrVG 1972.

die Möglichkeit der Kündigung für Betriebsvereinbarungen statuiert. Wenn eine Betriebsvereinbarung zu einem Regelungsgebiet getroffen werde, zu dem es bereits eine Vereinbarung gebe, sei durch Auslegung gem. den §§ 133, 157 BGB zu ermitteln, ob es sich um einen Änderungs- oder Aufhebungsvertrag handele (§ 311 Abs. 1 BGB). Da die Betriebsvereinbarung als Vertrag einzuordnen sei, stelle die abändernde Regelung einen Abänderungsvertrag dar. Es bedürfe daher zur Erklärung der ablösenden Wirkung nicht der Zeitkollisionsregel. Nach den allgemeinen rechtsgeschäftlichen Regeln für Verträge werde der vorhergehende Vertrag mit dem Abschluss eines Änderungsvertrages umgestaltet und mit Abschluss eines Aufhebungsvertrages beendet. Die neue Regelung erhalte dann gem. § 77 Abs. 4 BetrVG normative Wirkung, der Ablösungsmechanismus habe aber bereits auf vertraglicher Ebene stattgefunden. Die Zeitkollisionsregel soll nur dann heranzuziehen sein, wenn das neue Regelungswerk ohne ausdrückliche Aufhebung oder Änderung neben das alte gestellt wird. In diesem Fall könne die Frage, welches Normengefüge nun gelten soll, mit Hilfe der Zeitkollisionsregel beantwortet werden.

Herrmann ist insoweit zuzustimmen als der Doppelcharakter des Normenvertrages tatsächlich zu einer Entscheidung zwischen den Ablösungsregeln für Verträge und denjenigen für Normenordnungen zwingt. Die Entscheidung muss aber anders ausfallen. Zwar folgt die jederzeitige einvernehmliche Abänderbarkeit von Verträgen aus dem Prinzip der Privatautonomie, beim betrieblichen Normenvertrag handelt es sich jedoch, wie oben gezeigt worden ist, nicht um ein Produkt der Privatautonomie. Der allgemeine rechtsgeschäftliche Grundsatz, dass der vorhergehende Vertrag mit Abschluss des Änderungsvertrages umgestaltet wird, gilt in diesem Bereich nicht. Der Bestimmung der Reichweite der betrieblichen Regelungsmacht ist mit Hilfe der Privatrechtsdogmatik, insbesondere mit der Privatautonomie nicht beizukommen.[208] Darüber hinaus würde das Vertragsrecht, sein Anwendbarkeit vorausgesetzt, auch nicht zur jederzeitigen einvernehmlichen Abänderbarkeit von betrieblichen Normenverträgen führen. *Herrmann*[209] weist selber darauf hin, dass in einem Änderungsvertrag (§ 311 Abs. 1 BGB), durch den die geschuldete Leistung herabgesetzt wird, eine Verfügung des Gläubigers über seine Forderung zu sehen ist. Allgemein kann der Änderungsvertrag als Verfügung über das durch den Vertrag begründete Rechtsverhältnis bezeichnet werden. Zuständig zur Verfügung über ein Recht ist in der Regel der Inhaber dieses Rechtes; zuständig zur Verfügung über ein Rechtsverhältnis sollen nur die daran Beteiligten sein. Die Betriebsvereinbarung begründet einklagbare Rechte der Arbeitnehmer und gestaltet das Rechtsverhältnis der Arbeitsvertragsparteien. Zuständig zur Verfügung über das durch den

---

[208] *Waltermann*, Rechtsetzung, S. 99.

[209] *Herrmann*, SAE 1992, S. 295, 297 f. durch den Verweis auf *Larenz*, Lehrbuch des Schuldrechts, Band I, Allgemeiner Teil, 14. Aufl., 1987, § 7 II.

Sozialplan begründete Rechtsverhältnis können bei rein zivilrechtlicher Betrachtung also nur die Arbeitsvertragsparteien und nicht die Betriebspartner sein.[210] Die im Rahmen der Privatautonomie selbstverständlich bestehende Abänderungsbefugnis von Vertragspartnern muss sich im Rahmen der Normsetzungsbefugnis der Betriebspartner ausdrücklich aus dem Gesetz oder eben aus der de lege lata oder a priori geltenden Zeitkollisionsregel ergeben. Umgekehrt gilt: Wenn die Zeitkollisionsregel auf den betrieblichen Normenvertrag anwendbar ist, umfasst die Betriebsautonomie die Abänderung der getroffenen Regelungen. *Herrmann* will der Zeitkollisionsregel nur für den Fall Bedeutung zusprechen, dass ein neues Regelungswerk ohne ausdrückliche Aufhebung oder Änderung neben das alte gestellt wird. Sollte damit das Prinzip des lex posterior als Auslegungsregel herangezogen werden, so muss *Herrmann* auch in diesem Zusammenhang die Gefolgschaft verweigert werden. Wie bereits bei der Darstellung der Zeitkollisionsregel zu Beginn dieses Kapitels ausgeführt, kann die Zeitkollisionsregel eine Auslegungsfunktion nicht erfüllen. Sie kann nur Anwendung finden, wenn zuvor sicher gestellt wurde, dass der Gesetzgeber mit dem neuen Regelungswerk eine Änderung des alten bezweckt.

Der betriebliche Normenvertrag erlangt Heteronomität über den staatlichen Geltungsbefehl in § 77 Abs. 4 S. 1 BetrVG. Die darin und in den jeweiligen Bestimmungen des BetrVG liegende Ermächtigung zur Rechtsetzung muss auch die Befugnis zur Abänderung des gesetzten Rechts durch die Betriebspartner beinhalten. Da das Gesetz keinen anderen Normgeber zur Abänderung der betrieblichen Normen beruft, die Normsetzung wie oben erläutert aber auch nicht blockiert und dadurch die Funktion der betrieblichen Norm als eines integrierenden und sozialordnenden Gestaltungselements der konkreten gesellschaftlichen Wirklichkeit paralysiert werden darf, gilt der Geltungsbefehl auch für die abändernde oder aufhebende Betriebsvereinbarung. Der betriebsverfassungsrechtliche darf wie der staatliche Gesetzgeber die zeitliche Geltungsdauer der innerhalb seiner Normsetzungsgewalt erlassenen Gesetze grundsätzlich selbst bestimmen. Ein Zweck der Zuweisung der betrieblichen Regelungsaufgaben an die Betriebspartner liegt gerade darin, die Anpassung der Arbeitsbedingungen an die jeweiligen, häufig wechselnden, wirtschaftlichen, sozialen und technischen Verhältnisse zu ermöglichen. Wie kaum einer anderen Normenordnung kommt den Kollektivnormen ein temporärer Charakter zu.[211] Aus diesem Grund ist die Zeitkollisionsregel im Bereich der betrieblichen Rechtsetzung grundsätzlich anwendbar.

---

[210] Abzulehnen ist deshalb auch die Ansicht von *Merten*, Regelungsbefugnisse, S. 79 f., der parallel zur Ablösung nach der Zeitkollisionsregel auf der Verhandlungsebene von einer vertragsrechtlichen Ablösung ausgehen will.

[211] *Jaeckle*, Ablösung, S. 23 m. w. N.

Zweifel an der Geltung der Zeitkollisionsregel speziell im Sozialplanrecht bestehen allerdings wegen der Einmaligkeit der Betriebsänderung und der daraus folgenden Tatsache, dass der Sozialplan meist konkrete, bisweilen auch konkret-individuelle Regelungen enthält. Diesbezüglich besteht eine Vergleichbarkeit mit dem Verwaltungsakt, der ebenfalls heteronom konkret-individuelle Regelungen beinhalten kann. Die beschränkten Widerrufsmöglichkeiten beim Verwaltungsakt zeigen, dass die Ablösbarkeit nach der Zeitkollisionsregel bei konkreten Regelungen nicht selbstverständlich ist. Eine Ewigkeitsbindung ist bei konkret auf ein geplantes Ereignis bezogenen Regelungen nicht zu befürchten. Allerdings zeigt der Vergleich mit dem Verwaltungsakt, dass sogar bei individuell-konkreten Regelungen ein legitimer Abänderungsbedarf bestehen kann. Auch im Bereich konkreter Regelungen muss der Normgeber befugt sein, notwendige Anpassungen vorzunehmen. Das gilt vor allem im Arbeitsrecht, in dem zu starre Arbeitnehmerschutzregeln in ihr Gegenteil umschlagen, wenn sie einer Anpassung der Betriebe an sich wandelnde Verhältnisse entgegenstehen. Speziell im Sozialplanrecht, wo trotz ungewisser Folgen und Erfolge der Betriebsänderung im Vorhinein eine Entscheidung über oft sehr erhebliche Summen getroffen werden muss, ist das Bedürfnis nach einer Anpassungsmöglichkeit unabweisbar. Hinzu kommt, dass die Regelungen des Sozialplans trotz ihrer Bezogenheit auf ein konkretes Ereignis bei umfangreichen und zeitintensiven Betriebsänderungen über einen langen Zeitraum Geltung beanspruchen können.

Auf der anderen Seite steht das bei der Regelung eines konkreten Ereignisses erhöhte Interesse der Normunterworfenen an Rechts- und Planungssicherheit. Wegen des grundsätzlich begünstigenden Charakters des Sozialplans spielt der Vertrauensschutz eine besondere Rolle. Im Verwaltungsrecht wird diesen widerstreitenden Interessen dadurch Rechnung getragen, dass die Widerrufsmöglichkeiten bei begünstigenden Verwaltungsakten eng begrenzt und an das Vorliegen spezieller Voraussetzungen gebunden sind. Solcher Schutzmechanismen bedarf es im Sozialplanrecht nicht, da der Arbeitgeber nicht allein über die Abänderung entscheidet. Die Interessen der Arbeitnehmer werden durch den Betriebsrat wahrgenommen. Es besteht im Hinblick auf die Wahrung der Interessen der Normunterworfenen schon deshalb keine dem Verwaltungsrecht vergleichbare Gefahrenlage. Dem Schutz der Normunterworfenen muss aber dennoch zusätzlich über die Bindung der Betriebspartner an höherrangiges Recht, zum Beispiel an die Grundsätze zur Rückwirkung von Gesetzen, Rechnung getragen werden.[212]

Demnach steht die Möglichkeit der Aufnahme konkret-individueller Regelungen in den Sozialplan der Anwendbarkeit der Zeitkollisionsregel nicht entgegen. Die einvernehmliche Abänderung von Sozialplänen durch die Betriebspartner ist,

---

[212] Dazu ausführlich Kapitel 5.

unabhängig vom Vorliegen einer Dauerregelung oder eines Dauerschuldverhältnisses, grundsätzlich zulässig. Da das Recht zur Änderung von Sozialplänen auch deren Aufhebung beinhaltet, kommt die Weitergeltung der Normen eines aufgehobenen Sozialplans gem. § 77 Abs. 6 BetrVG nicht in Betracht.[213]

VIII. Die Rechtsgrundlage des ablösenden Sozialplans

Nachdem geklärt ist, dass Sozialpläne einvernehmlich geändert werden können, stellt sich die weitergehende Frage, welche Rechtsnatur der ersetzenden Vereinbarung zuzuschreiben ist. *Däubler*[214] schreibt ihr den Charakter einer freiwilligen Betriebsvereinbarung zu, weil das Mitbestimmungsrecht bereits durch die Erstaufstellung des Sozialplans konsumiert worden sei. Es muss an dieser Stelle jedoch sauber zwischen dem Mitbestimmungsrecht des Betriebsrats und der Ermächtigung der Betriebspartner zur Aufstellung einer Fremdbestimmungsordnung unterschieden werden. Der Verbrauch des Mitbestimmungsrechts beinhaltet nicht auch den Verbrauch der in § 112 BetrVG liegenden Regelungsbefugnis. Der Geltungsbefehl des § 77 Abs. 4 S. 1 BetrVG umfasst in Verbindung mit der jeweiligen zuständigkeitsbegründenden Norm die Ermächtigung zur Abänderung betrieblicher Normenverträge. Demnach beruht sowohl die ursprüngliche als auch die ersetzende Sozialplanregelung auf § 77 Abs. 4 S. 1 BetrVG i. V. mit § 112 Abs.1 S. 2 und 3 BetrVG. Es handelt sich bei der ersetzenden Vereinbarung somit ebenfalls um einen Sozialplan und nicht um eine freiwillige Betriebsvereinbarung.

IX. Zusammenfassung der Ergebnisse in Thesen

1. Die Ablösung individualvertraglicher Einheitsordnungen durch Betriebsvereinbarung ist mit der Abänderung eines Sozialplans durch eine zweite Kollektivvereinbarung nicht vergleichbar.

2. Die Anwendbarkeit der Zeitkollisionsregel im Betriebsverfassungsrecht ergibt sich nicht bereits aus der Normwirkung des Sozialplans. Sie kann nur das Resultat umfassender teleologischer Vorerörterungen sein. Notwendig ist eine genaue Untersuchung der Rechtsnatur und der Zielsetzungen des Sozialplans, insbesondere in Abgrenzung zur Betriebsvereinbarung.

3. Während der Bedeutungszusammenhang des Gesetzes eine Einordnung des Sozialplans als Unterform der Betriebsvereinbarung nahe legt, sprechen sowohl der Wortlaut des § 112 Abs. 1 BetrVG als auch der historische Kontext der So-

---

[213] *Beseler*, Abänderung, S. 219, 235; GK-*Kreutz* § 77 Rn. 339.
[214] *Däubler*, NZA 1985, S. 545, 547.

zialplanregelung im Betriebsverfassungsgesetz deutlich gegen dieses Ergebnis. Der Sozialplan ist deshalb als selbstständige Regelungsform einzustufen.

4. Solange die von den Betriebspartnern ausgehandelte Sozialplanregelung die Tatbestandsvoraussetzungen dieses Mitbestimmungsrechtes erfüllt, basiert sie auch dann auf § 112 Abs.1 S. 2 und 3 BetrVG wenn sie über die in § 112 Abs. 5 BetrVG für durch die Einigungsstelle aufgestellten Sozialpläne gezogenen Grenzen hinausgeht.

5. Beim Sozialplan handelt es sich wie bei der Betriebsvereinbarung um einen privatrechtlichen Vertrag, dem durch staatlichen Geltungsbefehl Normqualität zukommt. Die Normwirkung beider betrieblicher Kollektivverträge gründet sich nicht auf eine Delegation staatlicher Rechtsetzungsmacht, sondern auf die Zuordnung eines Autonomiebereichs zur eigenständigen Regelung durch die Betriebspartner.

6. Die Gegenstände der Betriebsvereinbarung gehen von einem typischen Erscheinungsbild des Betriebes in seiner statischen und dynamischen Komponente aus, während der Sozialplan gerade die Umgestaltung dieses typischen Erscheinungsbildes begleitet. Vor allem aber kann der Betriebsrat nur beim Sozialplan über das Volumen von Arbeitgeberleistungen an die Arbeitnehmer mitbestimmen.

7. Das Betriebsverfassungsgesetz verfolgt mit dem Mitbestimmungsrecht auf Sozialplanaufstellung verschiedene Ziele. Neben einer zukunftsgerichteten Vorsorge- und Überbrückungsfunktion werden auch Lenkungs-, Befriedungs- und Beschäftigungssicherungsziele verfolgt.

8. Der Sozialplan und die Betriebsvereinbarung dienen beide dem Schutz der Arbeitnehmer. Der Sozialplan kann jedoch nicht in das Zwecksystem der Betriebsvereinbarung eingeordnet werden. Im Gegensatz zur Betriebsvereinbarung regelt er materielle Arbeitsbedingungen, ohne dadurch die fehlende Verhandlungsparität der Arbeitnehmer ausgleichen zu wollen. Parallel zur Regelung formeller Arbeitsbedingungen durch Betriebsvereinbarung mildert der Sozialplan strukturelle Gegebenheiten des Arbeitsverhältnisses (die Zuweisung des Arbeitsplatzverlustrisikos an den Arbeitnehmer) in ihren Folgen für die Arbeitnehmer ab. Dieser Schutzzweck wird jedoch nicht von einer Ordnungsfunktion überlagert, sondern von einer Befriedungs- und Steuerungsfunktion ergänzt.

9. Hinsichtlich der grundsätzlichen Zulässigkeit konkret-individueller Regelungen besteht kein Unterschied zwischen der Betriebsvereinbarung und dem Sozialplan. Auch die Betriebsvereinbarung darf konkret-individuelle Regelungen enthalten. Allerdings existiert ein tatsächlicher Unterschied zwischen der Nutzung dieser Möglichkeit bei der Betriebsvereinbarung einerseits und dem Sozialplan andererseits.

10. Die Ablösbarkeit betrieblicher Normenverträge kann nicht auf die Privatautonomie sondern nur auf die Zeitkollisionsregel gestützt werden. Die grundsätzliche Geltung der Zeitkollisionsregel gebietet im Recht der Kollektivvereinbarungen vor allem vom temporärer Charakter dieser Normen.

11. Obwohl der Sozialplan auf eine konkrete Betriebsänderung bezogen ist, besteht ein Bedürfnis, auf veränderte Umstände durch Abänderung des Normenvertrages reagieren zu können. Im Gegensatz zum Verwaltungsakt wird der bei konkreten Regelungen verstärkt notwendige Schutz der Normunterworfenen im Sozialplanrecht durch die Beteiligung des Betriebsrates gewährleistet. Inhaltliche Schranken ergeben sich aus den allgemeinen Rechtmäßigkeitsvoraussetzungen. Bedenken gegen eine Anwendbarkeit der Zeitkollisionsregel bestehen deshalb nicht.

12. Da der Geltungsbefehl des § 77 Abs. 4 S. 1 BetrVG in Verbindung mit der jeweiligen zuständigkeitsbegründenden Norm auch die Ermächtigung zur Abänderung betrieblicher Normenverträge umfasst, beruht eine den ursprünglichen Sozialplan ersetzende Regelung ebenfalls auf § 77 Abs. 4 S. 1 BetrVG i. V. mit § 112 Abs.1 S. 2 und 3 BetrVG und stellt demnach einen Sozialplan und keine freiwillige Betriebsvereinbarung dar.

X. Fazit

Die bisherigen Untersuchungen haben gezeigt, dass die Betriebspartner den Sozialplan innerhalb noch zu bestimmender Grenzen einvernehmlich abändern können. Eine Anpassung der Vereinbarung an veränderte Umstände ist damit grundsätzlich möglich. Voraussetzung ist jedoch, dass sich der Betriebsrat und der Arbeitgeber sowohl hinsichtlich des Anpassungsbedarfs als auch hinsichtlich des Inhalts der Änderung einig sind. Wegen des antagonistischen Systems der Betriebsverfassung kann von einer Einigkeit der Betriebspartner in Konfliktsituationen jedoch nicht für jeden Fall ausgegangen werden. Es ist deshalb fraglich, ob den Interessen eines änderungswilligen Betriebspartners allein durch die Möglichkeit der einvernehmlichen Abänderung des Sozialplans genügt werden kann.

C. Die Kündbarkeit von Sozialplänen

Die bisherigen Untersuchungen haben gezeigt, dass die Betriebspartner Sozialpläne innerhalb bestimmter Grenzen einvernehmlich abändern können. Voraussetzung ist, dass Betriebsrat und Arbeitgeber sowohl hinsichtlich des Anpassungsbedarfs als auch hinsichtlich des Inhalts der Änderung übereinstimmen. Wegen des antagonistischen Systems der Betriebsverfassung kann eine Einigkeit der Betriebspartner in Konfliktsituationen jedoch nicht vorausgesetzt werden. Aus diesem Grund wird – meist von den Arbeitgebern – nach Möglichkeiten gesucht, die der änderungswilligen Partei erlauben, einseitig eine Änderung des ursprünglichen Vertragswerkes herbeizuführen. Dabei fällt der Blick zunächst auf die in § 77 Abs. 5 BetrVG geregelte ordentliche Kündigungsmöglichkeit für Betriebsvereinbarungen.[1] Der Frage, inwieweit die Voraussetzungen für eine (analoge) Anwendung dieser Norm im Sozialplanrecht vorliegen, widmet sich der erste Teil dieses zweiten Kapitels. Problematisch ist vor allem die Vereinbarkeit eines einseitigen, vom Vorliegen eines Kündigungsgrundes unabhängigen Loslösungsrechtes mit dem notwendigen Schutz der normunterworfenen Arbeitnehmer. Der zweite Teil des Kapitels beschäftigt sich dann mit der außerordentlichen Kündbarkeit von Sozialplänen aus wichtigem Grund. Die weitaus meisten Befürworter dieses Loslösungsrechtes ziehen als Rechtsgrundlage das allgemeine außerordentliche Kündigungsrecht bei Dauerschuldverhältnissen heran. Aus diesem Grund müssen zunächst die Voraussetzungen und Zielsetzungen dieses in § 314 BGB geregelten Rechtsinstituts geklärt werden, bevor seine Übertragbarkeit in das Sozialplanrecht zum Thema gemacht werden kann.

I. Überblick über den Meinungsstand

1. Die Rechtsprechung

Im Zusammenhang mit der ordentlichen Kündbarkeit von Sozialplänen sind zwei Entscheidungen des BAG von Bedeutung. In der ersten Entscheidung vom 24.03.1981[2] wurde die ordentliche Kündbarkeit zwar angedeutet, letztlich blieb die Frage aber unbeantwortet. Nach Ansicht des Gerichts ist der einmal aufge-

---

[1] Vgl. *Däubler*, NZA 1985, S. 545 zum Bedürfnis nach einem ordentlichen Kündigungsrecht für Sozialpläne in der Praxis.

[2] BAG v. 24.03.1981, BAGE 35, 160, 166; vgl. dazu *Meyer*, NZA 1995, S. 974, 977; *ders.*, Nachträgliche Änderung, S. 51, der aus dem Urteil gegen dessen ausdrücklichen Wortlaut herausliest, das BAG habe die Zulässigkeit der ordentlichen Kündigung für bestimmte Fälle tatsächlich anerkannt und dazu eine Textstelle anführt, die in Zusammenhang mit der einvernehmlichen Abänderbarkeit steht und nicht ohne weiteres auf die ordentliche Kündbarkeit übertragbar ist.

stellte Sozialplan einer späteren Änderung trotz seines besonderen Regelungsgegenstandes nicht generell entzogen. Jedenfalls dann, wenn der Sozialplan bei fortbestehendem Arbeitsverhältnis unbefristete Dauerregelungen mit ständig wiederkehrenden Leistungen enthalte, müsse die Möglichkeit gegeben sein, im Laufe der Zeit Korrekturen und eine Anpassung an sich wandelnde Verhältnisse vorzunehmen. In der zweiten wichtigen Entscheidung vom 10.08.1994[3] hat das BAG dann die Anwendbarkeit des § 77 Abs. 5 BetrVG im Sozialplanrecht ausdrücklich bejaht. Grundlage sei § 112 Abs. 1 S. 4 BetrVG, da dieser lediglich die Anwendung des § 77 Abs. 3 BetrVG ausschließe. Allerdings betrachtete das Gericht Inhalt und Zweck des Sozialplans grundsätzlich als „andere Vereinbarung" i. S. des § 77 Abs. 5 BetrVG. Infolgedessen soll eine ordentliche Kündigung nur bei ausdrücklicher Vereinbarung durch die Betriebspartner in Betracht kommen. Die Frage, ob Dauerregelungen ausnahmsweise doch ordentlich kündbar sind, blieb auch in dieser Entscheidung unbeantwortet.

In der Entscheidung vom 10.08.1994[4] hat sich das BAG auch mit der außerordentlichen Kündbarkeit von Sozialplänen aus wichtigem Grund beschäftigt. Eine mögliche Rechtsgrundlage sah das BAG im allgemeinen außerordentlichen Kündigungsrecht von Dauerschuldverhältnissen aus wichtigem Grund. Die außerordentliche Kündigung komme deswegen jedenfalls dann nicht in Betracht, wenn die fraglichen Sozialpläne keine Dauerregelungen enthalten. In diesem Fall regele der Sozialplan ein einmaliges Austauschverhältnis, dessen außerordentliche Kündbarkeit mit dem genannten Grundsatz nicht gerechtfertigt werden könne. Wie auch in einer späteren Entscheidung vom 28.08.1996[5] ließ das BAG die Frage der außerordentlichen Kündbarkeit von in Sozialplänen enthaltenen Dauerregelungen jedoch letztlich dahinstehen. In beiden Urteilen fehlt ein Hinweis auf zwei frühere Entscheidungen, in denen das BAG ohne nähere Ausführungen von der Zulässigkeit einer außerordentlichen Kündigung ausgegangen war. Am 13.12.1978[6] hat der Große Senat bestimmte, hier nicht interessierende, Anforderungen an den Inhalt von Sozialplänen entwickelt. Beiläufig räumte das Gericht den Betriebspartnern in solchen Betrieben, in denen vor Verkündung der Entscheidung noch nicht abgewickelte Sozialpläne mit anderem Inhalt aufge-

---

[3] BAG v. 10.08.1994, BAGE 77, 313 ff. Das Kreisgericht Suhl v. 04.12.1991, AiB 1992, S. 102 f. sieht den Rückgriff auf § 77 AbS. 5 BetrVG nicht als automatisch eröffnet an. Zu berücksichtigen sei neben der konkreten Sozialplangestaltung im Einzelfall auch die Tatsache, dass es sich bei einem Sozialplan um eine Betriebsvereinbarung besonderer Art handele, die aufgrund ihrer Zielsetzung besonderen Bestandsschutz genieße.

[4] BAG v. 10.08.1994, BAGE 77, 313, 325 f.

[5] BAG v. 28.08.1996, BAGE 84, 62, 72.

[6] Vgl. BAG v. 13.12.1978, BAGE 31, 176, 211. Im Mittelpunkt dieser bekannten Entscheidung steht die Einfügung einer neuen Rangstelle vor § 61 AbS. 1 Nr. 1 KO für Ansprüche aus Sozialplänen. Zustimmend ohne näheres Eingehen auf die Frage der Zulässigkeit der außerordentlichen Kündigung von Sozialplänen *Heilmann*, NJW 1979, S. 774, 782.

stellt worden waren, ein außerordentliches Kündigungsrecht ein. In einer Entscheidung vom 28.08.1984[7] ist das BAG in einem obiter dictum davon ausgegangen, dass dem änderungswilligen Betriebspartner bei der Verweigerung einer notwendigen Sozialplananpassung nach einem Wegfall der Geschäftsgrundlage eine außerordentliche Kündigung erlaubt sei.

Im Fall einer zulässigen ordentlichen oder außerordentlichen Kündigung soll diese nach Ansicht des BAG nur für die Zukunft Wirkung entfalten können[8] und der Sozialplan als erzwingbare Vereinbarung gem. § 77 Abs. 6 BetrVG weiter gelten[9]. Rechtsfolge ist nach Ansicht des Gerichts vor allem das Wiederaufleben des in § 112 Abs. 4 BetrVG eingeräumten Mitbestimmungsrechtes. Eine Kündigung hätte infolgedessen vor allem für die Frage Bedeutung, ob sich der Betriebspartner auf Verhandlungen über eine Neuregelung einlassen muss, weil der kündigende Vertragspartner notfalls eine ablösende Regelung durch Anrufung der Einigungsstelle herbeiführen kann.[10] Die ersetzende Regelung soll dann in ihrer Wirksamkeit auf den Zeitpunkt der außerordentlichen Kündigung zurückbezogen werden können, gleich wann sie geschlossen worden ist.[11]

2. Der Meinungsstand in der Literatur

Früher wurde ein ordentliches Kündigungsrecht gem. § 77 Abs. 5 BetrVG i. V. mit § 112 Abs. 1 S. 3 BetrVG im Sozialplanrecht von einigen Autoren generell befürwortet.[12] Diese Ansicht wird jedoch im neueren Schrifttum nicht mehr vertreten. Heute lehnt die ganz überwiegende Ansicht[13] die ordentliche Kündbarkeit

---

[7] BAG v. 28.02.1984, Az. 1 AZR 134/83, veröffentlicht bei Juris unter der Nummer KARE 270370333 (20.05.2003).

[8] So auch das Kreisgericht Suhl v. 04.12.1991, AiB 1992, S. 102 f.; für die außerordentliche Kündigung BAG v. 28.08.1996, BAGE 84, 62, 67.

[9] BAG v. 24.03.1981, BAGE 35, 160, 167; BAG v. 10.08.1994, BAGE 77, 313, 325 f.; BAG v. 28.08.1996, BAGE 84, 62, 67.

[10] BAG v. 24.03.1981, BAGE 35, 160, 167.

[11] BAG v. 10.08.1994, BAGE 77, 313, 325 f.

[12] *Fuchs*, Sozialplan, S. 118; *Hartung*, DB 1976, S. 2064, 2065; *Teubner*, BB 1974, S. 982, 987.

[13] *Richardi-Annuß* § 112 Rn. 185; *Beseler*, Abänderung, S. 219, 226; *Bopp/Gross*, Mitbestimmung des Betriebsrates, S. 257; *Däubler/Kittner/Klebe-Däubler* §§ 112, 112a Rn. 136; *ders.*, NZA 1985, S. 545, 548 f.; GK-*Fabricius/Oetker* §§ 112, 112a Rn. 166; *Fitting* §§ 112, 112a Rn. 206; *Galperin/Löwisch* § 112 Rn. 43; *Gaul*, Anm. zu BAG 28.08.1996, EzA Nr. 87 zu § 112 BetrVG 1972, S. 11; *Gift* in: Das Arbeitsrecht der Gegenwart, Bd. 15 (1977), S. 51, 68 f.; *Gnade*, BetrVG, § 112 Rn. 25; *Hanau/Preis*, NZA 1991, S. 81, 86; AR-Blattei SD-*Heckelmann* Der Sozialplan Rn. 186 f.; *Hess/Schlochauer/Glaubitz-Hess* § 112 Rn. 118; *Kaven*, Das Recht des Sozialplans, S. 136; *Knorr*, Sozialplan, § 6 Rn. 145; *Löwisch/Kaiser* § 112 Rn. 70; *Luding*, Beendigung, S. 22 f.; MünchArbR-*Matthes* § 362 Rn. 49; *Meyer*, Nachträgliche Abänderung, S. 54; *Naendrup*, AuR 1984, S. 193, 197 f.; *Rumpff/Boewer*, Mitbestimmung, S. 368 f.; *Schaub/Schindele*, Kurzarbeit, S. 118; *Stege/Weinspach* §§ 111-113 Rn. 98b;

von Sozialplänen wegen deren besonderen Schutzzwecks jedenfalls für den Regelfall ab. Zur Begründung wird darauf hingewiesen, dass der Sozialplan die Folgen einer bestimmten zeitlich und quantitativ begrenzten Betriebsänderung regele und deshalb im Unterschied zur typischen Betriebsvereinbarung keine Dauerregelung darstelle.[14] Der Sozialplan beinhalte hinsichtlich eines eingetretenen Arbeitsplatzverlustes und der daraus erwachsenen Schäden einen abschließenden Ausgleich.[15] Außerdem bringe die nachträgliche einseitige Änderung des Sozialplans das austarierte System der §§ 111-113 BetrVG zwischen Sozialplan und Interessenausgleich aus dem Gleichgewicht und laufe tendenziell auf eine Entwertung des Mitbestimmungsrechtes hinaus.[16] Schließlich berge eine gegebenenfalls mehrfach ausgesprochene Kündigung, verbunden mit einer wiederholten Anrufung der Einigungsstelle, die Gefahr einer andauernden Blokkierung und Beeinträchtigung der Arbeitnehmerbelange.[17]

Zugelassen wird die ordentliche Kündigung dagegen, wenn eine ausdrückliche Kündigungsvereinbarung vorliegt.[18] Darüber hinaus soll die ordentliche Kündigung dann zulässig sein, wenn der fragliche Sozialplan ausnahmsweise Dauerregelungen enthält.[19] In diesem Fall spreche die Gefahr einer Versteinerung der betrieblichen Verhältnisse für das ordentliche Kündigungsrecht.[20] Ob allerdings

---

Weiss/Weyand § 112 Rn. 29; *Winderlich*, BB 1994, S. 2483, 2484; *Wollgast*, Betriebsvereinbarungen, S. 251 f.; so im Ergebnis auch *Pottmeyer*, Anm. zu BAG v. 10.08.1994, SAE 1995, S. 304, 305, der allerdings davon ausgeht, dass die Betriebspartner stillschweigend eine anderweitige Vereinbarung getroffen haben.

[14] *Däubler/Kittner/Klebe-Däubler* §§ 112, 112a Rn. 136; *ders.*, NZA 1985, S. 545, 549; GK-*Fabricius/Oetker* §§ 112, 112a Rn. 166; *Kaven*, Das Recht des Sozialplans, S. 136; *Knorr*, Sozialplan, § 6 Rn. 145; MünchArbR-*Matthes* § 362 Rn. 49.

[15] So *Richardi-Annuß*, § 112 Rn. 185; *Beseler*, Abänderung, S. 219, 226; *Kaven*, Das Recht des Sozialplans, S. 136; *Knorr*, Sozialplan, § 6 Rn. 145; *Meyer*, Nachträgliche Abänderung, S. 54; *Naendrup*, AuR 1984, S. 193, 199; *Rumpff/Boewer*, Mitbestimmung, S. 368.

[16] *Däubler*, NZA 1985, S. 545, 549.

[17] *Kaven*, Das Recht des Sozialplans, S. 136.

[18] Die ausdrückliche Vereinbarung eines Kündigungsrechtes ist nach allgemeiner Ansicht zulässig, vgl. stellvertretend für alle anderen *Meyer*, Nachträgliche Abänderung, S. 54, der dieses Ergebnis mit der Disponibilität des § 77 AbS. 5 BetrVG begründet.

[19] *Galperin/Löwisch* § 112 Rn. 43; *Hanau/Preis*, NZA 1991, S. 81, 86; AR-Blattei SD-*Heckelmann* Der Sozialplan Rn. 186 f.; *Hess/Schlochauer/Glaubitz-Hess* § 112 Rn. 118; *von Hoyningen-Huene*, Anm. zu BAG v. 10.08.1994, AP Nr. 86 zu § 112 BetrVG 1972; *Löwisch/Kaiser* § 112 Rn. 70; *Luding*, Beendigung, S. 23; *Röder/Baeck*, Interessenausgleich und Sozialplan, S. 155; *Rumpff/Boewer*, Mitbestimmung, S. 369; *Schaub-Koch* § 244 V 4; *Stege/Weinspach* §§ 111-113 Rn. 98; *Weber/Ehrich/Hörchens* Teil J Rn. 85; *Weiss/Weyand* § 112 Rn. 29; *Winderlich*, BB 1994, S. 2483, 2484.

[20] *Däubler*, NZA 1985, S. 545, 548 f.; *von Hoyningen-Huene*, Anm. zu BAG v. 10.08.1994, AP Nr. 86 zu § 112 BetrVG 1972; *Naendrup*, AuR 1984, S. 193, 197 f.

der gesamte Vertrag oder nur die Dauerregelung selbst[21] gekündigt werden kann, ist umstritten. Vertreter des letzteren Ansatzes bestehen zusätzlich darauf, dass die Zulässigkeitsvoraussetzungen einer Teilkündigung vorliegen. Eine Diskussion beider Ansätze findet nicht statt.

Einige wenige Autoren sind der Ansicht, dass Inhalt und Zweck des Sozialplans einer ordentlichen Kündbarkeit auch dann entgegen stehen, wenn die Vereinbarungen Dauerregelungen enthalten.[22] *Ohl*[23] lehnt das ordentliche Kündigungsrecht generell ab, weil Sozialpläne seiner Ansicht nach niemals Dauerrechtsverhältnisse begründen.

Die Frage der außerordentlichen Kündbarkeit von Sozialplänen ist weitaus umstrittener.[24] Soweit ein außerordentliches Kündigungsrecht aus wichtigem Grund für zulässig gehalten wird, sorgen unterschiedliche Begründungen für Verwirrung. Neben dem in § 314 BGB geregelten außerordentlichen Kündigungsrecht von Dauerschuldverhältnissen aus wichtigem Grund werden auch die Grundsätze von der Störung der Geschäftsgrundlage in § 313 BGB herangezogen.

Parallel zur Diskussion um das ordentliche Kündigungsrecht wird von vielen Autoren die Zulässigkeit einer außerordentlichen Kündigung aus wichtigem Grund vom Dauerschuldcharakter des jeweiligen Sozialplans[25] oder der einzelnen zu kündigenden Sozialplanregelungen[26] abhängig gemacht. Diese Ein-

---

[21] *Beseler*, Abänderung, S. 219, 227, der jedoch bei Unzulässigkeit einer Teilkündigung die Kündigung des gesamten Sozialplans erlaubt; *Bopp/Gross*, Mitbestimmung des Betriebsrates, S. 258; *Däubler/Kittner/Klebe-Däubler* §§ 112, 112a Rn. 136; *ders.*, NZA 1985, S. 545, 548 f.; GK-*Fabricius/Oetker* §§ 112, 112a Rn. 167 f.; *Gnade*, BetrVG, § 112 Rn. 25; *Luding*, Beendigung, S. 23; MünchArbR-*Matthes* § 362 Rn. 49; *Meyer*, Nachträgliche Abänderung, S. 57 f.; *Schaub/Schindele*, Kurzarbeit, S. 118; *Kaven*, Das Recht des Sozialplans, S. 136 diskutiert ein ordentliches Kündigungsrecht nur für Dauersozialpläne (vgl. dazu Kapitel 6).

[22] *Richardi-Annuß* § 112 Rn. 185; *Fitting* §§ 112, 112a Rn. 206 ohne Angabe von Gründen; *Kaven*, Das Recht des Sozialplans, S. 136 geht auf die Möglichkeit einer Kündigung von Dauerregelungen in Sozialplänen nicht ein.

[23] *Ohl*, Sozialplan, S. 71.

[24] Offengelassen bei *Richardi-Annuß* § 112 Rn. 186 und MünchArbR-*Matthes* § 362 Rn. 49.

[25] *Beseler*, Abänderung, S. 219, 228; *Däubler*, NZA 1985, S. 545, 549 f.; GK-*Fabricius/Oetker* §§ 112, 112a Rn. 170; *Fitting* §§ 112, 112a Rn. 206; *Gaul*, Anm. zu BAG v. 28.08.1996, EzA Nr. 87 zu § 112 BetrVG 1972, S. 11, 15; AR-Blattei SD-*Heckelmann* Der Sozialplan Rn. 189; *von Hoyningen-Huene*, Anm. zu BAG v. 10.08.1994, AP Nr. 86 zu § 112 BetrVG 1972; *Röder/Baeck*, Interessenausgleich und Sozialplan, S. 155.

[26] *Gaul*, Anm. zu BAG v. 28.08.1996, EzA Nr. 87 zu § 112 BetrVG 1972, S. 11, 15; ErfK-*Hanau/Kania* §§ 112, 112a Rn. 40; *Löwisch/Kaiser* § 112 Rn. 71; *Luding*, Beendigung, S. 33 f., 46 geht bei Dauerregelungen auch von der Zulässigkeit einer Änderungskündigung aus.

schränkung befürworten auch diejenigen Autoren[27], nach deren Ansicht die Kündigungsmöglichkeit Rechtsfolge einer Störung der Geschäftsgrundlage ist.

Von anderen Autoren wird die Kündigung aus wichtigem Grund generell für zulässig gehalten.[28] *Hess*[29] ist der Ansicht, dass Sozialpläne immer Dauerschuldverhältnisse begründen und stützt das Kündigungsrecht deshalb auf § 314 BGB. *Willemsen* und *Kaven*[30] ziehen dagegen die Lehre vom Wegfall der Geschäftsgrundlage zur Begründung heran. *Meyer*[31] geht zunächst mit der vorherrschenden Ansicht in der Literatur von einer außerordentlichen Kündbarkeit aus wichtigem Grund nur bei solchen Sozialplänen aus, die Dauerschuldverhältnisse zum Inhalt haben. Wegen der parallel existierenden Möglichkeit einer ordentlichen Kündigung bezweifelt er aber die praktische Relevanz dieses Ergebnisses und sucht nach einem Weg, das außerordentliche Kündigungsrecht aus wichtigem Grund auf alle Sozialplangestaltungen auszudehnen. § 314 BGB soll zu diesem Zweck nicht in Betracht kommen, weil sich das außerordentliche Kündigungsrecht aus wichtigem Grund bei Dauerschuldverhältnissen an synallagmatischen Verträgen orientiere, während es sich beim Sozialplan um einen unvollkommen zweiseitigen Vertrag handele. Die Grundsätze des Wegfalls der Geschäftsgrundlage dagegen seien auch auf solche Verträge anwendbar. Zudem sei das Rechtsinstitut des Wegfalls der Geschäftsgrundlage durch eine Vielzahl von Fallgruppen konkretisiert worden. Schließlich schlussfolgert *Meyer* aus diesen Überlegungen, dass ein außerordentliches Kündigungsrecht im Sozialplanrecht allein auf die Grundsätze von der Störung der Geschäftsgrundlage gegründet werden könne.

Einige Autoren halten eine außerordentliche Kündigung von Sozialplänen prinzipiell für ausgeschlossen. Begründet wird dieser Standpunkt entweder mit dem fehlenden Dauerschuldcharakter des Sozialplans[32] oder mit der geringeren Effektivität der außerordentlichen Kündigung aus wichtigem Grund im Vergleich

---

[27] *Beseler*, Abänderung, S. 219, 228; *Däubler*, NZA 1985, S. 545, 549 f.

[28] *Gift* in: Das Arbeitsrecht der Gegenwart, Bd. 15 (1977), S. 51, 68 f.; *Hess/Schlochauer/Glaubitz-Hess* § 112 Rn. 118 f.; *Kaven*, Das Recht des Sozialplans, S. 137; *Meyer*, Nachträgliche Änderung, S. 61 ff.; *ders.*, NZA 1995, S. 974, 978; *Schaub/Schindele*, Kurzarbeit, S. 118; *Schaub-Koch* § 244 V 4; *Stege/Weinspach* §§ 111-113 Rn. 98c; *Teubner*, BB 1974, S. 982, 987; *Wollgast*, Betriebsvereinbarungen, S. 251 f.

[29] *Schlochauer/Glaubitz/Hess-Hess* § 112 Rn. 118-122.

[30] *Kaven*, Das Recht des Sozialplans, S. 137; *Willemsen*, ZIP 1981, S. 1058, 1062.

[31] *Meyer*, Nachträgliche Änderung, S. 61 ff.

[32] Vgl. *Däubler/Kittner/Klebe-Däubler* §§ 112, 112a Rn. 136; GK-*Fabricius* §§ 112, 112a Rn. 73 f., 5. Aufl.; *Naendrup*, AuR 1984, S. 193, 199-202; ohne Begründung: *Gnade*, BetrVG, § 112 Rn. 25; *Weber/Ehrich/Hörchens* Teil J Rn. 85 und *Weiss/Weyand* § 112 Rn. 29 erwähnen die Möglichkeit der außerordentlichen Kündigung überhaupt nicht.

zu der vermeintlich unter gleichen Voraussetzungen anwendbaren Lehre vom Wegfall der Geschäftsgrundlage[33].

Diejenigen Autoren, die eine außerordentliche Kündigung aus wichtigem Grund für zulässig halten, verlangen als Voraussetzung eine grundlegende Änderung der Verhältnisse, von denen die Parteien bei Vertragsschluss ausgegangen sind.[34] Im Dienste von Rechtssicherheit und Betriebsfrieden seien hohe Anforderungen an das Vorliegen eines wichtigen Grundes zu stellen.[35] Nach Abwägung der beiderseitigen Interessen müsse einer Seite das Festhalten am Sozialplan unzumutbar geworden sein.[36] Ein wichtiger Grund soll insbesondere in einer Veränderung der wirtschaftlichen Verhältnisse[37] oder der Rechtslage begründet sein können.[38] Allerdings soll allein der finanzielle Notstand des Unternehmers nach Ansicht einiger Autoren[39] keinen außerordentlichen Kündigungsgrund darstellen. *Kaven*[40] zieht ein Kündigungsrecht darüber hinaus dann in Betracht, wenn eine Betriebsänderung nicht wie ursprünglich geplant durchgeführt wird. *Luding*[41] geht in Anlehnung an das Tarifvertragsrecht auch dann vom Vorliegen eines wichtigen Grundes aus, wenn ein Betriebspartner sich die Verletzung einer Pflicht aus dem Sozialplan hat zuschulde kommen lassen.

Hinsichtlich der Rechtsfolgen beider Kündigungsarten geht die überwiegende Ansicht in der Literatur mit dem BAG davon aus, dass die Kündigung – soweit zulässig - weder für die Zukunft noch für die Vergangenheit zum Wegfall der Sozialplanregelungen führt. Unabhängig von Vertrauensschutzerwägungen gelte der Sozialplan gem. § 77 Abs. 6 BetrVG weiter.[42] Hinsichtlich der außerordent-

---

[33] AR-Blattei SD-*Heckelmann* Der Sozialplan Rn. 190, 192; bei *Galperin/Löwisch* § 112 Rn. 41 ff. ist von einem außerordentlichen Kündigungsrecht nicht die Rede, wohl aber vom Wegfall der Geschäftsgrundlage.

[34] Vgl. *Luding*, Beendigung, S. 39.

[35] *Bopp/Gross*, Mitbestimmung des Betriebsrates, F S. 258; *Galperin/Löwisch* § 77 Rn. 63 für die Betriebsvereinbarung; *Hess/Schlochauer/Glaubitz-Hess* § 112 Rn. 122; *Meyer*, NZA 1995, S. 974, 978.

[36] Vgl. für ein Kündigungsrecht auf der Grundlage des § 314 BGB: *Richardi-Annuß* § 112 Rn. 186; *Bopp/Gross*, Mitbestimmung des Betriebsrates, F S. 258; *Hess/Schlochauer/Glaubitz-Hess* § 112 Rn. 118-122; *Stege/Weinspach* §§ 111-113 Rn. 98c; vgl. für ein Kündigungsrecht aus wichtigem Grund als Rechtsfolge des Wegfalls der Geschäftsgrundlage *Kaven*, Das Recht des Sozialplans, S. 137.

[37] *Bopp/Gross*, Mitbestimmung des Betriebsrates, F S. 258; *Hess/Schlochauer/Glaubitz-Hess* § 112 Rn. 120; *Stege/Weinspach* §§ 111-113 Rn. 98c.

[38] *Meyer*, Nachträgliche Änderung, S. 61 ff.

[39] *Bopp/Gross*, Mitbestimmung des Betriebsrates, F S. 258 f.; GK-*Fabricius/Oetker* §§ 112, 112a Rn. 171; *Hess/Schlochauer/Glaubitz-Hess* § 112 Rn. 121.

[40] *Kaven*, Das Recht des Sozialplans, S. 137.

[41] *Luding*, Beendigung, S. 38.

[42] *Richardi-Annuß* § 112 Rn. 186; *Bopp/Gross*, Mitbestimmung des Betriebsrates, F S. 258; *Däubler/Kittner/Klebe-Däubler* §§ 112, 112a Rn. 136; *ders.*, NZA 1985, S. 545, 548 f.; *Fit-*

lichen Kündigung aus wichtigem Grund wird jedoch auch eine Gegenmeinung vertreten, derzufolge die Weitergeltung der Sozialplannormen der inneren Logik der Zuerkennung des Kündigungsrechtes widerspricht. Durch die fristlose Kündigung solle gerade erreicht werden, dass die Bindung der Betriebspartner an die im Sozialplan niedergelegten Verpflichtungen unverzüglich ende.[43] Ein außerordentliches Kündigungsrecht aus wichtigem Grund bestehe nur dann, wenn einer Partei das Festhalten am Vertrag unzumutbar sei. Erkenne die Rechtsordnung aber die Unzumutbarkeit an, so könne sie nicht gleichzeitig die Weitergeltung der unzumutbaren Bestimmungen anordnen. Die Weitergeltung dürfe deshalb diejenigen Regelungen nicht erfassen, auf die sich der wichtige Grund beziehe.[44]

II. Die ordentliche Kündbarkeit von Sozialplänen

1. Die direkte Anwendbarkeit von § 77 Abs. 5 BetrVG

Neben der unumstrittenen[45] Möglichkeit zur Vereinbarung eines ordentlichen Kündigungsrechtes, kommt § 112 Abs. 1 S. 3 BetrVG i. V. mit § 77 Abs. 5 BetrVG als Rechtsgrundlage einer ordentlichen Kündigungsmöglichkeit in Betracht. Soweit nichts anderes vereinbart worden ist, sieht § 77 Abs. 5 BetrVG für die Betriebsvereinbarung ein Recht zur ordentlichen Kündigung mit dreimonatiger Kündigungsfrist vor. Eine andere Vereinbarung im Sinne des § 77 Abs. 5 BetrVG kann sich aus dem Inhalt und/oder dem Zweck der Vereinbarung ergeben.[46] Wie die Ausführungen im ersten Kapitel gezeigt haben, kann der Sozial-

---

ting §§ 112, 112a Rn. 206; *Fuchs*, Sozialplan, S. 119; *Gaul*, Anm. zu BAG v. 28.08.1996, EzA Nr. 87 zu § 112 BetrVG 1972, S. 11, 15; MünchArbR-*Matthes*, § 362 Rn. 49; *Meyer*, NZA 1995, S. 974, 977; *Pottmeyer*, Anm. zu BAG v. 10.08.1994, SAE 1995, S. 304, 306; *Röder/Baeck*, Interessenausgleich und Sozialplan, S. 155; *Rumpff/Boewer*, Mitbestimmung, S. 369; *Stege/Weinspach* §§ 111-113 Rn. 98d; *Teubner*, BB 1974, S. 982, 987; *Willemsen*, ZIP 1981, S. 1058, 1062; *Winderlich*, BB 1994, S. 2483, 2487.

[43] *Beseler*, Abänderung, S. 219 ff., 235 f.; GK-*Fabricius/Oetker* §§ 112, 112a Rn. 172; *von Hoyningen-Huene*, Anm. zu BAG v. 10.08.1994, AP Nr. 86 zu § 112 BetrVG 1972; für die Betriebsvereinbarung: ErfK-*Hanau/Kania* § 77 Rn. 120 allgemein für den Kollektivvertrag; GK-*Kreutz* § 77 Rn. 399; *Luding*, Beendigung, S. 42 f.; *Wollgast*, Betriebsvereinbarungen, S. 422 f.; vgl. auch *Fitting*, § 77 Rn. 179, der widersprüchlicherweise an anderer Stelle (§§ 112, 112a Rn. 206) von einer Weitergeltung gem. § 77 AbS. 6 BetrVG ausgeht.

[44] *Beseler*, Abänderung, S. 219, 235 f.; ErfK-*Hanau/Kania* § 77 Rn. 120; *von Hoyningen-Huene*, Anm. zu BAG v. 10.08.1994, AP Nr. 86 zu § 112 BetrVG 1972; GK-*Kreutz* § 77 Rn. 399; vgl. *Oetker*, RdA 1995, S. 82, 95 für den Tarifvertrag.

[45] Vgl. stellvertretend BAG v. 10.08.1994, BAGE 77, 313, 324.

[46] Mit § 77 AbS. 5 BetrVG ist die unter Geltung des Betriebsverfassungsgesetzes von 1952 teilweise vertretene Ansicht (vgl. *Adomeit*, BB 1962, S. 1246, 1250 f.) endgültig überwunden worden, die eine Kündigung für die normativ wirkende Kollektivvereinbarung als systemwidrig abgelehnt hat, weil Rechtsnormen von den Normgebern nur durch einen actus contrarius,

plan jedoch nicht als Betriebsvereinbarung eingestuft werden. Aus diesem Grund ist die Anwendbarkeit des § 77 Abs. 5 BetrVG nicht selbstverständlich, sondern bedarf einer besonderen Prüfung. § 77 Abs. BetrVG wäre nur dann direkt anwendbar, wenn der Begriff „Wirkung" in § 112 Abs. 1 S. 3 BetrVG die Frage der Kündbarkeit einschließen würde. Im ersten Kapitel ist jedoch bereits aufgezeigt worden, dass der Begriff „Wirkung" an dieser Stelle im Sinne von „Rechtsfolge" zu verstehen ist. Er bezieht sich lediglich auf die Unmittelbarkeit und die zwingende Normwirkung des Sozialplans und schließt damit die Kündbarkeit aus, die keine Folge, sondern eine Eigenschaft der Betriebsvereinbarung darstellt. Eine direkte Anwendbarkeit des § 77 Abs. 5 BetrVG im Sozialplanrecht kommt demnach nicht in Frage.

2. Die analoge Anwendbarkeit des § 77 Abs. 5 BetrVG

Denkbar ist allerdings eine analoge Anwendung des § 77 Abs. 5 BetrVG. Voraussetzung dafür ist zunächst eine planwidrige Regelungslücke.[47] Eine planwidrige Regelungslücke liegt dann vor, wenn das Gesetz für einen bestimmten Tatbestand keine Regelung enthält, obwohl es sie seiner Teleologie nach enthalten sollte.[48] Weiterhin müssen der geregelte und der ungeregelte Tatbestand in der für die zu übertragende Norm maßgeblichen Hinsicht gleich zu bewerten sein.[49] Im Folgenden soll zunächst mittels eines Blickes in die Gesetzgebungsgeschichte des Betriebsverfassungsgesetzes der Frage nachgegangen werden, ob das Betriebsverfassungsgesetz hinsichtlich der ordentlichen Kündbarkeit des Sozialplans eine planwidrige Regelungslücke enthält. Ergänzend werden in einem zweiten Schritt teleologische Überlegungen sowohl zum Vorliegen einer Regelungslücke als auch zur notwendigen wertungsmäßigen Übereinstimmung von Sozialplan und Betriebsvereinbarung angestellt.

a) Der historische Kontext

Das Betriebsverfassungsgesetz enthält keine Regelung zur Kündbarkeit von Sozialplänen. Fraglich ist aber, ob es sich dabei um eine offene Regelungslücke oder die bewusste und systemgerechte Nichteinräumung eines ordentlichen Kündigungsrechtes handelt. Wie bereits im ersten Kapitel aufgezeigt worden ist, hielt die Mehrheit des für die Ausarbeitung des BetrVG von 1972 zuständigen Ausschusses für Arbeit und Sozialordnung eine einseitige Loslösungsmöglich-

---

also eine ablösende Vereinbarung, aufgehoben werden dürften, vgl. dazu *Oetker*, RdA 1995, S. 82, 89.

[47] Vgl. *Larenz*, Methodenlehre, S. 366.

[48] *Larenz*, Methodenlehre, S. 362.

[49] *Larenz*, Methodenlehre, S. 366.

keit für unvertretbar.[50] Diese Stellungnahme stand allerdings in Zusammenhang mit einem von der CDU/CSU-Fraktion vorgeschlagenen[51] und vom Ausschuss und der Bundestagsmehrheit abgelehnten Loslösungsrecht. Anders als bei der Kündigung gem. § 77 Abs.5 BetrVG sollte auf dieses Loslösungsrecht nicht die Weitergeltung der gekündigten Vereinbarung gem. § 77 Abs. 6 BetrVG und das Wiederaufleben des Mitbestimmungsrechts, sondern eine Schadensersatzpflicht folgen. Der CDU/CSU-Entwurf ermöglichte damit eine tatsächliche Loslösung vom Sozialplan und nicht nur ein Recht zur Herbeiführung einer Neuregelung. Wenn dieser Vorschlag der CDU/CSU-Fraktion mit dem weitergehenden Hinweis abgelehnt wurde, eine einseitige Loslösungsmöglichkeit vom Sozialplan sei aus sozialen und rechtssystematischen Gründen unvertretbar, kann trotz der dargestellten Unterschiede zwischen den beiden Rechtsinstituten nicht angenommen werden, dass die Ausschussmehrheit von einer ordentlichen Kündbarkeit des Sozialplans ausging.

Gegen die ordentliche Kündbarkeit von Sozialplänen spricht außerdem ein weiterer Hinweis in den Materialien: In der Stellungnahme des Bundesrates zum Betriebsverfassungsgesetz von 1972 vom 29.01.1971[52] wurde eine abgeänderte Fassung des § 112 Abs. 1 S. 3 BetrVG vorgeschlagen, in der es hieß: „Der Sozialplan hat die Wirkung einer unkündbaren Betriebsvereinbarung.“ Sowohl in der Begründung des Bundesrates als auch in der Diskussion des Gesetzesvorschlags wird auf die Einfügung des Wortes „unkündbaren“ nicht eingegangen. Daraus kann geschlossen werden, dass die Mitglieder des Bundesrates davon ausgingen, eine Begründung dieses Änderungsvorschlags sei nicht notwendig, weil es sich lediglich um eine sprachliche Klarstellung handele. Der Bundesrat hat die Unkündbarkeit des Sozialplans demnach nicht nur für richtig gehalten, er ist auch davon ausgegangen, dass der Bundestag den Gesetzentwurf ebenso verstanden wissen wollte. Der historische Gesetzgeber ging demnach davon aus, dass der Sozialplan nicht ordentlich kündbar sei.

Der Wille des historischen Gesetzgebers steht der analogen Anwendung des ordentlichen Kündigungsrechtes jedoch nicht mit absolut verbindlicher Wirkung für den Rechtsanwender entgegen. Eine starre Rangfolge der canones der Auslegung ist abzulehnen. Im Sinne der Diskurstheorie zwar ist von einem starken

---

[50] Vgl. die Stellungnahme des bei der Erstellung des Betriebsverfassungsgesetzes von 1972 federführenden Ausschusses zur CDU/CSU-Vorlage in: zu BT-DruckS. VI/2729, S. 8.

[51] Vgl. § 45 AbS. 2 des Entwurfs eines Gesetzes über die Mitbestimmung der Arbeitnehmer in Betrieb und Unternehmen, Antrag der Fraktion der CDU/CSU, BT-DruckS. VI/1806: „Ist ein Sozialplan vereinbart worden oder liegt ein Vorschlag eines Sozialplans vor und weicht der Unternehmer ohne Grund davon ab, so hat er den betroffenen Arbeitnehmern die aus der Abweichung entstandenen wirtschaftlichen Nachteile auszugleichen, § 10 des Kündigungsschutzgesetzes ist anzuwenden.“

[52] BR-DruckS. 715/70.

Gewicht derjenigen Argumente auszugehen, die eine Bindung zum Ausdruck bringen, wie die semantische und die historische Methode. Dieses Gewicht steht aber inhaltlich stärkeren Argumenten auf anderer Grundlage nicht entgegen.[53] Das gilt insbesondere dann, wenn das fragliche Thema wie im vorliegenden Fall in der Plenarsitzung des Bundestages keine nennenswerte Rolle gespielt hat.[54] Allerdings sprechen die in der Plenarsitzung zumindest ausgesprochene und hinsichtlich der Kündbarkeit eindeutige Stellungnahme des Ausschusses für Arbeit und Sozialordnung und die Stellungnahme des Bundesrates gegen die Kündbarkeit des Sozialplans als starke Indizien gegen das Vorliegen einer Regelungslükke und damit gegen eine Übertragbarkeit des § 77 Abs. 5 BetrVG in das Sozialplanrecht.

b) Teleologische Überlegungen

Die Frage, ob teleologische Erwägungen das Vorliegen einer Regelungslücke nahe legen, überschneidet sich mit der Frage nach der erforderlichen wertungsmäßigen Übereinstimmung von Sozialplan und Betriebsvereinbarung im Hinblick auf die ordentliche Kündbarkeit. Eine Antwort auf beide Fragestellungen kann nur auf der Grundlage der in § 77 Abs. 5 BetrVG zutage tretenden gesetzlichen Wertungen erfolgen.[55]

1.) Das ordentliche Kündigungsrecht gem. § 77 Abs. 5 BetrVG

Das Kündigungsrecht gem. § 77 Abs. 5 BetrVG soll den Betriebspartnern ein flexibles Reagieren auf veränderte Verhältnisse und veränderte betriebliche Bedürfnisse ermöglichen.[56] Bei zwingenden Mitbestimmungsrechten – um ein solches handelt es sich bei dem Mitbestimmungsrecht auf Aufstellung eines Sozialplanes - gilt die gekündigte Vereinbarung gem. § 77 Abs. 6 BetrVG weiter, bis eine neue Regelung getroffen wird.[57] Solange aus der Vereinbarung nichts Gegenteiliges hervorgeht, bedarf die Kündigung keines sachlichen Grundes.[58] Die Kündigungsfrist beträgt drei Monate.

Wie die Darstellung des Meinungsstandes gezeigt hat, wird der Sozialplan von den meisten Autoren nur in Ausnahmefällen den Dauerschuldverhältnissen zugerechnet. Es ist deshalb für die Beurteilung der Übertragbarkeit des ordentli-

---

[53] Vgl. *Alexy*, Theorie der juristischen Argumentation, S. 303 ff.
[54] Zum Materialienproblem vgl. *Larenz*, Methodenlehre, S. 316 f.
[55] *Larenz*, Methodenlehre, S. 366.
[56] *von Hoyningen-Huene*, Anm. zu BAG v. 10.08.1994, AP Nr. 86 zu § 112 BetrVG 1972.
[57] Von einem ersatzlosen Wegfall des Sozialplaninhalts nach einer ordentlichen Kündigung geht dagegen *Naendrup*, AuR 1984, S. 193, 201 f. aus.
[58] Stellvertretend *Fitting* § 77 Rn. 146 f. m. w. N. Lediglich bei der Kündigung von Betriebsvereinbarungen über Sozialleistungen, die wegen ihrer Freiwilligkeit keine Nachwirkung entfalten, wird die Frage eines gewissen Kündigungsschutzes diskutiert.

chen Kündigungsrechtes gem. § 77 Abs. 5 BetrVG von besonderer Bedeutung, ob das Betriebsverfassungsgesetz mit § 77 Abs. 5 BetrVG ein Kündigungsrecht nur für solche Betriebsvereinbarungen statuieren wollte, die ein Dauerschuldverhältnis begründen. Dem Wortlaut ist eine solche Einschränkung nicht zu entnehmen. Dennoch geht eine starke, auf *Neumann-Duesberg*[59] zurückgehende und auch für den Sozialplan fruchtbar gemachte Ansicht[60] davon aus, dass bei allen Betriebsvereinbarungen, die einen einmaligen Sachverhalt regeln, wie z. B. die Festlegung der Arbeitszeit für einem bestimmten Tag, der Zweck der Vereinbarung dem ordentlichen Kündigungsrecht entgegenstehe.[61] *Neumann-Duesberg*[62] begründete die Unkündbarkeit solcher Vereinbarungen mit Wesen und Zweck der Kündigung als einem den Dauerschuldverhältnissen vorbehaltenen Gestaltungsrecht. Die Kündigungsmöglichkeit beim Werkvertrag, der kein Dauerschuldverhältnis erzeuge, stelle nur eine scheinbare Ausnahme dar. § 649 BGB gebe zwar dem Besteller das Recht, den Werkvertrag bis zur Vollendung des Werkes jederzeit zu kündigen. Diese Kündigung sei aber in Wirklichkeit eine Art Verzicht des Bestellers auf Ausführung oder Vollendung des Werkes, der nicht mit der zur Beendigung eines Dauerschuldverhältnisses ausgesprochenen Kündigung gleichgesetzt werden dürfe.
Zum besseren Verständnis dieser Argumentation muss hinzugefügt werden, dass *Neumann-Duesberg* sie zu einem Zeitpunkt entwickelt hat, als die ordentliche Kündbarkeit von Betriebsvereinbarungen im Betriebsverfassungsgesetz noch nicht geregelt war. Die überwiegende Ansicht[63] ging damals von der Möglichkeit einer fristlosen ordentlichen Kündigung aus, die sich aus dem Charakter der Betriebsvereinbarung als Dauerschuldverhältnis ergeben sollte und deswegen konsequenterweise auf Dauerregelungen beschränkt war.

Der Ansicht *Neumann-Duesbergs* ist grundsätzlich zuzustimmen. Die Kündigung ist das richtige Rechtsinstitut, um eine auf Dauer angelegte Bindung durch einseitige Gestaltungserklärung zu lösen.[64] Dennoch hält *Kreutz*[65] die auf *Neumann-Duesberg* zurückgehende Beschränkung der Kündbarkeit auf solche Vereinbarungen, die Dauerrechtsverhältnisse begründen, schon deshalb für überholt,

---

[59] *Neumann-Duesberg*, Betriebsverfassungsrecht, S. 383 f.

[60] BAG v. 22.06.1962, BAGE 13, 156, 158 f.; *Däubler/Kittner/Klebe-Berg* § 77 Rn. 55; *Fitting* § 77 Rn. 145; *Hanau/Preis*, NZA 1991, S. 86; *von Hoyningen-Huene*, Anm. zu BAG v. 10.08.1994, AP Nr. 86 § 112 BetrVG 1972; *Richardi-Richardi* § 77 Rn. 199; speziell für den Soziaplan vgl. BAG v. 10.08.1994, AP Nr. 86 zu § 112 BetrVG 1972 Nachwirkung; a. A. GK-*Kreutz* § 77 Rn. 361; *Wollgast*, Betriebsvereinbarungen, S. 251 ff.

[61] Im Vorgriff auf spätere Ausführungen soll an dieser Stelle nur kurz angemerkt sein, dass die Frage, wann ein Dauerschuldverhältnis vorliegt, sich nicht danach bemisst, ob ein einmaliger Tatbestand geregelt wird, sondern nach der Natur der eingegangenen Leistungspflichten.

[62] *Neumann-Duesberg*, Betriebsverfassungsrecht, S. 383 f. Fn. 153.

[63] Vgl. etwa BAG v. 22.06.1962, BAGE 13, 156, 158 f.

[64] Vgl. GK-*Kreutz* § 77 Rn. 361; *Oetker*, Dauerschuldverhältnis, S. 272 ff.

[65] GK-*Kreutz* § 77 Rn 361.

weil das BetrVG nunmehr eine Kündigungsfrist von 3 Monaten vorsehe. Dadurch sollen sich die früher problematischen Fälle von selbst erledigen. Beispielsweise sei eine Betriebsvereinbarung vom 20. Dezember, die die Arbeitszeit am Heiligen Abend regelt, nach der neuen Rechtslage wegen der dreimonatigen Kündigungsfrist nicht mehr vor dem Weihnachtsfest kündbar.[66] Dieses rein praktische Argument widerlegt jedoch nicht die These, derzufolge eine Kündigung nur bei Dauerschuldverhältnissen in Betracht kommt. Die dreimonatige Kündigungsfrist steht einer Beschränkung der Kündbarkeit auf Dauerschuldverhältnisse nicht entgegen.

Dennoch ist die Ansicht *Neumann-Duesbergs* seit der Regelung des Kündigungsrechtes in § 77 Abs. 5 BetrVG nicht mehr haltbar. Grundlage für das ordentliche Kündigungsrecht bei Betriebsvereinbarungen ist heute nicht mehr das allgemeine ordentliche Kündigungsrecht bei Dauerschuldverhältnissen, d. h. eine Gesamtanalogie[67] zu den gesetzlich geregelten Fällen des ordentlichen Kündigungsrechtes, sondern die gesetzliche Anordnung der ordentlichen Kündbarkeit in § 77 Abs. 5 BetrVG. Gesetzlich angeordnet werden kann die Kündigungsmöglichkeit aber auch für Nicht-Dauerschuldverhältnisse. Bekanntestes Beispiel ist das Kündigungsrecht für den Werkvertrag in § 649 BGB. Der Werkvertrag wird ganz überwiegend nicht den Dauerschuldverhältnissen zugerechnet.[68] Obwohl die Kündigung ein Beendigungsinstrument ist, das wegen seiner ex-nunc eintretenden Beendigungswirkung sachgerecht auf die spezifische Problemlage bei Dauerschuldverhältnissen reagiert, wäre die Annahme einer auf Dauerschuldverträge beschränkten Exklusivität verfehlt.[69] Wird die Kündigung als ein Instrument verstanden, das der vertraglichen Bindung mit ex-

---

[66] So BAG v. 22.06.1962, BAGE 13, 156, 158 f.

[67] Vgl. OLG München v. 03.05.1995, NJW-RR 1996, 561 ff.; *Larenz*, Methodenlehre, S. 369 f. m. w. N.; *Michalski*, JA 1979, S. 401, 405; *Oetker*, Dauerschuldverhältnis, S. 272 ff. m. w. N.; *Soergel-Teichmann* § 241 Rn. 9 m. w. N.; *Ulmer*, Festschrift für Möhring, S. 295 ff., 303; a. A. *Heßhaus*, Tarifvertragsrecht, S. 12 ff. m. w. N., die ein ordentliches Kündigungsrecht nur dann anerkennt, wenn es gesetzlich oder vertraglich vorgesehen ist; a. A. auch *Paschke*, Wohnraummiete, S. 141 ff., der an die Wertentscheidung des § 315 BGB anknüpft.
Bei Annahme einer Rechtsanalogie erübrigt sich der Ansatz des BGH (vgl. zur insoweit verfestigten Rechtsprechung z. B. BGH v. 04.11.1992, ZIP 1993, 367, 370 m. w. N.), der einem durch ergänzende Vertragsauslegung ermittelten fristgebundenen ordentlichen Kündigungsrecht das Wort redet. Unabhängig von der Richtigkeit der Grundannahme, es widerspreche der Lebenserfahrung, dass sich Vertragspartner auf unbegrenzte Zeit ohne die Möglichkeit einer Kündigung verpflichten wollen, kann die methodengerechte Ermittlung einer vertraglichen Regelungslücke sowie ihre Schließung durch den hypothetischen Parteiwillen auf Schwierigkeiten stoßen, vgl. dazu *Oetker*, Dauerschuldverhältnis, S. 275 f.

[68] So z. B. *Oetker*, Dauerschuldverhältnis, S. 156 m. w. N.

[69] Anschaulich wird diese These durch das Recht der sachenrechtlichen Dauerbeziehungen bestätigt, das ebenfalls das Institut der Kündigung kennt (vgl. 1141, 1193, 1202 BGB), vgl. *Oetker*, Dauerschuldverhältnis, S. 262, vgl. auch Fn. 67.

nunc Wirkung ein Ende setzt, so ist es konstruktiv nicht ausgeschlossen, dass sie auch bei solchen Vertragsbeziehungen eine Daseinsberechtigung besitzt, die nach tradiertem Verständnis kein Dauerschuldverhältnis begründen.[70] Die von *Neumann-Duesberg* angeführte Unterschiedlichkeit des allgemeinen Kündigungsrechtes bei Dauerschuldverhältnissen und demjenigen aus § 649 BGB ergibt sich aus der Unterschiedlichkeit der zu kündigenden Verträge und führt nicht zum Ausschluss des Auflösungsrechts gem. § 649 BGB aus der Kategorie „Kündigung". Der Werkunternehmer behält zwar seinen um ersparte Aufwendungen verminderten Vergütungsanspruch, dieser Umstand stellt aber keinen wesentlichen Unterschied zum Kündigungsrecht bei Dauerschuldverhältnissen dar. Der Sache nach handelt es sich um die Vergütung bereits erbrachter Leistungshandlungen, die bei ex nunc gekündigten Dauerschuldverhältnissen ebenfalls nicht entfällt. Außerdem weist auch das Loslösungsrecht des § 77 Abs. 5 BetrVG mit der Weitergeltung gem. § 77 Abs. 6 BetrVG Unterschiede zum allgemeinen Kündigungsrecht bei Dauerschuldverhältnissen auf. Die rechtliche Klassifizierung als Kündigungsrecht wird ihm deshalb nicht entzogen.

Demzufolge ist es systematisch möglich, ein ordentliches Kündigungsrecht für solche Betriebsvereinbarungen zu statuieren, die einen einmaligen Sachverhalt regeln und kein Dauerschuldverhältnis begründen. Seit Einführung des § 77 Abs. 5 BetrVG muss somit in der von der Literatur befürworteten Beschränkung des Kündigungsrechtes auf Dauerschuldverhältnisse eine teleologische Reduktion der vom Wortlaut her eindeutigen Regelung gesehen werden. Diese bedarf einer besonderen Begründung.[71] Eine Legitimation der teleologischen Reduktion ist jedoch nicht ersichtlich und wird sich auch nur schwerlich finden lassen, da die ordentliche Kündbarkeit von Betriebsvereinbarungen, die einen einmaligen Tatbestand regeln, sachgerecht ist. Wird eine solche Betriebsvereinbarung beispielsweise lange vor dem Zeitpunkt, in dem sie ihre Wirkung entfaltet vereinbart, so ist kein Grund ersichtlich, warum die Betriebspartner nicht durch eine ordentliche Kündigung auf veränderte Umstände reagieren können sollen. Das Kündigungsbedürfnis kann bei einer im Januar für den Dezember desselben Jahres abgeschlossenen Betriebsvereinbarung über die Arbeitszeit am Heiligen Abend in der Jahresmitte ebenso groß sein wie bei einer fünf Jahre zuvor auf unbestimmte Zeit abgeschlossenen Regelung der Arbeitszeit für künftige Heilige Abende. Die Ansicht *Neumann-Duesbergs* ist demnach auf die heutige Rechtslage nicht übertragbar. Die Regelung eines einmaligen Tatbestandes führt nicht zum Ausschluss des ordentlichen Kündigungsrechtes. Wenn die Grenze zur Fiktion nicht überschritten werden soll, darf dieses Ergebnis auch nicht dadurch umgangen werden, dass generell bei jeder Regelung eines einmaligen Tatbe-

---

[70] *Oetker*, Dauerschuldverhältnis, S. 263 m. w. N.
[71] So auch *Oetker*, RdA 1995, S. 82, 90.

standes von einem konkludenten Ausschluss des ordentlichen Kündigungsrechtes ausgegangen wird.[72]

2.) Vereinbarkeit mit den Zielsetzungen des Sozialplans

Aus den Ausführungen zum Kündigungsrecht des § 77 Abs. 5 BetrVG folgt, dass die analoge Anwendung der Vorschrift nicht schon am fehlenden Dauerschuldcharakter des Sozialplans scheitert.[73] Jedoch steht möglicherweise der Zweck des Sozialplans einem ordentlichen Kündigungsrecht entgegen. *Däubler*[74] weist zurecht darauf hin, dass es darauf ankommt, ob der Sozialplan seine Aufgaben auch dann noch erfüllen kann, wenn er jederzeit ordentlich kündbar ist.

Im ersten Kapitel ist aufgezeigt worden, dass die Steuerungsfunktion des Sozialplans eine enge Verknüpfung zwischen Sozialplan und Interessenausgleich verlangt. Nach dem gesetzlichen Leitbild sollen sowohl der Sozialplan als auch der Interessenausgleich im Planungsstadium der Betriebsänderung aufgestellt werden. Durch diese Verknüpfung beider Vereinbarungen, wird die Verhandlungsposition des Betriebsrates im Hinblick auf den Interessenausgleich gestärkt. Für den Unternehmer erhöht sich der Anreiz zur Durchführung einer möglichst arbeitnehmerschonenden Betriebsänderung. Wird nun der Inhalt des Sozialplans in Frage gestellt, so gerät das austarierte System der §§ 111-113 BetrVG aus dem Gleichgewicht. Die Kündigungsmöglichkeit läuft damit auf eine Entwertung des Mitbestimmungsrechts hinaus.[75] Der im Nachhinein durch eine ordentliche Kündigung abänderbare Sozialplan kann aufgrund der Entkoppelung von Interessenausgleich und Sozialplan seine Lenkungsfunktion nicht mehr erfüllen.

Die Verhandlungsposition des Betriebsrates ist aber nicht nur im Hinblick auf den Interessenausgleich entwertet. Je weiter die Durchführung der Betriebsänderung schon fortgeschritten ist, desto schwächer ist die Verhandlungsposition des Betriebsrats auch bei der (Neu-) Aufstellung eines Sozialplans. In diesem Zusammenhang beruht die Verschlechterung darauf, dass die Arbeitnehmer in Er-

---

[72] Vgl. *Oetker*, RdA 1995, S. 82, 90; so auch *Wollgast*, Betriebsvereinbarungen, S. 250, der von einem konkludenten Kündigungsausschluss jedoch dann ausgehen will, wenn eine konkrete „einmalige" Angelegenheit mit potentiell gleichartiger Wiederholungsmöglichkeit geregelt ist.

[73] So auch das BAG v. 10.08.1994, BAGE 77, 313, 324 und *Däubler*, NZA 1985, S. 545, 548 f., die mit unterschiedlicher Akzentsetzung davon ausgehen, dass der entscheidende Grund für den Ausschluss des Kündigungsrechtes nicht in der Fixierung auf einen kurzen Zeitraum, sondern im besonderen Charakter des zu regelnden Konflikts liegt.

[74] *Däubler*, NZA 1985, S. 545, 548 f.

[75] Ebenso *Däubler*, NZA 1985, S. 545, 548 f.; zust. *Gaul*, Anm. zu BAG v. 28.08.1996, EzA Nr. 87 zu § 112 BetrVG 1972, S. 11, 13.

wartung der Erfüllung des Sozialplans z. B. auf eine Kündigungsschutzklage verzichtet, längere Umschulungskurse oder Herabstufungen in der tariflichen Eingruppierung in Kauf genommen haben[76] oder an den neuen Standort des Unternehmens umgezogen sind. Schließlich besteht bei freier Kündbarkeit die Gefahr, dass eine gegebenenfalls mehrfach ausgesprochene Kündigung verbunden mit wiederholter Anrufung der Einigungsstelle eine andauernde Blockierung und Beeinträchtigung der Arbeitnehmerbelange nach sich zieht.[77]

Nach Ansicht vieler Autoren steht der ordentlichen Kündbarkeit des Sozialplans vor allem sein Charakter als abschließende Regelung der aus der Betriebsänderung erwachsenden Schäden entgegen.[78] Dass dem Sozialplan tatsächlich ein abschließender Charakter inne wohnt, zeigt schon ein Blick auf die Interessen der Beteiligten. Sowohl die Arbeitnehmer als auch der Unternehmer sind für ihre weiteren Planungen auf Rechtssicherheit hinsichtlich der Sozialplanregelungen angewiesen. Auf beiden Seiten besteht die Gefahr der Enttäuschung hoher Vertrauensinvestitionen. Da beim Sozialplan im Unterschied zur Betriebsvereinbarung selbst das Volumen der Arbeitgeberleistungen vom Betriebsrat mitbestimmt wird, ist der Unternehmer für eine sinnvolle Kalkulation der mit der Durchführung der Betriebsänderung entstehenden Kosten auf einen stabilen Sozialplan als Berechungsgrundlage angewiesen.[79]

Diese besondere Interessenlage ist es auch, die in Verbindung mit der frühen Entstehung des Mitbestimmungsrechtes bereits im Planungsstadium der Betriebsänderung, den Prognose und Vergleichscharakter des Sozialplans bedingt. Wie bereits dargestellt bilden Sozialplan und Interessenausgleich ein System, das seine volle Wirkung nur dann entfaltet, wenn im Planungsstadium der Betriebsänderung parallel über Sozialplan und Interessenausgleich verhandelt wird.[80] Die Möglichkeit, den Sozialplan noch nach der Durchführung der Betriebsänderung abzuschließen, widerspricht diesem Befund nur scheinbar. Diese Notlösung musste getroffen werden, um zu vermeiden, dass der Arbeitgeber durch Verzögerung der Verhandlungen und Nichtinformation des Betriebsrats die Ausübung des Mitbestimmungsrechtes komplett verhindern kann. In dem

---

[76] So auch *Däubler*, NZA 1985, S. 545, 548 f.; *Naendrup*, Au R 1984, S. 193, 198.

[77] *Kaven*, Das Recht des Sozialplans, S.136.

[78] *Richardi-Annuß*, § 112 Rn. 185; *Beseler*, Abänderung, S. 219, 226; *Kaven*, Das Recht des Sozialplans, S. 136; *Knorr*, Sozialplan, § 6 Rn. 145; *Meyer*, Nachträgliche Abänderung, S. 54; *Naendrup*, AuR 1984, S. 193, 199; *Rumpff/Boewer*, Mitbestimmung, S. 368.

[79] Ähnlich *Naendrup*, AuR 1984, S. 193, 197 f. und *Pottmeyer*, Anm. zu BAG v. 10.08.1994, SAE 1995, S. 304, 305.

[80] Konsequenterweise wird deshalb vertreten, dass der Betriebsrat den Abschluss eines neuen Sozialplans verlangen kann, wenn der Arbeitgeber vom vereinbarten Interessenausgleich abweicht, vgl. *Richardi-Annuß* § 112 Rn. 70 unter falscher und überflüssiger Berufung auf einen Wegfall der Geschäftsgrundlage.

vom Betriebsverfassungsgesetz favorisierten Zeitpunkt für die Sozialplanaufstellung, dem Planungsstadium, ist aber noch nicht absehbar, welche wirtschaftlichen Nachteile die Betriebsänderung im Endeffekt mit sich bringen und wie sich die wirtschaftliche Lage des Unternehmens entwickeln wird. Für die Entstehung des Mitbestimmungsrechtes muss deshalb schon die Möglichkeit eines Eintritts wirtschaftlicher Nachteile ausreichen.[81] Die zukunftsgerichtete Überbrückungs- und Vorsorgefunktion verlangt den Betriebspartnern eine Prognoseentscheidung über die künftige Entwicklung ab. Der Gesetzgeber hat dem Sozialplan demzufolge einen Prognosecharakter beigelegt, der zwangsläufig zur Zulässigkeit von Pauschalierungen führt.[82]

Wenn in der Praxis ungeachtet des Prognosecharakters des Sozialplans im Vorhinein erhebliche Sozialplanabfindungen anstatt auflösend bedingter widerkehrender Zahlungen vereinbart werden, so soll damit offensichtlich dem Interesse aller Beteiligten an einer baldigen und endgültigen Festlegung der Sozialplanleistungen Rechnung getragen werden. Sozialpläne werden vereinbart, um gerade die Nachteile auf Seiten der Arbeitnehmer auszugleichen oder abzumildern, die bei der Durchführung der geplanten Betriebsänderung typischerweise zu erwarten sind. Die Sozialplanabfindung beinhaltet somit ein deutlich ausgeprägtes Vergleichselement, das seine Notwendigkeit und Berechtigung in dem Bedürfnis aller Beteiligten nach Planungssicherheit und Rechtsfrieden findet.[83] Es wird

---

[81] *Fitting* §§ 112, 112a Rn. 120 f.; *Winderlich*, BB 1994, S. 2483, 2484.

[82] Vgl. z. B. BAG v. 23.04.1985, BAGE 48, 294 ff. und aus neuerer Zeit BAG v. 05.10.2000, AP Nr. 141 zu § 112 BetrVG 1972 m. w. N. Diese Sichtweise soll nach Ansicht des BAG zur Vermeidung von Manipulationsmöglichkeiten auch dann maßgeblich sein, wenn der Sozialplan nicht vor der Betriebsänderung, sondern erst danach aufgestellt wird. In diesem Punkt muss dem BAG jedoch widersprochen werden. Wie *von Hoyningen-Huene* (RdA 1986, S. 102, 110) richtig bemerkte, besteht eine allgemeine Regel, nach der bei jedem Rechtsgeschäft für die Beurteilung der Umstände der jeweils aktuelle Zeitpunkt maßgebend ist, soweit sich nicht aus dem Zweck der Regelung etwas anderes ergibt. Die Vermeidung von Manipulationsmöglichkeiten ist ein hehres Ziel, darf aber nicht dazu führen, dass wegen Zeitablaufs erweiterte Kenntnisse über die Entwicklung der wirtschaftlichen Nachteile auf der einen und der finanziellen Situation des Betriebes auf der anderen Seite, nicht genutzt werden können. Auch stellen die vom BAG gefürchteten Manipulationen keine Gefahr dar, die mit einer Prognoseentscheidung, basierend auf von der Realität schon überholten Umständen, bekämpft werden könnte. Das Verzögern der Sozialplanverhandlungen ist für den Arbeitgeber schon deswegen ein gewagtes Vorhaben, weil dann ein hohes Sozialplanvolumen seine Pläne unter Umständen im Nachhinein noch gefährden kann. Die Gefahr, dass gekündigte Arbeitnehmer zumutbare Arbeitsplätze in Erwartung einer noch nicht ausgehandelten Sozialplanabfindung ablehnen, kann bei realistischer Einschätzung vernachlässigt werden.

[83] Vgl. *Willemsen*, ZIP 1981, S. 1058, 1060; *Winderlich*, BB 1994, S. 2483, 2484, die in diesem Zusammenhang auf die Parallele zum sog. Abfindungsvergleich bei der Schadensfeststellung im Bürgerlichen Recht hinweist.

Das Vergleichselement bezieht sich auf die Grundlagen der Sozialplanbemessung, nicht auf die Rechtmäßigkeit der Durchführung der Betriebsänderung. Soweit das BAG v. 20.12.1983,

ein Vertrag geschlossen, durch den im Wege gegenseitigen Nachgebens eine abschließende Regelung unsicherer Umstände erfolgen soll. Unsicher sind die tatsächlichen Nachteile, die einzelne Arbeitnehmer durch die Betriebsänderung tatsächlich erleiden werden sowie die wirtschaftliche Entwicklung des Unternehmens. Dass die spätere Entwicklung anders verläuft, d. h. dass entweder erwartete Nachteile nicht oder nicht im erwarteten Umfang eintreten oder wesentlich höher sind als zuvor angenommen, wird bewusst in Kauf genommen und ist aus diesem Grund unschädlich.[84] Ein Vergleich bezweckt die abschließende rechtliche Bewertung bestimmter unsicherer Umstände. Eine ordentliche Kündigungsmöglichkeit liefe dieser Funktion entgegen. Diese Überlegungen zeigen, dass es die durch seine Ziele bedingte Konzeption des Sozialplans nicht erlaubt, den Parteien ein ordentliches Kündigungsrecht zuzugestehen. Die verschiedenen Funktionen des Sozialplans verlangen die Beständigkeit der Sozialplanregelungen. Das auf Flexibilität abzielende Kündigungsrecht des § 77 Abs. 5 BetrVG ist damit grundsätzlich unvereinbar und aus diesem Grund nicht auf den Sozialplan übertragbar. Vor dem Hintergrund der von der Betriebsvereinbarung zu unterscheidenden Interessenlage kann das einseitige Erzwingen einer Sozialplananpassung nicht ohne rechtfertigende Gründe zugelassen werden.[85]

3.) Ausnahme bei Dauerschuldverhältnissen

Die vorstehend ausgeführten Gründe für die Unvereinbarkeit eines ordentlichen Kündigungsrechtes mit den Zielsetzungen des Sozialplans bauen im Gegensatz zur sonst gebräuchlichen Argumentation nicht auf dem fehlenden Dauerschuldcharakter des Sozialplans auf und beanspruchen von daher grundsätzlich auch dann Beachtung, wenn Sozialpläne ausnahmsweise Dauerregelungen enthalten. Allerdings stellt sich die Frage, ob in den Fällen, in denen der Sozialplan tatsächlich ein Dauerschuldverhältnis[86] begründet, nicht neben der für Betriebsvereinbarungen gewünschten Flexibilität andere, gewichtigere Gründe für ein ordentliches Kündigungsrecht streiten. Eine Antwort kann nur auf der Grundlage derjenigen Rechtsgedanken gefunden werden, die hinter dem für Dauerschuld-

---

AP BetrVG 1972 § 112 Nr. 17, Bl. 2 den Vergleichscharakter von Sozialplänen in Bezug auf die Rechtmäßigkeit der Betriebsänderung ablehnt, ist ihm also zuzustimmen.

[84] BAG v. 23.04.1985, AP Nr. 26 zu § 112 BetrVG 1972; BAG v. 05.10.2000, AP Nr. 141 zu § 112 BetrVG 1972; LAG Saarland v. 03.07.1985, LAGE BetrVG 1972 zu § 112 Nr. 7 S. 17; *Winderlich*, BB 1994, S. 2483, 2485; a. A. wohl *von Hoyningen-Huene*, RdA 1986, S. 102, 111 zur Prognoseentscheidung über die wirtschaftliche Vertretbarkeit des Sozialplans für das Unternehmen.

[85] GK-*Fabricius/Oetker* §§ 112, 112a Rn. 166 weisen zu Recht darauf hin, dass ein, der ordentlichen Kündbarkeit entgegenstehender Zweck auch solchen Sozialplänen innewohnt, die nicht erzwingbar sind, soweit sie dem Ausgleich oder der Milderung von Nachteilen in Bezug auf eine konkrete Betriebsänderung dienen.

[86] Hier soll trotz der nicht ganz einheitlichen Terminologie insoweit der gebräuchlichste (vgl. *Palandt-Heinrichs* § 314 Rn. 2) und auch in den §§ 313 AbS. 3, 314 BGB vom Gesetzgeber verwandte Begriff benutzt werden.

verhältnisse allgemein anerkannten ordentlichen Kündigungsrecht stehen. In einem zweiten Schritt ist dann die Bedeutung der für die ordentliche Kündbarkeit von Dauerschuldverhältnissen sprechenden Argumente im Sozialplanrecht zu untersuchen.

Charakteristisch für alle längerfristig angelegten Verträge, besonders aber für Dauerschuldverhältnisse, ist ein komplexes Spannungsverhältnis zwischen dem Interesse an der Stabilität des Vertragsverhältnisses einerseits und an der Flexibilität, insbesondere der flexiblen auch einseitigen Beendigungsmöglichkeit andererseits.[87] Für die gesetzlich geregelten Dauerschuldverhältnisse hat das BGB den beschriebenen Interessenkonflikt durch die Einräumung eines ordentlichen, teilweise durch Regelungen des Bestandsschutzes eingeschränkten Kündigungsrechtes gelöst.[88] Hinter der dadurch erreichten Vertragsbeendigungsfreiheit steht der Rechtsgedanke, dass eine zeitlich unbegrenzte und deshalb für die Vertragsparteien nur schwer überblickbare Ewigkeitsbindung ohne ordentliche Kündigungsmöglichkeit mit der persönlichen (Vertrags-) Freiheit der Vertragspartner unvereinbar ist.[89] Ein Dauerschuldvertrag im Sinne des ordentlichen Kündigungsrechts liegt demzufolge immer dann vor, wenn die vertragstypische Hauptleistungspflicht nicht zwingend durch den Eintritt eines Leistungserfolges oder das Erreichen einer zeitlichen Befristung ihr Ende findet.[90] Nur wenn die Vertragsbeendigung eines von außen gesetzten Tatbestandes bedarf, muss die Ewigkeitsbindung durch ein Recht zur einseitigen Loslösung vom Vertrag verhindert werden.[91]

Ist die ordentliche Kündigung mit der Interessenstruktur eines Vertragstyps nicht in Einklang zu bringen, so hat das Fehlen eines ordentlichen Kündigungsrechtes jedoch nicht per se eine dem Einzelnen unzumutbare Ewigkeitsbindung zur Folge. Die Rechtsordnung kennt noch andere Mittel und Wege um eine vertragliche Bindung von außen zu beenden. Genannt seien an dieser Stelle die

---

[87] *Oetker*, Dauerschuldverhältnis, S. 26.

[88] Vgl. die §§ 542 AbS. 1, 581 AbS. 2, 584, 594a, 608, 620 ff., 671 AbS. 1, 723 AbS. 1 S. 1 BGB; vgl. auch die in den Rechtsfolgen einer ordentlichen Kündigung entsprechenden Rückforderungsrechte des Verleihers in § 604 AbS. 2 S. 2, AbS. 3 BGB und des Hinterlegers gem. § 695 S. 1 BGB.

[89] Vgl. *Ulmer*, Festschrift für Möhring, S. 195, 303; ausführlich *Oetker*, Dauerschuldverhältnis, S. 251 f. m. w. N.

[90] *Oetker*, Dauerschuldverhältnis, S. 115 f.

[91] Vgl. stellvertretend *Oetker*, Dauerschuldverhältnis, S. 255; a. A. *Meyer*, Nachträgliche Abänderung, S. 54 f., nach dessen Ansicht gerade bei Leistungen auf bestimmte Zeit die ordentliche Kündbarkeit gerechtfertigt ist, weil in den wenigsten Fällen Leistungen ohne zeitliche Begrenzungen vorgesehen seien. Die empirische Tatsache, dass auf bestimmte Zeit eingegangene Dauerverpflichtungen seltener sind als solche, die auf unbestimmte Zeit eingegangen sind, kann jedoch offensichtlich nicht dazu dienen, ein ordentliches Kündigungsrecht bei ersteren zu begründen.

§§ 313, 314 BGB. Außerdem besteht ein Schutz vor überlangen Bindungen durch § 138 BGB.[92] Das ordentliche Kündigungsrecht ist demnach zwar grundsätzlich ein durch Rechtsanalogie auf nicht geregelte Dauerschuldverhältnisse übertragbares Rechtsinstitut, es ist jedoch erforderlich, in jedem Einzelfall die Übertragbarkeit genau zu überprüfen. Wie der teilweise sehr weitgehende Bestandsschutz zeigt, kann die Interessenstruktur einzelner Schuldverhältnisse einer freien Kündbarkeit bis zum Ausschluss derselben entgegenstehen. Gegebenenfalls kann die spezielle Ausgestaltung eines gesetzlich geregelten Falles im Wege der Gesetzesanalogie übertragen werden.[93]

Im Sozialplanrecht muss zunächst die Frage beantwortet werden, ob Sozialpläne überhaupt solche Dauerschuldverhältnisse begründen, auf deren freie Beendbarkeit die ordentlichen Kündigungsrechte im Allgemeinen abzielen. Prinzipiell steht der Vergleichscharakter des Sozialplans der Vereinbarung von Regelungen, die eine unbegrenzte Bindung des Arbeitgebers beinhalten, entgegen. Der Natur des Sozialplans entspricht die Festlegung eines der Summe nach fest umrissenen Ausgleichs der den Arbeitnehmern nach dem prognostizierten Verlauf der Betriebsänderung entstehenden Nachteile. Im Regelfall werden Sozialpläne deswegen keine unbefristeten Dauerleistungen vorsehen.

Eine unbefristete Verpflichtung des Arbeitgebers trägt dem Bedürfnis beider Seiten nach Planungssicherheit nur dann Rechnung, wenn die „unbefristete" Laufzeit, etwa bis zum Lebensende des begünstigten Arbeitnehmers, genau als solche eingeplant worden ist. Der Zusatz „lebenslang" bedeutet aber, dass die Parteien sich sehr wohl über die Laufzeit der Vereinbarung Gedanken gemacht haben. Die ordentliche Kündbarkeit einer solchen Vereinbarung würde dem dahinter stehenden Regelungswillen nicht gerecht.[94] Den Parteien muss eine langandauernde Vertragsbindung zur Erreichung bestimmter Ziele möglich sein. Da das Kündigungsrecht dazu dient, eine mit dem Selbstbestimmungsrecht unvereinbare Ewigkeitsbindung auszuschließen, findet es in dieser Funktion auch seine Grenze.[95] Es ist dispositiv[96], also ausgeschlossen, wenn die Parteien in Ausübung ihres Selbstbestimmungsrechtes eine abweichende Regelung getroffen haben.[97] Der einseitigen Beendigungsfreiheit steht ein Vertragszweck entgegen, dem es gerade auf die langfristige Bindung ankommt. Das auf Lebenszeit einge-

---

[92] Vgl. *Palandt-Heinrichs* § 138 Rn. 39, 81 m. w. N.
[93] *Oetker*, Dauerschuldverhältnis, S. 275 Fn. 130.
[94] Vgl. *Oetker*, Dauerschuldverhältnis, S. 253 zur Möglichkeit einer unkündbaren vertraglichen Verpflichtung zu lebenslangen Leistungen.
[95] *Oetker*, Dauerschuldverhältnis, S. 275.
[96] Vgl. stellvertretend *Esser/Schmidt*, Schuldrecht AT I/1, S. 325.
[97] So auch *Oetker*, Dauerschuldverhältnis, S. 275, S. 460 ff. Der Ausschluss des ordentlichen Kündigungsrechtes kann auch das Ergebnis einer ergänzenden Vertragsauslegung sein, vgl. dazu *Heßhaus*, Tarifvertragsrecht, S. 13 ff.

gangene Vertragsverhältnis ist demnach als eine besondere Art der Zweckbefristung anzuerkennen, die wegen ihres Versorgungscharakters mit der Selbstbestimmungsordnung vereinbar ist.[98] Eine ordentliche Kündigung kommt somit selbst bei Sozialplänen, die lebenslange Begünstigungen enthalten, nicht in Betracht.

Nur ein ungeschickter und dem Vergleichsinteresse der Vertragspartner zuwiderlaufender Sozialplan wird eine unbefristete Dauerverpflichtung des Arbeitgebers enthalten, mit der die Betriebspartner keinen dem ordentlichen Kündigungsrecht entgegenstehenden Zweck verfolgen. Ein ordentliches Kündigungsrecht in Gesamtanalogie zu den geregelten Fällen kommt deshalb im Sozialplanrecht nicht in Betracht. Soll ein Sozialplan oder eine Sozialplanregelung ausnahmsweise ordentlich kündbar sein, so ist das von den Betriebspartnern expressis verbis zu vereinbaren. Wurde dies versäumt, kann die vertragliche Regelungslücke u. U. über den Weg der ergänzenden Vertragsauslegung[99] nachgebessert werden.[100]

Als weiteres Argument gegen die Kündbarkeit von in Sozialplänen enthaltenen Dauerregelungen ist das Verbot der Teilkündigung zu nennen. Eine Kündigung des gesamten Sozialplans kann, soweit er sich nicht in der fraglichen Regelung erschöpft, aus den oben erläuterten Gründen nicht in Betracht gezogen werden.[101] Eine Teilkündigung aber ist grundsätzlich unzulässig. Das gesetzliche Institut der Kündigung ist prinzipiell auf das gesamte Vertragsverhältnis gerichtet.[102] Das gilt besonders bei kollektiven Normenverträgen, weil hier die einzelnen Regelungen als Teil eines Kompromisses auch dann miteinander verknüpft

---

[98] In diesem Zusammenhang ist darauf hinzuweisen, dass das Gesetz langfristige Bindungen sogar bis zum Tode eines Vertragspartners z. B. in den §§ 544 S. 2, 594b BGB ausdrücklich anerkennt, vgl. *Oetker*, Dauerschuldverhältnis, S. 253.

[99] Obwohl der Sozialplan wie ein Gesetz ausgelegt wird, kommt die ergänzende Vertragsauslegung im Sozialplanrecht grundsätzlich in Betracht, vgl. dazu GK-*Kreutz* § 77 Rn. 70.

[100] Der viel zitierten Entscheidung des BAG v. 24.03.1981, AP Nr. 12 zu § 112 BetrVG 1972 lag ein Sozialplan zugrunde, der den umgesetzten Arbeitnehmern eine Wegezeitvergütung einräumte. Daneben beinhaltete er aber auch das bevorzugte Angebot von Wohnungen. Fraglich ist deshalb, ob dem Sozialplan nicht konkludent oder im Wege der ergänzenden Vertragsauslegung ein Recht zur ordentlichen Kündigung bzw. eine Befristung bis zum Angebot von geeigneten Wohnungen entnommen werden konnte. A. A. *Däubler*, NZA 1985, S. 545, 549, der aber die Seltenheit solcher Regelungen betont.

[101] Anders *Beseler*, Abänderung, S. 219 ff., 227, der davon ausgeht, dass bei verbotener Teilkündigung der gesamte Sozialplan gekündigt werden kann.

[102] Vgl. *Palandt-Heinrichs* Einf. vor § 346 Rn. 12; stellvertretend für die Betriebsvereinbarung vgl. *Richardi-Richardi* § 77 Rn. 206 m. w. N.

sind, wenn ihre Inhalte selbstständig nebeneinander Bestand haben könnten.[103] Die Möglichkeit einer Teilkündigung muss deshalb gesetzlich oder vertraglich vorgesehen sein.[104] Die stillschweigende Vereinbarung eines Rechts zur Teilkündigung soll nach Ansicht der gemischt subjektiv-objektiven Theorie zum betrieblichen Normenvertrag immer dann vorliegen, wenn nach dem Willen der Betriebspartner der zu kündigende Teil der Betriebsvereinbarung ein selbstständiges Schicksal haben sollte.[105] Letztlich können diese Einzelheiten hier aber dahingestellt bleiben. Die Vereinbarung einer Teilkündigungsmöglichkeit beinhaltet notwendigerweise die vertragliche Einräumung eines Kündigungsrechtes. Es kommt in diesen Fällen also gerade nicht auf die hier zur Debatte stehende Existenz eines gesetzlichen Kündigungsrechtes an. Auch die vom BGH[106] befürwortete Zulässigkeit einer Teilkündigung bei Vorliegen eines wichtigen Grundes ist im Zusammenhang mit einem ordentlichen Kündigungsrecht nicht weiterführend. Fraglich ist vielmehr, was eine Teilkündigung für das Wiederaufleben des Mitbestimmungsrechtes bedeuten würde. Ein nur teilweises Wiederaufleben hätte zur Folge, dass es den Betriebspartnern zwar frei stünde, im Anschluss an die Kündigung den gesamten Sozialplan einvernehmlich zu ändern, die Einigungsstelle die übrigen Sozialplanregelungen aber nicht antasten dürfte. Ein komplettes Wiederaufleben des erzwingbaren Mitbestimmungsrechtes würde dagegen im Ergebnis der Kündigung des gesamten Sozialplans gleich kommen. Ersteres kommt nicht in Betracht, weil dadurch die erzwingbare Abänderung des Kompromisses Sozialplan durch die Einigungsstelle vor nahezu unüberwindbare praktische Probleme gestellt wäre. Letzteres hat sämtliche gegen eine ordentliche Kündbarkeit des gesamten Sozialplans sprechende Argumente gegen sich.

---

[103] Dazu ausführlicher GK-*Fabricius/Oetker* §§ 112, 112a Rn. 168 und *Oetker*, RdA 1995, S. 82, 99, die auch auf die Verknüpfung mit dem Interessenausgleich hinweisen; vgl. für die Betriebsvereinbarung GK-*Kreutz* § 77 Rn. 365.

[104] *Blomeyer*, DB 1985, S. 2506; GK-*Kreutz* § 77 Rn. 365; *Meyer*, Nachträgliche Abänderung, S. 58; *Oetker*, RdA 1995, S. 82, 98 f. Abzulehnen sind deshalb die Stimmen im Recht der Betriebsvereinbarung (*Däubler/Kittner/Klebe-Berg* § 77 Rn. 55; *Fitting* § 77 Rn. 153; *Galperin/Löwisch* § 77 Rn. 64; *Hess/Schlochauer/Glaubitz-Hess* § 77 Rn. 215; MünchArbR-*Matthes* § 328 Rn. 44; *Richardi-Richardi* § 77 Rn. 206), die rein objektiv schon das Vorliegen eines selbstständigen Teilkomplexes ausreichen lassen. Noch weiter geht *Gaul*, (Anm. zu BAG v. 28.08.1996, EzA Nr. 87 zu § 112 BetrVG 1972, S. 11, 14 f.), nach dessen Ansicht immer, wenn die Notwendigkeit der Kündigung einer Dauerregelung besteht, die Teilkündigung aus der Natur der unterschiedlichen Sozialplanleistungen gerechtfertigt sein soll.

[105] *Beseler*, Abänderung, S. 219, 227; *Meyer*, Nachträgliche Abänderung, S. 57 f.; für die Betriebsvereinbarung: BAG v. 29.05.1964, BAGE 16, 58, 69 mit zust. Anm. von *Natzel*, SAE 1965, S. 54; GK-*Kreutz* § 77 Rn. 365 m. w. N.; nur objektiv auf die Selbstständigkeit des zu kündigenden Teils abstellend: *Hess/Schlochauer/Glaubitz-Hess* § 77 Rn. 215.

[106] Vgl. BGH v. 21.11.1985, BGHE 96, 275, 280.

3. Zwischenergebnis

Die vorstehenden Ausführungen haben gezeigt, dass sowohl der Wille des historischen Gesetzgebers als auch die Teleologie der §§ 111 f. BetrVG einer analogen Anwendung des § 77 Abs. 5 BetrVG im Sozialplanrecht entgegenstehen. Es fehlt an der für eine Analogie notwendigen planwidrigen Regelungslücke. Dem Selbstbestimmungsrecht der Parteien ist durch die Möglichkeit zur Vereinbarung eines ordentlichen Kündigungsrechtes und die Hilfestellung durch die ergänzende Vertragsauslegung Genüge getan.

III. Die außerordentliche Kündigung aus wichtigem Grund

Das Recht zur außerordentlichen Kündigung aus wichtigem Grund wird im Sozialplanrecht von seinen Befürwortern auf zwei unterschiedlichen Wegen begründet. Die überwiegende Ansicht stützt die außerordentliche Kündbarkeit des Sozialplans auf das in § 314 BGB geregelte Kündigungsrecht bei Dauerschuldverhältnissen. Die nachfolgenden Untersuchungen beschäftigen sich in erster Linie mit diesem Begründungsansatz. Zu diesem Zwecke erfolgt zunächst eine Darstellung des außerordentlichen Kündigungsrechtes aus § 314 BGB und seiner Voraussetzungen. Bereits in diesem Zusammenhang muss auf die Frage eingegangen werden, welches Verhältnis zwischen dem außerordentlichen Kündigungsrecht aus wichtigem Grund bei Dauerschuldverhältnissen und dem in § 313 Abs. 3 S. 2 BGB geregelten Kündigungsrecht bei Dauerschuldverhältnissen als Rechtsfolge einer Geschäftsgrundlagenstörung, als dem zweiten möglichen Begründungsansatz, besteht. Im Anschluss soll auf die verschiedenen gegen das außerordentliche Kündigungsrecht vorgetragenen Argumente eingegangen werden, bevor sich die Untersuchung der maßgeblichen Frage nach der Übertragbarkeit der Voraussetzungen und Rechtsfolgen des Kündigungsrechtes auf den Sozialplan zuwendet.

1. Die außerordentliche Kündigung von Dauerschuldverhältnissen

Seit dem 01.01.2002 ist der schon vorher allgemein anerkannten Rechtsgrundsatz, demzufolge Dauerschuldverhältnisse generell aus wichtigem Grund fristlos gekündigt werden können in § 314 BGB geregelt. Ein wichtiger Grund liegt gem. § 314 Abs. 1 S. 2 BGB dann vor, wenn dem kündigenden Teil unter Berücksichtigung aller Umstände des Einzelfalls und unter Abwägung der beiderseitigen Interessen die Fortsetzung des Vertragsverhältnisses bis zum vereinbarten Ende oder bis zum Ablauf einer Kündigungsfrist nicht zugemutet werden kann.[107] Mit der Aufnahme dieses Rechtsgrundsatzes in § 314 BGB ist die kon-

---

[107] Vgl. die Nachweise zum Meinungsstand vor der Einfügung des § 314 ins BGB bei *Oetker*, Dauerschuldverhältnis, S. 264 ff.

troverse Diskussion um seine dogmatische Begründung obsolet geworden.[108] Wenn im Folgenden der Tatbestand des außerordentlichen Kündigungsrechtes aus wichtigem Grund dargestellt wird, soll der dogmatische Hintergrund deswegen nur insoweit eine Rolle spielen als dies im Hinblick auf die Konkretisierung der Kündigungsvoraussetzungen unerlässlich ist.

a) Das Dauerschuldverhältnis

Wie schon im Zusammenhang mit dem ordentlichen Kündigungsrecht dargestellt, beruht das Dauerschuldverhältnis auf einem Vertrag, dessen vertragstypische Hauptleistungspflicht ihr Ende nicht durch den Eintritt eines Leistungserfolges findet.[109] Dem Dauerschuldvertrag muss erst – quasi von außen – eine zeitliche Begrenzung gesetzt werden. Er kann seinem Wesen nach zeitlich unbegrenzt gedacht werden, während dem gewöhnlichen Schuldvertrag die zeitliche Begrenzung (durch Erfüllung der jeweiligen Leistungsverpflichtungen, deren Umfang von der zeitlichen Dauer des Vertrages unabhängig ist) inne wohnt.[110] Beispiele sind die klassischen Dauerschuldverhältnisse wie die Miete und der Arbeitsvertrag. Anders als im Rahmen der ordentlichen Kündbarkeit von Dauerschuldverhältnissen sind befristete Regelungen gem. § 314 Abs. 1 S. 2 BGB nicht von der in ihrem Kern unabdingbaren außerordentlichen Kündbarkeit aus wichtigem Grund ausgenommen.[111]

Als zusätzliches Definitionsmerkmal wurde teilweise verlangt, dass die fraglichen Schuldverhältnisse großen Einfluss auf das Leben der Beteiligten haben, eine besondere gegenseitige Interessenverflechtung mit sich bringen, ein persönliches Zusammenarbeiten, ein gutes Einvernehmen oder ein ungestörtes gegenseitiges Vertrauen der Beteiligten erfordern.[112] Diese „ständige Pflichtenanspan-

---

[108] Am verbreitesten war die Berufung auf eine Rechtsanalogie zu den §§ 542, 554a, 626, 671 AbS. 2 und 3, 696 S. 2, 723 AbS. 1 S. 2 und 3 BGB a. F. und den §§ 89a, 133 HGB, vgl. dazu stellvertretend *Michalski*, JA 1979, S. 401, 405 und ausführlich *Oetker*, Dauerschuldverhältnis, S. 266 ff.

[109] *Oetker*, Dauerschuldverhältnis, S. 101 ff., 115 f. und ausführlich zum Meinungsstand S. 96 m. w. N.

[110] Vgl. *Wiese*, Festschrift für Nipperdey, Bd. I, S. 837 ff.

[111] Vgl. *Oetker*, Dauerschuldverhältnis, S. 270; a. A. *Naendrup*, ARBED Saarstahl, S. 10 f., der verkennt, dass das Recht zur Kündigung von Dauerschuldverhältnissen aus wichtigem Grund im Kern zwingend ist. Die Parteien haben zwar Einfluss auf die vertragliche Risikoverteilung, die bestimmt was unzumutbar ist. Das Selbstbestimmungsrecht reicht aber nicht so weit, dass sich der Einzelne einer unzumutbaren Verpflichtung unterwerfen kann, vgl. *Oetker*, Dauerschuldverhältnis, S. 455 ff.

[112] So BGH v. 01.04.1953, BGHZ 9, 157, 162; vgl. auch die Nachweise bei *Christodoulou*, Vom Zeitelement im Schuldrecht, S. 2 ff.

nung“[113] ist vom sogenannten „personenrechtlichen Element“ bestimmter Dauerschuldverhältnisse, wie dem Dienst-, Arbeits- oder Gesellschaftsverhältnis zu trennen.[114] Sie hat nur historische Bedeutung[115] und stellt kein brauchbares Abgrenzungsmerkmal dar. Zwar wohnt Dauerschuldverhältnissen aufgrund der langen Bindungsdauer eine gewisse gegenseitige Abhängigkeit der Vertragspartner inne, doch besteht die Pflicht zur Vertragstreue letztlich bei jedem Vertragsverhältnis. Als Abgrenzungsmerkmal versprechen die aufgeführten Kriterien deshalb keine zusätzliche Klarheit.[116] Aus diesem Grund hat bereits das RG[117] auch solche Dauerschuldverhältnisse anerkannt, bei denen es an einem besonderen persönlichen Zusammenwirken fehlt.

b) Der „wichtige Grund“ als Kündigungsvoraussetzung

Vor der Kodifizierung des Kündigungsrechtes in § 314 BGB wurde hinsichtlich der Anforderungen an das Vorliegen eines „wichtigen Grundes“ ganz überwiegend die Generalklausel des § 626 Abs. 1 BGB übernommen.[118] Dieser Praxis hat sich der Gesetzgeber in § 314 Abs. 1 S. 2 BGB angeschlossen. Die Unklarheiten, die aus der Verwendung einer Generalklausel stets resultieren[119], beseitigt deshalb auch die „nur allgemeine“[120] Formulierung des § 314 Abs. 1 S. 2 BGB nicht. Insbesondere das wertausfüllungsbedürftige Merkmal der Unzumut-

---

[113] So LAG Saarland v. 03.07.1985, LAGE BetrVG 1972 zu § 112 Nr. 7 S. 13; *Esser/Schmidt*, Schuldrecht AT I/1, 7. Aufl., S. 260; *Larenz*, Schuldrecht AT 1, S. 32 spricht vom „vertrauensvollen Zusammenwirken“; *Ulmer*, Festschrift für Möhring, S. 295, 298 und BGH v. 06.11.1967, DB 1968, 61, 62 von einer „Treuepflicht“.

[114] *Esser/Schmidt*, Schuldrecht AT I/1, S. 257; a. A. *Beitzke*, Nichtigkeit, S. 10 f., der davon ausgeht, dass allen Dauerschuldverhältnissen ein solches personenrechtliches Element innewohnt.

[115] Vgl. *Gernhuber*, Schuldverhältnis, § 16 II 2a; ablehnend auch *Christodoulou*, Vom Zeitelement im Schuldrecht, S. 155.

[116] Vgl. stellvertretend *Esser/Schmidt*, Schuldrecht AT I/1, S. 257.

[117] Vgl. RG v. 03.02.1936, RGZ 150, 193, 199; RG v. 12.06.1939, RGZ 160, 361, 366.

[118] Vgl. stellvertretend BGH v. 26.09.1996, NJW 1997, 1702, 1703; *Esser/Schmidt*, Schuldrecht AT I/1, S. 327; *Heßhaus*, Tarifvertragsrecht S. 24 ff.; vgl. auch die Hinweise auf die neuere Rspr. bei *Palandt-Heinrichs* § 314 Rn. 7; a. A. *Staudinger-Schmidt* § 242 Rn. 1434 f., der statt dessen die einzelnen Risiken, die Dauerschuldverhältnissen innewohnen, anspricht.

[119] Dazu ausführlich *Hedemann*, Generalklauseln, S. 66 ff.; *Larenz*, Geschäftsgrundlage, S. 117 ff.; *Werner*, Generalklauseln, S. 22 f.

[120] So der Wortlaut der Begründung des Regierungsentwurfs (Die Begründung des Regierungsentwurfs (BT-DrucksS. 14/6857) ist gleichlautend mit dem Text auf den Seiten 3-286 der BT-DrucksS. 14/6040, weshalb in dieser Arbeit die Begründung des Regierungsentwurfs aus dieser Quelle zitiert wird.), BT-DrucksS. 14/6040 S. 178.

barkeit als quasi allein entscheidender Gesichtspunkt wurde bisher nur unzureichend konkretisiert. In der Begründung des Regierungsentwurfs[121] heißt es dazu:

> „Regelmäßig wird es sich hier um die Verletzung von Pflichten aus dem Vertrag handeln, einschließlich der Verletzung von Schutzpflichten, jedoch kann der Kündigungsgrund auch in anderen Umständen liegen. Ein Verschulden des anderen Teils ist wie bisher weder erforderlich noch ausreichend. Ebenso soll es dabei verbleiben, dass Störungen aus dem eigenen Risikobereich grundsätzlich kein Kündigungsrecht begründen."

In der Gesetzesbegründung unerwähnt geblieben aber ansonsten weitgehend unbestritten ist außerdem, dass demjenigen, der die Zerstörung des vertraglichen Vertrauensverhältnisses überwiegend selbst verschuldet hat, in der Regel kein Kündigungsrecht zusteht.[122] Weil diese knappen Erläuterungen an der planmäßigen Allgemeinheit der gesetzlichen Regelung wenig ändern, ist eine weitergehende Konkretisierung der Anforderungen an das Vorliegen eines wichtigen Grundes erforderlich.

Da das Recht zur Kündigung von Dauerschuldverhältnissen aus wichtigem Grund ursprünglich in Rechtsanalogie zu den ausdrücklich geregelten Kündigungsrechten entwickelt wurde, ist eine Möglichkeit, diese Konkretisierung zu erarbeiten, der Blick auf die Aufzählung wichtiger Gründe in den genannten Vorschriften. Einschränkend ist aber zu bemerken, dass die dort normierten Fälle und Fallbeispiele auf die speziellen Verhältnisse der geregelten Schuldverhältnisse zugeschnitten sind. Daneben ist deshalb eine Konkretisierung der Generalklausel über den hinter § 314 BGB stehenden Rechtsgedanken und die Abgrenzung zur Lehre von der Geschäftsgrundlage erforderlich.

1.) Gesetzlich geregelte Kündigungsgründe

Die gesetzlich geregelten „wichtigen" Gründe für eine außerordentliche Kündigung lassen sich in verschiedene Kategorien einteilen.[123] Die in den §§ 543 Abs. 2, 569 Abs. 2, 605 Nr. 2, 712 Abs. 1, 723 Abs. 1 S. 2 Nr. 1, 1. und 2. Alt. BGB und in § 133 Abs. 2 HGB genannten Gründe basieren vor allem auf einer Pflichtverletzung des Kündigungsgegners. Die §§ 569 Abs. 1, 723 Abs. 1 S. 2 Nr. 1, 3. Alt. BGB und § 297 Abs. 2 S. 1 AktG stützen sich auf Störungen des Vertragsverhältnisses, die in den Risikobereich des Kündigungsgegners fallen.

---

[121] BT-DruckS. 14/6040 S. 178; vgl. auch den ganz ähnlichen Abschlussbericht der Kommission zur Überarbeitung des Schuldrechts auf S. 155, BGH v. 27.03.1991, NJW 1991, 1828, 1829 und BGH v. 29.11.1995, NJW 1996, 714.
[122] Vgl. BGH v. 27.03.1991, NJW 1991, S. 1828, 1829.
[123] Ähnlich *Heßhaus*, Tarifvertragsrecht, S. 24.

§ 723 Abs. 1 S. 2 Nr. 2 BGB billigt dem volljährig gewordenen Gesellschafter ein Kündigungsrecht zu. Die §§ 605 Nr. 3, 564 S. 2 BGB gewähren ein außerordentliches Kündigungsrecht beim Tod eines Vertragspartners. § 605 Nr. 1 BGB erlaubt dem Verleiher die Kündigung, wenn er der verliehenen Sache bedarf. § 626 Abs. 1 BGB enthält dieselbe Generalklausel wie § 314 Abs. 1 BGB. Die §§ 696 S. 2, 671 Abs. 2 S. 1 BGB und § 89a HGB erwähnen das Erfordernis eines wichtigen Grundes ohne nähere Konkretisierung.

In den allermeisten Fällen handelt es sich demnach bei den zur Kündigung aus wichtigem Grund berechtigenden Umständen um Pflichtverletzungen des Kündigungsgegners oder um sonstige Störungen, die dem Risikobereich des Kündigungsgegners entstammen. Die in § 723 Abs. 1 S. 2 Nr. 2 BGB enthaltene Ausnahme ist Ausdruck des besonders schutzwürdigen Selbstbestimmungsrechtes eines gerade volljährig gewordenen Gesellschafters. Systematisch steht dieses Kündigungsrecht damit eigentlich dem ordentlichen Kündigungsrecht näher als dem außerordentlichen Kündigungsrecht aus wichtigem Grund. Eine Sonderstellung nehmen auch die Kündigungsrechte für den Fall des Todes eines Vertragspartners ein. Hier erklärt sich die Auflösbarkeit ebenfalls mit dem Selbstbestimmungsrecht des überlebenden Vertragspartners oder des in den Vertrag nachrückenden Erben. Der aus der Sphäre des Kündigenden stammende Kündigungsgrund beim Kündigungsrecht des Verleihers rechtfertigt sich durch die Unentgeltlichkeit der Leihe. Als Ergebnis kann demnach festgehalten werden, dass die gesetzlich geregelten Fälle wichtiger Gründe für eine außerordentliche Kündigung eine Beschränkung des wichtigen Grundes auf Störungen des Vertragsverhältnisses aus dem Risikobereich des Kündigungsgegners nahe legen.

2.) Die Funktion des § 314 BGB in Abgrenzung zu § 313 BGB

Weiterer Aufschluss über mögliche Kündigungsgründe ergibt sich aus dem dogmatischen Hintergrund der Rechtsfigur. Anders als die ordentliche Kündigung ist die außerordentliche Kündigung aus wichtigem Grund nicht geeignet, eine mit dem Selbstbestimmungsrecht des Einzelnen unvereinbare Ewigkeitsbindung zu verhindern.[124] Die sofortige Beendigung des Schuldverhältnisses stellt einen sehr starken Eingriff in das Kontinuitätsinteresse des Vertragspartners dar, der zur Verhinderung einer Ewigkeitsbindung nicht notwendig ist.[125] Zudem ist nicht geklärt, ob das durch das Unzumutbarkeitserfordernis gebunde-

---

[124] Vgl. *Oetker*, Dauerschuldverhältnis, S. 268, 272 f. mit vielen weiteren Nachweisen; *Ulmer*, Festschrift für Möhring, S. 295 ff., 304; a. A. *Haarmann*, Geschäftsgrundlage, S. 124.

[125] So *Oetker*, Dauerschuldverhältnis, S. 267 m. w. N.; a. A. *Haarmann*, Geschäftsgrundlage, S. 124. Die §§ 671, 723 AbS. 1 S. 1 BGB enthalten Ausnahmen vom Grundsatz der Fristgebundenheit der ordentlichen Kündigung, die in den Besonderheiten der jeweiligen Schuldverhältnisse ihren Grund finden.

ne außerordentliche Kündigungsrecht im Lichte des Selbstbestimmungsrechtes ein ausreichendes Loslösungsinstrument darstellt.[126]

Eine weit verbreitete Ansicht[127] versteht das außerordentliche Kündigungsrecht aus wichtigem Grund als Möglichkeit zur Reaktion auf bei Vertragsschluss nicht vorhersehbare Veränderungen der äußeren Umstände. Die Verknüpfung mit der Unzumutbarkeitsmaxime rechtfertige eine Einordnung des Kündigungsrechtes als inzwischen verselbstständigten und erweiterten Ausdruck der clausula rebus sic stantibus. Damit weise das außerordentliche Kündigungsrecht aus wichtigem Grund gemeinsame Wurzeln mit der Lehre vom Wegfall der Geschäftsgrundlage auf.[128] Dies führe zwar nicht zur Identität beider Institute, wohl aber zu ihrer verwandtschaftlichen Verbundenheit.[129]

Ob das Recht zur Kündigung von Dauerschuldverhältnissen aus wichtigem Grund aber tatsächlich der clausula rebus sic stantibus und damit auch dem Rechtsinstitut der Lehre vom Wegfall der Geschäftsgrundlage nahe steht, ist vor dem Hintergrund der neueingeführten §§ 313, 314 BGB fragwürdig. Eine erste Annäherung an die richtige Antwort verspricht die Darstellung der Entwicklung des Kündigungsrechtes, insbesondere der Entwicklung der an den wichtigen Grund gestellten Anforderungen. In der Rspr. und dem älteren Schrifttum wurde anfangs mit der Gefährdung des für den Vertragszweck notwendigen persönlichen Zusammenwirkens der Vertragsparteien und der Zerstörung der Vertrauensgrundlage vor allem das Verhalten des Kündigungsgegners als wichtiger Grund angesehen.[130] Diese Bestimmung des wichtigen Grundes korrespondierte mit der früheren Definition des Dauerschuldverhältnisses, die das Vorliegen eines besonderen Vertrauensverhältnisses zwischen den Parteien verlangte. Im Laufe der Zeit wurde der wichtige Grund auf die Gefährdung des Vertragszwecks, insbesondere auf die Gefährdung der Durchführung des Vertrages ausgedehnt[131]. Die Beschränkung auf besondere Vertrauensverhältnisse wurde fallengelassen und der wichtige Grund auf alle Umstände ausgeweitet, die die Durchführung des Vertrages gefährden und das Festhalten am Vertrag unzumut-

---

[126] *Bydlinski*, Vertragsbindung, S. 10, 33; *Oetker*, Dauerschuldverhältnis, S. 268.

[127] Vgl. *Köbler*, „clausula rebus sic stantibus", S. 71 ff., 135 ff.; *Oetker*, Dauerschuldverhältnis, S. 418 m. w. N.; *Picker*, JZ 1985, S. 641, 647; anders *Heßhaus*, Tarifvertragsrecht, S. 30.

[128] *Köbler*, „clausula rebus sic stantibus", S. 71 ff., 134 ff., 250; *Oetker*, Dauerschuldverhältnis, S. 418; weitergehender *Picker* JZ 1985, S. 641, 647, der die fristlose Kündigung aus wichtigem Grund als Konkretisierung der Geschäftsgrundlagenlehre versteht.

[129] So auch *Fikentscher*, Schuldrecht, § 27 Rn. 188.

[130] RG v. 22.12.1906, RGZ 65, 37, 38; RG v. 27.02.1912, RGZ 78, 385, 389; RG v. 13.12.1918, RGZ 94, 234, 235; *Larenz*, Schuldrecht AT I, S. 32.

[131] BGH v. 30.01.1964, BGHZ 41, 104, 108; BGH v. 11.03.1983, BGHZ 83, 197, 200; *Staudinger-Weber* Einl. Rn. 0 33 ; vgl. auch *Heßhaus*, Tarifvertragsrecht, S. 28.

bar machen.[132] Dabei wurde die Unzumutbarkeit zum wesentlichen Merkmal.[133] Dennoch stellt ein die Vertrauensgrundlage des Vertrages zerstörendes Verhalten eines Vertragspartners nach wie vor einen der wichtigsten Gründe für die außerordentliche Kündigung dar.[134]

Im Gegensatz dazu betrifft die clausula rebus sic stantibus nur die Veränderung objektiver Umstände im Zeitraum zwischen dem Beginn der Verpflichtung und der Erfüllung.[135] Ausgehend von der Entwicklung des allgemeinen außerordentlichen Kündigungsrechtes, das sich wie dargestellt, zunächst nur auf Vertragsverletzungen oder Störungen des Vertragszwecks, also auf subjektive, vertrags- oder parteibezogene Gründe stützte, bestanden beide Rechtsinstitute demnach ursprünglich mit unterschiedlichen Voraussetzungen und teilweise gleicher Rechtsfolge nebeneinander. Erst die später erfolgende stärkere Inbezugnahme des Kriteriums der Unzumutbarkeit, unabhängig von einer Verletzung der Vertrauensgrundlage, eröffnete die Möglichkeit der Ausweitung des wichtigen Grundes auf von außen an den Vertrag herantretende Störungen.[136] Daraus folgt für die an den wichtigen Grund zu stellenden Anforderungen, dass das Kündigungsrecht nicht von vornherein zwingend die Veränderung objektiver, nicht in der Risikosphäre einer Partei liegender, Umstände umfasst.

Vor diesem Hintergrund muss untersucht werden, ob eine Erweiterung über den ursprünglichen Anwendungsbereich hinaus wirklich sinnvoll und notwendig ist. Die Bestimmung des Anwendungsbereichs des § 314 BGB muss den Weg über eine Abgrenzung zu der in § 313 BGB geregelten Lehre von der Störung der Geschäftsgrundlage nehmen. § 313 Abs. 3 S. 2 BGB legt in Übereinstimmung mit der in Rechtsprechung und Literatur ganz vorherrschenden Ansicht[137] fest, dass ein unter den Voraussetzungen der Störung der Geschäftsgrundlage entstehendes Rücktrittsrecht beim Dauerschuldverhältnis durch ein fristloses Kündigungsrecht abgelöst wird. Bis zur Einführung dieser Regelung war strittig, ob der Lehre von der Geschäftsgrundlage neben dem Recht zur Kündigung von Dauerschuldverhältnissen aus wichtigem Grund überhaupt ein eigenständiges

---

[132] RG v. 07.02.1930, RGZ 128, 1, 16; RG v. 03.02.1936, RGZ 150, 193, 199; BGH v. 10.07.1968, BGHZ 50, 312, 315; BGH v. 21.11.1968, BGHZ 51, 79, 82.

[133] Vgl. BGH v. 10.07.1968, BGHZ 50, 312, 315.

[134] Vgl. stellvertretend BGH v. 10.07.1989, NJW19 90, 40 ff.; *Heßhaus*, Tarifvertragsrecht, S. 28 m. w. N.; *Staudinger-Weber* Einl. Rn. O 33.

[135] Vgl. *Köbler*, „clausula rebus sic stantibus“, S. 3 m. w. N., 273: „Macht die Veränderung objektiver Umstände, die selbst nicht Vertragsgegenstand geworden sind (Vertragsumwelt), die unveränderte Erfüllung vertraglicher Pflichten bei umfassender Abwägung der gegenseitigen Interessen für eine Partei unzumutbar, so passt der (Schieds-) Richter das Vertragsverhältnis an. Die Gewährung eines Rücktrittsrechtes ist ultima ratio.“; ebenso *Heßhaus*, Tarifvertragsrecht, S. 36 m. w. N.

[136] Vgl. *Heßhaus*, Tarifvertragsrecht, S. 30.

[137] Vgl. stellvertretend *Oetker*, Dauerschuldverhältnis, S. 418 f.

Anwendungsfeld zukommt. Teilweise wurde angenommen, dass das Recht zur außerordentlichen Kündigung von Dauerschuldverhältnissen aus wichtigem Grund die Anwendung der Grundsätze über den Wegfall der Geschäftsgrundlage generell ausschließe.[138] Nach überwiegender Ansicht verdrängt das bei Dauerschuldverhältnissen bestehende Kündigungsrecht aus wichtigem Grund die insoweit subsidiäre Regelung der Störung der Geschäftsgrundlage jedoch nur dann, wenn es um die Auflösung des Vertrages geht.[139] Der Anwendungsbereich beider Rechtsinstitute soll nicht identisch sein.[140] Durch die fehlende Bezugnahme auf eine den Vertragsschluss prägende Grundlage gehe das Kündigungsrecht aus wichtigem Grund über den Wegfall der Geschäftsgrundlage hinaus und besitze einen extensiveren Anwendungsbereich.[141] Dennoch soll das Kündigungsrecht ausgeschlossen sein, wenn sich die Störung durch Anpassung des Vertrages an die veränderten Umstände ausgleichen lässt und beiden Parteien die Fortsetzung des Vertrages zuzumuten ist.[142]

Diese Konkurrenzlösung führt zu dem Ergebnis, dass immer dann, wenn die engeren Voraussetzungen der Lehre von der Geschäftsgrundlage vorliegen, vorrangig eine Vertragsanpassung und erst in zweiter Linie eine Loslösung vom Vertrag gem. § 314 BGB in Betracht kommt. Die Lehre von der Geschäftsgrundlage kommt demnach trotz ihrer grundsätzlichen Subsidiarität zum Tragen. Selbst wenn eine Anpassung nicht zumutbar ist, unterscheidet sich die Rechtsfolge nicht von derjenigen, die sich bei Anwendung der Lehre von der Geschäftsgrundlage aus § 313 Abs. 3 BGB ergäbe. Auf das außerordentliche Kündigungsrecht von Dauerschuldverhältnissen aus wichtigem Grund müsste zur Erzielung dieses Ergebnisses nicht zurückgegriffen werden. Liegt dagegen ein

---

[138] *Flume*, Rechtsgeschäft, § 26 5 c, S. 514; *Soergel-Teichmann* § 242 Rn. 270.

[139] Vgl. stellvertretend BAG v. 09.07.1986, BAGE 52, 273; BGH v. 09.10.1996, BGHZ 133, 363 ff.; *Haarmann*, Geschäftsgrundlage, S. 135 f.; *Kraemer*, NZM 2001, S. 553, 557; *Michalski*, JA 1979, S. 401, 407; *Oetker*, Dauerschuldverhältnis, S. 419 f.; *Palandt-Heinrichs* § 313 Rn. 26; a. A. *Lange*, Festschrift für Giseke, S. 21, 31, der die außerordentliche Kündigung von Dauerschuldverhältnissen aus wichtigem Grund als einen klassischen Fall der Geschäftsgrundlagenstörung versteht.

[140] So *Oetker*, Dauerschuldverhältnis, S. 419; im Ausgangspunkt ebenso *Soergel-Teichmann* § 242 Rn. 270.

[141] Vgl. stellvertretend für die Rspr. BGH v. 26.09.1996, BGHZ 133, 316, 320; ebenso *Köbler*, „clausula rebus sic stantibus" S. 250; *Oetker*, Dauerschuldverhältnis, S. 419; *Palandt-Heinrichs* § 313 Rn. 26; *Haarmann*, Geschäftsgrundlage, S. 128 f. kommt zu diesem Ergebnis unter Hinweis auf das Selbstbestimmungsrecht, das bei Dauerschuldverhältnissen zu einer Lösungsmöglichkeit unter erleichterten Bedingungen führe.

[142] BGH v. 31.05.1990, NJW 1991, 1478, 1480; *Chiotellis*, Rechtsfolgenbestimmung, S. 162 f.; *Michalski*, JA 1979, S. 401, 407; *Oetker*, Dauerschuldverhältnis, S. 420 m. w. N. auf Literatur und Rspr.; *Palandt-Heinrichs* § 313 Rn. 26; vgl. für das Betriebsverfassungsrecht BAG v. 29.05.1964, AP Nr. 24 zu § 59 BetrVG 1952 mit zust. Anm. von *Neumann-Duesberg*, Bl. 115.

Kündigungsgrund vor, der die Anforderungen des § 313 BGB nicht erfüllt, so kommt als Rechtsfolge nur die Loslösung vom Vertrag in Betracht. Wenn lediglich die weniger restriktiv gehandhabten Voraussetzungen des Kündigungsrechtes gem. § 314 BGB erfüllt sind, wäre also die völlige Loslösung als die weitergehende Rechtsfolge leichter zu erreichen als wenn zusätzlich die engeren Voraussetzungen des § 313 BGB erfüllt sind. Bei einem rein quantitativen Unterschied im Anwendungsbereich könnte dieses Ergebnis nicht gerechtfertigt werden. Wäre der Gesetzgeber mit der dargestellten Ansicht von einem quantitativen Unterschied im Anwendungsbereich beider Vorschriften ausgegangen bei grundsätzlicher Subsidiarität der Lehre von der Geschäftsgrundlage, so wäre die Einfügung eines Vorrangs der Vertragsanpassung in § 314 BGB stimmiger gewesen, als die Aufnahme eines Kündigungsrechtes für Dauerschuldverhältnisse in § 313 Abs. 3 BGB. Die letztgenannte Vorschrift liefe ansonsten vollständig leer. Der Grund für die jetzige Regelung kann nur ein qualitativer Unterschied im Anwendungsbereich beider Rechtsinstitute sein. Nach Durchführung der Schuldrechtsreform kann der dargestellten Konkurrenzlösung der herrschenden Ansicht demnach nicht mehr gefolgt werden. Das BGB geht in den §§ 313 Abs. 3 S. 2, 314 BGB in Übereinstimmung mit einer neueren Tendenz in der Rechtsprechung von einem nicht nur quantitativen, sondern auch qualitativen Unterschied zwischen dem Anwendungsbereich der Störung der Geschäftsgrundlage mit der Rechtsfolge Kündigung und dem Kündigungsrecht aus wichtigem Grund bei Dauerschuldverhältnissen aus.

Die dargestellten Unstimmigkeiten lösen sich auf, wenn die Ausdehnung des außerordentlichen Kündigungsrechtes aus wichtigem Grund über seinen ursprünglichen Anwendungsbereich hinaus weggedacht wird. Als vertragsimmanentes und in seinem Kern nicht abdingbares Loslösungsmittel kann das Kündigungsrecht nicht der Reaktion auf bei Vertragsschluss nicht bedachte Ereignisse dienen. Es soll den Parteien vielmehr eine Reaktionsmöglichkeit auf Fehlverhalten und andere aus dem (insoweit vertraglich geregelten) Risikobereich des anderen Vertragspartners stammende Störungen bieten.[143] Diese Definition des wichtigen Grundes entspricht der Tatsache, dass Dauerschuldverhältnisse typischerweise die funktionierende Zusammenarbeit der Vertragspartner über einen langen, am Anfang des Vertrages schlecht zu überblickenden Zeitraum verlangen. Die Notwendigkeit eines so begründeten außerordentlichen Kündigungsrechtes zeigt sich darin, dass das Leistungsstörungsrecht des BGB kein anderes adäquates Mittel zur Reaktion auf Fehlverhalten oder andere Störungen des

---

[143] So auch BGH v. 07.07.1971, WM 1971, 1300, 1302 m. w. N.; BGH v. 10.12.1980, WM 1980, 66, 67 m. w. N.; BGH v. 27.03.1991, NJW 1991, 1828, 1829 (entweder sei ein Vertragsverstoß des Kündigungsgegners oder eine Zerrüttung der Vertragsgrundlage zu beweisen); BGH v. 29.11.1995, NJW 1996, 714 m. w. N.; BGH v. 13.12.1995, ZMR 1996, 309; BGH v. 26.09.1996, BGHZ 133, 316, 320; *Heßhaus*, Tarifvertragsrecht, S. 32; *Soergel-Teichmann*, § 241 Rn. 9.

langfristigen Vertragszwecks durch den Kündigungsgegner bietet. Das Leistungsstörungsrecht ist grundsätzlich (Ausnahmen sind eben die §§ 313 Abs. 3, 314 BGB) auf solche Schuldverhältnisse ausgerichtet, die zu einer einmaligen Leistung verpflichten. Diese Regelungen sind auf Dauerschuldverhältnisse nicht oder nur modifiziert übertragbar. Zwar gelten für die Nicht- oder Schlechterfüllung einer einzelnen Leistung die allgemeinen Grundsätze, anders ist es aber, wenn der Gläubiger Rechte hinsichtlich des gesamten Vertrages geltend machen will. Diejenigen Tatbestände, die nach allgemeinem Leistungsstörungsrecht ein Rücktrittsrecht geben würden, dürfen nur dann einen wichtigen Grund zur Kündigung darstellen, wenn zusätzlich die Fortsetzung des Dauerschuldverhältnisses bis zum Ablauf der für die ordentliche Kündigung geltenden Frist oder der Beendigung durch Erreichen einer vertraglichen Befristung unzumutbar geworden ist.[144] Die Vertrauensgrundlage muss derart zerstört sein, dass eine weitere Verbindung der Parteien durch den Vertrag nicht möglich zu sein scheint. Es ist also ein typisches Dauerschuldverhältnissen innewohnendes Risiko, dem durch das außerordentliche Kündigungsrecht begegnet werden kann und das sich von den Risiken, die § 313 BGB abdeckt, deutlich unterscheidet.

Wird der wichtige Grund dagegen aus Vorgängen hergeleitet, die dem Einflussbereich des Kündigungsgegners entzogen sind und aus der eigenen Interessensphäre des Kündigenden herrühren, so rechtfertigt dies nur dann eine außerordentliche Kündigung, wenn die Voraussetzungen einer Störung der Geschäftsgrundlage gegeben sind.[145] § 313 Abs. 3 BGB trägt damit dem Umstand Rechnung, dass sich auch bei einem auf Dauer angelegten Rechtsverhältnis im Laufe der Zeit unvorhergesehene Umstände einstellen können, die die Parteien, wären sie ihnen bekannt gewesen, bei Vertragsschluss berücksichtigt hätten.[146] Die Kündigung eines Vertrages wegen Wegfalls der Geschäftsgrundlage bietet für diese Fälle eine außerhalb des Vertrages liegende, von vornherein auf besondere Ausnahmefälle beschränkte Möglichkeit, sich von vertraglich übernommenen Verpflichtungen zu lösen.[147]

Die hier propagierte Rückbesinnung auf die Wurzeln des außerordentlichen Kündigungsrechtes bei Dauerschuldverhältnissen beseitigt die schwierigen Abgrenzungsfragen zwischen der außerordentlichen Kündigung von Dauerschuldverhältnissen aus wichtigem Grund und der Lehre von der Geschäftsgrundlage und macht damit eine Konkurrenzlösung überflüssig. Ein weiterer Vorteil dieses Ansatzes ist die dadurch entstehende Möglichkeit, bei schwerwiegenden Stö-

---

[144] Vgl. *Oetker*, Dauerschuldverhältnis, S. 357 ff.; *Palandt-Heinrichs* § 314 Rn. 12.
[145] BGH v. 07.07.1971, WM 1971, 1300, 1302 m. w. N.; BGH v. 10.12.1980, WM 1980, 66, 67 m. w. N.; BGH v. 29.11.1995, NJW 1996, 714 m. w. N.; BGH v. 13.12.1995, ZMR 1996, 309.
[146] BGH v. 26.09.1996, BGHZ 133, 316, 320.
[147] BGH v. 26.09.1996, BGHZ 133, 316, 320.

rungen der Geschäftsgrundlage dem Bestandsinteresse des Kündigungsgegners durch einen Ausgleichsanspruch gegen den Kündigenden zu helfen.[148] Nach der herrschenden Konkurrenzlösung steht dem Kündigungswilligen, wenn eine Vertragsanpassung nicht in Betracht kommt, ein Kündigungsrecht gem. § 314 BGB zu, das keinen Raum für eine differenzierte Berücksichtigung des Bestandsinteresses des Kündigungsgegners lässt. Für eine über § 313 BGB hinausgehende Berücksichtigung von Veränderungen der äußeren Umstände besteht keine Notwendigkeit. Dem ständigen Wandel der Verhältnisse wird die Lehre von der Geschäftsgrundlage mit ihrem abgestuften Rechtsfolgensystem, ihren engen Voraussetzungen und den in Rechtsprechung und Lehre herausgearbeiteten Fallgruppen am besten gerecht.[149] Eine Vermischung der beiden Rechtsinstitute ist demnach weder notwendig noch sinnvoll und erschwert unnötig deren Anwendung.[150]

3.) Zwischenergebnis

Ein außerordentliches Kündigungsrecht aus wichtigem Grund besteht dann, wenn dem Kündigenden das Festhalten am Vertrag wegen einer in der Risikosphäre[151] des Kündigungsgegners liegenden Störung des Vertragszwecks oder der Vertrauensgrundlage oder wegen einer Pflichtverletzung des Kündigungsgegners bis zum vertraglich festgesetzten Vertragsende oder bis zum Ablauf der zur ordentlichen Kündigung bestimmten Frist nach Prüfung der Umstände des Einzelfalls und der Abwägung der Interessen der Vertragsparteien nicht zumutbar[152] ist.

2. Die außerordentliche Kündigung im Sozialplanrecht

An die Darstellung des allgemeinen Kündigungsrechtes aus wichtigem Grund bei Dauerschuldverhältnissen schließt sich die Frage an, ob dieser Rechtsgrundsatz auch im Sozialplanrecht anwendbar ist. Wie im ersten Kapitel aufgezeigt worden ist, sind die vertragsrechtlichen Regelungen des BGB grundsätzlich anwendbar, soweit dem nicht im Einzelfall der Normcharakter des Sozialplans entgegensteht. Das gilt auch für den der einvernehmlichen Einigung gleichgestellten Einigungsstellenbeschluss. Es muss deshalb untersucht werden, ob die hinter der Norm stehende Regelungsidee, ihre Voraussetzungen und Rechtsfol-

---

[148] Vgl. *Kraemer*, NZM 2001, S. 553, 557 m. w. N. auf die Rspr. des BGH.

[149] So auch *Heßhaus*, Tarifvertragsrecht, S. 34.

[150] *Heßhaus*, Tarifvertragsrecht, S. 30; zum selben Ergebnis kommt auch *Kraemer*, NZM 2001, S. 553, 556 f.

[151] Vgl. zur Abgrenzung der Risikosphären die Ausführungen im dritten Kapitel unter II. 2. und BGH v. 30.11.1983, BGHZ 89, 126, 129; *Koller*, Risikozurechnung, S. 77 ff.; *Heßhaus*, Tarifvertragsrecht, S. 31 f. m. w. N.

[152] Vgl. zu den Leitlinien im Rahmen der Interessenabwägung innerhalb der Zumutbarkeitsprüfung *Köbler*, „clausula rebus sic stantibus“, S. 231 ff.

gen mit dem Normcharakter und den Zielsetzungen des Sozialplans kompatibel sind.

a) Die Begründung von Dauerschuldverhältnissen durch Sozialpläne

Erste Voraussetzung für die Anwendbarkeit des § 314 BGB ist, dass durch Sozialpläne Dauerschuldverhältnisse[153] begründet werden. Ob und wenn ja, in welchen Fällen Sozialpläne Dauerschuldverhältnisse begründen, ist in Rechtsprechung und Lehre umstritten. In aller Regel verweisen die Autoren an dieser Stelle auf ihre Ausführungen zur ordentlichen Kündbarkeit von Sozialplänen. Soweit ersichtlich, wird zwischen dem für die außerordentliche Kündigung aus wichtigem Grund erforderlichen Dauerschuldverhältnis und den im Rahmen der ordentlichen Kündigung verlangten Dauerregelungen kein Unterschied gemacht. In der Literatur wird teilweise die Ansicht vertreten, dass der Sozialplan als Regelung eines einmaligen Ereignisses nie den Charakter eines Dauerschuldverhältnisses besitzen könne.[154] Das LAG Saarland[155] widerspricht dieser These. Seiner Ansicht nach beinhaltet der Sozialplan die Regelung aller mit der Durchführung der Betriebsänderung verbundenen sozialen Probleme und ist deshalb typischerweise von gewisser Dauer. Auch im Wesen des Sozialplanes als Überbrückungshilfe und Daseinsvorsorge zeige sich deutlich seine zeitliche Komponente und das Element der ständigen Pflichtanspannung.

Sowohl den Vertretern der vom LAG Saarland kritisierten Auffassung als auch den Kritikern selbst ist entgegenzuhalten, dass sich die Frage, ob ein Dauerschuldverhältnis vorliegt, nicht nach dem Anlass oder dem Zweck der Vereinbarung, sondern nach der vertragstypischen Hauptleistungspflicht richtet.[156] Es ist theoretisch nicht ausgeschlossen, dass zum Ausgleich einer einmaligen Betriebsänderung Dauerschuldverhältnisse begründet werden. Auf der anderen Seite spricht die Tatsache, dass die Probleme der von der Betriebsänderung betroffenen Arbeitnehmer in der Zukunft entstehen und leider meist von gewisser Dauer sind, nicht für die Annahme eines Dauerschuldverhältnisses. Sowohl bei

---

[153] Rein begrifflich kann die aus einem Sozialplan resultierende Leistungsverpflichtung wegen ihres Vertragscharakters selbst dann als „Dauerschuldverhältnis" bezeichnet werden, wenn man für diese Einordnung eine vertragliche Grundlage voraussetzt. Dennoch ist in diesem Zusammenhang meist von Dauerrechtsverhältnissen die Rede, vgl. BAG v. 22.06.1962, BAGE 13, 156, 159; *Hueck*, Betriebsvereinbarung, S. 51 f.; GK-*Kreutz* § 77 Rn. 366.

[154] So *Däubler/Kittner/Klebe-Däubler* §§ 112, 112a Rn. 136; GK-*Fabricius* §§ 112, 112a Rn. 73 f., 5. Aufl.; einschränkend *Naendrup*, AuR 1984, S. 193, 199 ff., der sich für Einzelfallentscheidungen je nach Fristigkeit der Leistungen und Intensität des eingesetzten Vertrauens ausspricht.

[155] LAG Saarland v. 03.07.1985, LAGE BetrVG 1972 zu § 112 Nr. 7, S.14. Ob der Sozialplan immer oder nur typischerweise als Dauerschuldverhältnisses einzuordnen ist, ließ das LAG Saarland dahinstehen.

[156] So auch *Luding*, Beendigung, S. 34.

der Einmaligkeit der Betriebsänderung als auch bei der Dauerhaftigkeit der den Arbeitnehmern entstehenden Nachteile handelt es sich allenfalls um insoweit unerhebliche Motive der Normgeber.

Nach einer auch vom BAG[157] vertretenen Ansicht[158] liegen „Dauerregelungen" schon dann vor, wenn die den Arbeitnehmern entstehenden wirtschaftlichen Nachteile nicht durch eine einmalige Zahlung, sondern durch auf bestimmte[159] oder unbestimmte Zeit laufende Leistungen ausgeglichen oder abgemildert werden sollen. Unter den Vertretern dieses Ansatzes gibt es Autoren[160], die von einer Dauerregelung bereits dann ausgehen, wenn (etwa wegen unterschiedlicher Kündigungsfristen) über einen längeren Zeitraum hinweg einmalige Abfindungen auszuzahlen sind. Noch weiter geht *Meyer*[161], der eine Dauerregelung schon dann annimmt, wenn sich die Finanzierung der Sozialplanleistungen durch das Unternehmen über einen längeren Zeitraum erstrecken soll. Dies ist jedoch abzulehnen.[162] Die Gesamtheit der vom Arbeitgeber zu erbringenden Sozialplanleistungen als solche kann kein Dauerschuldverhältnis begründen. Beinhalten die einzelnen Leistungsverhältnisse zwischen dem Unternehmer und den Arbeitnehmern keine Dauerschuld, so ist die Vertragsbeendigung unabhängig von der Vertragslaufzeit an den Eintritt des Leistungserfolges geknüpft. Für den Dauerschuldcharakter maßgeblich ist nicht die Gesamtheit der zu erbringenden Sozialplanleistungen, sondern die einzelne Leistungspflicht in den aus dem Sozialplan resultierenden Schuldverhältnissen.

In Betracht kommt ein Dauerschuldcharakter demnach nur bei solchen Regelungen, die den Unternehmer in wiederkehrenden Abständen zu Ausgleichsleistun-

---

157 Vgl. BAG v. 10.08.1994, BAGE 77, 313, 324; *Beseler*, Abänderung, S. 219, 228; *Däubler*, NZA 1985, S. 545, 548 f.; *Galperin/Löwisch* § 112 Rn. 43 nennen als Beispielsfall Ausgleichsleistungen für schlechter bezahlte Arbeitsplätze; *Luding*, Beendigung, S. 22 ff.

158 So auch *Bauer*, Betriebsänderungen, S. 79; *Däubler/Kittner/Klebe-Däubler* §§ 112, 112a Rn. 136; GK-*Fabricius/Oetker* §§ 112, 112a Rn. 168 im Zusammenhang mit dem ordentlichen Kündigungsrecht; *Fitting* §§ 112, 112a Rn. 206; *Fuchs*, Sozialplan, S. 15; *Gaul*, Anm. zu BAG v. 28.08.1996, EzA Nr. 87 zu § 112 BetrVG 1972, S. 11, 15; *von Hoyningen-Huene*, Anm. zu BAG v. 10.08.1994, AP Nr. 86 zu § 112 BetrVG 1972; *Meyer*, Nachträgliche Abänderung, S. 54 f.; *Röder/Baeck*, Interessenausgleich und Sozialplan, S. 155; *Stege/Weinspach* §§ 111-113 Rn. 98.

159 Insoweit ist die Entscheidung des BAG v. 10.08.1994, BAGE 77, 313, 324 weitergehender als die Entscheidung des BAG v. 24.03.1981, BAGE 35, 160, 166, in der nur auf „unbefristete Dauerregelungen" abgestellt wurde.

160 *Fuchs*, Sozialplan, S. 15; *von Hoyningen-Huene*, Anm. zu BAG v. 10.08.1994, AP Nr. 86 zu § 112 BetrVG 1972; *Röder/Baeck*, Interessenausgleich und Sozialplan, S. 148 Fn. 614.

161 *Meyer*, Nachträgliche Abänderung, S. 54 f.

162 Ebenso BAG v. 10.08.1994, BAGE 77, 313, 324; *Bauer*, Betriebsänderungen, S. 79; *Däubler*, NZA 1985, S. 545, 548 f.; *Gaul*, Anm. zu BAG v. 28.08.1996, EzA Nr. 87 zu § 112 BetrVG 1972, S. 11, 15; *Luding*, Beendigung, S. 22 ff.

gen verpflichten, solange es sich dabei nicht um die ratenweise Zahlung einer festgelegten Gesamtabfindungssumme handelt. Denkbar sind beispielsweise Lohngarantien im Falle der Versetzung, Aufzahlungen zum Kurzarbeiter- bzw. Unterhaltsgeld, befristete „Betriebsrenten"[163] und die Überlassung von Werkswohnungen.[164] Die außerordentliche Kündbarkeit von Ratengeschäften verbietet sich dagegen im allgemeinen wegen des damit angestrebten einheitlichen Leistungserfolges und der Bezogenheit der Gegenleistung auf diesen Leistungserfolg. Da eine Befristung der Leistungspflichten der Begründung eines Dauerschuldverhältnisses nicht entgegensteht, bereitet die Abgrenzung zwischen Ratenzahlungen und befristeten Dauerleistungen bei auf bestimmte Zeit laufenden wiederkehrenden Leistungspflichten Schwierigkeiten. *Däubler*[165] hält deshalb beide Varianten für unkündbar. Es gehe um das soziale Entgelt für die Durchführung der Betriebsänderung, dessen Ausgestaltung als befristete, selbstständige, wiederkehrende Zahlungsverpflichtung oder als unselbstständige Abfindungszahlung in Raten vom Zufall abhänge. *Naendrup*[166] argumentiert in dieselbe Richtung. Derjenige, der dem Unternehmen aktuell Liquidität entzieht, darf seiner Ansicht nach nicht besser gestellt werden als derjenige, der sich auf längerfristige Zahlungen einlässt. Da unbefristete Dauerschuldverhältnisse im Sozialplanrecht so gut wie gar nicht vorkommen, wäre der faktische Ausschluss des außerordentlichen Kündigungsrechtes aus wichtigem Grund im Sozialplanrecht die Folge dieser Ansicht. Ein solches Ergebnis ist mit Abgrenzungsschwierigkeiten nicht zu begründen. Der Hinweis auf den Liquiditätsentzug ist ebenfalls nicht weiterführend. Die besondere Interessenlage bei Dauerschuldverhältnissen ist Grund genug für eine unterschiedliche Behandlung längerfristiger Zahlungen. Da der Sozialplanleistung keine Gegenleistung des Arbeitnehmers gegenübersteht, ist ein wertungsmäßiger Unterschied zwischen langfristig angelegten Ratenzahlungen und befristeten Dauerschuldverhältnissen jedoch tatsächlich nur schwer erkennbar. Die außerordentliche Kündbarkeit verbietet sich im Sozialplanrecht nicht schon wegen der Bezogenheit der Gegenleistung auf einen einheitlichen Leistungserfolg. Wenn in Zweifelsfällen die für das allgemeine Schuldrecht entwickelten Abgrenzungskriterien[167] nicht weiterhelfen, kann aufgrund dessen wegen der tendenziell geringeren Schutzwürdigkeit des Kündi-

---

[163] Vgl. die den Urteilen des LAG Saarland v. 03.07.1985, LAGE BetrVG 1972 zu § 112 Nr. 7, S. 13 und des LAG Sachsen-Anhalt v. 29.09.1998, NZA-RR 1999, 611-612 zugrundeliegenden Fallgestaltungen.

[164] Vgl. auch die Beispiele bei *Pottmeyer*, Anm. zu BAG v. 10.08.1994, SAE 1995, S. 304, 306.

[165] *Däubler*, NZA 1985, S. 545, 549.

[166] *Naendrup*, AuR 1984, S. 193, 197 f.

[167] Ratenvereinbarungen enthalten Teilleistungen im Sinne des § 266 BGB. Bei vertraglich festgelegtem Leistungsumfang tritt der Leistungserfolg pro rata ein und die Verbindlichkeit stirbt langsam ab. Bei den aus wichtigem Grund kündbaren Dauerschuldverträgen kann der Leistungsumfang dagegen ausschließlich mit Hilfe eines Zeitfaktors quantitativ festgelegt werden, vgl. dazu ausführlich *Oetker*, Dauerschuldverhältnis, S. 117, 121 ff. m. w. N.

gungsgegners von einem befristeten Dauerschuldverhältnis ausgegangen werden.

Als Zwischenergebnis kann demnach festgehalten werden, dass Sozialpläne durchaus Regelungen enthalten können, die Dauerschuldverhältnisse begründen. Eine außerordentliche Kündbarkeit gem. § 314 BGB ist somit grundsätzlich denkbar. Fraglich ist allerdings, ob dem nicht die Besonderheiten des Sozialplans entgegenstehen. Die Auseinandersetzung mit den gegen die außerordentliche Kündbarkeit vorgetragenen Einwänden ist deshalb Gegenstand der folgenden Ausführungen.

b) Der Sozialplan als einseitig verpflichtender Vertrag

Ein Argument gegen die außerordentliche Kündbarkeit von Sozialplänen wird darauf gestützt, dass die Sozialplanleistung nicht im Gegenseitigkeitsverhältnis zu einer Leistung des betroffenen Arbeitnehmers steht. Da auch der Betriebsrat als direkter Vertragspartner durch den Sozialplan keine Verpflichtung eingeht, die über die jeder Sonderverbindung und den Betriebspartnern nach dem BetrVG sowieso auferlegten Pflichten hinausgeht, liegt ein ausschließlich einseitig verpflichtender Vertrag vor.[168] *Meyer*[169] hält dies für problematisch, weil sich das außerordentliche Kündigungsrecht von Dauerschuldverhältnissen aus wichtigem Grund am synallagmatischen Vertrag orientiere und befürwortet deshalb eine Bindung der Kündigung an die Grundsätze von der Geschäftsgrundlage. Letztere sei auch auf unvollkommen zweiseitige Verträge (so die Klassifizierung des Sozialplans durch *Meyer*[170]) anwendbar und zudem durch eine Vielzahl von Fallgruppen konkretisiert worden. Ein Grund für diese Einschränkung des Anwendungsbereichs des § 314 BGB ist jedoch nicht ersichtlich. Die spezifischen Risiken von Dauerschuldverhältnissen entstehen auch bei einseitig verpflichtenden Verträgen. Dementsprechend wird z. B. die außerordentliche Kündbarkeit der Bürgschaft ohne Bedenken wegen ihres einseitig verpflichtenden Charakters bejaht.[171] Problematisch ist bei einseitig verpflichtenden Verträgen eher die Anwendung des § 313 BGB, da sich gerade die dort entwickelten Fallgruppen (man denke nur an die wichtige Gruppe der Äquivalenzstörungen) stark an zweiseitig verpflichtenden Austauschverträgen orientieren.

---

[168] So auch *Luding*, Beendigung, S. 35.

[169] *Meyer*, NZA 1995, S. 974, 978.

[170] *Meyer*, NZA 1995, S. 974, 978.

[171] MünchKomm-*Habersack* § 765 Rn 56 m. w. N.

c) Der Grundsatz der Vertragstreue

Naendrup[172] ist der Ansicht, dass gegen die außerordentliche Kündbarkeit von Sozialplänen Gründe aus dem Mitbestimmungssystem sprechen. Beim Abschluss des Sozialplans werde der Arbeitsdirektor gleichsam als „Transmissionsriemen zum Gesamtbetriebsrat" benutzt. Die fristlose Kündigung könne dann später durch den übrigen Geschäftsführungsvorstand in Einzelvollmacht unter Berufung darauf erfolgen, dass der Abschluss von vornherein zu hoch gewesen sei. Darin liege ein eklatanter Verstoß gegen den Grundsatz der Vertragstreue.

Dieses Argument trifft jedoch nur auf solche Unternehmen zu, in deren Vorstand gem. § 33 des Mitbestimmungsgesetzes von 1976 oder gem. § 13 des Montan-Mitbestimmungsgesetzes von 1951 ein Arbeitsdirektor Mitglied ist. Außerdem ist die Berufung auf einen zu hohen Sozialplanabschluss nur bei falschem Verständnis der Kündigungsvoraussetzungen kündigungsrelevant. Schließlich liegt in einer voraussetzungsgemäß erklärten Kündigung kein Verstoß gegen den Grundsatz der Vertragstreue. Die Bedenken von *Naendrup* können aus den genannten Gründen nicht geteilt werden.

d) Die Entscheidung des Gesetzgebers

Der außerordentlichen Kündbarkeit von Sozialplänen steht nach Ansicht *Naendrups*[173] weiterhin die durch beredtes Schweigen ausgedrückte Ablehnung des außerordentlichen Kündigungsrechts aus wichtigem Grund durch das Betriebsverfassungsgesetz entgegen. Der Gesetzgeber des ersten Arbeitsrechtsbereinigungsgesetzes vom 14.08.1969 habe die Notwendigkeit gesehen, das außerordentliche Kündigungsrecht in § 626 BGB neben dem ordentlichen Kündigungsrecht aus § 621 BGB zu regeln. Man müsse dem Gesetzgeber des BetrVG von 1972 den Willen zu einer anderen Gesetzessystematik unterstellen, wenn man sein Schweigen zu einem außerordentlichen Kündigungsrecht der betrieblichen Kollektivverträge nicht als Ablehnung verstehen wolle. Andererseits soll wegen des schlechten Niveaus der gesetzgeberischen Arbeit gerade zur Kündigungsfrage die Bedeutung des Schweigens nicht als wirklich überzeugungskräftig gewertet werden.[174]

Die ganz herrschende Meinung wertet das Schweigen des Gesetzgebers gerade in entgegengesetzter Richtung.[175] Da der Gesetzgeber von der Möglichkeit zur

---

[172] *Naendrup*, AuR 1984, S. 193, 201.
[173] So *Naendrup*, AuR 1984, S. 193, 199.
[174] *Däubler*, NZA 1985, S. 545, 549; *Naendrup*, AuR 1984, S. 193, 199.
[175] Vgl. BAG v. 19.07.1957, AP Nr. 1zu § 52 BetrVG, Bl. 3; BAG v. 22.06.1962, BAGE 13, 156, 158 f.; BAG v. 29.05.1964, BAGE 16, 58, 67 mit zust. Anm. von Natzel, SAE 1965, 53, 54; BAG v. 28.04.1992, AP Nr. 11 zu § 50 BetrVG 1972; LAG Saarland v. 03.07.1985,

außerordentlichen Kündigung bei Dauerschuldverhältnissen auch ohne ausdrückliche gesetzliche Regelung habe ausgehen müssen, sei die Annahme naheliegend, dass er eine entsprechende ausdrückliche Regelung getroffen hätte, wenn er die Möglichkeit einer außerordentlichen Kündigung hätte ausschließen wollen. Weil er dies nicht getan habe, sei sein Schweigen Indiz für die Zulässigkeit der außerordentlichen Kündigung aus wichtigem Grund.[176] Dieser Ansicht ist vor allem deshalb beizupflichten, weil schon unter Geltung des BetrVG von 1952 ein Recht zur außerordentlichen Kündigung der Betriebsvereinbarung aus wichtigem Grund anerkannt war.[177] Die ausdrückliche Regelung des ordentlichen Kündigungsrechtes in § 77 Abs. 5 BetrVG passt ebenfalls in dieses Bild, da durch sie der unter Geltung des BetrVG von 1952 vorherrschenden Ansicht widersprochen werden sollte, die von einer fristlosen ordentlichen Kündbarkeit der Betriebsvereinbarung ausging.[178] Außerdem ergibt sich aus der Begründung der Bundesregierung[179] zu dem Gesetzentwurf zum BetrVG von 1972, dass durch die Bestimmungen des § 77 Abs. 4-6 BetrVG bisher nicht geregelte Fragen der Kündigung von Betriebsvereinbarungen in Anlehnung an die Regelungen für Tarifverträge nach dem TVG entschieden werden sollten. Da nach ganz herrschender Ansicht[180] eine außerordentliche Kündigung des Tarifvertrages zulässig ist, kann vor diesem Hintergrund nicht angenommen werden, dass der Gesetzgeber diese Möglichkeit für Betriebsvereinbarungen ausschließen wollte.[181] Der heutige Gesetzgeber hat dieses Ergebnis durch das Anerkenntnis einer Möglichkeit zur außerordentlichen Kündigung von Betriebsvereinbarungen in § 120 Abs. 2 InsO bestätigt.

Hinsichtlich der ablehnenden Einstellung des historischen Gesetzgebers speziell zur Kündbarkeit von Sozialplanregelungen kann auf die Ausführungen zum ordentlichen Kündigungsrecht von Sozialplänen verwiesen werden.

LAGE BetrVG 1972 zu § 112 Nr. 7, S. 15 f.; ArbG Berlin v. 11.04.1992, Az. 82 Ca 21428/91; *Däubler/Kittner/Klebe-Berg* § 77 Rn. 54; GK-*Kreutz* § 77 Rn. 366; *Fitting* § 77 Rn. 151; *Hess/Schlochauer/Glaubitz-Hess* § 77 Rn. 210; *Richardi-Richardi* § 77 Rn. 201 m. w. N.; *Teubner*, BB 1974, S. 982, 987.

[176] LAG Saarland v. 03.07.1985, LAGE BetrVG 1972 zu § 112 Nr. 7, S. 15 f.

[177] Vgl. BAG v. 19.07.1957 und BAG v. 22.06.1962, AP Nr. 1 und 2 zu § 52 BetrVG; BAG v. 29.05.1964, AP Nr. 24 zu § 59 BetrVG; stellvertretend für das Schrifttum vgl. *Thiele* RdA 1968, S. 424, 425 m. w. N.; a. A. *Adomeit*, BB 1962, S. 1246, 1250 f.

[178] Vgl. *Oetker*, RdA 1995, S. 82, 93 m. w. N. in Fn. 177 und zum Meinungsstand zur ordentlichen Kündigung unter Geltung des BetrVG 1952 in Fn. 176.

[179] BT-DrS. VI/1786, S. 47.

[180] Vgl. BAG v. 18.12.1996, AP Nr. 1 zu § 1 TVG Kündigung; *Hey*, ZfA 2002, S. 275, 278 m. w. N.

[181] LAG Saarland v. 03.07.1985, LAGE BetrVG 1972 zu § 112 Nr. 7, S. 16.

e) Der wichtige Grund im Sozialplanrecht

In welchen Konstellationen vom Vorliegen eines wichtigen Grundes ausgegangen werden kann, ist für das allgemeine Schuldrecht bereits dargestellt worden. Ob im Sozialplanrecht vergleichbare Interessenkonflikte bestehen, muss noch untersucht werden. Die Bedenken gründen sich vor allem auf die unabhängig vom konkreten Sozialplan bestehende Verpflichtung beider Betriebspartner zur Zusammenarbeit. Eine völlige Loslösung voneinander kann und darf es – sei das Vertrauensverhältnis auch noch so zerrüttet – nicht geben. Da das Mitbestimmungsrecht nach der Kündigung eines Sozialplanes wieder auflebt, müsste sich an die Loslösung von einem gestörten Sozialplan der Abschluss eines neuen Sozialplans anschließen. Dieser neue Sozialplan würde die Zusammenarbeit derselben Vertragspartner verlangen. Aus diesem Grund kann die Störung der guten Zusammenarbeit keinen Loslösungsgrund darstellen. Zwischen dem Betriebsrat und dem Unternehmer besteht unabhängig vom konkret existierenden Sozialplan ein Dauerrechtsverhältnis, aus dem beiden Parteien Pflichten und Rechte gegenüber dem anderen Betriebspartner erwachsen. Exemplarisch sei auf das Prinzip der vertrauensvollen Zusammenarbeit gem. § 2 Abs. 1 BetrVG, die Friedenspflicht gem. § 74 Abs. 2 S. 1 BetrVG und die Verpflichtung, über streitige Fragen mit dem ernsten Willen zur Zusammenarbeit zu verhandeln gem. § 74 Abs. 1 S. 2 BetrVG hingewiesen.

Konflikte löst das Betriebsverfassungsrecht auf anderem Wege als durch Auflösung des zwischen den Betriebspartnern bestehenden Dauerrechtsverhältnisses. Einige Pflichtverletzungen sind gem. den §§ 119 ff. BetrVG strafbewehrt. Hinsichtlich der betriebsverfassungsrechtlichen Pflichten des Arbeitgebers besteht eine allgemeine Durchsetzungsmöglichkeit gem. § 23 Abs. 3 BetrVG. Bei solchen Pflichtverletzungen, die nicht die Vornahme, Unterlassung oder Duldung einer Handlung zum Gegenstand haben, kann der Betriebsrat im gewöhnlichen Beschlussverfahren gegen den Arbeitgeber vorgehen.[182] Soweit es um die Durchsetzung von Ansprüchen der Normunterworfenen aus einem Sozialplan geht, können nur die Arbeitnehmer selbst ein Urteilsverfahren gegen den Arbeitgeber anstrengen.[183] Gestaltungsrechte hinsichtlich des Gesamtvertrages kommen ihnen selbstverständlich nicht zu. Der Arbeitgeber kann gegen den Betriebsrat oder einzelne seiner Mitglieder wegen Verletzung ihrer gesetzlichen Pflichten z. B. gem. § 23 Abs. 1 BetrVG vorgehen. Den aus der Notwendigkeit einer langfristigen Zusammenarbeit der Vertragspartner resultierenden typischen Risiken bei Dauerschuldverhältnissen, denen das Leistungsstörungsrecht des BGB ohne das Kündigungsrecht aus wichtigem Grund bei Dauerschuldverhält-

---

[182] Vgl. zu dieser strittigen Frage *Zöllner/Loritz*, Arbeitsrecht, § 46 III 5.

[183] BAG v. 17.10.1989, AP Nr. 53 zu § 112 BetrVG 1972.

nissen nicht ausreichend Rechnung tragen würde, steht demnach im Betriebsverfassungsrecht ein eigenes System an Disziplinierungsmaßnahmen gegenüber.

Der Sozialplan begünstigt die von der geplanten Betriebsänderung belasteten Arbeitnehmer, die dadurch zu Gläubigern eines durch den Sozialplan begründeten Schuldverhältnisses werden. Aus diesem Grund müssen grundsätzlich auch Störungen des Vertragszwecks in Betracht gezogen werden, die aus der Risikosphäre der Arbeitnehmer stammen. Da der Sozialplan die Arbeitnehmer jedoch nicht zur Erbringung von Gegenleistungen verpflichtet, kommt die Verletzung vertraglicher Pflichten nicht in Frage. Sollten den Arbeitnehmern keine oder weniger wirtschaftliche Nachteile entstanden sein als bei Abschluss des Sozialplans angenommen worden ist, so ist das wegen des Prognose- und Vergleichscharakters des Sozialplans prinzipiell rechtlich unbeachtlich. Ob in Ausnahmefällen eine Störung der Geschäftsgrundlage vorliegt, ist noch zu prüfen. Gleiches gilt für eine Verschlechterung der wirtschaftlichen Situation des Arbeitgebers. Wird statt der geplanten eine andere Betriebsänderung durchgeführt, so entstehen in aller Regel überhaupt keine Ansprüche[184], weil die vertraglichen Voraussetzungen, etwa eine betriebsbedingte Kündigung, nicht erfüllt sind. Der alte Sozialplan kommt nicht zur Anwendung und für die tatsächlich durchgeführte Betriebsänderung entsteht das Mitbestimmungsrecht auf Aufstellung eines Sozialplanes neu.

Ein wichtiger Grund zur außerordentlichen Kündigung kann bei einer späteren Veränderung der bei Vertragsschluss zugrundegelegten Rahmenbedingungen auch nicht auf eine Pflichtverletzung des Vertragspartners durch Ablehnung eines Verhandlungsangebotes gestützt werden. Zwar könnte die Pflicht zur vertrauensvollen Zusammenarbeit zum Wohle der Arbeitnehmer und des Betriebes neben § 242 BGB als Grundlage einer solchen Verhandlungspflicht angesehen werden. Aber selbst wenn die Pflicht bestünde, ein Verhandlungsangebot wenigstens nicht grundlos und ungeprüft abzuweisen[185], so wäre eine Verletzung dieser Pflicht doch unter Zuhilfenahme des betriebsverfassungsrechtlichen Instrumentariums zur Disziplinierung des Betriebspartners und nicht durch eine Kündigung des fraglichen Vertrages zu lösen.[186]

---

[184] Zur Entstehung von Ansprüchen aus Sozialplänen vgl. die Ausführungen im dritten Kapitel unter IV. 4. c) 1.).

[185] Für eine solche Pflicht *Oetker*, RdA 1995, S. 82, 95; weitergehender *Otto*, Festschrift für Kissel, S. 787, 792; für eine Pflicht, sich auf Verhandlungen einzulassen auch *Luding*, Beendigung, S. 12 ff.; sehr viel weitergehender *Meyer*, NZA 1995, S. 974, 976 f.

[186] Anders *Oetker*, RdA 1995, S. 82, 95 für den Tarifvertrag. Dies ist aber wegen des Fehlens gesetzlicher Konfliktregulierungsmechanismen im Tarifvertragsrecht kein Widerspruch zu der hier für den Sozialplan vertretenen Auffassung. *Luding*, Beendigung, S. 15 f. hält beide Sanktionsmöglichkeiten nebeneinander für denkbar.

Im Sozialplanrecht besteht somit kein Bedürfnis nach einem außerordentlichen Kündigungsrecht aus wichtigem Grund. Das außerordentliche Kündigungsrecht von Dauerschuldverhältnissen aus wichtigem Grund ist daher auf die in den erzwingbaren Sozialplänen enthaltenen Dauerregelungen nicht übertragbar. Eine Auseinandersetzung mit den im Rahmen der Prüfung der ordentlichen Kündbarkeit aufgezeigten Bedenken, denen in Rechtsprechung und Literatur[187] vielfach durch besonders strenge Anforderungen an das Vorliegen eines wichtigen Grundes Rechnung getragen werden soll, bedarf es deshalb nicht. Nur am Rande sei angemerkt, dass es ein Mehr oder Minder im Hinblick auf die Unzumutbarkeit der Fortdauer einer vertraglichen Bindung nicht geben kann.[188]

f) Die Kompatibilität der Rechtsfolge

Gegen die Übertragbarkeit des § 314 BGB in das Sozialplanrecht spricht auch die unpassende Rechtsfolge des Kündigungsrechtes. Die Unstimmigkeiten werden im Zusammenhang mit der kontrovers diskutierten Frage[189] nach der Weitergeltung der gekündigten Sozialplannormen offenbar. Als Ansatzpunkt für weitergehende Überlegungen muss zunächst die Übertragbarkeit des § 77 Abs. 6 BetrVG in das Sozialplanrecht geklärt werden. Voraussetzung dafür ist die im Anschluss erfolgende Untersuchung der Zielsetzungen dieser Norm.

Die Beschränkung der Weitergeltung auf erzwingbare Betriebsvereinbarungen zeigt, dass anders als im Rahmen des § 4 Abs. 5 TVG nicht bezweckt wird, eine einmal durch Betriebsvereinbarung geschaffene Ordnung aufrecht zu erhalten, um eine inhaltliche Entleerung der betroffenen Arbeitsverhältnisse zu verhindern. § 77 Abs. 6 BetrVG verfolgt ein engeres Ordnungsziel. Die Weitergeltung soll verhindern, dass sich in mitbestimmungspflichtigen Angelegenheiten, bei denen sich durch den Abschluss einer Betriebsvereinbarung oder eines Sozialplans eine gewisse Regelungsnotwendigkeit gezeigt hat, zeitliche Regelungslükken zwischen der abgelaufenen Vereinbarung und einer neuen Abmachung zwischen den Betriebspartnern auftun.[190] Das Gesetz verlangt zwar nicht, dass es sich bei der ersetzenden Abmachung erneut um eine Betriebsvereinbarung handelt, einzelvertragliche Abreden im Weitergeltungszeitraum machen aber sowohl im Sozialplanrecht als auch für die wichtigste Gruppe der Mitbestimmungsangelegenheiten gem. § 87 Abs. 1 BetrVG[191] wenig Sinn. Bei letzteren

---

[187] BAG v. 29.05.1964, BAGE 16, 58, 67; LAG Saarland v. 03.07.1985, LAGE BetrVG 1972 zu § 112 Nr. 7, S. 17; *Galperin/Löwisch* § 77 Rn. 63; *Hess/Schlochauer/Glaubitz-Hess* § 77 Rn. 211; *Meyer*, NZA 1995, S. 974, 978.

[188] GK-*Kreutz* § 77 Rn. 366; *Oetker*, RdA 1995, S. 82, 94; *Richardi-Richardi* § 77 Rn. 201.

[189] Vgl. insoweit die Darstellung des Meinungsstandes.

[190] *Beseler*, Abänderung, S. 219, 234; GK-*Kreutz* § 77 Rn. 401; *ders.*, Betriebsautonomie, S. 227 f.; *Richardi-Richardi* § 77 Rn. 165 m. w. N.; *Zöllner/Loritz*, Arbeitsrecht, § 46 II 4

[191] Vgl. GK-*Kreutz* § 77 Rn. 401.

gilt dies schon deshalb, weil die Zustimmung dort Wirksamkeitsvoraussetzung für weitere Maßnahmen des Arbeitgebers ist[192]. Bei ersteren können den Arbeitnehmern ungünstige einzelvertragliche Regelungen nicht erzwungen werden und müssten überdies dem nachfolgenden zwingenden Sozialplan weichen. Für die Arbeitnehmer günstigere Regelungen können wegen des nach allgemeiner Ansicht[193] auch bei betrieblichen Normenverträgen geltenden Günstigkeitsprinzips jederzeit einzelvertraglich vereinbart werden. Eines Sozialplans im Weitergeltungsstadium bedarf es dazu nicht. Die Vorschrift stellt somit sicher, dass in mitbestimmungspflichtigen Angelegenheiten auch nach dem Ende einer Betriebsvereinbarung abweichende Regelungen von den Betriebspartnern nur gemeinsam bzw. durch die Einigungsstelle getroffen werden.[194] Ein Grund, der dagegen spricht, dass diese Wertung für alle betrieblichen Normenverträge Geltung beansprucht, ist nicht ersichtlich. Dass § 77 Abs. 6 BetrVG nur selten Anwendung finden wird, weil Sozialpläne normalerweise auf eine konkrete Betriebsänderung bezogen sind und durch Zweckerreichung enden, ändert nichts an der grundsätzlichen Übertragbarkeit des Rechtsgedankens. Die sich nach Hinnahme der Durchführung der Betriebsänderung drastisch verschlechternde Verhandlungsposition der Arbeitnehmer in Zusammenhang mit ihrer hohen Schutzbedürftigkeit bei Betriebsänderung spricht gerade dafür, keine sozialplanfreie Zeit bis zur erneuten Einigung der Parteien oder einer Entscheidung der Einigungsstelle eintreten zu lassen. Demnach sollte § 77 Abs. 6 BetrVG im Sozialplanrecht grundsätzlich anwendbar sein.

Den dies ablehnenden Stimmen ist aber zuzugeben, dass eine Weitergeltung den Zielen des außerordentlichen Kündigungsrechtes aus wichtigem Grund entgegensteht. Erkennt die Rechtsordnung die Unzumutbarkeit einer vertraglichen Bindung an, so kann sie nicht auf der anderen Seite über § 77 Abs. 6 BetrVG anordnen, dass die unzumutbaren Bestimmungen trotzdem weitergelten. Hier zeigt sich deutlich die Unvereinbarkeit von Sozialplanrecht und außerordentlichem Kündigungsrecht aus wichtigem Grund. Müsste einer der einander widersprechenden gesetzlichen Wertungen Vorrang eingeräumt werden, so spricht der Normcharakter des Sozialplans für eine Weitergeltung der Sozialplanregelungen auch nach erfolgter Kündigung. Bei jeder Verschlechterung eines Sozialplans existiert grundsätzlich eine Betroffenheit der Normunterworfenen. Die Frage, inwieweit den Arbeitnehmern eine Verschlechterung der aus dem Sozialplan entstandenen und noch entstehenden Ansprüche zumutbar ist, muss sich wegen des normativen Charakters der Sozialplanregelung u. a. nach den Grundsätzen

---

[192] Vgl. hierzu BAG v. 20.08.1991, AP Nr. 50 zu § 87 BetrVG 1972 Lohngestaltung; *Kreutz*, Betriebsautonomie, S. 227 f.

[193] Vgl. nur *Zöllner/Loritz*, Arbeitsrecht, § 46 II 3. m. w. N.

[194] *Däubler/Kittner/Klebe-Berg* § 77 Rn. 58; *Kreutz*, Betriebsautonomie, S. 227 f.; *Meyer*, NZA 1997, S. 289, 290; *Richardi-Richardi* § 77 Rn. 165 m. w. N.

zur Rückwirkung von Gesetzen entscheiden.[195] Die Grenzen der Normsetzungsbefugnis der Betriebspartner dürfen nicht durch die unmodifizierte Übertragung schuldrechtlicher Prinzipien umgangen werden. Das Instrument der außerordentlichen Kündigung von Dauerschuldverhältnissen aus wichtigem Grund führt zwar bei normalen Verträgen zu einer sofortigen Loslösung, der normative Charakter des Sozialplans erfordert aber eine Modifizierung dieses auf ein Zwei-Parteien-Verhältnis ausgerichteten Rechtsinstituts. Nur bei einer Vertragsanpassung ohne vorherigen Wegfall der Normordnung ist eine Beachtung rechtsstaatlicher Grundsätze bei der Normänderung gewährleistet.[196] An eine Kündigung aus wichtigem Grund müsste sich demnach notwendig die Weitergeltung der gekündigten und als unzumutbar anerkannten Regelung anschließen.[197]

Noch stärker als die Weitergeltung der Sozialplannormen steht aber das wiederauflebende Mitbestimmungsrecht der Anwendbarkeit des § 314 BGB entgegen. Im Sozialplanrecht würde eine außerordentliche Kündigung aus wichtigem Grund letztlich nur zu einer Vertragsanpassung führen. Selbst wenn davon ausgegangen würde, dass die gekündigten Sozialplanregelungen nicht weitergelten, könnte – und müsste unter Gleichbehandlungsgesichtspunkten eventuell sogar – der neu abgeschlossene Sozialplan auf den Zeitpunkt der fristlosen Kündigung des alten Sozialplans zurückbezogen werden. Das vorrangige Ziel der außerordentlichen Kündigung von Dauerschuldverhältnissen aus wichtigem Grund, die sofortige Lösung der unzumutbar gewordenen vertraglichen Bindung, kann eine Kündigung im Sozialplanrecht demnach nicht erfüllen. Erreicht werden kann nur die dem Rechtsmittel eigentlich fremde Vertragsanpassung. Auch deswegen ist eine außerordentliche Kündbarkeit von Sozialplanregelungen abzulehnen.

IV. Zusammenfassung der Ergebnisse in Thesen

1. Die Verweisungsnorm des § 112 Abs. 1 S. 3 BetrVG bezieht sich nicht auf § 77 Abs. 5 BetrVG. Eine direkte Anwendbarkeit des § 77 Abs. 5 BetrVG

---

[195] Auch einem Wegfall von Gesetzen mit ex nunc Wirkung können in besonderen Fallkonstellationen Vertrauensschutzerwägungen entgegenstehen. Auf den Vertrauensschutz im Sozialplanrecht wird ausführlich im fünften Kapitel unter II. 3. b) eingegangen werden. An dieser Stelle sei aber angemerkt, dass solche Fallkonstellationen gerade im Sozialplanrecht regelmäßig anzutreffen sind.

[196] Vgl. zu den Grenzen bei der Vertragsanpassung die Kapitel 4 und 5.

[197] Die Rechtsprechung (vgl. z. B. BAG v. 11.05.1999, AP Nr. 6 zu § 1 BetrAVG Betriebsvereinbarung) wählt bei der Kündigung von freiwilligen Betriebsvereinbarungen über betriebliche Sozialleistungen den Weg einer teilweisen Beschränkung der Kündigungsfolgen. Nur soweit eine Kürzung inhaltlich gerechtfertigt ist, entfällt die Betriebsvereinbarung als Rechtsgrundlage von Arbeitnehmeransprüchen. Diese Lösung mag als Notlösung bei freiwilligen Betriebsvereinbarungen funktional sein, im Bereich der erzwingbaren Mitbestimmung griffe sie der Neuregelung durch die Betriebspartner vor und kommt deswegen nicht in Betracht.

kommt im Recht des Sozialplans deshalb nicht in Betracht. Denkbar ist aber eine Analogie.

2. Der historische Gesetzgeber des § 112 Abs. 1 S. 4 BetrVG ist nicht von der ordentlichen Kündbarkeit des Sozialplans ausgegangen.

3. Das ordentliche Kündigungsrecht des § 77 Abs. 5 BetrVG bezieht sich auch auf solche Vereinbarungen, die einen einmaligen Fall regeln.

4. Die ordentliche Kündbarkeit von Sozialplänen würde zu einer Entkoppelung von Sozialplan und Interessenausgleich führen. Dadurch würde die Verhandlungsposition des Betriebsrates bei der Vereinbarung des Interessenausgleichs geschwächt und die Lenkungsfunktion des Sozialplans beschädigt.

5. Bei der auf eine Kündigung folgenden Abänderung eines Sozialplans nach oder während der Durchführung der Betriebsänderung wäre die Verhandlungsposition des Betriebsrates im Vergleich zum vom Gesetz präferierten Zeitpunkt der Sozialplanaufstellung vor Durchführung der Betriebsänderung deutlich geschwächt.

6. Das auf Flexibilität abzielende ordentliche Kündigungsrecht läuft dem Vergleichscharakter des Sozialplans entgegen, der seine Notwendigkeit und Berechtigung in dem Bedürfnis aller Beteiligten nach Planungssicherheit und Rechtsfrieden findet.

7. Sozialpläne begründen aufgrund ihres Vergleichscharakters in aller Regel keine unbefristeten Dauerschuldverhältnisse. Wenn der Sozialplan ausnahmsweise unbefristete, nach allgemeinen schuldrechtlichen Grundsätzen kündbare Dauerschuldverhältnisse begründet, ist dem Selbstbestimmungsrecht der Parteien durch die Möglichkeit zur Vereinbarung eines ordentlichen Kündigungsrechtes und der Hilfestellung durch die ergänzende Vertragsauslegung Genüge getan.

8. Es besteht keine Regelungslücke, die durch eine analoge Anwendung des § 77 Abs. 5 BetrVG zu schließen wäre. Der Sozialplan ist nicht ordentlich kündbar.

9. Ein Recht zur außerordentlichen Kündigung von Dauerschuldverhältnissen aus wichtigem Grund besteht dann, wenn dem Kündigenden das Festhalten am Vertrag wegen einer in der Risikosphäre des Kündigungsgegners liegenden Störung des Vertragszwecks oder der Vertrauensgrundlage oder einer Pflichtverletzung des anderen Teils bis zum vertraglich festgesetzten Vertragsende oder bis zum Ablauf der zur ordentlichen Kündigung bestimmten Frist nach Prüfung der Umstände des Einzelfalls und der Abwägung der Interessen der Vertragsparteien nicht zuzumuten ist.

10. Sozialpläne können – in aller Regel befristete - Dauerschuldverhältnisse begründen, obwohl sie auf eine konkrete Betriebsänderung bezogen sind. Die Gesamtheit der vom Arbeitgeber zu erbringenden Sozialplanleistungen als solche kann jedoch kein Dauerschuldverhältnis begründen. Ein Dauerschuldcharakter kommt nur bei solchen Sozialplanregelungen in Betracht, die den Unternehmer zu Ausgleichleistungen in wiederkehrenden Abständen verpflichten.

11. Der einseitig verpflichtende Charakter des Sozialplans steht der Anwendbarkeit des § 314 BGB nicht entgegen.

12. Das Schweigen des Gesetzgebers zur außerordentlichen Kündbarkeit von Betriebsvereinbarungen spricht in Anbetracht der Gesetzgebungsgeschichte des Betriebsverfassungsgesetzes von 1972 für ein solches Kündigungsrecht.

13. Im Sozialplanrecht steht den typischen Risiken bei Dauerschuldverhältnissen jedoch ein besonderes System an Disziplinierungsmaßnahmen gegenüber, in das sich ein Recht zur außerordentlichen Kündigung aus wichtigem Grund nicht störungsfrei integrieren lässt.

14. Der Normcharakter des Sozialplans erforderte eine Weitergeltung seiner Normen auch nach dem Ausspruch einer außerordentlichen Kündigung. Das vorrangige Ziel der außerordentlichen Kündigung von Dauerschuldverhältnissen aus wichtigem Grund, die sofortige Lösung von der unzumutbar gewordenen vertraglichen Bindung, kann eine Kündigung im Sozialplanrecht davon abgesehen schon wegen des wiederauflebenden Mitbestimmungsrechtes nicht erfüllen. Erreicht werden kann nur die dem Rechtsmittel fremde Vertragsanpassung. Eine außerordentliche Kündbarkeit von Sozialplänen aus wichtigem Grund ist deswegen abzulehnen.

V. Fazit

Im Hinblick auf die vor allem von Unternehmerseite eingeforderte Flexibilität des Sozialplans ergibt sich folgendes Bild: Selbst bei berechtigtem Anpassungsbedarf kann den Betriebspartnern ein Recht zur Kündigung des Sozialplans nicht zugestanden werden. In diesem Ergebnis liegt keine grundsätzliche Entscheidung gegen eine Möglichkeit, durch die einseitig eine Anpassung des Sozialplans an veränderte Umstände erreicht werden kann. Es hat sich aber gezeigt, dass dem Ziel eines methodengerechten Ausgleichs der verschiedenen Interessen bei der Veränderung der äußeren Umstände nach Abschluss eines Sozialplans durch die untersuchten Kündigungsrechte nicht genügt werden kann. Das grundlos mögliche ordentliche Kündigungsrecht geht viel weiter, als dies zur Abänderung von Sozialplänen bei berechtigtem Anpassungsbedarf notwendig ist. Vor allem aber würde der Sozialplan durch das ordentliche Kündigungsrecht seinen für beide Seiten wertvollen Ver- Vergleichscharakter einbüßen. Das außerordentliche Kündigungsrecht des § 314 BGB dagegen dient nicht der Reaktion auf die Veränderung der äußeren Parameter eines Vertrages, sondern der Ahndung von vertragsinternen Störungen, denen im Sozialplanrecht durch das betriebsverfassungsrechtliche System zur Disziplinierung der Betriebspartner Rechnung getragen wird.

D. Die Störung der Geschäftgrundlage des Sozialplans

Die bisherigen Überlegungen haben gezeigt, dass eine einseitige Loslösung vom Sozialplan in aller Regel nicht über das vertragsimmanente Mittel des Kündigungsrechtes erreicht werden kann. Vor diesem Hintergrund gewinnt die Frage nach Anwendbarkeit und Reichweite der Lehre von der Geschäftsgrundlage im Sozialplanrecht besondere Bedeutung. Rechtsprechung und Literatur gewähren unter dem Etikett der Geschäftsgrundlagenstörung überwiegend sehr großzügig einseitig erzwingbare Anpassungsrechte. Aufgabe der folgenden Erörterungen ist Überprüfung dieser vor allem von Zweckmäßigkeits- und Billigkeitserwägungen getragenen Praxis. Zu diesem Zweck wird im Anschluss an die Darstellung des Meinungsstandes zunächst die Lehre von der Geschäftsgrundlage einschließlich ihres Anwendungsbereichs, ihrer Voraussetzungen und ihrer Rechtsfolgen dargestellt. Darauf aufbauend kann die Frage der Anwendbarkeit der Lehre von der Geschäftsgrundlage im Sozialplanrecht diskutiert werden, wobei dem Normcharakter des Sozialplans und seiner Erzwingbarkeit besondere Aufmerksamkeit zu widmen sind. Um praxisrelevante Detailfragen geht es dann bei der Auseinandersetzung mit den verschiedenen im Sozialplanrecht denkbaren Fallgruppen. In diesem Zusammenhang ist ein Schwerpunkt bei der Frage gesetzt, ob eine Anpassung des Sozialplans bei wirtschaftlicher Not des Unternehmens erzwungen werden kann. Schließlich werden die gefundenen Ergebnisse durch eine Anwendung auf solche Fallgestaltungen überprüft, bei denen die Rechtsprechung eine Störung der Geschäftsgrundlage diskutiert hat.

I. Der Meinungsstand in der Rechtsprechung

Das BAG hat die Übertragbarkeit der Lehre von der Geschäftsgrundlage in das Sozialplanrecht grundsätzlich anerkannt.[1] Ein Wegfall der Geschäftsgrundlage soll insbesondere dann anzunehmen sein, wenn beide Betriebspartner bei Abschluss des Sozialplans von irrigen Vorstellungen über die Höhe der für den Sozialplan zur Verfügung stehenden Finanzmittel ausgegangen sind[2], etwa weil sie irrtümlich angenommen haben, die Treuhandanstalt werde die zur Sozialplaner-

---

[1] BAG v. 17.02.1981, BAGE 35, 80, 93; BAG v. 28.02.1984, Az. 1 AZR 134/83, Juris Nr. KARE 270370333 (20.06.2003); BAG v. 28.08.1996, BAGE 84, 62, 67; BAG v. 24.04.1997, AuA 1997, 206 ff.; BAG v. 26.08.1997, BAGE 86, 228, 237; BAG 29.05.1964, BAGE 16, 58, 71 für Betriebsvereinbarungen allgemein.

[2] BAG v. 17.02.1981, BAGE 35, 80, 93; BAG v. 10.08.1994, BAGE 77, 313, 329; LAG Baden-Württemberg v. 09.12.1999, Az. 21 Sa 34/98, Juris Nr. KARE 600000597 (20.06.2003) bei Existenzgefahr für den Betrieb; a. A. ArbG Berlin v. 11.05.1992, Az. 82 Ca 21428/91, Juris Nr. 390910429 (20.06.2003).

füllung benötigten Mittel zur Verfügung stellen.[3] Das Festhalten an der Vereinbarung ist nach Ansicht des BAG[4] in diesen Fällen jedenfalls dann unzumutbar, wenn dem Unternehmer die Erfüllung der Ansprüche aus dem Sozialplan wirtschaftlich nicht mehr möglich ist. Auch wenn infolge grundsätzlich veränderter Umstände Nachteile i. S. des § 112 Abs. 1 BetrVG nicht oder nicht im ursprünglich erwarteten Umfang aufgetreten oder zumindest vermeidbar geworden sind, soll dem Arbeitgeber nicht zuzumuten sein, die ursprünglich vorgesehenen Sozialplanleistungen zu erbringen.[5]

Hinsichtlich der Rechtsfolgen geht die Rechtsprechung davon aus, dass eine Störung der Geschäftsgrundlage nicht notwendig zur Auflösung der Vereinbarung, sondern in erster Linie zu ihrer Anpassung an die veränderten Verhältnisse führt.[6] Der Sozialplan werde nicht von selbst und gegebenenfalls rückwirkend unwirksam.[7] Vielmehr seien seine Regelungen den geänderten tatsächlichen Umständen durch eine neue Vereinbarung insoweit anzupassen, als dem Vertragspartner das Festhalten an der getroffenen Regelung unter den geänderten Umständen noch zuzumuten sei.[8] Der neuen Vereinbarung müsse keine außerordentliche Kündigung des alten Sozialplans vorausgehen.[9] Derjenige Betriebspartner, der sich auf die Störung der Geschäftsgrundlage beruft, habe gegenüber dem anderen Vertragspartner einen Anspruch auf die Aufnahme von Verhandlungen über eine Sozialplananpassung.[10] Für den Fall, dass sich einer der Betriebspartner der Anpassung des Sozialplans widersetzt, stehe dem anderen Betriebspartner ohne vorherige Kündigung ein Recht zur Anrufung der Einigungsstelle zu.[11] Die Einigungsstelle entscheide dann über die Anpassung des Sozialplanes. Im Streitfall sei vorab im Rahmen eines arbeitsgerichtlichen Beschluss-

---

[3] Das BAG (vgl. die Entscheidungen v. 10.08.1994, BAGE 77, 313, 328 und v. 18.03.1994, NZA 1995, 91) ging dagegen in einem ähnlichen Fall davon aus, dass die Sozialplanansprüche gar nicht erst zur Entstehung gelangt sind.

[4] BAG v. 10.08.1994, BAGE 77, 313, 334.

[5] BAG v. 28.08.1996, BAGE 84, 62, 69.

[6] BAG v. 28.02.1984, Az. 1 AZR 134/83, Juris Nr. KARE 270370333 (20.06.2003); BAG v. 10.08.1994, BAGE 77, 313, 329; BAG v. 24.04.1997, AuA 1997, 206, 208; LAG Baden-Württemberg v. 20.10.1982, Az. 2 Sa 57/82, S. 23 f. nicht veröffentlicht.

[7] BAG v. 10.08.1994, BAGE 77, 313, 329.

[8] BAG v. 10.08.1994, BAGE 77, 313, 329.

[9] BAG v. 28.02.1984, Az. 1 AZR 134/83, Juris Nr. KARE 270370333 (20.05.2003); BAG v. 10.08.1994, BAGE 77, 313, 329; BAG v. 24.04.1997, AuA 1997, 206, 208; a. A. LAG Baden-Württemberg v. 20.10.1982, Az. 2 Sa 57/82, S. 23 f. nicht veröffentlicht.

[10] BAG v. 10.08.1994, BAGE 77, 313, 329.

[11] Vgl. BAG v. 17.02.1981, BAGE 35, 80, 93; BAG v. 10.08.1994, BAGE 77, 313, 329; BAG v. 28.08.1996, BAGE 84, 62, 67; BAG v. 24.04.1997, AuA 1997, 206, 208. In einer Entscheidung des BAG v. 28.02.1984, Az. 1 AZR 134/83, Juris Nr. KARE 270370333 (20.06.2003) wird dagegen, eine außerordentliche Kündigung in Betracht gezogen.

verfahrens zu klären, ob die Voraussetzungen des Wegfalls der Geschäftsgrundlage vorliegen.[12]

II. Der Meinungsstand im Schrifttum

Auch in der Literatur werden die Grundsätze vom Wegfall der Geschäftsgrundlage – oft in enger Anlehnung an die höchstrichterliche Rechtsprechung – nahezu einhellig als zulässiges Instrument zur Abänderung von Sozialplänen angesehen.[13] *Meyer*[14] verweist zur Begründung auf den von ihm als spezielle Normierung der Lehre von der Geschäftsgrundlage verstandenen § 113 BetrVG. Teilweise wird vertreten, dass an die zusätzlich zur Störung der Geschäftsgrundlage erforderliche Unzumutbarkeit einer weiteren vertraglichen Bindung im Sozialplanrecht besonders strenge Anforderungen zu stellen seien.[15] *Naendrup*[16] lehnt als Einziger die Anwendung der Lehre von der Geschäftsgrundlage im Sozialplanrecht ab. Ein der Anpassung dienender Rechtsbehelf kann seiner Ansicht nach nicht herangezogen werden, um ein Lösungsrecht zu begründen. Die Möglichkeit einer erzwingbaren Anpassung ohne vorherige Kündigung sei aber generell ausgeschlossen. Außerdem erlaube die Friedensfunktion des Sozialplans nicht, den Verbindlichkeitsgehalt der Vereinbarungen leichtfertig aufs Spiel zu setzen.

Geschäftsgrundlage des Sozialplans ist nach Ansicht vieler Autoren vor allem die Vorstellung der Vertragspartner von der wirtschaftlichen Situation des Un-

---

[12] BAG v. 17.02.1981, BAGE 35, 80, 93.

[13] *Richardi-Annuß* § 112 Rn. 187; *Beseler*, Abänderung, S. 229 ff.; *Bopp/Gross*, Mitbestimmung des Betriebsrates, S. 259; *Däubler*, NZA 1985, S. 545, 551; *Däubler/Kittner/Klebe-Däubler* §§ 112, 112a Rn. 137; GK-*Fabricius/Oetker* §§ 112, 112a Rn. 174 ff.; *Fitting* §§ 112, 112a Rn. 207; *Galperin/Löwisch* § 112 Rn. 44; *Gaul*, Anm. zu BAG v. 28.08.1996, EzA Nr. 87 zu § 112 BetrVG 1972, S. 11, 16; *Gnade*, BetrVG, § 112 Rn. 25; ErfK-*Hanau/Kania* §§ 112, 112a BetrVG Rn. 41; *Hartung*, DB 1976, S. 2064, 2065; AR-Blattei SD-*Heckelmann* Der Sozialplan Rn. 192, Wegfall der Geschäftsgrundlage Rn. 87 ff.; *Hess/Schlochauer/Glaubitz-Hess* § 112 Rn. 123 f.; *Kaven*, Das Recht des Sozialplans, S. 137; *Löwisch/Kaiser* § 112 Rn. 73; *Luding*, Beendigung, S. 47 ff.; MünchArbR-*Matthes* § 362 Rn. 50; *Neef/Schrader*, NZA 1998, S. 804, 808; *Ohl*, Sozialplan, S. 71 Fn. 63; *Röder/Baeck*, Interessenausgleich und Sozialplan, S. 156; *Rumpff/Boewer*, Mitbestimmung, S. 370; *Schaub/Schindele*, Kurzarbeit, S. 118; *Stege/Weinspach* §§ 111-113 Rn. 98a; *Weber/Ehrich/Hörchens* Teil J Rn. 86, Teil F Rn. 136; *Weiss/Weyand* § 112 Rn. 29; *Weitnauer*, ZfA 1977, S. 111, 148 ff.; *Wollgast*, Betriebsvereinbarungen, S. 242 ff.; *Winderlich*, BB 1994, S. 2483, 2484 ist der Ansicht, dass die Lehre von der Geschäftsgrundlage wegen ihrer Subsidiarität neben der hier abgelehnten Möglichkeit einer ordentlichen Kündigung, nicht angewandt werden könne.

[14] *Meyer*, Abänderung, S. 66 ff.

[15] *Fitting* §§ 112, 112a Rn. 207; *Weber/Ehrich/Hörchens* Teil J Rn. 86.

[16] *Naendrup*, AuR 1984, S. 193, 199 ff.

ternehmens.[17] Eine Geschäftsgrundlagenstörung soll dann vorliegen, wenn beide Betriebspartner bei Abschluss des Sozialplans von irrigen Vorstellungen über die Höhe der für den Sozialplan zur Verfügung stehenden Finanzmittel ausgegangen sind[18], oder sich die wirtschaftlichen Verhältnisse des Unternehmens später grundlegend geändert haben[19]. Gleiches gelte, wenn die Parteien bei Abschluss des Sozialplans von der Vorstellung ausgegangen sind, ein Subventionsgeber werde die benötigten Mittel ganz oder teilweise zur Verfügung stellen[20] oder ein eingeplanter Zuschuss gem. den §§ 254 ff. SGB III ausbleibt.[21] *Meyer*[22] ist der Ansicht, dass ein rechtserheblicher Irrtum über die Finanzierbarkeit eines Sozialplans immer dann anzunehmen ist, wenn das Unternehmen in eine insolvenzgleiche Lage gerät. *Luding*[23] geht von der Unzumutbarkeit einer weiteren Bindung an den Sozialplan dann aus, wenn dieser aufgrund einer Verschlechterung der finanziellen Situation des Unternehmers nicht mehr wirtschaftlich vertretbar im Sinne des § 112 Abs. 5 BetrVG ist. Werde die Betriebsänderung nach einem, damit nicht in Zusammenhang stehenden, Betriebsübergang vom Betriebserwerber durchgeführt, sei auf dessen finanzielle Situation abzustellen.[24]

---

[17] GK-*Fabricius/Oetker* §§ 112, 112a Rn. 174 f.; *Galperin/Löwisch* § 112 Rn. 44; *Weitnauer*, ZfA 1977, S. 111, 148 f.

[18] *Richardi-Annuß* § 112 Rn. 188; *Belling*, Anm. zu BAG v. 11.08.1993, EwiR 1994, S. 17, 18; *Beseler*, Abänderung, S. 232; *Däubler*, NZA 1985, S. 545, 551; *Däubler/Kittner/Klebe-Däubler* §§ 112, 112a Rn. 137; GK-*Fabricius/Oetker* §§ 112, 112a Rn. 175; *Galperin/Löwisch* § 112 Rn. 44; *von Hoyningen-Huene*, Anm. zu BAG v. 10.08.1994, AP Nr. 86 zu § 112 BetrVG 1972; *Keßler*, Anm. zu BAG v. 10.08.1994, BB 1995, S. 1242, 1243; *Kraft*, Anm. zu BAG v. 17.02.1981, AP Nr. 11 zu § 112 BetrVG 1972; *Löwisch/Kaiser* § 112 Rn. 73; *Luding*, Beendigung, S. 72 ff.; *Meyer*, NZA 1995, S. 974, 979; *derS.* Abänderung, S. 66; *Weitnauer*, ZfA 1977, S. 111, 148 f.; *Grunsky*, RdA 1978, S. 174, 176 Fn. 21, lässt offen, ob eine Anpassung über die Lehre von der Geschäftsgrundlage erfolgen soll, oder ob sich das erübrigt, weil sich Sozialpläne sowieso nur auf die finanzielle Lage des Unternehmens zur Zeit ihrer Aufstellung beziehen.

[19] *Richardi-Annuß* BetrVG § 112 Rn. 188; GK-*Fabricius/Oetker* §§ 112, 112a Rn. 174; *Galperin/Löwisch* § 112 Rn. 44; *Löwisch/Kaiser* § 112 Rn. 73; *Meyer*, Abänderung, S. 66; *Weitnauer*, ZfA 1977, S. 111, 148 f.; *Willemsen*, ZIP 1981, S. 1058, 1062 für unvorhersehbare Entwicklungen unter Berufung auf den Rechtsgedanken des § 779 BGB; *Pottmeyer*, Anm. zu BAG v. 10.08.1994, SAE 1995, S. 304, 309 weist darauf hin, dass diese Erwägungen auch dann gelten, wenn wider Erwarten eine erheblich höhere Finanzmasse zur Verfügung steht; ebenso *Luding*, Beendigung, S. 75 ff.

[20] *Richardi-Annuß* § 112 Rn. 188; *Belling*, Anm. zu BAG v. 11.08.1993, EwiR 1994, S. 17, 18; GK-*Fabricius/Oetker* §§ 112, 112a Rn. 174; *Fitting* §§ 112, 112a Rn. 207; ErfK-*Hanau/Kania* §§ 112, 112a BetrVG Rn. 41; *von Hoyningen-Huene*, Anm. zu BAG v. 10.08.1994, AP Nr. 86 zu § 112 BetrVG 1972; *Meyer*, NZA 1995, S. 974, 979; *Pottmeyer*, Anm. zu BAG v. 10.08.1994, SAE 1995, 304, 309.

[21] GK-*Fabricius/Oetker* §§ 112, 112a Rn. 175.

[22] *Meyer*, NZA 1995, S. 974, 984; ähnlich *Knorr*, Sozialplan, § 6 Rn. 148.

[23] *Luding*, Beendigung, S. 78 ff.

[24] *Luding*, Beendigung, S. 83 ff.

Andere Autoren[25] gehen davon aus, dass es allein der Risikosphäre des Arbeitgebers unterfalle, zur Erfüllung der Sozialplanansprüche für eine angemessene Finanzausstattung zu sorgen. Zum unternehmerischen Risiko soll es auch gehören, wenn Subventionen nicht oder nur unter einschränkenden Bedingungen zu erlangen sind.[26] Weil jeder das Risiko seiner eigenen Insolvenz zu tragen habe, reiche die Verschlechterung der wirtschaftlichen Lage des Unternehmens selbst dann nicht aus, wenn sie einen drastischen Umfang angenommen habe. Vertragstypische Risiken dürften nicht mit Hilfe der Lehre von der Geschäftsgrundlage auf den Vertragspartner abgewälzt werden.[27]

Nach einer weit verbreiteten Auffassung soll ein Wegfall der Geschäftsgrundlage außerdem dann in Betracht zu ziehen sein, wenn keine[28] oder eine andere als die geplante Betriebsänderung durchgeführt wird.[29] Eine Geschäftsgrundlagenstörung läge demnach beispielsweise dann vor, wenn ein Betrieb, dessen Stilllegung geplant ist, nach Abschluss eines die Stilllegung begleitenden Sozialplans gem. § 613a BGB auf einen Dritten übergeht.[30]

Die Folge einer Störung der Geschäftsgrundlage ist nach nahezu einhelliger Ansicht nicht der Wegfall des Sozialplans, sondern seine Anpassung an die verän-

---

[25] *Däubler*, NZA 1985, S. 545, 551; *Pottmeyer*, Anm. zu BAG v. 10.08.1994, SAE 1995, S. 304, 309; *Willemsen*, ZIP 1982, S. 649, 652; *Winderlich*, BB 1994, S. 2483, 2485 f.; vgl. auch *Naendrup*, AuR 1984, S. 193, 200 f.

[26] *Däubler*, NZA 1985, S. 545, 551; *Naendrup*, AuR 1984, S. 193, 202; vgl. auch *Bleckmann*, Verhandlungen des 55. Deutschen Juristentages, S. D 93, 106.

[27] Vgl. *Däubler*, NZA 1985, S. 545, 551; ebenso grundsätzlich *Beseler*, Abänderung, S. 230 ff., der aber eine Ausnahme machen will, wenn ansonsten die Insolvenz des Unternehmens und der Verlust weiterer Arbeitsplätze drohen oder eine dramatische Verbesserung der wirtschaftlichen Verhältnisse des Unternehmens vorliegt.

[28] So *Knorr*, Sozialplan, § 6 Rn. 148.

[29] *Beseler*, Abänderung, S. 229; *Bopp/Gross*, Mitbestimmung des Betriebsrates, F S. 259; *Däubler/Kittner/Klebe-Däubler* §§ 112, 112a Rn. 137; AR-Blattei SD-*Heckelmann* Der Sozialplan Rn. 193 ff.; *Kaven*, Das Recht des Sozialplans, S. 137; *Knorr*, Sozialplan, § 6 Rn. 148; *Meyer*, Anm. zu BAG v. 28.08.1996, AP Nr. 104 zu § 112 BetrVG 1972; *Pollert*, Anm. zu BAG v. 28.08.1996, SAE 1998, S. 277, 279 ff.; widersprüchlich insoweit *Luding*, Beendigung, der auf S. 53 davon ausgeht, dass der Sozialplan leer laufe, wenn eine andere als die geplante Betriebsänderung durchgeführt wird und auf S. 69 bei jeder Abweichung von der im Interessenausgleich festgelegten Betriebsänderung einen Wegfall der Geschäftsgrundlage des Sozialplans annimmt.

[30] *Richardi-Annuß* § 112 Rn. 188; GK-*Fabricius/Oetker* §§ 112, 112a Rn. 175; *Fitting* §§ 112, 112a Rn. 208 in Anlehnung an BAG v. 28.08.1996, AP Nr. 104 zu § 112 BetrVG 1972; ErfK-*Hanau/Kania* §§ 112, 112a BetrVG Rn. 41; *Neef/Schrader*, NZA 1998, S. 804, 808 f.; *Luding*, Beendigung, S. 53 ff., für den Fall, dass bereits Entlassungen durchgeführt wurden

derten tatsächlichen Verhältnisse.[31] Diejenige Partei, die sich auf die Störung der Geschäftsgrundlage beruft, soll einen Anspruch auf Neuverhandlungen haben und bei Nichteinigung die Einigungsstelle anrufen dürfen.[32] Die Einigungsstelle entscheide dann gem. § 77 Abs. 3 und 5 BetrVG verbindlich über die Notwendigkeit und die Ausgestaltung einer Neuregelung.[33] Die Frage, ob überhaupt eine Geschäftsgrundlagenstörung vorliegt, soll im Streitfall vorab im Rahmen eines arbeitsgerichtlichen Beschlussverfahrens geklärt werden können.[34] Teilweise wird aus Rechtssicherheitsgründen im Vorfeld der Neuregelung eine Kündigung für erforderlich gehalten. An die Kündigung soll sich dann die Weitergeltung der Sozialplannormen gem. § 77 Abs. 6 BetrVG anschließen.[35] Hinsichtlich der zulässigen Reichweite einer Neuregelung wird zum Teil auch in der Literatur darauf abgestellt, inwieweit dem änderungswilligen Vertragspartner das Festhalten an der getroffenen Regelung unter den geänderten Umständen noch zugemutet werden kann.[36] Einige Autoren halten als ultima ratio sogar die Aufhebung

---

[31] Statt vieler *Richardi-Annuß* § 112 Rn. 187; *Beseler*, Abänderung, S. 229 f.; *Däubler/Kittner/Klebe-Däubler* §§ 112, 112a Rn. 137; GK-*Fabricius/Oetker* §§ 112, 112a Rn.179; *Fitting* §§ 112, 112a Rn. 209; *Galperin/Löwisch* § 112 Rn. 44; *Kaven*, Das Recht des Sozialplans, S. 137; *Neef/Schrader*, NZA 1998, S. 804, 808; *Rumpff/Boewer*, Mitbestimmung, S. 370; *Winderlich*, BB 1994, S. 2483, 2486 ff.; *Weitnauer*, ZfA 1977, S. 111, 151; *Wollgast*, Betriebsvereinbarungen, S. 242 ff.; ebenso *Willemsen*, ZIP 1981, S. 1058, 1062; *derS.* ZIP 1982, S. 649, 653, aus Gründen der Rechtssicherheit.

[32] *Richardi-Annuß* BetrVG § 112 Rn. 187; *Beseler*, Abänderung, S. 230, der aber auch eine Aufhebung durch Rücktritt zulassen will; *Däubler/Kittner/Klebe-Däubler* §§ 112, 112a Rn. 137; GK-*Fabricius/Oetker* §§ 112, 112a Rn. 179; *Fitting* §§ 112, 112a Rn. 209; *Galperin/Löwisch* § 112 Rn. 44; *Gaul*, Anm. zu BAG v. 28.08.1996, AP Nr. 104 zu § 112 BetrVG 1972, S. 21 ff.; *Gnade*, BetrVG, § 112 Rn. 25; ErfK-*Hanau/Kania* §§ 112, 112a BetrVG Rn. 42; *Knorr*, Sozialplan, § 6 Rn. 148; *Luding*, Beendigung, S. 96 f.; MünchArbR-*Matthes* § 362 Rn. 50; *Neef/Schrader*, NZA 1998, S. 804, 809; *Pollert*, Anm. zu BAG v. 28.08.1996, SAE 1998, S. 277, 281; *Pottmeyer*, Anm. zu BAG v. 10.08.1994, SAE 1995, S. 304, 308; *Röder/Baeck*, Interessenausgleich und Sozialplan, S. 156; *Rumpff/Boewer* Mitbestimmung S. 370; *Weitnauer*, ZfA 1977, S. 111, 151; *Wollgast*, Betriebsvereinbarungen, S. 242 ff.; a. A. *Kaven*, S. 137 der wohl eine Sozialplananpassung durch das Arbeitsgericht befürwortet.

[33] *Richardi-Annuß* § 112 Rn. 187; *Fitting* §§ 112, 112a Rn. 209; ErfK-*Hanau/Kania* §§ 112, 112a BetrVG Rn. 41; *Weber/Ehrich/Hörchens* Teil J Rn. 86.

[34] *Galperin/Löwisch* § 112 Rn. 44; GK-*Fabricius/Oetker* §§ 112, 112a Rn. 169; *Pottmeyer*, Anm. zu BAG v. 10.08.1994, SAE 1995, S. 304, 308.

[35] *Willemsen*, ZIP 1981, S. 1058, 1062; *Winderlich*, BB 1994, S. 2483, 2486 ff.; a. A. *Knorr*, Sozialplan, § 6 Rn. 148.

[36] *Fitting* §§ 112, 112a Rn. 210; *Röder/Baeck*, Interessenausgleich und Sozialplan, S. 156.

des Sozialplans für zulässig.[37] Eine Weitergeltung der Vereinbarung soll in diesem Fall ausgeschlossen sein.[38]

III. Die Störung der Geschäftsgrundlage gem. § 313 BGB

Gegenstand der nachfolgenden Erörterungen ist die Darstellung der in § 313 BGB geregelten Störung der Geschäftsgrundlage. Auf der dadurch geschaffenen Grundlage können im Anschluss die Anwendbarkeit des § 313 GB im Sozialplanrecht, die möglichen Rechtsfolgen und die in Frage kommenden Fallgruppen erörtert werden.

Auf die Darstellung der geschichtlichen Entwicklung der Lehre von der Geschäftsgrundlage, angefangen bei der clausula rebus sic stantibus, kann wegen der guten und umfassenden Darstellungen andernorts[39] verzichtet werden. Erstmals im Jahre 1921 von *Oertmann* in seiner berühmten Schrift „Die Geschäftsgrundlage" formuliert, ist die Lehre von der Geschäftsgrundlage inzwischen fester Bestandteil des deutschen Vertragsrechts geworden. Trotz der weitgehenden Einigkeit in Lehre und Rechtsprechung hinsichtlich ihrer grundsätzlichen Existenzberechtigung sind dogmatische Begründung, Voraussetzungen und Rechtsfolgen weiterhin umstritten.[40] Die in der Literatur zur dogmatischen Klärung der Problematik der Geschäftsgrundlage aufgewandten Bemühungen haben nicht zu einem einheitlichen, allgemein akzeptierten System geführt.[41] Es ist fraglich, ob die Kodifizierung der Lehre von der Geschäftsgrundlage in § 313 BGB dieses Ziel erreicht hat und damit eine ausführliche Beschäftigung mit dem umfangreichen Streitstand obsolet geworden ist.

Der Wortlaut des § 313 BGB zeichnet sich durch große Offenheit aus. Die vom Gesetzgeber gewählten Formulierungen orientieren sich stark an den von der Rechtsprechung entwickelten und im Folgenden kurz dargestellten Grundsätzen.[42] Der BGH hat die in ständiger Rechtsprechung vom RG verwandte *Oert-*

---

[37] So wohl GK-*Fabricius/Oetker* §§ 112, 112a Rn. 182; *Kaven*, Das Recht des Sozialplans, S. 137; *Meyer*, Abänderung, S. 66; *Röder/Baeck*, Interessenausgleich und Sozialplan, S. 156; *Wollgast*, Betriebsvereinbarungen, S. 244 f. gesteht den Betriebspartnern in diesem Fall ein außerordentliches Kündigungsrecht zu; ebenso *Knorr*, Sozialplan, § 6 Rn. 148; *Beseler*, Abänderung, S. 229 ff. plädiert für ein Rücktrittsrecht.

[38] So ausdrücklich *Beseler*, Abänderung, S. 235

[39] Vgl. *Köhler* in: 50 Jahre Bundesgerichtshof, S. 295 ff.; *Larenz*, Geschäftsgrundlage, S. 11 ff.; MünchKomm-*Roth* § 242 Rn. 594 ff.; *Staudinger-Weber*, 11. Aufl., § 242 Rn. E 6 ff.;

[40] Vgl. die Auflistung von 56 Theorien zur Lehre von der Geschäftsgrundlage bei *Chiotellis*, Rechtsfolgenbestimmung, S. 29.

[41] Vgl. *Staudinger-Schmidt* § 242 Rn. 953 m. w. N.

[42] Nach der Begründung des Regierungsentwurfs (BT-DruckS. 14/6040 S. 174 f.) soll durch die stärker objektiv geprägte Formulierung des Gesetzestextes nichts an den Ergebnissen der

mannsche Formel[43] übernommen und wiederholt in ebenfalls ständiger Rechtsprechung stereotyp: „Eine Geschäftsgrundlage wird gebildet durch die beim Vertragsschluss zutage getretenen, dem Geschäftsgegner erkennbaren und von ihm nicht beanstandeten Vorstellungen des einen Vertragsteils oder durch die gemeinsamen Vorstellungen beider Teile (vom Vorhandensein oder künftigem Eintritt gewisser Umstände[44]), sofern der Geschäftswille auf diesen Vorstellungen aufbaut."[45] Trotz dieser Inbezugnahme des subjektiven Ansatzes von *Oertmann* stellt der BGH in seinen Entscheidungen jedoch auch „objektive" Erwägungen an.[46] Die Kodifikation der Lehre von der Geschäftsgrundlage in § 313 BGB hat der Gesetzgeber zum Anlass genommen, diesen Widerspruch aufzulösen. Die Formulierung „Umstände, die zur Grundlage des Vertrages geworden sind" soll sowohl die objektive als auch die subjektive Geschäftsgrundlage erfassen.[47]

Die Störung der Geschäftsgrundlage im Sinne einer Nichtverwirklichung der Parteivorstellungen soll nach Ansicht des BGH allein nicht ausreichen. Zur Abgrenzung von rechtlich unerheblichen Fehlvorstellungen der Parteien wird zusätzlich die Unzumutbarkeit der weiteren vertraglichen Bindung gefordert. Eine Berufung auf die Störung der Geschäftsgrundlage soll nur dann möglich sein, wenn dies zur Vermeidung untragbarer, mit Recht und Gerechtigkeit schlechthin unvereinbarer und damit der betroffenen Partei nach Treu und Glauben unzumutbarer Folgen unabweisbar erscheint,[48] und der „anderen Partei ein Abgehen von dem Vereinbarten zugemutet werden kann".[49] Nur bei Vorliegen dieser Voraussetzungen und auch inhaltlich nur nach der Maßgabe der Unzumutbarkeit wird Abhilfe gewährt. Dem Kriterium der Unzumutbarkeit kommt damit eine

---

Rechtsprechung geändert werden. Die Anforderungen an den Wegfall der Geschäftsgrundlage sollen unverändert beibehalten werden.

[43] *Oertmann*, Geschäftsgrundlage, S. 37: „Geschäftsgrundlage ist die beim Geschäftsschluss zutage tretende und von etwaigen Gegnern in ihrer Bedeutsamkeit erkannte und nicht beanstandete Vorstellung eines Beteiligten oder die gemeinsame Vorstellung mehrerer Beteiligter vom Sein oder vom Eintreten gewisser Umstände, auf deren Grundlage der Geschäftswille sich aufbaut."

[44] Diese Konkretisierung wird vom BGH neuerdings des öfteren weggelassen, vgl. z. B. BGH v. 18.12.1997, BGHZ 137, 350, 367.

[45] Vgl. stellvertretend RG v. 03.02.1922, RGZ 103, 328, 332; BGH v. 15.11.2000, NJW 2001, 1204; ähnliche Formulierungen finden sich auch in der Rechtsprechung des BAG: vgl. z. B. BAG v. 25.07.1990, AP Nr. 24 zu § 611 Arzt-Krankenhaus-Vertrag; BAG v. 06.02.1992, AP Nr. 13 zu § 119 BGB; BAG v. 09.07.1986, AP Nr.7 zu § 242 BGB Geschäftsgrundlage.

[46] Als Beispiel für diesen inneren Widerspruch kann die „Klimbim-Entscheidung" des BGH v. 04.07.1996, BGHZ 133, 281, 293 dienen.

[47] Vgl. *Palandt-Heinrichs* § 313 Rn. 7; BT-DruckS. 14/6040, S. 176.

[48] Vgl. z. B. BGH v. 11.10.1994, BGHZ 127, 212 ff. m. w. N.

[49] Vgl. z. B. BGH v. 18.11.1993, NJW-RR 1994, 434, 435 m. w. N.

Doppelfunktion zu.[50] Die Entscheidungen der Rechtsprechung orientieren sich hinsichtlich der Frage der Zumutbarkeit am Einzelfall[51] und stellen neben der Vorhersehbarkeit[52] vor allem auf die Risikoverteilung des Rechtsgeschäfts[53] ab. Ist nach diesen Maßstäben eine Störung der Geschäftsgrundlage festgestellt worden, soll das nicht ohne weiteres zur völligen Beseitigung des Vertragsverhältnisses führen. Eine Befreiung einer oder beider Vertragsparteien von ihren vertraglichen Pflichten soll nur insoweit in Betracht kommen, als Treu und Glauben dies gebieten. In erster Linie sei zu fragen, ob der Vertrag nicht in einer den berechtigten Interessen beider Parteien Rechnung tragenden Form der wirklichen Sachlage angepasst werden kann.[54] Bejahendenfalls soll die Anpassung auf den Zeitpunkt des Wegfalls der Geschäftsgrundlage bezogen[55] ipso iure eintreten.[56] Die Auflösung des Rechtsverhältnisses setze dagegen grundsätzlich die Ausübung eines entsprechenden Gestaltungsrechtes (Rücktritt oder Kündigung) durch den von der Auflösung Begünstigten voraus.[57]

Trotz dieser feststehenden Formulierungen lässt sich der Rechtsprechung zur Lehre von der Geschäftsgrundlage keine einheitliche Linie entnehmen.[58] Wie § 313 BGB enthalten auch die von der Rechtsprechung entwickelten Grundsätze extrem vage Wertungskriterien.[59] Der Verdacht, dass sich die Gerichte in Wahrheit von unterschiedlichen Erwägungen, insbesondere von Billigkeitsgesichtspunkten leiten lassen, ist nicht von der Hand zu weisen.[60] Insbesondere die weit aufgefächerte Kasuistik scheint nur nach äußeren Ordnungskriterien beliebiger Art gegliedert zu sein.[61] Außerdem weist die Betonung der Beachtung der besonderen Umstände des Einzelfalles im Rahmen der Zumutbarkeitsprüfung darauf hin, dass keine subsumtionsfähige Formel für die Anwendung der Lehre von

---

[50] Vgl. z. B. BGH v. 18.11.1993, NJW-RR 1994, 434, 435 m. w. N.

[51] Vgl. z. B. BGH v. 23.05.1951, BGHZ 2, 176, 188 f.; BGH v. 03.10 1952, LM Nr. 2 zu § 284 BGB, Bl. 2 BGH v. 12.12.1963, BGHZ 40, 334, 337.

[52] Vgl. z. B. BGH v. 29.04.1965, WM 65, 843, 845; BGH v. 11.05. 1973, BB 1973, 1139.

[53] Vgl. z. B. BGH v. 31.05.1990, NJW 1991, 1478, 1479; BGH v. 14.05.1991, NJW-RR 1991, 1269; BGH v. 16.12.1992, DtZ 1993, 117, 118 f.; BGH v. 25.02.1993, BGHZ 121, S. 379 ff.; BGH v. 13.05.1993, WM 1993, 1233.

[54] Sog. Theorie der stufenweisen Reaktion oder auch Stufentheorie, st. Rechtsprechung seit BGH v. 31.01.1967, BGHZ 47, 48, 51 f.; vgl. die Rechtsprechungsnachweise bei *Staudinger-Schmidt* § 242 Rn. 950.

[55] Vgl. z. B. BGH v. 14.10.1992, BGHZ 120, 10 ff.

[56] Vgl. z. B. BGH v. 19.11.1971, NJW 1972, 152, 153.

[57] Vgl. z. B. BGH v. 22.01.1993, NJW 1993, 1641, 1642.

[58] So auch *Fikentscher*, Geschäftsgrundlage, S. 15; *Ulmer*, AcP 174, S. 167, 181.

[59] Vgl. *Staudinger-Schmidt* § 242 Rn. 1062 zu dem bis auf kleinste Abweichungen identischen Vorschlag der Kommission zur Überarbeitung des Schuldrechts von 1992.

[60] *Kegel* in: Verhandlungen des 40. Deutschen Juristentages, S. 135, 161; *Kegel/Rupp/Zweigert*, Die Einwirkung des Krieges, S. 113 ff.; *Köhler*, Unmöglichkeit, S. 117; *Lange*, Festschrift für Gieseke, S. 21 f.; *Larenz*, Geschäftsgrundlage, S. 112, 118 ff.

[61] *Staudinger-Schmidt* § 242 Rn. 951.

der Geschäftsgrundlage gefunden worden ist.[62] Die in der Unbestimmtheit der Tatbestandsvoraussetzungen liegende Gefahr für die Rechtssicherheit und die Effektivität der Norm wurde schon so oft erörtert[63], dass hier auf eine nähere Darstellung verzichtet werden kann. Um zu verhindern, dass die Lehre von der Geschäftsgrundlage in eine allgemeinen Zumutbarkeitskontrolle mündet, müssen die Voraussetzungen des Rechtsinstituts schon vom Ansatz her präziser gefasst werden.[64]

Trotz der Normierung der Lehre von der Geschäftsgrundlage in § 313 BGB ist demnach eine Auseinandersetzung mit den verschiedenen Literaturstimmen unerlässlich. Dies entspricht auch den Vorstellungen des Gesetzgebers, der die Konkretisierung der offen formulierten Grundsätze des § 313 BGB der weiteren Rechtsentwicklung überlassen wollte[65] und nur bei der Frage, ob Störungen der Geschäftsgrundlage von Amts wegen oder erst auf Einrede hin zu berücksichtigen sind, eine dezidierte eigene Regelung getroffen hat. Da die vorliegende Untersuchung nicht die Lehre von der Geschäftsgrundlage, sondern die Abänderbarkeit von Sozialplänen zum Gegenstand hat, können in diesem Rahmen nur die wichtigsten Strömungen innerhalb der umfangreichen Literatur zur Lehre von der Geschäftsgrundlage behandelt werden. Unberücksichtigt bleiben jedenfalls solche Ansichten, die einen völlig anderen Ansatz als § 313 BGB verfolgen. Mit der Entscheidung des Gesetzgebers für die Lehre von der Geschäftsgrundlage sind alle Theorien hinfällig geworden, die den von § 313 BGB erfassten Konfliktsituationen die Regelungsbedürftigkeit absprechen und die Parteien auch in diesen Fällen am Vertrag festhalten wollten.[66] Das gleiche gilt für die Ansätze, die versuchen, den Anwendungsbereich der Lehre von der Geschäftsgrundlage durch die teilweise modifizierte Anwendung anderer Risikotragungsregelungen, insbesondere des Leistungsstörungsrechtes des BGB ganz oder teilweise einzuschränken.[67] Mit der Regelung in § 313 BGB hat sich der Gesetz-

---

[62] So auch *Braun*, JuS 1979, S. 692, 696; *Pawlowski*, Methodenlehre, Rn. 186 f.

[63] Vgl. stellvertretend *Köhler* in: 50 Jahre Bundesgerichtshof, S. 295, 299; *Larenz*, Geschäftsgrundlage, S. 2, 118 ff.; *Staudinger-Schmidt* § 242 Rn. 1234 m. w. N.; allgemein: *Hedemann*, Generalklauseln, S. 66 ff.; *Werner*, Generalklauseln, S. 22 f.

[64] So *Häsemeyer*, Festschrift für Weitnauer, S. 67, 69.

[65] BT-DruckS. 14/6040 S. 175; zur identischen Fassung von § 306 KE vgl. den Abschlussbericht der Schuldrechtskommission, S. 150.

[66] Vgl. *Finsinger/Simon* in: Recht und Risiko, S. 114 ff., die auf der Grundlage der ökonomischen Analyse des Rechts argumentieren. Die Lehre von der Geschäftsgrundlage soll zu suboptimalen Allokationen führen. An die Stelle der Erfüllungsverpflichtung trete eine spezielle, einfach strukturierte Haftungsregel, die auch Regeln über Vertragsstörungen ersetzen können soll. Zur Kritik dieses speziellen Denkansatzes vgl. *Staudinger-Schmidt* § 242 Rn. 993, 910 m. w. N.

[67] Dazu gehören: *Beuthien*, Zweckerreichung, S. 53 ff., der die Fälle der Zweckstörung und –vereitelung mit dem modifizierten Unmöglichkeitsrecht lösen will; *Flume*, Rechtsgeschäft, § 26, S. 494 ff., der die Lehre von der Geschäftsgrundlage als ein in sich geschlossenes dog-

geber für die Lehre von der Geschäftsgrundlage und gegen eine Modifizierung des Leistungsstörungsrechts des BGB entschieden. Auch eine Lösung der von § 313 BGB behandelten Problemkonstellationen fast oder ganz ausschließlich unter Zuhilfenahme der auf § 157 BGB gestützten[68] ergänzenden Vertragsauslegung[69] kommt nicht mehr in Betracht.

1. Der Begriff der Geschäftsgrundlage

Zur Konkretisierung der Voraussetzungen einer Störung der Geschäftsgrundlage ist es zunächst erforderlich, den Begriff der Geschäftsgrundlage und damit das zugrundeliegende Regelungsproblem näher zu bestimmen.

Der subjektive Ansatz knüpft diesbezüglich an die Vorstellungen[70] der Parteien an und sieht das Regelungsproblem darin, dass sich die Wirklichkeit anders darstellt als von den Parteien erwartet. Dabei soll es schon ausreichen, dass die

---

matisches Instrument ganz ablehnt und viele Konflikte nach den Unmöglichkeitsregeln mittels Vertragsauslegung und nach teilweise modifiziertem Irrtumsrecht auflöst. Danach bleiben nur noch die Fälle der Änderung der Sozialexistenz übrig. Diesbezüglich habe es - vorbehaltlich einer gesetzlichen Sonderregelung - bei dem Grundsatz „casum sentit dominus" sein Bewenden. Bei Krieg, kriegsähnlichem Geschehen oder Naturkatastrophen möchte *Flume* zu einer risikobezogenen Billigkeitsentscheidung kommen. *Köhler*, Unmöglichkeit, S. 116 ff.; *ders.*, JA 1979, S. 498, 500 will die Fälle von Störungen des Primärzweckes über das um eine Sphärentheorie für die Risikozurechnung ergänzte Unmöglichkeitsrecht lösen. MünchKomm-*Kramer* § 119 Rn. 110 ff. sieht in § 119 AbS. 2 BGB die rudimentäre Regelung einer umfassenderen, „Sachverhaltsirrtum" genannten, Irrtumskategorie. Auf dieser Grundlage entwickelt *Kramer* Gesichtspunkte für eine angemessene Verteilung des Irrtumsrisikos, wie sie sich ähnlich auch in der Lehre von der Geschäftsgrundlage finden.

[68] MünchKomm-*Mayer-Maly* § 157 Rn. 25 ff.

[69] In diese Richtung gehend: *Wieling*, JuS 1986, S. 272, 273; *Willoweit*, JuS 1988, S. 833, 839 f., der von einer weitgehenden Strukturgleichheit der ergänzenden Vertragsauslegung und der Lehre von der Geschäftsgrundlage ausgeht. Einige Autoren wollen nur die Fälle der sog. kleinen Geschäftsgrundlage mithilfe der ergänzenden Vertragsauslegung lösen (vgl. *Littbarski*, JZ 1981, S. 8, 14; *Nicklisch*, BB 1980, S. 949, 953; vgl. auch *Larenz*, Geschäftsgrundlage, S. 166, der die Lehre von der Geschäftsgrundlage als „korrigierende Vertragsauslegung" auch auf § 157 BGB stützt; kritisch dazu z. B. *Chiotellis*, Rechtsfolgenbestimmung, S. 27 f. und *Deggau* in: Recht und Risiko, S. 215, 237 ff.; vgl. zur Abgrenzung zwischen der ergänzenden Vertragsauslegung und der Lehre von der Geschäftsgrundlage *Köhler* in: 50 Jahre Bundesgerichtshof, S. 295, 305 und *Medicus*, Festschrift für Flume, S. 619, 636 ff.) Die grundsätzlich vorrangige ergänzende Vertragsauslegung kann immer dann nicht zum Ziel führen, wenn die Parteien bei Kenntnis der Entwicklung den Vertrag überhaupt nicht abgeschlossen hätten oder mehrere gleichwertige Möglichkeiten der Störungsbewältigung bestehen.

[70] MünchKomm-*Roth* § 242 Rn. 530; *Staudinger-Schmidt* § 242 Rn. 1003 präferiert einen moderneren Sprachgebrauch und spricht von Plandaten, die sich nicht verwirklichen. Beachtenswert ist an dieser Stelle, dass die Differenzierung zwischen der „Unvollkommenheit" der Vorstellungen der Parteien und der vertraglichen Regelung nicht völlig mit der sog. objektiven und subjektiven Theorie der Geschäftsgrundlage (s.o.) zusammenfällt.

Vorstellungen einer der Vertragsparteien von der Wirklichkeit abweichen.[71] Ob es sich bei den Fehlvorstellungen um positive Vorstellungen handelt, oder ob jegliche Vorstellung über den fraglichen Umstand fehlt, kann häufig nur schwer entschieden werden und soll in diesem Zusammenhang irrelevant sein. Wegen der fließenden Grenzen seien beide Fallgruppen für eine grundsätzliche Zweiteilung nicht geeignet.[72]
Das Abstellen auf die Vorstellungen der Parteien ist jedoch problematisch. Das gilt vor allem dann, wenn man es mit dem BGH[73] genügen lässt, dass eine Partei bestimmte Vorstellungen der anderen Partei unbeanstandet gelassen hat. Eine allgemeine Obliegenheit, nicht geteilte Vorstellungen des Vertragspartners zu beanstanden, kann nicht angenommen werden. Aus diesem Grund ist die Abgrenzung zu unbeachtlichen einseitigen Motiven schwierig. Problematisch ist außerdem, dass vielfach keine konkreten Vorstellungen vom Fortbestand, Eintritt oder Wegfall bestimmter Ereignisse oder Zustände gefordert werden, sondern die allgemeine, unspezifische Vorstellung von stabilen Rahmenbedingungen des Vertrages als ausreichend angesehen wird.[74] An der daraus resultierenden Unsicherheit ändert auch die Einbeziehung des Begriffs des „Geschäftswillens" in den Tatbestand der Geschäftsgrundlage[75] nichts. Ohne Zuhilfenahme wertender Kriterien lässt sich nämlich nicht feststellen, ob der Geschäftswille auf bestimmten Vorstellungen aufbaut.[76]

Den an die clausula rebus sic stantibus anknüpfenden objektiven Theorien[77] zufolge, bemisst sich nach Inhalt und Geschäftszweck des Vertrages, welchen Umständen eine so wesentliche Bedeutung zukommt, dass ihr Fehlen oder Wegfall von der Rechtsordnung berücksichtigt werden muss. Ändern sich die Umstände derart, dass der Vertrag kein geeignetes Mittel zur Erreichung des Geschäftszweckes mehr darstelle, verliere der Vertrag seine Verbindlichkeit. Ob die Parteien die fraglichen Umstände bedacht haben oder nicht, soll keine Rolle spielen.[78] Damit wird an die allgemeinen Umstände und Verhältnisse angeknüpft,

---

[71] *Staudinger-Schmidt* § 242 Rn. 1003.
[72] MünchKomm-*Roth* § 242 Rn. 622.
[73] Vgl. die Darstellung der Rechtsprechungsgrundsätze in diesem Kapitel unter III.
[74] *Köhler* in: 50 Jahre Bundesgerichtshof, S. 295, 298; *Lorenz/Riehm*, Lehrbuch zum neuen Schuldrecht, Rn. 390; *Ulmer*, AcP 174, S. 167, 179.
[75] Vgl. *Palandt-Heinrichs* § 313 Rn. 5 m. w. N. Der Umstand soll zumindest für eine Partei bei Vertragsschluss so wichtig gewesen sein, dass sie, hätte sie die Veränderung vorhergesehen, den Vertrag jedenfalls nicht so abgeschlossen hätte. Der Geschäftspartner muss nach dieser Ansicht in den Geschäftswillen dergestalt aufgenommen worden sein, dass sein Verhalten der anderen Partei nach Treu und Glauben als Einverständnis und Aufnahme der Erwartung in die gemeinsame Grundlage des Geschäftswillens und nicht als bloße Kenntnisnahme erscheinen durfte.
[76] *Köhler* in: 50 Jahre Bundesgerichtshof, S. 295, 298.
[77] Vgl. vor allem *Larenz*, Schuldrecht AT 1, § 21 II, S. 320 ff.
[78] Vgl. z. B. *Krückmann*, AcP 116 (1917/1918), S. 157, 162 ff.

deren Vorhandensein oder Fortbestand beim Vertragsschluss im Sinne der Intentionen beider Vertragspartner und der wirtschaftlichen Bedeutung des Vertrages vorauszusetzen waren, um den Vertrag als eine sinnvolle, brauchbare und im Sinne der Gesamtrechtsordnung angemessene Gestaltung erscheinen zu lassen. Ähnlich ist auch der Ansatz der materialen Vertragstheorien, deren Vertreter die Ungerechtigkeit[79] oder Lückenhaftigkeit[80] der vertraglichen Regelung in oder ab einem bestimmten Zeitpunkt als den Gegenstand des Regelungsproblems betrachten. Nach beiden Theorien wird ein objektiver Gehalt des Vertrages vorausgesetzt, der in seiner Sinnhaftigkeit, Gerechtigkeit oder Vollständigkeit liegen soll. Das Regelungsproblem liegt dann in der, normative Kontrollmechanismen erfordernden, Abweichung von diesem Sinn.
Den objektiven Theorien ist vor allem eine Schwierigkeit gemeinsam: Die Voraussetzungen, unter denen der von der einen oder anderen Partei mit dem Vertrag verfolgte, im Gegensatz zum Gesellschaftsrecht grundsätzlich einseitige Zweck zum „gemeinsamen" Vertrags- oder Geschäftszweck werden soll, sind ungeklärt.[81] Verträge gelten grundsätzlich unabhängig vom Vorliegen einer sinnvollen Regelung in Anerkennung der individuellen Wertungen der Vertragsparteien. Aus diesem Grund können Verträge nicht als objektives Sinnganzes betrachtet werden. Für die Vertragsgestaltung sind ausschließlich die Positionen der beteiligten Parteien von Bedeutung. Diesen Positionen ist - zumindest bei Austauschverträgen - lediglich gemeinsam, dass die jeweiligen Interessen über den Weg der vertraglichen Bindung verfolgt werden sollen.[82]

Andere Ansichten verbinden objektive und subjektive Elemente. So unterscheidet vor allem *Larenz*[83] zwischen Störungen der subjektiven Geschäftsgrundlage

[79] Vgl. z. B. *Häsemeyer*, Festschrift für Weitnauer, S. 67, 74 ff.; *Rothoeft*, AcP 170 (1970), S. 230, 236 ff.; vgl. auch die Nachweise in *Staudinger-Schmidt* § 242 Rn. 969 zu ähnlichen Ansätzen.

[80] So z. B. *Chiotellis*, Rechtsfolgenbestimmung, S. 24 ff., der von einer Doppellücke spricht und das Problem vor allem im gestörten Äquivalenzverhältnis zwischen Leistung und Gegenleistung sieht; ähnlich auch *Schäfer/Ott*, Ökonomische Analyse des Zivilrechts, S. 250 ff., die von der Theorie des vollständigen Vertrages ausgehend auf dessen Unvollständigkeit abstellen.
Einen neuen Aspekt bringen sozialwissenschaftlich fundierte Vertragstheorien in die Diskussion ein. Treu und Glauben gewinnen in diesem Zusammenhang die Bedeutung, dass die Parteien auf die Möglichkeit vertrauen, sich über auftretende Probleme ad hoc verständigen zu können. Scheitert dies, so müssen Außenstehende Hilfe leisten. Die Vertragsanpassung durch das Gericht stellt sich so als richterliche Vertragshilfe dar, vgl. *Roth*, Festschrift für Habscheid, S. 253, 256 ff. m. w. N.

[81] *Fikentscher*, Geschäftsgrundlage, S. 8 f.; *Koller*, Risikozurechnung, S. 32 ff.; *Ulmer*, AcP 174, S. 167, 180.

[82] *Fikentscher*, Geschäftsgrundlage, S. 9; *Köhler*, Unmöglichkeit, S. 6 ff.; *Staudinger-Schmidt* § 242 Rn. 1001.

[83] *Larenz*, Geschäftsgrundlage, S. 171 ff.

als dem beiderseitigen (Motiv-) Irrtum über einen für beide Parteien grundlegenden Umstand und Störungen der restriktiver zu handhabenden objektiven Geschäftsgrundlage. Als Störung der objektiven Geschäftsgrundlage soll die Veränderung von solchen Umständen einzuordnen sein, deren Vorhandensein oder Fortdauer im Vertrag sinngemäß vorausgesetzt ist, damit sich die von beiden Parteien mit der Durchführung des Vertrages verbundenen Erwartungen wenigstens annäherungsweise erfüllen können. Die Störung müsse in diesem Fall auf von den Parteien nicht vorhergesehenen Ereignissen beruhen. Darüber hinaus soll ein grobes Missverhältnis zwischen Leistung und Gegenleistung erforderlich sein. Schließlich dürfe der fragliche Umstand nicht in den Risikobereich einer Partei fallen.[84]
Larenz wird im Hinblick auf die Trennung zwischen objektiver und subjektiver Geschäftsgrundlage vor allem der Vorwurf mangelnder Schärfe gemacht.[85] Auch *Lehmann*[86] hält eine strikte Trennung für undurchführbar und versucht deshalb, beide Elemente zu verbinden. Entscheidend sei, ob sich der Vertragspartner unter Berücksichtigung des Vertragszweckes redlicherweise auf die Vereinbarung der Abhängigkeit des Vertrages von dem vertraglich nicht geregelten Umstand hätte einlassen müssen. Diese sogenannte „Vereinigungsformel" hat weithin Zustimmung gefunden.[87] Die Zustimmung ist allerdings um den Preis noch größerer Unschärfe erkauft.[88] Wie das neue Kriterium *Lehmanns* zu verstehen ist, und welchen Nutzen es bringen soll, ist unklar. Im Bereich der Privatautonomie ist niemand gezwungen, sich auf irgendwelche vertraglichen Klauseln einzulassen. Der Vertragspartner hätte genauso gut auf den Abschluss des Vertrages verzichten können. Denkbar ist auch, dass ihm eine überlegene Verhandlungsposition erlaubt hätte, eine zu seinen Gunsten abweichende Vereinbarung zu treffen. Die Grenzen der Regelungsmöglichkeiten ergeben sich insoweit aus den §§ 134, 138 BGB. Überdies wird die Lehre von der Geschäftsgrundlage durch den Verweis auf Treu und Glauben in dem Begriff „redlicherweise" mit einer weiteren Unbekannten belastet.

Das Regelungsproblem ist somit weder durch den Hinweis auf falsche Vorstellungen der Vertragspartner noch durch das Abstellen auf einen objektiven Sinn oder Zweck des Vertrages oder eine Kombination beider Ansätze ausreichend

---

[84] *Larenz*, Geschäftsgrundlage, S. 171 f.
[85] Vgl. *Medicus*, Allgemeiner Teil, § 53 II 2.; *Ulmer*, AcP 174 (1974), S. 167 ff., 180 m. w. N. in Fn. 67; vgl. auch *Chiotellis*, Rechtsfolgenbestimmung, S. 19 f.; krit. auch *Wieacker*, Festschrift für Wilburg, S. 229, 241 ff.; *Larenz*, Geschäftsgrundlage, Vorwort zur 3. Auflage, S. V f. selbst hat später klargestellt, seine Formel diene nicht der Herausarbeitung starrer Tatbestände, sondern der Beschreibung von Typen mit fließenden Grenzen und vielfach ineinander verschränkten Strukturen.
[86] *Enneccerus/Lehmann*, Schuldrecht, § 41 II 4, S. 177, 179.
[87] Vgl. z. B. *Soergel-Siebert-Knopp*, 10. Aufl., § 242 Rn. 387.
[88] *Fikentscher*, Geschäftsgrundlage, S. 13.

beschrieben. Die Lehre von der Geschäftsgrundlage schafft Abhilfe, wenn sich durch das nachträgliche Ein- oder Zutagetreten[89] äußerer Umstände bei Festhalten am Vertrag für eine Partei ein Risiko verwirklichen würde, das die betreffende Partei weder nach der vertraglichen noch nach der gesetzlichen Risikoverteilung zu tragen hat.[90] Das von der Lehre von der Geschäftsgrundlage aufgenommene Regelungsproblem liegt demnach in der Risikoverteilung zwischen den Vertragspartnern begründet.[91] Von daher geht es in die richtige Richtung, wenn der BGH[92] betont, dass Störungen der Geschäftsgrundlage insoweit nicht berücksichtigt werden dürfen, „als sich ein Risiko verwirklicht hat, das nach dem Inhalt des Vertrages derjenige zu tragen hat, der sich auf die Störung beruft." Vor diesem Hintergrund ist die Frage, ob es sich bei der Lehre von der Geschäftsgrundlage um eine Kontrolle der Privatautonomie[93] oder um eine den anderen, spezielleren[94] Risikotragungsregeln des BGB vergleichbare Risikotra-

---

[89] Fehlen und Wegfall der Geschäftsgrundlage sollen gem. § 313 AbS. 2 BGB zu denselben Rechtsfolgen führen. So schon bisher die überwiegende Ansicht, vgl. stellvertretend MünchKomm-*Roth* § 242 Rn. 624; a. A. *Staudinger-Schmidt* § 242 Rn. 1037, 366 ff. m. w. N. in Fn. 372 auf die mit der Einführung von § 313 AbS. 2 BGB überholte Literatur, die teilweise das Institut der subjektiven Geschäftsgrundlage zugunsten einer Weiterentwicklung des Irrtumsrechts ablehnte.

[90] *Fikentscher*, Geschäftsgrundlage, S. 38 ff., *ders.*, Schuldrecht, Rn. 175 ff. auf der Grundlage einer umfassenden und über die Lehre von der Geschäftsgrundlage hinausgehenden Theorie der Vertrauensumstände; *Flume*, Rechtsgeschäft, § 26 5, S. 507 ff.; *Köhler* in: 50 Jahre Bundesgerichtshof, S. 295, 300; *derS.* in: Allokationseffizienz, S. 148, 152; *Medicus*, Festschrift für Flume, S. 629, 630 ff.; *Soergel-Teichmann* § 242 Rn. 221; *Wieacker*, Festschrift für Wilburg, S. 229, 247 ff.; in Ansätzen auch *Larenz*, Geschäftsgrundlage, S. 91, 185.

[91] Wohl erstmals von *Kegel/Rupp/Zweigert-Kegel*, Einwirkung, S. 111 f.; *derS.* Gutachten, S. 135, 199 ff., 204 gesehen.

[92] Vgl. z. B. BGH v. 14.10.1992, BGHZ 120, 10 ff.; BGH v. 25.02.1993, BGHZ 121, S. 379 ff.; weitere Rechtsprechungsnachweise bei *Staudinger-Schmidt* § 242 Rn. 949.

[93] So z. B. MünchKomm-*Roth* § 242 Rn. 589. Ein entsprechender Denkansatz findet sich auch bei denjenigen, die eine materiale Vertragsgerechtigkeit oder eine materiale Äquivalenz zwischen Leistung und Gegenleistung herbeiführen wollen. *Fikentscher* (Schuldrecht, Rn. 195) und *Schmidt* (*Staudinger-Schmidt* § 242 Rn. 1015) gehen sogar davon aus, dass ein großer Teil der Ansichten zur Lehre von der Geschäftsgrundlage in diesem Sinne verstanden werden muss.

[94] Das Schuldrechtsmodernisierungsgesetz hat an der allgemein anerkannten (vgl. stellvertretend *Köhler* in: 50 Jahre Bundesgerichtshof, S. 295, 306 f. m. w. N. auf Literatur und Rechtsprechung) Subsidiarität der Lehre von der Geschäftsgrundlage nichts geändert. Neben einer eindeutigen Aussage in der Begründung des Regierungsentwurfs ergibt sich dies auch aus der Formulierung „... soweit unter Berücksichtigung... insbesondere der gesetzlichen Risikoverteilung... das Festhalten am unveränderten Vertrag nicht zugemutet werden kann.". Auf die zahlreichen vorrangigen Risikoverteilungsnormen des BGB wird im weiteren Verlauf der Untersuchung immer dann eingegangen werden, wenn die Abgrenzung zum Anwendungsbereich der Lehre von der Geschäftsgrundlage im Sozialplanrecht Schwierigkeiten bereitet. Auf die komplizierte Abgrenzung zum Unmöglichkeitsrecht kann verzichtet werden, weil reine Geldleistungen, wie sie meist in Sozialplänen vorgesehen sind, in der Regel nicht unmöglich

gungsregelung[95] handelt, zugunsten der letzteren Auffassung zu entscheiden. § 313 BGB gestattet nicht die Durchbrechung des Grundsatzes pacta sunt servanda[96], sondern ermöglicht die Feststellung der Reichweite dieses Grundsatzes.[97]

Die maßgebliche Risikoverteilung kann demnach im Wege der Auslegung schon dem Vertrag entnommen werden. Unter den Begriff „Vertragsauslegung" fällt dabei wegen der Beziehung des Gesetzesrechts auf den konkreten Vertrag auch die Heranziehung der jeweiligen gesetzlichen Vertragsstruktur, d. h. des einschlägigen dispositiven Rechts und der allgemeinen Schuldrechtsregeln.[98] Vor dem Hintergrund dieser Problembeschreibung ist fraglich, ob zusätzliche Wesentlichkeits-, Zumutbarkeits- oder Gerechtigkeitserwägungen notwendig sind.[99] Teilweise wird vertreten, die Lehre von der Geschäftsgrundlage müsse als ein aus § 242 BGB entwickeltes Rechtsinstitut[100] notwendig auf Unzumutbarkeits-

---

werden können. Eine Abgrenzung zum allgemeinen außerordentlichen Kündigungsrecht bei Dauerschuldverhältnissen hat schon in Kapitel 2 unter III. 1. b) 2.) stattgefunden.

[95] So *Flume*, Rechtsgeschäft, § 26 3., S. 500 f.; *Henssler/v. Westphalen-Muthers* § 313 Rn. 2; *Köhler*, Festschrift für Steindorff, S. 611, 637; *derS.* in: 50 Jahre Bundesgerichtshof, S. 295, 299; *Medicus*, Festschrift für Flume, S. 629, 632 ff.; ausführlich *Staudinger-Schmidt* § 242 Rn. 1015 ff.; *Ulmer*, AcP 174 (1974), S. 167, 181 ff.; vgl. zur Kontroverse auch *Lembke*, Vorhersehbarkeit, S. 58 ff. mit vielen weiteren Nachweisen.

[96] So stellvertretend für die Rechtsprechung zuletzt BGH v. 19.04.2001, BGHZ 147, 244 ff. m. w. N.; vgl. auch *Haarmann*, Geschäftsgrundlage, S. 35; *Köhler*, Unmöglichkeit, S. 141 f.; stellvertretend für die überwiegende Kommentarliteratur (jedenfalls vor der Gesetzesänderung) vgl. *Palandt-Heinrichs* § 313 Rn. 2.

[97] Vgl. BT-DruckS. 16/6040, S. 174.

[98] *Medicus*, Festschrift für Flume, S. 629, 640; *Ulmer*, AcP 174 (1974), S. 167, 182 m. w. N.

[99] Gegen eine solche Notwendigkeit *Ulmer*, AcP 174 (1974), S. 167, 182 ff., der die Unzumutbarkeit aber als einen Gesichtspunkt im Rahmen der Interessenabwägung zur Bestimmung der Rechtsfolgen betrachtet; *Köhler* in: 50 Jahre Bundesgerichtshof, S. 295, 300; *derS.* in: Allokationseffizienz, S. 148, 152 zieht Unzumutbarkeitserwägungen im Rahmen der Abgrenzung der Risikosphären heran; auf die Unzumutbarkeit als ein maßgebliches Kriterium im Tatbestand stellt dagegen die vorherrschende Ansicht ab: Vgl. *Enneccerus/Lehmann*, Schuldrecht, § 41 II 4, S. 177 ff.; *Haarmann*, Geschäftsgrundlage, S. 34 ff., der bei Unzumutbarkeit vom Überschreiten der Opfergrenze redet; *Wieacker*, Festschrift für Wilburg, S. 229, 247 f.; für die Fälle der kleinen Geschäftsgrundlage *Kegel* in: Verhandlungen des 40. Deutschen Juristentages, S. 135, 202 (Erheblichkeit); ebenso zumindest für die Fälle der objektiven Geschäftsgrundlagenstörung *Fikentscher*, Geschäftsgrundlage, S. 17 ff.; *ders.*, Schuldrecht, Rn. 170 ff.; *Larenz*, Geschäftsgrundlage; S. 117, 171 f., 174 f.; stellvertretend für viele weitere Stimmen in der Literatur vgl. *Chiotellis*, Rechtsfolgenbestimmung, S. 36 ff.; *Köbler*, „clausula rebus sic stantibus", S. 214 ff.; MünchKomm-*Roth* § 242 Rn. 642 m. w. N.

[100] Laut Begründung des Gesetzes (BT-DruckS. 14/6040, S. 174) handelt es sich, wie die überwiegende Ansicht auch vorher schon annahm (vgl. *Köhler* in: 50 Jahre Bundesgerichtshof, S. 295, 299 m. w. N.; im Ergebnis ebenso *Fikentscher*, Schuldrecht, Rn. 175 ff.; auch *Staudinger-Schmidt* § 242 Rn. 992 ff. stützt seinen Lösungsansatz auf § 242), um einen besonderen und jetzt eigens geregelten Anwendungsfall des § 242 BGB.

erwägungen gestützt werden.[101] Gegen diese Annahme spricht, dass es, wie vor allem *Flume*[102] betonte, selbstverständlich ist, dass eine rechtliche Entscheidung Treu und Glauben entsprechen muss und nicht unzumutbar sein darf. In solchen und ähnlichen Formulierungen ist nichts anderes zu sehen als eben eine Umschreibung dafür, dass eine gerechte Lösung zu suchen ist. Den Rahmen des § 242 BGB verlassen diejenigen, die den Vertrag als objektives Sinnganzes, als über den Parteien stehende Norm begreifen. Vor dem Hintergrund eines subjektiven Vertragsbegriffs kann durchaus im Einklang mit § 242 BGB ein Begriff von der Geschäftsgrundlage vertreten werden, der sich auf solche Risikoverteilungskriterien stützt, die aus dem Vertrag gewonnen werden.
Die von *Jürgen Schmidt*[103] gegen ein solches Verständnis der Lehre von der Geschäftsgrundlage vorgebrachte Kritik überzeugt ebenfalls nicht. *Schmidt* geht mit einer weit verbreiteten Ansicht[104] davon aus, dass die Lehre von der Geschäftsgrundlage eine doppelte Regelungslücke in Vertrag und Gesetz voraussetzt. Seiner Ansicht nach darf der Inhalt des Schuldverhältnisses nicht als Denkansatz für ein Entscheidungskriterium herangezogen werden. Weder das konkrete rechtsgeschäftliche Schuldverhältnis noch einzelne Typen von Schuldverhältnissen sollen eine Aussage über die notwendige Risikoverteilung enthalten. Ansonsten würde diese Risikoverteilung als Spezialregelung der Lehre von der Geschäftsgrundlage vorgehen. Tatsächlich findet die Lehre von der Geschäftsgrundlage ihre Berechtigung aber in einer Regelungslücke hinsichtlich der Rechtsfolgen der nur insoweit unvollständigen vertraglichen Risikoverteilung. Es geht darum, durch Auslegung festzustellen, ob der betroffenen Partei das fragliche Risiko durch Vertrag oder Gesetz zugewiesen ist, und wenn das nicht der Fall ist, bei Vorliegen einer Rechtsfolgenlücke in Vertrag und Gesetz, diese durch die Grundsätze von der Geschäftsgrundlage zu schließen.[105] Die Unzumutbarkeit der vertraglichen Bindung spielt nur im Rahmen der Rechtsfolgenbestimmung eine Rolle. Unzutreffend ist daher auch die oft anzutreffende Gleichsetzung der Lehre von der Geschäftsgrundlage mit der allgemeinen, aus § 242 BGB abgeleiteten Leistungsschranke der Unzumutbarkeit bzw. der Opfergrenze.[106]

Da der Gesetzgeber mit der offenen Fassung des § 313 BGB der weiteren Entwicklung und Ausgestaltung der Lehre von der Geschäftsgrundlage erklärterma-

---

[101] So *Fikentscher*, Schuldrecht, Rn. 195 und ihm folgend *Haarmann*, Geschäftsgrundlage, S. 35.
[102] *Staudinger-Schmidt* § 242 Rn. 1057; *Flume*, Rechtsgeschäft, § 26 3, S. 500.
[103] *Staudinger-Schmidt* § 242 Rn. 1057.
[104] Wohl zurückgehend auf *Chiotellis*, Rechtsfolgenbestimmung, S. 29 ff.
[105] *Köhler* in: 50 Jahre Bundesgerichtshof, S. 295, 301 ff.; *derS.* in: Allokationseffizienz, S. 148, 159 f.; *Ulmer*, AcP 174 (1974), S. 167, 184.
[106] *Ulmer*, AcP 174 (1974), S. 167, 184 Fn. 96 m. w. N. auf den Meinungsstand; a. A. z. B. *Beuthien*, Zweckerreichung, S. 64

ßen nicht im Wege stehen wollte, lässt sich diese auf der richtigeren Beschreibung des Regelungsproblems beruhende Gewichtung der Tatbestandsvoraussetzungen auch unter der Geltung des § 313 BGB vertreten. Der im gesetzlichen Tatbestand enthaltene, wertausfüllungsbedürftige Begriff der Unzumutbarkeit wird nach der hier vertretenen Ansicht durch die vertraglichen und gesetzlichen Risikotragungsregelungen konkretisiert. Ein Abstellen auf den Einzelfall im Sinne einer Interessenabwägung kommt nur zur Bestimmung der konkreten Rechtsfolge in Betracht.

2. Die vertragliche Risikozuweisung

Wie bereits ausgeführt worden ist, ergibt sich die Aufteilung der vertraglichen Risikosphären nicht nur aus den ausdrücklichen oder stillschweigenden Absprachen der Parteien. Zu berücksichtigen ist daneben die aus der jeweiligen Vertragsstruktur, d. h. dem einschlägigen dispositiven Recht und den allgemeinen Schuldrechtsregeln folgende Aufteilung der Risikobereiche.[107] Ergibt sich aus der vertraglichen Risikotragungsregelung, dass das fragliche Risiko einer Vertragspartei zugeordnet ist, bleibt kein Raum für die Schließung einer Rechtsfolgenlücke über die Lehre von der Geschäftsgrundlage. Aus diesem Grund ist § 313 BGB beispielsweise im Kaufvertragsrecht bei Beeinträchtigungen des Verwendungszweckes nicht anwendbar.[108] Die zum Vertragsschluss führenden Motive und Erwartungen gehören grundsätzlich in den Risikobereich der betreffenden Partei.[109]

Bei der Untersuchung der vertraglichen Risikotragungsregelungen ist zu beachten, dass die Abgrenzung der Risikosphären der Parteien eine wesentliche Aufgabe jeden Vertrages ist.[110] Die vertragliche Bindung entfaltet ihre Wirkung gerade darin, den Vertragstatbestand vor nachträglichen Interessenänderungen oder Risikoeinflüssen zu schützen.[111] Schon aufgrund der fehlenden Transparenz in Bezug auf Gegenwart und Zukunft, ganz zu schweigen von einer oft ungleichen Machtverteilung zwischen den Vertragspartnern, können nicht alle Umstände des Lebens zum Vertragsinhalt gemacht werden. Dennoch soll der vereinbarte Vertrag verbindlich sein.[112] Grundsätzlich gilt, vorbehaltlich einer abweichenden vertraglichen oder gesetzlichen Regelung, der aus §§ 311 Abs. 1, 241 Abs. 1 BGB abzuleitende Grundsatz, dass ein Schaden dort liegen bleiben

---

[107] *Ulmer*, AcP 174 (1974), S. 167, 182 m. w. N. in Fn. 89.
[108] *Ulmer*, AcP 174, (1974), S. 167, 183.
[109] *Ulmer*, AcP 174, (1974), S. 167, 183; weitergehender *Fikentscher*, Geschäftsgrundlage, S. 33.
[110] *Ulmer*, AcP 174 (1974), S. 167, 182 f.
[111] An diesen Hinweis *Iherings*, Der Zweck im Recht, I, S. 76 erinnern auch *Fikentscher*, Schuldrecht, Rn. 178 und *Ulmer*, AcP 174 (1974), S. 167, 183; ähnlich *Kegel* in: Verhandlungen des 40. Deutschen Juristentages, S. 135, 200.
[112] *Haarmann*, Geschäftsgrundlage, S. 33.

soll, wo er angefallen ist (casum sentit dominus).[113] Das Risiko trägt nach dem Grundsatz der Vertragstreue grundsätzlich derjenige, der seine Leistung versprochen hat, ohne einen Vorbehalt hinsichtlich eines ihm nachteiligen Andersseins der Wirklichkeit zu machen.[114] Es reicht deswegen nicht aus, den Inhalt der Geschäftsgrundlage in einem „Negativverfahren" zu ermitteln. Eine Geschäftsgrundlagenstörung liegt nicht schon dann vor, wenn für eine Störung des vertraglichen Leistungsgefüges weder der Vertrag noch vorrangige gesetzliche Bestimmungen und Rechtsinstitute eine konkrete Regelung enthalten.[115] Es muss vielmehr festgestellt werden, dass die Grenze des jedem Vertragspartner auch ohne konkrete Regelung aufgebürdeten Risikos überschritten ist. Diesem Ziel dient die in § 313 Abs. 1 BGB vorausgesetzte „schwerwiegende Änderung" der zur Geschäftsgrundlage gehörenden Verhältnisse.[116] Auch die Formulierung „... hätten die Parteien den Vertrag nicht oder mit anderem Inhalt geschlossen, wenn sie die Veränderung vorausgesehen hätten, ..." soll die Grenze des Grundsatzes „casum sentit dominus" erkennen helfen. Haben die Parteien dem fraglichen Risiko bei der Vertragsgestaltung sehenden Auges keine Bedeutung beigemessen, so kann die Verwirklichung dieses Risikos – jedenfalls in Bezug auf das betreffende Rechtsverhältnis – nicht schwerwiegend sein.[117]

Im Einklang mit der überwiegenden Ansicht in Rechtsprechung und Literatur bietet § 313 Abs. 1 BGB die verschiedene Risikozurechnungsfaktoren nicht isoliert, sondern in einer mehr oder weniger umfassenden Kombination miteinander an. Dieses Vorgehen entspricht dem System des BGB, das bei der Lösung strukturgleicher Risikoprobleme in den §§ 119 ff., 311a, 275 ff., 286 f., 326 BGB ebenfalls mit Kombinationen verschiedener Zurechnungsfaktoren arbeitet.[118] Die in diesen Vorschriften als maßgeblich erkannten Wertungsfaktoren können auch für die Verteilung der im Zusammenhang mit § 313 BGB relevanten Risiken fruchtbar gemacht werden.[119] Neben den Risikotragungsregelungen aus dem sonstigen dispositiven Gesetzesrecht müssen solche Wertungsprinzipien berücksichtigt werden, die sich dem allgemeinen Grundsatz von Treu und Glauben unterordnen lassen. Aufgrund der Vielfalt der von § 313 BGB erfassten Fallkonstellationen kann nicht davon ausgegangen werden, dass bei allen Fallgruppen

---

[113] *Kegel* in: Verhandlungen des 40. Deutschen Juristentages, S. 135, 200; *Staudinger-Schmidt* § 242 Rn. 1028.

[114] *Medicus*, Festschrift für Flume, S. 629, 630.

[115] So aber z. B. *Soergel-Teichmann* § 242 Rn. 221.

[116] Vgl. zu der von der Rechtsprechung vor der Schuldrechtsreform verlangten Voraussetzung einer wesentlichen Veränderung z. B. BGH v. 04.10.1988, BGHZ 105, 243 ff.; *Medicus*, Festschrift für Flume, S. 629, 630.

[117] *Lorenz/Riehm*, Lehrbuch zum neuen Schuldrecht, Rn. 391.

[118] *Staudinger-Schmidt* § 242 Rn. 1059.

[119] *Staudinger-Schmidt* § 242 Rn. 1059; ausführlich von *Koller*, Risikozurechnung, dargelegt.

ein und dieselbe Faktorenkombination zu einer angemessenen Lösung führt.[120] Unter Zuhilfenahme der richtigen Zurechnungsfaktoren können aber Untergruppen und Falltypen herausgearbeitet werden, die dann wesentlich zur (besseren) Anwendbarkeit des § 313 Abs. 1 BGB beitragen.[121]

a) Die Bedeutung der Vorhersehbarkeit

Ganz überwiegend wird im Zusammenhang mit den tatbestandlichen Voraussetzungen einer Störung der Geschäftsgrundlage auf das Kriterium der Vorhersehbarkeit zurückgegriffen.[122] War das Risiko oder der Schadenseintritt vorhersehbar, soll das der Berücksichtigung einer Geschäftsgrundlagenstörung entgegenstehen. § 313 BGB erhebt die Vorhersehbarkeit zwar nicht explizit zum Kriterium, nach der Begründung des Regierungsentwurfs zum Schuldrechtsmodernisierungsgesetz[123] soll die Zumutbarkeit der weiteren vertraglichen Bindung aber dann regelmäßig zu bejahen sein, wenn die fragliche Veränderung der Umstände vorhersehbar gewesen wäre und deshalb Vorkehrungen hätten getroffen werden können. Wegen seiner besonderen Bedeutung in Rechtsprechung und Literatur und weil es vor dem Hintergrund des Prognosecharakters des Sozialplans bei der Störung der Geschäftsgrundlage im Sozialplanrecht eine wichtige Rolle spielen wird, soll dem Kriterium der Vorhersehbarkeit im folgenden besondere Beachtung geschenkt werden.

Für die rechtliche Relevanz der Vorhersehbarkeit werden vor allem drei Gründe ins Feld geführt. *Ulmer*[124] nimmt bei einer vorhersehbaren Risikoverwirklichung teilweise ein Verschulden gegen den Vertragspartner an. Bei vorhersehbaren Störungen auf der Beschaffungsseite begründet er dieses Ergebnis mit der Risikoverteilung der Unmöglichkeits- und Verzugsregelungen, wobei er sich auf die Rechtslage vor Inkrafttreten des Schuldrechtsmodernisierungsgesetzes bezieht. Wenn der Schuldner bei vorhersehbaren Störungen im Interesse der Vertragsbeständigkeit Unvermögen und Leistungsverzögerung zu vertreten habe, könne er

---

[120] *Staudinger-Schmidt* § 242 Rn. 1059.

[121] Vgl. auch *Köhler*, Unmöglichkeit, S. 143 f.

[122] Vgl. z. B. BGH v. 20.10.1961, WM 1962, 150, 151 f; BGH v. 10.03.1972, WM 1972, 656, 657; *Palandt-Heinrichs* § 313 Rn. 18; *Kegel* in: Verhandlungen des 40. Deutschen Juristentages, S. 135, 201; *Koller*, Risikozurechnung, S. 217 ff.; *Larenz*, Geschäftsgrundlage, S. 107 f.; *Medicus*, Allgemeiner Teil, § 53 III 2. Rn. 868; *Stötter*, AcP 166 (1966), S. 149, 181 für die sog. kleine Geschäftsgrundlage; *Ulmer*, AcP 174 (1974) S. 167, 185 ff.; die Vorhersehbarkeit ist wohl auch gemeint, wenn gefragt wird, ob es sich um gewöhnliche oder außergewöhnliche Umstände handelt, vgl. BGH v. 09.12.1970, WM 1971, 243 f.; zu kurz kommt dieses wichtige Kriterium bei den Überlegungen, die *Luding*, Beendigung, S. 47 ff. zur Störung der Geschäftsgrundlage im Sozialplanrecht anstellt.

[123] BT-DruckS. 14/6040 S. 175 f.

[124] *Ulmer*, AcP 174 (1974), S. 167, 185 f.; vgl. auch *Kegel/Rupp/Zweigert*, Einwirkung, S. 149 f. und die weiteren Nachweise bei *Lembke*, Vorhersehbarkeit, S. 129.

bei bloß erschwerter, aber möglich bleibender Leistung nicht besser gestellt sein. Bei Störungen auf der Verwendungsseite spreche für die grundsätzliche Einbeziehung der nach der Erfüllung eingetretenen vorhersehbaren Störungen in den Risikobereich des Gläubigers die im Gefahrübergang zum Ausdruck kommende Risikoverteilung. Bei einer Risikoverwirklichung vor der Vertragserfüllung ist die Vorhersehbarkeit nach Ansicht *Ulmers* ebenfalls entscheidungserheblich. Es sei Sache des betroffenen Vertragspartners, sich gegen drohende Nachteile aus der Realisierung vorhersehbarer Risiken zu sichern. *Schmidt*[125] stellt ebenfalls auf ein Verschulden ab. Er zieht einen Vergleich zu der Situation, die den §§ 307, 122 Abs. 2 BGB a. F. zugrunde lag. Wer einen Irrtum zu vertreten habe, dessentwegen der Vertrag nicht durchgeführt werden könne, der müsse seinen Schaden selbst tragen und dem anderen das negative Interesse ersetzen. Aus diesem Grund könne sich auf die Störung der Geschäftsgrundlage nicht berufen, wer das Risiko infolge von Fahrlässigkeit nicht vorausgesehen habe. Beide Autoren verkennen jedoch, dass die Vorhersehbarkeit zwar eine notwendige, nicht aber eine hinreichende Bedingung für einen Verschuldensvorwurf gem. § 276 BGB darstellt. Bei Vorhersehbarkeit des Risikos steht der Berücksichtigung der Vertragsstörung deshalb nicht schon per se ein Verschulden eines Vertragspartners entgegen.[126]

Andere Autoren nehmen bei Vorhersehbarkeit der Vertragsstörung ein sogenanntes „Verschulden gegen sich selbst" an und verwehren deshalb die Abhilfe durch die Lehre von der Geschäftsgrundlage.[127] Das „Verschulden gegen sich selbst" wird vor allem im Rahmen des § 254 Abs. 1 BGB diskutiert. Es setzt im vorliegenden Zusammenhang eine Obliegenheit gegenüber dem Vertragspartner voraus, bei vorhersehbaren Risiken eine vertragliche Regelung zu treffen, durch die das Risiko, wo es nicht ganz vermieden oder absorbiert werden kann, zumindest teilweise auf den Geschäftspartner verteilt wird oder ganz vom Vertrag Abstand zu nehmen. Eine solche Obliegenheit muss vor dem Hintergrund der Vertragsfreiheit jedoch abgelehnt werden.[128]

Der Vorhersehbarkeit ist für die Abgrenzung der vertraglichen Risikobereiche dennoch von großer Bedeutung.[129] Haben beide oder hat zumindest die von der

---

[125] *Staudinger-Schmidt* § 242 Rn. 1180.
[126] So auch *Lembke*, Vorhersehbarkeit, S. 129 ff.
[127] So z. B. *Kegel* in: Verhandlungen des 40. Deutschen Juristentages, S. 135, 203; *Kegel/Rupp/Zweigert*, Einwirkung, S. 149; *Larenz*, Geschäftsgrundlage, S. 107; vgl. auch die weiteren Nachweise bei *Lembke*, Vorhersehbarkeit, S. 168 ff., der von einem Verschulden gegen sich selbst im untechnischen Sinne spricht.
[128] So auch *Lembke*, Vorhersehbarkeit, S. 169 ff.
[129] BGH v. 11.05.1973, BB 1973, 1139; BGH v. 01.12.1993, NJW 1994, 515, 516; *Kegel* in: Verhandlungen des 40. Deutschen Juristentages, S. 135, 201; *Koller*, Risikozurechnung, S. 217 ff.; *Larenz*, Geschäftsgrundlage, S. 107 f.; *Medicus*, Allgemeiner Teil, § 53 III 2., Rn.

Risikoverwirklichung betroffene Partei die Veränderung der Umstände vorhergesehen und dennoch keine Regelung für diesen Fall vereinbart, muss regelmäßig im Rahmen der Auslegung des Vertrages davon ausgegangen werden, dass es beim Grundsatz casum sentit dominus bleiben sollte.[130] Sogar nur objektiv vorhersehbare, nicht aber tatsächlich vorhergesehene Risiken fallen in den vertraglichen Risikobereich. Die Auslegung nach dem Empfängerhorizont ergibt in diesen Fällen, dass der von einem vorhersehbaren Risiko Bedrohte dasselbe übernommen hat.[131] Mit dieser Begründung wird bei Risikogeschäften der Wegfall der Geschäftsgrundlage immer dann verneint, wenn sich ein vertragstypisches Risiko verwirklicht.[132] *Lembke*[133] weist aber zu Recht darauf hin, dass eine Risikoübernahme nur dann angenommen werden kann, wenn das Risiko für beide Parteien, also auch für den Erklärungsempfänger vorhersehbar war. Bei der Feststellung der vertraglichen Risikosphären ist außerdem zu beachten, dass der Maßstab der Vorhersehbarkeit auch zur Begrenzung von Umfang und Höhe des übernommenen Risikos heranzuziehen ist.[134]

Problematisch und in der Literatur kontrovers diskutiert ist die Konkretisierung des Maßstabs der Vorhersehbarkeit. Vielfach wird nicht darauf abgestellt, ob die Parteien die Entwicklung vorhersehen konnten, sondern ob die Parteien die Entwicklung vorhersehen mussten.[135] Soweit damit eine Pflicht zur Erkenntnis des Risikos gemeint ist, muss dem aus den schon dargelegten Gründen widersprochen werden.[136] Eine Anlehnung an den Maßstab der im Verkehr erforderlichen Sorgfalt aus § 276 Abs. 2 BGB[137] kommt somit nicht in Betracht. Notwendig ist ein normativer Maßstab, der festlegt, welche Erkenntnisfähigkeiten den betroffenen Personen zugerechnet werden können.[138] Ein Abstellen auf die

---

868; *Ulmer,* AcP 174, (1974), S. 167, 185 f. m. w. N.; MünchKomm-*Roth* § 242 Rn. 630; a. A. wohl *Fikentscher*, Geschäftsgrundlage, S. 42 f.

[130] So auch *Medicus*, Allgemeiner Teil, § 53 III 2., Rn. 868; MünchKomm-*Roth* § 242 Rn. 630; *Soergel-Teichmann* § 242 Rn. 223; *Ulmer*, AcP 174 (1974), S. 167, 185; ähnlich *Staudinger-Schmidt* § 242 Rn. 1181.

[131] So z. B. *Larenz*, Geschäftsgrundlage, S. 107 f.; *Lembke*, Vorhersehbarkeit, S. 111 ff.; *Medicus*, Allgemeiner Teil, § 53 III 2., Rn. 868.

[132] Vgl. stellvertretend BGH v. 13.05.1993, ZIP 1993, 903 m. w. N.; BGH v. 17.03.1994, NJW 1994, 2146 m. w. N. für die Bürgschaft; *Medicus*, Allgemeiner Teil, § 53 III 2., Rn. 868 m. w. N. auf die Rechtsprechung des BGH.

[133] *Lembke*, Vorhersehbarkeit, S. 111, der allerdings zu weit geht, wenn er auch bei einem für beide Parteien vorhersehbaren Risiko eine vertragliche Risikoübernahme ablehnt.

[134] MünchKomm-*Roth* § 242 Rn. 637; *Ulmer*, AcP 174 (1974), S. 167, 186 m. w. N.

[135] Vgl. *Heßhaus*, Tarifvertragsrecht, S. 46 f.; *Kegel* in: Verhandlungen des 40. Deutschen Juristentages, S. 135, 203; *Krückmann*, AcP 116 (1918), S. 157 ff., 347 f.; *Ulmer*, AcP 174 (1974), S. 167, 189 f.; a. A. *Lembke*, Vorhersehbarkeit, S. 185 ff.

[136] Vgl. auch *Lembke*, Vorhersehbarkeit, S. 185 ff.

[137] So z. B. *Heßhaus*, Tarifvertragsrecht, S. 46 f. m. w. N.; *Staudinger-Weber*, 11. Aufl., § 242 Rn. B 468.

[138] *Lembke*, Vorhersehbarkeit, S. 184.

Grenze aller Wahrscheinlichkeit[139], also die Grenze des menschlich Vorstellbaren, geht dabei zu weit. Der technische Fortschritt und die globale mediale Vernetzung haben den Bereich des menschlich Vorstellbaren so weit ausgedehnt, dass eine praktikable Grenzziehung auf diesem Weg nicht erreicht werden kann. Außerdem sprechen die enormen Transaktionskosten, die aus der Notwendigkeit resultierten, jedes irgendwie vorstellbare Risiko vertraglich zu regeln, gegen die Anlegung eines derart strengen Maßstabs.[140] Da die Vorhersehbarkeit bei der Auslegung des Vertrages im Hinblick auf die von den Parteien übernommenen Risiken von Bedeutung ist, muss sich die dem Erklärenden zuzurechnende Erkenntnisfähigkeit nach dem Empfängerhorizont richten. Der Vertragspartner kann von einer Risikoübernahme immer dann ausgehen, wenn von einem ordentlichen und verständigen Menschen nach den konkreten Umständen des Einzelfalles die Voraussicht des Risikos erwartet werden konnte.[141]

Abschließend ist noch auf zwei wichtige Ausnahmetatbestände einzugehen. Der Zusammenhang zwischen der Vorhersehbarkeit von Vertragsstörungen und ihrer Einbeziehung in die vertragliche Risikoverteilung ist dann durchbrochen, wenn die betroffene Partei an einer vertraglichen Vorsorge im Hinblick auf die fraglichen Risiken aus rechtlichen oder tatsächlichen Gründen gehindert war.[142] Mit Blick auf die Erzwingbarkeit des Sozialplans sind an dieser Stelle vor allem die Fälle des Kontrahierungszwanges zu nennen. *Lembke*[143] weist zu Recht darauf hin, dass es an der Möglichkeit zur vertraglichen Vorsorge nur dann fehlt, wenn die Parteien auch einem Inhaltszwang und nicht nur einem Abschlusszwang unterworfen waren. Auf jeden Fall muss aber überlegt werden, ob nicht der Zweck der Beschränkung der Abschluss- und/oder Inhaltsfreiheit einer Anwendung der Lehre von der Geschäftsgrundlage entgegensteht. *Lembke*[144] geht in beiden Fällen davon aus, dass der Gesetzgeber durch die Beschränkung der Vertragsfreiheit eventuelle Risiken endgültig zuweisen wollte. Eine Berufung auf § 313 BGB ist seiner Ansicht nach nur dann möglich, wenn die einschränkende Norm auf Risiken wie das realisierte nicht zugeschnitten ist.

---

139 So z. B. *Koller*, Risikozurechnung, S. 217 ff.

140 Ähnlich *Lembke*, Vorhersehbarkeit, S. 189.

141 So auch *Lembke*, Vorhersehbarkeit, S. 190 ff.

142 Vgl. *Ulmer*, AcP 174 (1974), S. 167, 188 f.; auf die Bedeutung der Vermeidbarkeit der beanstandeten vertraglichen Regelung weist auch *Lembke*, Vorhersehbarkeit, S. 176 ff. hin; im Ergebnis ähnlich *Fikentscher*, Geschäftsgrundlage, S. 70 f.; die Rechtsprechung lässt keine eindeutige Linie erkennen: die Entscheidung des BGH v. 23.05.1951, BGHZ 2, 176, 183 f. erkennt das Fehlen der Inhaltsfreiheit grundsätzlich als bedeutsam an; BGH v. 31.07.1942, BGHZ 7, 346, 363 lässt die Folgen dahinstehen.

143 *Lembke*, Vorhersehbarkeit, S. 177 f.; vgl. auch BGH v. 31.07.1942, BGHZ 7, 346, 363 f.

144 *Lembke*, Vorhersehbarkeit, S. 177 f.

Die Vorhersehbarkeit der Risikoverwirklichung steht der Berufung auf den Wegfall der Geschäftsgrundlage auch dann nicht entgegen, wenn die Parteien das fragliche Risiko bewusst nicht geregelt haben, etwa weil sie Vertrauen in den Fortbestand des gegenwärtigen Zustandes hatten. Diese gemeinsame Erwartung wird im Auslegungswege regelmäßig dahingehend zu verstehen sein, dass die Parteien stillschweigend die mit der eingetretenen Störung verbundenen Risiken aus der vertraglichen Risikoverteilung ausklammern wollten.[145] Ein solches Vorgehen ist dort sinnvoll, wo ein Risiko als relativ gering eingeschätzt wird, seine Regelung jedoch die Vertragsverhandlungen stark belasten würde.[146]

Als Ergebnis ist festzuhalten, dass bei Kenntnis oder nach dem Empfängerhorizont zu beurteilender Vorhersehbarkeit der möglichen Risikoverwirklichung eine Berufung auf eine vermeintliche Störung der Geschäftsgrundlage grundsätzlich nicht in Betracht kommt. Ausnahmen bestehen, wenn die Vertragspartner das fragliche Risiko bewusst nicht geregelt haben oder an einer Regelung durch eine tatsächliche oder rechtliche Beschränkung gehindert waren.

b) Weitere Risikozurechnungskriterien

Von den sonstigen in der Literatur diskutierten Zurechnungskriterien sollen nachfolgend nur die wichtigsten kurz dargestellt werden. Eine vertiefte Auseinandersetzung mit den einzelnen Grundsätzen erfolgt später im Rahmen der Anwendbarkeit der Lehre von der Geschäftsgrundlage im Sozialplanrecht, soweit die betreffenden Grundsätze für die fraglichen Fallgestaltungen relevant sind.

Wie im Zusammenhang mit dem Kriterium der Vorhersehbarkeit bereits angedeutet worden ist, spielt bei der Vertragsauslegung die Beherrschbarkeit und Absorbierbarkeit der Risiken immer dann eine Rolle, wenn die fraglichen Risiken vorhersehbar waren.[147] *Köhler*[148] versucht bei Störungen des Sekundär-

---

[145] BGH v. 12.04.1973, WM 1973, 1175, 1176; BGH v. 04.05.1973, WM 1973, 752, 753; BGH v. 20.12.1974, WM 1975, 274, 275; BGH v. 15.10.1976, WM 1977, 118 f.; BGH v. 09.02.1977, NJW 1977, 950; *Soergel-Teichmann* § 242 Rn. 228; *Ulmer*, AcP 174 (1974), S. 167, 190.

[146] Vgl. *Soergel-Teichmann* § 242 Rn. 228. In diesen Zusammenhang gehören Verträge zwischen Lebenspartnern, in denen die Möglichkeit einer späteren Trennung trotz evidentem Regelungsbedürfnis nicht geregelt worden ist, vgl. dazu BGH v. 28.09.1990, BGHZ 112, 259, 261 f.

[147] Vgl. *Soergel-Teichmann* § 242 Rn. 238 ff.; *Soergel-Wiedemann* Vor § 323 Rn. 21; auf den Machtbereich der Parteien stellt auch *Kegel* in: Verhandlungen des 40. Deutschen Juristentages, S. 200 ff. ab; ausführlich *Koller*, Risikozurechnung, S. 1 ff., der die Fälle der (Sekundär- und Primär-) Zweckstörung neben anderen Fallgruppen aus dem Problemkreis der Geschäftsgrundlage in ein allgemeines System der Risikozurechnung bei Vertragsstörungen eingliedert. Im Mittelpunkt dieses Systems stehen die Prinzipien der Beherrschbarkeit und der Risikoabsorption. Als subsidiäres Auffangkriterium dient das Prinzip der arbeitsteiligen Veranlassung,

zweckes (Verwendungszweck der Leistung) Tatbestand und Rechtsfolgen des Wegfalls der Geschäftsgrundlage an Hand des Grundsatzes venire contra factum proprium und von Risikogesichtspunkten (wer ist der Nutznießer) weiter auszudifferenzieren. Die Veranlassung oder Verursachung der Risikoverwirklichung stellt ebenfalls ein Zurechnungskriterium dar. Wer den Wegfall der Geschäftsgrundlage selbst herbeiführt, kann sich nicht auf die daraus resultierenden Rechte berufen.[149] Als weiteres Kriterium wird das Verschulden genannt. Wenn das Ereignis, das die Störung der Geschäftsgrundlage ausmacht, als solches einer der Parteien zuzurechnen ist oder in entsprechender Anwendung des § 287 S. 2 BGB während ihres Verzuges eintritt, soll eine Risikoverteilung auf die Gegenpartei nicht stattfinden.[150] Ein Verschulden der Gegenpartei soll umgekehrt zugunsten des Abhilfe begehrenden Vertragspartners in die Wagschale geworfen werden.[151] Da Verschulden aber eine Pflicht des schuldhaft Handelnden gegenüber seinem Vertragspartner voraussetzt, ist vorrangig an eine Haftung z. B. aus § 280 BGB zu denken. Teilweise wird auch an die Existenzgefährdung[152] und das Verhältnis zwischen Leistung und Gegenleistung[153] angeknüpft. Schließlich können öffentliche Interessen bei der Risikoverteilung eine Rolle spielen.[154]

---

wonach jede Partei das Risiko zu tragen hat, welches die andere Partei in ihrem Interesse eingegangen ist. Dabei beschränkt *Koller* die Diskussion auf Fälle der vermögensrelevanten Aufwandserhöhung bei Austauschverträgen über Sach- und Dienstleistungen.

148 *Köhler*, Unmöglichkeit, S. 143 ff.; *ders.*, JA 1979, S. 498, 500. Der Gegner muss sich die falsche Vorstellung oder Erwartung des Vertragspartners so zu eigen gemacht haben, dass sein Verlangen, den Vertrag trotz der unrichtigen Vorstellung oder fehlgeschlagenen Erwartung unverändert durchzuführen, ein widersprüchliches Verhalten darstellt. Ähnlich *Fikentscher*, Schuldrecht, Rn. 179, der fragt, ob der Vertragspartner das enttäuschte Vertrauen des anderen Vertragsteils selbst geschaffen hat. Der Grundsatz der Risikonutznießung besage, dass derjenige, der aus einem besonderen Umstand einen besonderen Nutzen zieht, auch das damit verbundene Risiko zu tragen habe. Dies bedeute, dass er bei Unerreichbarkeit des weiteren Zweckes dieses besonderen Nutzens verlustig gehe.

149 Ausführlich zum Veranlassungsprinzip *Koller*, Risikozurechnung, S. 193 ff. m. w. N.

150 BGH v. 11.03.1993, NJW-RR 1993, 880, 881; BGH v. 03.05.1995, NJW 1995, S. 2028, 2031 m. w. N.; *Palandt-Heinrichs* § 313 Rn. 17 m. w. N.

151 BGH v. 17.06.1992, NJW 1992, 2690, 2691; *Staudinger-Weber*, 11. Aufl., § 242 Rn. E 350.

152 So vor allem die ältere Rechtsprechung, vgl. RG v. 22.10.1920, RGZ 100, 134, 136 f.; ebenso *Ulmer*, AcP 174 (1974), S. 192 im Rahmen der Rechtsfolgenbestimmung für die Fälle der sog. großen Geschäftsgrundlage; ablehnend *Köhler* in: 50 Jahre Bundesgerichtshof, S. 295, 303 mit der Begründung, dieses Kriterium würde zu einer Ungleichbehandlung von finanziell starken und finanziell schwachen Vertragspartnern führen.

153 Vgl. stellvertretend *Soergel-Teichmann* § 242 Rn. 247.

154 Vgl. MünchKomm-*Roth* § 242 Rn. 641; *Ulmer*, AcP 174 (1974), S. 167, 193 ff. Ein praktisch bedeutsames Beispiel ist in den Geldentwertungsfällen das Interesse an der Aufrechterhaltung des Nominalprinzips für die deutsche Währung, das gerade in Gegenüberstellung zu den Fremdwährungsfällen als Entscheidungskriterium sehr deutlich hervortritt.

3. Die Rechtsfolgen der Geschäftsgrundlagenstörung

Als Rechtsfolge einer gemäß § 313 Abs. 1 BGB beachtlichen Geschäftsgrundlagenstörung kann die Anpassung des Vertrages verlangt werden. Ist eine Anpassung nicht möglich oder einem Teil nicht zumutbar, kann der benachteiligte Vertragspartner gemäß § 313 Abs. 3 BGB vom Vertrag zurücktreten. An die Stelle des Rücktrittsrechtes tritt bei Dauerschuldverhältnissen ein Kündigungsrecht.

Dabei bewegt sich der Gesetzgeber insoweit in Übereinstimmung mit der ganz überwiegenden Ansicht, als er der Anpassung des Vertrages gegenüber seiner Auflösung durch Rücktritt oder Kündigung den Vorrang einräumt.[155] Über die Begründung dieses Grundsatzes und die genauen Kriterien zur Rechtsfolgenbestimmung bei der Vertragsanpassung herrscht jedoch Unsicherheit. Teilweise wird auf das potentielle Verhalten eines mit dem Eintritt der Störung rechnenden redlichen Vertragspartners,[156] teilweise auf die vertragliche Risikoverteilung abgestellt[157]. Vertreter der Rekonstruktionstheorie orientieren sich am hypothetischen Parteiwillen, an Gesichtspunkten der ökonomischen Effizienz (was würde der homo oeconomicus tun) und an einer interessengerechten Risikozuordnung.[158] Von *Kegel*[159] stammt der eindeutig zu starre Vorschlag einer hälftigen Schadensteilung. Größtenteils wird die Rechtsfolgenbestimmung jedoch unter Zuhilfenahme des Kriteriums der Unzumutbarkeit vorgenommen.[160] Nur wenige Autoren[161] begründen dies mit dem Verhältnismäßigkeitsprinzip. Letztlich wird die Prüfung der Zumutbarkeit aber bei fast allen Autoren nach den Grundsätzen einer Verhältnismäßigkeitsprüfung vorgenommen.[162]

Nicht alle dargestellten Ansätze sind weiterführend. Gegen jede Form der ex-ante Betrachtung bei der Vertragsanpassung spricht, dass bei dieser Vorgehensweise sowohl der nach Vertragsschluss getätigte Ressourceneinsatz einer Partei als auch ursprünglich unvernünftige Vertragsgestaltungen nicht adäquat berück-

---

[155] Vgl. die Darstellung des Meinungstandes zur Theorie der stufenweisen Reaktion („Stufentheorie") bei *Köhler* in: 50 Jahre Bundesgerichtshof, S. 295, 307.

[156] *Enneccerus/Lehmann*, Schuldrecht, § 41 II 4, S. 177, 179; *Larenz*, Geschäftsgrundlage, S. 170 ff.

[157] *Fikentscher*, Geschäftsgrundlage, S. 35, 44 f.

[158] Vgl. z. B. *Schäfer/Ott*, Ökonomische Analyse des Zivilrechts, S. 252 f.; vgl. auch BGH v. 11.02.1981, EwiR 1988, S. 653.

[159] *Kegel* in: Verhandlungen des 40. Deutschen Juristentages, S. 135, 204.

[160] vgl. stellvertretend für viele andere Urteile: BGH v. 31.05.1990, LM § 242 BGB (Bb) Nr. 134; BGH v. 11.03.1993, LM § 242 (Bb), Nr. 145; *Chiotellis*, Rechtsfolgenbestimmung, S. 29 ff.; *Palandt-Heinrichs* § 313 Rn. 28; MünchKomm-*Roth* § 242 Rn. 644; *Soergel-Teichmann* § 242 Rn. 245 ff.; *Ulmer*, AcP 174 (1974), 167, 191 ff.

[161] *Haarmann*, Geschäftsgrundlage, S. 89; *Köhler* in: 50 Jahre Bundesgerichtshof, S. 295, 308 f.; *derS.* in: Allokationseffizienz, S. 148, 159.

[162] *Haarmann*, Geschäftsgrundlage, S. 36 m. w. N.

sichtigt werden können. Außerdem führt die ex-ante Betrachtung in der Regel zu nur schwer kalkulierbaren Ergebnissen.[163] Auf die vertragliche Risikoverteilung kann nicht abgestellt werden, weil der Vertrag, wenn eine Geschäftsgrundlagenstörung vorliegt, keine Rechtsfolgenregelung enthält.

Das Ziel der Vertragsanpassung ist die Befreiung der betroffenen Partei von den Folgen der Risikoverwirklichung. Der Eingriff darf nicht weitergehen, als zur Erreichung dieses Zieles erforderlich ist.[164] Notwendig ist demnach eine Verhältnismäßigkeitsprüfung. Grundsätzlich wird eine solche im privaten Vertragsrecht mit Rücksicht auf die Verkehrs- und Rechtssicherheit nicht durchgeführt.[165] Verkehrs- und Rechtssicherheit stehen einer Verhältnismäßigkeitsprüfung jedoch dann nicht im Wege, wenn sich bei einem der Vertragspartner ein Risiko verwirklicht, das der Betroffene nach der vertraglichen Risikoverteilung nicht zu tragen hat, eine vertragliche Rechtsfolgenregelung hinsichtlich dieses Risikos aber fehlt. In solchen Fällen bietet der Vertrag ja gerade keine Lösung des Regelungsproblems an. Die Koppelung der Vertragsanpassung an eine Verhältnismäßigkeitsprüfung schafft vor diesem Hintergrund wenigstens ein Mindestmaß an Kalkulierbarkeit. Das maßgebliche Kriterium bei der Vertragsanpassung ist demnach die Verhältnismäßigkeit derselben. Kommt es zu einer einverständlichen Vertragsanpassung zwischen den Parteien, so kann diese selbstverständlich zu Lasten einer Partei über die Grenze der Verhältnismäßigkeit hinausgehen.

Mit der Formulierung des § 313 Abs. 1 BGB, „so kann Anpassung des Vertrags verlangt werden“, stellt der Gesetzgeber klar, dass im Gegensatz zur überwiegend vertretenen Auffassung[166] vor der Schuldrechtsreform die Vertragsanpassung nicht ipso iure eintritt.[167] Der neugeschaffene § 313 Abs. 1 BGB sieht eine Anspruchslösung vor, die dem von der Risikoverwirklichung Benachteiligten gegenüber seinem Vertragspartner einen Anspruch auf Vertragsanpassung ge-

---

[163] *Köhler*, Allokationseffizienz, S. 148, 156 ff.
[164] *Köhler* in: 50 Jahre Bundesgerichtshof, S. 295, 308 f.;
[165] *Haarmann*, Geschäftsgrundlage, S. 36 m. w. N.
[166] Vgl. die Nachweise bei BGH v. 19.11.1971, NJW 1972, 152, 153; MünchKomm-*Roth* § 242 Rn. 651; *Soergel-Teichmann* § 242 Rn. 265 ff. Die Aufgabe des Richters wäre demnach eine feststellende, keine gestaltende. Das Bestreben des anderen Partners, den bisherigen Vertragsinhalt aufrechtzuerhalten, erschiene als unzulässige Rechtsausübung. Dagegen ging die stärker werdende Gegenmeinung (vgl. z. B. BGH v. 30.03.1984, BGHZ 91, 32, 36; *Haarmann*, Geschäftsgrundlage, S. 103 ff.; *Horn*, AcP 181 (1981), S. 255, 276 f.; *Larenz*, Geschäftsgrundlage, S. 173) schon vor der Schuldrechtsreform davon aus, dass die Geltendmachung einer Einrede durch die von der Geschäftsgrundlagenstörung benachteiligte Partei auch bei einer Vertragsanpassung erforderlich ist.
[167] *Palandt-Heinrichs* § 313 Rn. 29; *Peer* in: Das neue Schuldrecht, S. 61, 66, 70; keine Entscheidung für eine Ansicht sehen dagegen wohl *Lorenz/Riehm*, Lehrbuch zum neuen Schuldrecht, Rn. 398.

währt. Nach dem Willen des Gesetzgebers sollen die Parteien zunächst selbst über die Anpassung verhandeln.[168] Fraglich ist deshalb, ob § 313 Abs. 1 BGB eine Pflicht zur Neuverhandlung begründet. In Betracht kommt sowohl eine echte Pflicht als auch eine bloße Obliegenheit. Die Nichterfüllung einer Obliegenheit würde zumindest dazu führen können, dass derjenige, der einen Anspruch auf Vertragsanpassung geltend macht, diesen verliert, wenn er seiner Verhandlungspflicht nicht nachkommt.[169] Verweigert der andere Vertragspartner die Mitwirkung bei einer möglichen und zumutbaren Vertragsanpassung, wäre daran zu denken, demjenigen, der sich auf die Geschäftsgrundlagenstörung beruft, ein Gestaltungsrecht zur Loslösung vom Vertrag einzuräumen.[170] Bei einer echten Verhandlungspflicht dagegen wäre sogar deren Erfüllung einklagbar. Eine Verletzung zöge schadenersatzrechtliche Konsequenzen nach sich.[171] Jedoch ist keine dieser Konstruktionen überzeugend. Dem Wortlaut des § 313 Abs. 1 BGB lässt sich weder eine Obliegenheit noch eine echte Pflicht zur Neuverhandlung entnehmen.[172] Gegen eine Verhandlungspflicht spricht außerdem der systematische Vergleich mit der parallelen Formulierung in § 462 BGB a. F., die ebenfalls keinen Anspruch auf Verhandlungen über die Höhe der Minderung statuiert.[173] Schließlich verweist der Gesetzgeber in der Begründung zu § 313 BGB ausdrücklich auf die zur Wandelung entwickelte Herstellungstheorie, nach der eine Klage unmittelbar auf die angepasste Leistung möglich ist.[174] Von einer echten Pflicht oder einer Obliegenheit des Vertragspartners zur Verhandlung über eine Neugestaltung des gestörten Vertrages kann demnach nicht ausgegangen werden. Infolgedessen kommt ein Gestaltungsrecht zur Loslösung vom Vertrag nur dann in Betracht, wenn die Anpassung nicht möglich oder unverhältnismäßig ist.

---

[168] Vgl. BT-DruckS. 14/6040 S. 176. Dieser Ansatz geht auf neuere Ansichten in der Literatur zurück. Schon zu Zeiten der alten Rechtslage wurde ein Anspruch auf Vertragsanpassung (BGH v. 18.03.1974, NJW 1974, 1656 f.; BGH v. 30.03.1984, BGHZ 91, 32, 36; *Haarmann*, Geschäftsgrundlage, S. 103 ff.; *Staudinger-Schmidt* § 242 Rn. 971) oder Neuverhandlung (*Fecht*, Neuverhandlungspflichten; *Hilger*, Festschrift für Larenz, S. 241, 251 für den Individual- und den Kollektivvertrag; *Horn*, AcP 181 (1981), S. 255, 276 f.; *Nelle*, Neuverhandlungspflichten) diskutiert. Zur Begründung wurde auf die Privatautonomie und die Kompetenz der Vertragsparteien verwiesen.

[169] *Henssler/v. Westphalen-Muthers* § 313 Rn. 25; *Peer*, in: Das neue Schuldrecht, S. 61, 66 f.

[170] Für ein Rücktritts- oder Kündigungsrecht z. B. *Palandt-Heinrichs* § 313 Rn. 29.

[171] *Henssler/v. Westphalen-Muthers* § 313 Rn. 25.

[172] *Henssler/v. Westphalen-Muthers* § 313 Rn. 26; *Peer*, in: Das neue Schuldrecht, S. 61, 67.

[173] *Henssler/v. Westphalen-Muthers* § 313 Rn. 26.

[174] Vgl. *Henssler/v. Westphalen-Muthers* § 313 Rn. 33; BT-DruckS. 14/6040, S. 176. Wahrscheinlicher und richtiger erscheint aber, dass sich in der Praxis ein Rückgriff auf die herrschende und vom BGH befürwortete „gemischte Theorie“ durchsetzen wird. So schon zur alten Rechtslage z. B. BGH v. 30.03.1984, BGHZ 91, 32, 36; *Staudinger-Schmidt* § 242 Rn. 971.

IV. Die Störung der Geschäftsgrundlage im Sozialplanrecht

Nachdem die Störung der Geschäftsgrundlage in ihren Voraussetzungen und Rechtsfolgen, soweit im Rahmen der vorliegenden Untersuchung notwendig, dargestellt worden ist, soll im Folgenden ihre Übertragbarkeit in das Sozialplanrecht untersucht werden. Nach ganz überwiegender Ansicht[175] ist die Lehre von der Geschäftsgrundlage grundsätzlich bei allen rechtsgeschäftlich begründeten Schuldverhältnissen anwendbar. Im Recht der Betriebsvereinbarung wird von der Anwendbarkeit des § 313 BGB nahezu einhellig ausgegangen.[176] Im Tarifvertragsrecht wird die Anwendbarkeit der Lehre von der Geschäftsgrundlage dagegen von einer starken Meinung abgelehnt.[177]

Im Zusammenhang mit der Betriebsänderung hat die Lehre von der Geschäftsgrundlage in § 113 BetrVG 1972 Niederschlag gefunden.[178] Allerdings ist der Rechtsgedanke des § 113 BetrVG nicht ohne weiteres auf den Sozialplan übertragbar.[179] Aus historischer Sicht spricht gegen eine Übertragbarkeit, dass im Rahmen des Gesetzgebungsverfahrens zum BetrVG 1972 der maßgebliche Ausschuss für Arbeit und Sozialordnung und der Bundestag den Vorschlag der CDU/CSU-Fraktion, eine dem § 113 BetrVG vergleichbare Regelung auch für den Sozialplan ins Betriebsverfassungsgesetz aufzunehmen, explizit abgelehnt haben.[180] Außerdem enthält § 113 BetrVG vor allem im Hinblick auf die Rechtsfolgen eine auf den Interessenausgleich zugeschnittene Sonderregelung. Sofern ein zwingender Grund vorliegt, ist direkt die völlige Loslösung von der Vereinbarung möglich. Die ansonsten vorrangige Rechtsfolge der Anpassung der Vereinbarung greift gerade nicht ein. Wegen dieser Besonderheiten und der großen Unterschiede zwischen Sozialplan und Interessenausgleich kann die Anwendung der Lehre von der Geschäftsgrundlage im Sozialplanrecht nicht auf § 113 BetrVG gestützt werden. Stattdessen ist eine Untersuchung der Übertragbarkeit der Lehre von der Geschäftsgrundlage gem. § 313 BGB unter Berücksichtigung der Besonderheiten des Sozialplans notwendig.

Der bedeutsamste Unterschied zwischen dem Sozialplan und einem sonstigen schuldrechtlichen Vertrag ist der Normcharakter des Sozialplans. Im Regelfall wird bei Normenordnungen dem Wandel der Umstände nicht durch die Lehre

---

[175] Keine Anwendung findet sie dagegen nach ganz überwiegender Ansicht bei gesetzlich begründeten Rechtsverhältnissen, vgl. *Staudinger-Schmidt* § 242 Rn. 1108 m. w. N.

[176] Vgl. stellvertretend *Däubler/Kittner/Klebe-Berg* § 77 Rn. 53b m. w. N.

[177] Vgl. z. B. *Oetker*, RdA 1995, S. 82, 96 ff.; weitere Nachweise auf den Meinungsstand bei *Hey*, ZfA 2002, S. 275, 277 ff., der mit der Mindermeinung die Anwendung der Lehre von der Geschäftsgrundlage im Tarifvertragsrecht bejaht.

[178] Vgl. GK-*Fabricius/Oetker* § 113 Rn. 25.

[179] So aber *Meyer*, Abänderung, S. 66 ff.

[180] Vgl. dazu die Ausführungen im zweiten Kapitel unter II. 2. a).

von der Geschäftsgrundlage, sondern durch den für Normen einschlägigen Satz „cessante ratione legis cessat lex ipsa“ Rechnung getragen.[181] Über diesen Rechtsgrundsatz wird Veränderungen nur in sehr viel eingeschränkterem Umfang Rechung getragen.[182] Wie schon mehrfach betont worden ist, hat sich das Betriebsverfassungsgesetz jedoch mit der Entscheidung für die vertragliche Entstehung des Sozialplans für eine grundsätzliche Anwendbarkeit der Regeln des Vertragsrechts ausgesprochen.[183] Gänzlich ausgeschlossen kann deren Anwendung somit nicht sein, wohl aber entsprechend den Besonderheiten des Sozialplans, insbesondere seines Normcharakters, beschränkt.

1. Die Erzwingbarkeit des Sozialplans

Beim Sozialplan handelt es sich um einen vor der Einigungsstelle erzwingbaren Normenvertrag. Beruht der Sozialplan auf einer Entscheidung der Einigungsstelle, kommt das dadurch begründete Rechtsverhältnis durch staatlichen Zwang zustande. Auch der unter dem Druck einer möglichen Entscheidung der Einigungsstelle zwischen den Betriebspartnern vereinbarte Sozialplan ist nicht ohne staatlichen Zwang zustande gekommen. Das bedeutet, dass bei der Frage nach der vertraglichen Risikoverteilung im Sozialplanrecht die von den §§ 111 ff. BetrVG verfolgten Zielsetzungen zu beachten sind. Zunächst ist aber die Frage zu beantworten, welche Auswirkungen die Erzwingbarkeit auf die Übertragbarkeit der Anforderungen und Rechtsfolgen der Lehre von der Geschäftsgrundlage in das Sozialplanrecht hat.

Die Rechtsprechung nimmt für normierte und diktierte Verträge an, dass § 313 BGB nur eingeschränkt zur Anwendung kommt.[184] *Jürgen Schmidt*[185] hat zu Recht auf die Notwendigkeit einer Differenzierung hingewiesen. Er unterscheidet je nach Reichweite des Diktats zwischen Einschränkungen der Abschlussfreiheit und solchen Einschränkungen, die sich auch auf die Freiheit zur inhaltlichen Ausgestaltung des Rechtsgeschäfts beziehen. Bei ersteren besteht seiner Ansicht nach kein Anlass, die Lehre von der Geschäftsgrundlage nur eingeschränkt anzuwenden, durch die nur die inhaltliche Ausgestaltung des Rechtsgeschäfts tangiert werde. Dieser Einschätzung kann nicht in vollem Umfang zuge-

---

[181] So für den Tarifvertrag z. B. *Wiedemann*, Festschrift für Dieterich, S. 661, 670.

[182] So *Hey*, ZfA 2002, S. 275, 287; zu den engen Voraussetzungen des Satzes „cessante ratione legis cessat lex ipsa“ vgl. *Larenz*, Methodenlehre, S. 339.

[183] So auch *Hey*, ZfA 2002, S. 275, 287; vgl. aber auch *Oetker*, RdA 1995, S. 82, 89 Fn. 126, der sich trotz des Vertragscharakters für eine Anwendbarkeit der Maxime „cessante ratione legis cessat lex ipsa“ im Tarifvertragsrecht ausspricht. Allerdings ist seine Argumentation wegen der im Tarifvertragsrecht nach ganz überwiegender Ansicht bestehenden Möglichkeit einer außerordentlichen Kündigung aus wichtigem Grund nicht auf den Sozialplan übertragbar.

[184] Vgl. BGH v. 23.05.1951, BGHZ 2, 176, 183 f; BGH v. 24.10.1951, BGHZ 7, 346, 362 ff.

[185] *Staudinger-Schmidt* § 242 Rn. 1114.

stimmt werden. Zwar ist die Anpassung des Vertrages an die veränderten Umstände mithilfe der Grundsätze von der Geschäftsgrundlage vor dem Hintergrund eines Abschlusszwangs unproblematisch, das gilt aber nicht für die Rechtsfolge der Vertragsauflösung. Eine Loslösung vom gesetzlich erzwungenen Vertrag wegen einer Störung der Geschäftsgrundlage ist nicht möglich. Der gesetzliche Kontrahierungszwang darf nicht deswegen umgangen werden, weil der individuell gestaltete Vertrag Rechtsfolgenlücken hinsichtlich der Risikoverteilung enthält. Grundsätzlich muss es der Entscheidung des Gesetzgebers vorbehalten bleiben, unter welchen Voraussetzungen die von ihm erzwungene schuldrechtliche Bindung enden soll.[186]
Umfasst das Diktat auch die inhaltliche Ausgestaltung des Rechtsgeschäfts, so ist zu prüfen, inwieweit Risikofragen mitgeregelt sind. Insoweit gelten dann die gleichen Grundsätze wie bei der Konkurrenz zwischen der Lehre von der Geschäftsgrundlage und speziellen Risikotragungsregeln.[187] Bei beiden Formen des Kontrahierungszwanges ist außerdem dasjenige öffentliche Interesse besonders zu beachten, dessen Wahrung der staatliche Kontrahierungszwang dient.[188]

Bei dem zwischen den Betriebspartnern einvernehmlich abgeschlossenen Sozialplan handelt es sich um einen unter einer besonderen Form des Abschlusszwanges zustande gekommenen Vertrag. Die inhaltliche Ausgestaltung obliegt grundsätzlich den Parteien. Anders stellt sich die Sachlage bei einem durch die Einigungsstelle aufgestellten Sozialplan dar. In diesem Fall muss die Einigungsstelle eine nachprüfbare Ermessensentscheidung im Rahmen der Leitlinien des § 112 Abs. 5 BetrVG treffen. Der Sozialplan kommt nicht durch einen klassischen Vertragsschluss sondern durch einen Mehrheitsbeschluss gem. § 76 Abs. 3 BetrVG zustande. Aus der Sicht der Betriebspartner umfasst das Diktat bei einer Entscheidung der Einigungsstelle somit auch die inhaltliche Ausgestaltung des Sozialplans. Allerdings wird diese Form des Inhaltszwanges durch die Tatsache abgemildert, dass die Betriebspartner gem. § 76 Abs. 2 BetrVG Einfluss auf die personelle Besetzung der Einigungsstelle haben. Es handelt sich nicht direkt um das Diktat eines Vertrages mit gesetzlich bestimmtem Inhalt, sondern eher um eine Art Ersatzvornahme, vergleichbar mit der gesetzlichen Stellvertretung. Auf den konkreten Inhalt der Einigung kommt es der Zwangsnorm nicht an. Ziel ist es, überhaupt eine Einigung durch die Betriebspartner oder in zweiter Linie durch die Einigungsstelle herbeizuführen. Diesem Ziel steht eine Anpassung des Sozialplanes gem. § 313 BGB nicht entgegen. Das gilt unabhängig davon, ob der Sozialplan durch eine Einigung der Betriebspartner oder einen Spruch der Einigungsstelle zustande gekommen ist. Eine Ungleichbehandlung beider Entstehungsformen wäre vor dem Hintergrund der das

---

[186] BGH v. 24.10.1951, BGHZ 7, 346, 363.
[187] *Staudinger-Schmidt* § 242 Rn. 1114.
[188] BGH v. 24.10.1951, BGHZ 7, 346, 363.

BetrVG durchziehenden Gleichstellung des Einigungsstellenspruchs mit der Einigung der Betriebspartner bei erzwingbaren Mitbestimmungsrechten[189] nicht geboten. Kommt es im Anschluss an eine Störung der Geschäftsgrundlage zu einer Vertragsanpassung durch die Betriebspartner, so liegt darin auch kein Verstoß gegen die gesetzlichen Anforderungen des § 112 Abs. 5 BetrVG, da der Gesetzgeber der freien einvernehmlichen Einigung durch die Betriebspartner prinzipiell den Vorrang vor der an § 112 Abs. 5 BetrVG gebundenen Entscheidung der Einigungsstelle eingeräumt hat.

Fraglich ist wegen des staatlichen Abschlusszwanges aber, ob eine völlige Loslösung vom Vertrag möglich ist. Das Mitbestimmungsrecht bietet dem Betriebsrat zwar die Möglichkeit einen Sozialplan zu erzwingen, deren Wahrnehmung steht dem Betriebsrat aber frei. Demnach handelt es sich nicht um eine absolute Form des Abschlusszwanges. Dem gesetzlichen Zwang wird somit schon dann Genüge getan, wenn der Betriebsrat infolge der Geschäftsgrundlagenstörung erneut die Möglichkeit hat, eine Sozialplanaufstellung zu erzwingen. Das bedeutet, dass eine Loslösung vom konkreten Sozialplan durch dessen Erzwingbarkeit nicht ausgeschlossen ist, im Anschluss das Mitbestimmungsrecht aber in jedem Fall wieder aufleben muss. Ob andere Gründe einer Kündigung oder einem Rücktritt vom gestörten Sozialplan entgegenstehen, wird noch zu erörtern sein.

Wenn die Erzwingbarkeit vor der Einigungsstelle demnach der Anwendbarkeit der Lehre von der Geschäftsgrundlage nicht generell entgegensteht, so fragt sich doch, ob bei der Anpassung eines Einigungsstellenspruchs Besonderheiten zu beachten sind. Es ist bereits darauf hingewiesen worden, dass trotz Vorhersehbarkeit der veränderten Umstände eine Vertragsanpassung über die Lehre von der Geschäftsgrundlage möglich bleibt, wenn der betroffene Vertragspartner, etwa wegen eines bestehenden Kontrahierungszwanges, im Hinblick auf das fragliche Risiko an einer vertraglichen Vorsorge gehindert war. Entscheidet die Einigungsstelle über die Sozialplanaufstellung, dann ist es den Betriebspartnern auch bei vorhergesehenen und vorhersehbaren Risiken unmöglich, vertraglich Vorsorge zu treffen.[190] Zwar können sie über die Bestellung der Beisitzer Einfluss nehmen, letztendlich liegt die Gestaltung des Sozialplanes aber nicht mehr in ihrer Hand. Auf den ersten Blick scheint deshalb bei Einigungsstellensprüchen eine Berufung auf die Geschäftsgrundlagenstörung unabhängig von der Vorhersehbarkeit der Risikoverwirklichung möglich zu sein. Dieser Schluss greift aber zu kurz. In die Überlegungen muss der Zweck der Beschränkung der Abschluss- und Inhaltsfreiheit der Betriebspartner eingestellt werden. Das Betriebsverfassungsgesetz schreibt nicht den Inhalt des Sozialplanes vor, sondern

---

[189] *Fitting* § 76 Rn. 68.

[190] GK-*Fabricius/Oetker* §§ 112, 112a Rn. 176, 178 lehnen deshalb bei Einigungsstellensprüchen die Übertragbarkeit von Risikozurechnungskriterien wie der Vorhersehbarkeit in das Sozialplanrecht ab.

setzt an die Stelle einer Einigung durch die Betriebspartner den Beschluss der Einigungsstelle. Der Sachverstand der Einigungsstellenmitglieder im Zusammenhang mit den bereits erwähnten Ermessensleitlinien rechtfertigt die grundsätzliche Gleichstellung des Einigungsstellenspruchs mit einer Vereinbarung der Betriebspartner durch das Betriebsverfassungsgesetz. Diese Wertung würde umgangen, wenn den Betriebspartnern bei einem Sozialplan, der auf einer Entscheidung der Einigungsstelle beruht, die Berufung auf die Störung der Geschäftsgrundlage unter erleichterten Voraussetzungen möglich wäre. Die Situation ist insoweit vergleichbar mit der gesetzlichen Stellvertretung, bei der sich der Vertretene gem. § 166 Abs. 1 BGB[191] dann nicht auf den Wegfall der Geschäftsgrundlage berufen darf, wenn die Risikoverwirklichung für den gesetzlichen Vertreter vorhersehbar und ihre Folgen vertraglich regelbar waren. Wenn der fragliche Sozialplan auf einem Einigungsstellenspruch beruht, muss demnach die Vorhersehbarkeit und die Möglichkeit einer vorsorglichen vertraglichen Risikotragungsregelung auf die Mitglieder der Einigungsstelle abgestellt werden.

2. Der einseitig verpflichtende Charakter des Sozialplans

Eine weitere Besonderheit des Sozialplans ist sein einseitig verpflichtender Charakter. Bei gegenseitigen Verträgen gehört nach ganz überwiegender Ansicht der Gedanke der Gleichwertigkeit von Leistung und Gegenleistung zur Geschäftsgrundlage.[192] Wird das Äquivalenzverhältnis durch unvorhersehbare Ereignisse schwerwiegend gestört, ist der Vertrag an die veränderten Umstände anzupassen, soweit die Störung das von der benachteiligten Partei zu tragende Risiko überschreitet.[193] Vor allem *Chiotellis*[194] führt gar die gesamte Problematik der Lehre von der Geschäftsgrundlage auf ein „beschränkt subjektives" Äquivalenzprinzip zurück. Er vertritt die Ansicht, bei einseitigen Schuldverhältnissen habe der Schuldner grundsätzlich alle Risiken zu tragen.[195] Folge dieser Risikovertei-

---

[191] Zur Anwendbarkeit des § 166 AbS. 1 BGB für den gesetzlichen Vertreter vgl. *Soergel-Leptien* § 166 Rn. 4.

[192] *Palandt-Heinrichs* § 313 Rn. 32 m. w. N.; *Winderlich*, BB 1994, S. 2483, 2485.

[193] *Palandt-Heinrichs* § 313 Rn. 32 m. w. N.

[194] Vgl. *Chiotellis*, Rechtsfolgenbestimmung, S. 14 ff.; ähnlich will *Häsemeyer*, Festschrift für Weitnauer, S. 67, 75 f. die Lehre von der Geschäftsgrundlage auf Störungen der „subjektiven Leistungsäquivalenz" beschränken; andere Autoren ziehen den Umfang der Äquivalenzstörung als Maßstab für die Wesentlichkeit der Fehlvorstellung heran, vgl. BGH v. 08.02.1984, NJW 1984, 1746, 1747; *Wieacker*, Festschrift für Wilburg, S. 229, 250 ff.; kritisch *Staudinger-Schmidt* § 242 Rn. 1057.

[195] Der Schuldner habe das Risiko einer Fehleinschätzung der Wirklichkeit oder eines Fehlschlagens seiner Erwartungen zu tragen, weil er bei allen nicht gegenseitigen Schuldverträgen die Leistungsverpflichtung in positiver Kenntnis des Umstands übernehme, dass dadurch der Gläubiger grundsätzlich keine oder zumindest keine von der Hauptleistung abhängige Verbindlichkeit eingehe, vgl. *Chiotellis*, Rechtsfolgenbestimmung, S. 177 Fn. 77.

lung sei, dass nur bei besonders schwerwiegender Unzumutbarkeit eine Berufung auf den Wegfall der Geschäftsgrundlage in Betracht komme. Überdies sei bei Vorliegen einer Geschäftsgrundlagenstörung zwar eine Anpassung, nicht aber ein Wegfall der Verpflichtung möglich.[196] Andere Autoren wollen dem Schuldner bei einseitig verpflichtenden Verträgen die Loslösung vom Vertrag besonders einfach machen. Zur Begründung wird auf die im BGB schwach ausgestaltete Rechtsstellung des Empfängers einer unentgeltlichen Leistung verwiesen.[197]

In ihrer Pauschalität sind beide Ansichten abzulehnen. Es bedeutet im Zusammenhang mit der Lehre von der Geschäftsgrundlage keinen grundsätzlichen Unterschied, ob das Schuldverhältnis eine einseitige oder eine wechselseitige Verpflichtung der Parteien begründet.[198] Die Risikoverteilung ergibt sich nicht bereits aus dem einseitig verpflichtenden Charakter des Vertragsverhältnisses, sondern muss in Ansehung der speziellen Regelungen des fraglichen Vertrages und des dispositiven Gesetzesrechts beurteilt werden. So unterschiedliche Vertragstypen wie Auftrag und Schenkung lassen die Herausarbeitung allgemeiner Grundsätze für einseitig verpflichtende Verträge nicht zu. Selbst wenn dem BGB einheitliche Wertungen für Verträge über unentgeltliche Leistungen entnommen werden könnten, stünden einer Übertragung dieser Grundsätze in das Sozialplanrecht außerdem die Erzwingbarkeit und die spezifischen Zielsetzungen des Sozialplans entgegen.

3. Rechtsfolgen der Geschäftsgrundlagenstörung im Sozialplanrecht

Wie bereits ausgeführt worden ist, steht die Erzwingbarkeit des Sozialplans einer Loslösung jedenfalls bei anschließendem Wiederaufleben des Mitbestimmungsrechtes nicht entgegen. Es stellt sich deshalb die Frage, ob neben der Anpassung eines bestehenden Sozialplans eine Loslösung durch Kündigung oder Rücktritt mit anschließender Weitergeltung gem. § 77 Abs. 6 BetrVG in Betracht kommt. Darüber hinaus muss hinsichtlich der Anpassung von Sozialplänen über Einzelheiten wie die Kompetenz zur Neuregelung bei Fehlen einer Einigung durch die Betriebspartner nachgedacht werden.

---

[196] Vgl. *Chiotellis*, Rechtsfolgenbestimmung, S. 177 f. mit vielen weiteren Nachweisen. Allerdings sind viele der von *Chiotellis* zur Untermauerung seiner Ansicht in Fn. 81 auf S. 178 angeführten Textstellen, in denen die Anwendung der Lehre von der Geschäftsgrundlage abgelehnt worden sein soll, nicht einschlägig (so wird z. B. eine Entscheidung des BGH v. 20.11.1972, WM 1973, S. 36 f. zitiert, die den Wegfall der Geschäftsgrundlage und nicht schon die Anwendbarkeit der Lehre von der Geschäftsgrundlage ablehnt) oder weisen sogar in die entgegengesetzte Richtung (so z. B. *Brox*, Irrtumsanfechtung, S. 164 ff.).

[197] Vgl. z. B. *Brox*, Irrtumsanfechtung, 164 ff.

[198] *Staudinger-Schmidt* § 242 Rn. 1112 m. w. N.; in diesem Sinne hat auch der BGH v. 04.05.1973, WM 1973, S. 752 f. entschieden.

a) Loslösung vom bestehenden Sozialplan durch Rücktritt oder Kündigung

Sofern eine Loslösung vom Sozialplan wegen einer Geschäftsgrundlagenstörung in Betracht käme, müsste aufgrund derselben Überlegungen, wie sie bereits im Rahmen der Prüfung der Rechtsfolgen eines außerordentlichen Kündigungsrechtes aus wichtigem Grund im zweiten Kapitel unter III. 2. f) angestellt wurden, von einer Weitergeltung des gestörten Sozialplanes ausgegangen werden.[199] Die Loslösung unterscheidet sich bei Weitergeltung der Sozialplannormen von der Geltendmachung eines Anpassungsbegehrens aber nur dann, wenn die aufgrund des weitergeltenden Sozialplans entstehenden Ansprüche eine andere Geltung besitzen als Ansprüche, die bereits vor Eintritt in das Weitergeltungsstadium entstandenen sind.[200] Eine solche Wertung ist in § 77 Abs. 6 BetrVG jedoch nicht enthalten. Die Reichweite möglicher Eingriffe in Ansprüche auf Sozialplanleistungen richtet sich unabhängig vom Zeitpunkt ihrer Entstehung vor oder nach Ausspruch einer Kündigung oder eines Rücktritts nach den Schranken, die abändernden Sozialplanregelungen allgemein gezogen sind. Ansprüche, die im Stadium der Weitergeltung eines Sozialplans entstehen, sind nicht per se durch den Vorbehalt jederzeitiger nachträglicher Abänderbarkeit belastet.[201] Aus der in § 77 Abs. 6 BetrVG verwendeten Formulierung „ersetzt" etwas anderes abzuleiten, erscheint gewagt und wird nirgends ausreichend begründet. Vor diesem Hintergrund könnte der Ausspruch der Kündigung oder des Rücktritts lediglich unter Vertrauensschutzgesichtspunkten eine Rolle spielen. Das Vertrauen der Arbeitnehmer in den Fortbestand eines Sozialplans wird durch die Geltendmachung der Geschäftsgrundlagenstörung aber bereits in gleichem Umfang beeinträchtigt. Ein Loslösungsrecht bringt dem änderungswilligen Betriebspartner somit auch in dieser Hinsicht keinen Vorteil. Wenn aber ein Gestaltungsrecht zur Loslösung vom Sozialplan gegenüber seiner Anpassung an die veränderten Umstände keine Vorteile mit sich bringt, scheidet es unter Verhältnismäßigkeitsgesichtspunkten als Rechtsfolge einer Geschäftsgrundlagenstörung aus. Demnach kommt im Sozialplanrecht unabhängig von der Qualität der Störung nur eine Sozialplananpassung als Rechtsfolge in Betracht.

b) Die Anpassung des Sozialplans

Nicht nur die Erzwingbarkeit sondern auch die betriebsverfassungsgesetzliche Kompetenzverteilung darf nicht durch die Anwendung der schuldrechtlichen Lehre von der Geschäftsgrundlage umgangen werden. Das bedeutet für den Sozialplan, dass in Übereinstimmung mit § 313 Abs. 3 BGB zunächst eine einvernehmliche Anpassung zwischen den Betriebspartnern versucht werden muss.

---

[199] So wohl *Meyer*, NZA 1997, 289, 292.
[200] So wohl *Meyer*, NZA 1997, 289, 292.
[201] So aber BAG v. 10.08.1994, BAGE 77, 313, 325; zust. *Meyer*, NZA 1997, S. 289, 291 f.

Kommt eine Einigung nicht zustande, so darf jedoch keine Entscheidung des Gerichtes eingeholt werden. Bei Nichteinigung ist vielmehr der gesetzlichen Kompetenzverteilung folgend eine Entscheidung der Einigungsstelle über die Sozialplananpassung herbeizuführen. Im Betriebsverfassungsrecht ist die Einigungsstelle die kompetente Stelle zur Entscheidung von Sachfragen, über die keine Einigung zwischen den Betriebspartnern möglich ist. In den gesetzlich vorgesehenen Fällen obliegt ihr die sachgerechte Gestaltung der betrieblichen Ordnung.[202] Das gilt auch für die Entscheidung über die Notwendigkeit und den Umfang eines Ausgleichs der durch eine Betriebsänderung begründeten wirtschaftlichen Nachteile.[203] Eine richterliche Anpassung des Vertragswerks an veränderte Bedingungen wäre ein unzulässig verfrühter Eingriff in die betriebliche Autonomie.[204] Erst im Anschluss an die Regelsetzung durch die Einigungsstelle besteht eine arbeitsgerichtliche Prüfungskompetenz, die allerdings das Ermessen der Einigungsstelle zu beachten hat.[205] Da demnach entweder die Betriebspartner oder aber die Einigungsstelle die Anpassung des Sozialplans vornehmen müssen, kann die Vertragsanpassung in Übereinstimmung mit der Regelung in § 313 Abs. 1 BGB nicht ipso iure eintreten. Sie setzt die Geltendmachung des Anpassungsbegehrens bzw. die Anrufung der Einigungsstelle unter Berufung auf die Störung der Geschäftsgrundlage durch die änderungswillige Partei voraus.[206] Kommen die Betriebspartner im Anschluss an eine Störung der Geschäftsgrundlage zu einer einvernehmlichen Anpassung des Sozialplans, so sind dieser Vertragsänderung nur die Grenzen gezogen, denen jede einvernehmliche Abänderung von Sozialplänen unterliegt.[207] Die Gleichstellung der einvernehmlichen Regelung durch die Betriebspartner mit dem Beschluss der Einigungsstelle führt dazu, dass auch die Einigungsstelle bei der Anpassung des Sozialplans nicht auf eine verhältnismäßige Anpassung beschränkt ist.

Das Arbeitsgericht kann bei der erstmaligen Aufstellung eines Sozialplans durch die Einigungsstelle die Frage nach deren Zuständigkeit vor, parallel zum oder

---

[202] Ähnlich *Winderlich*, BB 1994, S. 2483, 2487 f.

[203] BAG v. 28.08.1996, BAGE 84, 62, 72; *Schulin*, Anm. zu BAG v. 17.02.1981, SAE 1982, S. 47, 48.

[204] *Hilger*, Festschrift für Larenz, S. 241, 251, *Winderlich*, BB 1994, S. 2483, 2487.

[205] *Keßler*, Anm. zu BAG v. 10.08.1994, BB 1995, S. 1242, 1243; zur Reichweite der Ermessenskontrolle vgl. GK-*Kreutz* § 76 Rn. 129 ff.

[206] BAG v. 28.02.1984, Az. 1 AZR 134/83, Juris Nr. KARE 270370333 (20.06.2003); für die Notwendigkeit einer ausdrücklichen Geltendmachung im Tarifvertragsrecht unter Berufung auf Rechtssicherheitsaspekte auch *Hey*, ZfA 2002, S. 275, 293 m. w. N. Allerdings ist dazu keine vorangegangene Kündigung des alten Sozialplans notwendig. So unter Berufung auf die gesteigerte Fürsorgepflicht des Arbeitgebers aber *Winderlich*, BB 1994, S. 2483, 2486; ebenso *Hilger*, Festschrift für Larenz, S. 241, 252 im Hinblick auf den Normencharakter der Betriebsvereinbarung im Sinne größtmöglicher Klarheit für die Normunterworfenen.

[207] So auch *Luding*, Beendigung, S. 100 f.

nach dem Einigungsstellenverfahren klären.[208] Vor diesem Hintergrund gehen viele Autoren[209] konsequenterweise davon aus, dass das Arbeitsgericht bei einer Anrufung der Einigungsstelle unter Berufung auf eine Störung der Geschäftsgrundlage das Vorliegen dieser Störung überprüfen kann. Die Zulässigkeit des Antrags auf Feststellung des wiederaufgelebten Mitbestimmungsrechtes scheitert nicht daran, dass er einen Gegenstand betrifft, über den sich die Beteiligten vor der Einigungsstelle auseinandersetzen. Ein derartiges Vorabentscheidungsverfahren über umstrittene Mitbestimmungsrechte wird vom Bundesarbeitsgericht in ständiger Rechtsprechung[210] zugelassen. Die Literatur[211] ist dem fast einhellig gefolgt. In analoger Anwendung des § 148 ZPO kann eine Aussetzung des Einigungsstellenverfahrens bis zum Abschluss des Verfahrens vor dem Arbeitsgericht beschlossen werden.[212]

V. Die im Sozialplanrecht denkbaren Fallgruppen

Von vielen Autoren werden im Zusammenhang mit der Lehre von der Geschäftsgrundlage Fallgruppen zusammengefasst, bei denen homogene Rechtfertigungen für bestimmte Entscheidungen gegeben werden können. Dabei zeigt sich die Uneinigkeit hinsichtlich der Tatbestandsvoraussetzungen der Lehre von der Geschäftsgrundlage darin, dass kaum zwei Publikationen mit gleicher Fallgruppenbildung aufzufinden sind.[213] Dieser Umstand ändert allerdings nichts an der grundsätzlichen Eignung der Fallgruppenbildung zur Konkretisierung von Generalklauseln.[214] Anhand bereits entschiedener Fälle werden dabei Entscheidungsmuster geschaffen, in die neu zu beurteilende Fälle größtenteils eingeordnet werden können. Ausgehend von solchen Tatbeständen, deren Beurteilung unzweifelhaft ist, können neu zu entscheidende Fälle zugeordnet werden.[215] Mit

---

208 Die Beschlüsse der Einigungsstelle unterliegen in vollem Umfang der gerichtlichen Rechtskontrolle. Das ergibt sich bereits aus der Gerichtsschutzgarantie des Grundgesetzes, wird aber auch durch die umständliche Formulierung in § 76 AbS. 7 BetrVG klargestellt. Zu den Rechtmäßigkeitsvoraussetzungen des Einigungsstellenspruchs gehört auch die Zuständigkeit der Einigungsstelle, vgl. dazu *Richardi-Richardi* § 76 Rn. 114 ff. Das Arbeitsgericht entscheidet gem. § 2a AbS. 1 Nr. 1, AbS. 2 i. V. mit §§ 80 ff. ArbGG im Beschlussverfahren.

209 BAG v. 17.02.1981, BAGE 35, 80, 93; *Pottmeyer*, Anm. zu BAG v. 10.08.1994, SAE 1995, S. 304, 308; *Galperin/Löwisch* § 112 Rn. 44.

210 BAG v. 26.08.1997, BAGE 86, 228, 232 m. w. N.

211 *Fitting* § 76 Rn. 123 m. w. N.; GK-*Kreutz* § 76 Rn. 124 m. w. N; a. A. *Rossmanith*, AuR 1982, S. 339, 340 ff. wegen Entwertung des Einigungsstellenverfahrens.

212 Vgl. dazu mit ausführlicher Darstellung des Meinungsstandes GK-*Kreutz* § 76 Rn. 125.

213 Die Begründung des Regierungsentwurfes zur Schuldrechtsmodernisierung erwähnt die folgenden Fallgruppen: Äquivalenzstörung, Leistungserschwernisse und Zweckstörungen, vgl. BT-DruckS. 16/4060 S. 176.

214 Zur Fallgruppenbildung vgl. *Larenz*, Methodenlehre, S. 277, 443 ff. m. w. N.

215 *Larenz*, Methodenlehre, S. 277.

der Zahl der entschiedenen Fälle wächst die Sicherheit, mit der neue Problemkonstellationen eingeordnet werden können und verengt sich der Spielraum, innerhalb dessen eine Entscheidung unsicher bleibt.[216] Allerdings darf nicht verkannt werden, dass die Methode der Fallgruppenbildung bei auf Generalklauseln beruhenden Rechtsgrundsätzen insoweit unzureichend ist, als immer wieder Konstellationen auftreten, die sich nicht unter eine bereits gebildete Fallgruppe subsumieren lassen.[217] Ein gutes Beispiel hierfür ist die Störung der Geschäftsgrundlage eines Sozialplans, da sich dieser schon wegen seines Normcharakters und seiner Erzwingbarkeit deutlich von den üblichen Vertragstypen unterscheidet.

Bevor auf die einzelnen im Sozialplanrecht denkbaren oder diskutierten Fallgruppen eingegangen wird, soll anhand einer groben Einteilung der typischen Risiken verschiedener Arten von Schuldverhältnissen[218] die Risikostruktur des Sozialplans verdeutlicht werden.

(1) Den in der Praxis wohl bedeutsamsten Risikotyp stellen die Fehlplanungen bei Schuldverhältnissen über den Austausch von Waren und Dienstleistungen dar. Die auftretenden Risiken sind dadurch gekennzeichnet, dass die Parteien irrige Vorstellungen hinsichtlich der Bewandtnisse der Waren und der zu leistenden Dienste gehegt haben. Die in Rechtsprechung und Literatur gebildeten Fallgruppen beziehen sich zum größten Teil auf diese Vertragstypen. Da bei Sozialplänen in den allermeisten Fällen keine Waren- und Dienstleistungen vereinbart werden und auch keine Austauschbeziehung vorliegt, sind die hier anfallenden Risiken ohne Interesse für die vorliegende Untersuchung. Ein näheres Eingehen auf diesen Risikotyp und die damit verbundenen Fallgruppen erübrigt sich deshalb.

(2) *Schmidt*[219] beschäftigt sich im Zusammenhang mit der Lehre von der Geschäftsgrundlage u. a. mit dem Risikotyp der Fehlplanungen bei Dauerschuldverhältnissen. Die besonderen Risiken bei Dauerschuldverhältnissen sind im Rahmen dieser Arbeit jedoch schon bei der Prüfung eines außerordentlichen Kündigungsrechtes von Dauerschuldverhältnissen aus wichtigem Grund behandelt worden. Nach der hier vertretenen Ansicht wird ihnen grundsätzlich durch das außerordentliche Kündigungsrecht von Dauerschuldverhältnissen aus wichtigem Grund Rechnung getragen. Im Rahmen der Lehre von der Geschäftsgrundlage spielt der Dauerschuldcharakter von Vertragsverhältnissen nur bei der Rechtsfolgenbestimmung (vgl. § 313 Abs. 3 BGB) eine Rolle.

---

[216] *Larenz*, Methodenlehre, S. 278.
[217] *Larenz*, Methodenlehre, S. 278.
[218] Angelehnt an die Einteilung von *Staudinger-Schmidt* § 242 Rn. 1043 ff.
[219] *Staudinger-Schmidt* § 242 Rn. 1045, 1372 ff., insbeS. 1401 ff.

(3) Den im Zusammenhang mit dem Sozialplan interessierenden Risikotyp stellen die Fehlplanungen bei Schuldverhältnissen über reine Geldleistungen dar. Sie unterscheiden sich vom ersten Risikotyp vor allem dadurch, dass Geld keine Ware zur Befriedigung bestimmter typischer, jedenfalls aber umschreibbarer Bedürfnisse ist, sondern unbestimmte Bedürfnisse verkörpert und damit deren Speicherung ermöglicht.[220] Fehlvorstellungen kommen vor allem hinsichtlich einer Einschränkung oder Erweiterung der absoluten Zahl der unbestimmten Bedürfnisse, also Inflation und Deflation in Betracht. Interessant werden kann auch die Bedürfnisstruktur des Gläubigers (Warenkorb). Große Bedeutung hat in dieser Fallgruppe das währungsrechtliche „Mark = Mark-Prinzip".[221] Diskutiert werden muss außerdem die Frage, welche Auswirkungen Verschlechterungen in der finanziellen Situation des Schuldners haben sollen. Die im Sozialplanrecht maßgeblichen Fallgruppen sind innerhalb dieses grob umschriebenen Risikotyps anzusiedeln.

1. Die Verwirklichung des Geldentwertungsrisikos

Wie bei allen Verträgen, die eine reine Geldleistung zum Gegenstand haben, so kommt auch beim Sozialplan die Verwirklichung des Geldentwertungsrisikos in Betracht. Da das Schuldrechtsmodernisierungsgesetz an der allgemein anerkannten[222] Subsidiarität der Lehre von der Geschäftsgrundlage nichts geändert hat,[223] muss in diesem Zusammenhang jedoch vorrangig die Möglichkeit einer Analogie zu § 16 BetrAVG überprüft werden. Seit dem 01.01.1975 ist die Anpassung laufender Leistungen der betrieblichen Altersversorgung nach dem von der Rechtsprechung des BAG[224] zur Geldentwertung der Betriebsrenten vor allem zu Beginn der 70er Jahre inspirierten § 16 BetrAVG erfolgt. In den von § 16 BetrAVG geregelten Fallkonstellationen spielen neben den Existenzbedürfnissen der Gläubiger auch der Entgeltcharakter der Versorgungsleistungen und die gesetzgeberische Zielsetzung der Gleichstellung mit anderen Versorgungsempfängern eine Rolle.[225] Abweichend von der Konzeption der BAG-Rechtsprechung ist eine generelle, an eine 3-Jahres-Frist gebundene Anpas-

---

[220] *Staudinger-Schmidt* § 242 Rn. 1044.
[221] *Staudinger-Schmidt* § 242 Rn. 1044.
[222] Vgl. stellvertretend *Köhler* in: 50 Jahre Bundesgerichtshof, S. 295, 306 f. m. w. N. auf Literatur und Rechtsprechung.
[223] Neben einer eindeutigen Aussage in der Begründung des Regierungsentwurfs ergibt sich die Subsidiarität aus der Formulierung „... soweit unter Berücksichtigung... insbesondere der gesetzlichen Risikoverteilung... das Festhalten am unveränderten Vertrag nicht zugemutet werden kann.".
[224] Maßgeblich waren zwei Urteile des BAG v. 30.03.1973, AP Nr. 4 und 5 zu § 242 BGB Ruhegehalt; vgl. dazu die Übersicht bei *Blomeyer/Otto*, BetrAVG, § 16 Rn. 3.
[225] So sehr überzeugend BAG v. 30.03.1973, AP Nr. 4 zu § 242 BGB Ruhegehalt-Geldentwertung mit zust. Anm. von *Medicus*; MünchKomm-*Roth* § 242 Rn. 696.

sungsprüfungspflicht des Arbeitgebers vorgesehen. Damit verzichtet § 16 BetrAVG bewusst auf das Erreichen bestimmter „Opfergrenzen" und erzwingt die Prüfung der Vertragsanpassung sogar bei einer vorhersehbaren Geldentwertung. Unter anderem wegen dieser Besonderheiten lässt sich die Anpassungsprüfungspflicht des § 16 BetrAVG nicht mit der Lehre von der Geschäftsgrundlage in Einklang bringen.[226] Auf der Grundlage der Lehre von der Geschäftsgrundlage wäre außerdem nicht begründbar, warum die Geldentwertung nur nach Eintritt des Versorgungsfalles, nicht aber während der Anwartschaftszeit zu einer Anpassungsprüfung verpflichtet.[227]

Fraglich ist aber, ob die betriebliche Altersversorgung wirklich mit Sozialplanleistungen verglichen werden kann oder ob nicht eine abweichende Interessenlage besteht, die eine Analogie zu § 16 BetrAVG verbietet. Als wesentlicher Unterschied zwischen der Sozialplanleistung und dem betrieblichen Ruhegeld kommt vor allem der Entgeltcharakter des Ruhegeldes in Betracht. Schon in der Rechtsprechung des BAG der 60er Jahre hat sich der Gedanke durchgesetzt, dass die betriebliche Altersversorgung keine reine Fürsorgeleistung des Arbeitgebers ist, sondern Entgeltcharakter besitzt.[228] Als problematisch angesehen wurde allerdings die Tatsache, dass betriebliche Versorgungszusagen nicht zu einer bestimmten Arbeitsleistung verpflichten. Aus diesem Grund konnte sich das BAG nicht dazu entschließen, die betriebliche Altersversorgung in das synallagmatische Verhältnis zwischen Arbeitsleistung und Arbeitsentgelt einzupassen.[229] Das Gericht hielt es vor allem im Hinblick auf die Regelung des § 2 BetrAVG für angemessener, den Gegenseitigkeitscharakter auf die sog. Betriebstreue, d. h. auf die gesamte Dauer der Betriebszugehörigkeit des Arbeitnehmers zu beziehen.[230] Die neuere Regelung des § 1 Abs. 2 Nr. 3 BetrAVG, nach der auch Versorgungsleistungen auf der Grundlage einer Entgeltumwandlung zur betrieblichen Altersversorgung zählen, stellt diese Rechtsprechung erneut auf den Prüfstand.[231] Mit dem Verzicht auf einen bestimmten Geldbetrag wird die Verknüpfung zwischen Versorgungs- und Arbeitsleistung von den Vertragspartnern bewusst herbeigeführt. Zumindest in diesen Fällen sollte daher

---

[226] *Blomeyer*, RdA 2000, S. 279, 285; a. A. *Steinmeyer*, Altersversorgung, S. 140 ff.

[227] *Blomeyer*, RdA 2000, S. 279, 285.

[228] Vgl. die Darstellung des Meinungsumschwungs bei *Reuter*, Anm. zu BAG v. 13.03.1975, AP Nr. 167 zu § 242 BGB Ruhegehalt; für einen Entgeltcharakter vgl. BVerfG v. 14.08.1980, BVerfG 65, 196 m. w. N.; BAG v. 10.12.1971, AP Nr. 154 zu § 242 BGB Ruhegehalt, Bl. 5; *Schwerdtner*, Fürsorgetheorie, S. 150 ff.; *Waltermann*, NZA 1998, S. 505, 509.

[229] Ebenso z. B. *Zöllner/Loritz*, Arbeitsrecht, § 26 II Nr. 3, S. 326, der das Ruhegeld in eine eigene Kategorie einordnet; a. A. *Schwerdtner*, Fürsorgetheorie, S. 170 f.

[230] BAG v. 08.07.1972, AP Nr. 157 zu § 242 BGB Ruhegehalt, Bl. 3; BGH v. 28.09.1981, AP Nr. 12 zu § 7 BetrAVG; BAG v. 16.06.1990, AP Nr. 11 zu § 1 BetrAVG Lebensversicherung; ebenso z. B. *Wackerbarth*, Entgelt für Betriebstreue, S. 57 f. m. w. N.; *Waltermann*, NZA 1998, S. 505, 509.

[231] *Blomeyer*, RdA 2000, S. 279, 283.

anerkannt werden, dass die Vertragspartner durch die Vereinbarung der Versorgungszusage eine andere Form der im Synallagma zur Arbeitsleistung stehenden Arbeitsvergütung wählen.[232]

Unabhängig davon, ob das Ruhegeld im Gegenseitigkeitsverhältnis zur Betriebstreue oder zur Arbeitsleistung der Arbeitnehmer steht, unterscheidet es sich durch seinen Entgeltcharakter von den Sozialplanleistungen, die auch nicht im weiteren Sinne, also nur indirekt und gelockert als auf die Leistung des Arbeitnehmers bezogen verstanden werden können.[233] Der Sozialplangläubiger ist demnach im Gegensatz zum Ruhegeldgläubiger nicht schon deswegen besonders schutzwürdig, weil er vorgeleistet hat. Außerdem fehlt im Sozialplanrecht das öffentliche Interesse an einer Gleichstellung mit der gesetzlichen Altersversorgung. Eine Überprüfung der Angemessenheit der Bezüge in Analogie zu § 16 BetrAVG ist demnach wegen der unterschiedlichen Interessenlage beider Fallgestaltungen nicht angezeigt.

Da eine Analogie zu § 16 BetrAVG nicht in Betracht kommt, rückt § 313 BGB wieder ins Blickfeld. Bei einer Geldentwertung, die sich im Rahmen des Üblichen bewegt, ist wegen ihrer Vorhersehbarkeit von einer vertraglichen Risikoübernahme auszugehen.[234] Eine gewisse Geldentwertung muss bei Verträgen mit langer Laufzeit immer eingerechnet werden und gehört deshalb zum üblichen Gläubigerrisiko.[235] Selbst bei atypisch hoher Geldentwertung spricht das öffentliche Interesse nach überwiegender Ansicht[236] für eine Risikoverteilung auf den Geldgläubiger. Wer eine bestimmte Summe verspricht, verspricht damit in der Regel nicht eine bestimmte Menge an Kaufkraft. Maßgeblich bleibt die Summe. Dieser Grundsatz gründet sich auf das Allgemeininteresse an der Aufrechterhaltung des durch § 3 WährungsG positivrechtlich gesicherten Nominalprinzips und ist daher mehr gesetzlicher als vertraglicher Natur.[237] Von ihm kann ohne

---

[232] Ebenso *Blomeyer*, RdA 2000, S. 279, 283; *Hanau/Arteaga*, Gehaltsumwandlung, B Rn. 130 ff.; vgl. auch *Steinmeyer*, Altersversorgung, S. 67 ff.; zum Entgeltcharakter beitragsorientierter Versorgungszusagen vgl. *Wackerbarth*, Entgelt für Betriebstreue, S. 60 ff.

[233] Vgl. die Ausführungen im ersten Kapitel unter VII. 2. b).

[234] Krit. MünchKomm-*Roth* § 242 Rn. 694.

[235] Vgl. z. B. BGH v. 08.06.1979, WM 1979, 1212; BGH v. 17.12.1982, NJW 1983, 1309, 1310.

[236] Vgl. stellvertretend *Medicus*, Anm. zu BAG v. 30.03.1973, AP Nr. 4 zu § 242 BGB Ruhegehalt-Geldentwertung, Bl. 10.

[237] Vgl. z. B. BAG v. 30.03.1973, AP Nr. 4 zu § 242 BGB Ruhegehalt-Geldentwertung m. zust. Anm. von *Medicus*; BGH v. 28. 05.1973, BGHZ 61, 31, 38: Der Nominalismus gehöre zu den „tragenden Grundlagen unserer Rechts- und Wirtschaftsordnung"; krit. MünchKomm-*Roth* § 242 Rn. 539.

rechtfertigende Gründe nur dann abgewichen werden, wenn der Zweck des Nominalprinzips, der Schutz der Währungsordnung, unerreichbar geworden ist.[238]

Nicht um eine Geldsummen- sondern um eine Geldwertschuld handelt es sich dagegen bei der Verpflichtung zu einer Geldzahlung mit Versorgungscharakter. Die Zweckvereinbarung „Unterhalt" ist regelmäßig als „angemessener Unterhalt" zu deuten. In diesen Fällen besteht eine besondere Schutzwürdigkeit des Gläubigers, hinter der das öffentliche Interesse an der Aufrechterhaltung des Nominalprinzips zurückstehen muss.[239] Eine Geschäftsgrundlagenstörung kommt in diesen Fällen schon dann in Betracht, wenn der Betrag für einen angemessenen Unterhalt des Versorgungsempfängers nicht mehr ausreicht.[240] Umgekehrt kann im Fall der Geldwertsteigerung der Unterhaltszweck auch gegen den Schuldner ins Gewicht fallen, wenn die Kaufkraft des vorgesehenen Betrages unvorhergesehen das zum Unterhalt Angemessene wesentlich übersteigt.[241] Maßstab sollte im Regelfall der Lebenshaltungskostenindex sein.[242] In diesem Sinne erklärte das BAG[243] den Arbeitgeber gestützt auf die Aufwertungsrechtsprechung des RG[244] für verpflichtet, mit den Empfängern von Betriebsrenten über eine Angleichung der Versorgung zu verhandeln, wenn seit der letzten Absprache über das Ruhegeld eine mindestens 40%ige Verteuerung der Lebenshaltungskosten eingetreten war. Auch in diesen „Versorgungsfällen" ist allerdings eine Berufung auf die Verwirklichung vorhersehbarer Risiken nicht möglich. Die Aufwertungsrechtsprechung des RG betraf die immense Geldinflation nach dem ersten Weltkrieg und die darauf folgende Währungsreform. Sie lässt sich deshalb nicht problemlos auf die schleichende Geldentwertung nach 1950 übertragen.[245] Die derzeitige leichte Geldentwertung kann somit nicht berücksichtigt werden. Nur wenn es zu Entwicklungen kommt, die nicht vorhersehbar waren und aus diesem Grund nicht in den vertraglichen Risikobereich des betroffenen Vertragspartners gehören, kommt eine Anpassung des Vertrages gem. § 313 BGB in Betracht.

---

[238] *Medicus*, Anm. zu BAG v. 30.03.1973, AP Nr. 4 zu § 242 BGB Ruhegehalt-Geldentwertung, Bl. 11.

[239] Vgl. stellvertretend für die Rechtsprechung BGH v. 04.10.1988, BGHZ 105, 243, 245 f.; für die Lit. vgl. *Palandt-Heinrichs* § 313 Rn. 35 m. w. N.; *Medicus*, Allgemeiner Teil, § 53 III 2., Rn. 869; MünchKomm-*Roth* § 242 Rn. 696 mit einer Übersicht über die Entwicklung der Rechtsprechung; vgl. auch die amtliche Begründung in BT-DruckS. 14/6040 S. 176.

[240] *Medicus*, Allgemeiner Teil, § 53 III 2., Rn. 869.

[241] *Medicus*, Allgemeiner Teil, § 53 III 2., Rn. 869; vgl. auch die amtliche Begründung in BT-DruckS. 14/6040 S. 176.

[242] So auch *Medicus*, Anm. zu BAG v. 30.03.1973, AP Nr. 4 zu § 242 BGB Ruhegehalt-Geldentwertung, Bl. 12; MünchKomm-*Roth* § 242 Rn. 697.

[243] Maßgeblich waren zwei Urteile des BAG v. 30.03.1973, AP Nr. 4 und 5 zu § 242 BGB Ruhegehalt; vgl. dazu die Übersicht bei *Blomeyer/Otto*, BetrAVG, § 16 Rn. 3.

[244] Vgl. RG v. 28.11.1923, RGZ 107, 78 ff.

[245] *Blomeyer*, RdA 2000, S. 279, 285.

2. Irrtümer über die wirtschaftliche Entwicklung des Unternehmens

Wie der Darstellung des Meinungsstandes zu entnehmen ist, soll nach der überwiegenden Ansicht in Literatur und Rechtsprechung ein Wegfall der Geschäftsgrundlage des Sozialplans dann angenommen werden können, wenn die spätere Entwicklung des Unternehmens anders verläuft als sich die Betriebspartnern das bei Aufstellung des Sozialplans vorgestellt haben. Im Allgemeinen fällt die Entwicklung der finanziellen Situation eines Vertragspartners in den Risikobereich des Betroffenen. Finanzielle Belastungen werden in marktwirtschaftlichen Ordnungssystemen grundsätzlich nicht als Entpflichtungsgründe anerkannt.[246] Die vertragliche Risikoverteilung kann auch deshalb nicht von der Leistungsfähigkeit der Vertragspartner abhängen, weil der Leistungsfähige ansonsten ein höheres Risiko zu tragen hätte, wofür er auch entsprechend entlohnt werden müsste.[247] Es handelt sich bei diesem Grundsatz allerdings um eine dispositive Risikotragungsregel, die gesetzlichen Spezialregelungen oder anderslautenden vertraglichen Vereinbarungen nicht im Wege steht.[248]

Wie in diesem Kapitel unter III. 1. ausgeführt worden ist, gibt es bei den üblichen Austauschverträgen keine von vornherein gemeinsam zu tragenden Risiken. Sie könnten ihre Grundlage nur darin finden, dass gemeinsame Interessen der beteiligten Parteien durch die Risikoverwirklichung berührt würden. In der Regel fehlt es jedoch an solchen Interessen. Lediglich im Hinblick auf die Abwicklung des Schuldverhältnisses innerhalb des gesetzlichen Rahmens existiert ein gemeinsames Interesse.[249] Bei der Aufstellung eines Sozialplans sind allerdings, wie sich dem Leitbild des § 112 Abs. 5 BetrVG entnehmen lässt, beide Vertragspartner verpflichtet, das Wohl des Betriebes und der Arbeitnehmer zu wahren. Die Berücksichtigung der zukünftigen Belange von Betrieb und Arbeitnehmern liegt somit im Interesse beider Vertragspartner. Hinzu kommt, dass der Betriebsrat im Rahmen der Unterrichtung gem. den §§ 106, 111 BetrVG sowie der Beratung der geplanten Betriebsänderung gem § 111 S. 1 BetrVG über die Vorstellungen des Unternehmers im Hinblick auf die weitere Entwicklung der wirtschaftlichen Situation und des Finanzbedarfs des Unternehmens informiert wird. Die wirtschaftliche Leistungsfähigkeit des Schuldners ist bei Sozialplänen

---

[246] Die Begründung des Regierungsentwurfs zum Schuldrechtsmodernisierungsgesetz spricht in BT-DrucksS. 14/6040 S. 132 von einem allgemein anerkannten Grundsatz, der jetzt in § 276 AbS. 1 S. 1 BGB n. F. „aus der Natur der Schuld" angesprochen werde; ausführlich dazu *Medicus*, AcP 188 (1988), S. 489 ff.; stellvertretend für die Rechtsprechung vgl. BGH v. 25.03.1982, BGHZ 83, 293, 300; vgl. auch *Palandt-Heinrichs* § 313 Rn. 37; *Otto*, Festschrift für Kissel, S. 787, 796 f. für den Tarifvertrag.

[247] *Köhler* in: 50 Jahre Bundesgerichtshof, S. 295, 303; *Medicus*, Allgemeiner Teil, § 53 III 2., Rn. 871.

[248] *Medicus*, AcP 188 (1988), S. 489, 504.

[249] *Lehmann*, JZ 1952, S. 10, 12; *Staudinger-Schmidt* § 242 Rn. 1141.

ein wesentlicher Umstand für die Bemessung der Höhe der Verpflichtung.[250] In der Regel wird der Sozialplan deshalb diesbezüglich auf der Grundlage gemeinsamer Vorstellungen der Betriebspartner zustande kommen.[251] Vor diesem Hintergrund muss im Sozialplanrecht ausnahmsweise der Frage nachgegangen werden, ob das Risiko einer späteren Fehlentwicklung auf beide Vertragspartner zu verteilen ist.[252]

Obwohl die Interessenlage beim Sozialplan nach dem Gesagten grundsätzlich für die Beachtlichkeit einer von den Vorstellungen der Parteien abweichenden Entwicklung der finanziellen Situation des Unternehmens spricht, gilt dies nicht für vorhersehbare Risiken. Vorhersehbare Risiken sind grundsätzlich als vertraglich übernommene und somit einer dispositiven gesetzlichen Risikoverteilung entzogene Risiken anzusehen.[253] Den Parteien ist es möglich, Vorsorge durch die Einfügung von Bedingungen, Anspruchsvoraussetzungen oder Anpassungsklauseln zu treffen. Als vertraglich übernommen sind demnach alle Entwicklungen der wirtschaftlichen Lage des Unternehmens anzusehen, die noch unter den Begriff der kleinen Geschäftsgrundlage zu fassen sind. Dass eine Sanierung fehlschlägt oder sich doch noch ein Käufer findet und eine Stilllegung deshalb vermieden werden kann, ist im Wirtschaftsverkehr üblicherweise vorhersehbar.

Gegen die Beachtlichkeit vorhersehbarer Risikoverwirklichungen hinsichtlich der späteren Entwicklung der finanziellen Situation der Beteiligten spricht nicht nur die vertragliche Risikoverteilung sondern auch der Prognose- und Vergleichscharakter des Sozialplans[254]. Der Sozialplan nimmt eine abweichende Entwicklung hinsichtlich der den Arbeitnehmern entstehenden Nachteile bewusst in Kauf. Die einmal vereinbarte Regelung bleibt unabhängig davon bestehen. Gleiches muss auch für die wirtschaftliche Entwicklung des Unternehmens gelten.[255] Wollte man bei diesen typischen Risiken grundsätzlich eine Anpassung gem. § 313 BGB zulassen, so könnte missbräuchlich das mit dem Betriebsrat ausgehandelte oder vor der Einigungsstelle erzwungene Ergebnis nachträglich „berichtigt" werden.[256] Der Sozialplan würde seinen Vergleichscharakter verlieren und damit für die Erfüllung seiner Lenkungs- und Befriedungsfunktion untauglich sein. Wie bereits im Zusammenhang mit der ordentlichen Kündbar-

---

[250] *Weitnauer*, ZfA 1977, S. 111, 150.
[251] *Meyer*, Abänderung, S. 70, 77.
[252] Ähnlich *Luding*, Beendigung, S. 76.
[253] Vgl. die Ausführungen in diesem Kapitel unter II. 2. a); speziell für den Sozialplan vgl. *Naendrup*, AuR 1984, S. 193, 199 Fn. 60.
[254] Vgl. dazu das zweite Kapitel unter II. 2. b) 2.).
[255] *Willemsen*, ZIP 1981, S. 1058, 1062.
[256] *Naendrup*, AuR 1984, S. 193, 201 für das außerordentliche Kündigungsrecht; *Winderlich*, BB 1994, S. 2483, 2487.

keit festgestellt worden ist, würde durch die Verschlechterung der Verhandlungsposition des Betriebsrates bei einer unter so einfachen Bedingungen erreichbaren unternehmerseitigen Loslösung vom Sozialplan auch die Überbrückungs- und Vorsorgefunktion des Sozialplans deutlich geschwächt. Der Schuldner trägt somit im Sozialplanrecht auch nach der gesetzlichen Risikoverteilung grundsätzlich das Risiko der Verschlechterung seiner finanziellen Situation.

Es muss aber gefragt werden, wie weit diese Risikoverteilung auch bei starken und sehr starken Abweichungen von den Vorstellungen der Parteien Geltung beansprucht. Der Prognose- und Vergleichscharakter des Sozialplans steht der Berücksichtigung nicht vorhersehbarer Entwicklungen der finanziellen Situation des Unternehmens deswegen nicht entgegen, weil Prognose und Vergleich sich nur auf vorhersehbare Entwicklungen erstrecken können. Der Zwangscharakter, den der Sozialplan für den Arbeitgeber hat, wäre vor allem vor dem Hintergrund der dadurch beschnittenen Grundrechte (Art. 14, 12, 2 Abs. 1 GG) unverhältnismäßig, wenn der Unternehmer an Sozialplanregelungen selbst bei unvorhersehbaren Entwicklungen seiner finanziellen Situation festgehalten würde. Allerdings ist die Wahrscheinlichkeit unvorhergesehener Umwälzungen abhängig von der Vertragsdauer. Je kürzer der Zeitraum ist, in dem der Sozialplan durchgeführt wird, desto leichter können die Betriebspartner oder die Einigungsstelle die kommende Entwicklung übersehen.[257] Als Begründung für eine Sozialplananpassung werden deswegen regelmäßig nur Tatbestände der sogenannten großen Geschäftsgrundlage, also Störungen der Sozialexistenz in Betracht kommen. Gleiches gilt für Veränderungen der wirtschaftlichen Situation des Unternehmens oder der den Arbeitnehmern durch die Betriebsänderung entstehenden Nachteile, die auf Gesetzesänderungen zurückzuführen sind. Nur soweit die betreffende Gesetzesänderung nicht vorhersehbar war, kann sie zu einer Störung der Geschäftsgrundlage führen.[258] Ob das Unternehmen aufgrund der unvorhergesehenen Entwicklung in eine konkursgleiche Situation gerät, ist jedenfalls in diesem Zusammenhang irrelevant.[259] Häufig begleiten Sozialpläne Betriebsänderungen, die mit finanziellen Schwierigkeiten des Unternehmens in Zusammenhang stehen. Die Gefahr einer Insolvenz wird da in der Regel vorhersehbar sein. Auf die Frage, ob die Insolvenz oder die Gefahr einer Insolvenz aus anderen Gründen zu einer Störung der Geschäftsgrundlage führen kann, wird an anderer Stelle noch einzugehen sein.

---

[257] So auch *Hey*, ZfA 2002, S. 275, 280 f. für den Tarifvertrag.

[258] *Willemsen*, ZIP 1981, S. 1058, 1063; *Däubler*, NZA 1985, 545, 551 will im Gleichklang mit der Rechtslage bei betrieblichen Versorgungsordnungen dann von einem Wegfall der Geschäftsgrundlage ausgehen, wenn eine Gesetzesänderung dem Sozialplan die Basis entzogen hat; ähnlich *Hilger*, Festschrift für Larenz, S. 241, 250.

[259] A. A. *Meyer*, NZA 1995, S. 974, 984.

Trotz Vorhersehbarkeit ist eine Berufung auf die spätere Entwicklung der finanziellen Situation des Unternehmens dann möglich, wenn die Betriebspartner die Folgen der fraglichen Risikoverwirklichung bewusst nicht im Vertrag geregelt haben. Wie die unbestrittene Möglichkeit, für den Krisenfall ein ordentliches Kündigungsrecht vorzusehen zeigt, ist die dargestellte gesetzliche Risikoverteilung im Sozialplanrecht insoweit dispositiv. Denkbar ist eine Berufung auf die Lehre der Geschäftsgrundlage im Fall einer wirtschaftlichen Krise des Unternehmens zum Beispiel dann, wenn die Parteien sich über die Folgen einer möglichen Notlage nicht einigen konnten und diesen Punkt deshalb nicht geregelt haben. Allerdings muss aus den Umständen eindeutig erkennbar sein, dass die Parteien die Folgen des fraglichen Risikos von der vertraglichen Regelung ausnehmen wollten. Sozialpläne sind als betriebliche Normenverträge wie Tarifverträge auszulegen. Das bedeutet, dass sie, obwohl sie als privatrechtlicher Vertrag zustande kommen, allgemein den Regeln für die Gesetzesauslegung[260] unterstellt werden.[261] Wichtigster Unterschied zur Auslegung von Verträgen ist, dass der maßgebliche Wille des Normgebers zumindest andeutungsweise in der Regelungsordnung Niederschlag gefunden haben muss.[262]

Abschließend kann festgestellt werden, dass die finanzielle Entwicklung des Unternehmens im Sozialplanrecht dann zu einer gem. § 313 BGB beachtlichen Geschäftsgrundlagenstörung führen kann, wenn sie für die Parteien nicht vorhersehbar war oder von ihnen bewusst nicht geregelt worden ist. Gleiches gilt für das Risiko einer von den Erwartungen der Betriebspartner abweichenden Entwicklung der den Arbeitnehmern durch die Betriebsänderung entstehenden Nachteile.

3. Änderungen bei der Durchführung der Betriebsänderung

Nach einer verbreiteten Ansicht in der Literatur[263] soll ein Wegfall der Geschäftsgrundlage dann vorliegen, wenn der Unternehmer eine andere als die geplante Betriebsänderung durchführt. Geschäftsgrundlage wäre demnach die im jeweiligen Interessenausgleich konkret beschriebene oder ohne Vereinbarung

---

[260] Vgl. den Überblick bei *Palandt-Heinrichs* Einl. Rn. 34 ff.

[261] Vgl. für den Sozialplan BAG v. 25.10.1983, Az. 1 AZR 225/82, Juris Nr. KARE 266150303 (20.06.2003); für die Betriebsvereinbarung differenzierend und sehr ausführlich mit vielen weiteren Nachweisen auf Literatur und Rechtsprechung GK-*Kreutz* § 77 Rn. 63 ff.; vgl. auch *Fitting* §§ 112, 112a Rn. 175 mit Hinweisen auf die neuere Rechtsprechung.

[262] Vgl. BVerfG v. 23.04.1986, BVerfGE 73, S. 261, 268; *Hess/Schlochauer/Glaubitz-Hess* § 77 Rn. 60 m. w. N. auch auf die höchstrichterliche Rechtsprechung; GK-*Kreutz* § 77 Rn. 65; MünchKomm-*Mayer-Maly/Busche* § 133 BGB Rn. 35. Ansonsten besteht zwischen der Vertrags- und der Gesetzesauslegung kein unüberbrückbarer Gegensatz. Die Prinzipien der §§ 133, 157 BGB sind hier ebenfalls anzuwenden, vgl. *Hess/Schlochauer/Glaubitz-Hess* § 77 Rn. 60 und GK-*Kreutz* § 77 Rn. 64.

[263] Vgl. die Darstellung des Meinungsstandes unter II.

eines Interessenausgleichs dem Sozialplan zugrundegelegte Betriebsänderung. Bevor jedoch auf die Möglichkeit einer Störung der Geschäftsgrundlage eingegangen werden kann, ist zu untersuchen, welche Folgen Änderungen bei der Durchführung der Betriebsänderung für die Entstehung der Ansprüche aus dem Sozialplan nach sich ziehen. Kommt es in diesen Fällen gar nicht zur Entstehung von Ansprüchen, ist eine Berufung auf die Lehre von der Geschäftsgrundlage für die Vertragspartner nicht von Interesse.[264]

a) Der Zeitpunkt der Entstehung von Abfindungsansprüchen

Der vom Sozialplan bedachte Arbeitnehmer erhält einen unmittelbaren Rechtsanspruch auf die versprochene Sozialplanleistung.[265] Die Festlegung des Entstehungszeitpunkts dieser Ansprüche fällt in die Regelungszuständigkeit der Betriebspartner. Die Bestimmung des Entstehungszeitpunkts bereitet immer dann keine Schwierigkeiten, wenn diesbezüglich eine eindeutige Regelung getroffen wurde. Die Anspruchsentstehung kann beispielsweise mit einem nach dem Kalender bezeichneten Stichtag oder mit dem Eintritt eines mit der Betriebsänderung zusammenhängenden Ereignisses verknüpft werden.[266] Allerdings zeigen die in der Praxis auftretenden Konflikte, dass trotz der Forderung von Rechtsprechung und Literatur nach klaren Formulierungen im Bereich der betrieblichen Normsetzung[267] der Entstehungszeitpunkt von Ansprüchen aus Sozialplänen häufig gar nicht oder zumindest nicht eindeutig geregelt ist. In diesem Fall muss der maßgebliche Zeitpunkt durch eine an den Zielsetzungen des Sozialplans orientierte Auslegung ermittelt werden. Die nachfolgenden Ausführungen beziehen sich exemplarisch auf die Entstehung von Ansprüchen, die auf die Zahlung einer Abfindung gerichtet sind.[268]

Fraglich ist, ob bei der Auslegung des Sozialplans die Vorschriften über Bedingungen und Zeitbestimmungen (§§ 158-163 BGB) herangezogen werden dürfen. *Hansen*[269] ist der Ansicht, dass die Anwendung dieser Vorschriften obwohl

---

[264] So *Winderlich*, BB 1994, S. 2483, 2483; inkonsequent *Beseler*, Abänderung, S. 230, der bei der Durchführung einer anderen als der geplanten Betriebsänderung zwar das Entstehen der Ansprüche verneint, dem Unternehmer aber dennoch ein Rücktrittsrecht wegen Wegfalls der Geschäftsgrundlage zugesteht; inkonsequent auch *Luding*, Beendigung, der auf S. 53 davon ausgeht, dass der Sozialplan leer läuft, wenn eine andere als die geplante Betriebsänderung durchgeführt wird und auf S. 69 bei jeder Abweichung von der im Interessenausgleich festgelegten Betriebsänderung einen Wegfall der Geschäftsgrundlage annimmt.

[265] GK-*Fabricius/Oetker* §§ 112, 112a Rn. 113.

[266] *Hansen*, NZA 1985, S. 609, 610.

[267] Vgl. stellvertretend BAG v. 11.06.1975, AP Nr. 1 zu § 77 BetrVG 1972 Auslegung.

[268] Die Untersuchung des Entstehungszeitpunkts aller denkbaren Sozialplanleistungen ist verzichtbar, weil die anhand der wichtigsten Sozialplanleistung, der Abfindung, herausgearbeiteten Grundsätze insoweit übertragbar sind.

[269] *Hansen*, NZA 1985, S. 609, 610.

verlockend – daran scheitert, dass die §§ 158-163 BGB nur solche Bedingungen und Zeitbestimmungen betreffen, die mit Rechtsgeschäften verknüpft sind. Sowohl auf die Voraussetzungen von Rechtsnormen als auch auf Rechtsbedingungen seien sie weder direkt noch entsprechend anwendbar. Dem ist aus zweierlei Gründen zu widersprechen. Erstens sind, wie bereits mehrfach betont worden ist, die Regeln des Bürgerlichen Rechts über Rechtsgeschäfte grundsätzlich anwendbar, wenn die Doppelnatur des Sozialplans als Normenvertrag dem nicht entgegensteht. Gründe, die gegen eine Anwendung der Vorschriften über Bedingungen und Zeitbestimmungen sprechen könnten, sind aber nicht ersichtlich.[270] Wenn die Betriebspartner kraft ihres Parteiwillens eine Bestimmung in den Sozialplan einfügen, die die Rechtswirkungen des Rechtsgeschäfts vom Eintritt eines zukünftigen ungewissen Ereignisses abhängig macht, ist darin deshalb eine echte Bedingung[271] i. S. des § 158 Abs. 1 BGB zu sehen.[272]

Die grundsätzliche Anwendbarkeit der §§ 158-163 BGB ist aber, und das ist der zweite Kritikpunkt, im vorliegenden Zusammenhang weder verlockend noch weiterführend. Es ist lediglich eine Frage der Perspektive, ob man hinsichtlich eines Entstehungsmerkmals von Sozialplanansprüchen von einer aufschiebenden Bedingung oder einer tatbestandlichen Voraussetzung für die Entstehung eines gesetzlichen Schuldverhältnisses[273] ausgeht. Für den normunterworfenen Arbeitnehmer handelt es sich bei den „Bedingungen" des Sozialplans um anspruchsbegründende normative Tatbestandsvoraussetzungen. Aus der Sicht des Vertragspartners und Mit-Normgebers hängt die Wirkung des Sozialplans vom Eintritt ungewisser zukünftiger Ereignisse, eben aufschiebenden Bedingungen i. S. der §§ 158 ff. BGB ab. Allerdings interessieren in diesem Verhältnis nicht die „Bedingungen" der Entstehung einzelner Sozialplanansprüche, sondern nur die Voraussetzungen der generellen Wirksamkeit der Vereinbarung. Von einer aufschiebenden Bedingung wird deshalb richtigerweise nur dann gesprochen, wenn etwa die Wirksamkeit des Sozialplans von einer Zweckzuwendung durch eine Behörde[274] oder der Durchführung einer bestimmten Betriebsänderung[275] abhängig gemacht wurde und nicht, wenn es um Voraussetzungen der einzelnen Ansprüche aus dem Sozialplan, wie die Nichtablehnung eines zumutbaren anderen Arbeitsplatzes durch den Normunterworfenen geht. Da es zur Beurteilung des Zeitpunktes der Anspruchsentstehung im konkreten Einzelfall auf die Perspektive des jeweiligen Normunterworfenen ankommt, können die § 158 ff. BGB

---

[270] So geht auch das BAG in einer Entscheidung v. 11.08.1993, AP Nr. 70 zu § 112 BetrVG 1972 ohne weiteres von der Zulässigkeit der Vereinbarung einer aufschiebenden Bedingung im Sozialplan aus.

[271] Vgl. dazu BGH v. 30.05.1958, BGHZ 27, 360, 367.

[272] So auch LAG Frankfurt am Main v. 21.19.1984, NZA 1985, 634.

[273] So *Hansen*, NZA 1985, S. 609, 610.

[274] So im Fall der Entscheidung des BAG v. 11.08.1993, AP Nr. 70 zu § 112 BetrVG 1972.

[275] Vgl. *Löwisch*, Festschrift für Dieterich, S. 345, 353 zum vorsorglichen Sozialplan.

nicht weiterhelfen. Es ist stattdessen auf die Kriterien der Entstehung gesetzlicher Schuldverhältnisse abzustellen. Ein gesetzliches Schuldverhältnis entsteht, sobald sämtliche tatbestandlichen Voraussetzungen der zugrunde liegenden Vorschrift erfüllt sind. Daraus folgt, dass den begünstigten Arbeitnehmern ein Anspruch auf Sozialplanleistungen dann zusteht, wenn der gesetzliche Tatbestand durch das Eintreten der letzten Anspruchsvoraussetzung erfüllt worden ist.[276]

Prinzipiell kommen als Anknüpfungspunkte für die Anspruchsentstehung folgende Zeitpunkte in Betracht[277]:

- Das Zustandekommen des Sozialplans
- Der Beginn oder das Ende der Durchführung der Betriebsänderung
- Der Ausspruch der im Zusammenhang mit der Betriebsänderung erfolgenden Kündigungserklärung
- Der Zugang der im Zusammenhang mit der Betriebsänderung erfolgenden Kündigungserklärung
- Der Ablauf der Klagefrist gem. § 4 KSchG
- Das tatsächliche Ausscheiden des betroffenen Arbeitnehmers aus dem Betrieb
- Der Zeitpunkt, in dem die abschließende Beurteilung des Vorliegens einer negativen Tatbestandsvoraussetzung[278] möglich ist

1.) Der Meinungsstand

In Literatur und Rechtsprechung wird die Entstehung von Ansprüchen auf Sozialplanleistungen kontrovers diskutiert. Nach Ansicht des BAG[279] entsteht der

---

[276] BAG v. 13.12.1994, AP TVG § 4 Rationalisierungsschutz Nr. 6, Bl. 3; *Hansen*, NZA 1985, S. 609, 610.

[277] Die Liste wurde teilweise in Anlehnung an eine ähnliche Aufstellung bei *Hansen*, NZA 1985, S. 609, 610 erstellt; vgl. auch *Meyer*, Abänderung, S. 128.

[278] Unzulässig ist gem. BAG v. 20.12.1983, AP BetrVG 1972 § 112 Nr. 17 die Anknüpfung an die Abgabe einer Verzichtserklärung; zu den vielfältigen sonstigen Gestaltungsmöglichkeiten vgl. *Hansen*, NZA 1985, S. 609, 610.

[279] Vgl. BAG v. 13.12.1994, AP TVG § 4 Rationalisierungsschutz Nr. 6, Bl. 3; BAG v. 28.08.1996, BAGE 84, 62, 66 mit zust. Anm. von *Schaub*, EwiR 1997, S. 101, 102; LAG Hessen v. 27.10.1998, AiB 1999, 526 f.; so auch *Luding*, Beendigung, S. 105; *Fitting* §§ 112, 112a Rn. 181 im Widerspruch zur Aussage in Rn. 174; *Pottmeyer*, Anm. zu BAG v. 10.08.1994, SAE 1995, S. 304, 307; unklar im Zusammenhang mit der Frage der Vererbung von Abfindungsansprüchen: BAG v. 25.09.1996, AP BetrVG 1972 § 112 Nr. 105, Bl. 3; für die im Aufhebungsvertrag vereinbarte Abfindung wegen einer Frühpensionierung sprach sich das BAG in einer Entscheidung v. 26.08.1997 (AP BGB § 620 Aufhebungsvertrag Nr. 8, Bl. 2) für den Zeitpunkt der tatsächlichen Beendigung des Arbeitsverhältnisses aus.

Abfindungsanspruch in Zweifelsfällen[280] unabhängig von einer genauen Regelung des Fälligkeitszeitpunktes mit dem Ausspruch der Kündigung. Zu diesem Zeitpunkt sei aus der Sicht des Arbeitgebers alles getan, dessen es zur Beendigung des Arbeitsverhältnisses bedürfe. Der gekündigte Arbeitnehmer wisse, dass sein Arbeitsverhältnis enden wird und richte sich auf die ihm in Aussicht gestellte Abfindungszahlung ein.[281] *Oetker*[282] stimmt dem grundsätzlich zu, weist aber ergänzend darauf hin, dass die rechtsgestaltende Wirkung der Kündigung eine Kündigungserklärung erfordert, die alle Wirksamkeitsvoraussetzungen erfüllt. Die Kündigungserklärung müsse deshalb auch zugegangen sein, um als Anknüpfungspunkt für die Anspruchsentstehung dienen zu können.

Daneben wird in der Literatur[283] teilweise ein – allerdings nicht konsequent durchgehaltener - kollektiver Ansatz vertreten, der nach dem Entstehungszeitpunkt des Sozialplans differenziert. Bei einer Sozialplanaufstellung vor Durchführung der Betriebsänderung wird deren Beginn als Zeitpunkt der Anspruchsentstehung angesehen. Ob die Arbeitnehmer infolge der Betriebsänderung tatsächlich wirtschaftliche Nachteile erleiden, soll für die Anspruchsentstehung unerheblich sein. Grund dafür sei der gesetzliche Zweck des Sozialplans, der im Ausgleich oder der Milderung der wirtschaftlichen Nachteile bestehe, die den Arbeitnehmern aufgrund der geplanten Betriebsänderung *drohen* (vgl. § 111 S. 1 BetrVG). Maßgeblich sei der Eintritt der Situation, die nach der legislatorischen Wertung derartige Nachteile typischerweise verursache.[284] Diese Situation liege regelmäßig dann vor, wenn aufgrund einer Betriebsänderung die Auflösung der Arbeitsverhältnisse irreversibel geworden sei, also spätestens bei Beginn der Umsetzung der geplanten Betriebsänderung.[285] Das Auslaufen von Kündigungsfristen oder die Fortsetzung einzelner Arbeitsverhältnisse zum Zwecke von Abschlussarbeiten ändere nichts daran, dass die durch die Durchführung der Betriebsänderung drohenden Nachteile nunmehr konkret ausgelöst worden seien.[286]

---

[280] Häufig wird als Voraussetzung eines Abfindungsanspruchs in Sozialplänen lediglich eine betriebsbedingte Kündigung durch den Arbeitgeber gefordert. Enthält der Sozialplan weitere oder genauer formulierte Anspruchsvoraussetzungen, ergibt sich der Entstehungszeitpunkt meist unproblematisch aus dem Vertrag. Normiert der Sozialplan als Voraussetzung des Abfindungsanspruchs die Freisetzung des betroffenen Arbeitnehmers, geht das BAG (v. 24.04.1997, AuA 1997, 206 ff.) beispielsweise davon aus, dass der Abfindungsanspruch erst mit der Beendigung seines Arbeitsverhältnisses, also mit Ablauf der Kündigungsfrist entsteht, vgl. auch LAG Frankfurt a. M. v. 21.08.1984, NZA 1985, 634.

[281] BAG v. 13.12.1994, AP TVG § 4 Rationalisierungsschutz Nr. 6, Bl. 3.

[282] *Oetker*, Anm. zu BAG v. 13.12.1994, EwiR 1995, S. 913, 914.

[283] *Hansen*, NZA 1985, S. 609, 612; ebenso *Fitting* § 112, 112a Rn. 174 im Widerspruch zu seiner Aussage in Rn. 181.

[284] *Hansen*, NZA 1985, S. 609, 611.

[285] *Hansen*, NZA 1985, S. 609, 611.

[286] *Hansen*, NZA 1985, S. 609, 611.

Berücksichtigt der Sozialplan auch solche Arbeitnehmer, die im Hinblick auf die Betriebsänderung selbst kündigen oder einen Auflösungsvertrag abschließen, soll es zu den notwendigen irreversiblen Auswirkungen in dem Augenblick kommen, in dem die durch das Betriebsänderungsvorhaben ausgelösten rechtsgeschäftlichen Gestaltungen das bisherige Arbeitsverhältnis ablösen. Dies sei zu dem durch die Eigenkündigung bestimmten Kündigungstermin oder in dem im Aufhebungsvertrag vereinbarten Beendigungszeitpunkt der Fall. Bis dahin könne die Kündigung mit Zustimmung des Arbeitgebers zurückgenommen und die Auflösungsvereinbarung vertraglich aufgehoben werden, wodurch die Fortsetzung des Arbeitsverhältnisses möglich sei.[287]
Wird der Sozialplan nach oder während der Durchführung der Betriebsänderung aufgestellt, sollen die für die Anspruchsentstehung maßgeblichen Faktoren schon vorliegen. Die Ansprüche entstünden deshalb mit dem Abschluss des Sozialplans, wobei unerheblich sei, ob die begünstigten Arbeitnehmer im Zuge der Betriebsänderung bereits entlassen oder nur in die weiteren Personalmaßnahmen fest einbezogen worden seien.[288] Enthalte der Sozialpan negative Tatbestandsmerkmale im Zusammenhang mit einer Frist, so lasse das darauf schließen, dass die Normsetzer von einem erweiterten Begriff des Arbeitsplatzverlustes ausgegangen seien, der, wie § 112 Abs. 5 Nr. 2 S. 2 BetrVG zeige, auch den legislatorischen Wertungen des BetrVG entspreche. Abfindungsansprüche würden deshalb nicht durch den Eintritt des negativen Merkmals zum Erlöschen gebracht, sondern entstünden erst zum Fristende.[289]

Diese kollektive Betrachtungsweise ist nach Ansicht *Meyers*[290] mit § 112 Abs. 1 S. 2 BetrVG nicht vereinbar. Lege man die Betonung auf das Wort „entstehen" in § 112 Abs. 1 S. 2 BetrVG, so werde klar, dass die Entstehung von Ansprüchen aus Sozialplänen an den Eintritt konkreter Nachteile geknüpft sein müsse, die eine in Planung befindliche Betriebsänderung allein noch nicht auslöse. Gem. § 111 S. 1 BetrVG setze das Mitbestimmungsrecht voraus, dass die Betriebsänderung wesentliche Nachteile nach sich ziehe. Schon bei reiner Wortlautbetrachtung bestehe demnach der Schutzzweck des Sozialplans darin, bereits entstandene wirtschaftliche Nachteile auszugleichen. Außerdem spreche der Gesetzeszusammenhang gegen den kollektiven Ansatz. Zwar sei eine Pauschalierung von Nachteilen aus Praktikabilitätsgründen möglich, das BeschFG von 1985 fordere jedoch eine stärkere Einzelfallbetrachtung der durch die Betriebsänderung entstehenden Nachteile.[291] Vor allem aber bedürfe die Betriebsände-

---

[287] *Hansen*, NZA 1985, S. 609, 611.
[288] *Hansen*, NZA 1985, S. 609, 611; ebenso *Fitting* § 112, 112a Rn. 174.
[289] *Hansen*, NZA 1985, S. 609, 611 f.
[290] *Meyer*, NZA 1995, S. 974, 981; *ders.*, Abänderung, S. 131 f.; *ders.*, Anm. zu BAG v. 28.08.1996, AP Nr. 104 zu § 112 BetrVG 1972.
[291] Vgl. dazu *Berenz*, Neuregelung, S. 38 f.

rung stets der individualrechtlichen[292] Umsetzung entsprechend den Festlegungen im Interessenausgleich. Der Entstehungszeitpunkt einer Sozialplanabfindung falle deshalb auf den Tag des Ausscheidens aus dem Betrieb. Erst zu diesem Zeitpunkt werde das Arbeitsverhältnis rechtswirksam beendet, wodurch der Arbeitnehmer regelmäßig konkrete Nachteile erfahre.[293]

2.) Stellungnahme

Meyer ist zwar im Ergebnis, nicht aber in der Begründung, zu folgen. Selbst nach seiner Ansicht, dient der Sozialplan dem Ausgleich und der Milderung drohender Nachteile. Im zweiten Kapitel ist unter II. 2. b) 2.) dargestellt worden, dass der Sozialplan eine von der notwendigen Prognose abweichende spätere Entwicklung grundsätzlich in Kauf nimmt. Das BetrVG verlangt bei der Aufstellung des Sozialplans eine Einzelfallbetrachtung, nicht aber bei der Anspruchsentstehung. *Hansen* stellt deshalb zu Recht auf den Zeitpunkt ab, der die befürchteten Nachteile typischerweise zur Folge hat. Richtig ist auch, dass der Sozialplan die Anspruchsentstehung grundsätzlich an den irreversiblen Eintritt des Umstandes knüpft, der die Gefahr wirtschaftlicher Nachteile für die Arbeitnehmer mit sich bringt. *Hansen* irrt aber, wenn er den Beginn der Durchführung der Betriebsänderung für den maßgeblichen Zeitpunkt hält. Der Gesetzgeber hat dem Unternehmer in den §§ 111 ff. BetrVG die Entscheidungsfreiheit über die Durchführung der Betriebsänderung belassen. Selbst nach dem Abschluss von Interessenausgleich und Sozialplan kann der Arbeitgeber die Betriebsänderung nicht oder anders durchführen. Sogar wenn der Unternehmer mit der Betriebsstilllegung schon begonnen hat und ein Teil der Arbeitnehmer bereits entlassen worden ist, kann z. B. noch ein Käufer gefunden werden, der den Betrieb mit allen Arbeitnehmern übernehmen will. In diesem Fall würden die ungekündigten Arbeitnehmer nicht entlassen. Bei laufender Kündigungsfrist würde die Kündigung „zurückgenommen"[294]. Die Tatsache, dass nach Zugang der Kündigungserklärung eine „Rücknahme" nur mit Zustimmung durch den Arbeitnehmer möglich ist, spielt in diesem Zusammenhang keine Rolle. Macht der alte oder neue Arbeitgeber ein Vertragsangebot während des Laufs der Kündigungsfrist, so geht die Auflösung des Arbeitsverhältnisses in letzter Instanz auf den Arbeitnehmer zurück, wenn dieser das Angebot ablehnt, etwa weil er einen besseren Arbeitsplatz gefunden hat. In diesem Fall ist der betroffene Arbeitnehmer in Bezug auf die Sozialplanabfindung nicht schutzwürdig. Sozialplanansprüche ent-

---

[292] *Meyer* nennt seine Theorie zum Entstehungszeitpunkt deshalb „konkret-individualrechtliche" Theorie.

[293] So im Ergebnis auch *Bopp/Gross*, Mitbestimmung des Betriebsrates, F S. 218; *Röder/Baeck*, Interessenausgleich und Sozialplan, S. 151; wohl auch *Richardi-Annuß* § 112 Rn. 199.

[294] Rechtlich kann der Arbeitgeber die zugegangene Kündigungserklärung natürlich nicht zurücknehmen. Er kann allerdings ein Angebot auf Neuabschluss eines Arbeitsvertrages abgeben.

stehen deshalb regelmäßig nur dann, wenn das Arbeitsverhältnis tatsächlich aufgelöst wird. Einer nachträglichen Sozialplanänderung bedarf es bei nur teilweiser Durchführung der geplanten Betriebsänderung demnach nicht. Soweit der Sozialplan nicht zur tatsächlich durchgeführten Betriebsänderung passt, läuft er einfach leer. Viele Probleme, die zu dem Bedürfnis nach einer Änderung des Sozialplanes führen, entstehen bei dieser Auslegung von Sozialplänen gar nicht erst. Das Abstellen auf die Beendigung des Arbeitsverhältnisses hat außerdem den Vorteil einer konsequenten Lösung derjenigen Fälle, in denen der Sozialplan auch solche Arbeitnehmer erfasst, deren Arbeitsverhältnis durch Eigenkündigung oder Auflösungsvertrag endet.

Wird der Sozialplan während der Durchführung der Betriebsänderung aufgestellt, so entstehen die Ansprüche bereits ausgeschiedener Arbeitnehmer mit Inkrafttreten des Sozialplans. Hinsichtlich der noch ausstehenden Kündigungen gelten keine Besonderheiten gegenüber dem vor der Durchführung der Betriebsänderung aufgestellten Sozialplan. Wird der Sozialplan nach Durchführung der Betriebsänderung aufgestellt, entstehen sämtliche Ansprüche mit Inkrafttreten des Sozialplans. Enthält der Sozialplan negative Voraussetzungen hinsichtlich der Abfindungsansprüche, so muss im Einzelfall der Zweck dieser Regelungen untersucht werden. *Hansen* ist insoweit grundsätzlich zuzustimmen, als er das Verstreichen der für den Eintritt der negativen Voraussetzung gesetzten Frist für den maßgeblichen Zeitpunkt hält. Denkbar ist aber beispielsweise auch, dass die Betriebspartner nur den Fälligkeitszeitpunkt hinausschieben wollten.

Die Auflösung des Arbeitsverhältnisses führt allerdings nicht bei jeder beliebigen arbeitgeberseitigen Kündigung zur Anspruchsentstehung. Voraussetzung ist, dass die fragliche individualrechtliche Maßnahme auf die Durchführung der bei der Sozialplanaufstellung geplanten Betriebsänderung zurückgeht.[295] Die Erzwingbarkeit des Sozialplans setzt gem. den §§ 111 ff. BetrVG voraus, dass eine bestimmte Betriebsänderung geplant ist. Ein Sozialplan, der sich auf die §§ 111 ff. BetrVG stützt, muss deshalb auf die geplante Betriebsänderung bezogen sein. Bei Planung oder Durchführung einer anderen Betriebsänderung kann der Betriebsrat die Aufstellung eines neuen Sozialplanes verlangen.[296] Mit diesem Recht des Betriebsrates vertrüge es sich nicht, wenn der Arbeitgeber bereits aus dem alten Sozialplan gegenüber den durch die neue Betriebsänderung belasteten Arbeitnehmern zu Abfindungszahlungen verpflichtet wäre.

---

[295] *Willemsen*, ZIP 1981, S. 1058, 1061.

[296] So im Ergebnis richtig *Richardi-Annuß* § 112 Rn. 70 unter falscher und überflüssiger Berufung auf einen Wegfall der Geschäftsgrundlage; vgl. auch den einer Entscheidung des BAG v. 26.08.1997 (AP Nr. 117 zu § 112 BetrVG 1972) zugrunde liegenden Fall, in dem ein sogenannter vorsorglicher Sozialplan nicht zur Anwendung kam, weil eine von ihm nicht geregelte Betriebsänderung statt der geplanten durchgeführt wurde.

Als Ergebnis kann festgehalten werden, dass Abfindungsansprüche aus Sozialplänen grundsätzlich dann entstehen, wenn im Zuge der im Zeitpunkt der Sozialplanaufstellung geplanten Betriebsänderung die den Arbeitnehmer belastende individualrechtliche Maßnahme zur Auflösung des Arbeitsverhältnisses geführt hat. Tritt der Sozialplan nach der Auflösung des Arbeitsverhältnisses in Kraft, so entstehen die Ansprüche mit Inkrafttreten des Sozialplans.

Für die Frage der Abänderbarkeit von Sozialplänen wegen einer Störung der Geschäftsgrundlage nach Durchführung einer anderen als der geplanten Betriebsänderung hat dieses Ergebnis folgende Bedeutung: Wird die zum Zeitpunkt der Sozialplanaufstellung geplante Betriebsänderung überhaupt nicht durchgeführt, so entstehen aus dem Sozialplan keine Ansprüche, weshalb eine Anpassung der Leistungspflichten nicht notwendig wird. Bei einer teilweisen Durchführung der geplanten Betriebsänderung entstehen nur für die mit irreversiblen nachteiligen individualrechtlichen Maßnahmen belegten Arbeitnehmer Sozialplanansprüche. Eine Anpassung des Sozialplans kommt bei dieser Fallkonstellation ebenfalls nicht in Betracht. Die entstandenen Sozialplanansprüche finden ihre Rechtfertigung in der Vornahme der belastenden Maßnahmen. Ob die Betriebsänderung über die fraglichen Maßnahmen hinaus durchgeführt wird, ist insoweit unerheblich.[297] Problematisch sind in diesem Zusammenhang Sozialpläne, die sich nicht auf eine im Sozialplan oder im Interessenausgleich genau bestimmte Betriebsänderung beziehen. Wenn in diesen Fällen nicht im Wege der – notfalls ergänzenden - Auslegung die anlassgebende Betriebsänderung näher bestimmt werden kann, bleiben die Betriebspartner an ihre Vereinbarung gebunden. Der Arbeitgeber hat sich – möglicherweise ungeschickt – auf einen Sozialplan eingelassen, der auf verschiedene Varianten einer Betriebsänderung Bezug nimmt. Da aber bei der späteren Durchführung einer völlig ungewöhnlichen Betriebsänderung die Auslegung regelmäßig ergeben wird, dass der Sozialplan leer läuft, bestehen gegen dieses Ergebnis auch unter Billigkeitsgesichtpunkten keine Bedenken.

4. Wirtschaftliche Not des Unternehmens

Vielfach wird vertreten, eine Loslösung vom aufgestellten Sozialplan sei unter Berufung auf § 313 BGB jedenfalls bei einer existenziellen Gefährdung des verpflichteten Unternehmens zulässig.[298] Andere Autoren weisen dagegen darauf hin, dass jeder Schuldner das Risiko der eigenen Zahlungsfähigkeit grundsätzlich selbst zu tragen habe, weshalb die finanzielle Situation des Betriebes nicht zur Geschäftsgrundlage erhoben werden dürfe.[299]

---

[297] Ähnlich auch *Willemsen*, ZIP 1981, S. 1058, 1061.
[298] Vgl. insoweit die Darstellung des Meinungsstandes unter II.
[299] Vgl. insoweit die Darstellung des Meinungsstandes unter II.

Wie im Zusammenhang mit der Fallgruppe der späteren Fehlentwicklung der wirtschaftlichen Situation des Unternehmens unter IV. 4. b) bereits dargestellt worden ist, werden finanzielle Belastungen in marktwirtschaftlichen Ordnungssystemen grundsätzlich nicht als Entpflichtungsgründe anerkannt. Weshalb die existenzielle wirtschaftliche Not einer Vertragspartei eine Ausnahme von diesem Grundsatz erlauben soll[300], ist unbegründet geblieben. Allerdings handelt es sich, auch das ist schon erwähnt worden, um einen dispositiven Rechtssatz. So spielt nach weit verbreiteter Ansicht die persönliche Leistungsfähigkeit des Schuldners etwa dann eine Rolle, wenn, wie bei Betriebsrenten vertragstypisch, die soziale Position der Vertragspartner für das vertragliche Regelwerk von Bedeutung war.[301] Da im Sozialplanrecht grundsätzlich beide Vertragspartner dem Wohl des Betriebes verpflichtet sind und außerdem die finanzielle Leistungsfähigkeit des Unternehmers bei der Bemessung der Sozialplanleistungen eine wichtige Rolle spielt, kommt eine Anpassung des Sozialplans bei unerwarteten Verschlechterungen der finanziellen Situation des Unternehmens durchaus in Betracht. Liegt eine Gefahr für die Existenz des Unternehmens vor, geht es um die weitergehende Frage, ob selbst bei vorhersehbaren finanziellen Fehlentwicklungen eine Störung der Geschäftsgrundlage bejaht werden kann. Zu weitgehend wäre die mit der Verpflichtung des Betriebsrates auf das Wohl des Betriebes begründete Fiktion eines Vorbehaltes existenzieller Krisen des Unternehmens bei jeder zwischen den Betriebspartnern geschlossenen Vereinbarung. Der Betriebsrat ist zwar dem Wohl des Betriebes verpflichtet, es steht ihm aber trotzdem frei, bei der Verfolgung der Arbeitnehmerinteressen solche Vereinbarungen zu treffen, die den Arbeitgeber auch in vorhersehbaren betrieblichen Notlagen zu Ausgleichszahlungen verpflichten. Das Vertragssystem ist insoweit eine ausreichende Sicherung des Unternehmers, der für den Fall einer existentiellen Krise des Unternehmens auf die Vereinbarung von Ausnahmeregelungen im Sozialplan hinwirken kann. Für die Verteilung des Risikos einer wirtschaftlichen Notlage des Unternehmens bedarf es demnach einer anderen Legitimation. Der gesuchte Ausnahmetatbestand muss sich aus dem Gesetz oder der vertraglichen Vereinbarung ergeben. Im Folgenden soll auf mögliche Begründungsansätze eingegangen werden.

---

[300] So z. B. BGH v. 29.04.1965, WM 65, 843, 845; offengelassen von BGH v. 26.05.1955, BGHZ 17, 317, 327; BGH v. 28.09.1964, WM 1964, 1253, 1254 f.; *Staudinger-Schmidt* § 242 Rn. 1098; a. A. BGH v. 13.07.1977, LM Nr. 87 § 242 (Bb) BGB m. w. N.; z. B. *Otto*, Festschrift für Kissel, S. 787, 796 f. für den Tarifvertrag.

[301] Vgl. BGH v. 26.05.1955, BGHZ 17, 317, 327; *Koller*, Risikozurechnung, S. 445; *Medicus*, AcP 188 (1988), S. 489, 504 ff.; MünchKomm-*Roth* § 242 Rn. 639.

a) Parallele zum einseitigen Widerrufsrecht bei Ruhegeldern

Durchlaub[302] vertritt die Auffassung, dass die vom BAG[303] entwickelte und später auf die Lehre von der Geschäftsgrundlage gestützte Rechtsprechung zur Kürzung betrieblicher Altersbezüge[304] bei wirtschaftlicher Notlage des Arbeitgebers auf die Kürzung von Sozialplanansprüchen übertragbar sei. Im Bereich der betrieblichen Altersversorgung sollen auf arbeitsvertraglicher Ebene[305] gewährte Betriebsrenten vorübergehend oder auf Dauer einseitig durch den Arbeitgeber gekürzt werden können, wenn sich die wirtschaftlichen Verhältnisse des Unternehmers so sehr verschlechtern, dass ihm infolge einer wirtschaftlichen Notlage die Erfüllung seiner vertraglichen Verpflichtungen nicht mehr zugemutet werden kann.

Die dogmatische Begründung des Widerrufsrechtes bei Ruhegeldern war immer umstritten.[306] § 7 Abs. 1 S. 3 Nr. 5 BetrAVG a. F., der eine Einstandspflicht des Pensionssicherungsvereins für den Fall der Ausübung des Widerrufsrecht bei wirtschaftlicher Notlage durch den Unternehmer statuierte, kommt als Rechtsgrundlage nicht in Betracht. Diese Arbeitnehmerschutzvorschrift enthielt ledig-

---

[302] So unter Zuhilfenahme eines gewagten Erst-Recht-Schlusses *Durchlaub*, DB 1980, S. 496-498; a. A. *Luding*, Beendigung, S. 142; *Naendrup*, AuR 1984, S. 193, 195.

[303] BAG v. 08.07.1972, AP Nr. 157 zu § 242 BGB Ruhegehalt mit zust. Anm. *von Uhlenbruck*; BAG v. 26.04.1988, BAGE 58, 167; vgl. ausführlich *Blomeyer/Otto*, BetrAVG, Vorbemerkung § 7 Rn. 82 ff.

[304] Vgl. die Grundsatzentscheidung BAG v. 10.12.1971, AP Nr. 154 zu § 242 BGB Ruhegehalt m. Anm. von *Hueck*; BAG v. 08.07.1972, AP Nr. 157 zu § 242 BGB Ruhegehalt; BAG v. 18.05.1977, AP Nr. 175 zu §242 BGB Ruhegehalt; vgl. auch BAG v. 16.09.1986, AP Nr. 17 zu § 77 BetrVG 1972; BAG v. 26.04.1988, BAGE 58, 167, 173 ff.; BAG v. 16.03.1993, AP Nr. 18 zu § 7 BetrAVG; zur Übertragung der Grundsätze auf die Versorgungsanwartschaften der aktiven Belegschaft, vgl. BAG v. 24.11.1977, AP Nr. 177 zu § 242 BGB Ruhegehalt; weitere Nachweise bei *Blomeyer/Otto*, BetrAVG, Vorbemerkung § 7 Rn. 82 ff.

[305] Anders gelagert ist die Anpassungsproblematik bei Versorgungsregelungen, die auf einem Kollektivvertrag beruhen. In diesem Fall beinhaltet die Normsetzungsmacht der Parteien grundsätzlich auch Verschlechterungen für die Betroffenen. Fraglich ist aber, welche Grenzen dieser Macht der Tarif- oder Betriebspartner zu ziehen sind, vgl. dazu *Zöllner/Loritz*, Arbeitsrecht, § 26 II 4. S. 329. Neben der Kündigungsmöglichkeit wird eine einseitige Anpassung oder Loslösung von den kollektivvertraglichen Verpflichtungen bei wirtschaftlicher Not des Unternehmers nach den Grundsätzen des Wegfalls der Geschäftsgrundlage nur bei Vorliegen eines Änderungsvorbehaltes diskutiert. Dann aber soll der Widerruf unter den gleichen Voraussetzungen wie bei einer einheitsvertraglichen Grundlage möglich sein. Zur Ablösung einer durch Betriebsvereinbarung statuierten Versorgungsordnung durch eine spätere Betriebsvereinbarung vgl. BAG v. 17.08.1979, AP Nr. 79 zu § 77 BetrVG 1972 m. w. N.; *Blomeyer/Otto*, BetrAVG, Einleitung Rn. 569, 601 ff.; vgl. zu den verschiedenen Fallgruppen der Ablösung von Ruhegeldordnungen auch *Ahrend/Förster/Rühmann*, BB 1987, Beilage Nr. 7, S. 2 ff.

[306] Vgl. die gute Darstellung der Problematik und der unterschiedlichen Lösungsansätze bei *Andresen/Förster/Rößler/Rühmann*, Arbeitsrecht der betrieblichen Altersversorgung, II, Teil 12 Rn. 165 ff.

lich ein Anerkenntnis aber keine Begründung des von der Rechtsprechung schon vorher ausgebildeten Widerrufsrechtes.[307] Vor diesem Hintergrund ist die Frage von Bedeutung, wie die Streichung der Einstandspflicht des Pensionssicherungsvereins im Zuge der Insolvenzrechtsreform[308] zu verstehen ist. Nach der Begründung des Gesetzentwurfs[309] war der Sicherungsfall der wirtschaftlichen Notlage aufgrund den von der Rechtsprechung des BAG aufgestellten Anforderungen[310] – Verbot eines Sonderopfers der Versorgungsberechtigten zur besseren Befriedigung anderer Gläubiger, Gebot eines aussichtsreichen Sanierungsplanes für das Unternehmen – so stark in die Nähe eines außergerichtlichen Vergleichs gerückt, dass er als gesonderter Sicherungsfall entbehrlich wurde. In aller Regel sei er ohnehin in einen außergerichtlichen Vergleich oder in ein Insolvenzverfahren eingemündet. Aufgrund des von der Rechtsprechung[311] hergestellten untrennbaren Zusammenhangs zwischen der Berechtigung zum Widerruf auf der einen und der gleichzeitigen Übernahme des widerrufenen Teils der Anwartschaft durch den Träger der Insolvenzsicherung auf der anderen Seite, ist mit der Streichung des Sicherungsfalles „wirtschaftliche Notlage“ der einseitige Widerruf der Anwartschaft durch den Arbeitgeber, jedenfalls unter den bisher verlangten Voraussetzungen, unmöglich geworden.[312] Das einseitige Widerrufsrecht, das schon wegen der fehlenden Einstandspflicht des Pensionssicherungsvereins, vor allem aber wegen den qualitativen Unterschieden zwischen der Ablösung arbeitsvertraglicher und kollektivrechtlicher Verpflichtungen, in das Sozialplanrecht nicht einfach übertragen werden konnte, existiert demnach nicht mehr.

Denkbar ist aber eine Rückbesinnung auf das Widerrufsrecht in seiner Ausgestaltung vor der gesetzlichen Regelung der Einstandspflicht des Pensionssicherungsvereins.[313] Der Blick auf die Entstehungsgeschichte des Widerrufsrechts zeigt auch, warum der Übertragbarkeit des Widerrufsrechtes, anders als bei § 16 BetrAVG, nicht bereits die fehlende Entgeltfunktion der Sozialplanansprüche

---

[307] Der Gesetzgeber wollte den Arbeitnehmern ihre Ruhegeldansprüche trotz Widerrufs der Versorgungszusage erhalten. Ob und wann der Widerruf möglich ist, wurde nicht geregelt. Hätte die Rechtsprechung die Widerrufsmöglichkeit später nicht mehr anerkannt, so hätte die Vorschrift ihren Anwendungsbereich zwar verloren, ein Verstoß gegen die Norm hätte aber nicht vorgelegen, vgl. dazu *Grunsky*, Anm. zu BAG v. 14.12.1978, AP Nr. 2 zu § 7 BetrAVG, Bl. 3.

[308] Art. 91 InsO v. 5.10.1994, BGBl. I, S. 2866 i.V.m. Art. 110 EGInsO v. 05.10.1994, BGBl. I, S. 2911.

[309] BT-DruckS. 511/92 S. 110.

[310] Vgl. z. B. BAG v. 08.07.1972, AP Nr. 157 zu § 242 BGB Ruhegehalt mit zust. Anm. von *Uhlenbruck*; BAG v. 13.03.1975, AP Nr. 167 zu § 242 BGB Ruhegehalt; BAG v. 14.12.1978, AP Nr. 2 zu § 7 BetrAVG; BAG v. 24.04.2001, AP Nr. 23 zu § 7 BetrAVG.

[311] Vgl. BAG v. 16.03.1993, AP Nr. 18 zu § 7 BetrAVG, Bl. 4.

[312] So auch *Blomeyer/Otto*, BetrAVG, § 7 Rn. 343.

[313] So *Blomeyer/Otto*, BetrAVG, Ergänzungsheft, Vorb. § 7 zu Rn. 82 ff.

entgegensteht. Das einseitige Kürzungsrecht bei Ruhegeldern war als Anpassungsrecht zugunsten des Arbeitgebers in seiner Begründung von der Entgeltfunktion des Ruhegeldes unabhängig. Die früher verbreitete Ableitung des Ruhegeldversprechens aus dem Fürsorgegedanken legte stattdessen eine Verknüpfung des Widerrufsrechtes mit dem korrespondierenden Begriff der Treuepflicht des Arbeitnehmers nahe.[314] Später verbot die inzwischen vorherrschende Einsicht über den Entgeltcharakter des Ruhegeldes den Rückgriff auf die Treuepflicht der Arbeitnehmer.[315] Das BAG bemühte nun vor allem im Hinblick auf die aktive Belegschaft Solidaritätspflichten der Pensionäre. Ein Ruheständler müsse nicht nur im Hinblick auf die fortbestehende Verbundenheit mit dem versorgenden Unternehmen, sondern auch aus Solidarität mit den auf die Ertragsfähigkeit des Unternehmens angewiesenen übrigen Pensionären und Arbeitnehmern seine Belange dann zurückstellen, wenn die Lebensfähigkeit des Unternehmens ohne sein Opfer gefährdet wäre.[316] Die Versorgungslast dürfe nicht die Arbeitsplätze der aktiven Belegschaft zerstören, die den erforderlichen Ertrag erarbeiten müsse.[317] Der Solidaritätsaspekt findet sich noch heute in der Rechtsprechung des BAG, wenn im Hinblick auf eine wirtschaftliche Notlage des Arbeitgebers ein Sonderopfer der Ruhegeldempfänger für unzulässig gehalten wird.[318] Das BAG hielt an dieser Begründung jedoch nicht fest, sondern argumentierte zuletzt mit dem nicht weiter ausgeführten Hinweis auf die Lehre von der Geschäftsgrundlage.[319] Da die Sozialplanleistungen ihre Begründung nicht in einer Fürsorgepflicht des Unternehmers finden, kommt als möglicher Ansatzpunkt für eine Ausnahme von der Garantiefunktion der Geldschuld nur die Berufung auf die Solidaritätspflicht der Pensionäre bzw. der Sozialplangläubiger in Betracht. Diesem Begründungsansatz soll deshalb im Folgenden nachgegangen werden.

---

[314] Vgl. z. B. BAG v. 05.05.1955, AP Nr. 4 zu § 242 BGB Ruhegehalt; weitere Nachweise bei *Andresen/Förster/Rößler/Rühmann*, Arbeitsrecht der betrieblichen Altersversorgung, II, Teil 12 Rn. 165 Fn. 1.

[315] So auch *Andresen/Förster/Rößler/Rühmann*, Arbeitsrecht der betrieblichen Altersversorgung, II, Teil 12 Rn. 166; vgl. auch die Hinweise bei *Reuter*, Anm. zu BAG v. 13.03.1975, AP Nr. 167 zu § 242 BGB Ruhegehalt.

[316] Insoweit ist es zu einer Akzentverschiebung gekommen. Der Gemeinschaftsgedanke wird nicht mehr arbeitgeber- sondern betriebsbezogen verstanden, vgl. BAG v. 10.12.1971, AP Nr. 154 zu § 242 BGB Ruhegehalt, Bl. 5; anders noch BAG v. 16.03.1972, AP Nr. 9 zu § 61 KO Bl. 3; vgl. zum Gedanken der betriebsbezogenen, quasi horizontalen Solidarität *Gamillscheg*, Festschrift für Fechner, S. 135, 144 f.; vgl. auch die unbegründete Behauptung einer Verbindlichkeit von Solidaritätsaspekten durch *Hilger/Stumpf*, Festschrift für Müller, S. 209, 214.

[317] BAG v. 14.12.1978, AP Nr. 2 zu § 7 BetrAVG mit weiteren Nachweisen.

[318] Vgl. BAG v. 16.03.1993, AP Nr. 18 zu § 7 BetrAVG, Bl. 6.

[319] Vgl. vor allem BAG v. 10.12.1971, AP Nr. 154 zu § 242 BGB Ruhegehalt, Bl. 5.; BAG v. 26.04.1988, AP Nr. 3 zu § 1 BetrAVG Geschäftsgrundlage, Bl. 4; BAG v. 24.04.2001, AP Nr. 23 zu § 7 BetrAVG Widerruf.

b) Solidaritätspflichten

Fraglich ist zunächst, ob Solidaritätserwägungen tatsächlich zu einer Beteiligung der Ruhegeldempfänger am Risiko der wirtschaftlichen Leistungsfähigkeit des Unternehmers führen können. Kann diese Frage bejaht werden, ist in einem zweiten Schritt die Existenz einer solchen Solidaritätspflicht für die Sozialplangläubiger[320] zu untersuchen.

Ein Ansatzpunkt für Kritik an der Begründung des Widerrufsrechtes unter Berufung auf eine Solidaritätspflicht der Pensionäre gegenüber den aktiven Arbeitnehmern, anderen Pensionären und dem Arbeitgeber ist die Ungleichbehandlung der Pensionäre im Verhältnis zu den anderen Gläubigern des Unternehmens, insbesondere zu den aktiven Arbeitnehmern.[321] Teilweise wird sogar davon ausgegangen, dass verstärkt bei den aktiven Arbeitnehmern angesetzt werden müsse. Die aktive Belegschaft habe über das BetrVG und das Mitbestimmungsgesetz wenigstens gewisse begrenzte Möglichkeiten, auf ihr Schicksal Einfluss zu nehmen und könne außerdem ihre Arbeitskraft anderweitig einsetzen. Während die aktiven Arbeitnehmer nur Gefahr liefen, das bestehende Austauschverhältnis nicht oder nicht so fortsetzen zu können, verlören die Pensionäre einen Teil der Gegenleistung für eine bereits vollständig erbrachte Arbeitsleistung, ohne die Möglichkeit einer anderweitigen Verwendung ihrer Arbeitskraft zu haben.[322] Um die Berechtigung dieser Kritik beurteilen zu können, muss zunächst überprüft werden, welche Opfer die aktive Belegschaft bei wirtschaftlichen Problemen des Unternehmens tatsächlich zu erbringen hat. Theoretisch hat das BAG[323] schon in einer Grundsatzentscheidung vom 10.12.1971 festgestellt, dass das Ruhegeld prinzipiell keinen geringeren Schutz genießt als das Arbeitsentgelt der Aktiven. Die Herabsetzung von Lohnansprüchen wegen einer schlechten wirtschaftlichen Lage des Unternehmens wird üblicherweise im Rahmen des § 615 BGB unter dem Stichwort des Betriebs- bzw. Wirtschaftsrisikos diskutiert. Die bloße Verschlechterung der wirtschaftlichen Lage soll eine Kürzung der Lohnansprüche jedoch grundsätzlich nicht rechtfertigen können. Nur wenn bei echter Existenzgefahr für das Unternehmen die Arbeitnehmer keine Arbeitsleistung erbringen konnten, werden Ausnahmen befürwortet.[324] Obwohl Lohnkürzungen

---

[320] Bejahend *Durchlaub*, DB 1980, S. 496, 498; a. A. *Naendrup*, AuR 1984, S. 193, 194 f., der die Berufung auf die „Leerformel" Solidarität ablehnt und fragt, warum die Solidarität nicht in gewinnträchtigen Zeiten als Rechtstitel praktiziert wird; kritisch zur Verwendung des Solidaritätsbegriffs zu Lasten der Arbeitnehmerschaft auch *Pfarr/Kittner*, RdA 1974, S. 284, 292 f.

[321] *Grunsky*, Anm. zu BAG v. 14.12.1978, AP Nr. 2 zu § 7 BetrAVG, Bl. 3 f.

[322] *Grunsky*, Anm. zu BAG v. 14.12.1978, AP Nr. 2 zu § 7 BetrAVG, Bl. 3 f.

[323] BAG v. 10.12.1971, AP Nr. 154 zu § 242 BGB Ruhegehalt, Bl. 5.

[324] BAG v. 09.03.1983, AP Nr. 31 zu § 615 Betriebsrisiko und BAG v. 23.06.1994, AP Nr. 56 zu § 615 BGB; ablehnend *Zöllner/Loritz*, Arbeitsrecht, § 18 V 1. c), S. 240.

demnach in aller Regel nicht in Betracht kommen, verlangt das BAG, dass auch die aktive Belegschaft z. B. in Form von Arbeitsplatzabbau einen Beitrag zur Unternehmenssanierung leistet. In einer Entscheidung vom 24.11.1977 übertrug das BAG[325] außerdem die Grundsätze zum Widerruf von Versorgungszusagen auf die Versorgungsanwartschaften der aktiven Belegschaft. Zuzugeben ist der Kritik aber dennoch, dass dieser Beitrag strukturell ein anderer bleibt, solange nicht die Entgeltkürzung bei wirtschaftlicher Notlage zugelassen wird. Allerdings stehen dem Arbeitgeber schon durch die Mittel der Änderungskündigung und der Kündigung aus betrieblichem Grund Möglichkeiten zur Verfügung, die Arbeitnehmer an den wirtschaftlichen Schwierigkeiten zu beteiligen. Da diese Instrumente in Bezug auf die Pensionäre nicht zur Verfügung stehen, erscheint eine Ungleichbehandlung insoweit gerechtfertigt.[326] Die Solidaritätspflicht kann demnach nicht schon wegen der Ungleichbehandlung zwischen Pensionären und aktiven Arbeitnehmern abgelehnt werden.

Die Beteiligung der aktiven wie der pensionierten Arbeitnehmer am sog. Existenzrisiko kann aber trotzdem nicht auf Solidaritätspflichten gegründet werden.[327] Das Prinzip der Solidarität kann nur dazu führen, dass widerstreitende Minderheiten zum Anschluss an eine Entscheidung der Mehrheit, etwa für die Hinnahme von Kürzungen, verpflichtet werden. Ansonsten sprechen die besondere Privilegierung der Arbeitnehmerforderungen durch das Insolvenzrecht einerseits und die Regelungen von Massenentlassungen oder Kurzarbeit im Kündigungsschutzgesetz andererseits für die Annahme, dass das geltende Recht die Arbeitnehmer im übrigen von einer selbstständigen Teilnahme am unternehmerischen Risiko freistellen wollte.[328] Gerade im Krisenfall soll keine Solidargemeinschaft der ausgeschiedenen Arbeitnehmer mit der aktiven Belegschaft bestehen: Die Arbeitnehmer tragen das durch das Kündigungsschutzgesetz lediglich abgemilderte Arbeitsplatzrisiko, während die Betriebsrentner vor den Folgen der Insolvenz durch die §§ 7 ff. BetrAVG geschützt sind.[329] Da die Sozialplanbetroffenen in der Regel ebenfalls ausscheiden werden oder bereits ausgeschieden sind, dürfen ihnen demnach unter Berufung auf eine jedenfalls in dieser Hinsicht nicht existente Solidargemeinschaft keine zusätzlichen Pflichten auferlegt werden. § 75 Abs. 1 S. 2 BetrVG steht diesem Ergebnis nicht entge-

---

[325] BAG v. 24.11.1977, AP Nr. 177 zu § 242 BGB Ruhgehalt.

[326] Ähnlich auch *Hueck*, Anm. zu BAG v. 10.12.1971, AP Nr. 154 zu § 242 BGB Ruhegehalt, Bl. 9 f.

[327] Für eine zu Kürzungen berechtigende „horizontale" Solidaritätspflicht der Ruhegeldempfänger *Gamillscheg*, Festschrift für Fechner, S. 135, 144 f.

[328] Ebenso- *Reuter*, Anm. zu BAG v. 13.03. 1973, AP Nr. 167 zu § 242 BGB Ruhegehalt; ähnlich *Zöllner/Loritz*, Arbeitsrecht, § 18 V 1. c) S. 240 mit dem Hinweis, dass auch § 615 BGB für dieses Ergebnis spreche.

[329] *Andresen/Förster/Rößler/Rühmann*, Arbeitsrecht der betrieblichen Altersversorgung, II, Teil 12 Rn. 166 m. w. N.; vgl. zu weiteren Einwänden *Steinmeyer*, Altersversorgung, S. 119 f.

gen. Da diese Vorschrift nur Pflichten der Betriebspartner zum Gegenstand hat, kann nicht „analog“ auf eine Solidaritätspflicht der Ausgeschiedenen zugunsten der aktiven Arbeitnehmer geschlossen werden.[330] Selbst wenn man eine Solidaritätspflicht grundsätzlich anerkennen wollte, so widerspräche der Übertragung auf die Sozialplanbetroffenen doch die Tatsache, dass die vom Sozialplan Begünstigten bereits Opfer erbracht haben. Wollte man sie in die Opfergemeinschaft einbeziehen, wären sie doppelt benachteiligt.[331]

Der Grund für die Beteiligung der Ruhegeldgläubiger am Risiko der finanziellen Leistungsfähigkeit des Schuldners dürfte in der egoistischen Interessenlage der Pensionäre und nicht in einer Verpflichtung zu altruistischer Solidarität zu sehen sein. Bei allen auf Dauer vom Bestand des Unternehmens abhängigen Gläubigern, unterscheidet sich die Interessenlage stark von der Interessenlage bei Gläubigern in sonstigen Austauschvertragsverhältnissen. Arbeitnehmer und Pensionäre haben ein starkes Eigeninteresse am Bestand des Unternehmens und an dessen wirtschaftlicher Leistungsfähigkeit. Nur ein solventes Unternehmen ist in der Lage, ihnen die über Jahre hinweg immer neu entstehenden Ansprüche auf Arbeitsentgelt oder Ruhegeld zu erfüllen. Es kann deshalb davon ausgegangen werden, dass regelmäßig der ungefährdete Bestand des Unternehmens die Geschäftsgrundlage der Ruhegeldvereinbarung darstellt. Eine verhältnismäßige Anpassung der Verpflichtung liegt typischerweise im Interesse von Gläubigern, die auf die Zahlungen des Schuldners über einen längeren Zeitraum hinweg angewiesen sind. Ein vorübergehender Verzicht zahlt sich für den Ruheständler aus, weil das wiedergesundete Unternehmen zur Zahlung der vollen Rente zurückkehren muss. Mit dieser Begründung wird teilweise auch im Tarifvertragsrecht bei Existenzgefahr für das Unternehmen ein Wegfall der Geschäftsgrundlage des geltenden Tarifvertrages bejaht.[332] Im Sozialplanrecht existiert keine vergleichbare Interessenkonstellation. Jedenfalls dann, wenn es um die Gewährung einer einmaligen oder in wenigen Teilbeträgen zu erbringenden Abfindung geht, haben die Sozialplangläubiger kein besonderes Interesse an der längerfristigen Leistungsfähigkeit des Unternehmens.[333] Die Beteiligung der Sozialplangläubiger am Risiko der wirtschaftlichen Leistungsfähigkeit des Unternehmens kann deshalb in der Regel nicht mit einer von den gewöhnlichen Austauschverträgen abweichenden Interessenstruktur begründet werden.

[330] So aber *Meyer*, NZA 1995, S. 974, 980; *derS.* Abänderung, S. 99; auch *Fuchs*, Sozialplan, S. 110 plädiert in anderem Zusammenhang für die Nachwirkung der betrieblichen Solidargemeinschaft.
[331] *Däubler*, NZA 1985, S. 545, 550 f.
[332] Vgl. *Belling/Hartmann*, Die Tarifbindung in der Insolvenz, NZA 1998, S. 57 ff. m. w. N.
[333] *Däubler*, NZA 1985, S. 545, 550 f.

c) Die Widerrufsmöglichkeit des § 124 Abs. 1 InsO

Meyer[334] begründet die Annahme einer Störung der Geschäftsgrundlage des Sozialplans bei einer wirtschaftlichen Notlage des Unternehmens mit der in § 124 Abs. 1 InsO enthaltenen Wertung. Ob dieses Argument stichhaltig ist, soll im Folgenden überprüft werden.

Gemäß § 124 Abs. 1 InsO kann ein bestehender Sozialplan im Insolvenzverfahren sowohl vom Insolvenzverwalter als auch vom Betriebsrat widerrufen werden, wenn er zwar vor der Eröffnung des Insolvenzverfahrens, aber nicht früher als drei Monate vor dem Eröffnungsantrag aufgestellt worden ist. Ein Widerruf hat zur Folge, dass der Sozialplan rückwirkend entfällt.[335] Aus Gründen der Rechtssicherheit sollen allerdings gem. § 124 Abs. 3 S. 1 InsO bereits ausgezahlte Gelder nicht zurückgefordert werden können.[336] Der übergeordnete Zweck der Widerrufsrechtes ist der Ausgleich der Interessen der verschiedenen Gläubiger des Unternehmens. Die Sozialplanunterworfenen sollen ihre Ansprüche als Massegläubiger verfolgen können, dabei aber zugunsten der anderen Gläubiger den Beschränkungen des § 123 Abs. 1, Abs. 2 S. 2, 3 InsO unterworfen sein.

Der Gesetzgeber hat das Recht des Sozialplans in der Insolvenz in Anlehnung an das vorhergehende Gesetz über den Sozialplan in Konkurs- und Vergleichsverfahren (SozPlKonkG) regeln wollen.[337] Dieses Gesetz enthielt in § 3 eine Regelung, nach der ein bis zu drei Monate vor dem Konkursfall vereinbarter Sozialplan gegenüber den anderen Gläubigern des Unternehmens teilweise unwirksam war, soweit die in ihm vorgesehenen Leistungen die absolute Grenze von zweieinhalb Monatsverdiensten pro begünstigtem Arbeitnehmer überschritten. Dadurch sollten nach Eröffnung des Konkursverfahrens abgeschlossene Sozialpläne mit den unmittelbar vor der zum Konkurs führenden Krise vereinbarten Sozialplänen gleichgestellt werden.[338] Hintergrund des Gesetzes über den Sozialplan im Konkurs- und Vergleichsverfahren war der Versuch, im Anschluss an das vom Bundesverfassungsgericht aufgehobene Urteil des BAG vom 13.12.1978[339] die vorübergehende (bis zur Verwirklichung der Gesamtreform) Besserstellung der Sozialplangläubiger zu regeln. Die ursprüngliche Einordnung der Ansprüche aus Sozialplänen in § 61 Abs. 1 Nr. 6 KO machte den Sozialplan im Konkurs für die Begünstigten nahezu wertlos und wurde damit der sozialen Bedeutung seiner

---

[334] *Meyer*, Abänderung, S. 64 f.; *ders.*, NZA 1995, S. 974, 979.
[335] *Hess/Weis/Wienberg-Hess*, InsO § 124 Rn. 2.
[336] *Hess/Weis/Wienberg-Hess*, InsO, § 124 Rn. 3.
[337] Vgl. BT-DruckS. 12/2443 und 12/7302.
[338] BT-DruckS. 10/2129 S. 7.
[339] BAG v. 13.12.1978, BAGE 31, 176, 211.

Forderungen nicht gerecht.[340] Eine Wertung, nach der Sozialplangläubiger zum Zwecke der Sanierung des Unternehmens ganz oder teilweise auf ihre Forderungen verzichten müssen, enthielt das SozPlKonkG demnach nicht.[341]

Bei der Übertragung der Regelungen des SozPlKonkG in die Insolvenzordnung ist vor allem die teilweise und zwingende Unwirksamkeit des Sozialplans, soweit er die gesetzte absolute Grenze im Volumen überschreitet, geändert worden. Die nunmehr vorgesehene Möglichkeit eines Widerrufs ist weniger weitgehend, soweit mit der überwiegenden Ansicht[342] angenommen wird, dass sie nicht zwangsweise genutzt werden muss. Im Unterschied zur Vorgängerregelung im SozPlKonkG belässt sie außerdem den Betriebspartnern die Möglichkeit, ein verringertes Sozialplanvolumen gerecht umzuverteilen. Vorrangiges Ziel ist auch beim Widerrufsrecht aus der Insolvenzordnung die Gleichstellung von vor der Insolvenz aufgestellten Sozialplänen mit den nach der Insolvenzeröffnung vereinbarten Sozialplänen zugunsten der Sozialplangläubiger.[343] Dieser Zweck zeigt sich darin dass nicht jeder vorinsolvenzliche Sozialplan widerrufen werden kann, der zum Zeitpunkt der Eröffnung des Insolvenzverfahrens noch nicht vollständig erfüllt worden ist. Hätte der Gesetzgeber eine Regelung treffen wollen, derzufolge zu hohe Sozialpläne zu Gunsten einer möglichen Unternehmenssanierung widerrufen werden können, ließe sich nicht erklären, warum nur solche Sozialpläne widerrufen werden können, die nicht früher als drei Monate vor dem Antrag auf Eröffnung des Insolvenzverfahrens aufgestellt worden sind. Aus der Insolvenzordnung ergibt sich demnach kein Argument für die Beteiligung der Sozialplangläubiger am Risiko einer wirtschaftlichen Notlage des Unternehmens.

d) § 112 Abs. 5 S. 1, 2 Nr. 3 BetrVG

Einige Autoren[344] begründen die Beteiligung der Sozialplangläubiger am Risiko der wirtschaftlichen Leistungsfähigkeit des Unternehmers mit § 112 Abs. 5 S. 2

---

[340] BT-DruckS. 10/2129 S. 6.

[341] A. A. *Meyer*, NZA 1995, S. 974, 979.

[342] *Hess/Weis/Wienberg-Hess*, InsO, § 124 Rn. 5 m. w. N.

[343] Nach den Vorstellungen des Gesetzgebers (BT-DruckS. 12/2443 S. 154) verband sich mit der Neuregelung sogar eine Besserstellung der Arbeitnehmer, vgl. dazu *Hess/Weis/Wienberg-Hess*, InsO, § 123 Rn. 2.

[344] Vgl. *Bopp/Gross*, Mitbestimmung des Betriebsrates, F S. 259; *Durchlaub*, DB 1980, S. 496, 498 spricht sich mit diesem Argument für eine Übertragung des Widerrufsrechts aus der betrieblichen Altersversorgung aus; AR-Blattei SD-*Heckelmann* Der Sozialplan Rn. 195 ff.; *Luding*, Beendigung, S. 78 ff.; *Meyer*, Abänderung, S. 64 f.; *ders.*, NZA 1995, S. 974, 979; *Weitnauer*, ZfA 1977, S. 111, 148 f.; *Belling/Hartmann*, NZA 1998, 57, 63 verstehen § 112 AbS. 5 S. 2 Nr. 3 BetrVG auch über den Sozialplan hinaus im Zusammenhang mit dem Wegfall der Geschäftsgrundlage bei Tarifverträgen als gesetzgeberische Konkretisierung der Unzumutbarkeit der Vertragserfüllung; ebenso *Löwisch*, NJW 1997, S. 905, 906.

Nr. 3 BetrVG. Nach dieser Vorschrift ist die Einigungsstelle dazu verpflichtet, bei der Bemessung des Gesamtbetrages der Sozialplanleistungen auf den Fortbestand des Unternehmens und der verbleibenden Arbeitsplätze[345] zu achten. Der Sozialplan soll deshalb unter der ausdrücklichen oder stillschweigenden Voraussetzung stehen, dass die in ihm festgelegten Leistungen den Fortbestand des Unternehmens und der verbleibenden Arbeitsplätze nicht gefährden.[346]

§ 112 Abs. 5 BetrVG beinhaltet Ermessensleitlinien für die Entscheidung der Einigungsstelle gem. § 112 Abs. 4 BetrVG. Die Missachtung dieser Leitlinien kann von den Betriebspartnern gem. § 76 Abs. 5 S. 4 BetrVG innerhalb einer Frist von zwei Wochen beim Arbeitsgericht geltend gemacht werden.[347] Die Betriebspartner selbst sind bei einer freiwilligen Regelung allerdings nicht an die in § 112 Abs. 5 BetrVG normierten Richtlinien gebunden.[348] Dennoch handelt es sich bei den Ermessensleitlinien in § 112 Abs. 5 BetrVG um Kriterien, deren Beachtung der Gesetzgeber des Betriebsverfassungsgesetzes bei der Sozialplanaufstellung für wünschenswert hielt. Wenn die Betriebspartner in ihrer Entscheidung trotzdem nicht an § 112 Abs. 5 BetrVG gebunden wurden, dann deswegen, weil ihre Entscheidung nach Ansicht des Gesetzgebers eine Richtigkeitsvermutung bereits in sich trägt. Es sollte eine autonome Regelung durch die kompetenteste Stelle ermöglicht werden. Den Leitlinien kommt somit lediglich eine – unverbindliche – Leitbildfunktion zu.[349]

In Verbindung mit § 76 Abs. 5 S. 4 BetrVG spricht § 112 Abs. 5 S. 2 Nr. 3 BetrVG für von der Einigungsstelle aufgestellte Sozialpläne sogar gegen eine Berücksichtigung der Existenzgefährdung des Unternehmens im Rahmen der Lehre von der Geschäftsgrundlage. Gem. § 76 Abs. 5 S. 4 BetrVG kann bei einem Beschluss der Einigungsstelle ein Ermessensfehlgebrauch, etwa wegen einer Fehleinschätzung der Belange des Unternehmens, nur innerhalb von zwei Wochen nach Zuleitung des Beschlusses geltend gemacht werden. Wäre in diesem Fall eine Loslösung vom Sozialplan unter Berufung auf das Fehlen der Geschäftsgrundlage nach Ablauf der Zweiwochenfrist zulässig, so würde § 76 Abs. 5 S. 4 BetrVG umgangen, der zugunsten von Rechtssicherheit und Ver-

---

[345] Vgl. zur wirtschaftlichen Vertretbarkeit des Sozialplans für das Unternehmen *Drukarczyk*, RdA 1986, S. 115, 117 f. Er weist zu Recht darauf hin, dass an den Nachweis, dass Sozialplanleistungen bestimmter Höhe den Unternehmer zu Anpassungsmaßnahmen zu Lasten weiterer Arbeitnehmer zwingen, hohe Anforderungen zu stellen sind, weil ansonsten die Lenkungsfunktion des Sozialplans Schaden nimmt.

[346] Vgl. *Weitnauer*, ZfA 1977, S. 111, 148 f.

[347] Vgl. zur gerichtlichen Kontrolle des Ermessens der Einigungsstelle: *Rieble*, Kontrolle.

[348] BAG v. 15.01.1991, AP Nr. 57 zu § 112 BetrVG 1972; BAG v. 28.04.1993, AP Nr. 67 zu § 112 BetrVG 1972; BAG v. 11.08.1993, AP Nr. 71 zu § 112 BetrVG 1972; von *Hoyningen-Huene*, RdA 1986, S. 102. 103; *Matthes* in: Arbeitsrecht der Gegenwart, Bd. 32 (1995), 1995, S. 83, 85.

[349] Ebenso *von Hoyningen-Huene*, RdA 1986, S. 102, 103.

trauensschutz eine andere Wertung vorgenommen hat. Wenn aber bei einer schon anfänglich nicht angemessenen Berücksichtigung der Belange des Unternehmens eine Sozialplananpassung nach den Grundsätzen der Lehre von der Geschäftsgrundlage gegen die Wertungen des BetrVG spricht, kann bei der späteren Verschlechterung der Situation des Unternehmens ebenfalls kein Wegfall der Geschäftsgrundlage angenommen werden. § 112 Abs. 5 BetrVG kann demnach nicht als Argument für die Berücksichtigung der wirtschaftlichen Notlage eines Unternehmens über die Lehre von der Geschäftsgrundlage verwendet werden.

Nur der Vollständigkeit halber sei abschließend noch auf eine weitere Unstimmigkeit in der *Meyerschen* Argumentation hingewiesen: § 112 Abs. 5 S. 2 Nr. 2 BetrVG schreibt die Berücksichtigung der Arbeitsmarktchancen der betroffenen Arbeitnehmer vor. Dennoch wird von niemandem vertreten, dass eine falsche Einschätzung der Lage am Arbeitsmarkt bei einem von den Betriebspartnern selbst abgeschlossenen Sozialplan zu einer Anpassung über die Lehre von der Geschäftsgrundlage führen könne.

e) Die Funktion des Arbeitsrechts als Arbeitnehmerschutzrecht

Die bisherigen Ausführungen haben keinen Grund für eine Abweichung von der grundsätzlichen Verteilung des Risikos der finanziellen Leistungsfähigkeit auf den Gläubiger ergeben. Bei einer wirtschaftlichen Notlage des Unternehmens wären somit letztlich Vergleich und Insolvenz die haftungs- und verfahrensrechtlichen Folgen. Dieses Ergebnis scheint auf den ersten Blick unbillig und mit der Funktion des Arbeitsrechts als Arbeitnehmerschutz- damit auch als Arbeitsplatzschutzrecht[350] nur schwer vereinbar. Dieser Eindruck verlangt nach einer eingehenden Darstellung des Lösungsmodells, das das Betriebsverfassungsgesetz für den Fall einer wirtschaftlichen Notlage des Unternehmens anbietet.

Der Gesetzgeber hat sich mit dem Sozialplan gegen die Regelung festgesetzter Zahlungen des Unternehmers bei Betriebsänderungen und für die Möglichkeit einer betriebsautonomen Regelung durch die Betriebspartner entschieden. Wie bereits im zweiten Kapitel unter II. 2. ausgeführt worden ist, kommt dieser betriebsautonomen Regelung ein Prognose- und Vergleichscharakter zu. Der Sozialplan soll durch nachträgliche Veränderungen grundsätzlich nicht in Frage gestellt werden. Es liegt unter den Prämissen des geltenden Rechts deshalb näher, den gemeinsamen Sanierungsinteressen der Betriebspartner dadurch Rechnung zu tragen, dass auf das Zustandekommen vertraglicher Abmachungen vertraut

---

[350] Kritisch *Naendrup*, AuR 1984, S. 193, 201, der die fehlende Normierung eines solchen Zieles betont.

wird. Anderen eine auch in ihrem Interesse liegende „Abmagerungskur“ aufzuzwingen, ist letztlich nicht traditioneller Bestandteil liberalen Vertragsrechts.[351] Es war diese Erkenntnis, die den Gesetzgeber bei der Abschaffung der Einstandspflicht des Pensionssicherungsvereins für Kürzungen der betrieblichen Altersversorgung wegen wirtschaftlicher Notlage geleitet hat. Das einseitige Kürzungsrecht war neben der Möglichkeit eines außergerichtlichen Vergleichs zwischen dem Arbeitgeber und seinen Gläubigern zur Abwendung des Insolvenzverfahrens weder notwendig noch wünschenswert.[352] Einer Übertragung dieses Gedankens in das Sozialplanrecht steht nicht entgegen, dass eine Anpassung des Sozialplans an veränderte Umstände häufig nicht im Interesse der Sozialplangläubiger liegt. Die Beteiligung des Betriebsrates, der sich schon aus wahltaktischen Gründen mehr um die Interessen der verbleibenden als um die der ausgeschiedenen Mitarbeiter sorgen wird, garantiert bei der Entscheidung über eine Anpassung des Sozialplans die Berücksichtigung der Belange des Unternehmens.[353] Mehr als die Verhinderung einer Sanierung muss gefürchtet werden, dass die Betriebspartner eine Entscheidung treffen, die zwar den Interessen der aktiven Arbeitnehmer und des Unternehmens dient, den Bedürfnissen der vom Sozialplan Betroffenen aber zuwiderläuft. Die Gefahr, dass die Sozialplangläubiger die Insolvenz des Unternehmens um ihres eigenen Vorteils willen riskieren, ist demnach schon wegen ihrer „Vertretung“ durch den Betriebsrat weitgehend ausgeschlossen. Schließlich handelt es sich bei den Sozialplangläubigern auch nur dann um bevorberechtigte Gläubiger, wenn der Sozialplan nach oder bis zu drei Monate vor der Eröffnung des Insolvenzverfahrens aufgestellt wurde. In diesen Fällen wird eventuell bestehenden Sanierungschancen in der Regel bereits bei der Aufstellung des Sozialplans oder durch das Widerrufsrecht gem. § 124 Abs. 1 InsO Rechnung getragen.[354]

Mangels betriebswirtschaftlicher Ausbildung der Arbeitsrichter ist außerdem fraglich, ob die dem betrieblichen Geschehen näher stehenden Betriebsräte im Vergleich zu den Arbeitsrichtern wirklich die inkompetenteren Entscheidungsträger darstellen. Tatbestände wie die Existenzkrise eines Unternehmens, Überschuldung, Illiquidität oder Sanierungschancen beinhalten wertende Kriterien, die im Dienst vieler Ergebnisse ausgefüllt werden können.[355] Die Instanzgerichte sind oft überfordert, vielfältig abwägenden Sachverstand zu diesen Fragen zu mobilisieren.[356] In den Fällen des § 64 Abs. 1 GmbHG und des § 92 Abs. 2

---

[351] *Däubler*, NZA 1985, S. 545, 550 f.
[352] Vgl. die Begründung des Regierungsentwurfs zu Art. 91 EGInsO, BR-DruckS. 511/92 S. 110.
[353] Dass der Betriebsrat sich in der Regel auf Verhandlungen einlassen wird, betont auch *Beseler*, Abänderung, S. 231.
[354] Das verkennt *Meyer*, Abänderung, S. 64 f.; *ders.*, NZA 1995, S. 974, 979.
[355] *Naendrup*, AuR 1984, S. 193, 201.
[356] *Naendrup*, AuR 1984, S. 193, 201.

AktG wird die Prüfung der Illiquidität des Unternehmens deshalb durch hierfür besonders ausgebildete und praxiserfahrene Richter in einem spezifischen Verfahren durchgeführt.[357] Obwohl diese Bedenken durch technische Absicherungen wie das Erfordernis eines Sachverständigengutachtens entkräftet werden können, scheint die Notwendigkeit, die Betriebsräte von der Sanierungsbedürftigkeit des Unternehmens überzeugen zu müssen, ein generell geeigneterer Mechanismus zur Vermeidung einer missbräuchlichen Berufung auf die schlechte wirtschaftliche Lage des Unternehmens zur Durchsetzung einer geringeren Sozialplanbelastung zu sein.

Dennoch ist es theoretisch denkbar, dass sich der Betriebsrat aus Unverstand oder bösem Willen einer für das Überleben des Unternehmens notwendigen Sozialplananpassung verschließt. In diesem Fall bleibt nur die Möglichkeit, wegen einer groben Verletzung der sich aus den §§ 2 Abs. 1, 74 Abs. 1 S. 2 BetrVG ergebenden Pflichten beim Arbeitsgericht gem. § 23 Abs. 1 BetrVG, den Ausschluss der betreffenden Betriebsratsmitglieder oder die Auflösung des Betriebsrates[358] zu beantragen. Eine (erzwingbare) Pflicht zur Sozialplananpassung, wie sie sich aus der Lehre von der Geschäftsgrundlage hätte ergeben können, besteht jedoch nicht.[359] Dass es deswegen im Einzelfall zu einer Verschärfung der wirtschaftlichen Not eines Unternehmens aufgrund zu hoher Sozialplanverpflichtungen kommen kann, ändert nichts an der Zulässigkeit des vom Betriebsverfassungsgesetz gewählten Konfliktlösungsmodells.[360] Ein Widerspruch zu dem Ziel des Arbeitnehmer- und damit auch des Arbeitsplatzschutzes besteht nicht. Die Entscheidung darüber, wie dieses Schutzziel im Einzelnen zu verfolgen ist, obliegt dem Gesetzgeber. Er kann sich dazu entschließen, mögliche Verluste in Extremfällen zugunsten der grundsätzlichen Funktionsfähigkeit bestimmter, dem Schutz der Arbeitnehmer dienender Rechtsinstitute hinzunehmen. Gerade im Sozialplanrecht ist es denkbar, dass der mit einer Erleichterung der einseitigen Erzwingbarkeit von Sozialplananpassungen einhergehende Funktionsverlust hinsichtlich der Lenkungsfunktion des Sozialplans im Endeffekt mehr Arbeitsplätze kosten als retten würde.[361] Ein erzwingbares Anpassungsrecht bei einer

---

[357] *Naendrup*, ARBED Saarstahl, S. 28.

[358] Vgl. zur Auflösung des Betriebsrates wegen eines Verstoßes gegen das Gebot der vertrauensvollen Zusammenarbeit aus § 2 AbS. 1 BetrVG das ArbG Krefeld v. 06.02.1995, NZA 1995, 803 ff.; vgl. außerdem im zweiten Kapitel die Ausführungen unter III. 2. e) zur Pflicht, ein Verhandlungsangebot nicht grundlos und ungeprüft abzuweisen.

[359] Anders *Meyer*, NZA 1995, S. 974, 976 f.

[360] Vgl. dazu *Hanau* in: Verhandlungen des 54. Deutschen Juristentages, S. E 26 f., 50, der Sinn und Berechtigung isolierter arbeitsrechtlicher Sonderopfer im Vorfeld der Insolvenz anzweifelt.

[361] Aus diesem Grund bestehen auch keine verfassungsrechtlichen Bedenken, wie *Löwisch*, NJW 1997, S. 905, 906 sie hinsichtlich des zwingenden Charakters von Tarifverträgen für den Fall der Existenzgefährdung von Unternehmen geltend macht.

wirtschaftlicher Notlage des Unternehmens ist demnach auch angesichts der Gefahr einer Verkennung der Situation durch den Betriebsrat nicht begründbar.

5. Der Irrtum über die finanzielle Situation des Unternehmens

Eine Störung der Geschäftsgrundlage kommt weiterhin dann in Betracht, wenn sich die Parteien im Zeitpunkt des Vertragsschlusses über die aktuell für den Sozialplan zur Verfügung stehenden Mittel geirrt haben.[362] Wie sich zeigen wird, ist bei dieser Fallgruppe das Verhältnis zwischen § 313 BGB und § 119 Abs. 2 BGB relevant. Die nachfolgenden Erörterungen beschäftigen sich deshalb auch mit der Anfechtbarkeit von Sozialplänen. Außerdem ist der umstrittenen Frage nachzugehen, ob und wann ein beidseitiger Eigenschaftsirrtum nach den Grundsätzen der Lehre von der Geschäftsgrundlage zu beurteilen ist.

a) Eigenschaftsirrtum gem. § 119 Abs. 2 BGB

Fraglich ist zunächst, ob der Irrtum über die zur Ausstattung des Sozialplans zur Verfügung stehenden Mittel einen gem. § 119 Abs. 2 BGB[363] anfechtbaren Eigenschaftsirrtum darstellt. Der Begriff der „Sache" in § 119 Abs. 2 BGB ist nicht im engen Sinne von § 90 BGB zu verstehen, sondern erfasst darüber hinaus auch Rechte und Vermögensgesamtheiten.[364] Demnach kann ein Unternehmen eine „Sache" im Sinne des § 119 Abs. 2 BGB sein. Die finanzielle Situation des Unternehmens kommt aber nur dann als eine gem. § 119 Abs. 2 BGB relevante Eigenschaft „der Sache" in Betracht, wenn sich die fragliche Willenserklärung auf das Unternehmen bezieht.[365] Da Sozialpläne zum Ausgleich der Folgen der Änderung eines bestimmten Betriebes eines bestimmten Unternehmens vereinbart werden, muss diese Voraussetzung ebenfalls als erfüllt angesehen werden.

Fraglich ist weiterhin, wann von einer Eigenschaft des Geschäftsgegenstandes gesprochen werden kann. Die Rechtsprechung[366] verwendet diesbezüglich eine in langer Entscheidungskette herausgearbeitete Definition. Als Eigenschaften sollen danach neben den auf der natürlichen Beschaffenheit der Sache beruhenden Merkmalen alle tatsächlichen oder rechtlichen Verhältnisse in Betracht kommen, die infolge ihrer Beschaffenheit und Dauer nach der Verkehrsanschauung für die Brauchbarkeit und den Wert des Gegenstandes von Bedeutung

---

[362] Für das Fehlen der Geschäftsgrundlage *Däubler*, NZA 1985, S. 545, 551.

[363] Zum Streit um die Einordnung der allgemein als missglückt angesehenen Vorschrift vgl. *Medicus*, Allgemeiner Teil, § 48 III 4., Rn. 767 ff. m. w. N.

[364] *Medicus*, Allgemeiner Teil, § 48 III 4., Rn. 771 ff. m. w. N.

[365] *Medicus*, Allgemeiner Teil, § 48 III 4., Rn. 772.

[366] Vgl. stellvertretend BGH v. 18.11.1977, BGHZ 70, 47, 48 m. w. N.; BGH v. 22.09.1983, BGHZ 88, 240, 245 m. w. N.

sind. Beziehungen des Gegenstandes zur Umwelt sollen aber nur dann rechtserheblich sein, wenn sie in der Sache selbst ihren Grund haben, von ihr ausgehen und den Gegenstand unmittelbar kennzeichnen oder näher beschreiben. Unerheblich sollen solche Umstände sein, die den Wert des Vertragsgegenstandes nur mittelbar beeinflussen.
Diese Definition der Rechtsprechung stößt vor allem wegen der Unschärfe und Mehrdeutigkeit des Begriffspaares unmittelbar-mittelbar auf berechtigten Widerstand.[367] Vorzugswürdig ist der Vorschlag *Flume*s, demzufolge ein Eigenschaftsirrtum dann beachtlich ist, wenn sich das Rechtsgeschäft „auf die Sache oder Person als eine solche mit der bestimmten Eigenschaft bezieht".[368] Damit ist auch die Streitfrage, ob der Erklärende die von ihm erwartete Eigenschaft des Geschäftsgegenstandes dem Vertragspartner irgendwie deutlich gemacht haben muss, zugunsten dieses Erfordernisses entschieden.[369] Auf diese Art wird nicht nur der Rechtssicherheit, sondern auch der Privatautonomie am besten Rechnung getragen. Die Parteien selbst können bestimmen, worauf es ihnen ankommt, müssen dies aber auch tun, wenn ihnen das dispositive Gesetzesrecht diese Aufgabe nicht abnimmt.[370]
Bei der Ermittlung der Verkehrswesentlichkeit ist mit der überwiegenden Ansicht ebenfalls vom Inhalt des konkreten Rechtsgeschäftes auszugehen.[371] Einem solchen Verständnis des gesetzlichen Tatbestandsmerkmals steht der Wortlaut des § 119 Abs. 2 BGB schon deswegen nicht entgegen, weil der Verkehr selbst die Wesentlichkeit einer Eigenschaft immer in Bezug auf ein bestimmtes Geschäft beurteilt.[372]

Im Sozialplanrecht liegt demnach jedenfalls dann ein Eigenschaftsirrtum vor, wenn sich ausdrücklich oder konkludent aus dem Vertrag ergibt, dass die finanzielle Situation des Unternehmens für die Entscheidung über das Sozialplanvolumen maßgeblich war. Kann dem Vertrag eine solche Wertung im Wege der Auslegung nicht entnommen werden, stellt sich die Frage nach dem dispositiven Gesetzesrecht. Dem für die Betriebspartner unverbindlichen Leitbild des § 112 Abs. 5 BetrVG und der ihnen gem. § 2 Abs. 1 BetrVG obliegenden Verpflichtung, das Wohl des Betriebes und der Arbeitnehmer zu berücksichtigen, kann entnommen werden, dass die Betriebspartner ihre Entscheidung über das Sozialplanvolumen auf der Grundlage einer wenigstens grob richtigen Einschätzung

---

[367] Vgl. z. B. *Medicus*, Bürgerliches Recht, Rn. 139; *Weyers*, JZ 1991, S. 999 ff.
[368] *Flume*, Rechtsgeschäft, § 24 2 b-d, S. 477.
[369] BGH v. 22.09.1983, BGHZ 88, 240, 246 m. w. N.; *Flume*, Rechtsgeschäft, § 24 2 b-d, S. 477 f.; *Medicus*, Allgemeiner Teil, § 48 III 4., Rn. 770; a. A. z. B. *Wieling*, Jura 2001, S. 577, 580.
[370] *Medicus*, Bürgerliches Recht, Rn. 140.
[371] BGH v. 22.09.1983, BGHZ 88, 240, 246 m. w. N.; *Flume*, Rechtsgeschäft, § 24 2 b-d, S. 477 f.; *Medicus*, Bürgerliches Recht, Rn. 141.
[372] *Medicus*, Bürgerliches Recht, Rn. 141.

der finanziellen Leistungsfähigkeit des Unternehmens vornehmen sollten. Ist die finanzielle Situation des Unternehmens zum Zeitpunkt des Vertragsschlusses eine grundlegend andere gewesen als wenigstens eine der Parteien angenommen hat, so liegt demnach ein Irrtum über eine Eigenschaft im Sinne des § 119 Abs. 2 BGB vor.

Eine weitere Voraussetzung eines Anfechtungsrechtes ist gem. § 119 Abs. 1 BGB, dass der Irrende die Erklärung bei Kenntnis der Sachlage und verständiger Würdigung des Falles nicht abgegeben haben würde. Der Irrtum muss für die Erklärung also nicht nur subjektiv kausal gewesen sein, er muss für sie auch einen vernünftigen Grund gebildet haben.[373] Dieses Erfordernis ist immer dann erfüllt, wenn die vorgestellte von der tatsächlichen Situation des Unternehmens so erheblich abweicht, dass mit der Zustimmung des Anfechtenden zu der vereinbarten Höhe des Sozialplanvolumens bei Kenntnis des Irrtums vernünftigerweise nicht gerechnet werden konnte. Ein Irrtum über die bei Vertragsschluss für die Sozialplanaufstellung zur Verfügung stehenden Mittel stellt demnach jedenfalls dann einen Eigenschaftsirrtum gem. § 119 Abs. 2 BGB dar, wenn eine proportional zum Sozialplanvolumen erhebliche Abweichung der realen von der vorgestellten Situation vorliegt.

b) Die Anfechtbarkeit von Sozialplänen

Die Frage der Anfechtbarkeit von Sozialplänen wird nicht gesondert erörtert[374], weshalb auf die Ausführungen zur Anfechtbarkeit von Betriebsvereinbarungen zurückgegriffen werden muss. In Literatur und Rechtsprechung wird nahezu einhellig davon ausgegangen, dass Betriebsvereinbarungen grundsätzlich gem. den §§ 119, 123 BGB anfechtbar sind.[375] Weil Betriebsvereinbarungen durch einen Vertragsschluss im Sinne der allgemeinen Rechtsgeschäftslehre zustande kommen, müssen Willensmängel der Vertragspartner ihre Wirksamkeit berühren können.[376] Überdies verlangt die Richtigkeitsgewähr von Betriebsvereinbarungen ebenfalls die Beachtlichkeit von Willensmängeln.[377]

---

[373] *Medicus*, Allgemeiner Teil, § 48 III 4., Rn. 773.

[374] Auch *Luding*, Beendigung, S. 134 stellt lediglich die Übertragbarkeit der zur Betriebsvereinbarung herausgearbeiteten Grundsätze fest.

[375] Vgl. *Beseler*, Abänderung, S. 232; *Fitting* § 77 Rn. 31; *Hartung*, DB 1976, S. 2064, 2065; *Hess/Schlochauer/Glaubitz-Hess* § 77 Rn. 220; GK-*Kreutz* § 77 Rn. 62; MünchArbR-*Matthes* § 319 Rn. 43; *Richardi-Richardi* § 77 Rn. 49; offengelassen dagegen von BAG v. 29.05.1964, BAGE 16, 58, 66; nur *Däubler/Kittner/Klebe-Berg* § 77 Rn. 54 gehen wohl noch von einer fristlosen Kündbarkeit unter Berufung auf die Anfechtungsgründe auS. Dies führt jedoch zu keinem inhaltlichen Unterschied.

[376] *von Hoyningen-Huene*, DB 1984, Beilage Nr. 1, S. 1, 3.

[377] Vgl. MünchArbR-*Matthes* § 256 Rn. 21 zum Tarifvertrag.

Einigkeit besteht auch hinsichtlich der fehlenden Übertragbarkeit des § 142 Abs. 1 BGB. Der rückwirkenden Vernichtung des betrieblichen Kollektivvertrages steht die Gesetzeswirkung seiner Normen entgegen.[378] Das gilt auch dann, wenn der betriebliche Kollektivvertrag (wie der Sozialplan) kein Dauerschuldverhältnis darstellt. Von einem rückwirkenden Wegfall würden Rechtsnormen betroffen, die in der Vergangenheit bereits Geltung beansprucht und dadurch – ähnlich wie Gesetze – einen Vertrauenstatbestand geschaffen haben.[379] Da nicht von Fall zu Fall über den notwendigen Vertrauensschutz entschieden werden kann, muss einheitlich auf den rückwirkenden Wegfall der betrieblichen Normen verzichtet werden.[380] Eine Ausnahme von diesem Grundsatz ist nur dann möglich, wenn der betroffene betriebliche Normenvertrag noch nicht in Geltung gesetzt wurde. Bei erzwingbaren Mitbestimmungsrechten ist darüber hinaus dem Abschlusszwang durch das Wiederaufleben des Mitbestimmungsrechtes nach der Anfechtung Rechnung zu tragen.

Obwohl diese Argumentation grundsätzlich Zustimmung verdient, bestehen bisher ignorierte Bedenken gegen eine Anfechtbarkeit von Betriebsvereinbarungen und Sozialplänen, die eine teleologische Reduktion des § 122 BGB nahe legen. Die Anwendung des § 122 BGB ist problematisch, weil der Betriebsrat kein Träger eigenen Vermögens ist, mithin ein als Ausgleich für die Ausübung des Anfechtungsrechtes geschuldeter Schadensersatz vom Unternehmer an sich selbst gezahlt werden müsste[381]. Umgekehrt ist fraglich, ob der Unternehmer den Vertrauensschaden sämtlicher Arbeitnehmer bezahlen muss, wenn er eine Betriebsvereinbarung oder einen Sozialplan anfechten will. Hinter § 122 BGB steht die Wertung, dass derjenige, der sich bei Abgabe einer Willenserklärung geirrt hat, in den bezeichneten Fällen zwar nicht an der Willenserklärung festgehalten werden soll, dem Vertragspartner aber zumindest den Vertrauensschaden zu ersetzen hat.[382] Da der Betriebsrat dieser Verpflichtung nicht nachkommen kann, gerät das austarierte System der §§ 119 ff. BGB ins Wanken. Der Ausgleich zwischen Verkehrschutz und Privatautonomie verwandelt sich ohne die Schadensersatzpflicht in eine einseitige Entscheidung zugunsten der Willensfreiheit des irrenden Vertragspartners. Darüber hinaus entstünde auch inso-

---

[378] Vgl. BAG v. 15.12.1961, AP Nr. 1 zu § 615 BGB Kurzarbeit m. zust. Anm. von *Neumann-Duesberg*; *Fitting* § 77 Rn. 31; *von Hoyningen-Huene*, DB 1984, Beilage Nr. 1, S. 1, 3; GK-*Kreutz* § 77 Rn. 62 m. w. N.; MünchArbR-*Matthes* § 328 Rn. 49; *Richardi-Richardi* § 77 Rn. 49; jedenfalls für Vereinbarungen mit Dauerwirkung *Hess/Schlochauer/Glaubitz-Hess* § 77 Rn. 220; a. A. für die Anfechtung nach § 123 BGB ErfK-*Hanau/Kania* § 77 BetrVG Rn. 25, weil sonst Arglist und Drohung zum Erfolg kämen; vgl. zur parallelen Problematik bei Tarifverträgen MünchArbR-*Matthes* § 256 Rn. 21.

[379] *Richardi-Richardi* § 77 Rn. 49.

[380] Vgl. MünchArbR-*Matthes* § 256 Rn. 21 zum Tarifvertrag.

[381] Vgl. zur ungelösten Frage der Haftung des Betriebsrats *Zöllner/Loritz*, Arbeitsrecht, § 45 III 9., S. 471 f. m. w. N. in Fn. 56.

[382] Vgl. *Palandt-Heinrichs* § 122 Rn. 1.

fern ein Ungleichgewicht, als der Arbeitgeber eine Anfechtung gem. § 122 Abs. 1 BGB teuer bezahlen müsste, während der Betriebsrat ohne unangenehme Folgen anfechten könnte.[383] Für den Unternehmer würde es keinen Unterschied machen, ob er den Betriebsrat arglistig getäuscht hat oder dieser von selbst einem Irrtum aufsitzt. Im Ergebnis würde der Arbeitgeber das Irrtumsrisiko beider Betriebspartner allein tragen. Außerdem würde die in § 122 Abs. 2 BGB geregelte Risikoverteilung, die den Ausschluss der Schadenersatzpflicht bei Kenntnis oder fahrlässiger Unkenntnis der Anfechtbarkeit bedingt, bei einem Irrtum des Betriebsrates nicht zum Tragen kommen. Im Hinblick auf den betrieblichen Kollektivvertrag liegt demnach eine sogenannte „verdeckte Regelungslücke" vor. Die Irrtumsregelung im BGB bedarf entgegen ihres Wortsinnes, aber gemäß der ihr immanenten Teleologie einer Einschränkung, die im Gesetzestext nicht enthalten ist.[384]

Wünschenswert wäre für das Betriebsverfassungsrecht eine Modifizierung der §§ 119 ff. BGB, die die Risikoverteilung wieder in das gesetzlich angestrebte Gleichgewicht bringt. Ein Schritt in die richtige Richtung ist die ex-nunc Wirkung der Anfechtung. Um die beschriebene doppelte Risikobelastung des Unternehmers zu vermeiden, sollte außerdem nicht nur bei einer Anfechtung des Sozialplans durch den Betriebsrat, sondern auch bei einer unternehmerseitigen Anfechtung in Einschränkung des § 122 BGB auf die Schadenersatzpflicht verzichtet werden. Fraglich ist weiterhin, ob sich an die Anfechtung eine Weitergeltung des nunmehr unwirksamen Kollektivvertrages analog § 77 Abs. 6 BetrVG anschließen muss. Soweit diese Frage bisher überhaupt aufgeworfen wurde, ist eine Weitergeltung abgelehnt worden.[385] Die Legitimität dieser Ablehnung ist jedoch zweifelhaft. Das Betriebsverfassungsgesetz enthält hinsichtlich der Anfechtung von betrieblichen Normenverträgen im allgemeinen und hinsichtlich der Rechtsfolgen einer möglichen Anfechtung im besonderen eine Regelungslücke.[386] Die Schwierigkeiten bei der Übertragbarkeit der §§ 119 ff. BGB und die besondere Regelung der Kündigungsfolgen in § 77 Abs. 6 BetrVG zeigen, dass das Fehlen von Bestimmungen über ein Anfechtungsrecht der Betriebspartner nicht dem Plan des Betriebsverfassungsgesetzes entsprechen kann.

---

[383] Dennoch hat das BAG in einer Entscheidung v. 11.05.1976 (AP Nr. 3 zu § 76 BetrVG 1972 m. zust. Anm. von *Dütz*) im Rahmen der Erörterung der Anfechtung einer Vereinbarung zwischen den Betriebspartnern hinsichtlich des sich aus der Vereinbarung ergebenden Honoraranspruchs eines Einigungsstellenbeisitzers in einem obiter dictum erklärt, dass die Anfechtung der Vereinbarung wegen der Schadensersatzpflicht aus § 122 AbS. 1 BGB wirtschaftlich sinnlos wäre.

[384] Vgl. zu den Voraussetzungen einer teleologischen Reduktion *Larenz*, Methodenlehre, S. 391 f.

[385] MünchArbR-*Matthes* § 328 Rn. 49; für sachwidrig hält dies GK-*Kreutz* § 77 Rn. 62.

[386] Zu den Analogie-Voraussetzungen vgl. das zweite Kapitel unter II. 2.

Die Bildung einer (doppelten) Analogie zu § 77 Abs. 6 BetrVG setzt zusätzlich zum Vorliegen der planwidrigen Regelungslücke voraus, dass der geregelte und der ungeregelte Tatbestand in der für § 77 Abs. 6 BetrVG maßgeblichen Hinsicht gleich zu bewerten sind. Im zweiten Kapitel ist unter III. 2. f.) bereits ausgeführt worden, dass die Weitergeltung verhindern soll, dass sich in mitbestimmungspflichtigen Angelegenheiten, bei denen sich durch den Abschluss einer Betriebsvereinbarung oder eines Sozialplans eine gewisse Regelungsnotwendigkeit gezeigt hat, zeitliche Regelungslücken zwischen der abgelaufenen Vereinbarung und einer neuen Abmachung zwischen den Betriebspartnern auftun. Diese Wertung des im Sozialplanrecht grundsätzlich analog anwendbaren[387] § 77 Abs. 6 BetrVG beansprucht unabhängig von der Rechtsnatur des einseitigen Loslösungsrechtes Geltung. Die von den §§ 119 ff. BGB geschützte Willensfreiheit steht dem nicht entgegen. Wie schon im Zusammenhang mit der außerordentlichen Kündbarkeit von Sozialplänen erläutert worden ist, spricht vor allem der Normcharakter des Sozialplans für eine Weitergeltung der Sozialplanregelungen. Bei jeder Verschlechterung eines Sozialplans existiert grundsätzlich eine Betroffenheit der Normunterworfenen. Die Frage, inwieweit den Arbeitnehmern eine Verschlechterung der aus dem Sozialplan entstandenen und noch entstehenden Ansprüche zumutbar ist, muss sich wegen des normativen Charakters der Sozialplanregelung u. a. nach den Grundsätzen zur Rückwirkung von Gesetzen entscheiden.[388] Die sich daraus ergebenden Grenzen der Normsetzungsbefugnis der Betriebspartner dürfen nicht durch die unmodifizierte Übertragung schuldrechtlicher Prinzipien umgangen werden. Die Anfechtung einer beim Vertragsschluss abgegebenen Willenserklärung wegen eines Eigenschaftsirrtums führt zwar bei normalen Verträgen zu einem rückwirkenden Wegfall des Vertrages, der normative Charakter des Sozialplans erfordert aber eine Modifizierung dieses auf ein Zwei-Parteien-Verhältnis ausgerichteten Rechtsinstituts. Nur bei einer Vertragsanpassung ohne vorherigen Wegfall der Normordnung ist eine Beachtung rechtsstaatlicher Grundsätze bei der Normänderung gewährleistet.[389] Darüber hinaus würde das Gleichgewicht zwischen Verkehrsschutz und Vertragsfreiheit, das durch fehlende Anwendbarkeit des § 122 BGB in Richtung der Vertragsfreiheit verschoben wurde, durch die mit der Weitergeltung der angefochtenen Normen einhergehende Entwertung der Anfechtung wenigstens teilweise wieder hergestellt.

---

[387] Vgl. dazu die Ausführungen im zweiten Kapitel unter III. 2. f.).

[388] Auch einem Wegfall von Gesetzen mit ex nunc Wirkung können in besonderen Fallkonstellationen Vertrauensschutzerwägungen entgegenstehen. Auf den Vertrauensschutz im Sozialplanrecht wird ausführlich im fünften Kapitel eingegangen werden. An dieser Stelle sei aber angemerkt, dass solche Fallkonstellationen gerade im Sozialplanrecht regelmäßig anzutreffen sind.

[389] Vgl. zu den Grenzen bei der Vertragsanpassung die Kapitel 4 und 5.

Die Anfechtung von Sozialplänen ist demnach grundsätzlich möglich. Allerdings schließt sich an die Anfechtung keine Schadensersatzpflicht an. Dafür gelten die wegen eines Eigenschaftsirrtums angefochtenen Sozialplannormen gem. § 77 Abs. 6 BetrVG analog weiter. Bei einem Sozialplan, der auf einer Entscheidung der Einigungsstelle beruht, kann nur unter den spezielleren Voraussetzungen des § 76 Abs. 5 S. 4 BetrVG die Überschreitung der Ermessensgrenzen geltend gemacht werden.

c) Das Verhältnis zwischen dem Irrtumsrecht und § 313 BGB

Nachdem die grundsätzliche Anfechtbarkeit von Sozialplanregelungen festgestellt worden ist, müssen sich die Überlegungen dem Konkurrenzverhältnis zwischen dem Anfechtungsrecht und der Lehre von der Geschäftsgrundlage zuwenden.

Grundsätzlich geht § 119 BGB den subsidiären[390] Grundsätzen der Lehre von der Geschäftsgrundlage vor. Die überwiegende Ansicht[391] hielt vor Inkrafttreten des § 313 BGB den beidseitigen Irrtum über Umstände, die für die Willensbildung wesentlich waren[392], dennoch für einen Anwendungsfall der Lehre von der Geschäftsgrundlage. Das BGB bietet auch nach der Schuldrechtsreform keine eindeutige Regelung dieser Streitfrage. § 313 Abs. 2 BGB erfasst die Fälle eines beidseitigen Irrtums gem. § 119 Abs. 2 BGB nicht zwangläufig,[393] da ihm ein eigenständiger Anwendungsbereich schon durch die eindeutig nicht von § 119 BGB geregelten Fälle zukommt.[394] Begründet wird der Vorrang der Lehre von der Geschäftsgrundlage mit der als unbillig empfundenen Pflicht zum Ersatz des Vertrauensschadens gem. § 122 BGB. Da der Anfechtungsgegner unter Umständen dasselbe Interesse an der Anfechtung habe, beruhe es lediglich auf Zufall, wer zuerst anfechte und sich damit ersatzpflichtig mache.[395] Außerdem bestehe im Rahmen der Lehre von der Geschäftsgrundlage eine größere Freiheit bei der Rechtsfolgenbestimmung.[396]

---

[390] Vgl. zur Subsidiarität der Lehre von der Geschäftsgrundlage die Ausführungen unter IV. 4. a).

[391] Vgl. stellvertretend MünchKomm-*Roth* § 242 Rn. 687; *Soergel-Hefermehl* § 119 Rn. 65 f..

[392] Vgl. ausführlich zum gemeinsamen Irrtum gem. § 119 AbS. 1 BGB, der meistens deshalb nicht ins Gewicht fällt, weil von vorneherein das übereinstimmend Gewollte maßgeblich ist, *Staudinger-Schmidt* § 242 Rn. 385 ff.

[393] Das war offenbar anders beabsichtigt, vgl. die amtliche Begründung in BT-DruckS. 14/6040, S. 176 und den Abschlussbericht der Schuldrechtskommission, S. 150.

[394] *Dauner-Lieb/Heidel/Lepa/Ring-Krebs* § 313 Rn. 11; a. A. *Henssler/v. Westphalen-Muthers* § 313 Rn. 22; *Palandt-Heinrichs* § 313 Rn. 20.

[395] MünchKomm-*Roth* § 242 Rn. 687.

[396] MünchKomm-*Roth* § 242 Rn. 687.

Vor allem *Medicus*[397] hält dieser Argumentation entgegen, dass stets derjenige seine Willenserklärung anfechten wird, zu dessen Ungunsten die Realität von der Parteivorstellung abweicht. Vor diesem Hintergrund sei es nicht unbillig, wenn er den durch die Anfechtung gewonnenen Vorteil durch den Ersatz des negativen Interesses ausgleichen müsse.[398] Im Rahmen der Privatautonomie sei jeder der Hüter seiner eigenen Interessen und möge selber durch Anfechtung in Ordnung bringen, was er zu seinem Nachteil versäumt habe.[399] Außerdem spreche auch der Gesichtspunkt der angestrebten europäischen Rechtsangleichung für einen Vorrang des Irrtumsrechts.[400]

Dem Grunde nach geht es bei diesem Streit um eine Korrektur des § 122 BGB, dessen Risikoverteilung für die Vertragspartner an verschiedene Tatbestandsmerkmale anknüpft. Auf der einen Seite ist ein Verschulden notwendig, während auf der anderen, der anfechtenden Seite die reine Veranlassung ausreicht. Vor diesem Hintergrund scheint eine Lösung über eine Modifikation des § 122 Abs. 2 BGB für den Fall des beidseitigen Irrtums, die auch für den Gegner eine Verursacherstellung ausreichen lässt[401], vielversprechend zu sein.

Für das allgemeine Zivilrecht kann der Streit aber letztlich unentschieden bleiben. Im Sozialplanrecht existiert kein Grund, den beidseitigen Irrtum gem. § 119 Abs. 2 BGB nach den Regeln der Lehre von der Geschäftsgrundlage zu behandeln. Wie bereits dargestellt worden ist, löst die Anfechtung des Sozialplans ohnehin keinen Schadensersatzanspruch gem. § 122 BGB aus. Außerdem ist die Rechtsfolge beider Rechtsinstitute das Wiederaufleben des Mitbestimmungsrechtes. Überdies sprechen gewichtige Gründe für den Vorrang der Irrtumsregeln: Bei einer Anwendung der Lehre von der Geschäftsgrundlage müsste dem Arbeitgeber die Vertragsanpassung eventuell deswegen verwehrt werden, weil der Irrtum über die aktuelle finanzielle Situation des Unternehmens seinem Herrschaftsbereich entstammt. Nach der den §§ 119 ff. BGB zugrunde liegenden Risikoverteilung kann im Gegensatz dazu auch derjenige wegen eines Eigenschaftsirrtums anfechten, der diesen fahrlässig verursacht hat. Den Interessen des Vertragspartners und der Normunterworfenen wird dadurch Rechnung getragen, dass der Vertrag nicht rückwirkend vernichtet wird und seine Normen bis zur Aufstellung eines neuen Sozialplans weitergelten. Dem Unternehmer

---

[397] *Medicus*, Bürgerliches Recht, Rn. 162; zust. *Dauner-Lieb/Heidel/Lepa/Ring-Krebs* § 313 Rn. 11.

[398] *Medicus*, Bürgerliches Recht, Rn. 162 m. w. N.; MünchKomm-*Kramer* § 119 Rn. 139.

[399] *Medicus*, Bürgerliches Recht, Rn. 162.

[400] Vgl. *Dauner-Lieb/Heidel/Lepa/Ring-Krebs* § 313 Rn. 11; vgl. Art. 3 ff. insbesondere 3.5 I a Unidroit Principles of International Commercial Contracts (1994) sowie Art. 4. 103 Principles of European Contract Law (2000, Lando-Kommission). In diesen Regelungen erfassen die Irrtumsregeln auch die Fälle des Fehlens der subjektiven Geschäftsgrundlage.

[401] Vgl. z. B. MünchKomm-*Kramer* § 122 Rn. 12; *Staudinger-Schmidt* § 242 Rn. 396.

darüber hinaus die Berufung auf den Irrtum zu verwehren, entspräche nicht dem Prinzip der Betriebsautonomie, nach dem der Unternehmer nur solche Leistungen zu erbringen hat, denen er selbst oder die Einigungsstelle zugestimmt haben. Diese Wertung müsste auch im Rahmen der Lehre von der Geschäftsgrundlage berücksichtigt werden. Unter diesen Voraussetzungen ist es richtiger, ohne Umweg direkt auf § 119 Abs. 2 BGB abzustellen. Eine Ausnahme vom Grundsatz der Subsidiarität der Lehre von der Geschäftsgrundlage kann auch für beidseitige Irrtümer nicht zugelassen werden. Der Irrtum über die im Zeitpunkt der Sozialplanaufstellung zur Verfügung stehenden finanziellen Mittel darf demnach nicht unter § 313 Abs. 2 BGB subsumiert werden. Die Beachtlichkeit eines solchen Irrtums richtet sich ausschließlich nach § 119 Abs. 2 BGB.

6. Subventionsdruck

Bei einem Irrtum über mögliche Subventionen wird von einer verbreiteten Ansicht ebenfalls von einer Störung der Geschäftsgrundlage ausgegangen.[402] *Meyer*[403] spricht insoweit von einem Eingriff von hoher Hand, der die Anpassung von Sozialplanregelungen rechtfertigen könne. *Von Hoyningen-Huene*[404] erhebt die Gewährung von Subventionen unter Hinweis auf die Verpflichtung der Einigungsstelle zur Berücksichtigung der sozialen Belange der Arbeitnehmer gem. § 112 Abs. 5 S. 1 BetrVG zur Geschäftsgrundlage. § 112 Abs. 5 S. 1 BetrVG bringe es mit sich, dass mögliche Subventionsleistungen bei der Bestimmung des Sozialplanvolumens zu berücksichtigen seien. Deshalb handele es sich beim Ausbleiben der erwarteten Subventionen nicht um die Verwirklichung eines Risikos, das einseitig der Sphäre des Unternehmers zuzuordnen sei. *Pottmeyer*[405] schließt sich dieser Ansicht trotz grundsätzlicher Bedenken für den Fall an, dass beide Betriebspartner wussten, dass zur Deckung des Finanzierungsbedarfs das Einspringen des Subventionsgebers notwendig ist.

Der Irrtum über staatlicherseits für die Sozialplanaufstellung zur Verfügung gestellten Mittel ähnelt je nach Fallgestaltung dem Irrtum über die Finanzlage des Unternehmers bei Vertragsschluss oder über deren späterer Entwicklung. Da die Subventionen dem Unternehmer gewährt werden, gehört das Risiko ihres Aus-

---

[402] Vgl. die Darstellung des Meinungsstandes unter I. und II.

[403] *Meyer*, Abänderung, S. 75; *ders.*, NZA 1995, S. 974, 979 führt zur Untermauerung dieser These eine Entscheidung des BAG v. 18.03.1994 (NZA 1995, 91) an. Das BAG formuliert seiner Ansicht nach sogar noch schärfer, dass im Fall der Bezuschussung durch Zweckzuwendungen überhaupt erst Ansprüche entstünden, falls die Treuhandanstalt entsprechende Mittel zur Verfügung stellt. Diese Aussage ist jedoch keine schärfere Formulierung der *Meyerschen* These, sondern meint rechtlich etwas völlig andereS. Das BAG geht offenbar davon aus, dass es sich bei der Subventionsgewährung um eine in den Sozialplan aufgenommene Bedingung handelt.

[404] v. *Hoyningen-Huene*, Anm. zu BAG v. 10.08.1994, AP Nr. 86 zu § 112 BetrVG 1972.

[405] So auch *Pottmeyer*, Anm. zu BAG v. 10.08.1994, SAE 1995, S. 304, 309.

bleibens ebenso wie die eigene finanzielle Leistungsfähigkeit grundsätzlich zum unternehmerischen Risiko.[406] Wollte man beim Sozialplan ausnahmsweise eine Loslösung vom Vertrag zulassen, so hätte die staatliche Verwaltung mittelbar das Recht, in die Sozialpläne notleidender oder unterstützungsbedürftiger Unternehmen einzugreifen. Diese Konsequenz ist nicht akzeptabel. Der Unternehmer muss sich gegen das Ausbleiben von Subventionen gegebenenfalls vor dem Verwaltungsgericht zur Wehr setzen.[407] War die Vergabe einer Subvention zum Zeitpunkt des Vertragsschlusses erkennbar unsicher, so ist per Auslegung des Vertragswerkes zu prüfen, ob die Anspruchsentstehung oder gar die Wirksamkeit des Sozialplans unter der Bedingung der Subventionsgewährung steht.[408] Eine Berufung auf die Lehre von der Geschäftsgrundlage kommt jedoch bei unvorhersehbaren Entwicklungen in Betracht. Insoweit kann auf die Ausführungen zur unerwarteten Entwicklung der finanziellen Situation des Unternehmens verwiesen werden. Auf die Ausnahmesituation, die im Zusammenhang mit der Währungs- und Wirtschaftsunion in den Treuhandunternehmen herrschte und die im Zusammenhang mit den Sozialplanrichtlinien der Treuhandanstalt zu Abänderungen von Sozialplänen in ostdeutschen Unternehmen führte, wird im Anschluss bei der Besprechung der Entscheidung des BAG vom 10.08.1994 einzugehen sein.

VI. Die Lösung von Beispielsfällen aus der Rechtsprechung

Im Folgenden sollen die gefundenen Ergebnisse durch eine Anwendung auf tatsächliche Fallgestaltungen, in denen die Rechtsprechung eine Geschäftsgrundlagenstörung diskutiert hat, überprüft werden.[409]

1. Die Entscheidung des BAG vom 10.08.1994[410]

Dem Urteil des BAG lag folgender Fall zugrunde: Infolge von Bekundungen der Gewerkschaften und der Treuhandanstalt gingen die Betriebspartner eines ostdeutschen Betriebes anlässlich einer geplanten Betriebsänderung davon aus, dass der vereinbarte Sozialplan von der Treuhandanstalt als vertretbar und damit finanzierbar angesehen und subventioniert werde. Den Beteiligten war klar, dass

---

[406] ArbG Berlin v. 11.05 1992, Az. 82 Ca 21428/91, Juris Nr. 390910429 (20.06.2003).; *Däubler*, NZA 1985, S. 545, 551; *Naendrup*, AuR 1984, S. 193, 202; vgl. auch *Bleckmann*, in: Verhandlungen des 55. Deutschen Juristentages, S. D. 93, 106.

[407] *Däubler*, NZA 1985, S. 545, 551; ähnlich LAG Saarland v. 03.07.1985, LAGE BetrVG 1972 zu § 112 Nr. 7, S. 19 ff.

[408] So das BAG v. 18.03.1994, NZA 1995, 91.

[409] Eine vollständige Erfassung der problematisierten Fallkonstellationen ist nur hinsichtlich der höchstrichterlichen Rechtsprechung erfolgt. Die Darstellung der Sachverhalte beschränkt sich auf die grobe Skizzierung der im vorliegenden Zusammenhang notwendigen Tatsachen.

[410] BAG v. 10.08.1994, BAGE 77, 313-335.

eine Finanzierung des Sozialplans durch die Arbeitgeberin wegen fehlender Eigenmittel nicht in Betracht kam. Nach Abschluss des Sozialplans stellte sich dann heraus, dass die Treuhandanstalt Sozialplanansprüche nur insoweit finanzieren würde, als der Sozialplan insgesamt nicht mehr als 5.000,-- DM pro betroffenem Arbeitnehmer vorsehe. Damit entstand für den fraglichen Sozialplan eine Finanzierungslücke von rund 29 Millionen DM. Obwohl der Betriebsrat einer den Sozialplan verschlechternden Vereinbarung zustimmte, sah sich das BAG veranlasst, über das Vorliegen einer Geschäftsgrundlagenstörung zu entscheiden, weil es davon ausging, dass in bereits entstandene Ansprüche der Arbeitnehmer nur unter dieser Voraussetzung eingegriffen werden dürfe.

Das Gericht stufte die vollständige Finanzierung des Sozialplans durch die Treuhandanstalt als Geschäftsgrundlage der Vereinbarung ein. Diese Geschäftsgrundlage sei nachträglich entfallen. Aufgrund dessen könne die Arbeitgeberin eine Anpassung der im Sozialplan getroffenen Regelungen an die geänderten Verhältnisse verlangen, soweit ihr nach Treu und Glauben nicht zugemutet werden könne, die Ansprüche ihrer Arbeitnehmer aus dem Sozialplan trotzdem zu erfüllen. Ob diese Voraussetzung gegeben war, konnte der Senat nicht beurteilen, weil das Landesarbeitsgericht hierzu keine Feststellungen getroffen hatte. Mit dem freiwilligen Abschluss des Änderungsvertrages soll der Betriebsrat aber die Notwendigkeit einer Anpassung des Sozialplans anerkannt und damit ein maßgebliches Indiz für das Vorliegen der gesetzlichen Voraussetzungen der Unzumutbarkeit geliefert haben.

Dieser Fall zeigt deutlich, dass auf die Selbstregulierung durch die Betriebspartner vertraut werden kann.[411] Nachdem das BAG in einer Entscheidung vom 05.10.2000[412] seine Rechtsprechung insoweit verändert hat, als ein Eingriff in bereits entstandene Sozialplanansprüche nunmehr auch unabhängig vom Vorliegen einer Geschäftsgrundlagenstörung möglich sein soll, käme es heute auf das Vorliegen einer Geschäftsgrundlagenstörung auch nach Ansicht des BAG nicht mehr an. Auf der Grundlage dieser neuen Rechtsprechung hätte aller Wahrscheinlichkeit nach bereits die unklare und verworrene Situation im Zusammen-

---

[411] Auch in einem ähnlich gelagerten Fall, der einer Entscheidung des LAG Brandenburg v. 29.10.1992 (AuA 1993, 250) zugrunde lag, haben die Betriebspartner sich einvernehmlich geeinigt. Das LAG hat in diesem Fall nicht geprüft, ob auch ein Wegfall der Geschäftsgrundlage vorlag, weil es davon ausgegangen ist, dass ein Eingriff in erworbene Rechte aus einem Sozialplan auch unter der Voraussetzung einer Geschäftsgrundlagenstörung unzulässig ist.

[412] Vgl. BAG v. 05.10.200, AP Nr. 141 zu § 112 BetrVG 1972. Nach dieser Entscheidung soll ein Eingriff in entstandene Rechte zwar weiterhin nur innerhalb der Schranken der Grundsätze der Verhältnismäßigkeit und des Vertrauensschutzes möglich sein, diese Schranken sollen aber beispielsweise bereits dann gewahrt sein, wenn die Arbeitnehmer mit einer rückwirkenden Verschlechterung rechnen mussten, wenn die Rechtslage unklar und verworren war, wenn die bisherige Regelung abgelaufen oder eine Anpassung wegen einer Geschäftsgrundlagenstörung erforderlich geworden ist.

hang mit der deutschen Wiedervereinigung einen Eingriff in bereits entstandene Sozialplanansprüche gerechtfertigt. Ob neben der einvernehmlichen Anpassung die Berufung auf eine Geschäftsgrundlagenstörung möglich war, kann hier nicht entschieden werden. Wie die spätere finanzielle Entwicklung des Unternehmens fällt auch die Subventionsgewährung zum Zweck der Sozialplanerfüllung nur dann in den Risikobereich beider Vertragspartner, wenn die Fehlentwicklung nicht vorhersehbar war. Bei der Prüfung der Vorhersehbarkeit wird in diesem konkreten Fall die Unerfahrenheit der planwirtschaftlich geprägten Betriebspartner in ostdeutschen Unternehmen direkt nach der Wende berücksichtigt werden müssen. In die Überlegungen einzustellen sind außerdem eventuell bestehende öffentliche Interessen an der Sanierung bestimmter ostdeutscher Unternehmen bzw. an der Versorgung der betroffenen Arbeitnehmer – wäre der Sozialplan nicht angepasst worden, hätte es möglicherweise gar keine Auszahlungen geben können. Aufgrund dieser Besonderheiten käme – abhängig von den konkreten Umständen des Einzelfalles – möglicherweise eine Geschäftsgrundlagenstörung wegen der Nichtgewährung erwarteter Subventionen ausnahmsweise in Betracht.

2. Die Entscheidung des BAG vom 13.03.1996[413]

Das Bundesarbeitsgericht hat am 13.03.1996 folgenden Fall entschieden: Nachdem in einem Betrieb ein Sozialplan aufgestellt und teilweise auch durchgeführt worden war, berief sich der Unternehmer auf den Wegfall der Geschäftsgrundlage des fraglichen Sozialplans. Anstelle der zunächst angenommenen 50, hätten letztlich 159 Arbeitnehmer entlassen werden müssen. Außerdem habe der Betrieb im Jahre 1991 einen unerwarteten Verlust zu verzeichnen gehabt.

Nach Ansicht des BAG konnte nicht davon ausgegangen werden, dass die Annahme, es müssten lediglich 50 Arbeitnehmer entlassen werden, die Geschäftsgrundlage des Sozialplans darstellte. Die Vereinbarung habe sich nicht nur auf die Entlassung von Arbeitnehmern, sondern auf eine Vielzahl von Maßnahmen bezogen, die im Rahmen der Umwandlung des Betriebes und der damit verbundenen Strukturveränderungen hätten notwendig werden können. Es sei zwar davon ausgegangen worden, dass Freisetzungen nur erfolgen, wenn dies "unumgänglich" sei, eine zahlenmäßige Beschränkung der notwendigen Freisetzungen könne aber nicht erkannt werden. Sogar der Arbeitgeber selbst sei offensichtlich zunächst nicht von einer solchen Beschränkung ausgegangen. Er habe gekündigten Arbeitnehmern in der Arbeitsbescheinigung für das Arbeitsamt einen Abfindungsanspruch in der nach der Rationalisierungsvereinbarung berechneten Höhe auch dann noch bescheinigt, als schon 50 Arbeitnehmer entlassen worden waren. Anpassungsverhandlungen mit dem Betriebsrat seien erst im Oktober 1991 aufgenommen worden, obwohl nach dem Vorbringen des Arbeitgebers späte-

---

413 BAG v. 24.04.1997, AuA 1997, 206-208.

stens im Juni 1991 feststand, dass weitaus mehr Arbeitnehmer entlassen werden müssen, als zunächst angenommen gewesen sein mag. Außerdem habe der Arbeitgeber vorgetragen, es sei ihm bei Abschluss des Sozialplans in erster Linie darum gegangen, eine Abfindungsregelung zu erhalten, an der er die Abfindungen für leitende Mitarbeiter ausrichten könne. Er war daher offensichtlich selbst an hohen Abfindungen interessiert. Dabei könne es durchaus sein, dass der Unternehmer der Annahme war, er würde allenfalls 50 Arbeitnehmer entlassen müssen, so dass sich die Summe der Abfindungen noch in Grenzen halten würde. Eine solche einseitige Vorstellung stelle aber noch keine Geschäftsgrundlage dar. Es wäre vielmehr Sache des Arbeitgebers gewesen, das Risiko der vorhersehbaren Ausdehnung des Umfang der Entlassungen vertraglich zu regeln.

Diese Ausführungen des BAG decken sich mit der in dieser Untersuchung vertretenen Ansicht zur Beachtlichkeit späterer Änderungen bei der Durchführung der Betriebsänderung. Wenn bei Sozialplänen, die nicht ausdrücklich auf eine genau umrissene Betriebsänderung bezogen sind, die anlassgebende Betriebsänderung auch im Wege der Auslegung[414] nicht näher bestimmt werden kann, bleiben die Betriebspartner an ihre Vereinbarung gebunden.

3. Die Entscheidung des BAG vom 28.08.1996[415]

Als Beispielsfall für einen Wegfall der Geschäftsgrundlage wegen Nichtdurchführung der geplanten Betriebsänderung gilt der folgende Sachverhalt: Der Unternehmer beschloss die Stilllegung eines maroden Betriebes und vereinbarte mit dem Betriebsrat einen begleitenden Sozialplan. Am 21.02.1994 kündigte er allen Arbeitnehmern fristgemäß. Ende April 1994 fand sich überraschend die A-GmbH bereit, den stillzulegenden Betrieb mit allen Arbeitnehmern zu übernehmen. Die Übernahme erfolgte mit Wirkung zum 16.06.1994. Das BAG hatte die Frage zu klären, ob der Unternehmer trotz der Übernahme des Betriebes durch die A-GmbH zur Zahlung der Sozialplanleistungen verpflichtet war.

Das BAG verneinte diese Frage. Geschäftsgrundlage des zwischen den Betriebspartnern vereinbarten Sozialplanes sei die Erwartung gewesen, dass der Betrieb stillgelegt werde und alle Arbeitnehmer ihre Arbeitsplätze verlören. Dadurch, dass die A-GmbH im Mai 1994 den Betrieb erwarb und sich bereit erklärte, diesen fortzuführen und alle Arbeitnehmer zu den bisherigen Arbeitsbedin-

---

[414] Obwohl der Sozialplan wie ein Gesetz ausgelegt wird, kommt die ergänzende Vertragsauslegung auch im Sozialplanrecht grundsätzlich in Betracht, vgl. dazu GK-*Kreutz* § 77 Rn. 70.

[415] BAG von 28.08.1996, AP Nr. 104 zu § 112 BetrVG 1972; vgl. auch den ähnlich gelagerten und entschiedenen Fall in der Entscheidung des BAG v. 28.02.1984, Az. 1 AZR 134/83, Juris Nr. KARE 270370333 (20.06.2003).

gungen weiter zu beschäftigen, sei die Geschäftsgrundlage weggefallen.[416] Es sei dem Unternehmer nach Treu und Glauben nicht zumutbar, die für den Verlust des Arbeitsplatzes gedachten Abfindungen zu zahlen, nachdem er erfolgreich alles ihm Mögliche dafür getan hatte, dass es nicht zum Verlust von Arbeitsplätzen kommen würde. Darauf, dass der Unternehmer nach der Veräußerung des Betriebes erst recht in der Lage war, das Sozialplanvolumen aufzubringen, komme es nicht an. Seien infolge grundsätzlich veränderter Umstände keine oder weniger Nachteile für die betroffenen Arbeitnehmer zu erwarten, so sei dem Arbeitgeber nicht zuzumuten, die ursprünglich vorgesehenen Sozialplanleistungen zu erbringen.[417] Da aber nicht ausgeschlossen werden könne, dass den Arbeitnehmern infolge der zunächst begonnenen Betriebsänderung doch wirtschaftliche Nachteile entstanden seien, entfalle nicht der Sozialplan als solcher, sondern lediglich dessen Geschäftsgrundlage, was die Notwendigkeit einer Anpassung des Sozialplans an die veränderten Umstände nach sich ziehe.[418]

Dieser Fall ist deswegen besonders problematisch, weil der Arbeitgeber im Rahmen der Durchführung der geplanten Betriebsänderung bereits Kündigungen ausgesprochen hatte. Wäre es im Vorfeld der Kündigungsmaßnahmen zu einer Betriebsveräußerung gekommen, wäre der Sozialplan mangels Durchführung der geplanten Betriebsänderung schlicht leergelaufen.[419] Statt der geplanten Betriebsstilllegung wäre es zu einem Betriebsübergang gekommen. Die Folgen von Betriebsübergängen sind für die Arbeitnehmer in § 613a BGB umfassend geregelt. Nach der überwiegenden Ansicht in Literatur und Rechtsprechung kann die bloße Tatsache eines Betriebsübergangs nicht als Betriebsänderung im Sinne des § 111 BetrVG verstanden werden. § 613a BGB soll Nachteile, die den Arbeitnehmern im Zusammenhang mit dem Schuldnerwechsel bei einem Betriebsübergang entstehen können, abschließend regeln.[420] Voraussetzung einer Betriebsänderung soll über den bloßen Wechsel des Betriebsinhabers hinaus das Vorliegen eines der in § 111 S. 2 BetrVG legal definierten Fälle oder die Erfül-

---

416 Insoweit zustimmend *Meyer*, AP Nr. 104 zu § 112 BetrVG 1972 und *Pollert*, Anm. zu BAG v. 28.08.1996, SAE 277, 279.

417 Zust. *Pollert*, Anm. zu BAG v. 28.08.2996, SAE 1998, S. 277, 278.

418 *Meyer*, Anm. zu BAG v. 28.08.1996, AP Nr. 104 zu § 112 BetrVG 1972 spricht in einer Vermischung von Voraussetzungen und Rechtsfolgen von einem teilweisen Fortfall der Geschäftsgrundlage.

419 So auch *Willemsen*, ZIP 1981, S. 1058, 1061.

420 Vgl. stellvertretend für die ständige Rechtsprechung des BAG: BAG v. 17.03.1987, AP Nr. 28 zu § 111 BetrVG 1972 Bl. 2 m. w. N.; stellvertretend für die Lit. vgl. *Gaul*, Anm. zu BAG v. 28.08.1996, EzA Nr. 87 zu § 112 BetrVG 1972, S. 11, 18; *Neef/Schrader*, NZA 1998, S. 804; *Pollert*, Anm. zu BAG v. 28.08.1996, SAE 1998, S. 277, 280; *Richardi-Richardi/Annuß* § 11 Rn. 124 m. w. N.; zustimmend, soweit es um den rechtsgeschäftlichen Übergang eines gesamten Betriebes geht, auch *Matthes*, NZA 2000, S. 1073, 1075; *Gaul*, DB 1998, S. 1513, 1517.

lung der allgemeinen Voraussetzungen gem. § 111 S. 1 BetrVG sein.[421] An diesem richtigen Befund ändert sich auch durch das Recht der Arbeitnehmer, den Übergang ihrer Arbeitsverhältnisse auf den Erwerber durch Widerruf[422] zu verhindern, nichts. Das Widerrufsrecht darf nicht zu einem Wahlrecht zwischen dem Schutz durch § 613a BGB oder den §§ 111 ff. BetrVG mutieren.[423] Mit *Matthes*[424] ist deshalb davon auszugehen, dass für den Fall, dass ein oder mehrere Arbeitnehmer eines Betriebes dem Übergang ihrer Arbeitsverhältnisse auf einen Betriebserwerber widersprechen, eine Sozialplanpflicht nur dann entsteht, wenn diese Arbeitnehmer im Anschluss betriebsbedingt gekündigt werden, und ihre Anzahl die Grenze des § 112a Abs. 1 S. 1 BetrVG überschreitet. Selbst wenn diese Voraussetzungen erfüllt sind, wird jedoch zumindest die Einigungsstelle den Betroffenen im Regelfall wegen § 112 Abs. 5 S. 2 BetrVG keine Abfindungen zusprechen dürfen.[425]

Fraglich ist, ob sich an dieser Bewertung durch den Ausspruch der Kündigungen vor dem Betriebsübergang etwas ändert. Das BAG räumt den gekündigten Arbeitnehmern in einem solchen Fall einen auf § 242 BGB und eine richtlinienkonforme Auslegung des § 613a BGB gestützten Wiedereinstellungsanspruch gegen den Betriebsübernehmer ein. Die Arbeitnehmer müssen jedenfalls dann zu unveränderten Arbeitsbedingungen und unter Wahrung ihres Besitzstandes wiedereingestellt werden, wenn der Arbeitgeber noch keine Dispositionen im Vertrauen auf die Wirksamkeit der Kündigung getroffen hat und ihm die Fortsetzung des Arbeitsverhältnisses auch aus anderen Gründen nicht unzumutbar

---

[421] Vgl. stellvertretend *Gaul*, Anm. zu BAG v. 28.08.1996, EzA Nr. 87 zu § 112 BetrVG 1972, S. 11, 18 f., nach dessen Ansicht diese Voraussetzungen im Fall der Entscheidung des BAG vom 28.08.1996 nicht erfüllt waren und GK-*Fabricius/Oetker* § 111 Rn. 104; a. A. z. B. *Däubler/Kittner/Klebe-Däubler* § 111 Rn. 102, der eine Betriebsänderung bei Vorliegen eines Betriebsübergangs stets bejaht; ausführlich zur Problematik GK-*Fabricius* § 111 Rn. 244 ff., 6. Aufl.

[422] Vgl. zum Widerrufsrecht ausführlich MünchArbR-*Wank*, Bd. 2, § 124 Rn. 96 ff. m. w. N.

[423] Das BAG hat in zwei Entscheidungen v. 05.02.1997 und v. 15.12.1998 (AP Nr. 112 und 126 zu § 112 BetrVG 1972) Bestimmungen über den Ausschluss oder die Senkung von Leistungen in Sozialplänen im Hinblick auf § 112 AbS. 5 Nr. 2 BetrVG bei Widerspruch gegen den Übergang des Arbeitsverhältnisses „erst Recht" für zulässig gehalten.

[424] Vgl. *Matthes*, NZA 2000, S. 1073, 1075 f. Das BAG hat in einer Entscheidung v. 10.12.1996 (AP Nr. 32 zu § 113 BetrVG 1972) entschieden, dass bei der Frage, ob ein sozialplanpflichtiger Personalabbau vorliegt, auch diejenigen Arbeitnehmer mitzurechnen sind, denen gekündigt werden soll, weil sie dem Übergang ihres Arbeitsverhältnisses auf einen Betriebserwerber widersprochen haben.

[425] BAG v. 05.02.1997, DB 1997, 1623 f.; *Gaul*, DB 1998, S. 1513, 1517; *Neef*, NZA 1994, S. 97, 101; wie *Matthes* (NZA 2000, S. 1073, 1075) richtig anmerkt, steht § 112 AbS. 5 Nr. 2 BetrVG lediglich der Regelung einer Abfindungsleistung durch die Einigungsstelle und nicht bereits der Sozialplanpflicht entgegen; vgl. auch *Schlachter*, NZA 1995, S. 705, 709, die darauf hinweist, dass der Wunsch nach Kumulierung der Vorteile (Abfindung und Beibehalt des Arbeitsplatzes) dem Widerspruch nicht zugrunde liegen darf.

ist.[426] Da der Wiedereinstellungsanspruch nur in Zusammenhang mit § 613a BGB begründet werden kann, erstreckt sich der zeitliche Anwendungsbereich des § 613a BGB auch auf die im Vorfeld einer Betriebsveräußerung gekündigten Arbeitnehmer. Wenn die Arbeitnehmer aber in dieser Fallkonstellation durch den nach überwiegender Ansicht in dieser Hinsicht abschließenden § 613a BGB geschützt sind, dann kann ihnen nicht daneben der Schutz der §§ 111 ff. BetrVG zugute kommen. Da im bloßen Betriebsübergang nicht gleichzeitig eine Betriebsänderung zu sehen ist, fehlt es an der für die Anspruchsentstehung notwendigen Betriebsänderung. Der Sozialplan ist damit gegenstandslos geworden.[427] Selbst solchen Arbeitnehmern, die ihren Wiedereinstellungsanspruch nicht wahrnehmen, darf in Parallele zur Ausübung des Widerrufsrechtes vor der Sozialplanaufstellung kein Anspruch aus dem vor Ausspruch der Kündigungen vereinbarten Sozialplan zustehen. Überschreitet die Zahl derjenigen Arbeitnehmer, die eine Wiedereinstellung ablehnen, die Grenzzahl des § 112a Abs. 1 S. 1 BetrVG, so ist nach den oben dargestellten Grundsätzen ein neuer Sozialplan aufzustellen. Dieses Ergebnis hat zwar den Nachteil, dass eventuell von den Arbeitnehmern getätigte Vertrauensinvestitionen nicht berücksichtigt werden können, dem kann aber dadurch Rechnung getragen werden, dass entgegen der Ansicht des Bundesarbeitsgerichts auch der Wiedereinstellungsanspruch der gekündigten Arbeitnehmer nicht von Zumutbarkeitserwägungen abhängig gemacht wird.[428]

Wäre der Betrieb erst nach Ablauf der Kündigungsfristen veräußert worden, so hätte den Arbeitnehmern kein Wiedereinstellungsanspruch zugestanden.[429] Mangels einer Übernahme des Betriebes als funktionsfähiger Einheit wäre ein Betriebsübergang abzulehnen gewesen.[430] Die Kollisionsfrage stellt sich in diesem Fall nicht. Der Sozialplan bleibt trotz Weiterbeschäftigungsangebot des Erwerbers bestehen. Der Veräußerer kann die Sozialplanforderungen auf den von ihm geforderten Kaufpreis aufschlagen und der Erwerber die Wiedereinstellung der gekündigten Arbeitnehmer von der Rückerstattung der Abfindungsbeträge abhängig machen. Ähnlich ist die Rechtslage, wenn nur wenige betriebswichtige Arbeitnehmer noch nicht entlassen worden sind. Zwar ist in diesem Fall ein Betriebsübergang zu bejahen, der Sozialplan ist aber dennoch anwendbar. Die ge-

---

[426] Vgl. BAG v. 27.02.1997, AP Nr. 1 zu § 1 KSchG 1969 Wiedereinstellung; BAG v. 13.11. 1997, AP Nr.169 zu § 613a BGB; ausführlich zum Wiedereinstellungsanspruch *Beckschulze*, DB 1998, S. 417 ff.; *Nägele*, BB 1998, S. 1686 ff.

[427] Ähnlich *Schaub*, Anm. zu BAG v. 28.08.1996, EwiR 1997, S. 101, 102; a. A. Luding, Beendigung, S. 58 f.

[428] So wohl auch *Pollert*, Anm. zu BAG v. 28.08.1996, SAE 1998, S. 277, 280 f.

[429] Vgl. MünchArbR-*Wank* § 124 Rn. 59 m. w. N. auf den Streitstand in Fn. 144. Infolgedessen kann auch kein Rückzahlungsanspruch der Sozialplanabfindungen des Erwerbers über § 242 BGB konstruiert werden. So aber *Willemsen*, ZIP 1981, S. 1058, 1061.

[430] Vgl. MünchArbR-*Wank* § 124 Rn. 45.

kündigten Arbeitnehmer haben mit Ablauf der Kündigungsfrist einen Anspruch auf die Sozialplanleistung erworben, der von der späteren Betriebsveräußerung nicht tangiert wird. Daran, dass ihnen kein Wiedereinstellungsanspruch zusteht, zeigt sich, dass § 613a BGB nur hinsichtlich der noch nicht entlassenen Arbeitnehmer Anwendung findet. Der Betrieb geht in der Form über, zu der er sich zum Zeitpunkt der Veräußerung befunden hat, also nur mit dem wenigen noch nicht entlassenen betriebswichtigen Arbeitnehmer. Diese erhalten allerdings keine Leistungen aus dem Sozialplan. Mangels Kündigung läuft der Sozialplan insoweit leer. Dieses Ergebnis ist schon wegen der dadurch mit dem Ausscheiden aus dem Betrieb für die Arbeitnehmer eintretenden Rechtssicherheit folgerichtig. Eine Störung der Geschäftsgrundlage kommt nicht in Betracht.

4. Die Entscheidung des LAG Bremen vom 20.04.1977

In dem der Entscheidung[431] des LAG Bremen zugrunde liegenden Fall hatte der Gesamtbetriebsrat die Feststellung der Unwirksamkeit eines zwischen ihm und dem Konkursverwalter der Firma F anlässlich der Betriebsstilllegung wegen Konkurses des Unternehmens vereinbarten Sozialplans beantragt. Zur Begründung verwies er auf die Tatsache, dass es zum Zeitpunkt des Abschlusses des Sozialplans (Gesamtsumme DM 330.000,-) so aussah, als stünden nur DM 500.000,- bis 600.000,- freie Finanzmasse zur Verfügung, während aufgrund einer sehr günstigen Entwicklung des Konkursverfahrens die freie Masse drei Monate später schon mindestens das Dreifache betrug. Angesichts dieser Entwicklung berief sich der Antragsteller u. a. auf den Wegfall der Geschäftsgrundlage.

Nach Ansicht des Landesarbeitsgerichts lag - ganz im Einklang mit den hier erarbeiteten Grundsätzen - eine Störung der Geschäftsgrundlage nicht vor. Die Unveränderlichkeit der für den Sozialplan zur Verfügung stehenden Beträge stellt nach Ansicht des LAG nicht die Geschäftsgrundlage der Vereinbarung dar. Tatsächlich seien die Unsicherheiten, die in der Fortsetzung des Konkursverfahrens begründet lagen, für die konkrete Sozialplangestaltung gerade ursächlich gewesen. Allen Beteiligten sei bei Abschluss des Sozialplans bekannt gewesen, dass sich die zur Verfügung stehende Finanzmasse noch nach oben oder nach unten verändern konnte. Eine Erhöhung der Finanzmasse sei dem Risikobereich des Betriebsrates zuzurechnen. Dies gelte auch dann, wenn man davon ausgehe, dass die vertragliche Risikoverteilung in der Regel nur solche Umstände abdekke, die innerhalb des gewöhnlichen Verlaufs der Dinge liegen und mit denen der Betroffene daher rechnen konnte und musste. Bei der Größenordnung der Gemeinschuldnerin, ihrem komplizierten Firmenaufbau und den Unwägbarkeiten des Konkursverfahrens habe die Möglichkeit einer erheblichen Erhöhung der freien Masse vom Antragsteller in Rechnung gestellt werden müssen. Entschei-

---

[431] LAG Bremen v. 20.04.1977, Az. 2 Ta BV 18/76, nicht veröffentlicht.

dender Gesichtspunkt war nach Ansicht des Landgerichts, dass dem Abschluss des Sozialplanes zu diesem Zeitpunkt ein spekulativer Charakter zukam. Ein weiteres Zuwarten des Antragstellers hätte ebenso gut zu einer Verringerung der Masse führen können. Eine Störung der Geschäftsgrundlage liege deshalb nicht vor. Dieser Urteilsbegründung ist vollumfänglich zuzustimmen.

5. Die Entscheidung des BAG vom 09.12.1981[432]

Der Entscheidung des BAG lag folgende Fallgestaltung zugrunde: Am 3. August 1977 vereinbarten die Betriebspartner einen Sozialplan (Sozialplan I). Hintergrund war der Entschluss des Arbeitgebers, 49 Filialen des Unternehmens zu schließen. Die vom Verlust des Arbeitsplatzes betroffenen Mitarbeiter sollten Abfindungen nach Maßgabe einer dem Sozialplan beigefügten Punktetabelle erhalten. Am 29. Dezember 1977 beschloss die Gesellschafterversammlung, alle übrigen Verkaufsstellen ebenfalls zu schließen und die Gesellschaft zu liquidieren. Der Arbeitgeber vereinbarte daraufhin mit dem Betriebsrat am 7. Februar 1978 einen weiteren Sozialplan (Sozialplan II). Diese Vereinbarung sollte alle Mitarbeiter der GmbH erfassen, die nicht bereits in den personellen Anwendungsbereich des ersten Sozialplans fielen. Die sich rechnerisch aus dem Sozialplan II ergebenden Abfindungen waren deutlich höher als die Abfindungen aus dem Sozialplan I. Nach der Auszahlung der Beträge aus beiden Sozialplänen und der Auflösung des Betriebsrats begehrten die dem Sozialplan I unterfallenden Kläger Abfindungen aus dem Sozialplan II.

Das BAG entschied, dass die Betriebspartner das aus § 75 BetrVG folgende Gebot, Recht und Billigkeit zu wahren, missachtet haben, als sie die unter den ersten Sozialplan fallenden Mitarbeiter bei der Aufstellung des zweiten Sozialplans außer Acht ließen. Da der Betriebrat schon aufgelöst war, ersetzte das BAG die seiner Ansicht nach notwendige Neuregelung kurzerhand selbst. Inwieweit das Gericht hier seine Befugnisse überschritten hat, wird Thema des vierten Kapitels sein. Zuzustimmen ist dem BAG jedoch darin, dass eine Abänderung der Sozialpläne nach der Lehre von der Geschäftsgrundlage nicht in Betracht kommt.[433] Wie aufgezeigt worden ist, können voraussehbare Änderungen wie das Scheitern von Sanierungsmaßnahmen eine spätere Abänderung des Sozialplanes nicht rechtfertigen. Solche Abweichungen der vorgestellten von der tatsächlichen Entwicklung müssen vielmehr wegen des Vergleichs- und Prognosecharakters des Sozialplans als systemimmanent hingenommen werden, wenn der Sozialplan seinen verschiedenen Funktionen gerecht werden soll.

---

[432] BAG v. 09.12.1981, BAGE 37, 237 ff.

[433] A. A. *Luding*, Beendigung, S. 65 f., der von einem Wegfall der Geschäftsgrundlage wegen einer Zweckänderung bei der Betriebsänderung ausgeht.

VII. Zusammenfassung der Ergebnisse in Thesen

1. Trotz der Kodifizierung der Lehre von der Geschäftsgrundlage in § 313 BGB ist eine Konkretisierung des im Gesetz offen formulierten Tatbestandes weiterhin notwendig.

2. Gegenstand des der Lehre von der Geschäftsgrundlage zugrunde liegenden Regelungsproblems, ist die Risikoverteilung zwischen den Vertragspartnern. Es geht darum, durch Auslegung festzustellen, ob der betroffenen Partei das fragliche Risiko durch Vertrag oder Gesetz zugewiesen ist. Sollte das nicht der Fall sein, bei Vorliegen einer Rechtsfolgenlücke in Vertrag und Gesetz diese Lücke durch die Lehre von der Geschäftsgrundlage zu schließen. Dabei wird der im gesetzlichen Tatbestand enthaltene, wertausfüllungsbedürftige Begriff der Unzumutbarkeit durch die vertraglichen und gesetzlichen Risikotragungsregelungen konkretisiert. Ein Abstellen auf den Einzelfall im Sinne einer Interessenabwägung kommt nur zur Bestimmung der konkreten Rechtsfolgen in Betracht.

3. Grundsätzlich gilt, vorbehaltlich einer abweichenden gesetzlichen oder vertraglichen Regelung, der aus den §§ 311 Abs. 1, 241 Abs. 1 BGB abzuleitende Grundsatz, dass ein Schaden dort liegen bleiben soll, wo er angefallen ist (casum sentit dominus). Dem Auffinden der Grenzen dieses Grundsatzes in solchen Fällen, in denen keine konkrete gesetzliche oder vertragliche Regelung vorhanden ist, dienen verschiedene, teilweise in § 313 BGB namentlich genannte Risikozurechnungsfaktoren.

4. Ein wichtiges Zurechnungskriterium ist die Kenntnis oder die nach dem Empfängerhorizont zu beurteilende Vorhersehbarkeit der Vertragsstörung. Die Berufung auf eine vermeintliche Störung der Geschäftsgrundlage ist in solchen Fällen grundsätzlich ausgeschlossen. Ausnahmen bestehen, wenn die Vertragspartner das fragliche Risiko bewusst nicht vertraglich geregelt haben oder an einer Regelung durch tatsächliche oder rechtliche Beschränkungen gehindert waren.

5. Mit der Formulierung des § 313 Abs. 1 BGB hat der Gesetzgeber klar gestellt, dass die Vertragsanpassung nicht ipso iure eintritt. Nach dem Willen des Gesetzgebers sollen die Parteien zunächst selbst über die Anpassung verhandeln. Eine rechtliche Verpflichtung des Vertragspartners zur Vertragsanpassung entsteht jedoch nicht. Dem änderungswilligen Vertragspartner deswegen steht ein Gestaltungsrecht zur Loslösung vom Vertrag nur dann zu, wenn eine Anpassung des Vertrages nicht möglich oder unverhältnismäßig ist.

6. Wegen der Doppelnatur des Sozialplans als Normenvertrag ist statt des für Normen einschlägigen Satzes „cessante ratione legis cessat lex ipsa“ die Lehre von der Geschäftsgrundlage anzuwenden. Gegen die Anwendbarkeit der Lehre von der Geschäftsgrundlage im Sozialplanrecht bestehen dann keine grundsätzlichen Bedenken wegen des Normcha- Normcharakters des Sozialplans, wenn

die Belange der Normunterworfenen Berücksichtigung finden.

7. Wegen seiner Erzwingbarkeit handelt es sich beim Sozialplan um einen Vertrag, der unter einer besonderen Form des Abschlusszwanges zustande kommt. Hat die Einigungsstelle über die Sozialplanaufstellung entschieden, ist der Arbeitgeber auch hinsichtlich des Inhalts des Sozialplans fremdbestimmt worden. Beide Zwangsformen stehen zwar nicht der Anpassung der Vereinbarung an veränderte Umstände, wohl aber einer Loslösung ohne anschließendes Wiederaufleben des Mitbestimmungsrechtes entgegen. Bei einem Beschluss der Einigungsstelle ist die Berufung auf eine Störung der Geschäftsgrundlage trotz des davon ausgehenden Zwangscharakters nicht unter erleichterten Bedingungen möglich.

8. Wie beim zweiseitigen, insbesondere beim synallagmatischen Vertrag, kann auch beim einseitig verpflichtenden Sozialplan die Grenze der in Vertrag und Gesetz vorgesehenen Risikoverteilung überschritten sein. Hinsichtlich der Anforderungen an eine Störung der Geschäftsgrundlage besteht kein grundsätzlicher Unterschied zwischen Schuldverhältnissen, die eine einseitige oder eine wechselseitige Verpflichtung der Parteien begründen.

9. Als Rechtsfolge einer Geschäftsgrundlagenstörung kommt wegen der normativen Wirkung der Sozialplanregelungen nur das Wiederaufleben des Mitbestimmungsrechtes mit anschließender Neuregelung des Sozialplanes in Betracht. Kommt es zu keiner einvernehmlichen Abänderung, ist die Einigungsstelle und nicht das Gericht zur Anpassung des Sozialplanes berechtigt.

10. Bei einer Verwirklichung des Geldentwertungsrisikos kommt eine Anpassung des Sozialplans nur bei unvorhersehbaren Entwicklungen in Betracht. Eine Analogie zu § 16 BetrAVG ist vor allem wegen des fehlenden Entgeltcharakters der Sozialplanleistungen nicht möglich.

11. Obwohl bei Sozialplänen die wirtschaftliche Leistungsfähigkeit des Schuldners ausnahmsweise für die Bemessung der Höhe der Verpflichtung maßgeblich ist, kommt wegen des Prognose- und Vergleichscharakters des Sozialplans prinzipiell nur eine Berufung auf unvorhersehbare Fehlentwicklungen der wirtschaftlichen Situation des Unternehmers in Betracht. Trotz Vorhersehbarkeit ist eine Berufung auf die spätere (Fehl-) Entwicklung der finanziellen Situation des Unternehmens jedoch dann möglich, wenn die Betriebspartner die Folgen der Verwirklichung dieses Risikos bewusst nicht im Vertrag geregelt haben. Gleiches gilt für das Risiko einer von den Erwartungen der Betriebspartner abweichenden Entwicklung der den Arbeitnehmern durch die Betriebsänderung entstehenden Nachteile.

12. Vorbehaltlich einer abweichenden Regelung im Sozialplan entstehen Abfindungsansprüche im Zweifelsfall in dem Zeitpunkt, in dem im Zuge der Durch-

führung der geplanten Betriebsänderung die den Arbeitnehmer belastende individualrechtliche Maßnahme zur Auflösung des Arbeitsverhältnisses führt. Wird der Sozialplan nach der Auflösung des Arbeitsverhältnisses vereinbart, so entstehen die Ansprüche mit Inkrafttreten des Sozialplans. Wird die geplante Betriebsänderung nicht oder anders durchgeführt, läuft der Sozialplan leer. Eine Berufung auf die Lehre von der Geschäftsgrundlage ist in diesem Fall überflüssig und unzulässig.

13. Zur Begründung einer Geschäftsgrundlagenstörung bei existenzieller Gefahr für das Unternehmen kann nicht auf das Widerrufsrecht bei auf arbeitsvertraglicher Ebene gewährten Betriebsrenten verwiesen werden. Dieses Widerrufsrecht ist schon im Recht der betrieblichen Altersversorgung unzulässig. Eine Beteiligung der Sozialplangläubiger am Risiko einer existenziellen wirtschaftlichen Krise des Unternehmens aus Solidaritätsgründen ist ebenfalls abzulehnen. Auch § 124 InsO enthält ebenso wenig wie § 112 Abs. 5 BetrVG eine mögliche Rechtsgrundlage für die Umverteilung dieses Risikos auf die Sozialplangläubiger. Unter den Prämissen des geltenden Rechts garantieren die gemeinsamen Sanierungsinteressen der Betriebspartner im Regelfall das Zustandekommen vertraglicher Abmachungen zwischen den Betriebspartnern.

14. Der Irrtum über die dem Unternehmer zum Zeitpunkt der Sozialplanaufstellung zur Verfügung stehenden Mittel ist unter § 119 Abs. 2 BGB zu subsumieren. Sozialpläne sind zwar grundsätzlich anfechtbar, die Anfechtung führt jedoch nicht zum ex tunc wirkenden Wegfall der Vereinbarung und zu einer Schadensersatzpflicht sondern nur zur Weitergeltung der Sozialplanregelungen analog § 77 Abs. 6 BetrVG und zum Wiederaufleben des Mitbestimmungsrechtes. Handelt es sich um einen beidseitigen Irrtum über die für die Sozialplanfinanzierung zur Verfügung stehenden Mittel, tritt § 313 Abs. 2 BGB hinter § 119 Abs. 2 BGB zurück.

15. Grundsätzlich gehört es zum unternehmerischen Risiko, wenn Subventionen nicht oder nur unter einschränkenden Bedingungen zu erlangen sind. Obwohl bei Sozialplänen ausnahmsweise neben der wirtschaftliche Leistungsfähigkeit des Schuldners auch die Gewährung von staatlichen Subventionen für die Bemessung der Höhe der Verpflichtung maßgeblich sein kann, ist wegen des Prognose- und Vergleichscharakters des Sozialplans eine Berufung nur auf unvorhersehbare Entwicklungen möglich.

VIII. Fazit

Die Untersuchungen zur Lehre von der Geschäftsgrundlage im Sozialplanrecht haben gezeigt, dass auch über § 313 BGB keine einfache Loslösung vom einmal aufgestellten Sozialplan möglich ist. Die Lehre von der Geschäftsgrundlage kommt erst dann zur Anwendung, wenn weder der Vertrag noch das Gesetz eine Regelung der Folgen der Vertragsstörung enthält. Das bedeutet vor allem, dass bei vorhersehbaren Entwicklungen in aller Regel keine Vertragsanpassung erzwungen werden kann. Insoweit müssen die Betriebspartner schon bei der Vertragsgestaltung für die Wahrung ihrer Interessen Sorge tragen. Die daraus resultierende Verantwortung der Betriebspartner ist insoweit systemimmanent, als sie die Konsequenz der Entscheidung des Betriebsverfassungsgesetzes ist, den Ausgleich und die Milderung der für die Arbeitnehmer nachteiligen Folgen von Betriebsänderungen einer vertraglichen Regelung durch die Betriebspartner zu überlassen. Da im Regelfall niemand, insbesondere kein Richter, im Hinblick auf die Verteilung der verschiedenen mit der Durchführung der Betriebsänderung einhergehenden Risiken kompetenter ist als die Betriebspartner, kann diese Entscheidung des Gesetzgebers nur befürwortet werden. Außerdem schränkt die Notwendigkeit, bei vorhersehbaren Veränderungen der äußeren Umstände zu einer einvernehmlichen Anpassung der Vertrages zu kommen, die Chancen des Unternehmers bei berechtigtem Anpassungsbedarf, eine Neuregelung zu erreichen von Ausnahmefällen abgesehen schon deswegen nicht ein, weil der Betriebsrat vor allem die Interessen der verbleibenden Arbeitnehmer im Blick hat. Vor diesem Hintergrund sollte zum Wohl des Betriebes und der Arbeitnehmer die Verantwortlichkeit der Betriebspartner nicht durch eine Ausweitung des Anwendungsbereichs der Lehre von der Geschäftsgrundlage abgeschwächt werden.

E. Die gerichtliche Inhaltskontrolle von von Sozialplänen

Bei allen bisher untersuchten Anpassungsmechanismen stand die Reaktion auf veränderte Umstände und Interessen durch die Betriebspartner selbst im Vordergrund. Das vierte Kapitel beschäftigt sich dagegen mit der Möglichkeit einer Abänderung von Sozialplänen im Rahmen einer gerichtlichen Inhaltskontrolle. Wäre die gerichtliche Anpassung von Sozialplänen zulässig, stünde damit auch den Arbeitnehmern ein Mittel zur Verfügung, über das sie die Änderung eines als unpassend empfundenen Sozialplans erreichen könnten. Die praktische Relevanz dieses Problemkreises wurde anlässlich einer Entscheidung des BAG vom 09.12.1981[1] deutlich. In diesem Fall kam das Gericht im Rahmen einer Billigkeitskontrolle des fraglichen Sozialplans zu dem Ergebnis, dass den vom Sozialplan nicht bedachten Klägern diejenigen Beträge zustünden, die ihnen nach Ansicht der Richter schon von den Betriebspartnern hätten eingeräumt werden müssen. Faktisch stellte das BAG damit einen neuen Sozialplan mit erweitertem Gesamtvolumen und Adressatenkreis auf.[2] Um die Rechtmäßigkeit solcher Entscheidungen beurteilen zu können, müssen sowohl die immer noch umstrittenen Kriterien als auch die Rechtsfolgen der gerichtlichen Inhaltskontrolle untersucht werden. Vorerst nicht erörtert werden sollen dabei diejenigen Kriterien, die ausschließlich bei der gerichtlichen Kontrolle abändernder Sozialpläne im Rahmen der Begrenzung der Zeitkollisionsregel eine Rolle spielen (z. B. der Vertrauensschutz) und nicht zu einer eigenständigen Anpassung des Sozialplans durch das Gericht führen können. Auch eine Darstellung derjenigen höherrangigen Rechtsnormen und Rechtsgrundsätze, deren Missachtung nach einhelliger An-

---

[1] BAG v. 09.12.1981, BAGE 37, 237-245; ; zust. *Luding*, Beendigung, S. 117 ff.; vgl. auch die kurze Darstellung der Entscheidung im dritten Kapitel unter IV. 5. e).

[2] Vgl. *Wolf/Hammen*, Anm. zu BAG v. 09.12.1981, SAE 1982, S. 301, 302; das BAG (v. 09.12.1981, BAGE 37, 237, 242) rechnete die für den fraglichen und einen vorherigen Sozialplan eingeplanten Mittel zusammen und beteiligte an diesem Gesamtbetrag alle in einem der beiden Sozialpläne bedachten Arbeitnehmer nach den Bemessungskriterien des zweiten SozialplanS. Es berücksichtigte dabei nicht, dass die Mittel aus dem zweiten Sozialplan bereits verteilt waren und deshalb das zusammengerechnete Volumen beider Sozialpläne überschritten werden musste. Eine mittelbare Erhöhung des Sozialplanvolumens als Ergebnis einer Inhaltskontrolle hielt das Gericht außerdem in den folgenden Entscheidungen für zulässig: BAG v. 17.02.1981, BAGE 35, 80, 92 ff.; BAG v. 14.02.1984, AP Nr. 21 zu § 112 BetrVG 1972. In BAG v. 26.07.1988, AP Nr. 45 zu § 112 BetrVG 1972 hält das Gericht das Sozialplanvolumen für unantastbar, lässt aber eine Erweiterung des Kreises der Begünstigten zu. Auf der Grundlage des ursprünglichen Sozialplans bereits ausgezahlte Gelder seien nach den Grundsätzen einer ungerechtfertigten Bereicherung zurück zu fordern. Vgl. auch BAG v. 26.06.1990, BAGE 65, 199-208 für den Fall einer gleichheitssatzwidrigen Differenzierung im Sozialplan.

sicht die Unwirksamkeit des Sozialplanes bzw. der betreffenden Regelung[3] nach sich zieht, ist nicht erforderlich. Die Möglichkeit einer Erweiterung des Sozialplanvolumens wird nur im Rahmen der gerichtlichen Billigkeitskontrolle oder als Rechtsfolge unzulässiger Ungleichbehandlungen der von einer Betriebsänderung betroffenen Arbeitnehmer diskutiert. Die nachfolgenden Ausführungen beschränken sich deshalb auf diese beiden Parameter der gerichtlichen Inhaltskontrolle.

I. Die Billigkeitskontrolle

1. Die Billigkeitskontrolle in der Rechtsprechung des BAG

Seit der grundlegenden Entscheidung vom 30.01.1970[4] vertrat das BAG lange Zeit die Auffassung, Betriebsvereinbarungen und Sozialpläne seien einer Billigkeitskontrolle zu unterziehen. Unter dem Etikett der Billigkeitskontrolle überprüfte das BAG dabei nicht nur die Einhaltung der Grenzen der betrieblichen Regelungsmacht bei der Ablösung allgemeiner Arbeitsbedingungen oder eines betrieblichen Normenvertrages durch einen ersetzenden betrieblichen Normenvertrag[5], sondern auch den Regelungsinhalt betrieblicher Normenverträge allgemein[6]. Als besondere Form der Betriebsvereinbarung sollen Sozialpläne der gerichtlichen Billigkeitskontrolle ebenfalls unterworfen sein.[7]

Entwickelt wurde die Billigkeitskontrolle im Bereich der Ablösung allgemeiner Arbeitsbedingungen durch Betriebsvereinbarungen.[8] Dort sollte sie den bei einer individualrechtlichen Ablösung allgemeiner Arbeitsbedingungen über das Kündigungsschutzgesetz bestehenden Schutz des vertraglichen Besitzstandes erset-

---

[3] Zur Teilnichtigkeit von Sozialplänen und ihren Voraussetzungen vgl. BAG v. 20.12.1983, BAGE 44, 364 ff.

[4] BAG v. 30.01.1970, AP BGB § 242 Ruhegehalt Nr. 142, Bl. 7 m. w. N. mit zust. Anm. von *Richardi*; Nachweise auf die nachfolgende Rechtsprechung bei *Fitting* § 77 Rn. 231 und GK-*Kreutz* § 77 Rn. 299.

[5] Vgl. z. B. BAG v. 30.01.1970, BAGE 22, 252 ff.; BAG v. 24.03.1981, BAGE 35, 160, 166 für den Sozialplan; vgl. dazu auch *Däubler*, AuR 1984, S. 1, 26 ff. m. w. N.

[6] Vgl. z. B. BAG v. 13.09.1974, AP Nr. 84 zu § 611 BGB Gratifikation; BAG v. 26.07.1988, AP Nr. 45 zu § 112 BetrVG 1972; BAG v. 01.12.1992, AP Nr. 3 zu § 77 BetrVG 1972 Tarifvorbehalt.

[7] Vgl. z. B. BAG v. 11.06.1975, BAGE 27, 187, 193 f.; BAG v. 17.02.1981, BAGE 35, 80, 92 ff.; BAG v. 24.03.1981, BAGE 35, 160, 168; BAG v. 09.12.1981, BAGE 37, 237, 241; LAG Baden-Württemberg v. 09.12.1999, Az. 21 Sa 34/98, Juris Nr. KARE 600000597 (20.06.2003).

[8] Vgl. BAG v. 26.10.1962 und v. 30.01.1970, AP Nr. 87 und Nr. 142 zu § 242 BGB Ruhegehalt.

zen.[9] Diese Aufgabe fehlt bei der Kontrolle einer kollektivrechtlichen Betriebsnorm, die einen vorangegangenen betrieblichen Normenvertrag ersetzt oder abändert. Bei der trotzdem erfolgenden Übertragung der Billigkeitskontrolle in diesen Bereich berief sich das BAG auf die Notwendigkeit einer Kontrolle der Übermacht des Arbeitgebers im Verhältnis zu den abhängigen und nicht streikbefugten Mitgliedern des Betriebsrates.[10] Teilweise wurde in diesem Zusammenhang auch § 315 BGB bemüht, aus dessen Schutzgedanken zugunsten des typischerweise sozial Schwächeren vor allem im Individualarbeits- und im Gesellschaftsrecht eine Schranke gegen den Missbrauch privatautonomer Gestaltungsmacht abgeleitet wird[11]. Obwohl § 315 BGB zweifellos nicht die Regelungsmacht der Betriebspartner betreffe, sei er doch Ausdruck eines allgemeinen Rechtsgedankens, der auch im Betriebsverfassungsrecht Geltung beanspruche.[12] Dass die Betriebspartner ebenfalls an Recht und Billigkeit gebunden seien, folge bereits aus den §§ 75 Abs. 1 S. 1 und 76 Abs. 5 S. 3 BetrVG.[13] Später wurde die Billigkeitskontrolle oft nur noch mit dem Hinweis auf § 75 BetrVG begründet.[14]

Als Maßstab der gerichtlichen Überprüfung von Sozialplänen zog das BAG[15] anfangs die damals aus § 49 Abs. 1 BetrVG 1952 resultierende Verpflichtung der Betriebspartner auf das Wohl des Betriebes und seiner Arbeitnehmer unter Berücksichtigung des Gemeinwohls heran. Der den Betriebspartnern zustehende Ermessensspielraum werde begrenzt durch die Pflicht, einen Ausgleich zwischen Belegschaftsinteressen einerseits und Betriebsinteresse andererseits zu finden. Kontrollfähig und –bedürftig sei außerdem der Ausgleich zwischen den verschiedenen Teilen der Belegschaft. Allerdings stehe bei der Billigkeitskontrolle nicht, wie im Kündigungsschutzprozess, die individuelle Interessenabwägung im Vordergrund. Vielmehr seien im Streitfall nach dem Maßstab von Treu und Glauben unter besonderer Berücksichtigung des Vertrauensschutzgedankens

---

[9] *Hilger*, Anm. zu BAG v. 24.03.1981, AP Nr. 12 zu § 112 BetrVG 1972; vgl. auch *Hilger/Stumpf*, Festschrift für Müller, S. 209, 217 ff.

[10] Hier bestehe ein Unterschiede zum Tarifvertrag, der deswegen einer gerichtlichen Billigkeitskontrolle entzogen sein soll, vgl. z. B. BAG v. 30.01.1970, AP BGB § 242 Ruhegehalt Nr. 142, Bl. 7 mit zust. Anm. von *Säcker*, SAE 1970, S. 269, 273; BAG v. 09.12.1981, BAGE 37, 237, 242.

[11] Vgl. *Palandt-Heinrichs* § 315 Rn. 2 m w. N.

[12] BAG v. 08.12.1981, AP BetrAVG § 1 Ablösung Nr. 1, Bl. 4; a. A. *v. Hoyningen-Huene*, Billigkeit, S. 163; *Kreutz*. ZfA 1975, S. 65, 73 ff.; *Thiele*, Festschrift für Larenz, S. 1043, 1057 ff.; *Wolf/Hammen*, Anm. zu BAG v. 09.12.1981, SAE 1982, S. 301, 302 f.

[13] BAG v. 08.12.1981, AP BetrAVG § 1 Ablösung Nr. 1, Bl. 4; BAG v. 24.03.1981, BAGE 35, 160, 167.

[14] BAG v. 09.12.1981, BAGE 37, 237, 241; BAG v. 11.03.1976, AP Nr. 11 zu § 242 BGB Ruhegehalt-Unverfallbarkeit, Bl. 2.

[15] BAG v. 30.01.1970, AP BGB § 242 Ruhegehalt Nr. 142, Bl. 7; BAG v. 25.03.1971, AP Nr. 5 zu § 57 BetrVG, Bl. 8; BAG v. 11.06.1975, BAGE 27, 187, 193 f.

die Auswirkungen der Betriebsvereinbarung auf alle Gruppen der betroffenen Arbeitnehmer zu prüfen.
In einer Entscheidung vom 17.02.1981[16] reduzierte das Gericht diesen Maßstab. Nun ging es davon aus, Gegenstand der Billigkeitskontrolle sei die Frage, „ob die von den Betriebspartnern vereinbarte Regelung in sich der Billigkeit entspricht oder ob einzelne Arbeitnehmer oder Gruppen von ihnen in unbilliger Weise benachteiligt werden". Dagegen sei es jedenfalls im Individualprozess des einzelnen Arbeitnehmers gegen den Arbeitgeber nicht möglich, die Angemessenheit der finanziellen Gesamtausstattung eines Sozialplans einer gerichtlichen Kontrolle zu unterziehen.[17] In zwei Urteilen vom 08.12.1981[18] unterschied das BAG, offensichtlich unbeeindruckt von der Entscheidung vom 17.02.1981, trotzdem zwischen abstrakter und konkreter Billigkeitskontrolle. Im Rahmen der abstrakten Billigkeitskontrolle sei anhand eines verallgemeinernden Maßstabs zu prüfen, ob das Regelungsziel und die Mittel, mit denen es erreicht werden soll, die Grundsätze der Billigkeit beachten. Bei der sich anschließenden konkreten Billigkeitskontrolle könne geprüft werden, ob die Vereinbarung im Einzelfall Wirkungen entfaltet, die nach dem Regelungsplan nicht beabsichtigt sein können und unbillig erscheinen. Die konkrete Billigkeitskontrolle ändere nichts an Inhalt und Wirksamkeit der Betriebsvereinbarung; sie füge ihr nur gleichsam eine Härteklausel hinzu. Später ging das BAG[19] davon aus, dass wegen der kollektivrechtlichen Natur der Betriebsvereinbarung nur eine abstrakte Billigkeitskontrolle der Norm als solcher zulässig sei. Allerdings wurde in derselben Entscheidung die Einfügung einer Härteklausel i. S. der konkreten Billigkeitskontrolle erwogen.

Trotz dieser teilweise widersprüchlichen Entwicklung der Billigkeitskontrolle innerhalb der Rechtsprechung stellt sich die Frage, ob das BAG nicht eine Beschränkung des Prüfungsumfangs insofern vorgenommen hat, als nunmehr der Ausgleich zwischen Unternehmen und Belegschaft kein zulässiger Gegenstand der Billigkeitskontrolle mehr sein soll. Nach der ständigen Rechtsprechung des

---

[16] Vgl. z. B. BAG v. 17.02.1981, BAGE 35, 80, 92 ff.; BAG v. 09.12.1981, BAGE 37, 237, 242; BAG v. 25.04.1991, BAGE 68, 41-52 m. w. N.
[17] Vgl. BAG v. 30.11.1994, AP BetrVG 1972 § 112 Nr. 89, Bl. 2 mit Verweis auf die ständige Rechtsprechung seit BAG v. 17.02.1981, BAGE 35, 80, 92 ff. mit i. E. zustimmender Anm. von *Schulin*, SAE 1982, S. 47 ff.; im Ergebnis zustimmend auch *Kraft* Anm. zu BAG v. 17.02.1981, AP Nr. 11 zu § 112 BetrVG 1972; vgl. auch BAG v. 09.12.1981, BAGE 37, 237, 242, das dann aber praktisch doch Einfluss auf die finanzielle Gesamtausstattung genommen hat.
[18] BAG v. 08.12.1981, AP Nr. 1 zu § 1 BetrAVG Ablösung, Bl. 4; BAG v. 08.12.1981, AP Nr. 1 zu § 1 BetrAVG Unterstützungskassen, Bl. 3 f.; vgl. auch *Hanau/Preis*, NZA 1991, S. 81, 90 ff., die die konkrete Billigkeitskontrolle bei Arbeitsbedingungen auf eine Analogie zu § 2 KSchG stützen.
[19] BAG v. 20.11.1987, AP Nr. 2 zu § 620 BGB Altersgrenze.

BAG[20] sind die Betriebspartner und im Grundsatz auch die Einigungsstelle bei der Aufstellung eines Sozialplans frei in ihrer Entscheidung, welche Nachteile der von einer Betriebsänderung betroffenen Arbeitnehmer sie in welchem Umfange ausgleichen oder abmildern wollen. Sie können bei ihrer Regelung von einem Nachteilsausgleich sogar ganz absehen. Es muss lediglich der Normzweck des § 112 Abs. 1 S. 2 BetrVG beachtet werden.[21] Die Funktion einer gerichtlichen Inhaltskontrolle erschöpft sich vor dem Hintergrund dieser Rechtsprechung zwangsläufig darin, Verletzungen des Gleichheitsgrundsatzes wegen ungleicher Behandlung von Arbeitnehmern oder Arbeitnehmergruppen zu korrigieren[22] oder Eingriffe in erworbene Individualrechtspositionen bzw. Verstöße gegen die grundrechtliche Werteordnung abzuwehren. Für diese Aufgabe bedarf es aber nicht des eigenständigen Instrumentes einer Billigkeitskontrolle. Zur Verfolgung dieser Zwecke ist die Rechtskontrolle im Sinne einer Überprüfung des betrieblichen Normenvertrages an höherrangigem Recht ausreichend.[23]

Jedenfalls nachdem die Billigkeitskontrolle in der Literatur[24] unter anderem aus diesem Grund überwiegend auf Kritik gestoßen war, ist das BAG weitgehend von seinem vorherigen weiten Verständnis der Billigkeitskontrolle abgerückt. Es hält zwar in vielen Urteilen formal am Begriff der Billigkeitskontrolle fest, zieht aber als Prüfungsmaßstab nur mehr höherrangiges Recht heran.[25] Unter der Überschrift „Billigkeitskontrolle“ wird auf die Grundsätze des Vertrauensschutzes[26], den Gleichbehandlungsgrundsatz[27] oder den Verhältnismäßigkeitsgrund-

---

[20] Vgl. z. B. BAG v. 15.01.1991, AP Nr. 57 zu § 112 BetrVG 1972 m. w. N.; BAG v. 30.11.1994, AP BetrVG 1972 § 112 Nr. 89, Bl. 2 m. w. N.; BAG v. 13.11.1996, NZA 1997, 390, 392 f.

[21] Vgl. BAG v. 15.01.1991, AP Nr. 57 zu § 112 BetrVG 1972; BAG v. 30.11.1994, AP Nr. 89 zu § 112 BetrVG 1972, Bl. 2.

[22] Ebenso *Löwisch*, Anm. zu BAG v. 14.02.1984, SAE 1985, S. 324, 325.

[23] *von Hoyningen-Huene*, Billigkeit, S. 102 ff.; MünchArbR-*Matthes* § 328 Rn. 86; *Richardi-Richardi* § 77 Rn. 125.

[24] Vgl. z. B. *Blomeyer*, DB 1984, S. 926 f.; *Fitting* § 77 Rn. 232; *Hammen*, RdA 1986, S. 23 ff.; *Herrmann*, SAE 1992, S. 295, 298 ff.; *von Hoyningen-Huene*, Billigkeit, S. 161 ff.; *ders.*, BB 1992, S. 1640, 1641 f.; *Kallrath*, Betriebsvereinbarungen, S. 169 ff.; *Kraft* Anm. zu BAG v. 17.02.1981, AP Nr. 11 zu § 112 BetrVG 1972; *Kreutz*, ZfA 1975, S. 65ff.; GK-*Kreutz* § 77 Rn. 299 ff. m. w N. in Fn. 259; *Richardi-Richardi* § 77 Rn. 117 ff.; *Röder/Baeck*, Interessenausgleich und Sozialplan, S. 157 Fn. 661 m. w. N.; *Schulin*, Anm. zu BAG v. 17.02.1981, SAE 1982, S. 47, 49; *Wolf/Hammen*, Anm. zu BAG v. 09.12.1981, SAE 1982, S. 301-304; *Wollgast*, Betriebsvereinbarungen, S. 205 ff.

[25] So auch die Analyse von GK-*Kreutz* § 77 Rn. 305; *Hilger*, Anm. zu BAG v. 24.03.1981, AP Nr. 12 zu § 112 BetrVG 1972 und *von Hoyningen-Huene*, Billigkeit, S. 166 ff. gehen sogar davon aus, das BAG habe nie eine Ermessenskontrolle in Anspruch genommen.

[26] BAG v. 08.12.1981, AP BetrAVG § 1 Ablösung Nr. 1, Bl. 4.

[27] Vgl. z. B. BAG v. 26.10.1994, AP Nr. 18 zu § 611 BGB Anwesenheitsprämie, Bl. 3 mit zust. Anm. v. *Thüsing*; BAG v. 19.01.1999, AP Nr. 28 zu § 87 BetrVG 1972 Ordnung des Betriebes mit zust. Anm. von *von Hoyningen-Huene*.

satz[28] abgestellt. Zunehmend ist von Seiten des BAG auch nur noch von einer Rechtskontrolle die Rede.[29] Die Rechtsprechung ist allerdings insoweit nicht einheitlich und enthält vereinzelt weiterhin Fälle echter Billigkeitskontrolle; so hält beispielsweise der 6. Senat des BAG in einer Entscheidung vom 25.04.1991[30] ausdrücklich am Erfordernis der Billigkeitskontrolle fest. Im Gegensatz dazu hat der für Bestand und Inhalt von Sozialplänen zuständige 10. Senat des BAG im Rahmen der Billigkeitskontrolle schon immer eine reine Rechtskontrolle vorgenommen und vorrangig auf den arbeitsrechtlichen Gleichbehandlungsgrundsatz abgestellt.[31]

2. Die Zulässigkeit der Billigkeitsprüfung

Da die Billigkeitsprüfung vor dem Hintergrund der starken Ablehnung in der Literatur und der ebenfalls im Vordringen begriffenen Ablehnung in der Rechtsprechung nur noch eine beschränkte Rolle spielt, soll ihre Unzulässigkeit hier nur kurz anhand der wichtigsten Gegenargumente belegt werden. Weil es im Hinblick auf die Rechtssicherheit keine unbegründete und deshalb weder nachvollziehbare noch kontrollierbare Billigkeitskontrolle geben darf,[32] reicht es zumindest für das Sozialplanrecht aus, das Fehlen einer dogmatischen Grundlage aufzuzeigen.[33]

Eine Parallele zu § 315 BGB kommt als Rechtsgrundlage wegen fehlender Verhandlungsdisparität nicht in Betracht.[34] Schon die Annahme einer gestörten Vertragsparität zwischen Betriebsrat und Arbeitgeber ist unrichtig und stellt die

---

[28] BAG v. 17.03.1987, AP Nr. 9 zu § 1 BetrAVG Ablösung, Bl. 4; BAG v. 21.01.1992, AP Nr. 24 zu § 1 BetrAVG Ablösung, Bl. 8.

[29] Vgl. z. B. BAG v. 22.05.1990, AP Nr. 3 zu § 1 BetrAVG Betriebsvereinbarung; BAG v. 23.10.1990, AP Nr. 13 zu § 1 BetrAVG Ablösung; BAG v. 16.07.1996, AP Nr. 21 zu § 1 BetrAVG Ablösung; kritisch zur Billigkeitskontrolle, aber letztlich unentschieden BAG v. 14.02.1984, AP Nr. 21 zu § 112 BetrVG 1972, Bl. 2; vgl. auch die Rechtsprechungsnachweise bei *Wollgast*, Betriebsvereinbarungen, S. 207 Fn. 598.

[30] BAG v. 25.04.1991, BAGE 68, 41 ff. m. w. N.

[31] Vgl. z. B. BAG v. 15.01.1991, AP Nr. 57 zu § 112 BetrVG 1972; vgl. auch die weiteren Rechtsprechungsnachweise bei *Matthes* in: Arbeitsrecht der Gegenwart, Bd. 32 (1995), S. 83, 85.

[32] Vgl. *Hilger*, Anm. zu BAG v. 24.03.1981, AP Nr. 12 zu § 112 BetrVG 1972; *Thiele*, Festschrift für Larenz, S. 1043, 1059; ebenso GK-*Kreutz* § 77 Rn. 301; *derS.* Betriebsautonomie, S. 8 mit dem Hinweis auf die unterschiedliche und widersprüchliche Rechtsprechung zur Billigkeitskontrolle.

[33] Vgl. stellvertretend: *Blomeyer*, DB 1984, S. 926 f.; *Hammen*, RdA 1986, S. 23 ff.; *von Hoyningen-Huene*, BB 1992, S. 1640, 1641 f.; *Reuter*, Gem. Anm. zu BAG v. 08.12.1981, SAE 1983, S. 201, 201 f.; *Röder/Baeck*, Interessenausgleich und Sozialplan, S. 157 Fn. 661.

[34] *von Hoyningen-Huene*, Billigkeit, S. 163; GK-*Kreutz* § 77 Rn. 302 f. m. w. N.; *ders.*, ZfA 1975, S. 65, 73 ff.; *Thiele*, Festschrift für Larenz, S. 1043, 1057 f.; im Ergebnis ebenso *Richardi-Richardi* § 77 Rn. 118, 125; *Herrmann*, SAE 1992, S. 295, 298.

Grundkonzeption der betrieblichen Mitbestimmung in Frage.[35] Das BetrVG vertraut auf die Fähigkeit des Betriebsrats zur kraftvollen Wahrnehmung der Arbeitnehmerinteressen. Auf das Machtmittel des Streikrechts kann der Betriebsrat dabei gut verzichten, weil sich seine betriebsverfassungsrechtlich relevante Stärke, anders als die der Gewerkschaften, bereits aus der gesetzlichen Ausgestaltung seiner Beteiligungsbefugnisse und seines funktionellen Zuständigkeitsbereichs ergibt.[36] Darüber hinaus genießen die Betriebsratsmitglieder Unabhängigkeit und Kündigungsschutz[37] und sind wie jeder andere Arbeitnehmer gegen diskriminierende Maßnahmen geschützt. Außerdem kann der Arbeitgeber seinerseits nicht auf das Machtmittel der Aussperrung zurückgreifen.

§ 75 BetrVG kommt als Rechtfertigungsgrund für eine gerichtliche Billigkeitskontrolle ebenfalls nicht in Betracht.[38] Die Norm schreibt vor, dass Arbeitgeber und Betriebsrat über die Wahrung von Recht und Billigkeit zu wachen haben. Das schließt ein, dass die Betriebspartner auch und gerade bei ihren Vereinbarungen diese Grundsätze beachten müssen.[39] Allerdings begründet § 75 BetrVG die Grundsätze von Recht und Billigkeit nicht, sondern setzt sie als bekannt voraus.[40] Die Beschränkung der Regelungsmacht der Betriebspartner muss deswegen anderweitig hergeleitet werden.[41] Gegen eine weitere Auslegung des sehr allgemein gehaltenen § 75 BetrVG spricht die Tatsache, dass der Gesetzgeber die Kontrolle der Ermessensausübung durch die Einigungsstelle in den §§ 76 Abs. 5 S. 3, 112 Abs. 5 BetrVG sehr ausführlich geregelt hat.[42] Außerdem sind die Gerichte bei durch die Einigungsstelle aufgestellten Betriebsnormen darauf beschränkt, die Einhaltung der Ermessensgrenzen in einem Beschlussverfahren zu überprüfen, das binnen einer Frist von zwei Wochen einzuleiten ist.[43] In die-

---

[35] *Däubler*, AuR 1984, S. 1, 26 f.; GK-*Kreutz* § 77 Rn. 302; *ders.*, ZfA 1975, S. 65, 71 ff.; MünchArbR-*Matthes* § 328 Rn. 86; *Reuter* ZfA 1995, S. 1, 59; *Wolf/Hammen*, Anm. zu BAG v. 09.12.1981, SAE 1982, S. 301, 303.

[36] Vgl. auch *Jobs*, AuR 1986, S. 147, 148; GK-*Kreutz* § 77 Rn. 302.

[37] So auch BAG v. 30.01.1970, BAGE 22, 252, 267; *Wolf/Hammen*, Anm. zu BAG v. 09.12.1981, SAE 1982, S. 301, 303.

[38] *Hammen*, RdA 1986, S. 23, 24; *Jobs*, AuR 1986, S. 147, 148; GK-*Kreutz* § 77 Rn. 304; *Wolf/Hammen*, Anm. zu BAG v. 09.12.1981, SAE 1982, S. 301 ff., die aber die wirkliche Bedeutung des § 75 BetrVG unterschätzen; a. A. *Hilger/Stumpf*, Festschrift für Müller, S. 209, 222.

[39] BAG v. 09.12.1981, BAGE 37, 237, 242.

[40] GK-*Kreutz* § 77 Rn. 304, § 75 Rn. 27.

[41] GK-*Kreutz* § 77 Rn. 304.

[42] Ähnlich argumentieren auch *Wolf/Hammen*, Anm. zu BAG v. 09.12.1981, SAE 1982, S. 301, 303.

[43] Vgl. GK-*Kreutz* § 77 Rn. 304; *ders.*, ZfA 1975, S. 65, 83; *Löwisch*, Anm. zu BAG v. 14.02.1984, SAE 1985, S. 324, 325; *Richardi-Richardi* § 76 Rn. 114 ff. Die Zwei-Wochen-Frist gilt nur in Bezug auf die Ermessenskontrolle. Der Rechtskontrolle unterliegt auch der Spruch der Einigungsstelle zeitlich unbegrenzt, vgl. GK-*Kreutz* § 76 Rn. 156 ff. m. w. N.

sem Verfahren stellt das Gericht die Wirksamkeit oder Unwirksamkeit des Einigungsstellenspruchs fest. Das Arbeitsgericht kann den Spruch der Einigungsstelle weder abändern noch die Meinungsverschiedenheiten zwischen den Betriebspartnern durch eine eigene Regelung beilegen.[44] Dass der Gesetzgeber dem Gericht bei der mit einer stärkeren Richtigkeitsvermutung ausgestatteten Sozialplanaufstellung durch die Betriebspartner eine weiterreichende Kontrollmöglichkeit einräumen wollte als bei Einigungsstellensprüchen, ist wohl ausgeschlossen.

Da der Ausgleich zwischen den von der Betriebsänderung betroffenen Arbeitnehmern und dem Arbeitgeber nicht der Kontrolle der Gerichte unterliegt, kann die Billigkeitskontrolle auch nicht auf ein sich aus den §§ 2 I, 76 Abs. 5 S. 3, 112 Abs. 5 BetrVG ergebendes Prinzip der Zusammenarbeit von Arbeitgeber und Betriebsrat „zum Wohle der Arbeitnehmer und des Betriebes" gestützt werden.[45] Zwar sind die Betriebspartner bei der Ausübung ihrer Normsetzungsmacht tatsächlich an die Grundsätze aus § 2 Abs. 1 BetrVG gebunden, das darf aber nicht dazu führen, dass die ihnen nach der Kompetenzordnung des Betriebsverfassungsgesetzes zustehende Regelungsbefugnis einer gerichtlichen Ermessenskontrolle unterzogen werden kann.[46] Die betriebliche Regelungsmacht der Betriebspartner ist ihnen allein und unter Ausschluss anderer Instanzen zugeordnet. Das Betriebsverfassungsgesetz hat den betrieblichen Normengeber befugt, in seinem Bereich abschließend zu bestimmen, was als billig oder unbillig anzusehen ist. Dass dies nur im Rahmen der rechtlich vorrangigen Bestimmungen in Verfassungsnormen, Gesetzen, allgemeinen Rechtsgrundsätzen und gegebenenfalls Tarifverträgen gilt, versteht sich von selbst.[47] Allein die Sprüche der Einigungsstelle im Rahmen der Zwangsschlichtung sind gem. § 76 Abs. 5 S. 4 BetrVG der gerichtlichen Ermessenskontrolle unterworfen. Ansonsten ist die betriebliche Normsetzung für den Rechtsanwender verbindlich und

[44] BAG v. 30.10.1979, AP Nr. 9 zu § 112 BetrVG 1972; *Däubler/Kittner/Klebe-Berg* § 77 Rn. 95; *Fitting* § 76 Rn. 108 ff. m. w. N.; GK-*Kreutz* § 76 Rn. 173 m. w. N.; *ders*, ZfA 1975, S. 65, 83; *Richardi-Richardi* § 76 Rn. 135 f.; *Weber/Burmester*, BB 1995, S. 2268, 2270.
[45] So aber *Fitting* § 77 Rn. 233.
[46] So auch MünchArbR-*Matthes* § 328 Rn. 86.
[47] Ebenso z. B. *Bopp/Gross*, Mitbestimmung des Betriebsrates, F S. 242; *Däubler*, AuR 1984, S. 1, 24; *Kreutz*, Betriebsautonomie, S. 4; *Löwisch*, AuR 1978, S. 97, 102; *Matthes* in: Arbeitsrecht der Gegenwart, Bd. 32 (1995), S. 83, 85; *Scharmann*, Betriebsvereinbarung, S. 179; *Schulin*, Anm. zu BAG v. 17.02.1981, SAE 1982, S. 47, 49; *Richardi-Richardi* § 112 Rn. 102; *Röder/Baeck*, Interessenausgleich und Sozialplan, S. 157; die Bindung der Betriebsvereinbarung an das Richterrecht hat das BAG, das eine derartige Bindung der Tarifvertragsparteien ablehnt, ausführlich begründet, vgl. BAG v. 16.11.1967, AP 63 zu § 611 BGB Gratifikation, Bl. 2 f. Auf die in diesem Zusammenhang vorgetragenen Argumente stützte das BAG dann später die Billigkeitskontrolle von Betriebsvereinbarungen.

kann nicht durch subjektive Gerechtigkeitsvorstellungen überspielt werden,[48] ohne dass dadurch das Prinzip der Gewaltenteilung verletzt wird[49].

Als Zwischenergebnis kann festgehalten werden, dass eine Kontrolle von Sozialplänen unter Billigkeitsgesichtspunkten unzulässig ist und eine gerichtliche Abänderung von Sozialplänen demnach nicht ermöglicht.

II. Der Gleichbehandlungsgrundsatz

Eine gerichtliche Abänderung von Sozialplänen kommt weiterhin als Rechtsfolge von gleichheitssatzwidrigen Sozialplanregelungen in Betracht. Neben den Differenzierungsverboten des § 75 Abs. 1 BetrVG sollen die Betriebspartner bei der Gestaltung von Normenverträgen einen weitergehenden Gleichbehandlungsgrundsatz zu beachten haben. Unklar ist dabei, ob es sich um den allgemeinen arbeitsrechtlichen Gleichbehandlungsgrundsatz[50] oder den verfassungsrechtlichen Gleichheitssatz handelt. Die ganz überwiegende Ansicht[51] stützt das Gleichbehandlungsgebot auf § 75 BetrVG. Dass die Betriebspartner bei jeder Maßnahme an das Recht gebunden und durch das Recht beschränkt sind, folgt aber schon aus dem Recht selbst und kann durch § 75 BetrVG weder begründet noch aufgehoben oder eingeschränkt werden.[52] Deswegen ist fraglich, ob der allgemeine arbeitsrechtliche Gleichbehandlungsgrundsatz, soweit man einen solchen überhaupt anerkennt[53], nicht unabhängig von seiner konkreten Begründung zu den höherrangigen Rechtsnormen zählt, die die Betriebspartner bei der Sozialplangestaltung zu beachten haben. Allerdings können die in § 75 BetrVG geregelten Differenzierungsverbote als Konkretisierungen des arbeitsrechtlichen Gleichbehandlungsgrundsatzes angesehen werden. Wenn die Betriebspartner dem verfassungsrechtlichen Gleichbehandlungsgrundsatz verpflichtet sind[54], kommt § 75 BetrVG als Einfallstor der mittelbaren Drittwirkung von Grundrechten in Betracht.

---

[48] Ebenso z. B. *Blomeyer*, DB 1984, S. 926, 927; *Röder/Baeck*, Interessenausgleich und Sozialplan, S. 157 Fn. 661 m. w. N.

[49] *Herschel*, Anm. zu BAG v. 08.12.1981, AP BetrAVG § 1 Ablösung Nr. 1, Bl. 7 f.

[50] So BAG v. 30.11.1994, AP BetrVG 1972 § 112 Nr. 89 m. w. N. auf die Rechtsprechung des BAG; *Bopp/Gross*, Mitbestimmung des Betriebsrates, F S. 231; *Gaul*, DB 1998, S. 1513; *Hueck*, Gedächtnisschrift für Dietz, S. 241, 251 ff.; AR-Blattei SD-*Marhold/Beckers* Gleichbehandlung im Arbeitsverhältnis Rn. 115 ff.

[51] So *Däubler/Kittner/Klebe-Berg* § 75 Rn. 24; *Konzen*, Festschrift für Müller, S. 245 ff., 249; AR-Blattei SD-*Marhold/Beckers* Gleichbehandlung im Arbeitsverhältnis Rn. 115 ff.; *Röder/Baeck*, Interessenausgleich und Sozialplan, S. 140.

[52] *Wolf/Hammen*, Anm. zu BAG v. 09.12.1981, SAE 1982, S. 301-304.

[53] Vgl. die ausführliche Darstellung der vielen verschiedenen Begründungsansätze bei AR-Blattei SD-*Marhold/Beckers* Gleichbehandlung im Arbeitsverhältnis Rn. 115 ff.

[54] BAG v. 14.02.1984, AP Nr. 21 zu § 112 BetrVG 1972, Bl. 4.

Da die Kenntnis der genauen Rechtsgrundlage der Gleichbehandlungspflicht notwendig ist, um die Rechtsfolgen einer Pflichtverletzung beurteilen zu können, soll als erstes untersucht werden, ob der verfassungsrechtliche oder der arbeitsrechtliche Gleichbehandlungsgrundsatz maßgeblich ist. Danach sind die Rechtsfolgen eines Verstoßes zu erörtern.

1. Der Gleichheitsgrundsatz aus Art. 3 Abs. 1 GG

Voraussetzung für eine Verpflichtung der Betriebspartner zur Beachtung des verfassungsrechtlichen Gleichbehandlungsgrundsatzes ist eine Bindung der betrieblichen Regelungsmacht an die Grundrechte. Rechtsprechung und Literatur gehen nahezu einstimmig davon aus, dass der Eingriff in den geschützten Grundrechtsbereich der Arbeitnehmer durch Betriebsvereinbarung und Sozialplan unzulässig ist.[55] Umstritten ist lediglich, ob die Grundrechte unmittelbar oder nur mittelbar gelten. Im ersten Kapitel ist unter VI. 1. aufgezeigt worden, dass Sozialpläne und Betriebsvereinbarungen dem Bereich des Privatrechts zuzuordnen sind. Nach der herrschenden Lehre und der ständigen Rechtsprechung des BVerfG kommt auf dem Gebiet des Privatrechts eine unmittelbare Bindung an die Grundrechte gem. Art. 1 Abs. 3 GG nicht in Betracht.[56] Ein öffentlich-rechtlicher Charakter kommt betrieblichen Normenverträgen ebenso wie anderen privatrechtlichen Vereinbarungen selbst dann nicht zu, wenn sie im Streitfall ein Richter – als Organ der öffentlichen Gewalt – interpretiert und anwendet.[57] Weil es sich bei der betrieblichen Rechtsetzungsbefugnis nicht um eine staatlich delegierte Gewalt i. S. des Art. 1 Abs. 3 GG handelt, kann die unmittelbare Bindung an die Grundrechte auch nicht aus der Natur der Rechtsetzungsmacht als hoheitliche Gewalt hergeleitet werden.[58] Die Grundrechtsbindung des betrieblichen Normsetzers muss demnach eine mittelbare sein.[59]

---

[55] *Scharmann*, Betriebsvereinbarung, S. 178; vgl. stellvertretend für die Kommentarliteratur *Richardi-Richardi* § 77 Rn. 100 f.; *Däubler*, AuR 1984, S. 1, 6 f.; *Nause*, Regelungsbefugnis, S. 139 ff.; *Travlos-Tzanetatos*, Regelungsbefugnis, S. 86 ff.; *Blomeyer*, Festschrift für Hubmann, S. 23, 37.

[56] Vgl. stellvertretend BVerfG v. 23.04.1986, AP Nr. 28 zu Art. 2 GG.

[57] BVerfG v. 23.04.1986, AP Nr. 28 zu Art. 2 GG; stellvertretend für viele andere und jeweils mit weiteren Nachweisen: GK-*Kreutz* § 77 Rn. 293; *Münch/Kunig-v. Münch* Vorb. Art. 1-19 Rn. 33 m. w. N.

[58] Ebenso BAG v. 30.08.2000, AP Nr. 25 zu § 4 TVG Geltungsbereich für den Tarifvertrag; vgl. auch die Ausführungen im ersten Kapitel zur Legitimation der betrieblichen Rechtsetzungsmacht; an dieser Begründung für die unmittelbare Bindung der Tarifvertragsparteien an die Grundrechte hat das BAG aber lange festgehalten, vgl. die grundlegenden Entscheidung v. 15.01.1955, AP Nr. 4 zu Art. 3 GG und in neuester Zeit BAG v. 05.10.1999, RdA 2000, 310, 312, wo die Frage nach der unmittelbaren Grundrechtsgeltung offen bleibt.

[59] Ebenso beispielsweise *Biberacher*, Betriebliche Rechtsetzungsmacht, S. 114; ErfK-*Dieterich* Einl. GG Rn. 24, 59 ff. m. w. N.; GK-*Kreutz* § 77 Rn. 293; *Travlos-Tzanetatos*, Regelungsbefugnis, S. 86 ff.; a. A. BAG v. 28.03.1958, AP Nr. 28 zu Art. 3 GG; BAG v.

Die mittelbare Bindung der betrieblichen Normgeber an die Grundrechte wird unterschiedlich begründet. Das BAG[60] hat in einer neueren Entscheidung zur Grundrechtsbindung der Tarifparteien auf die Schutzgebotsfunktion der Grundrechte abgestellt. Die vom BVerfG entwickelte Theorie vom Schutzauftrag der Grundrechte als Grundlage für die Grundrechtsbindung habe „jenseits der Fragestellung von unmittelbarer oder mittelbarer Bindung an Anerkennung gewonnen“. Die Schutzpflicht treffe bei der Auslegung und Anwendung von Tarifverträgen alle staatlichen Grundrechtsadressaten, auch die Gerichte. Der Hinweis auf die den Richter verpflichtende Schutzfunktion der Grundrechte allein hilft jedoch nicht weiter. Tatsächlich schreibt das BVerfG der objektiv-rechtlichen Ausstrahlung der Grundrechte eine subjektiv-rechtliche Wirkung nur insoweit zu, als die Gerichte ihren Einfluss auf die bürgerlich-rechtlichen Normen nicht außer Acht lassen dürfen. Missachtet ein Richter diesen Einfluss, „so verstößt er nicht nur gegen objektives Verfassungsrecht, indem er den Gehalt der Grundrechtsnorm (als objektiver oder mittelbar wirkender Norm) verkennt, er verletzt vielmehr als Träger öffentlicher Gewalt durch sein Urteil das Grundrecht, auf dessen Beachtung auch durch die rechtsprechende Gewalt der Bürger einen verfassungsrechtlichen Anspruch hat.“[61] Wie weit diese mittelbare Bindung an die Grundrechte im jeweiligen Bereich des Privatrechts aber geht, kann aus der absoluten Bindung der Judikative an die Grundrechte gem. Art. 1 Abs. 3 GG nicht geschlussfolgert werden.

Teilweise wird zur Begründung der mittelbaren Grundrechtsbindung der Betriebspartner auf die Ausstrahlungswirkung der Grundrechte hingewiesen, die als Ausdruck objektiver Wertentscheidungen auch für das Zivilrecht Geltung beanspruchen.[62] Der Rechtsgehalt der Grundrechte wirkt nach ganz überwiegender Ansicht[63] über das Medium der das einzelne Rechtsgebiet unmittelbar beherrschenden Vorschriften, insbesondere der Generalklauseln und sonstigen auslegungsfähigen und ausfüllungsbedürftigen Begriffe auf dieses Rechtsgebiet ein. Für das Handeln der Betriebspartner sind die Einfallstore der grundrechtlichen Wertungen die Grundsätze des Rechts und die speziellen Diskriminierungsverbote in § 75 Abs. 1 BetrVG sowie § 75 Abs. 2 BetrVG, der auf die Wertung des Art. 2 Abs. 1 GG Bezug nimmt und damit die Grundsätze aller speziellen

---

20.11.1987, AP Nr. 2 zu § 620 Altersgrenze; *Däubler/Kittner/Klebe-Berg* § 77 Rn. 9 mit vielen Nachweisen auch auf die Rechtsprechung des BAG; *Jobs*, AuR 1986, S. 147, 148; *Nause*, Regelungsbefugnis, S. 155 ff.

[60] BAG v. 30.08.2000, AP Nr. 25 zu § 4 TVG Geltungsbereich, Bl. 3 m. w. N.

[61] BVerfG v. 15.01.1958, BVerfGE 7, 198, 206; BVerfG v. 19.10.1993, BVerfGE 89, 214, 229 f; *Pieroth/Schlink*, Staatsrecht II, Rn. 185.

[62] Vgl. z. B. BVerfG v. 23.04.1986, AP Nr. 28 zu Art. 2 GG.

[63] Vgl. z. B. BVerfG v. 23.04.1986, AP Nr. 28 zu Art. 2 GG m. w. N.; *Waltermann*, RdA 1990, S. 138, 139 m. w. N.

Grundrechte verpflichtend einführt.[64] Bliebe es allerdings bei dieser allgemeinen zivilrechtlichen Form der „mittelbaren Drittwirkung" der Grundrechte, ergäbe sich im Vergleich mit der unmittelbaren Grundrechtsgeltung ein wichtiger Unterschied. Während bei unmittelbarer Grundrechtsgeltung hinsichtlich der Reichweite des Grundrechtsschutzes gesicherte Erkenntnisse bestehen, ist die Intensität der mittelbaren Drittwirkung derselben Grundrechte noch weitgehend ungeklärt. Allgemein wird der Begriff der mittelbaren Drittwirkung jedoch mit der Vorstellung einer weniger strengen Grundrechtsbindung verbunden.[65] Bei genauerem Hinsehen ergibt eine verfassungskonforme Auslegung des § 75 BetrVG davon abweichend mit Blick auf die Schutzgebotsfunktion der Grundrechte[66], dass die Grundrechtsbindung der Betriebspartner hinter derjenigen eines staatlichen Gesetzgebers nicht zurück stehen darf.[67] Die Normunterworfenen sind den von ihnen nicht privatautonom legitimierten betrieblichen Rechtsetzern in gleicher Weise ausgeliefert wie dies üblicherweise nur bei staatlichen Gewalten der Fall ist. Aufgrund dessen ist der Staat zur Sicherung der Grundrechte bei der Ausübung der Betriebsautonomie mehr in die Pflicht genommen als bei sonstigen Vereinbarungen auf der Grundlage privatrechtlichen Handelns.[68] Zwar darf der staatliche Gesetzgeber dem betrieblichen Normenvertrag qua staatlichem Geltungsbefehl Normwirkung zuschreiben, dabei müssen aber die Grundrechte der normunterworfenen Arbeitnehmer gewahrt bleiben.[69] Dieser Verpflichtung ist der Gesetzgeber durch § 75 BetrVG bewusst[70] nachgekommen.[71]

---

[64] BAG v. 19.01.1999, AP Nr. 28 zu § 87 BetrVG Ordnung des Betriebes, Bl. 3 f.; BAG v. 11.07.2000, AP Nr. 16 zu § 87 BetrVG Sozialeinrichtung, Bl. 3 m. w. N. mit zust. Anm. von *v. Hoyningen-Huene*; ErfK-*Dieterich* Einl. GG Rn. 24 m. w. N.; *Kirchhof*, Private Rechtsetzung, S. 218; GK-*Kreutz* § 77 Rn. 294; *Wollgast*, Betriebsvereinbarungen, S. 133 ff., 210 ff. m. w. N.

[65] So auch *Waltermann*, RdA 1990, S. 138, 139.

[66] Ob für die Begründung einer grundrechtlichen Schutzpflicht der Rückgriff auf den objektivrechtlichen Gehalt des Grundrechts notwendig ist, oder ob die Schutzpflicht schon aus dem individuellen Abwehranspruch folgt, ist umstritten, vgl. dazu *Münch/Kunig-v. Münch* Vorb. Art. 1-19 Rn. 22 m. w. N.

[67] Vgl. ErfK-*Dieterich* Einl. GG Rn. 24, 59 ff. m. w. N.; *Schlachter* (Festschrift für Schaub, S. 651 ff., 656 m. w. N. auf den Meinungsstand) spricht sich im Tarifvertragsrecht für eine Beschränkung des Grundrechtsschutzes auf das notwendige Minimum auS. Diese Ansicht ist aber auf den betrieblichen Normenvertrag wegen der Legitimation der tariflichen Rechtsetzung über Art. 9 AbS. 3 GG und den Beitritt der Normunterworfenen zu den vertragschließenden Verbänden nicht übertragbar.

[68] *Richardi-Richardi* § 77 Rn. 101; *Waltermann*, RdA 1990, S. 138, 141 f.; *Schlachter*, Festschrift für Schaub, S. 651, 655 f. für den Tarifvertrag.

[69] *Kirchhof*, Private Rechtsetzung, S. 522 ff.; *Schlachter*, Festschrift für Schaub, S. 651 ff., 656 m. w. N.; *Däubler/Kittner/Klebe-Berg* § 77 Rn. 9 begründet so die unmittelbare Geltung der Grundrechte.

[70] Vgl. BT/DruckS. 1/1546, S. 52 (Begründung zu § 56) und BT/DruckS. 1/3585, S. 10.

Die Betriebspartner sind demnach gem. § 75 BetrVG bei der betrieblichen Rechtsetzung in gleichem Umfang wie staatliche Normgeber an die Grundrechte und damit auch an den verfassungsrechtlichen Gleichheitssatz gebunden.

2. Der arbeitsrechtliche Gleichbehandlungsgrundsatz

Nachdem nunmehr die Bindung der betrieblichen Rechtsetzungsmacht an den verfassungsrechtlichen Gleichbehandlungsgrundsatz feststeht, fragt sich, ob und wie der arbeitsrechtliche Gleichbehandlungsgrundsatz vom verfassungsrechtlichen Gleichheitssatz zu unterscheiden ist[72] und ob er neben diesem zur Anwendung kommen kann[73]. Der auf eine Entwicklung von *Hueck*[74] zurückgehende arbeitsrechtliche Gleichbehandlungsgrundsatz ist sowohl in seiner dogmatischen Herleitung als auch in seiner Reichweite umstritten.[75] Unproblematisch wäre das Verhältnis zwischen beiden Rechtsgrundsätzen, wenn der arbeitsrechtliche Gleichbehandlungsgrundsatz eine Ausprägung des Art. 3 GG darstellen würde[76]. Bei allen anderen Begründungsansätzen muss eine Anwendung des arbeitsrechtlichen Gleichbehandlungsgrundsatzes neben dem verfassungsrechtlichen Gleichheitssatz in Betracht gezogen werden. Ein Nebeneinander beider Rechts-

---

[71] BAG (GS) v. 7.11.1989, BAGE 63, 211, 217; *Richardi-Richardi* § 77 Rn. 102; § 75 BetrVG kommt damit im Gegensatz zur Auffassung von *Wolf/Hammen*, Anm. zu BAG v. 09.12.1981, SAE 1982, S. 301-304 sehr wohl eine Bedeutung zu.

[72] Einen Unterschied sehen: BAG v. 09.11.1956, BAGE 3, 180, 183; BAG v. 18.10.1961, BAGE 11, 338, 341 f.; BAG v. 30.09.1970, AP Nr. 34 zu § 242 BGB Gleichbehandlung; vgl. auch *Konzen*, Festschrift für Müller, S. 245, 250 ff., der auf den unterschiedlichen Adressaten (Arbeitgeber auf der einen, betriebsverfassungsrechtlicher Normgeber auf der anderen Seite) und den zwingenden Charakter der Gleichheitsbindung im Gegensatz zur begrenzten Dispositivität des Gleichbehandlungsgrundsatzes abstellt; a. A. jedenfalls für Betriebsvereinbarungen und Tarifverträge: *Zöllner/Loritz*, Arbeitsrecht, S. 225.

[73] Gegen die Anwendbarkeit des Gleichbehandlungsgrundsatzes hinsichtlich der inhaltlichen Ausgestaltung von Sozialplänen spricht nicht schon deren Erzwingbarkeit, so aber BAG v. 23.08.1988, AP BetrVG 1972 § 112 Nr. 46; BAG v. 17.04.1996, AP Nr. 101 zu § 112 BetrVG 1972, Bl. 3 und *Neef/Schrader*, NZA 1998, S. 804, 805 f. Grundsätzlich ist der arbeitsrechtliche Gleichbehandlungsgrundsatz nur bei freiwilligen Leistungen des Arbeitgebers anwendbar. Da die Betriebspartner bei der inhaltlichen Ausgestaltung der Sozialpläne frei sind, kann die Erzwingbarkeit jedoch keine Rolle spielen. Sie ist nur insoweit von Bedeutung als es um den personellen Geltungsbereich des Sozialplans geht. Eine Ausdehnung der Sozialplanpflicht über den nach dem BetrVG zu beachtenden Personenkreis hinaus liefe der gesetzlichen Intention entgegen, vgl. dazu auch BAG v. 16.07.1985, AP Nr. 32 zu § 112 BetrVG 1972.

[74] *Hueck*, Grundsatz, insbesondere S. 151 ff.

[75] Vgl. die ausführliche Darstellung der vielen verschiedenen Begründungsansätze bei AR-Blattei SD-*Marhold/Beckers* Gleichbehandlung im Arbeitsverhältnis Rn. 1 ff.

[76] So vor allem *Gamillscheg*, AcP 164 (1964), S. 385, 409; von einem gleichen Entstehungsgrund geht auch *Bauschke*, RdA 1985, S. 72, 73 f. aus; ablehnend mit vielen weiteren Nachweisen AR-Blattei SD- *Marhold/Beckers* Gleichbehandlung im Arbeitsverhältnis Rn. 11 ff.

institute ist allerdings nur dann rechtserheblich, wenn durch den allgemeinen arbeitsrechtlichen Gleichbehandlungsgrundsatz ein weitergehender Schutz zu erreichen wäre. Es gilt demnach, zunächst die mögliche Reichweite des arbeitsrechtlichen Gleichbehandlungsgrundsatzes abzustecken.

Teilweise wird davon ausgegangen, dass bei beiden Rechtsgrundsätzen inhaltlich die gleichen Kriterien zur Anwendung kommen[77]. Andere Autoren gehen von einem stärkeren Schutz durch den verfassungsrechtlichen Gleichheitssatz aus.[78] Vertreten wird auch, dass der arbeitsrechtliche Gleichbehandlungsgrundsatz strengere Kriterien beinhalte.[79] Nach der letztgenannten Ansicht ist der arbeitsrechtliche Gleichbehandlungsgrundsatz nicht nur durch willkürliche, sondern bereits durch jede sachfremde Schlechterstellung einzelner Arbeitnehmer gegenüber anderen in vergleichbarer Lage befindlichen Arbeitnehmern verletzt, während Art. 3 Abs. 1 GG eine Differenzierung erst dann verbietet, wenn sachlich vertretbare Gründe schlechterdings nicht auffindbar sind, also bei evidenter Unsachlichkeit oder Willkürlichkeit.[80] Ob diese Unterscheidung außerhalb des Sozialplanrechts richtig ist, kann hier dahingestellt bleiben. Im Sozialplanrecht muss der angelegte Maßstab vor dem Hintergrund der den Betriebspartnern wie den Tarifparteien und dem Gesetzgeber zukommenden Einschätzungsprärogative und ihres Entscheidungsspielraums[81] betrachtet werden. Wenn die oben abgelehnte Kontrolle des Regelungsermessens der Betriebspartner nicht über den Umweg des Gleichbehandlungsgrundsatzes doch noch eingeführt werden soll, darf die gerichtliche Überprüfung von betrieblichen Normenordnungen unter Gleichbehandlungsgesichtspunkten nicht weiter gehen als bei staatlichen Normenordnungen. Eine engere Bindung der Betriebspartner als durch den verfassungsrechtlichen Gleichbehandlungsgrundsatz kommt deswegen nicht in Betracht.[82] Unabhängig von der dogmatischen Herleitung und der exakten Bestimmung der Kriterien des arbeitsrechtlichen Gleichbehandlungsgrundsatzes ist seine Geltung bei betrieblichen Normenverträgen neben dem verfassungsrechtlichen Gleichbehandlungsgrundsatz demnach zumindest überflüssig. Aus diesem Grund erübrigen sich weitere Ausführungen zum allgemeinen arbeitsrechtlichen Gleichbehandlungsgrundsatz.

---

[77] BAG v. 15.11.1994, BAGE 78, 272, 276; BAG v. 17.11.1998, AP Nr. 162 zu § 242 BGB Gleichbehandlung; ErfK-*Dieterich*, Art. 3 GG Rn. 30; *Richardi*, Anm. zu BAG v. 17.11.1998, AP Nr. 162 zu § 242 BGB Gleichbehandlung.

[78] So *Zöllner/Loritz*, Arbeitsrecht, § 17 III 6. S. 219.

[79] GK-*Kreutz* § 75 Rn. 38.

[80] AR-Blattei SD-*Marhold/Beckers* Gleichbehandlung im Arbeitsverhältnis Rn. 15 ff. m. w. N.; BAG v. 14.02.1984, AP Nr. 21 zu § 112 BetrVG 1972, Bl. 4.

[81] Vgl. dazu oben die Ausführungen unter I. 1. und 2.

[82] So im Ergebnis auch *Konzen*, Festschrift für Müller, S. 245 ff.; *Zöllner/Loritz*, Arbeitsrecht, § 17 I, S. 216; *Schlachter*, Festschrift für Schaub, S. 651, 657 m. w. N. für das Tarifvertragsrecht.

3. Die Rechtsfolgen eines Verstoßes gegen den Gleichheitsgrundsatz

Die exakte Bestimmung der inhaltlichen Reichweite des verfassungsrechtlichen Gleichheitsgrundsatzes kann und muss anderen Untersuchungen überlassen bleiben. Für die Frage nach der Abänderbarkeit von Sozialplänen durch eine gerichtliche Inhaltskontrolle sind nur die weder in § 75 BetrVG noch in Art. 3 Abs. 1 GG geregelten Rechtsfolgen eines Verstoßes gegen den verfassungsrechtlichen Gleichheitsgrundsatz von Bedeutung.[83]

Teilweise werden die Rechtsfolgen eines Verstoßes gegen den Gleichheitssatz im Sozialplanrecht in Anlehnung an die Rechtsfolgen des arbeitsrechtlichen Gleichbehandlungsgrundsatzes bei Ungleichbehandlungen durch den Arbeitgeber bestimmt. Ein Verstoß gegen den arbeitsrechtlichen Gleichbehandlungsgrundsatz führt im Individualarbeitsrecht nach ganz überwiegender Ansicht[84] zur Nichtigkeit der gesetzeswidrigen Differenzierung. Dem übergangenen Arbeitnehmer wird ein Anspruch auf die fragliche Leistung zugestanden.[85] Gegen die Übertragung dieses Ansatzes auf den Sozialplan ergibt sich jedoch ein gewichtiges Argument aus der Normsetzungsbefugnis der Betriebspartner. Ein Verstoß gegen den Gleichheitssatz besteht nicht in der Nichtbegünstigung der benachteiligten Arbeitnehmer, sondern in der Ungleichbehandlung zwei gleich zu behandelnder Arbeitnehmergruppen. Demnach kann dem Gebot der Gleichbehandlung im Gegensatz zu den speziellen Gleichheitsgrundrechten keine Maßgabe für die Art der herzustellenden Gleichbehandlung entnommen werden.[86] Den Betriebspartnern stehen insoweit viele Möglichkeiten offen. Wenn das Gericht den übergangenen Arbeitnehmern Ansprüche auf die fragliche Leistung gewährt, dann liegt darin eine Entscheidung für eine bestimmte Gleichbehandlung der Arbeitnehmer.[87] Die Normsetzungsmacht steht im Sozialplanrecht aber nicht den Gerichten sondern ausschließlich den Betriebspartnern zu.[88] An dieser Kompetenzverteilung ändert sich durch die unzulässige Begünstigung einzelner Arbeitnehmer im Sozialplans nichts. Eine Anpassung durch die Ge-

---

[83] Dass der Feststellung der Rechtswidrigkeit des Sozialplans seine verfassungskonforme (ergänzende) Auslegung vorzuziehen ist, soll hier nur der Vollständigkeit halber erwähnt werden.

[84] Vgl. dazu *Zöllner/Loritz*, Arbeitsrecht, § 17 V m. w. N.

[85] So BAG v. 17.04.1996, AP BetrVG 1972 § 112 Nr. 101, Bl. 2 f. m. w. N.; *Röder/Baeck*, Interessenausgleich und Sozialplan, S. 158; *Bauer*, Betriebsänderungen, S. 83 für versehentlich von Sozialplanleistungen ausgeschlossene Arbeitnehmer.

[86] Vgl. dazu *Sachs*, RdA 1989, S. 25, 28; *Schlachter*, Festschrift für Schaub, S. 651, 664, 668.

[87] Insoweit zutreffend *Löwisch*, Gemeinsame Anm. zu BAG v. 23.08.1988 und 26.07.1988, AP Nr. 45 und 46 zu § 112 BetrVG 1972, Bl. 5 f., der aber mit der überwiegenden Ansicht die Erweiterung des Sozialplanvolumens durch Zuerkennung eines Rechtes auf Gleichbehandlung befürwortet, soweit die Erweiterung dem Arbeitgeber zumutbar ist. Ist eine Erweiterung unzumutbar, müsse von der Unwirksamkeit des Sozialplanes ausgegangen werden.

[88] Vgl. dazu die Ausführungen unter I. 2.

richte kommt lediglich dann in Betracht, wenn der Regelungsspielraum der Betriebspartner auf Null reduziert ist. Solche Fallkonstellationen sind im Sozialplanrecht aber wohl nur theoretisch denkbar.[89]

Die überwiegende Ansicht wählt trotz der aufgezeigten Bedenken die dargestellte Rechtsfolgenlösung, versucht aber, ihre negativen Folgen zu beschränken. Nach der ständigen Rechtsprechung des BAG[90] ist eine gerichtlich verursachte mittelbare Erhöhung des Sozialplanvolumens dann hinzunehmen, wenn es um die Korrektur einzelner Bestimmungen des Sozialplans zur Vermeidung unbilliger Benachteiligungen einzelner Belegschaftsmitglieder geht und die Mehrbelastung des Arbeitgebers im Verhältnis zum Gesamtvolumen des Sozialplans nicht ins Gewicht fällt. Wo die Grenze zu einer unzulässigen Erhöhung des Sozialplanvolumens genau verläuft ist unklar. Manche Autoren[91] entnehmen den Ausführungen des BAG im Umkehrschluss, dass ein Anspruch der benachteiligten Arbeitnehmer auf Gleichbehandlung dann ausgeschlossen ist, wenn diese Korrektur zu einer im Verhältnis zum Gesamtvolumen erheblichen Mehrbelastung des Arbeitgebers führen und eine sinnvolle Durchführung des Sozialplans deswegen unmöglich machen würde. *Löwisch*[92] stellt auf die Zumutbarkeit einer Erweiterung des Sozialplanvolumens für den Arbeitgeber ab. Unzumutbar soll eine Erhöhung des Sozialplanvolumens dann sein, wenn die Zahlungen im Verhältnis zum Gesamtvolumen des Sozialplans ins Gewicht fallen. *Däubler*[93] vertritt die Ansicht, dass eine gerichtliche Erweiterung des Sozialplanvolumens vor allem dann in Betracht kommt, wenn eine Umverteilung des vereinbarten Sozialplanvolumens ausgeschlossen ist, weil die übrigen Arbeitnehmer ihre Abfindungen bereits erhalten haben. Ausgeschlossen ist die Erhöhung des Sozialplanvolumens seiner Ansicht nach nur für den Fall, dass sie zu einer Gefährdung weiterer Arbeitsplätze führen würde.

---

[89] *Schlachter*, Festschrift für Schaub, S. 651, 661 f. nimmt für Tarifverträge eine solche Fallkonstellation dann an, wenn in der Vergangenheit liegende Ungleichbehandlungen zu beseitigen sind. Dies kann aber auf den Sozialplan nicht übertragen werden, weil hier mangels Entgeltfunktion (vgl. VII. 2. b) im ersten Kapitel) auch rückwirkende Eingriffe in Arbeitnehmeransprüche prinzipiell denkbar sind, vgl. dazu das fünfte Kapitel.

[90] BAG 26.06.1990, AP Nr. 56 zu § 112 BetrVG 1972; BAG v. 15.01.1991, AP Nr. 57 zu § 112 BetrVG 1972; *Bopp/Gross*, Mitbestimmung des Betriebsrates, F S. 253; ähnlich *Löwisch*, Gemeinsame Anm. zu BAG v. 23.08.1988 und 26.07.1988, AP Nr. 45 und 46 zu § 112 BetrVG 1972, Bl. 5 f.; *Luding*, Beendigung, S. 116 ff.; vgl. auch BAG 17.02.1981, BAGE 35, 80, 93 zur Zulässigkeit der mittelbaren Erweiterung des Sozialplanvolumens im Rahmen der Billigkeitskontrolle.

[91] *Bopp/Gross*, Mitbestimmung des Betriebsrates, F S. 253; *Röder/Baeck*, Interessenausgleich und Sozialplan, S. 158 Fn. 667.

[92] *Löwisch*, Gemeinsame Anm. zu BAG v. 23.08.1988 und v. 26.08.1988, AP 45 und 46 zu § 112 BetrVG 1972, Bl. 5 f.

[93] *Däubler/Kittner/Klebe-Däubler* §§ 112, 112a Rn. 52.

Die dargestellten Einschränkungen einer richterlichen Befugnis zur Erweiterung von Sozialplanvolumina nach einem Verstoß gegen den Gleichheitsgrundsatz sind problematisch. Unverständlich ist beispielsweise, warum nur an die Erheblichkeit der Volumenerweiterung im Verhältnis zum ursprünglichen Sozialplanvolumen angeknüpft wird und nicht – wenn schon Interessenabwägung – auch die Interessen der Arbeitnehmer und die Frage des Verschuldens berücksichtigt werden. Auf jeden Fall sollten die Belange Dritter (etwa der übrigen Gläubiger des Unternehmens) bei der Festlegung des Sozialplanumfangs in die Überlegungen einbezogen werden.[94] Schließlich müsste das Gericht bei der Abänderung des Sozialplanes die Ermessensleitlinien des § 112 Abs. 5 BetrVG beachten, da das Gesetz diese Beschränkungen für den Fall vorsieht, dass die finanzielle Ausgestaltung des Sozialplans nicht auf einer Einigung der Betriebspartner, sondern auf einer Entscheidung Dritter beruht.[95]
Unklar ist auch, was geschehen soll, wenn eine Erweiterung des Sozialplanvolumens unzulässig ist. Während sich das BAG zu dieser Frage überhaupt nicht äußert, gehen einige Autoren[96] von der Unwirksamkeit oder Nichtigkeit des Sozialplans und dem Wiederaufleben des Mitbestimmungsrechtes aus. *Däubler*[97] verweist die Betriebspartner für den Fall, dass die mittelbare Erhöhung des Sozialplanvolumens weitere Arbeitsplätze gefährden würde, auf die Lehre von der Geschäftsgrundlage. Eine rechtsdogmatische Begründung für dieses Umschlagen von der Wirksamkeit des Sozialplans in Verbindung mit der Zuerkennung von Ansprüchen auf Gleichbehandlung an benachteiligte Arbeitnehmer in Nichtigkeit oder eine Störung der Geschäftsgrundlage fehlt. Außerdem ist die Anpassung des gleichheitsgrundsatzwidrigen Sozialplanes nach den Grundsätzen der Lehre von der Geschäftsgrundlage schon wegen der Vermeidbarkeit der gesetzeswidrigen Differenzierung nicht möglich.
In Anbetracht all dieser Kritikpunkte muss die Korrektur einer gleichheitssatzwidrigen Vereinbarung im Sozialplan durch gerichtlich verordnete Gleichbehandlung der nichtbegünstigten Arbeitnehmer auch in ihrer entschärften Form abgelehnt werden.

---

[94] *Wolf/Hammen*, Anm. zu BAG v. 09.12.1981, SAE 1982, S. 301, 302 zur Sozialplanabänderung durch gerichtliche Billigkeitskontrolle.

[95] So *Wolf/Hammen*, Anm. zu BAG v. 09.12.1981, SAE 1982, S. 301, 303 zur Abänderung eines Sozialplanes durch das Gericht wegen eines Verstoßes gegen die Grundsätze der Billigkeit.

[96] *Löwisch*, Gemeinsame Anm. zu BAG v. 23.08.1988 und v. 26.07.1988, AP Nr. 45 und 46 zu § 112 BetrVG 1972, Bl. 5 f.; *Röder/Baeck*, Interessenausgleich und Sozialplan, S. 158 Fn. 661; *Bopp/Gross*, Mitbestimmung des Betriebsrates, F S. 253 entnehmen diese Lösung einem Umkehrschluss aus den Ausführungen des BAG.

[97] *Däubler/Kittner/Klebe-Däubler* §§ 112, 112a Rn. 52; eine Parallele zwischen beiden Instituten sieht auch *Löwisch*, Gemeinsame Anm. zu BAG v. 23.08.1988 und v. 26.08.1988, AP Nr. 45 und 46 zu § 112 BetrVG 1972, Bl. 5 f.

Einen anderen Lösungsvorschlag machte das BAG[98] in einer Entscheidung vom 26.07.1988. Zwar sei die Erhöhung des Sozialplanvolumens unzulässig, möglich sei aber die Erweiterung des Kreises der Begünstigten bei gleichzeitiger Umverteilung der im Sozialplan vorgesehenen Mittel. Dadurch komme es zu einer Kürzung der Gelder für die ursprünglich im Sozialplan bedachten Arbeitnehmer. Auf der Grundlage des ursprünglichen Sozialplans bereits ausgezahlte Gelder seien nach den Grundsätzen einer ungerechtfertigten Bereicherung zurück zu fordern. Diese Rechtsfolgenlösung ist insoweit zu begrüßen, als sie nicht zur Erhöhung des Sozialplanvolumens durch das Gericht führt. Problematisch ist aber auch hier die Umgehung der betrieblichen Regelungskompetenz. Hinzu kommt die vom BAG nicht problematisierte Enttäuschung des Vertrauens der ursprünglich in größerem Umfang begünstigten Arbeitnehmer. Überdies wird eine Rückforderung in der Praxis regelmäßig an § 818 Abs. 3 BGB scheitern. Der vom BAG in der Entscheidung vom 26.07.1988 propagierte Lösungsvorschlag muss deshalb ebenfalls verworfen werden.

Da die dargestellten Ansätze eine befriedigende Lösung nicht beinhalten, muss ein eigener Ansatz entwickelt werden. In Anbetracht der Tatsache, dass die Rechtsfolge eines Gesetzesverstoßes gesucht wird, fällt der erste Blick auf § 134 BGB. Diese Norm spricht für die (Teil-) Nichtigkeit des verbotswidrigen Sozialplans.[99] Da § 134 BGB nur eine Vermutung für die Nichtigkeit der Vereinbarung begründet[100], die einer Berücksichtigung der Besonderheiten des Sozialplans nicht entgegensteht, ist ihre Anwendung im Sozialplanrecht unproblematisch. Entscheidend ist gem. § 134 BGB Sinn und Zweck der Verbotsnorm.[101] Im Tarifvertragsrecht führt ein Verstoß gegen den Gleichbehandlungsgrundsatz nach überwiegender Ansicht[102] nicht zur Nichtigkeit des gesamten Vertrages, sondern nur zur Teilnichtigkeit der belastenden Klausel. § 139 BGB soll insoweit nicht anwendbar sein. Zur Begründung wird auf den der Nichtigkeitsfolge im Individualrecht innewohnenden Sanktionscharakter verwiesen. Bei kollektiven Normenverträgen wirke sich die Nichtigkeitsfolge nicht gegen die Vertragspartner, sondern vornehmlich zulasten der normunterworfenen Dritten aus. Im Interesse der betroffenen Arbeitnehmer soll die Nichtigkeit der unzulässigen Regelung deshalb im Regelfall nicht zur Nichtigkeit des gesamten Vertragswer-

---

98 BAG v. 26.07.1988, AP Nr. 45 zu § 112 BetrVG 1972; ähnlich *Liedmeier*, Auslegung, S. 131 f., der für den Tarifvertrag bei Gleichheitsverstößen eine arbeitsgerichtliche Vertragsfortbildung befürwortet.

99 Vgl. *Bauer*, Betriebsänderungen, S. 83 f., soweit es sich nicht um versehentlich unberücksichtigt gelassene Arbeitnehmer handelt; *Schlachter*, Festschrift für Schaub, S. 651, 660 m. w. N. für den Tarifvertrag; ebenso die ständige Rechtsprechung für Tarifverträge seit BAG v. 15.01.1955, BAGE 1, 258, 269 ff.

100 *Palandt-Heinrichs* § 134 Rn. 7 m. w. N.

101 *Palandt-Heinrichs* § 134 Rn. 7 m. w. N.

102 Vgl. *Oetker/Wank/Wiedemann-Wiedemann*, TVG, Einl. Rn. 263 m. w. N.

kes führen.[103] Der Vertrag soll nur dann insgesamt nichtig sein, wenn er ohne die vernichtete Bestimmung keine sinnvolle und in sich geschlossene Regelung mehr darstellen würde.[104]

Eine Ungleichbehandlung kann jedoch nicht nur in der gleichheitssatzwidrigen Herausnahme bestimmter Arbeitnehmer aus dem Anwendungsbereich einer begünstigenden Norm, sondern auch im Fehlen einer Einbeziehung der betroffenen Arbeitnehmer in den Regelungsbereich der begünstigenden Vorschrift liegen. Nichtig sein kann aber nur eine positive Regelung und nicht das Fehlen einer solchen. Die Nichtregelung der Einbeziehung für nichtig erklären, hieße demnach, eine positivrechtliche Regelung zu fingieren. Das ist mit § 134 BGB nicht vereinbar.[105] Infolgedessen käme es bei der unzulässigen Nichteinbeziehung bestimmter Arbeitnehmer in eine begünstigende Regelung zu einer „Angleichung nach unten", während bei der rechtswidrigen Herausnahme von Arbeitnehmern aus dem Anwendungsbereich einer begünstigenden Norm die „Angleichung nach oben" Rechtsfolge des Verstoßes wäre. Die Form der Angleichung hinge dadurch von der zufälligen sprachlichen Fassung der unzulässigen Differenzierung ab. Um dieses Ergebnis zu verhindern, muss sich die Teilnichtigkeit unabhängig von der Formulierung im Vertrag auf die begünstigende Klausel insgesamt beziehen.[106]

Auch die Nichtigkeit der begünstigenden Regelung führt zu einer Verzerrung der ausgehandelten Vereinbarung,[107] die der gesetzlichen Regelungskompetenz der Betriebspartner zuwiderläuft. Dies wäre aber leichter hinzunehmen, weil es sich bei der Teilnichtigkeit gem. §§ 134, 139 BGB nicht um einen richterlichen Gestaltungsakt, sondern um eine gesetzlich angeordnete Rechtsfolge handelt. Fraglich ist allerdings, ob der Rechtsnormcharakter des Sozialplans nicht eine andere Lösung nahe legt. Im Tarifvertragsrecht wird die dargestellte Rechtsfolge einer gleichheitswidrigen Regelung gerade mit dem Hinweis auf den Rechtsnormcharakter der Tarifverträge begründet. Als Rechtsnorm sei der Tarifvertrag vom Zeitpunkt der Kollision an wegen eines Verstoßes gegen höherrangiges Recht nichtig. Er sei insoweit nur seiner Gestalt nach Norm, könne inhaltlich aber keine Wirkungen entfalten.[108] Das ist zwar grundsätzlich richtig, gilt bei Verstößen gegen den verfassungsrechtlichen Gleichheitssatz aber nur eingeschränkt. In der verfassungsgerichtlichen Rechtsprechung wird eine gegen Art. 3

---

[103] Vgl. zum Sozialplan BAG v. 20.12.1983, AP Nr. 17 zu § 112 BetrVG 1972; *Schlachter*, Festschrift für Schaub, S. 651, 659 f. m. w. N.

[104] Für den Sozialplan BAG v. 20.12.1983, AP Nr. 17 zu § 112 BetrVG 1972; *Schlachter*, Festschrift für Schaub, S. 651, 659 f. m. w. N.

[105] So aber BAG v. 15.01.1955, BAGE 1, 258, 270.

[106] Vgl. *Schlachter*, Festschrift für Schaub, S. 651, 668 f. m. w. N. für den Tarifvertrag.

[107] Vgl. dazu *Liedmeier*, Auslegung, S. 132.

[108] *Schlachter*, Festschrift für Schaub, S. 651 ff., 666 m. w. N.

GG verstoßende Regelung nicht für nichtig, sondern nur für unvereinbar mit dem Grundgesetz erklärt.[109] Der Gesetzgeber ist dann verpflichtet, eine verfassungskonforme Neuregelung zu erlassen. In der Übergangszeit bis zum Inkrafttreten der Neuregelung kann die bisherige Regelung prinzipiell nicht mehr angewandt werden.[110] Möglich ist eine zeitlich begrenzte Anwendbarkeit der Norm jedoch ausnahmsweise dann, wenn Rechtssicherheit und Vertrauensschutz dies erfordern.[111] Dieses Konzept ist auf den kollektiven Normenvertrag grundsätzlich übertragbar. Es schützt die Regelungskompetenz der Tarif- oder Betriebspartner soweit als möglich.[112]

Im Sozialplanrecht muss allerdings die Besonderheit beachtet werden, dass eine Neuregelung nur dann gewährleistet ist, wenn das Mitbestimmungsrecht des Betriebsrats wieder auflebt. Da ein teilweises Aufleben des Mitbestimmungsrechtes nicht denkbar ist,[113] hat eine Teilunwirksamkeit des Sozialplans, soweit sie nicht schon aufgrund des inneren Zusammenhanges seiner Regelungen ausscheidet, deshalb das Wiederaufleben des Mitbestimmungsrechtes als Ganzes zur Folge. Können sich die Betriebspartner nicht auf einen neuen Sozialplan einigen, ist die Einigungsstelle befugt, einen neuen Sozialplan aufzustellen. Damit die Unwirksamkeit des rechtswidrigen Sozialplans nicht zu einer Bestrafung der Arbeitnehmerseite führt – im zweiten Kapitel ist unter II. 2. b) 2.) dargestellt worden, welche nachteiligen Folgen bereits eine Unwirksamkeit der Sozialplanregelungen ex nunc für die Arbeitnehmer mit sich bringt und dass sich die Verhandlungsposition des Betriebsrats allein durch Zeitablauf weiter verschlechtert – ist regelmäßig von einer Weitergeltung des unwirksamen Sozialplanes bis zur Neuregelung durch die Betriebspartner oder die Einigungsstelle auszugehen.[114] Dies stellt keine Benachteiligung des Unternehmers dar, weil dieser sich an den unter gleichheitswidrigem Ausschluss oder Nichtbeachtung einzelner Arbeitnehmer oder Arbeitnehmergruppen vereinbarten Leistungen insoweit festhalten

---

[109] Ständige Rechtsprechung seit BVerfG v. 07.05.1953, BVerfGE 2, 266, 288; vgl. *Münch/Kunig-Gubelt* Art. 3 GG Rn. 47 m. w. N.

[110] BVerfG v. 14.07.1986, BVerfGE 73, 40, 101 f.; BSG v. 20.01.1999, BSGE 83, 218, 223.

[111] BVerfG v. 03.11.1982, BVerfGE 61, 319, 356.

[112] Ebenso *Wiedemann/Peters* RdA 1997, S. 100, 107 f. für den Tarifvertrag; *Schlachter*, Festschrift für Schaub, S. 651, 671 ff. geht für den Tarifvertrag davon aus, dass das Gericht den Tarifparteien im Zusammenhang mit der Feststellung der Nichtigkeit der gleichheitswidrigen Begünstigung eine konkrete Frist zur Neuregelung setzen und erst bei ergebnislosem Fristablauf selbst tätig werden darf. Eine parallele Lösung im Rahmen des arbeitsrechtlichen Gleichbehandlungsgrundsatzes, wenn der Arbeitgeber bei der Gruppenabgrenzung unzulässig eng vorgegangen ist, empfehlen *Zöllner/Loritz*, Arbeitsrecht, § 17 VI., S. 224.

[113] Im zweiten Kapitel ist bereits unter III. 2. f.) im Rahmen der Erörterung einer möglichen Teilkündigung auf diese Problematik eingegangen worden.

[114] Eine Weitergeltung auch im Tarifvertragsrecht für möglich halten *Wiedemann/Peters*, RdA 1997, S. 100, 108.

lassen muss. Bei der Neuregelung sind dann die im folgenden Kapitel ausführlich erörterten Grenzen jeder Sozialplanänderung zu beachten.

Im Prozess des einzelnen Arbeitnehmers kann das Verfahren bei einer gleichheitssatzwidrigen Benachteiligung bis zur Neuregelung des Sozialplans durch die Betriebspartner ausgesetzt werden.[115] Die Aussetzung scheint zwar wegen der damit verbundenen Verzögerung dem Beschleunigungsgrundsatz des § 9 Abs. 1 S. 1 ArbGG zu widersprechen,[116] dem Beschleunigungsgrundsatz wäre aber durch einen nach rückwirkender Umgestaltung des Sozialplans anzustrengenden zweiten Prozess auch nicht Genüge getan.[117] Anders als im Tarifvertragsrecht ist die Aussetzung unter dem Gesichtspunkt der Rechtsverweigerung unproblematisch. Zwar fehlt dem Richter auch hinsichtlich des Sozialplans die Befugnis, die Betriebspartner zur Neuregelung zu zwingen,[118] dies ist jedoch wegen der Erzwingbarkeit der Neuregelung durch die Einigungsstelle unnötig. Die weiter zur Anwendung gelangende Sozialplannorm beschwert typischerweise eine der Vertragsparteien. Je länger die Neuregelung herausgezögert wird, desto mehr vollendete Tatsachen werden geschaffen. Wurde die Neuregelung allzu lange hinausgeschoben, kommt nur eine völlige Gleichstellung der Benachteiligten in Betracht, weil eine Umverteilung der Sozialplanleistungen nicht mehr möglich ist. Der Arbeitgeber hat deshalb ein Interesse an einer baldigen Sozialplanabänderung. Der Betriebsrat auf der anderen Seite hat die Interessen der benachteiligten Arbeitnehmer zu wahren und wird deshalb möglichst rasch eine vorteilhafte Neuregelung für die benachteiligten Arbeitnehmer herbeiführen wollen. Eine Frist mit Ersetzungsbefugnis für das Gericht bei fruchtlosem Ablauf ist deshalb überflüssig.

Als Ergebnis ist festzuhalten, dass auch ein Verstoß gegen den verfassungsrechtlichen Gleichheitsgrundssatz nicht zu einer richterlichen Abänderung des Sozialplans führen kann. Das Gericht ist lediglich zur Feststellung des Wiederauflebens des Mitbestimmungsrechtes und gegebenenfalls der Teilunwirksamkeit der belastenden Regelung befugt.

---

[115] Vgl. *Schlachter*, Festschrift für Schaub, S. 651, 671 f. für den Tarifvertrag m. w. N.

[116] Ablehnend zur Aussetzung BAG v. 12.03.1996, NZA 1996, 939.

[117] Die Rechtskraftwirkung des alten Prozesses stände einem neuen Prozess nach veränderter Rechtslage nicht entgegen, vgl. dazu *Schlachter*, Festschrift für Schaub, S. 651 ff., 672.

[118] Vgl. *Schlachter*, Festschrift für Schaub, S. 651 ff., 671 m. w. N.; vgl. *Liedmeier*, Auslegung, S. 124 zur Situation im Tarifvertragsrecht.

III. Zusammenfassung der Ergebnisse in Thesen

1. Eine Sozialplanänderung kommt im Rahmen einer gerichtlichen Billigkeitskontrolle schon deswegen nicht in Betracht, weil eine gerichtliche Kontrolle von Sozialplänen unter Billigkeitsgesichtspunkten unzulässig ist.

2. Die Betriebspartner sind bei der betrieblichen Rechtsetzung gem. § 75 BetrVG nur mittelbar, aber dennoch in gleichem Umfang wie staatliche Normgeber an die Grundrechte und damit auch an den verfassungsrechtlichen Gleichheitssatz gebunden.

3. Eine weitergehende Bindung der Betriebspartner als durch den verfassungsrechtlichen Gleichheitssatz kann durch den arbeitsrechtlichen Gleichbehandlungsgrundsatz nicht erreicht werden, weil ansonsten eine gerichtliche Kontrolle des Regelungsermessens der Betriebspartner möglich wäre. Unabhängig von der dogmatischen Herleitung und der exakten Bestimmung der Kriterien des arbeitsrechtlichen Gleichbehandlungsgrundsatzes ist seine Geltung bei betrieblichen Normenverträgen neben dem verfassungsrechtlichen Gleichbehandlungsgrundsatz deshalb zumindest überflüssig.

4. Rechtsfolge einer unzulässigen Differenzierung im Sozialplan ist in Anlehnung an die vom BVerfG bei Verstößen gegen den Gleichheitssatz in staatlichen Gesetzen befürworteten Rechtsfolgen in der Regel das Wiederaufleben des Mitbestimmungsrechtes des Betriebsrates bei Weitergeltung des ursprünglichen Sozialplans durch die Betriebspartner oder die Einigungsstelle. Eine gerichtliche Sozialplanänderung kommt nicht in Betracht.

IV. Fazit

Eine gerichtliche Anpassung von unangemessen erscheinenden Sozialplänen ist nicht zulässig. Selbst wenn die Betriebspartner bei der inhaltlichen Gestaltung des Sozialplans gegen den verfassungsrechtlichen Gleichheitsgrundsatz verstoßen haben, kommt eine Abänderung der unzulässigen Regelungen nur durch die Betriebspartner in Betracht. Da die betrieblichen Normsetzer bei der (Neu-) Gestaltung des Sozialplans über deren mittelbare Drittwirkung in vollem Umfang an die Grundrechte gebunden sind und das Wiederaufleben des Mitbestimmungsrechtes im Rahmen einer Klage der einzelnen Arbeitnehmer gerichtlich festgestellt werden kann, geht damit jedoch keine Schlechterstellung der von einer Betriebsänderung betroffenen Arbeitnehmer einher. Das Ergebnis der vorangegangen Ausführungen unterstreicht aber erneut die Bedeutung, die den Grenzen der betrieblichen Regelungsmacht bei der Anpassung von Sozialplänen vor allem im Hinblick auf die Belange der Normunterworfenen zukommt.

F. Die inhaltlichen Grenzen der Abänderung von Sozialplänen

In den vorausgegangenen Kapiteln sind mögliche Rechtsgrundlagen und Verfahren für Sozialplanänderungen untersucht worden. Dabei hat sich gezeigt, dass der änderungswillige Betriebspartner eine Anpassung des Sozialplans in aller Regel nur dadurch erreichen kann, dass er seinen Vertragspartner von der Notwendigkeit einer Neuregelung überzeugt. Selbst wenn einer der eng begrenzten Ausnahmefälle vorliegt, in denen eine Berufung auf die Geschäftsgrundlage möglich ist, oder der Sozialplan von vornherein rechtswidrige Regelungen enthielt, übernimmt die Einigungsstelle nur dann die Aufstellung eines neuen Sozialplans, wenn eine Einigung zwischen den Betriebspartnern nicht erzielt werden kann. Bei Vorliegen der in den ersten vier Kapiteln erarbeiteten Voraussetzungen für eine Neuregelung (Einigkeit der Betriebspartner über den Anpassungsbedarf oder Wiederaufleben des Mitbestimmungsrechtes) stellt sich die Frage, wie weit die Änderung des Sozialplans gehen kann und welchen Schutz die von der ersten Sozialplangestaltung begünstigten Arbeitnehmer genießen. Häufig werden hinsichtlich der Regelungsbefugnis der Betriebspartner Innen- und Außenschranken unterschieden.[1] Die Außenschranken kennzeichnen den funktionellen, personellen und räumlichen Geltungsbereich möglicher betrieblicher Normenverträge, während die Innenschranken die inhaltlichen Grenzen der betrieblichen Regelungskompetenz abstecken.[2] Die grundsätzliche Befugnis der Betriebspartner zur einvernehmlichen Abänderung einmal aufgestellter Sozialpläne ist bereits im ersten Kapitel begründet worden. Als eine weitere Außenschranke wird in diesem Kapitel die mögliche personelle Reichweite der ersetzenden Vereinbarung beleuchtet. Die Innenschranken sind teilweise im Rahmen der Untersuchung der richterlichen Inhaltskontrolle von Sozialplänen im vierten Kapitel angesprochen worden. Eine eingehende Beschäftigung mit denjenigen inhaltlichen Vorgaben, die speziell bei der Kontrolle der ersetzenden Vereinbarung eine Rolle spielen, steht allerdings noch aus und soll in diesem Kapitel nachgeholt werden. Nach einer Auseinandersetzung mit der im Recht der Betriebsvereinbarung entwickelten Schutzzwecklehre wird der Schwerpunkt dabei auf der Frage liegen, inwieweit der Besitzstand der normunterworfenen Arbeitnehmer bei der Neuregelung geschützt ist.

---

[1] GK-*Kreutz* § 77 Rn. 74 ff., 290 ff.; *ders.*, Betriebsautonomie, S. 2 ff.; *Meyer*, Nachträgliche Abänderung, S. 109; *Säcker*, Gruppenautonomie, S. 341, 450; *Scharmann*, Betriebsvereinbarung, S. 178; *Wollgast*, Betriebsvereinbarungen, S. 122 f. m. w. N.

[2] *Kreutz*, Betriebsautonomie, S. 2 ff.

I. Der personelle Geltungsbereich des ersetzenden Sozialplans

Teilweise wird die Ansicht vertreten, die betriebliche Regelungsmacht beschränke sich auf die Abänderung von Sozialplänen zugunsten oder zulasten der aktiven Belegschaft. In Rechte bereits ausgeschiedener Arbeitnehmer dürfe wegen insoweit fehlendem Betriebsratsmandat nicht eingegriffen werden.[3] Aus § 5 Abs. 1 BetrVG wird gefolgert, dass der persönliche Geltungsbereich von Betriebsvereinbarung und Sozialplan nur Arbeiter und Angestellte sowie die zur Berufsausbildung Beschäftigten umfasse. Ein Recht zur Repräsentation anderer (Ausgeschiedener, innerhalb eines Konzerns entliehener; echter Leiharbeiter) als der potentiell wahlberechtigten Arbeitnehmer soll der Betriebsrat grundsätzlich nicht besitzen.[4]

Von diesem in Zusammenhang mit Betriebsvereinbarungen über Leistungen der betrieblichen Altersversorgung entwickelten Rechtssatz wird jedoch dann eine Ausnahme gemacht[5], wenn es um die Aufstellung eines Sozialplanes zugunsten von Arbeitnehmern geht, die im Zuge der Betriebsänderung bereits ausgeschieden sind. Weil Sozialpläne in vielen Fällen erst nach Durchführung der Betriebsänderung und damit nach dem Ausscheiden der betroffenen Arbeitnehmer zustande kommen, verlange der Schutzzweck des § 112 BetrVG die Ausdehnung der Regelungsbefugnis der Betriebspartner auch auf die bereits ausgeschiedenen Arbeitnehmer.[6] Wäre eine Einbeziehung der ausgeschiedenen Arbeitnehmer in den Sozialplan nicht möglich, könnte der Arbeitgeber durch zögerliche Verhandlungsführung den personellen Anwendungsbereich des Sozial-

---

[3] So *Däubler/Kittner/Klebe-Däubler* § 112, 112a Rn. 135; *ders.*, NZA 1985, S. 545, 547 f.; *Rumpff/Boewer*, Mitbestimmung, S. 369; a. A. für den Fall einer Geschäftsgrundlagenstörung BAG v. 10.08.1994, BAGE 77, 313, 329 ff.; BAG v. 28.08.1996, BAGE 84, 62, 67.

[4] Vgl. die ständige Rechtsprechung seit BAG (GS) v. 16.03.1956, BAGE 3, S. 1, 10 f.; *Hess/Schlochauer/Glaubitz-Hess* § 77 Rn. 10 m. w. N.; *von Hoyningen-Huene*, RdA 1983, S. 225, 226; *Richardi-Richardi* § 77 Rn. 75 f.; *Wollgast*, Betriebsvereinbarungen, S. 161 f.; vgl. für den Sozialplan z. B. BAG v. 05.10.2000, AP Nr. 141 zu § 112 BetrVG 1972; *Däubler*, NZA 1985, S. 545, 547; *Meyer*, Abänderung S. 86; *Naendrup*, AuR 1984, S. 193, 203; *Röder/Baeck*, Interessenausgleich, S. 136; *Scharmann*, Betriebsvereinbarung, S. 176; *Teubner*, BB 1974, S. 982, 987; BAG 10.08.1994, BAGE 77, 313, 331 will zumindest dann, wenn eine Geschäftsgrundlagenstörung vorliegt, für den Sozialplan eine Ausnahme zulassen will; ebenso *Löwisch/Kaiser* § 112 Rn. 74 und *Däubler/Kittner/Klebe-Däubler* §§ 112, 112a Rn. 137, der allerdings dem Vertrauensschutz Ausgeschiedener besondere Beachtung schenkt.

[5] Vgl. z. B. BAG v. 24.03.1981, AP Nr. 12 zu § 112 BetrVG 1972; BAG v. 10.08.1994, BAGE 77, 313, 331; *von Hoyningen-Huene*, RdA 1983, S. 225, 228; *Naendrup*, AuR 1984, S. 193, 203.

[6] BAG v. 10.08.1994, BAGE 77, 313, 331 ff.; BAG v. 05.10.2000, AP Nr. 141 zu § 112 BetrVG 1972; *Meyer*, Nachträgliche Abänderung, S. 95 ff.

plans immer weiter einengen und so das Mitbestimmungsrecht aushöhlen.[7] Mit der Einfügung des § 21b in das Betriebsverfassungsgesetz ist diese Auffassung vom Gesetzgeber bestätigt worden. § 21b BetrVG räumt dem Betriebsrat ein Restmandat bezüglich ausgeschiedener Arbeitnehmer jedenfalls für solche Fälle ein, in denen die Sozialplanaufstellung mit dem Untergang des Betriebes in Zusammenhang steht.

Ungeklärt bleibt weiterhin die Frage, ob bereits ausgeschiedene Arbeitnehmer auch in den Anwendungsbereich einer verschlechternden Vereinbarung einbezogen werden dürfen.[8] Der Verweis auf den Schutzzweck des Sozialplans ist an dieser Stelle nicht weiterführend.[9] Die Tatsache, dass die von einer Betriebsänderung betroffenen Arbeitnehmer keinen Anspruch auf die Aufstellung eines Sozialplans haben[10] oder der Actus-contrarius-Gedanke[11] besagen ebenfalls nichts über die personelle Reichweite der Regelungskompetenz der Betriebspartner. Gleiches gilt für das rein praktische Argument, dass eine Verschlechterung allein der Sozialplanansprüche der aktiven Belegschaft gegebenenfalls nicht genug Finanzmasse schaffe, um damit eine Insolvenz abwenden zu können.[12] Wenig hilfreich ist auch die Argumentation mit der Zulässigkeit einer rückwirkenden Vereinbarung, die sich auf einen Zeitpunkt beziehen könne, in dem die ausgeschiedenen Arbeitnehmer noch in einem aktiven Arbeitsverhältnis zum Arbeitgeber standen.[13] Wenn ein Betriebsratsmandat für Ausgeschiedene nicht besteht, kann sich eine rückwirkende Regelung (die Frage der grundsätzlichen Zulässigkeit solcher Regelungen kann an dieser Stelle dahinstehen) eben gerade nicht auf die zwischenzeitlich Ausgeschiedenen beziehen. Ansonsten würden die Grenzen der zuvor angenommenen persönlichen Regelungsbefugnis umgangen.[14]

---

[7] *Däubler*, NZA 1985, S. 545, 548 Fn. 35; *von Hoyningen-Huene*, RdA 1983, S. 225, 228; *Wollgast*, Betriebsvereinbarungen, S. 164.

[8] Inzident bejaht wurde diese Frage allerdings in der Entscheidung des BAG v. 10.08.1994, BAGE 77, 313, 330 f., in der das Gericht bei einem Wegfall der Geschäftsgrundlage auch Eingriffe in Rechte bereits ausgeschiedener Arbeitnehmer für möglich hielt.

[9] So auch *Däubler*, NZA 1985, S. 545, 548 Fn. 35; LAG Baden-Württemberg v. 20.10.1982, Az. 2 Sa 57/82 nicht veröffentlicht; a. A. BAG v. 10.08.1994, BAGE 77, 313, 330 f.; BAG v. 05.10.200, AP Nr. 141 zu § 112 BetrVG 1972.

[10] *Keßler*, Anm. zu BAG v. 10.08.1994, BB 1995, S. 1242, 1243.

[11] So *von Hoyningen-Huene*, RdA 1983, S. 225, 228 f.; *Meyer*, NZA 1995, S. 974, 980; *derS.* Abänderung, S. 98.

[12] *Meyer*, NZA 1995, S. 974, 980.

[13] So aber *Neumann-Duesberg*, Betriebsverfassungsrecht, S. 402

[14] BAG v. 13.06.1956, AP Nr. 1 zu § 57 BetrVG 1952; *Hess/Schlochauer/Glaubitz-Hess* § 77 Rn. 56; von *Hoyningen-Huene*, RdA 1983, S. 225, 227; *Richardi*, Kollektivgewalt, S. 437 f.

Problematischer ist eine Stellungnahme zu der Argumentation mit dem Gleichheitsgrundsatz.[15] Nach Ansicht der Vertreter dieses Ansatzes führt eine Beschränkung der Anpassungsbefugnis auf die aktive Belegschaft zu einer ungerechtfertigten Benachteiligung dieser Gruppe. Arbeitnehmer, die wegen der Dauer ihrer Betriebszugehörigkeit nur mit langer Kündigungsfrist gekündigt werden können, hätten ein erheblich größeres Risiko, von der Anpassung des Sozialplans noch erfasst zu werden als Arbeitnehmer mit einer kürzeren Kündigungsfrist. Dies würde den mit der Verlängerung der Kündigungsfristen bezweckten Schutz in sein Gegenteil verkehren.[16] Dass die aktiven Arbeitnehmer längere Zeit im Unternehmen bleiben und so ihre Anwartschaften in der Sozialversicherung vergrößern können, soll keine Rolle spielen. Im Rahmen der Ausgestaltung der Sozialplanänderung könne diesem Umstand, entsprechend dem jeweiligen Grund für das längere Verweilen im Betrieb auf unterschiedliche Art und Weise Rechnung getragen werden. Außerdem gelangen die später ausscheidenden Arbeitnehmer im Fall einer Entlassung auf einen Arbeitsmarkt, auf dem sich schon die vorher ausgeschiedenen Arbeitnehmer um einen Arbeitsplatz bemühen, so dass eine berufliche Wiedereingliederung in aller Regel schwerer fallen dürfte.[17] Werde eine verschlechternde Regelung getroffen, so müssten die Betriebspartner deshalb die aufgrund der fraglichen Betriebsänderung bereits ausgeschiedenen Arbeitnehmer einbeziehen können.[18] Darüber hinaus verstößt eine Abänderung nur zuungunsten der noch aktiven und damit, als Folge der Rechtsprechung zur Sozialauswahl, oft älteren Arbeitnehmer nach Ansicht *Meyers*[19] gegen das spezielle Benachteiligungsverbot gem. § 75 Abs. 1 S. 2 BetrVG. Diesen Bedenken kann eine grundsätzliche Berechtigung nicht abgesprochen werden. Im Hinblick auf die personelle Reichweite der betrieblichen Regelungsbefugnis sind sie dennoch nicht weiterführend. Der Gleichheitsgrundsatz und das Benachteiligungsverbot zugunsten älterer Arbeitnehmer verpflichten die Betriebspartner nur zur Gleichbehandlung innerhalb ihres personellen Zuständigkeitsbereichs. Eine Erweiterung dieses Zuständigkeitsbereichs kann durch sie nicht begründet werden.

Die voranstehenden Ausführungen zeigen, dass die Begründung einer Ausnahme vom Grundsatz der auf aktive Arbeitnehmer beschränkten Regelungsbefugnis der Betriebspartner schwer fällt. Eine solche Begründung wäre allerdings überflüssig, wenn schon der Grundsatz falsch ist. Die Beschränkung der personellen Reichweite der betrieblichen Regelungsbefugnis auf aktive Arbeitnehmer

---

[15] Vgl. *Däubler*, NZA 1985, S. 545, 551; *Luding*, Beendigung, S. 99 f.; *Meyer*, NZA 1995, S. 974, 980; a. A. *Naendrup*, AuR 1984, S. 193, 203; *ders.*, ARBED Saarstahl, S. 31.
[16] So auch das BAG v. 10.08.1994, BAGE 77, 313, 333.
[17] *Meyer*, NZA 1995, S. 974, 980; *ders.*, Abänderung, S. 99.
[18] Vgl. BAG v. 09.12.1981, AP Nr. 14 zu § 112 BetrVG 1972; *Meyer*, NZA 1995, S. 974, 980; *Pottmeyer*, Anm. zu BAG v. 10.08.1994, SAE 1995, S. 304, 309.
[19] Vgl. *Meyer*, NZA 1995, S. 974, 980.

hat ihre Grundlage in der Annahme, der Betriebsrat beziehe seine Legitimation zur Wahrnehmung der Mitbestimmungs- und Mitwirkungsrechte des BetrVG aus der Wahl durch die aktive Belegschaft (§ 7 BetrVG) und könne deswegen nur deren Rechtsverhältnisse regeln.[20] Bei einer umfassenderen Regelungskompetenz sei zu befürchten, dass sich der Betriebsegoismus der aktiven Belegschaft zulasten der Ausgeschiedenen durchsetze, denen keine organisierte Interessenvertretung zu Seite stehe[21] und die auch nicht gem. § 23 BetrVG gegen den Betriebsrat vorgehen können.

Die betriebliche Rechtsetzungsmacht kann demnach nur dann auf aktive Arbeitnehmer beschränkt werden, wenn der Betriebsrat seine Normsetzungsbefugnis tatsächlich aus einer Art Bevollmächtigung durch die Wahlberechtigten zieht. Nach ganz überwiegender Ansicht[22] in Literatur und Rechtsprechung ergibt sich die Berechtigung des Betriebsrats aber nicht aus einem rechtsgeschäftlichen Tatbestand, etwa einer Unterwerfung oder einer Bevollmächtigung, sondern aus dem Betriebsverfassungsgesetz, insbesondere dem staatlichen Geltungsbefehl des § 77 Abs. 4 S. 1 BetrVG. Die Wahl der Betriebsräte ist dagegen eine Selbstverständlichkeit, die dem Betriebsrat die notwendige binnendemokratische Legitimation verschafft.[23] Durch die Wahl des Betriebsrates wird eine möglichst enge Bindung des Betriebsrates an den Willen der Normunterworfenen gewährleistet. Vor diesem Hintergrund findet die fehlende Wahlberechtigung der Ausgeschiedenen ihre Begründung in der quantitativ geringen Bedeutung, die ihnen im Rahmen des funktionellen Zuständigkeitsbereichs des Betriebsrates zukommt. Wären ausgeschiedene Arbeitnehmer ebenfalls wahlberechtigt, würde dadurch das Bild zuungunsten der aktiven Arbeitnehmer verzerrt.[24] Dass sich deshalb der Betriebsegoismus der Aktiven zulasten der Ausgeschiedenen auswirkt, ist dennoch nicht zu befürchten. Den Schutz nicht wahlberechtigter aber normunterworfener Personen vor einer Übervorteilung zugunsten der aktiven Arbeitnehmer gewährleistet die Bindung der betrieblichen Rechtsetzer an höherrangiges Recht.[25] In diesem Zusammenhang ist vor allem der Eigentums[26]- und Vertrau-

---

[20] So ausdrücklich nach erneuter Prüfung BAG v. 25.10.1988, BAGE 60, 78, 84; *Hänlein*, NZA 2003, S. 26, 31; *Meyer*, Abänderung, S. 86 m. w. N.

[21] So auch *Däubler*, NZA 1985, S. 545, 547 f.; *Naendrup*, ARBED Saarstahl, S. 31; *ders.*, AuR 1984, S. 193, 203.

[22] Vgl. *Waltermann*, NZA 1998, S. 505, 507 f.; *derS.* Betriebsvereinbarung S. 88 ff. m. w. N.; vgl. auch die Ausführungen zur Legitimation der betrieblichen Rechtsetzungsmacht im ersten Kapitel unter VI. 3.

[23] *Waltermann*, NZA 1998, S. 505, 507.

[24] Vgl. ausführlicher *Waltermann*, NZA 1998, S. 505, 507.

[25] Vgl. ausführlicher *Waltermann*, NZA 1998, S. 505 ff., 507.

[26] Der Eigentumsschutz für erworbene Ruhegeldansprüche war zur Zeit der Entscheidung des Großen Senats im Jahre 1956 (BAG (GS) v. 16.03.1956, BAGE 3, S. 1, 10 f.) noch nicht anerkannt, was die Entscheidung gegen ein Betriebsratsmandat zur nachträglichen Abänderung verständlicher macht.

ensschutz von großer Bedeutung. Da somit von der Einbeziehung ausgeschiedener Arbeitnehmer in den personellen Geltungsbereich eines betrieblichen Normenvertrages trotz fehlender Wahlberechtigung für diesen Personenkreis keine Bedrohung ausgeht und die grundsätzliche Legitimation der Normsetzungsbefugnis von der Wahlberechtigung der Normunterworfenen unabhängig ist, ist eine Beschränkung der betrieblichen Rechtsetzungsmacht aufgrund der fehlenden Wahlberechtigung der Ausgeschiedenen nicht erforderlich.

Das BetrVG hat zur Frage der personellen Reichweite der Betriebsautonomie lange Zeit geschwiegen und äußert sich auch jetzt in den §§ 21a und b nur zu zwei besonderen Fallkonstellationen. Feststellbar ist aber, dass das Betriebsverfassungsgesetz – obwohl vielfach mit dem Begriff des Arbeitnehmers, wie er in § 5 BetrVG definiert ist, operiert wird – grundsätzlich nicht auf das Arbeitsverhältnis sondern auf den Betrieb bezogen und durchgängig an Sachkomplexen orientiert ist.[27] Vor diesem Hintergrund erscheint es sinnvoll, in jedem Einzelfall durch Auslegung des BetrVG zu ermitteln, welche Personen im jeweiligen Gesetzeszusammenhang von der Regelungsbefugnis der Betriebspartner erfasst werden können. Ein solches Verständnis der personellen Reichweite der Betriebsautonomie klingt auch in § 21a BetrVG an, der dem Betriebsrat ein Restmandat für die mit dem Untergang des Betriebs in Zusammenhang stehenden Mitwirkungs- und Mitbestimmungsrechte einräumt.

An erster Stelle ist somit zu prüfen, ob der fragliche Regelungsgegenstand in sachlicher Hinsicht der Betriebsautonomie unterfällt und in einem zweiten Schritt, ob die betreffende Person zu dem Betrieb als Lebensbereich oder zu dem geregelten Sachkomplex in einer rechtlichen oder tatsächlichen Beziehung steht. Sollen andere als die von § 5 Abs. 1 BetrVG erfassten Personen in den Geltungsbereich einer betrieblichen Norm einbezogen werden können, muss der betreffenden Norm des Betriebsverfassungsgesetzes durch Auslegung eine dem Vorbehalt des Gesetzes genügende Ermächtigung für die Einbeziehung dieser Personen zu entnehmen sein.[28] Ein Betriebsratsmandat für ausgeschiedene Arbeitnehmer ist dementsprechend dann anzuerkennen, wenn das Betriebsverfassungsgesetz die Betriebspartner zur Setzung von Normen ermächtigt, die sich kraft Natur der Sache auf den Zeitraum nach Beendigung der Arbeitsverhältnisse erstrecken.[29] Wie im ersten Kapitel aufgezeigt worden ist, ergibt sich die Be-

---

[27] Vgl. die Beispiele bei *Waltermann*, NZA 1998, S. 505, 507.

[28] *Waltermann*, NZA 1998, S. 505, 508 f.

[29] *Herschel*, Festschrift für Hilger und Stumpf, S. 311 ff.; *Konzen*, Festschrift für Müller, S. 245, 261; GK-*Kreutz* § 77 Rn. 181 ff.; *Galperin/Löwisch* § 77 Rn. 33; *Säcker*, Gruppenautonomie, S. 363 ff.; vgl. auch *Schwerdtner*, ZfA 1975, S. 171, 176; ausführlich *Waltermann*, Betriebsvereinbarung, S. 191 ff. m. w. N.; *ders.*, NZA 1998, S. 505, 507 f.; im Ergebnis ebenso *Fitting* § 77 Rn. 37 ff. m. w. N.; vgl. auch BAG v. 09.07.1985, AP Nr. 6 zu § 1 BetrAVG Ablösung.

fugnis der Betriebspartner zur Sozialplanänderung aus dem Betriebsverfassungsgesetz. Da Sozialpläne häufig Regelungen enthalten, die das Ausscheiden von Mitarbeitern aus dem Betrieb begleiten, erstreckt sich die Befugnis zur Abänderung von Sozialplänen prinzipiell auch auf Änderungen zugunsten oder zulasten bereits ausgeschiedener Arbeitnehmer.

Die Frage, ob dem Betriebsrat auch nach dem Untergang des Betriebes ein Restmandat zur Aufstellung und Abänderung von Sozialplänen zusteht, hat das Gesetz zur Reform des BetrVG vom 23.07.2001 durch die Einfügung des § 21b in das Betriebsverfassungsgesetz entschieden.[30] Mit dem Restmandat des Betriebsrats wurde eine von der Rechtsprechung[31] geschaffene und allgemein anerkannte[32] Rechtsfigur in § 21b BetrVG gesetzlich verankert. Es beinhaltet die Befugnis, im Fall der Betriebsstilllegung oder einer anderen Form der Auflösung des Betriebes durch Spaltung oder Zusammenlegung die damit zusammenhängenden gesetzlichen Aufgaben zum Schutze der Arbeitnehmer wahrzunehmen.[33] Wichtigster Anwendungsfall des § 21b BetrVG sind die Mitwirkungs- und Mitbestimmungsrechte gem. den §§ 111 ff. BetrVG. Gleich dem Betriebsratsmandat für Aufstellung eines Sozialplanes zugunsten der im Zuge einer Betriebsänderung bereits ausgeschiedenen Arbeitnehmer soll auch das Restmandat ein mögliches Leerlaufen des Mitbestimmungsrechts verhindern.[34]

Unklar ist jedoch, ob § 21b BetrVG alle denkbaren Fälle einer Mitwirkung bei Sozialplanabänderungen umfasst. Der Wortlaut des § 21b BetrVG („der damit in Zusammenhang stehenden Mitwirkungs- und Mitbestimmungsrechte") legt nahe, das Übergangsmandat nicht als Vollmandat, sondern als ein nachwirkendes Mandat zu verstehen, das nur die Wahrnehmung der mit der Abwicklung des Betriebes einhergehenden Rechte erlaubt.[35] Diese Interpretation hätte aber zur Folge, dass dem Betriebsrat eines untergegangenen Betriebes nur dann eine Änderungskompetenz zustünde, wenn die Abänderung des Sozialplans mit dem Untergang des Betriebes im Zusammenhang steht. Der Betriebsrat wäre regelungsbefugt, wenn ein Sozialplan geändert wird, der sich auf eine Betriebsände-

---

[30] BT-DruckS. 14/5741, S. 39.

[31] Ständige höchstrichterliche Rechtsprechung seit BAG v. 16.06.1978, AP Nr. 20 zu § 111 BetrVG 1972; vgl. aus neuerer Zeit BAG v. 24.03.1981, BAGE 35, 160, 168; BAG v. 10.08.1994, BAGE 77, 313, 331; BAG v. 26.08.1997, BAGE 86, 228, 232; BAG v. 05.10.2000, AP Nr. 141 zu § 112 BetrVG 1972.

[32] Vgl. *Fitting* § 21b Rn. 1 f. m. w. N.; *Röder/Baeck*, Interessenausgleich, S. 134; *Rumpff/Boewer*, Mitbestimmung, S. 355, 371 m. w. N.

[33] BT-DruckS. 14/5741, S. 40.

[34] BAG v. 05.10.2000, AP Nr. 141 zu § 112 BetrVG 1972.

[35] So auch *Richardi-Thüsing* § 21b Rn. 7; schon vor Einfügung des § 21b BetrVG: BAG v. 01.04.1998, AP BetrVG 1972 Nr. 123 zu § 112 BetrVG 1972, Bl. 3 m. w. N.; BAG v. 12.01.2000, AP Nr. 5 zu § 24 BetrVG 1972, Bl. 3 m. w. N.

rung bezieht, die mit dem Untergang des Betriebes in Zusammenhang steht[36] oder wenn die Abänderung selbst ihren Grund im Untergang des Betriebes findet. Zwar werden die allermeisten Fallgestaltungen einer dieser beiden Gruppen zuzuordnen sein, das praktische Bedürfnis beider Betriebspartner nach einem Restmandat des Betriebsrates auch bei unerledigten Betriebsratsaufgaben, die in keinem Zusammenhang mit dem Untergang des Betriebes stehen, spricht aber dennoch für eine in diesem Sinne erweiterte Auslegung des § 21b BetrVG.[37]

II. Die Begrenzung der Regelungsbefugnis durch die Schutzzwecklehre

Vor dem Hintergrund der im Recht der Betriebsvereinbarung entwickelten Schutzzwecklehre stellt sich die Frage, ob der Sozialplan durch eine Vereinbarung abgeändert werden darf, die ausschließlich Regelungen zum Nachteil der Sozialplanunterworfenen enthält. Nach weit verbreiteter Ansicht[38] deckt der Schutzzweck der Betriebsvereinbarung solche Regelungen nicht, die sich ausschließlich zulasten der Arbeitnehmer auswirken. Auf den Sozialplan, der neben der Lenkung der unternehmerischen Entscheidungen vor allem eine zukunftsorientierte Überbrückungshilfe zugunsten der von der Betriebsänderung betroffenen Arbeitnehmer darstellt, ist diese Lehre übertragbar.[39] Allerdings stellt sich die Frage, wann sich eine Regelung ausschließlich zum Nachteil der Arbeitnehmer auswirkt. Im viel diskutierten „Haftungsausschlussurteil" ging das BAG[40] davon aus, dass eine Haftungsbeschränkung zugunsten des Arbeitgebers durch Betriebsvereinbarung unwirksam sei, weil sie einseitig nur den Arbeitgeber be-

---

[36] BAG v. 05.10.2000, AP Nr. 141 zu § 112 BetrVG 1972 bejaht in einem solchen Fall das Restmandat.

[37] So *Konzen*, RdA 2001, S. 76, 85; *Richardi/Annuß*, DB 2001, S. 41, 44; krit. zur Fassung von § 21b BetrVG auch *Däubler*, AuR 2001, S. 1, 3.

[38] Vgl. stellvertretend die grundlegende Entscheidung des BAG v. 05.03.1959, BAGE 7, 280, 288 f.; *Richardi-Richardi* § 77 Rn. 111 m. w. N.; *Säcker*, Gruppenautonomie, S. 454 f.; vgl. auch die Nachweise bei *Wollgast*, Betriebsvereinbarungen, S. 194 ff.; das BAG spricht neuerdings von einem Missbrauch der Regelungskompetenz der Betriebspartner: vgl. BAG v. 06.08.1991, AP Nr. 52 zu § 77 BetrVG 1972; *Scharmann*, Betriebsvereinbarung, S. 202 ff. nimmt einen Verstoß gegen § 2 AbS. 1 BetrVG an; teilweise wird einschränkend bei formellen Arbeitsbedingungen die ausschließliche Belastung der Normunterworfenen zugelassen, vgl. z. B. *Canaris*, AuR 1966, S. 129, 131 f.

[39] Vgl. BAG v. 07.08.1975, AP Nr. 169 zu § 242 BGB Ruhegehalt; vgl. auch *Röder/Baeck*, Interessenausgleich, S. 131, die zu Recht darauf hinweisen, dass es zulässig ist, den Arbeitnehmern im Sozialplan auch Belastungen (z. B. den Verzicht auf einen Beschäftigungsanspruch) aufzuerlegen.

[40] BAG v. 05.03.1959, BAGE 7, 280, 288 f. In dem der Entscheidung zugrundeliegenden Fall hatte der Arbeitgeber den Arbeitnehmern einen eigenen Parkplatz zur Verfügung gestellt und im Zusammenhang damit in einer Betriebsvereinbarung seine Haftung für Schäden an den Fahrzeugen beschränkt.

günstige. Diese Entscheidung ist im Schrifttum[41] vielfach auf berechtigte Kritik gestoßen. Bei der Feststellung der Nachteilhaftigkeit einer Kollektivvereinbarung kommt es nicht nur auf deren Inhalt an. Entscheidend ist, ob einer nachteiligen Regelung nicht zumindest indirekte Vorteile für die Arbeitnehmer gegenüberstehen. Zur Beurteilung dieser Frage muss die Situation, die ohne Abschluss der Vereinbarung bestünde, mit der Situation der Arbeitnehmer nach Abschluss der Vereinbarung verglichen werden.[42]

Die in diesem Sinne konkretisierte Schutzzwecklehre ist prinzipiell auch im Zusammenhang mit ersetzenden betrieblichen Normenverträgen anwendbar.[43] Eine verschlechternde Vereinbarung kann für die Arbeitnehmer beispielsweise über die Förderung des Betriebswohls indirekte Vorteile mit sich bringen.[44] Diesbezüglich ist im Sozialplanrecht allerdings die Besonderheit zu beachten, dass die Normunterworfenen in der Regel im Zuge der Betriebsänderung aus dem Betrieb ausscheiden. Die Verbesserung der wirtschaftlichen Lage oder die Sicherung der Existenz des Betriebes kann den von den Änderungen betroffenen Arbeitnehmern deswegen nur dann zugute kommen, wenn sie ohne die Sozialplanänderung wegen der drohenden Insolvenz des Betriebes um die Durchsetzbarkeit ihrer Ansprüche insgesamt bangen müssten. Eine Verschlechterung von Sozialplänen wäre demzufolge nur bei drohender Insolvenz des Betriebes möglich. Außerdem dürfte die in der Insolvenz erzielbare Quote bei der Verschlechterung der Ansprüche nicht unterschritten werden. Dadurch würde durch die Hintertür eine Mindestniveaugarantie eingeführt, obwohl das Günstigkeitsprinzip bei aufeinanderfolgenden Kollektivvereinbarungen wegen der Gleichrangigkeit der Normenordnungen gerade nicht gelten soll.[45] Das Recht zur Abänderung von Sozialplänen würde infolgedessen weitgehend leer laufen.

Diesem Ergebnis liegt jedoch ein falsches Verständnis des Schutzzwecks von Sozialplänen zu Grunde. Die §§ 111 ff. BetrVG begründen keine Verpflichtung

---

[41] Sehr ausführlich und mit vielen weiteren Nachweisen *Scharmann*, Betriebsvereinbarung, S. 203 ff.

[42] Ausführlich *Säcker*, Gruppenautonomie, S. 455. Im Fall des „Haftungsausschlussurteils" war die Vereinbarung zulässig, weil in der Möglichkeit, den Parkplatz zu nutzen ein indirekter Vorteil lag.

[43] So auch *Scharmann*, Betriebsvereinbarung, S. 203 ff.

[44] So auch *Scharmann*, Betriebsvereinbarung, S. 203 ff.; *Wollgast*, Betriebsvereinbarungen, S. 198 ff.

[45] Vgl. *Däubler*, AuR 1984, S. 1, 5 ; *Wollgast*, Betriebsvereinbarungen, S. 203 ff. begründet mit dem Verweis auf die Zulässigkeit einer verschlechternden Betriebsvereinbarung seine Ablehnung der Schutzzwecklehre; vgl. zur Unanwendbarkeit des Günstigkeitsprinzips vgl. z. B. BAG v. 10.08.1994, BAGE 77, 313, 321; *Fitting* § 77 Rn. 192; GK-*Kreutz* § 77 Rn. 356 m. w. N. auf die höchstrichterliche Rechtsprechung; a. A. *Fuchs*, Sozialplan, S. 119 f., der die Geltung des Vertrauensschutzgrundsatzes bei der Kürzung von Sozialplanansprüchen auf das Günstigkeitsprinzip stützen will.

der Betriebspartner zur Aufstellung eines Sozialplans oder zur Einräumung bestimmter Ansprüche. Deswegen widerspricht es ihrem Schutzzweck nicht, wenn Ansprüche nachträglich gekürzt werden, die durch den ersten Sozialplan begründet wurden. Unzulässig sind nur solche Vereinbarungen, die die Arbeitnehmer schlechter stellen, als diese ohne Aufstellung eines Sozialplans gestanden hätten. Bei richtigem Verständnis der Schutzzwecklehre ist dem Schutzzweck des Sozialplans demzufolge schon dann Genüge getan, wenn sich die Situation der vom ursprünglich aufgestellten Sozialplan begünstigten Arbeitnehmer durch die abändernde Vereinbarung im Vergleich mit der Situation vor der Aufstellung des ersten Sozialplans zumindest nicht verschlechtert hat.[46] Für die Beurteilung der Frage, ob sich ein abändernder Sozialplan ausschließlich zulasten der Arbeitnehmer auswirkt, muss eine Zusammenschau beider Sozialpläne erfolgen.[47] Die einer Abänderung von Sozialplänen zulasten der Arbeitnehmer gezogenen Grenzen ergeben sich demnach nicht schon aus dem Schutzzweck des Sozialplanes.

III. Die Wahrung des Besitzstandes der Arbeitnehmer

Während die Verschlechterung eines Sozialplans für die Zukunft allgemein als unproblematisch eingeschätzt wird, soll ein Eingriff in „erworbene"[48] Rechte nach überwiegender Ansicht gar nicht[49] oder nur unter besonderen Bedingungen[50] zulässig sein. Dieses Ergebnis wird auf unterschiedliche Begründungen gestützt. Einige Autoren[51] führen zugunsten der Arbeitnehmer vor allem den Aspekt des Vertrauensschutzes ins Feld. Andere gehen davon aus, dass bereits entstandene und fällig gewordene Sozialplanansprüche als „gewordene Individualrechte"[52] oder gem. Art. 14 GG[53] der Regelungsbefugnis der Betriebspartner

---

[46] *Däubler*, AuR 1984, S. 1, 5 ; *Kreutz*, Betriebsautonomie, S. 247.

[47] Ebenso *Luding*, Beendigung, S. 123.

[48] Auf den Fälligkeitszeitpunkt soll es insoweit nicht ankommen, vgl. *Däubler*, NZA 1985, S. 545, 547; *Pottmeyer*, Anm. zu BAG v. 10.08.1994, SAE 1995, S. 304, 307.

[49] *Beseler*, Sozialplan, S. 219, 237 f.; *Däubler/Kittner/Klebe-Däubler* § 112, 112a Rn. 135; *ders.*, NZA 1985, S. 545, 547 f.; *Galperin/Löwisch*, § 112 Rn. 45; *von Hoyningen-Huene*, RdA 1983, S. 225, 229; *Löwisch/Kaiser* § 112 Rn. 72; MünchArbR-*Matthes* § 362 Rn. 51; *Rumpff/Boewer*, Mitbestimmung, S. 369; *Willemsen*, ZIP 1981, S. 1058, 1062.

[50] Vgl. *Richardi-Annuß* § 112 Rn. 183; *Fitting* §§ 112, 112a Rn. 205; *Hess/Schlochauer/Glaubitz-Hess* § 112 Rn. 123a; *von Hoyningen-Huene*, Anm. zu BAG v. 10.08.1994, AP Nr. 86 zu § 112 BetrVG 1972; *Luding*, Beendigung, S. 102.

[51] AR-Blattei SD-*Heckelmann* Der Sozialplan Rn. 191; von *Hoyningen-Huene*, Anm. zu BAG v. 10.08.1994, AP Nr. 86 zu § 112 BetrVG 1972; *Reuter*, Gem. Anm. zu BAG v. 08.12.1981, SAE 1983, S. 201, 203 f.; *Naendrup*, AuR 1984, S. 193, 203; vgl. auch *Luding*, Beendigung, S. 114 f. der in diesem Zusammenhang nur eine Interessenabwägung fordert; a. A. für unbefristete Dauerregelungen *Rumpff/Boewer*, Mitbestimmung, S. 369.

[52] *Galperin/Löwisch* § 112 Rn. 45, § 77 Rn. 50.

entzogen bzw. nur unter besonderen Umständen zugänglich sind. Praktisch wird § 818 Abs. 3 BGB in den meisten Fällen verhindern, dass Arbeitnehmer ausbezahlte Sozialplanleistungen zurückzugewähren haben.[54] Das BAG[55] begründet die grundsätzliche Unzulässigkeit von Eingriffen in bereits entstandene Sozialplanansprüche mit den Grundsätzen der Verhältnismäßigkeit und des Vertrauensschutzes. Dem Sozialplan liegt nach Ansicht des Gerichts ein Äquivalenzprinzip (Akzeptanz der Betriebsänderung auf der einen, Sozialplanleistungen auf der anderen Seite) zugrunde, auf dessen Einhaltung der ausgeschiedene Arbeitnehmer vertrauen dürfe.[56] Lange Zeit ging das BAG davon aus, ein Eingriff in bereits entstandene Sozialplanansprüche sei nur durch eine einvernehmliche oder erzwungene Anpassung des Sozialplanes wegen einer Störung der Geschäftsgrundlage möglich.[57] Insoweit bestehe kein Vertrauensschutz, weil Ansprüche aus Sozialplänen unter dem Vorbehalt stünden, dass eine für den Sozialplan vorausgesetzte Geschäftsgrundlage später nicht in Wegfall gerate und deswegen eine Anpassung des Sozialplans erforderlich werde.[58] Diese Rechtsprechung modifizierte das BAG jedoch in einer Entscheidung vom 05.10.2000[59]. Es verlangt nunmehr zur Rechtfertigung eines Eingriffs in bereits entstandene Rechte der Arbeitnehmer zwar weiterhin die Wahrung der verfassungsrechtlichen Grundsätze der Verhältnismäßigkeit und des Vertrauensschutzes, die Rechtmäßigkeit der Kürzung nimmt es aber in nicht abschließender Aufzählung bereits dann an, wenn die Arbeitnehmer mit einer rückwirkenden Verschlechterung rechnen mussten, wenn die Rechtslage unklar und verworren war, wenn die bisherige Regelung abgelaufen oder – jetzt nur noch als ein Fall

---

[53] *Däubler*, NZA 1985, S. 545, 547; *ders.*, AuR 1984, S. 1, 7; *Luding*, Beendigung, S. 102; *Meyer*, NZA 1995, S. 974, 980; *Reuter*, Gem. Anm. zu BAG v. 08.12.1981, SAE 1983, S. 201 ff., 201 f.; *Pottmeyer*, Anm. zu BAG v. 10.08.1994, SAE 1995, S. 304, 307; *Waltermann*, NZA 1998, S. 505, 509.

[54] *Meyer*, Anm. zu BAG v. 19.01.1999, AP Nr. 37 zu BetrVG 1972, Bl. 8.

[55] BAG v. 10.08.1994, BAGE 77, 313, 322 f.; LAG Hessen v. 27.10.1998, AiB 1999, 526 f.; für die Betriebsvereinbarung ist die Bindung an diese Grundsätze st. Rechtsprechung seit BAG v. 17.03.1987, AP Nr. 9 zu § 1 BetrAVG Ablösung; vgl. in letzter Zeit BAG v. 23.10.1990, AP BetrAVG § 1 Ablösung Nr. 13, Bl. 2.

[56] BAG v. 10.08.1994, BAGE 77, 313, 323 = AP Nr. 86 zu § 112 BetrVG 1972.

[57] Vgl. BAG v. 10.08.1994, BAGE 77, 313, 329 ff.; BAG v. 28.08.1996, BAGE 84, 62, 67; LAG Brandenburg v. 29.12.1992, AuA 1993, 520 ff.; ebenso *Däubler/Kittner/Klebe-Däubler* §§ 112, 112a Rn. 137; GK-*Fabricius/Oetker* §§ 112, 112a Rn. 181; *Fitting* §§ 112, 112a Rn. 210; *Gnade*, BetrVG, § 112 Rn. 25; *Löwisch/Kaiser* § 112 Rn. 74; *Meyer*, NZA 1995, S. 974, 979 ff.; *Pollert*, Anm. zu BAG v. 28.08.2996, SAE 1998, S. 277, 279; MünchArbR-*Matthes* § 362 Rn. 50; *Stege/Weinspach* §§ 111-113 Rn. 98a; *Weber/Ehrich/Hörchens*, Teil F Rn. 136; a. A. *Däubler*, NZA 1985, 545-551; krit. auch *Hamm*, Anm. zu BAG v. 10.08.1994, AiB 1995, S. 472; *Röder/Baeck*, Interessenausgleich und Sozialplan, S. 156.

[58] BAG v. 10.08.1994, BAGE 77, 313, 325; *Richardi-Annuß* § 112 Rn. 187; *Fitting* §§ 112, 112a Rn. 210; *Löwisch/Kaiser* § 112 Rn. 74, der die Sozialplanansprüche als Ansprüche aus einem Vertrag zugunsten Dritter gem. § 334 BGB versteht.

[59] BAG v. 05.10.2000, AP Nr. 141 zu § 112 BetrVG 1972.

neben anderen - wenn eine Störung der Geschäftsgrundlage des Sozialplans vorliegt.

Die nachfolgenden Ausführungen sind den verschiedenen denkbaren Grundlagen und der Reichweite des Schutzes von Sozialplanforderungen vor Zugriffen durch eine abändernde Vereinbarung gewidmet.

1. Die Lehre vom kollektivfreien Individualbereich

Siebert[60] hat bereits im Jahre 1953 die Lehre vom kollektivfreien Individualbereich begründet, nach der bereits entstandene Rechte der kollektiven Regelungsmacht entzogen sein sollen. Von der These ausgehend, der Persönlichkeitsbereich der Arbeitnehmer müsse der kollektivvertraglichen Gestaltungsbefugnis entzogen sein, ordnet *Siebert* diesem kollektivfreien Individualbereich neben den „ursprünglichen"[61] auch die hier interessierenden „gewordenen" Individualrechte zu. Die „gewordenen" Individualrechte sollen als „wohlerworbene" Rechte alle fälligen Ansprüche des Arbeitnehmer gegen den Arbeitgeber umfassen.[62] Trotz ihres Ursprungs im Arbeitsverhältnis sollen sich die Ansprüche der Arbeitnehmer „mit ihrer Entstehung aus dem unmittelbaren Zusammenhang mit dem Arbeitsprozess und dem Arbeitsverhältnis" lösen.[63] Eine normative Gestaltung dieser Ansprüche sei als Einmischung der Betriebspartner in die privaten Angelegenheiten der Arbeitnehmer mit der deutschen Sozialordnung nicht zu vereinbaren.[64] Gegen Eingriffe in bereits entstandene Ansprüche durch betriebliche Normenverträge spreche außerdem der Zweck solcher Vereinbarungen.[65] Ein kollektivrechtlicher Vertrag habe seinen Schutzzweck, die Verschaffung günstigerer Arbeitsbedingungen, dann erfüllt, wenn die Ansprüche entstanden und damit in den Privatbereich der Arbeitnehmer übergetreten seien.[66]

---

[60] *Siebert*, Festschrift für Nipperdey, S. 119 ff.

[61] Zu den ursprünglichen Individualrechten zählt *Siebert*, Festschrift für Nipperdey, S. 119, 139 ff. diejenigen Rechtspositionen der Arbeitnehmer, die „von Anfang an ausschließlich dem Individualbereich angehören"; krit. zu dieser Einteilung *Scharmann*, Betriebsvereinbarung, S. 181 Fn. 86.

[62] *Siebert*, Festschrift für Nipperdey, S. 119, 137 geht dabei davon aus, dass Entstehung und Fälligkeit eines Anspruchs regelmäßig zeitlich zusammenfallen

[63] *Siebert*, Festschrift für Nipperdey, S. 119, 136.

[64] *Siebert*, Festschrift für Nipperdey, S. 119, 134.

[65] *Siebert*, Festschrift für Nipperdey, S. 119, 133 f.; aufgegriffen wurde diese Argumentation vor allem von *Säcker*, Gruppenautonomie, S. 451, 436.

[66] Diese Überlegung stützt *Siebert*, Festschrift für Nipperdey, S. 119, 133 f. auf das Verbandsrecht, in dem sich ein entsprechender Schutz des einzelnen vor dem Kollektiv fände; kritisch dazu *Richardi*, Kollektivgewalt, S. 337.

Diese Lehre hat das BAG[67] aufgegriffen, bezogen auf die Regelungsmacht der Betriebspartner aber die von *Siebert* proklamierte starre Grenzziehung[68] vermieden. Eingriffe in entstandene Lohnansprüche durch Betriebsvereinbarung sind nach Ansicht des BAG unzulässig, weil es sich bei solchen Ansprüchen um bereits aus dem Arbeitsverhältnis herausgetretene Individualansprüche der einzelnen Arbeitnehmer handelt.[69] Die Gestaltungsbefugnis der Betriebspartner finde ihre Grenze im Prinzip des freiheitlichen und sozialen Rechtsstaats und im Grundsatz der individuellen Entfaltungsfreiheit des Art. 2 Abs. 1 GG.[70] Deshalb scheide eine kollektive Regelung für Individualrechte des Einzelnen im allgemeinen aus.[71] Ausnahmsweise sollen kollektivrechtliche Eingriffe in Ansprüche der Arbeitnehmer aber dann möglich sein, „wenn sich die substantielle Rechtfertigung aus der Natur der Sache unter Berücksichtigung der arbeitsrechtlichen Gesamtzusammenhänge“ ergibt.[72] In einer anderen Entscheidung hielt das BAG Eingriffe in bereits entstandene aber noch nicht abgewickelte Ansprüche durch kollektive Regelung für zulässig, wenn ein dringendes Bedürfnis nach einer generellen Regelung bestehe und die Verpflichtung der Arbeitnehmer desselben Betriebes, aufeinander Rücksicht zu nehmen, das Zurücktreten der individualrechtlichen Position des Einzelnen hinter das Gesamtinteresse erzwinge.[73]

Im arbeitsrechtlichen Schrifttum[74] ist die Lehre *Sieberts*, trotz breiter Befürwortung der damit erzielten Ergebnisse, überwiegend auf berechtigte Ablehnung gestoßen. *Siebert* setzt den geschützten Individualbereich voraus, der mit Hilfe seiner Theorie erst bestimmt werden soll.[75] Der dem Kollektivrecht unzugängliche Persönlichkeitsbereich der Arbeitnehmer kann nur im Umkehrschluss aus

---

[67] Vgl. BAG v. 20.12.1957, AP Nr. 1 zu § 399 BGB, Bl. 2; BAG v. 24.03.1981, BAGE 35, 160, 171; BAG v. 16.04 1962, BAGE 13, 142 ff., 149 f.

[68] Kritisch dazu *Biedenkopf*, Tarifautonomie, S. 253; *Blomeyer*, Festschrift für Hubmann, S. 23, 24 f.; *Richardi-Richardi* § 77 Rn. 98; *Scharmann*, Betriebsvereinbarung, S. 183 f. m. w. N.

[69] BAG v. 20.12.1957, AP Nr. 1 zu § 399 BGB, Bl. 2; BAG v. 24.03.1981, BAGE 35, 160, 171.

[70] BAG v. 20.12.1957, AP Nr. 1 zu § 399 BGB, Bl. 2; BAG v. 25.03.1971, 23, 257, 270 f.; BAG v. 24.03.1981, BAGE 35, 160, 171.

[71] BAG v. 25.03.1971, 23, 257, 270 f. = AP Nr. 5 zu § 57 BetrVG.

[72] BAG v. 20.12.1957, AP Nr. 1 zu § 399 BGB, Bl. 2; zu dieser „Anhäufung „letzter“ Prinzipien“ vgl. *Säcker*, Gruppenautonomie, S. 427 ff.

[73] BAG v. 16.04 1962, BAGE 13, 142 ff., 149 f.

[74] Vgl. z. B. *Biedenkopf*, Tarifautonomie, S. 245 f.; *Blomeyer* in: 25 Jahre BAG, S. 17, 26; *Däubler*, AuR 1984, S. 1, 9 m. w. N.; *Gamillscheg*, Differenzierung, S. 79 f.; *Karakatsanis*, Gestaltung, S. 80 f.; *Kreutz*, Betriebsautonomie, S. 5 f.; *Nause*, Regelungsbefugnis, S. 16 f.; *Richardi-Richardi* § 77 Rn. 98; *ders.*, Kollektivgewalt, S. 336 f.; *Säcker*, Gruppenautonomie, S. 426 ff.; *Scharmann*, Betriebsvereinbarung, S. 183 f.; an der Theorie festhaltend lediglich *Galperin/Löwisch* § 77 Rn. 48 ff.

[75] Ähnlich *Blomeyer* in: 25 Jahre BAG, S. 17, 26; *Gamillscheg*, Differenzierung, S. 79; *Kreutz*, Betriebsautonomie, S. 6; *Nause*, Regelungsbefugnis, S. 17.

einer Ermittlung der Grenzen der kollektivrechtlichen Gestaltungsbefugnis der Betriebspartner gewonnen werden.[76] Anders als zu der Zeit, in der *Siebert* seine Theorie entwickelte, kann dem Schutzbedürfnis der normunterworfenen Arbeitnehmer heute differenziert über die mittelbare Geltung der Grundrechte Rechnung getragen werden. Eine zusätzliche Schranke der Individualsphäre ist daneben überflüssig und entbehrt überdies jeder Rechtsgrundlage.[77]

2. Der Eigentumsschutz gem. Art. 14 GG

Im vierten Kapitel dieser Untersuchung ist unter II. 1. festgestellt worden, dass sowohl die Betriebspartner als auch die Einigungsstelle bei der Ausübung ihrer Rechtsetzungsmacht über die in § 75 Abs. 1 BetrVG enthaltene Generalklausel („die Grundsätze des Rechts"), die ebenfalls in § 75 Abs. 1 BetrVG enthaltenen speziellen Diskriminierungsverbote und § 75 Abs. 2 BetrVG, der auf die Wertung des Art. 2 Abs. 1 GG Bezug nimmt, mittelbar aber dennoch im gleichen Umfang wie staatliche Normgeber an die Grundrechte gebunden sind.

Auf der Grundlage dieser mittelbaren Grundrechtsbindung wird der Schutz erworbener Vollrechte aus Sozialplänen von einigen Autoren[78] auf Art. 14 GG gestützt. *Däubler*[79] beispielsweise zieht unter Hinweis auf Art. 14 GG eine Kürzung nur dann in Betracht, wenn dadurch die Existenz des Unternehmens gesichert oder der Abbau weiterer Arbeitsplätze verhindert wird. *Luding*[80] verlangt etwas ungenau das Vorliegen übergeordneter Interessen des Betriebes. *Däubler*[81] entnimmt die Maßstäbe, an denen ein nachträglicher Eingriff zu messen sein soll, einer Parallele zum Schutz von Rechten aus der betrieblichen Altersversorgung[82]. Dieser Schutz wiederum wird von einer starken Ansicht[83] auf die Annahme einer Eigentumsposition im Sinne des Art. 14 GG gestützt. Die be-

---

[76] *Blomeyer* in: 25 Jahre BAG, S. 17, 26; *Gamillscheg*, Differenzierung, S. 79; *Kreutz*, Betriebsautonomie, S. 6.

[77] *Siebert* entwickelte seinen Ansatz zu einem Zeitpunkt, als die Grundrechtsbindung der Tarif- und Betriebspartner noch nicht zum gesicherten Bestand arbeitsrechtlicher Erkenntnisse gehörte, vgl. *Däubler*, AuR 1984, S. 1, 9.

[78] *Däubler*, NZA 1985, S. 545, 547; *ders.*, AuR 1984, S. 1, 7; *Meyer*, NZA 1995, S. 974, 980; *Reuter*, Gem. Anm. zu BAG v. 08.12.1981, SAE 1983, S. 201, 201 f.; *Pottmeyer*, Anm. zu BAG v. 10.08.1994, SAE 1995, S. 304, 307; ebenso *Herschel*, Anm. zu BAG v. 08.12.1981, AP Nr. 1 zu § 1 BetrAVG Ablösung, S. 7 f. und *Waltermann*, NZA 1998, S. 505, 509 für die Kürzung betrieblicher Ruhegelder; von einer totalen Unentziehbarkeit der Ansprüche geht *Biedenkopf*, Tarifautonomie, S. 237 für den Tarifvertrag aus.

[79] *Däubler*, NZA 1985, S. 545, 547.

[80] *Luding*, Beendigung, S. 108.

[81] *Däubler*, NZA 1985, S. 545, 547.

[82] Vgl. zum Stufenmodell der Rechtsprechung z. B. BAG v. 05.11.1999, AP Nr. 6 zu § 1 BetrAVG Betriebsvereinbarung; BAG v. 21.08.2001, NZA 2002, 575, 579.

[83] *Waltermann*, NZA 1998, S. 505, 509 m. w. N.

triebliche Altersversorgung soll insoweit ihrerseits mit der gesetzlichen Sozialversicherung vergleichbar sein[84].

Naendrup[85] geht davon aus, dass aus Sozialplänen Anwartschaftsrechte resultieren können, die dann demselben Grundrechtsschutz wie entstandene Ansprüche unterliegen und deswegen unentziehbar sind. *Meyer*[86] vertritt dagegen die Ansicht, dass Anwartschaftsrechte aus Sozialplänen in einem Stufenverhältnis leichter entziehbar sind als bereits entstandene Rechte. Er vergleicht die „Anwartschaften" aus Sozialplänen mit solchen aus betrieblichen Ruhegeldordnungen und konstatiert einen geringeren Grundrechtsschutz der ersteren.[87] Zur Begründung verweist er – mit Blick auf die Kriterien, die das BVerfG an den Eigentumsschutz sozialer Rechte stellt – auf den Entgeltcharakter der betrieblichen Altersversorgung. *Luding*[88] wendet gegen diese Argumentation ein, dass den Ansprüchen der Arbeitnehmer vor dem Zeitpunkt ihres Entstehens jederzeit etwa durch Kündigung die kollektivrechtliche Grundlage entzogen werden könne.

Sämtlichen Stellungnahmen zur Reichweite des mittelbaren Grundrechtsschutzes aus Art. 14 GG bei Eingriffen in Sozialpläne oder Betriebsvereinbarungen ist gemeinsam, dass eine genaue Prüfung des Schutzbereichs, der Eingriffsart und der verfassungsrechtlichen Rechtfertigung nicht erfolgt. Vor dem Hintergrund der vollumfänglichen Bindung der Betriebspartner an die Grundrechte muss jedoch davon ausgegangen werden, dass § 75 BetrVG inhaltlich durch die grundrechtliche Dogmatik zu konkretisieren ist. Die angesichts der besonderen Bedeutung des Eigentumsschutzes bei der Kürzung von Ansprüchen aus betrieblichen Normenverträgen notwendige Vertiefung soll Gegenstand der nachfolgenden Ausführungen sein.

a) Der Schutzbereich

Art. 14 GG schützt das Eigentum und damit die rechtliche Zuordnung eines vermögenswerten Gutes zu einem Rechtsträger.[89] Welche vermögenswerten Rechtspositionen durch die Eigentumsgarantie konkret geschützt sind, bestimmt

---

[84] Vgl. z. B. *Däubler*, AuR 1984, S. 1, 7 ff.; *Herschel*, Anm. zu BAG v. 08.12.1981, AP Nr. 1 zu § 1 BetrAVG, Bl. 7; *Schwerdtner*, ZfA 1975, S. 171, 189 f.; *Waltermann*, NZA 1998, S. 505, 509 Fn. 29; *Reuter*, Gem. Anm. zu BAG v. 08.12.1981, SAE 1983, S. 201, 203, der in konsequenter Übertragung der Rechtsprechung des BVerfG zum Eigentumsschutz sozialversicherungsrechtlicher Positionen nur solchen Rechte aus Betriebsvereinbarungen Eigentumsschutz zubilligt, die das Äquivalent einer Leistung des Berechtigten sind.

[85] So *Naendrup*, ARBED Saarstahl, S. 32.

[86] *Meyer*, Abänderung, S. 132.

[87] *Meyer*, Abänderung, S. 138; *ders.*, NZA 1995, S. 974, 982.

[88] *Luding*, Beendigung, S. 106.

[89] *Sachs-Wendt* Art. 14 Rn. 21 m. w. N.

sich vor allem nach ihrer Funktion, dem Einzelnen einen gesicherten Freiheitsraum im vermögensrechtlichen Bereich zu sichern, auf dessen Fortbestand er vertrauen kann und ihm damit die persönliche Entfaltung und eine eigenverantwortliche Lebensgestaltung zu ermöglichen.[90] Im Bereich des Privatrechts gewährleistet das Eigentumsgrundrecht nicht nur das sachenrechtliche Eigentum, sondern jedes „private Vermögensrecht".[91] Der Gesetzgeber eröffnet den eigentumstypischen Spielraum personenbezogener Freiheit, Entfaltungs- und Gestaltungsmöglichkeiten mit jedem vermögenswerten Recht, das er dem Berechtigten ebenso ausschließlich zur privaten Nutzung und eigenen Verfügung zuordnet wie das Eigentum an einer Sache.[92] Geschützt sind daher „grundsätzlich alle vermögenswerten Rechte ..., die dem Berechtigten von der Rechtsordnung in der Weise zugeordnet sind, dass er die damit verbundenen Befugnisse nach eigenverantwortlicher Entscheidung zu seinem privaten Nutzen ausüben" kann.[93] Im vorliegenden Zusammenhang relevantes Eigentum im Sinne des Art. 14 GG sind demnach neben dem Geldeigentum auch Forderungen.[94]

1.) Die Vergleichbarkeit mit sozialen Rechtspositionen

Zwar sind die durch Sozialpläne begründeten Rechtspositionen privatrechtlicher Natur, die Betriebspartner als diejenigen, gegen die sich das Abwehrrecht des Art. 14 Abs. 1 GG im Betriebsverfassungsrecht richtet, räumen den Arbeitnehmern die Sozialplanansprüche jedoch durch eine normativ wirkende Vereinbarung in Ausübung ihrer Pflichten gem. den §§ 111 ff. BetrVG und nicht in Ausübung ihrer Privatautonomie ein. Von daher besteht eine Vergleichbarkeit mit solchen Rechtspositionen, die durch staatliche Gesetze in Wahrnehmung öffentlicher Aufgaben begründet werden. Nach überwiegender Ansicht[95] gelten bei der Frage nach der Eigentumsqualität subjektiv-öffentlicher Rechte besonders strenge Beurteilungskriterien. Außerdem sind bei der verfassungsrechtlichen Rechtfertigung von Eingriffen Besonderheiten zu beachten. Im Gegensatz zum Eigentum im Sinne der bürgerlich-rechtlichen Eigentumsordnung kann bei sozialrechtlichen Positionen nicht auf ein bereits vorgeformtes Rechtsinstitut zu-

---

[90] *Sachs-Wendt* Art. 14 Rn. 4 ff., 21 m. w. N.

[91] *Sachs-Wendt* Art. 14 Rn. 22 mit vielen weiteren Nachweisen; ausführlicher *ders.*, Eigentum und Gesetzgebung, S. 17 ff.

[92] *Sachs-Wendt* Art. 14 Rn. 23 m. w. N.

[93] BVerfG v. 26.05.1993, BVerfGE 89, 1, 6 m. w. N.; *Sachs-Wendt* Art. 14 Rn. 23.

[94] Vgl. stellvertretend: BAG v. 24.03.1981, BAGE 35, 160, 172; BVerfG v. 08.10.1985, BVerfGE 70, 278, 285; *Sachs-Wendt* Art. 14 Rn. 24.

[95] Vgl. *Sachs-Wendt* Art. 14 Rn. 31 m. w. N. In der Lehre wurde und wird die Frage des sozialrechtlichen Eigentums ausführlich diskutiert. Sie war z. B. Gegenstand der 2. Sozialrechtslehrertagung in Bielefeld (vgl. insbesondere *Stober* und *Rüfner* in: Eigentumsschutz, S. 10 ff. und S. 169 ff.) und des 55. Deutschen Juristentages in Heidelberg 1984 (vgl. *Moritz*, Jura 1987, S. 643 ff. und die weiteren Nachweise bei *Schmidt-De Caluwe*, JA 1992, S. 129, 130 Fn. 10).

rückgegriffen werden. Das Eigentum wird erst mit und durch den Gesetzgeber begründet. Das ist möglich, weil gesetzgeberische Gestaltungsfunktionen im Schutzbereich des Art. 14 GG nicht erst bei der Ausformung und Konkretisierung eines in seinen wesentlichen Elementen bereits vorgegebenen Eigentums, sondern bereits auf einer vorhergehenden Stufe bei der Begründung von Positionen im Schutzbereich der Verfassungsgarantie ansetzen.[96] Vor diesem Hintergrund kommt der Frage besondere Bedeutung zu, ob die sozialen Rechtspositionen die Eigenart und den besonderen Zuweisungsgehalt der sonstigen Vermögensrechte des privaten Rechts als etwas, das in einer zur eigenen Bestimmung überlassenen Sphäre selbst erworben worden ist[97], teilen. Im Hinblick auf die Sozialplanleistungen ist insoweit besonders das vom BVerfG[98] bei sozialen Rechtspositionen vorausgesetzte Eigenleistungskriterium problematisch. Der Eigentumsschutz bei sozialversicherungsrechtlichen Rechtspositionen soll davon abhängig sein, dass sie „nach Art eines Ausschließlichkeitsrecht dem Rechtsträger privatnützig zugeordnet" sind. Letzteres soll bejaht werden können, soweit die Position „auf nicht unerheblichen Eigenleistungen des Versicherten beruht[99] und zudem der Sicherung seiner Existenz dient[100]". Der Berechtigte müsse davon ausgehen können, dass es sich um „seine", ihm ausschließlich zustehende Rechtsposition handele. Sozialplanansprüche haben aber mangels Entgeltfunktion keinen Eigenleistungscharakter.

2.) Bereits entstandene Ansprüche auf Sozialplanleistungen

Die Frage, ob das umstrittene[101] Eigenleistungskriterium tatsächlich eine Voraussetzung geschützter Eigentumspositionen darstellt, kann in dieser Untersu-

---

[96] Vgl. *Schmidt-De Caluwe*, JA 1992, S. 129, 136.

[97] Vgl. *Sachs-Wendt* Art. 14 Rn. 30 m. w. N.

[98] BVerfG v. 16.07.1985, BVerfGE 69, 272, 300; vgl. ferner z. B. BVerfG v. 15.07.1987, BVerfG 76, 220, 235.

[99] Zustimmend z. B. *Gitter*, NZA 1984, S. 137, 140; *Sachs-Wendt* Art. 14 Rn. 31 m. w. N. Dieses Kriterium stellt eine Anpassung der früher vom BVerfG (BVerfG v. 11.10.1962, BVerfGE 14, 288, 294; BVerfG v. 03.03.1965, BVerfGE 18, 392, 397) für die Eigentumsqualität öffentlich-rechtlicher Ansprüche geforderten Äquivalenz zu eigener Leistung an die Besonderheiten des Sozialversicherungsrechtes dar. Eine strikt verstandene individuelle Äquivalenz von Beitrag und Leistungsanspruch würde wegen der systemimmanenten geringen Eigenfinanzierungsquote zur Bedeutungslosigkeit des sozialen Eigentums führen, vgl. *Ossenbühl*, Festschrift für Zeidler, S. 625, 631 f.; *Schmidt-De Caluwe*, JA 1992, S. 129, 131. Das Kriterium dient dem Ziel, die rein aus Steuermitteln finanzierten staatlichen Fürsorgeleistungen aus dem Schutzbereich des Art. 14 AbS. 1 GG auszuscheiden, vgl. *Schmidt-De Caluwe*, JA 1992, S. 129, 131 m. w. N.

[100] In der Lehre ist das Kriterium der Existenzsicherungsfunktion vielfach auf Kritik gestoßen, vgl. *Ossenbühl*, Festschrift für Zeidler, S. 625, 632 ff.; *Schmidt-De Caluwe*, JA 1992, S. 129, 132 m. w. N.

[101] Vgl. z. B. von *Ditfurth*, Einbeziehung subjektiv-öffentlicher Berechtigungen, S. 77 ff.; *Schmidt-De Caluwe*, JA 1992, S. 129, 132 ff. m. w. N., 135 ff.

chung dahingestellt bleiben, wenn eine Gleichstellung der aus Sozialplänen resultierenden Ansprüche mit den sozialversicherungsrechtlichen Rechtspositionen schon aus anderen Gründen ausscheidet. Eine Gleichstellung mit subjektiv-öffentlichen Rechtspositionen ist jedenfalls dann entbehrlich und unangebracht, wenn die Sozialplanansprüche bereits erfüllt worden sind. Es handelt sich bei erfüllten Forderungen, auch wenn sie gegen staatliche Stellen gerichtet waren, grundsätzlich um bereits endgültig zugeteilte, nicht mehr entziehbare Vermögenswerte, für die es auf den Erwerbsgrund nicht mehr ankommt.[102] Eigentum im Sinne des § 903 BGB ist Eigentum im Sinne des Verfassungsrechtes unabhängig davon, wie und warum es übertragen wurde.

Gleiches gilt grundsätzlich für das Äquivalent zum Geldeigentum, das Buchgeld. Unzulässig muss außerdem eine unterschiedliche Behandlung bereits entstandener aber noch nicht erfüllter Forderungen sein.[103] Anderenfalls könnte der Arbeitgeber möglicherweise durch Verzögerung der Zahlungen eine erleichterte Abänderbarkeit der Rechtsgrundlage seiner Zahlungsverpflichtung erreichen. Aber auch unabhängig von der Missbrauchsgefahr dürfen Zufallsgesichtspunkte nicht zu einer unterschiedlichen Beurteilung bei der Eigentumsqualität von Rechtspositionen führen.[104] Überdies macht die Tatsache, dass mit entstandenen Ansprüchen über den Weg einer Abtretung der pfändbaren[105] Forderungen genauso gewirtschaftet werden kann, wie mit dem ausgezahlten Buchgeld, deutlich, dass ein Unterschied in der hier maßgeblichen Hinsicht nicht besteht. Diese Überlegung zeigt außerdem, dass es auf die Fälligkeit der bereits entstandenen Ansprüche nicht ankommt. An der Zuordnung eines Anspruchs zum privaten Vermögen des Anspruchsinhabers ändert sich durch die Fälligkeit nichts.[106]

Ein Unterschied zwischen entstandenen und bereits erfüllten Ansprüchen auf Sozialplanleistungen bestünde aber dann, wenn kollektivrechtliche Besonderheiten einer endgültigen Zuordnung der Forderungen zum Vermögen des Anspruchsinhabers entgegenstünden. Nach einer von *Nipperdey*[107] begründeten

---

102 Ebenso für fällige oder bereits ausbezahlte sozialversicherungsrechtliche Ansprüche BVerwG v. 20.11.1964, BVerwGE 20, 29, 32 f.; von *Ditfurth*, Einbeziehung subjektiv-öffentlicher Rechtspositionen, S. 70 ff.; *Rüfner* in: Eigentumsschutz, S. 169, 171 f.

103 So stellt z. B. BVerwG v. 20.11.1964, BVerwGE 20, 29, 32 f. auf die Fälligkeit des Anspruchs ab.

104 Ähnlich *Säcker*, Gruppenautonomie, S. 437 f; vgl. auch *Richardi*, Kollektivgewalt, S. 441.

105 Ansprüche aus dem Sozialplan unterliegen jedoch den Pfändungsbeschränkungen der §§ 850 ff. ZPO, vgl. dazu *Richardi-Annuß* § 112 Rn. 200 m. w. N.

106 Im Ergebnis ebenso BVerfG v. 08.010.1985, BVerfG 70, 278, 285 f.; vgl. auch *Richardi-Annuß* § 112 Rn. 199 zur Vererblichkeit von Sozialplanansprüchen vor Fälligkeit.

107 *Dersch/Nipperdey* in: Die Rechtsprechung des Reichsgerichts zum Arbeitsrecht, Bd. I, S. 34 f.; abgeschwächt in *Hueck-Nipperdey*, Lehrbuch des Arbeitsrechts, II/1, S. 406; vgl. auch *Schwerdtner*, ZfA 1975, S. 171, 190 f., der allerdings das Vorliegen sachlicher Gründe für einen Eingriff fordert. Das BAG ging in einer Entscheidung v. 23.11.1994, AP Nr. 12 zu

Ansicht trägt jeder kollektivrechtliche Anspruch die Schwäche in sich, durch eine kollektivrechtliche Regelung für die Vergangenheit entzogen oder reduziert werden zu können. Soweit damit nicht nur darauf hingewiesen werden soll, dass die Betriebspartner grundsätzlich die Befugnis zur Abänderung von Betriebsvereinbarungen und Sozialplänen haben, lässt sich dem geltenden BetrVG eine einsichtige Begründung dieser Aussage nicht entnehmen.[108] Es ist kein Unterschied zwischen Rechten aus staatlichen Gesetzen und kollektiven Normenordnungen ersichtlich, der bei letzteren eine unbeschränkte Zulässigkeit der normativen Rückanknüpfung rechtfertigen würde.[109] Der Actus-Contrarius-Gedanke führt an dieser Stelle ebenfalls nicht weiter. Mit ihm kann nur untermauert werden, dass den Betriebspartnern überhaupt die Befugnis zur einvernehmlichen Abänderung von Normenverträgen zusteht. Über das Schicksal der zwischenzeitlich entstandenen Ansprüche und der ausbezahlten Gelder sagt er aber im Gegensatz zu Art. 14 GG nichts aus.[110]

Das BAG[111] ging lange Zeit davon aus, dass Ansprüche aus Sozialplänen unter dem Vorbehalt des Eintritts einer Störung der Geschäftsgrundlage stünden. Zur Begründung dieser These zog es eine Parallele zu dem Vertrag zugunsten Dritter. In beiden Fällen sei das Schicksal der Ansprüche untrennbar mit dem rechtlichen Schicksal des begünstigenden Vertrages verbunden, was beim Vertrag zugunsten Dritter insbesondere in der Regelung des § 334 BGB seinen Ausdruck finde. Es ist jedoch verfehlt, Ansprüche aus Sozialplänen entsprechend dem Vertrag zugunsten Dritter gemäß den §§ 328 ff. BGB beurteilen zu wollen.[112] Neben den offensichtlichen Unterschieden, etwa zwischen dem Verspre-

---

§ 1 TVG Rückwirkung unter Berufung auf *Biedenkopf*, Grenzen der Tarifautonomie, S. 243 davon aus, dass tarifvertragliche Regelungen den immanenten Vorbehalt ihrer rückwirkenden Abänderbarkeit durch einen ersetzenden Tarifvertrag in sich tragen. Wegen dieses Vorbehaltes sei der Schutzbereich des Art. 14 GG bei einem Eingriff in bereits entstandene Rechte aus Tarifverträgen nicht tangiert. *Biedenkopf* untermauert seine These durch einen Vergleich des Tarifvertrags mit dem staatlichen Gesetz. Wie bereits angesprochen worden ist, sind durch staatliches Gesetz eingeräumte Ansprüche dem Schutz des Art. 14 GG jedoch nicht entzogen. Es sind lediglich besondere Anforderungen an eine Einbeziehung in den Schutzbereich zu stellen. Auf die Parallelität zwischen staatlichem Gesetz und Kollektivnorm kann die These *Biedenkopfs* demnach nicht gegründet werden.

108 Ähnlich *Säcker*, Gruppenautonomie, S. 435 f. für das Tarifvertragsrecht.

109 *Jaeckle*, Ablösung, S. 207.

110 So aber GK-*Kreutz* § 77 Rn. 316; *Meyer*, NZA 1995, S. 974, 980 f.

111 BAG v. 10.08.1994, BAGE 77, 313, 329 ff. mit zust. Anm. v. *Pottmeyer*, SAE 1995, S. 304, 308; zust. auch *Röder/Baeck*, Interessenausgleich und Sozialplan, S. 156; BAG v. 28.08.1996, BAGE 84, 62, 67 mit zust. Anm. von *Meyer*, AP Nr. 104 zu § 112 BetrVG 1972; *ders.*, NZA 1995, S. 974, 980 f., seiner Ansicht nach ist der Sozialplan seiner Rechtsnatur nach ein Vertrag zugunsten Dritter; ähnlich *Luding*, Beendigung, S. 108 f.; vgl. auch die obige Darstellung des Meinungsstandes zu Eingriffen in Sozialplanansprüche.

112 BAG v. 29.05.1964, BAGE 16, 58, 61 mit zust. Anm. von *Neumann-Duesberg*, AP Nr. 24 zu § 59 BetrVG, Bl. 115; *von Hoyningen-Huene*, Anm. zu BAG v. 10.08.1994, AP Nr. 86 zu

chensempfänger und dem Betriebsrat,[113] wird vor allem die Tatsache vernachlässigt, dass es sich beim Sozialplan um einen Normenvertrag handelt, der nicht nur schuldrechtliche Wirkungen zeitigt. Im Unterschied zu dem Begünstigten aus einem Vertrag zugunsten Dritter steht den Arbeitnehmern gegen die soziale Gewalt der Betriebspartner prinzipiell Art. 14 GG zur Seite. Dennoch ist die fälschlicherweise durch den Vergleich mit dem Vertrag zugunsten Dritter untermauerte Grundannahme des BAG richtig: Ansprüche aus Sozialplänen sind untrennbar mit dem rechtlichen Schicksal der zugrunde liegenden Vereinbarung verbunden. Wie der Sozialplan als „Anspruchsgrundlage" aber abänderbar ist, richtet sich nicht ausschließlich nach den schuldrechtlichen Regeln des Vertragsrechts. Auch wenn man die Lehre von der Geschäftsgrundlage im Sozialplanrecht für anwendbar hält, muss man nicht notwendigerweise zu dem Ergebnis kommen, dass bei Störungen der Geschäftsgrundlage auf bereits entstandene Sozialplanansprüche zugegriffen werden kann.[114] Das schuldrechtliche Instrument der Lehre von der Geschäftsgrundlage muss so angewandt werden, dass der Doppelnatur des Sozialplans als Normenvertrag Rechnung getragen wird. Dank der generalklauselartigen Struktur des § 313 BGB ist das auf der Grundlage der bestehenden Dogmatik zur Lehre von der Geschäftsgrundlage möglich. Vor diesem Hintergrund ist die eingangs dargestellte Rechtsprechungsänderung des BAG[115] zu begrüßen, derzufolge die Störung der Geschäftsgrundlage lediglich einen Fall unter mehreren darstellt, bei dem ein Eingriff in bereits entstandene Ansprüche aus Sozialplänen möglich ist.[116] Allein das schuldrechtliche Rechtsinstitut der Lehre von der Geschäftsgrundlage kann angesichts des Schutzes gem. Art. 14 GG nicht zu einem Eingriff in entstandene Ansprüche berechtigen. Denkbar ist aber, dass bei Vorliegen einer Geschäftsgrundlagenstörung häufig auch die im Folgenden zu untersuchenden Voraussetzungen eines zulässigen Eingriffs gegeben sind.

Demnach liegt keine Vergleichbarkeit mit sozialrechtlichen Rechtspositionen vor, die es rechtfertigen würde, die besonders strengen Anforderungen an die Eigentumsqualität von subjektiv öffentlichen Rechten auf die Ansprüche aus Sozialplänen zu übertragen. Selbst Ansprüche, die im Stadium der Weitergel-

---

§ 112 BetrVG 1972; kritisch auch *Meyer*, Anm. zu BAG v. 19.01.1999, AP Nr. 37 zu § 113 BetrVG 1972, Bl. 8.

[113] Die Sozialplanabfindung stellt keine Leistung des Betriebsrats an die Arbeitnehmer dar, vgl. BAG v. 29.05.1964, BAGE 16, 58, 61 mit zust. Anm. von *Neumann-Duesberg*, AP Nr. 24 zu § 59 BetrVG, Bl. 115; v. *Hoyningen-Huene*, Anm. zu BAG v. 10.08.1994, AP Nr. 86 zu § 112 BetrVG 1972.

[114] So aber *Pottmeyer*, Anm. zu BAG v. 10.08.1994, SAE 1995, S. 304, 308.

[115] BAG v. 05.10.2000, AP Nr. 141 zu § 112 BetrVG 1972.

[116] So auch *Meyer*, NZA 1995, S. 974, 976 f., der aber dennoch im Rahmen der Verhältnismäßigkeitsprüfung fordert, dass eine konkursgleiche Lage vorliegt – die seiner Ansicht nach einen Grund für einen Wegfall der Geschäftsgrundlage darstellt – um einen Eingriff in bereits entstandene Arbeitnehmeransprüche zu rechtfertigen.

tung eines Sozialplans entstehen, sind nicht durch den Vorbehalt jederzeitiger nachträglicher Abänderbarkeit belastet.[117] Aus der in § 77 Abs. 6 BetrVG verwendeten Formulierung „ersetzt" kann etwas Gegenteiliges nicht abgeleitet werden. Jedenfalls ab dem Zeitpunkt der Entstehung[118] eines Anspruchs auf Sozialplanleistungen liegt demnach verfassungsrechtlich geschütztes Eigentum vor.

3.) „Anwartschaften"

Fraglich ist, ob den Arbeitnehmern aus Sozialplänen auch sogenannte Anwartschaftsrechte erwachsen, die in den Schutzbereich des Art. 14 GG fallen. Unklar ist bereits, ob es im Sozialplanrecht überhaupt Anwartschaften gibt, die als vermögenswerte Rechtspositionen vom Schutzbereich des Art. 14 GG umfasst sein könnten. Deshalb muss zuerst untersucht werden, wie die Position des Sozialplangläubigers vor dem Vollrechtserwerb privatrechtlich ausgestaltet ist, bevor in einem zweiten Schritt die Vergleichbarkeit mit sozialversicherungsrechtlichen Positionen überprüft werden kann.

In welchen Fällen ein Anwartschaftsrecht auf eine Sozialplanleistung vorliegt, ist zwischen den Autoren, die im Sozialplanrecht von der Existenz solcher Rechtspositionen ausgehen, umstritten. Nach Ansicht von *Naendrup*[119] entstehen Anwartschaftsrechte immer dann, wenn während der unkündbaren Laufzeit des Sozialplans das Entstehen der Sozialplanansprüche nur noch vom Zeitablauf anhängig ist. *Meyer*[120] geht vom Vorliegen eines Anwartschaftsrechtes aus, wenn zwar die Kündigung bereits ausgesprochen, die Kündigungsfrist aber noch nicht abgelaufen ist. Dabei verkennt er nicht, dass der Lauf der Frist durch ein neues Angebot des Arbeitgebers auf (Wieder-) Abschluss eines Arbeitsvertrages oder durch eine, nach Ansicht *Meyer*s zulässige, arbeitgeberseitige Kündigung des Sozialplanes unterbrochen werden kann. Für ihn ist es ausreichend, dass die Frist in der Regel wohl nicht unterbrochen werden wird. *Hansen*[121] geht davon aus, dass ein Anwartschaftsrecht dann vorliegt, wenn nach dem Beginn der Durchführung der Betriebsänderung nur noch das Verstreichen der im Zusammenhang mit einer negativen Tatbestandsvoraussetzung gesetzten Frist die Anspruchsentstehung hindert.

Angesichts dieser verschiedenen Begründungsansätze ist eine kurze Darstellung der Rechtsnatur des Anwartschaftsrechtes unerlässlich. Eine Anwartschaft ist bei mehraktigen Entstehungstatbeständen die Vorstufe zum Erwerb eines

---

[117] So aber BAG v. 10.08.1994, BAGE 77, 313, 325; zust. *Meyer*, NZA 1997, S. 289, 291 f.
[118] Vgl. dazu im dritten Kapitel die Ausführungen unter IV. 4. c) 1.).
[119] *Naendrup*, ARBED Saarstahl, S. 32.
[120] *Meyer*, Abänderung, S. 132 f., 137 f.
[121] *Hansen*, NZA 1985, S. 609, 612.

Rechts. Anwartschaften existieren in verschiedenen graduellen Abstufungen. Angefangen bei völlig ungesicherten Rechtspositionen können Erwerbsaussichten mit fortschreitendem Erwerb immer sicherer werden. Wenn ein gewisser Grad der rechtlichen Sicherung erreicht ist, wird von einem Anwartschaftsrecht gesprochen.[122] Eine einhellig anerkannte Definition des dafür erforderlichen Sicherheitsgrades existiert jedoch nicht.[123] Nach einer gebräuchlichen Formulierung entstehen Anwartschaftsrechte immer dann, wenn von dem mehraktigen Entstehungstatbestand eines Rechtes schon so viele Erfordernisse erfüllt sind, dass eine gesicherte Position des Erwerbers vorliegt, die der Schuldner nicht mehr einseitig zerstören kann.[124] Teilweise wird es auch schon für ausreichend gehalten, wenn eine Beeinträchtigung der Rechtsposition des Erwerbers nach dem normalen Verlauf der Dinge ausgeschlossen ist.[125] Diese und andere Definitionen[126] sind im vorliegenden Zusammenhang jedoch in zweierlei Hinsicht bedenklich. Zum einen sind die Untersuchungen zu Anwartschaftsrechten in der Regel an der vor allem durch § 161 BGB geprägten Struktur des dinglichen Anwartschaftsrechts orientiert und sagen demgemäss über ein Anwartschaftsrecht auf Forderungserwerb wenig aus.[127] Zum anderen sind solche Definitionen deswegen mit Vorsicht zu behandeln, weil die zu entscheidende Sachfrage eigentlich lautet: Ist die rechtliche Position des Rechtserwerbers beständig und wenn ja, wie weit geht der Schutz? Ob die für das Vollrecht geltenden Vorschriften die fragliche Rechtsposition erfassen, ergibt sich aber nicht schon aus der Einordnung als Anwartschaftsrecht. Die gängige Formulierung, das Anwartschaftsrecht sei zum Vollrecht ein wesensgleiches Minus,[128] kann deshalb irreführend sein.[129] Allenfalls kann aus den Vorschriften und Rechtsgrundsätzen, aus denen sich die rechtliche Beständigkeit des Anwartschaftsrechtes ergibt, im jeweiligen Einzelfall eine planwidrige Regelungslücke beim Schutz der Rechtsposition in anderer Hinsicht gefolgert werden, die dann möglicherweise im Wege der Analogie zu Vorschriften, die das Vollrecht schützen, zu schließen ist.[130]

Die maßgebliche Frage lautet demnach, ob sich aus dem staatlichen Gesetz oder dem Sozialplan ein in der Beständigkeit mit dem Vollrecht vergleichbarer Schutz der Rechtsposition des Erwerbers vor Erfüllung der Voraussetzungen des

---

[122] Vgl. *Medicus*, Bürgerliches Recht, Rn. 456.
[123] Vgl. *Medicus*, Bürgerliches Recht, Rn. 456.
[124] BGH v. 24.03.1994, NJW 1994, 3099, 3100 m. w. N.; *Hansen*, NZA 1985, S. 609, 612; die Definition geht zurück auf *Westermann*, Sachenrecht, § 5 III 4 a.
[125] BGH v. 18.12.1967, BGHZ 49, 197, 202.
[126] Vgl. den Überblick bei *Krüger*, JuS 1994, S. 905 ff.
[127] Ähnlich *Säcker*, Gruppenautonomie, S. 442.
[128] BGH v. 24.06.1958, BGHZ 28, 16, 21.
[129] *Medicus*, Bürgerliches Recht, Rn. 456, 487, der deshalb vorsichtiger von einer Vorstufe für den Erwerb des erwarteten Rechts spricht.
[130] *Medicus*, Bürgerliches Recht, Rn. 487; vgl. auch *Krüger*, JuS 1994, S. 905, 906.

Forderungserwerbs ableiten lässt. Im dritten Kapitel ist unter IV. 4. c) 1.) dargestellt worden, dass der Arbeitgeber bis zur Vornahme der belastenden individualrechtlichen Maßnahmen die Erfüllung der Anspruchsvoraussetzungen wenn auch nicht durch Kündigung des Sozialplans[131], so doch dadurch verhindern kann, dass er eine andere als die geplante Betriebsänderung durchführt.[132] Von einer rechtlich beständigen, insbesondere vom Gläubiger nicht mehr zu zerstörenden Rechtsposition kann demnach nicht mit *Naendrup* schon dann ausgegangen werden, wenn bei einem unkündbaren Sozialplan die Anspruchsentstehung nur noch vom Zeitablauf abhängig ist. Selbst nach dem Ausspruch einer Kündigung kann der Arbeitgeber, wie *Meyer* richtig festgestellt hat, die Entstehung des Abfindungsanspruchs noch durch ein Angebot auf Abschluss eines neuen Arbeitsvertrages unterbrechen. Die Tatsache, dass dies höchst selten geschehen wird, ändert nichts an der rechtlichen und tatsächlichen Möglichkeit. Entgegen der Ansicht *Meyers* kann allein die relative Unwahrscheinlichkeit, dass der Rechtserwerb verhindert wird, nicht zur Begründung eines rechtlich in seinem Bestand geschützten Anwartschaftsrechtes herangezogen werden.

Übertragen auf die hier befürwortete individualrechtliche Betrachtung des Entstehungszeitpunkts läge ein Anwartschaftsrecht nach der Ansicht von *Hansen* dann vor, wenn nach Ablauf der Kündigungsfrist nur noch die Erfüllung einer befristeten negativen Tatbestandsvoraussetzung ausstünde. Ein Anwartschaftsrecht entsteht in diesen Fällen aber jedenfalls dann nicht, wenn das Nichteintreten des negativen Tatbestandsmerkmals vom Arbeitgeber (z. B. durch das Angebot eines zumutbaren anderen Arbeitsplatzes, wenn Voraussetzung die Nichtablehnung eines zumutbaren anderen Arbeitsplatzes ist) verhindert werden kann. Für die anderen Fälle muss überlegt werden was geschieht, wenn der Unternehmer nach Ablauf der Kündigungsfrist ein Angebot auf Wiedereinstellung macht. Ginge man davon aus, dass der Arbeitnehmer dieses Angebot nicht ablehnen darf, wenn er den Sozialplananspruch nicht verlieren will, so hätte der Arbeitgeber auch in dieser Situation die Möglichkeit, die Anspruchsentstehung einseitig zu verhindern. Nach Verstreichen der Kündigungsfrist kann jedoch nicht mehr damit argumentiert werden, dass die Auflösung des Arbeitsverhältnisses im Fall der Ablehnung des Angebots durch den Arbeitnehmer auf diese Ablehnung und nicht auf die betriebsbedingte Kündigung zurückzuführen ist. Die Normierung der negativen Tatbestandsvoraussetzung lässt aber darauf schließen, dass die Betriebspartner von einem erweiterten Begriff des Arbeitsplatzverlustes ausgegangen sind.[133] Nach diesem erweiterten Verständnis beruht der Arbeitsplatzverlust auf der Ablehnung des Wiedereinstellungsangebotes durch den Arbeitneh-

---

[131] So *Luding*, Beendigung, S. 106.

[132] *Säcker*, Gruppenautonomie, S. 443 kommt zu diesem Ergebnis unter Berufung auf § 162 AbS. 1 BGB.

[133] *Hansen*, NZA 1985, S. 609, 611 geht von einem abstrakt-arbeitnehmerbezogenen Arbeitsplatzverlust aus.

mer, weshalb auch in diesem Fall kein Anspruch auf die Sozialplanleistung entsteht. Es existiert demnach auch wenn nach Ablauf der Kündigungsfrist nur noch die Erfüllung einer befristeten negativen Tatbestandsvoraussetzung aussteht, kein dem Vollrecht in seiner Beständigkeit angenähertes „Anwartschaftsrecht" auf Sozialplanleistungen.

Fraglich ist, ob sich aus einer Parallele zu Anwartschaften im Sozialversicherungsrecht eine Einbeziehung von Rechtspositionen aus Sozialplänen in den Schutzbereich des Art. 14 GG vor Entstehung der Vollrechte ergeben kann. Die Eigentumsfähigkeit sozialer Rechte setzt unbestrittenermaßen das Vorliegen einer vermögenswerten Rechtsposition voraus. Mit Hilfe dieses Merkmals soll die Abgrenzung zwischen subjektiven Rechten und bloßen Chancen, Erwartungen oder Hoffnungen vorgenommen werden.[134] Eine vom Eigentumsschutz umfasste Anwartschaft kann nur dann vorliegen, wenn die von der Eigentumsgarantie intendierten Schutzziele der Sicherung von persönlicher Freiheit und materiellen Vertrauenstatbeständen eine Gleichbehandlung der sozialen Rechtsposition mit den privaten Vermögensrechten verlangen.[135] Es muss eine Rechtsstellung vorliegen, die derjenigen des Eigentümers entspricht, eine verfestigte Rechtsposition also, die aufgrund ihrer rechtlichen Ausgestaltung nicht mehr wegfallen kann.[136] Verlangt wird eine privatnützige Zuordnung, deren wesentliches Element die grundsätzliche Verfügungsbefugnis des Erwerbers über den Eigentumsgegenstand ist.[137] Dies setzt eine Rechtsposition voraus, die nicht mehr der Verfügung des Leistungsträgers unterliegt.[138] Das BVerfG spricht dann von einem geschützten Anwartschaftsrecht, wenn die Rechtsposition des Versicherten nach Begründung des Versicherungsverhältnisses bei Erfüllung weiterer Voraussetzungen wie etwa dem Ablauf der Wartezeit und dem Eintritts des Versicherungsfalles zum Vollrecht erstarken kann.[139] Die Erfüllung der noch ausstehenden Anspruchsvoraussetzungen muss nach Ansicht des Gerichts[140] allein in der Hand des Berechtigten liegen.

---

[134] *Schmidt-De Caluwe*, JA 1992, S. 129, 130; *Stober* in: Eigentumsschutz, S. 10, 55.

[135] Vgl. BVerfG v. 28.02.1980, BVerfGE 53, 257, 290, als das BVerfG erstmals den Eigentumsschutz für Versichertenrenten und deren Anwartschaften bejahte; *Gitter*, NZA 1984, S. 137, 140; *Sachs-Wendt*, Art. 14 Rn. 28 m. w. N.; krit. zur Einbeziehung sozialer Rechtspositionen in den Eigentumsschutz *Stolleis* in: Eigentumsschutz, S. 104 ff.

[136] *Sachs-Wendt*, Art. 14 Rn. 28 mit weiteren Nachw. auf die Rechtsprechung von BVerfG und BGH.

[137] BVerfG v. 28.02.1980, BVerfGE 53, 257, 290; BVerfG v. 16.07.1985, BVerfGE 69, 272, 300; BVerfG v. 12.02.1986, BVerfGE 72, 9, 19; *Schmidt-De Caluwe*, JA 1992, S. 129, 130.

[138] BVerfG v. 16.07.1985, BVerfGE 69, 272, 301; *Ossenbühl*, Festschrift für Zeidler, S. 625, 630; *Schmidt-De Caluwe*, JA 1992, S. 129, 130.

[139] BVerfG v. 28.02.1980, BVerfGE 53, 257, 289 f.; BVerfG v. 05.07.1989, BVerfGE 80, S. 297 ff.

[140] Vgl. BVerfG v. 12.02.1986, BVerfGE 72, 9, 22 zur Anwartschaft in der Arbeitslosenversicherung; *Papier* in: Eigentumsschutz, S. 193, 206 f. ordnet deswegen nur solche Rechtsposi-

Diese Voraussetzungen mögen bei Anwartschaften auf Leistungen aus der betrieblichen Altersversorgung erfüllt sein, nicht aber bei Anwartschaften auf Sozialplanleistungen. Wie bereits aufgezeigt worden ist, liegt es nicht allein in der Hand der begünstigten Arbeitnehmer, ob ein Anspruch zum Vollrecht erstarkt. Außerdem wächst der Anspruch auf eine Sozialplanleistung nicht in einer mit sozialversicherungsrechtlichen Ansprüchen vergleichbaren Weise an[141]. Der vom Sozialplan Begünstigte hat bis zum Zeitpunkt der Entstehung des Vollrechts keinerlei Anspruch aus dem Sozialplan. Demnach liegt auch nach den Voraussetzungen, die an sozialversicherungsrechtliche Rechtspositionen gestellt werden, kein geschütztes Anwartschaftsrecht vor. Eine Auseinandersetzung mit den übrigen Kriterien, die im Rahmen der Prüfung, ob verfassungsrechtlich geschütztes Eigentum vorliegt, an soziale Rechtspositionen gestellt werden, erübrigt sich damit.

Als Ergebnis lässt sich festhalten, dass das Sozialplanrecht keine Anwartschaften oder Anwartschaftsrechte kennt, die dem Schutz des Art. 14 Abs. 1 GG unterfallen könnten. Damit ist der Schutzbereich des Art. 14 GG nur bei einem Eingriff in bereits entstandene Rechte aus Sozialplänen berührt, nicht aber bei Änderungen, die lediglich für die Zukunft Wirkung beanspruchen.

b) Der Eingriff

Nachdem klargestellt worden ist, dass bereits entstandene Rechte aus Sozialplänen in den Schutzbereich des Art. 14 GG fallen, stellt sich die weitergehende Frage, inwieweit die Betriebspartner auf solche Rechte überhaupt zugreifen können. Die zulässige Reichweite möglicher Eingriffe in das Eigentumsgrundrecht ergibt sich aus der Zuordnung zu einer der in Art. 14 GG geregelten Eingriffskategorien. Da es im vorliegenden Zusammenhang um eine Anwendung des Grundrechtes im Rahmen der mittelbaren Drittwirkung geht, kommt die jeweilige Eingriffsbefugnis denjenigen Instanzen zu, die im Rahmen der innerge-

---

tionen als Anwartschaftsrechte ein, bei denen es für die Entstehung eines Leistungsanspruchs nur noch der Arbeitslosmeldung oder der Antragstellung bedarf. Dieser Sichtweise wird entgegengehalten, dass sie zu undifferenziert sei und der Tatsache keine Rechnung trage, dass bei vielen Sozialversicherungsverhältnissen ein dynamischer Prozess des Anwachsens von Rechtspositionen stattfinde. Mit Ausnahme des Rechts des ersten Zugangs zum Sozialversicherungssystem lasse sich für alle weiteren Stadien des Anwachsens der Rechtsposition von einer gefestigten vermögensrechtlichen Position sprechen, die grundsätzlich dem Schutz des Art. 14 AbS. 1 GG unterfallen kann, vgl. dazu *Schmidt-De Caluwe*, JA 1992, S. 129, 130 f. mit weiteren Nachweisen.

[141] Der Versicherte erwirbt mit der ersten Beitragszahlung eine Rechtsposition, die ihm in bestimmten Versicherungsfällen bereits Ansprüche sichert und es ihm darüber hinaus ermöglicht, weitere Sicherungen aufzubauen, ohne dass der Sozialleistungsträger dies verhindern könnte.

sellschaftlichen Rechtsetzung dem Gesetzgeber entsprechen,[142] hier also den Betriebspartnern bzw. der Einigungsstelle. Würde man anders entscheiden, so hätte dies die wenig einleuchtende Konsequenz, dass die Grundrechte gegenüber sozialen Gewalten einen stärkeren Schutz entfalten als gegenüber dem Staat.[143] Es muss also gefragt werden, ob es sich bei der nachträglichen einvernehmlichen Kürzung von Rechten aus Sozialplänen um Inhalts- und Schrankenbestimmungen i. S. des Art. 14 Abs. 1 S. 2 GG[144] oder um Enteignungen gem. Art. 14 Abs. 3 GG handelt.

Besonders bei gesetzlichen Eingriffen in Eigentumsrechte fällt die Abgrenzung zwischen einer Regelung der Sozialbindung des Eigentums und einer Enteignung nicht leicht. Obwohl das BVerfG[145] mit den im Folgenden dargestellten, aktuell gebräuchlichen Formeln die Vorstellung klarer Abgrenzung zwischen zwei nach Form und Zielsetzung verschiedenen Rechtsinstituten verbindet, sind sie bei genauerem Hinsehen nicht als abschließende und exakte Begriffsdefinitionen, sondern als vorsichtig formulierte Charakterisierungen zu qualifizieren.[146] Die Enteignung im Sinne des Art. 14 Abs. 3 GG wird beschrieben als gezielter Zugriff auf das Eigentum mittels eines Rechtsaktes, der zu einer vollständigen oder teilweisen Entziehung konkreter subjektiver Eigentumspositionen führt.[147] Die Inhalts- und Schrankenbestimmung ist dagegen „die generelle und abstrakte Festlegung von Rechten und Pflichten hinsichtlich solcher Rechtsgüter, die als Eigentum im Sinne der Verfassung zu verstehen sind. Sie ist auf die Normierung objektiv-rechtlicher Vorschriften gerichtet, die den Inhalt des Eigentumsrechts vom Inkrafttreten des Gesetzes an für die Zukunft in allgemeiner Form bestimmen.“[148] Bei diesen Definitionsversuchen ist der formale Gegensatz zwischen individuell-konkret (konkrete Rechtsposition des Einzelnen) einerseits und generell-abstrakt andererseits, hervorzuheben. Bedeutsam ist daneben die Unterscheidung zwischen den spezifischen Zielsetzungen beider Eingriffsarten. Während die Enteignung das Ziel der vollständigen oder teilweisen Entziehung von „Rechtspositionen“ durch „Zugriff“ verfolgt, dient die Inhalts- und Schrankenbestimmung der objektivrechtlichen Normierung von eigentumsrechtlichen Rechten und Pflichten für die Zukunft.[149]

Wie wenig klar und eindeutig diese Gegensatzpaare tatsächlich sind, zeigt sich bei der Einordnung von Reformgesetzen, die neue eigentumsrechtliche Rechte

---

[142] Ebenso *Däubler*, AuR 1984, S. 1, 8.
[143] *Däubler*, AuR 1984, S. 1, 8.
[144] So *Luding*, Beendigung, S. 107.
[145] Vgl. BVerfG v. 15.07.1981, BVerfGE 58, 300, 331 f.
[146] Vgl. *Osterloh*, JuS 1992, S. L 9, L 11.
[147] Vgl. z. B. BVerfG v. 30.11.988, BVerfGE 79, 174, 191 m. w. N.
[148] Vgl. z. B. BVerfG v. 12.03.1986, BVerfGE 72, 66, 76 m. w. N.
[149] Vgl. *Osterloh*, Jus 1992, S. L 9, L 12.

und Pflichten schaffen und gleichzeitig „wohlerworbene“ alte Rechtspositionen ganz oder teilweise entziehen.[150] In diesem Zusammenhang ist nach wie vor umstritten, was unter einer „teilweisen Entziehung konkreter subjektiver Eigentumspositionen“ zu verstehen ist. Es stellt sich die Frage, wo bei dem Entzug einer mit dem Eigentum verbundenen Rechtsbefugnis durch Gesetz die Grenze zu einer Beschränkung des Eigentums im Sinne von Art. 14 Abs. 1 S. 2 GG verläuft.[151] Problemlos ist die Einordnung des belastenden Gesetzes als Teilentziehung der verfassungsrechtlich geschützten Rechtsposition allerdings dann, wenn, wie bei der Kürzung bereits entstandener Sozialplanansprüche, nicht die Befugnis zur Nutzung eines Rechtes eingeschränkt, sondern in die Substanz des Eigentumsobjektes eingegriffen wird.

Das Reformgesetz ist im Hinblick auf den Enteignungstatbestand jedoch noch aus anderen Gründen problematisch. In früheren Entscheidungen ist das BVerfG bei abstrakt-generellen Eingriffen in Eigentumsrechte von einem Nebeneinander von Inhalts- und Schrankenbestimmung bezüglich zukünftiger und der Enteignung bestehender Eigentumspositionen ausgegangen.[152] Seit einiger Zeit nimmt das BVerfG[153] nunmehr in falschem Verständnis seiner eigenen Definitionen an, Reformgesetze müssten wegen ihrer abstrakt-generellen Natur insgesamt als Inhalts- und Schrankenbestimmung verstanden werden. Allerdings wird bei den fraglichen Reformgesetzen auf der Rechtfertigungsebene dann doch mit den Kriterien der Enteignung operiert und eine abmildernde Entschädigungs- oder Übergangsregelung verlangt.[154] Diese geänderte Rechtsprechung des BVerfG entspricht der Forderung eines Teils der Literatur[155], der vor allem die Vermeidung der oben angesprochenen Frage anstrebt, ab wann der Eingriff in bereits bestehende Eigentumspositionen eine Enteignung darstellt, um dadurch die Anwendung der alten als obsolet geltenden Schwellentheorien zu verhindern. Als Legalenteignung käme demnach nur noch der konkret-individuelle Eingriff in bestehende Eigentumspositionen durch ein sogenanntes Maßnahmegesetz, also die gebündelte Enteignung quasi als Sammel- oder Allgemeinverfügung in Gesetzesform, in Betracht.[156]

Diese Ansicht ist aus mehreren Gründen der Kritik ausgesetzt. Zunächst kann sie nicht auf die oben dargestellten Abgrenzungsformeln der Rechtsprechung

---

[150] Vgl. *Picker*, JuS 1991, S. 369, 371 mit weiteren Nachweisen zum Meinungsstand.
[151] Vgl. dazu *Ossenbühl*, JuS 1993, S. 200, 201 f.; *Sachs-Wendt* Art. 14 Rn. 149 ff. m. w. N.
[152] Vgl. z. B. BVerfG v. 15.07.1981, BVerfGE 58, 300, 331 m. w. N.
[153] Vgl. BVerfG v. 09.01.1991, BVerfGE 83, 201, 211 f.
[154] Vgl. BVerfG v. 09.01.1991, BVerfGE 83, 201, 211 f.
[155] Vgl. *Ossenbühl*, JuS 1993, S. 200, 201 f. m. w. N.; vgl. auch und vor allem *Münch/Kunig-Bryde* Art. 14 Rn. 56 ff.
[156] *Münch/Kunig-Bryde* Art. 14 GG Rn. 56; *Ossenbühl*, JuS 1993, S. 200, 201, der bei Reformgesetzen auch die Finalität verneint; a. A. *Sachs-Wendt* Art. 14 GG Rn. 153 ff. m. w. N.

gestützt werden. Soweit das BVerfG dort Eingriffe in konkrete subjektive oder individuelle Rechte voraussetzt, ist dieses Kriterium unabhängig von der Einordnung des Eingriffsgesetzes als generell-abstrakte Regelung bereits dann erfüllt, wenn konkrete subjektive Rechte eines, jedenfalls im weiteren Sinne individuell bestimmbaren Personenkreises betroffen werden. Aus der Forderung nach einem Eingriff in konkrete individuelle Rechtspositionen kann nicht das Erfordernis eines konkret-individuellen Maßnahmengesetzes konstruiert werden.[157] Eine andere Begründung für die Rechtsprechungsänderung wird vom BVerfG nicht angeboten.[158] Der Gedanke, dass es sich insoweit um eine an Sachzwängen orientierte Rechtsprechung handelt, liegt nahe.[159] Die in der Literatur[160] angebotene Begründung überzeugt ebenfalls nicht. Der Hinweis auf den Bestands- und Vertrauensschutz, der bereits hinreichend effektiv durch die Verfassungsbindung des inhaltsbestimmenden Gesetzgebers gewährleistet sei, greift nicht, wenn Art. 14 Abs. 3 GG gleichzeitig so verstanden wird, dass er den Bürger gegen einen zielgerichteten, entschädigungslosen vollständigen oder teilweisen Entzug verfassungsrechtlichen Eigentums schützen will.

Bei der Abänderung von Sozialplänen werden diese Streitfragen relevant, wenn gleichzeitig durch dieselbe Vereinbarung neu entstehende Ansprüche für die Zukunft verändert und bereits entstandene Ansprüche gekürzt werden. Da es sich bei Sozialplänen nicht um die allgemeine Ausgestaltung von Eigentumspositionen, sondern um die konkrete Einräumung von Rechtspositionen handelt, stellt die Änderung der zukünftig entstehenden Ansprüche jedoch keine Inhalts- oder Schrankenbestimmung dar. Insoweit liegt kein verfassungsrechtlich geschütztes Eigentum vor. Trotz der Parallelität zwischen den Eingriffen in Eigentumsrechte durch Reformgesetze und denjenigen in Rechtspositionen aus Sozialplänen muss die dargestellte Streitfrage für das Sozialplanrecht jedoch nicht entschieden werden. Bei der einvernehmlichen Abänderung eines Einzelsozialplans handelt es sich notwendigerweise um eine konkret auf die geplante Betriebsänderung bezogene Regelung, die sich, zumindest was den Eingriff in bestehende Rechte betrifft, auf eine jedenfalls bestimmbare Anzahl von Personen bezieht. Demnach liegt trotz der normativen Wirkung des Sozialplans insoweit eine individuell-konkrete Regelung vor. Da es den Betriebspartnern gerade um die Kürzung der Sozialplanansprüche geht, muss die Finalität des Eingriffs ebenfalls bejaht werden. Wie das BVerfG zu Recht festgestellt hat, hängt das Vorliegen einer Enteignung nicht davon ab, ob ein Güterbeschaffungsvorgang im Sinne einer Enteignung klassischen Typs vorliegt. Das entscheidende Merk-

---

[157] *Schwabe*, Anm. zu BVerfG v. 09.01.1991, JZ 1991, S. 777.

[158] BVerfG v. 09.01.1991, BVerfGE 83, 201, 211 f.

[159] *Schwabe*, Anm. zu BVerfG v. 09.01.1991, JZ 1991, S. 777, 779; vgl. auch *Sachs-Wendt* Art. 14 GG Rn. 153 ff., der zur Abgrenzung zwischen Enteignung und Inhalts- und Schrankenbestimmung auf die Unverhältnismäßigkeit der Enteignung abstellt.

[160] Vgl. *Osterloh*, JuS 1992, S. L 9, L 12.

mal ist der Entzug des Eigentums und der dadurch verursachte Rechts- und Vermögensverlust.[161] Eine Kürzung von Sozialplanansprüchen ist ein teilweiser Entzug der aus dem Sozialplan resultierenden Rechte und nicht die abstrakt generelle Festlegung von Rechten und Pflichten hinsichtlich dieser Ansprüche. Es liegt demnach bei der Kürzung von bereits entstandenen Sozialplanansprüchen durch einen abändernden Sozialplan, obwohl man durchaus von einem notwendigen Reformgesetz wird sprechen können, selbst nach der geänderten Rechtsprechung des Bundesverfassungsgerichts eine Enteignung und keine Inhalts- und Schrankenbestimmung vor.[162] Beispielsweise wenn der Zeitpunkt der Fälligkeit der Ansprüche verschoben wird, sind in ersetzenden Sozialplänen allerdings auch Inhalts- und Schrankenbestimmungen denkbar.

c) Die verfassungsrechtliche Rechtfertigung

Im Gegensatz zu staatlichen Legalenteignungen sind Eingriffe in bereits entstandene Ansprüche aus Sozialplänen nicht schon wegen eines für den Bürger verkürzten Rechtsschutzes[163] problematisch. Da den Betriebspartnern als Mittel zur Kürzung von Ansprüchen aus Sozialplänen nur die Abänderung des ersten durch einen zweiten Normenvertrag zur Verfügung steht, kann die Zulässigkeit dieser „Legalenteignung" nicht in Zweifel gezogen werden.[164]

Wie zuvor bei der Frage nach der Einbeziehung der Ansprüche aus Sozialplänen in den Schutzbereich des Art.14 GG besteht auch bei der verfassungsrechtlichen Rechtfertigung keine Vergleichbarkeit zwischen der Kürzung von bereits entstandenen Sozialplanansprüchen und sozialversicherungsrechtlichen Rechtspositionen oder Rechtspositionen der betrieblichen Altersversorgung.[165] Die im Recht der betrieblichen Altersversorgung entwickelten Stufenmodelle können schon mangels in geringerem Umfang geschützter Anwartschaftsrechte nicht auf die Beschneidung von Sozialplanansprüchen übertragen werden. Ob aus der fehlenden Entgeltfunktion der Sozialplanleistungen der Schluss gezogen werden kann, Sozialplanansprüche seien weniger schutzfest als Rechtspositionen aus der

---

[161] BVerfG v. 09.01.1991, BVerfGE 83, 201, 211 m. w. N.

[162] A. A. wohl *Herschel*, Anm. zu BAG v. 08.12.1981, AP Nr. 1 zu § 1 AP BetrAVG Ablösung, Bl. 7.

[163] Vgl. dazu *Sachs-Wendt* Art. 14 Rn. 159 m. w. N.; kritisch *Jarass/Pieroth-Jarass* Art. 14 Rn. 79 m. w. N.

[164] Die Legalenteignung soll ansonsten nur dann zulässig sein, wenn mit einer Enteignung durch die Exekutive (Administrativenteignung) der verfolgte Zweck erheblich weniger gut erreicht werden kann, vgl. *Sachs-Wendt* Art. 14 GG Rn. 159.

[165] Wobei der maßgebliche Unterschied im Zusammenhang mit Art. 14 GG nicht die fehlende Entgeltfunktion der Sozialplanansprüche (so aber *Meyer*, NZA 1995, S. 974., 981 f.; *ders.*, Abänderung, S. 137), sondern das Fehlen einer vermögenswerten Rechtsposition im Vorfeld der Entstehung des Vollrechts ist.

betrieblichen Altersversorgung[166], erscheint deswegen fragwürdig. Im Gegensatz zu den Rechtspositionen aus der betrieblichen Altersversorgung spielt bei den Ansprüchen aus Sozialplänen das vom BVerfG entwickelte Kriterium der Eigenleistung gerade keine Rolle. Da eine einfach aus dem Recht der betrieblichen Altersversorgung abgeleitete Lösung somit ausscheidet, muss auch bei der Frage nach der verfassungsrechtlichen Rechtfertigung von Eingriffen in bereits entstandene Ansprüche auf Sozialplanleistungen zur Konkretisierung des mittelbaren Grundrechtsschutzes über § 75 BetrVG direkt auf die Dogmatik des Art. 14 Abs. 1 GG zurückgegriffen werden.

1.) Die Bindung an das Gemeinwohl

Die Enteignung ist gem. Art. 14 Abs. 3 S. 1 GG nur zum Wohle der Allgemeinheit zulässig. An die Stelle des Allgemeinwohls treten im Betriebsverfassungsrecht die Interessen von Betrieb und Belegschaft gem. § 2 Abs. 1 BetrVG.[167] Die Abwendung oder Beseitigung einer wirtschaftlichen Notlage des Arbeitgebers stellt grundsätzlich ein im Interesse von Betrieb und Belegschaft liegendes Ansinnen dar. Allerdings sind staatliche Enteignungen aus rein fiskalischen Gründen nicht durch das Gemeinwohl gedeckt,[168] weswegen eine Enteignung von Geldforderungen durch den Staat prinzipiell nicht in Betracht kommt. Diese Wertung resultiert aus der Tatsache, dass dem staatlichen Gesetzgeber die Vermögensgegenstände von Grundrechtsträgern niemals als einzige Möglichkeit zur Geldbeschaffung zur Verfügung stehen. Im Betriebsverfassungsrecht ist es dagegen durchaus denkbar, dass ohne das Opfer der Sozialplanschuldner die Erhaltung des Betriebes und der verbleibenden Arbeitsplätze nicht erreicht werden kann. Enteignungen sind deshalb bei Sozialplanansprüchen nicht grundsätzlich ausgeschlossen. Allerdings darf auch im Recht des Sozialplans nur in letzter Linie auf das verfassungsrechtliche Eigentum zurückgegriffen werden. Die Beschaffung von Geldern, die für die Sicherung des Wohls des Betriebes und der Belegschaft gebraucht werden, darf anders nicht möglich sein. Wird der Zweck der Enteignung in angemessener Zeit nicht realisiert, entfällt ihre Legitimation. Dies hat zur Folge, dass der abändernde Sozialplan eine Regelung enthalten muss, derzufolge den betroffenen Arbeitnehmern ihre Ansprüche in voller Höhe wieder eingeräumt werden, wenn die angestrebte Sanierung scheitert.[169] Selbst bei einem Erfolg der Sanierungsmaßnahmen kommt eine endgültige Kürzung

---

[166] So *Meyer*, Abänderung, S. 137 f.; *ders.*, NZA 1995, S. 974, 982.

[167] Ebenso *Däubler*, AuR 1984, S. 1, 8.

[168] BVerfG v. 08.11.1967, BVerfGE 38, 175, 180; BVerfG v. 18.11.1998, NJW 1999, 1176.

[169] Vgl. BAG v. 10.11.1981, AP Nr. 1 zu § 7 BetrAVG Widerruf, Bl. 2 m. w. N. zur ständigen Rechtsprechung zum Widerruf von Versorgungszusagen, dessen Zulässigkeit unter dem Vorbehalt seines wirtschaftlichen Erfolges stehen soll und *Jarass/Pieroth-Jarass* Art. 14 Rn. 81 ebenfalls m. a. N.

nur dann in Betracht, wenn absehbar ist, dass das sanierte Unternehmen auf Dauer unfähig bleiben wird, die vollen Sanierungslasten zu tragen.[170]

2.) Die Junktimklausel

Die sogenannte Junktimklausel des Art 14 Abs. 3 S. 2 GG verlangt, dass das Gesetz, durch das eine Enteignung vorgenommen wird, eine Entschädigung vorsieht und deren Art und Ausmaß regelt. Die Bestimmung der Enteignungsentschädigung muss gem. Art. 14 Abs. 3 S. 3 GG unter gerechter Abwägung der Interessen der Allgemeinheit und der Beteiligten erfolgen. Das Abwägungsgebot erlaubt keine bloß nominelle Entschädigung, verlangt andererseits aber auch nicht die Entschädigung zum vollen Verkehrswert.[171] Zwischen diesen Grenzen soll die Entschädigung daran zu orientieren sein, inwieweit der Erwerb des enteigneten Eigentums eigener Leistung, staatlichen Vorkehrungen oder einfach Zufällen zu verdanken ist.[172]

Bei einer Kürzung der in aller Regel auf Geld gerichteten Sozialplanleistungen zum Zwecke der Überwindung von Finanzengpässen ist die Zahlung einer Entschädigung zum vollen Verkehrswert gleichbedeutend mit der Belassung der Ansprüche. Der wirtschaftlichen Krise des Unternehmens kann auf diese Weise nicht abgeholfen werden. Grundsätzlich ist jedoch auch eine Entschädigung unterhalb der Grenze des nominellen Wertes der Forderung zulässig. Aus Art. 14 Abs. 3 GG ergibt sich auch für auf Geld gerichtete Forderungen kein absoluter Bestandsschutz.[173] Weil die Ansprüche auf Geldzahlungen gerichtet sind, muss der abändernde Sozialplan die notwendige Entschädigung nicht explizit vorsehen. Es reicht aus, wenn sich die Kürzung nur auf den Teil bezieht, um den der nominelle Wert der Forderung die notwendige Entschädigung überschreitet. Da eine lediglich nominelle Entschädigung nicht zulässig ist, dürfen die entstandenen Sozialplanansprüche aber nicht vollständig oder nahezu vollständig entzogen werden. Im Rahmen der Abwägung zwischen den Interessen des Betriebes und denen der Sozialplangläubiger ist zu beachten, dass den Sozialplanansprüchen keine Entgeltfunktion zukommt.

Eine Sondersituation kann bei drohender Insolvenz des Unternehmens vorliegen. In einer solchen Lage tendiert der wirtschaftliche Wert der Sozialplanforderungen regelmäßig gegen Null. Wenn in dieser Situation die nicht mehr durchsetzbaren Sozialplanansprüche gekürzt werden, entsteht den Betroffenen ein wirtschaftlicher Vorteil, vorausgesetzt die Insolvenz kann auf diesem Wege tat-

---

[170] Vgl. BAG v. 16.03.1993, AP Nr. 18 zu § 7 BetrAVG, Bl. 6; BAG v. 18.05.1977, AP Nr. 175 zu § 242 BGB Ruhegehalt, Bl. 3 zum Widerruf von Versorgungszusagen.

[171] *Pieroth/Schlink*, Staatsrecht II, Rn. 944 m. w. N.

[172] Vgl. *Münch/Kunig-Bryde* Art. 14 Rn. 94.

[173] So für den Kernbestand sozialer Leistungspositionen *Schmidt-De Caluwe*, JA 1992, S. 135, 136.

sächlich vermieden werden. Fraglich ist, in welchem Umfang in dieser besonderen Fallkonstellation in bereits entstandene Sozialplanansprüche eingegriffen werden kann. Prinzipiell stellt die Enteignungsentschädigung einen finanziellen Ausgleich dar, der in der Regel äquivalent zum Rechtsverlust sein und den Enteigneten in die Lage versetzen soll, einen gleichwertigen Ersatz zu schaffen.[174] Das bedeutet, dass zumindest auf der Rechtfertigungsebene der Wert des enteigneten Rechts maßgeblich ist. Wenn aber ein Ersatz des wirtschaftlichen Wertes des enteigneten Guts ausreichend ist, dann muss bei einer auf Geld gerichteten Forderung eine Entziehung der Forderung bis zur Grenze ihres tatsächlichen wirtschaftlichen Wertes zulässig sein. Das bedeutet, dass in einer Situation, in der die bevorstehende Insolvenz des Unternehmens durch die Kürzung des Sozialplanvolumens abgewendet werden kann, eine Entziehung der Ansprüche auf Sozialplanleistungen bis zur Grenze einer möglichen Insolvenzquote möglich ist. Allerdings sind auch bei einer Insolvenzgefahr an mögliche Sozialplankürzungen die sich aus der Bindung an das Betriebswohl ergebenden Anforderungen zu stellen. Die Beschaffung von Geldern darf anders nicht möglich sein. Im abändernden Sozialplan muss geregelt sein, dass den betroffenen Arbeitnehmern ihre Ansprüche in voller Höhe wieder eingeräumt werden, wenn die angestrebte Sanierung scheitert. Eine endgültige Kürzung kommt selbst bei einem Erfolg der Sanierungsmaßnahmen nur dann in Betracht, wenn absehbar ist, dass das sanierte Unternehmen auf Dauer unfähig bleiben wird, die vollen Sanierungslasten zu tragen.

3.) Die Verhältnismäßigkeit

Bevor im Einzelnen auf den Grundsatz der Verhältnismäßigkeit eingegangen wird, muss die Frage beantwortet werden, ob im Rahmen der Verhältnismäßigkeitsprüfung grundsätzlich auch die Grundsätze zur Rückwirkung von Gesetzen zu beachten sind. In Übereinstimmung mit der überwiegenden Ansicht in der Literatur sieht das BVerfG die Regeln zur Zulässigkeit einer tatbestandlichen Rückanknüpfung als durch Art. 14 GG, insbesondere durch die Voraussetzungen einer Inhalts- und Schrankenbestimmung, verdrängt an.[175] Der Vorrang des Art. 14 GG spielt für das Ergebnis allerdings in der Regel keine Rolle, da die Grundsätze des Vertrauensschutzes in spezieller Ausprägung innerhalb der Prüfung der verfassungsrechtlichen Rechtfertigung herangezogen werden.[176] Zur Begründung dieser Praxis wird auf die Funktion der Eigentumsgarantie verwiesen. Art. 14 GG soll den Grundrechtsträgern Rechtssicherheit hinsichtlich der

---

[174] Vgl. dazu *Sachs-Wendt* Art. 14 GG Rn. 169 ff. m. w. N.

[175] BGH v. 12.07.1984, BGHZ 92, 94, 104; *Jarass/Pieroth-Jarass* Art. 20 Rn. 74, Art. 14 Rn. 47; *Maunz/Dürig-Papier* Art. 14 Rn. 318 m. w. N.; vgl. stellvertretend für die ganz überwiegende Rechtsprechung des BVerfG: BVerfG v. 23.11.1999, BVerfGE 101, 239, 257 m. w. N.; anders BVerfG v. 04.06.1985, BVerfGE 70; 101, 114, das zwar auf die besondere Ausprägung verwies, aber dann ganz normal den Vertrauensschutz prüfte.

[176] *Jarass/Pieroth-Jarass* Art. 20 Rn. 74 m. w. N.

geschützten Güter gewährleisten und das Vertrauen auf das durch verfassungsgemäße Gesetze ausgeformte Eigentum schützen. Diese Zielrichtung soll die immanente Prüfung der Rückwirkungsgrundsätze erzwingen.[177] So begründet muss der Vorrang des Art. 14 GG auch bei Vorliegen einer Enteignung gewahrt werden. Ist ein rückwirkend in bestehende Eigentumspositionen eingreifendes Gesetz als Enteignung zulässig, kann es nicht an den allgemeineren Rückwirkungsgrundsätzen aus Art. 20 Abs. 3 GG scheitern. Ansonsten wären an die Zulässigkeit eines Eingriffs in erworbene Rechte, je nachdem, ob die eingreifende Norm die Rechte als nicht entstanden ansieht oder zu dem Zeitpunkt, in dem sie Geltung erlangt, entzieht, unterschiedliche Anforderungen zu stellen. Art. 14 GG darf nicht umgangen werden, indem die Rechtsgrundlage für die Entstehung der geschützten Rechtsposition rückwirkend entzogen wird. Eine Norm ist vor ihrem Inkrafttreten nicht existent. Legt der Gesetzgeber ihr eine Rückwirkung bei, führt das nur dazu, dass die betroffenen Ansprüche in Zukunft nach einer anderen Norm beurteilt werden.[178] Der Eigentumsschutz wird dadurch nicht ausgeschaltet. Anders als bei Inhalts- und Schrankenbestimmungen bedarf es bei der Prüfung der verfassungsrechtlichen Rechtfertigung einer Enteignung keiner besonderen, den Rückwirkungsgrundsätzen entlehnten Kriterien. Das Entschädigungserfordernis trägt dem Vertrauensschutz der Grundrechtsträger ausreichend Rechnung.

Die Enteignung muss somit lediglich dem Grundsatz der Verhältnismäßigkeit genügen.[179] Sie muss zur Förderung des Allgemeinwohls geeignet und objektiv erforderlich, d. h. unumgänglich sein. Insbesondere darf im Hinblick auf das angestrebte Ziel kein milderes Mittel gleich geeignet sein.[180] Schließlich müssen Eingriff und Zweck in einem angemessenen Verhältnis zueinander stehen, wobei die festgesetzte Entschädigung in Rechnung zu stellen ist.[181] In Bezug auf diesen letzten Prüfungspunkt ist die Sachlage unproblematisch, wenn die Erhaltung der Ansprüche zur Insolvenz des Unternehmens führen würde, in der die Arbeitnehmer weniger als den ihnen verbleibenden Restanspruch erhielten. In dieser Situation besteht kein Interessengegensatz. Fraglich ist aber, ob eine wirtschaftliche Notlage Enteignungen auch dann rechtfertigen kann, wenn die Erfüllung der entstandenen Sozialplanansprüche nicht gefährdet ist, ob also das Interesse des Unternehmers und der im Betrieb verbleibenden Arbeitnehmer höher zu bewerten ist als das Bestandsinteresse der ausgeschiedenen Arbeitnehmer. Gem.

---

[177] BVerfG v. 15.10.1996, EuGRZ 1997, S. 67 ff., 72 m. w. N. auf die ständige Rechtsprechung

[178] Vgl. ausführlich *Jaeckle*, Ablösung, S. 224 f. m. w. N.

[179] *Jarass/Pieroth-Jarass* Art. 14 Rn. 82 m. w. N.; *Luding*, Beendigung, S: 113 f. stellt für den Eingriff in entstandene Sozialplanansprüche ebenfalls auf die Verhältnismäßigkeit ab, leitet daraus aber keine konkreten Anforderungen ab.

[180] *Jarass/Pieroth-Jarass* Art. 14 Rn. 82 m. w. N.

[181] *Jarass/Pieroth-Jarass* Art. 14 Rn. 82 m. w. N.

§ 80 Abs. 1 Nr. 8 BetrVG gehört es zu den Aufgaben des Betriebsrats, „die Beschäftigung im Betrieb zu fördern und zu sichern". § 92a BetrVG begründet diesbezüglich ein umfassendes Vorschlagsrecht des Betriebsrats und eine damit korrespondierende Beratungspflicht des Arbeitgebers. Der neu eingefügte § 112 Abs. 5 Nr. 2a BetrVG schließlich betont die herausragende Bedeutung der Arbeitsplatzsicherung im Zusammenhang mit Betriebsänderungen. Der Gesetzgeber des Jahres 2001 spricht insoweit von einem „vorrangigen" Ziel des Sozialplans.[182] Vor diesem Hintergrund kann grundsätzlich ein, das Bestandsinteresse der Sozialplangläubiger überwiegendes, öffentliches Interesse an der Erhaltung des Betriebes und der verbleibenden Arbeitsplätze festgestellt werden. Die Gefahr der Insolvenz des Unternehmens stellt demnach prinzipiell einen ausreichenden Grund für einen Eingriff in bereits entstandene Sozialplanansprüche dar.[183] Drohende Massenentlassungen i. S. des § 17 KSchG können dagegen wegen der insoweit grundsätzlich freien unternehmerischen Entscheidung nicht ausreichen. Nur wenn Massenentlassungen die einzige Verhaltensalternative für den Unternehmer darstellen, was wiederum eine existentielle Gefahr für das Unternehmen voraussetzt, kann dadurch ein Eingriff in bereits entstandene Ansprüche auf Sozialplanleistungen gerechtfertigt sein.

Finanzielle Schwierigkeiten des Unternehmens von weniger als existenzbedrohendem Ausmaß können einen Eingriff in entstandene Ansprüche auf Sozialplanleistungen dagegen nicht rechtfertigen. In dieser Fallkonstellation sind keine Interessen ersichtlich, die im Verhältnis zu den Bestandsschutzinteressen der ausgeschiedenen Arbeitnehmer als überwiegend anzusehen wären. Den ausgeschiedenen Arbeitnehmern entstehen durch Sozialplankürzungen möglicherweise ebenfalls finanzielle Schwierigkeiten von existenziellen Ausmaßen. Auch wenn das Unternehmen stillgelegt wird, darf den Sozialplangläubigern ein Son-

---

[182] Vgl. BT-DrucksS. 14/5741, S. 52; *Lingemann*, NZA 2002, S. 934, 940; vgl. auch *Hilger/Stumpf*, Festschrift für Müller, S. 209, 214, die das Arbeitsrecht als in erster Linie der Erhaltung von Arbeitsplätzen verpflichtet, ansehen.

[183] Ähnlich, wenn auch etwas zurückhaltender, argumentiert das BAG in einer Entscheidung v. 05.10.2000, AP Nr. 141 zu § 112 BetrVG 1972 unter II 2. b) der Gründe, wenn es hinsichtlich noch nicht fälliger aber bereits entstandener Sozialplanansprüche von Arbeitnehmern, die aufgrund einer auf wirtschaftlichen Schwierigkeiten des Arbeitgebers beruhenden Betriebsänderung ausscheiden, das Vorliegen eines Vertrauensschutztatbestandes verneint, wenn sich später die wirtschaftlichen Probleme des Arbeitgebers so verschärfen, dass ohne eine Herabsetzung der Sozialplanansprüche die Insolvenz nicht vermieden werden kann und den Arbeitnehmern dadurch noch höhere Verluste drohen. Zumindest wenn im Sozialplan ausdrücklich auf die unsichere Finanzierungsgrundlage des Sozialplans hingewiesen wurde, sollen die Sozialplanansprüche von vornherein mit dem Risiko der Zahlungsunfähigkeit des Arbeitgebers sowie möglicher hierauf reagierender Sanierungsmaßnahmen behaftet sein. *Meyer*, NZA 1995, S. 974, 983 will unter Hinweis auf § 124 InsO und § 112 AbS. 5 S. 2 Nr. 3 BetrVG bereits die ernsthafte Gefährdung im Wettbewerb ausreichen lassen.

deropfer zugunsten anderer Gläubiger nicht zugemutet werden.[184] Die Eingriffsmöglichkeiten sind in diesem Fall in den Spezialnormen des Insolvenzrechts[185] abschließend geregelt.

Praktisch von entscheidender Bedeutsamkeit ist die Frage, welche Anforderungen an den Nachweis der Existenzgefahr für das Unternehmen zu stellen sind. Es bietet sich an, die Voraussetzungen zu übernehmen, die die Rechtsprechung für die arbeitgeberseitige Kürzung von Versorgungszusagen entwickelt hat[186]. Die wirtschaftliche Notlage muss demnach durch die Betriebsanalyse eines Sachverständigen unter Darstellung ihrer Ursachen belegt werden.[187]

Der Rechtsprechung zur einseitigen Kürzung von Versorgungszusagen können auch die Anforderungen entnommen werden, die im Rahmen der Prüfung der Geeignetheit und der Erforderlichkeit an eine Sozialplankürzung wegen einer wirtschaftlichen Krise des Unternehmens zu stellen sind. Voraussetzung ist demzufolge die Erstellung eines Sanierungsplans, der eine gerechte Lastenverteilung unter Heranziehung sämtlicher Beteiligter vorsieht.[188] Dabei gehören die Waren- und Kreditgläubiger des Unternehmens deswegen nicht zum Kreis derjenigen, die an den Sanierungslasten zu beteiligen sind, weil der Arbeitgeber insoweit keine Forderungsverzichte erzwingen kann.[189] Bei konzerngebundenen Unternehmen kann es bei der Beurteilung ihrer wirtschaftlichen Situation dann zu einem sogenannten Berechnungsdurchgriff kommen, wenn eine verdichtete Konzernbindung besteht, d. h. wenn ein Beherrschungs- oder Ergebnisabführungsvertrag oder ein qualifiziert faktischer Konzern vorliegt. Im Zusammenhang mit der Anpassungspflicht gemäß § 16 BetrAVG fordert das BAG zusätzlich, dass die mangelnde Leistungsfähigkeit des Unternehmens sich auf ein konzerntypisches Risiko zurückführen lässt. Entscheidend ist der ursächliche Zu-

---

[184] So für den Widerruf von Versorgungszusagen BAG v. 08.07.1972, AP Nr. 157 zu § 242 BGB Ruhegehalt mit zust. Anm. von *Uhlenbruck*; BAG v. 13.03.1975, AP Nr. 167 zu § 242 BGB Ruhegehalt; BAG v. 14.12.1978, AP Nr. 2 zu § 7 BetrAVG.

[185] Vgl. dazu die Ausführungen im dritten Kapitel unter 3 IV. 4. d) 3.).

[186] Vgl. dazu die ausführliche Darstellung bei *Blomeyer/Otto* BetrAVG Vorb. § 7 Rn. 85 ff.; diese Grundsätze werden auch auf die Kürzung einer durch Betriebsvereinbarung statuierten Versorgungsordnung übertragen, soweit ein Eingriff in erdiente Ansprüche und Anwartschaften in Rede steht, vgl. dazu *Blomeyer/Otto*, BetrAVG, Einleitung, Rn. 569, 607; *Schwerdtner*, ZfA 1975, S. 171, 202 f.

[187] *Blomeyer/Otto*, BetrAVG, Vorb. § 7 Rn. 92 m. w. N.

[188] So die ständige Rechtsprechung für den Widerruf von Versorgungszusagen seit BAG v. 10.12. 1971, AP Nr. 154 zu § 242 BGB Ruhegehalt; vgl. auch *Blomeyer/Otto*, BetrAVG, Vorb. § 7 Rn. 93. Je nach der Größe des Betriebes und den Umständen des Einzelfalles kann ein Sanierungskonzept ausreichen, an das geringere Anforderungen zu stellen ist, vgl. BAG v. 16.03.1993, AP Nr. 18 zu § 7 BetrAVG, Bl. 3; *Hueck*, Anm. zu BAG v. 10.12.1971, AP Nr. 154 zu § 242 BGB Ruhegehalt, Bl. 10.

[189] BAG v. 16.03.1993, AP Nr. 18 zu § 7 BetrAVG, Bl. 6.

sammenhang zwischen der ausgeübten Leitungsmacht und der schlechten wirtschaftlichen Lage des beherrschten Unternehmens.[190]

d) Zwischenergebnis

Bereits entstandene Ansprüche auf Sozialplanleistungen fallen in den Schutzbereich des Art. 14 GG. Eine Kürzung dieser Ansprüche ist als Enteignung zu werten. Sie ist ausschließlich zur Abwendung einer existenziellen Gefahr für das Unternehmen zulässig. Dabei darf die Forderung jedoch nicht vollständig entzogen werden. Die Voraussetzungen an den Nachweis einer zur Kürzung berechtigenden Krise des Unternehmens können den zur einseitigen Kürzung von Versorgungsordnungen entwickelten Grundsätze entlehnt werden. Gleiches gilt für die Anforderungen, die an die Geeignetheit und Erforderlichkeit der Kürzungen zu stellen sind. Wenn die Eingriffe die Schwelle zur Enteignung nicht überschreiten, müssen sie an den Voraussetzungen einer Inhalts- und Schrankenbestimmung gemessen werden.

3. Die allgemeine Handlungsfreiheit gem. Art. 2 Abs. 1 GG

Wie schon der an Art. 2 Abs. 1 GG orientierte Wortlaut deutlich macht, verpflichtet § 75 Abs. 2 BetrVG die Betriebspartner als Einfallstor für die mittelbare Drittwirkung der Grundrechte zur Wahrung der allgemeinen Handlungsfreiheit aus Art. 2 Abs. 1 GG i. V. mit Art. 1 Abs. 1 GG. Die allgemeine Handlungsfreiheit schützt nicht nur einen Kernbereich, sondern jede Form menschlichen Handelns ohne Rücksicht darauf, welches Gewicht der Betätigung für die Persönlichkeitsentfaltung zukommt.[191] Der solcherart definierte Schutzbereich wird durch jedes den Bürger belastende Gesetz berührt. Übertragen auf den Schutz der Arbeitnehmer gegen grundrechtswidrige Beeinträchtigungen durch die Betriebspartner bedeutet das, dass eine Sozialplanabänderung zulasten der im ursprünglichen Sozialplan Begünstigten die allgemeine Handlungsfreiheit der betroffenen Arbeitnehmer stets tangiert. Ist daneben der Schutzbereich des Art. 14 GG oder eines anderen speziellen Grundrechts betroffen, entfällt jedoch die Prüfung dieser subsidiären Generalklausel der Freiheitsrechte.[192] Relevant ist eine Beschränkung der allgemeinen Handlungsfreiheit im Sozialplanrecht demnach immer dann, wenn sich die Änderungen nachteilig auf erst in Zukunft entstehende Ansprüche auswirken. In diesem Fall stellt sich die Frage nach der ver-

---

[190] Vgl. dazu ausführlich BAG v. 04.10.1994, AP Nr. 32 zu § 16 BetrAVG mit umfangreichen Nachweisen auf den Meinungsstand; zust. BAG v. 23.10.1996, AP Nr. 36 zu § 16 BetrAVG; *Bauer*, Betriebsänderungen, S. 126 f.; *Däubler/Kittner/Klebe-Däubler*, §§ 112, 112a Rn. 117 ff. m. w. N.; *Düwell*, AuR 1994, S. 357, 359 f.; weniger strenge Anforderungen an den Berechnungsdurchgriff stellt *Naendrup*, AuR 1984, S. 193, 202

[191] *Jarass/Pieroth-Jarass* Art. 2 Rn. 2.

[192] *Jarass/Pieroth-Jarass* Art. 2 Rn. 2 m. w. N.

fassungsrechtlichen Rechtfertigung des Eingriffs. Die allgemeine Handlungsfreiheit wird durch die verfassungsmäßige Ordnung begrenzt, steht also unter einem Gesetzesvorbehalt.[193] Zur verfassungsmäßigen Ordnung gehören grundsätzlich auch die von den Betriebspartnern im Rahmen ihrer Regelungskompetenz abgeschlossenen betrieblichen Normenverträge. In welchem Umfang die allgemeine Handlungsfreiheit dadurch eingeschränkt werden kann, bestimmt sich vor allem nach dem (aus dem Rechtsstaatsgebot abgeleiteten[194]) Grundsatz der Verhältnismäßigkeit.[195] Bei rückwirkenden Änderungen sind außerdem im Rahmen des Vertrauensschutzes die vom Bundesverfassungsgericht[196] ebenfalls aus dem Rechtsstaatsprinzip (Art. 20 Abs. 3 GG) abgeleiteten Regeln zur Zulässigkeit rückwirkender Gesetze zu prüfen.[197]

a) Das Verhältnismäßigkeitsprinzip

Die von den Betriebspartnern getroffene Regelung muss zur Erreichung des angestrebten Zweckes geeignet und erforderlich und überdies auch im engeren Sinne verhältnismäßig sein.[198] Aus dem Erfordernis der Erforderlichkeit ergibt sich, dass vor einer Streichung von Sozialplanleistungen deren Kürzung in Betracht zu ziehen ist. Innerhalb der Prüfung der Angemessenheit ist eine Gesamtabwägung zwischen der Intensität des Eingriffs und dem Gewicht der ihn rechtfertigenden Gründe vorzunehmen.[199] Je weitreichender der Sozialplan zulasten der Arbeitnehmer beschnitten wird, desto gewichtigere Änderungsgründe müs-

---

[193] *Jarass/Pieroth-Jarass* Art. 2 Rn. 17 m. w. N.
[194] Vgl. dazu *Sachs-Sachs* Art. 20 Rn. 146 m. w. N.
[195] Vgl. dazu auch *Blomeyer* in: 25 Jahre BAG, S. 17 ff.
[196] Vgl. BVerfG v. 15.10.1996, BVerfGE 95, 64, 86.
[197] So auch das BAG v. 20.02.2001, EzA § 1 BetrAVG Ablösung Nr. 24 für den Tarifvertrag. Vor dieser Entscheidung zog das BAG den Vertrauensschutzgedanken „schon von Verfassungs wegen" in dogmatisch nicht näher präzisierter Weise heran, vgl. BAG v. 05.10.2000, AP Nr. 141 zu § 112 BetrVG 1972 m. w. N.; krit. wegen der damit einhergehenden Unschärfe *Herrmann*, Anm. zu BAG v. 22.05.1990, SAE 1992, S. 295, 300 und *Reuter*, Gem. Anm. zu BAG v. 08.12.1981, SAE 1983, S. 201, 203 f.; GK-*Kreutz* § 77 Rn 198 ff. leitet den Gesichtspunkt des Vertrauensschutzes dogmatisch aus den § 75 BetrVG und § 242 BGB ab, ohne daraus inhaltliche Unterschiede zu folgern. Zur Begründung verweist er auf seine im ersten Kapitel bereits unter VI. 3. dargestellte These, derzufolge durch den betrieblichen Normenvertrag kein objektives Recht gesetzt, sondern ein privatheteronomes Rechtsgeschäft abgeschlossen wird. Da die Theorie vom privatheteronomen Rechtsgeschäft aus den im ersten Kapitel dargelegten Gründen abzulehnen ist, und die unterschiedliche Herleitung im Übrigen keine praktischen Konsequenzen zeitigt, muss der Ansatz von *Kreutz* hier nicht weiter diskutiert werden.
[198] *Herrmann*, Anm. zu BAG v. 22.05.1990, SAE 1992, S. 299.
[199] BAG v. 11.07.2000, AP Nr. 16 zu § 87 BetrVG Sozialeinrichtung, Bl. 3 mit zust. Anm. von *von Hoyningen-Huene*.

sen gegeben sein.[200] Beurteilungsobjekt sind jedoch nicht die Auswirkungen der Abänderung auf den einzelnen Arbeitnehmer. Die fragliche Regelung ist vielmehr nur dann unwirksam, wenn sie das Übermaßverbot generell im Hinblick auf die regelungsbetroffene Gruppe verletzt[201]. Das BAG spricht insoweit von einer „typisierenden Betrachtungsweise auf der Seite der Belegschaft".[202] Darüber hinaus muss in engen Grenzen – vergleichbar mit der Kontrolle staatlicher Gesetze - der Zweck der Vereinbarung in die Kontrolle einbezogen werden. Die Vereinbarung muss grundsätzlich dem Wohl des Betriebes und der Arbeitnehmerschaft dienen. Den Betriebspartnern kommt aber insoweit, wie auch sonst im Rahmen der Verhältnismäßigkeitsprüfung, eine Beurteilungsprärogative zu.[203] Aus diesem Grund ergeben sich aus dem Übermaßverbot keine genauen Richtwerte, ab wann in welchem Umfang in die Rechte der Arbeitnehmer eingegriffen werden darf.

b) Die Rückwirkungsgrundsätze

Der zeitliche Anwendungsbereich einer Norm bestimmt, in welchem Zeitpunkt ihre Rechtsfolgen eintreten sollen. Trifft ein Gesetz die Anordnung, eine Rechtsfolge solle schon für einen vor dem Zeitpunkt der Gültigkeit der Norm liegenden Zeitraum eintreten, so greift der Gesetzgeber damit nachträglich in Umstände ein, die in der Vergangenheit sowohl begonnen als auch abgeschlossen worden sind. Es liegt eine grundsätzlich unzulässige Rückbewirkung von Rechtsfolgen bzw. im Sprachgebrauch des 1. Senats des Bundesverfassungsgerichts eine „echte" Rückwirkung vor.[204] Soweit das Vertrauen der einzelnen Normunterworfenen in den Bestand der ursprünglichen Rechtslage schutzwürdig ist, darf das rechtsstaatliche Rückwirkungsverbot nur aus zwingenden Gründen des Gemeinwohls durchbrochen werden.[205] In der Rechtsprechung des BVerfG sind mögliche Gründe, die eine Rückbewirkung von Rechtsfolgen erlauben, falltypisch aber nicht erschöpfend entwickelt worden.[206] Das Vorliegen schutzwürdigen Vertrauens wird dann verneint, wenn die bisherige Rechtslage unklar und

---

[200] Vgl. für die Betriebsvereinbarung: GK-*Kreutz* § 77 Rn. 321; BAG (GS) v. 16.09.1986, AP Nr. 17 zu § 77 BetrVG 1972; ebenso BAG v. 23.10.1990, Nr. 13 zu § 1 BetrAVG Ablösung.

[201] Vgl. BVerfG v. 16.03.1971, BVerfGE 30, 292, 316; vgl. zur Ausnahme von dieser typisierenden Betrachtung bei einer extrem über das normale Maß hinausschießenden Belastung eines Einzelnen *Jarass/Pieroth-Jarass* Art. 2 Rn. 22.

[202] BAG v. 17.03.1987, AP Nr. 9 zu § 1 BetrAVG Ablösung; zustimmend *Wollgast*, Betriebsvereinbarungen, S. 215.

[203] Vgl. dazu auch *Wollgast*, Betriebsvereinbarungen, S. 215 ff. m. w. N.

[204] BVerfG v. 03.12.1997, Az. 1 BvR 882/97, unter C I. 1.a), http://www.bverfg.de/ (28.02.2002); *Jarass/Pieroth-Jarass* Art. 20 Rn. 68 m. w. N.

[205] BVerfG v. 14.05.1986, BVerfGE 70, 200, 258; *Jarass/Pieroth-Jarass* Art. 20 Rn. 70 m. w. N..

[206] BVerfG v. 03.12.1997, Az. 1 BvR 882/97, unter C I. 1.c), http://www.bverfg.de/ (28.02.2002) m. w. N.; *Jarass/Pieroth-Jarass* Art. 20 Rn. 70.

verworren und ihre Bereinigung deshalb ein Erfordernis der Rechtssicherheit ist.[207] Ein schutzwürdiger Vertrauenstatbestand fehlt auch dann, wenn für den Rückwirkungszeitraum mit der getroffenen Regelung gerechnet werden musste.[208] Grundsätzlich ist das Vertrauen der Normunterworfenen aber bis zum Zeitpunkt des Gesetzesbeschlusses im Bundestag schutzwürdig, die bloße Ankündigung einer Neuregelung ist insoweit nicht ausschlaggebend.[209]

Anders als die Rückbewirkung von Rechtsfolgen betrifft die tatbestandliche Rückanknüpfung oder „unechte" Rückwirkung nicht den zeitlichen, sondern den sachlichen Anwendungsbereich einer Norm. Die Rechtsfolgen eines Gesetzes setzen bei der tatbestandlichen Rückanknüpfung erst nach dem Inkrafttreten der Norm ein. Der Tatbestand erfasst Sachverhalte, die bereits zuvor „ins Werk gesetzt" wurden, d. h. der Gesetzgeber greift in Tatbestände ein, die in der Vergangenheit begonnen aber noch nicht abgeschlossen worden sind.[210] Diese Tatbestände berühren häufig vorrangig spezielle Grundrechte, deren Schutzbereich mit der Verwirklichung des Tatbestandsmerkmals an das die fragliche Norm anknüpft, vor Verkündung der Norm eröffnet worden ist[211] und unterliegen ansonsten weniger strengen Beschränkungen als die Rückbewirkung von Rechtsfolgen.[212] Eine tatbestandliche Rückanknüpfung ist grundsätzlich zulässig. Ausnahmen sind nur dann zu machen, wenn im Einzelfall ein schutzwürdiges Vertrauen der Betroffenen das Wohl der Allgemeinheit überwiegt[213] oder der Gesetzgeber einen Eingriff vornimmt, „mit dem der Betroffene nicht zu rechnen brauchte, den er also bei seinen Dispositionen nicht berücksichtigen konnte"[214], wobei das Vertrauen auf den Fortbestand gesetzlicher Vorschriften regelmäßig nicht geschützt ist[215].

Ob und wann über die Fälle einer tatbestandlichen Rückanknüpfung hinaus ein Vertrauensschutz zugebilligt werden muss, ist weitgehend ungeklärt. Die Recht-

---

[207] Etwa, wenn nachträglich Systemwidrigkeiten eines umfangreicheren Gesetzgebungswerkes korrigiert (BVerfG v. 16.10.1957, BVerfGE 7, 129, 151 f.) oder verfassungswidrige Lükken im System der gesetzlichen Regelung geschlossen werden (BVerfG v. 14.05.1986, BVerfGE 70, 200, 258).

[208] BVerfG v. 08.06.1977, BVerfGE 45, 142, 173 f. m. w. N.

[209] BVerfG v. 14.05.1986, BVerfGE 72, 200, 261.

[210] ; BVerfG v. 14.05.1986, BVerfGE 72, 200, 242; BVerfG v. 03.12.1997, Az. 1 BvR 882/97, unter C I. 1.a), http://www.bverfg.de/ (28.02.2002) m. w. N.; *Jarass/Pieroth-Jarass* Art. 20 Rn. 68 m. w. N.

[211] BVerfG v. 14.05.1986, BVerfGE 72, 200, 242.

[212] BVerfG v. 03.12.1997, Az. 1 BvR 882/97, unter C I. 1.a), http://www.bverfg.de/ (28.02.2002).

[213] *Jarass/Pieroth-Jarass* Art. 20 Rn. 70 m. w. N.

[214] BVerfG v. 28.11.1984, BVerfGE 68, 287, 307.

[215] *Jarass/Pieroth-Jarass* Art. 20 Rn. 73 m. w. N.

sprechung ist insoweit zurückhaltend.[216] Voraussetzung ist jedenfalls das Vorliegen eines schutzwürdigen Vertrauenstatbestandes. Der Betroffene muss auf den Fortbestand der ursprünglichen gesetzlichen Regelung tatsächlich vertraut und aufgrund dieses – schutzwürdigen - Vertrauens Dispositionen getätigt haben. Schutzwürdiges Vertrauen soll vor allem dann vorliegen, wenn es die Absicht des Gesetzgebers war, den Betroffenen zu den getätigten Dispositionen zu veranlassen.[217] In einem zweiten Schritt ist dann zu prüfen, ob das festgestellte schutzwürdige Bestandsinteresse der Betroffenen schwerer wiegt als das Anliegen des Gesetzgebers. Dazu ist das Gewicht des Vertrauensschadens mit der Bedeutung der dem Regelungsvorhaben zugrundeliegenden, öffentlichen Interessen zu vergleichen. Auch in diesem Zusammenhang gilt der Grundsatz, dass der Bürger prinzipiell nicht in den Fortbestand einer ihm günstigen Rechtslage vertrauen darf.[218]

1.) Rückwirkende Regelungen in ersetzenden Sozialplänen

Um beurteilen zu können, wann rückwirkende Eingriffe in Rechtspositionen der Arbeitnehmer im Sozialplanrecht zulässig sind, muss zunächst geklärt werden, bei welchen Sozialplangestaltungen eine tatbestandliche Rückanknüpfung oder eine Rückbewirkung von Rechtsfolgen überhaupt in Rede steht. Die zeitliche Vorverlegung des Anwendungsbereichs eines ersetzenden Sozialplans liegt dann vor, wenn bereits vor Inkrafttreten der abändernden Vereinbarung entstandene Ansprüche gekürzt werden sollen.[219] Da eine solche Regelung aber gleichzeitig einen Eingriff in Eigentumspositionen der Betroffenen darstellt, ist die Zulässigkeit der Entziehung oder Beschränkung, wie bereits ausgeführt worden ist, an der spezielleren Norm des Art. 14 Abs. 3 GG zu messen.

Von einer tatbestandlichen Rückanknüpfung ist dann auszugehen, wenn der ersetzende Sozialplan zulasten einzelner Arbeitnehmer neue Rechtsfolgen an in der Vergangenheit im Rahmen einer Betriebsänderung bereits vorgenommene Maßnahmen knüpft. In diesem Zusammenhang pauschal auf den Beginn der Durchführung der Betriebsänderung abzustellen, läuft der erforderlichen Einzelfallprüfung entgegen. Wie im dritten Kapitel unter IV. 4. c) 1.) dargestellt worden ist, entstehen Abfindungsansprüche aus Sozialplänen erst mit dem Ausscheiden des betroffenen Arbeitnehmers im Zuge der Durchführung der Betriebsänderung.[220] Demnach liegt weder eine tatbestandliche Rückanknüpfung

---

[216] Vgl. aber BVerfG v. 23.03.1971, BVerfGE 30, 393 ff.
[217] *Degenhart*, Staatsrecht I, Rn. 380.
[218] *Degenhart*, Staatsrecht I, Rn. 380.
[219] A. A. *Luding*, Beendigung, S. 115, der selbst bei Eingriffen in bereits entstandene Sozialplanansprüche nur von einer unechten Rückwirkung ausgeht, weil die Ansprüche immer noch unter der Voraussetzung stünden, dass die Geschäftsgrundlage des Sozialplans nicht wegfalle.
[220] In diesem Zusammenhang bei der Kürzung von zukünftigen Abfindungsansprüchen bereits gekündigter aber noch nicht ausgeschiedener Arbeitnehmer von Eingriffen in Anwartschafts-

noch eine Rückbewirkung von Rechtsfolgen vor, wenn die den Arbeitnehmer belastende individualrechtliche Maßnahme noch nicht vorgenommen worden ist.[221] Nur die nach Durchführung der belastenden individualrechtlichen Maßnahme (in der Regel der Zugang der Kündigung) vereinbarte Sozialplankürzung stellt eine tatbestandliche Rückanknüpfung dar. Allerdings muss bei früher vereinbarten Sozialplankürzungen ein Vertrauensschutz ebenfalls erwogen werden.

Wegen der erforderlichen Einzelfallbetrachtung kann die Prüfung, ob eine Sozialplanänderung mit Auswirkungen für noch nicht ausgeschiedene Arbeitnehmer unzulässig ist, hier nicht für alle denkbaren Fallkonstellationen vorweggenommen werden. Es ist aber möglich, für verschiedene denkbare Fallkonstellationen die Kriterien der Interessenabwägung darzustellen. Dabei kommt eine Übertragung der vor allem von der Rechtsprechung unter Heranziehung von Vertrauensschutzgesichtspunkten[222] entwickelten Grundsätze zur Ersetzung von Betriebsvereinbarungen, die Regelungen einer betrieblichen Altersversorgung enthalten[223], nicht in Betracht. Die schon mehrfach betonten Unterschiede zwischen der betrieblichen Altersversorgung und den Ansprüchen aus Sozialplänen stehen einer Vergleichbarkeit auch in diesem Zusammenhang entgegen.[224]

2.) Die tatbestandliche Rückanknüpfung im Sozialplanrecht

Trotz der grundsätzlichen Zulässigkeit einer tatbestandlichen Rückanknüpfung kommt die sogenannte „unechte" Rückwirkung dann nicht in Betracht, wenn das Bestandsinteresse der Normunterworfenen bei schutzwürdigem Vertrauen auf den Fortbestand der ursprünglichen Rechtslage die Änderungsinteressen der Normgeber überwiegt. Erste Voraussetzung für den Vertrauensschutz ist das Vorliegen einer Betätigung schutzwürdigen Vertrauens. Die vom BAG in der Entscheidung vom 08.10.1994[225] angeführte Akzeptanz der Betriebsänderung durch die Arbeitnehmer stellt, wie bereits im ersten Kapitel unter VII. 2. b) auf-

---

rechte zu sprechen (so *Meyer*, NZA 1995, S. 974, 982), ist, selbst wenn man die Existenz von „Anwartschaftsrechten" aus Sozialplänen voraussetzt, zumindest unpräzise. Anwartschaftsrechte stellen per definitionem bereits verfestigte Rechtspositionen dar. Eine Kürzung würde demnach eine Rückbewirkung von Rechtsfolgen darstellen, weil das bereits entstandene Anwartschaftsrecht in seiner Gestalt verändert würde.

[221] A. A. *Meyer*, NZA 1995, S. 974, 982, der schon dann von einer unechten Rückwirkung ausgeht, wenn in einen Sozialplan zuungunsten noch ungekündigter Arbeitnehmer verschlechternd eingegriffen wird.

[222] Vgl. BAG v. 22.05.1990, SAE 1992, 293 ff. mit Anm. von *Herrmann*, die die Rechtsprechung des BAG auf die dogmatische Grundlage der Rückwirkungsgrundsätze stellt; allgemein zur Rückwirkung bei Betriebsvereinbarungen *Fitting* § 77 Rn. 43 f.; *Richardi-Richardi* § 77 Rn. 128 ff.; *ders.*, Kollektivgewalt, S. 432 ff.

[223] Vgl. zur bekannten Dreiteilung *Griebeling*, Bestandsschutz, S. 213 m. w. N.

[224] So im Ergebnis auch das BAG v. 10.08.1994, BAGE 77, 313, 330; *Meyer*, Abänderung, S. 143 f.

[225] BAG v. 10.08.1994, BAGE 77, 313 ff.

gezeigt worden ist, für sich allein keine Betätigung schutzwürdigen Vertrauens dar. Zu den relevanten Vertrauensinvestitionen zählen dagegen alle Entscheidungen, die für den Verlauf des Lebensweges der Arbeitnehmer von Bedeutung sind. Als Beispiele sind die im Vertrauen auf einen Abfindungsanspruch begründete Ablehnung eines nicht so angenehmen Arbeitsplatzes, die finanziell möglicherweise sehr bedeutsame Nichterhebung der Kündigungsschutzklage innerhalb der Frist des § 4 KSchG oder die Unterzeichnung eines Aufhebungsvertrages zu nennen. Diese Entscheidungen sind nachträglich nicht korrigierbar und von den Betriebspartnern als Normgeber durchaus bezweckt. Im Regelfall erfolgen solche Vertrauensinvestitionen im Anschluss an die Vornahme der im Sozialplan vorgesehenen individualrechtlichen Maßnahme zulasten des einzelnen Arbeitnehmers und nicht erst nach seinem tatsächlichen Ausscheiden aus dem Betrieb. Aus diesem Grund liegt ein schutzwürdiges Vertrauen auf den Fortbestand der ursprünglichen Sozialplanregelung schon bei gekündigten aber noch nicht ausgeschiedenen Arbeitnehmern vor.

Damit eine tatbestandliche Rückanknüpfung im abändernden Sozialplan unzulässig ist, muss hinzukommen, dass die Bestandsinteressen der betroffenen Arbeitnehmer die für die Änderung sprechenden Interessen des Betriebes überwiegen. Weil die für den Vertrauensschutz maßgeblichen Vertrauensinvestitionen regelmäßig schon vor dem Entstehen der Sozialplanansprüche getätigt werden, dürfen im Rahmen der Interessenabwägung an die Interessen des Betriebes keine geringeren Anforderungen gestellt werden, als bei der Rückbewirkung von Rechtsfolgen im Rahmen einer Enteignung für erforderlich gehalten wurden. Die besondere Situation beim Sozialplan verlangt somit, dass eine Kürzung schon vor dem Entstehen der Sozialplanansprüche mit dem Ausscheiden der Betroffenen aus dem Betrieb durch das Vorliegen einer existentiellen Gefahr für das Unternehmen gerechtfertigt wird. Hinsichtlich der bei der Prüfung maßgeblichen Einzelheiten kann auf die Ausführungen zur Rechtfertigung eines Eingriffs in bereits entstandene Sozialplanansprüche verwiesen werden.

Es sind jedoch auch Fälle denkbar, in denen ein solcher Schutz des Vertrauens der vom Sozialplan Begünstigten nicht notwendig ist. Wie bei der Rückanknüpfung staatlicher Gesetze fehlt es am Vorliegen eines Vertrauenstatbestandes oder an der Schutzwürdigkeit eines vorhandenen Vertrauens, wenn die Normunterworfenen für den Rückwirkungszeitraum mit der getroffenen Regelung rechnen mussten.[226] Das ist jedenfalls dann der Fall, wenn sich die Betriebspartner im Sozialplan die Möglichkeit einer verschlechternden Abänderung vorbehalten haben.[227] Problematischer ist die Rechtslage, wenn die Betriebspartner die Ab-

---

[226] BAG v. 05.10.2000, AP Nr. 141 zu § 112 BetrVG 1972; *Hess/Schlochauer/Glaubitz-Hess* § 77 Rn. 57 m. w. N.; *von Hoyningen-Huene*, Anm. zu BAG v. 10.08.1994, AP Nr. 86 zu § 112 BetrVG 1972; *Meyer*, NZA 1995, S. 974, 983; *Richardi*, Kollektivgewalt, S. 432 ff.

[227] So auch *Meyer*, Abänderung, S. 143.

änderung des Sozialplans lediglich angekündigt haben. Aus der Ankündigung einer verschlechternden Neuregelung geht wohl im Regelfall nicht hervor, in welchem Ausmaß der Sozialplan abgeändert werden soll. Wenn aber beide Betriebspartner in einer Form, die geeignet ist, alle Arbeitnehmer zu erreichen (etwa durch Aushang an einer prominenten Stelle im Betrieb), deutlich machen, dass und in welchem Rahmen eine Verschlechterung stattfinden wird und sich die spätere Abänderung im Rahmen dieser Ankündigung hält, kann das Vorliegen schützenswerten Vertrauens abgelehnt werden.[228] Dadurch ist den Betriebspartnern ein schnelles Reagieren auf veränderte Umstände trotz des möglicherweise länger dauernden Normsetzungsverfahrens möglich. Keine Schwächung des Vertrauensschutzes wird dagegen durch die einseitige Ankündigung einer Sozialplanänderung, die Verkündung des Wegfalls der Geschäftsgrundlage des Sozialplans[229], die unrechtmäßige Kündigung des Sozialplans[230], die schlichte Aufnahme von Verhandlungen zwischen den Betriebspartnern[231] oder die Bekanntmachung einer schwierigen finanziellen Situation des Betriebes erreicht. Grundsätzlich dürfen die Arbeitnehmer auf die betrieblichen Normen eines Sozialplans vertrauen. Würde man von ihnen verlangen, bei ersten Anzeichen für eine mögliche spätere Veränderung keine Vertrauensinvestitionen in den Sozialplan mehr vorzunehmen, so hätte dies nachteilige Folgen für die Befriedungsfunktion des Sozialplans. Die Arbeitnehmer wären beispielsweise gezwungen, für beide Seiten aufreibende Kündigungsschutzprozesse zu führen. Außerdem darf es dem Arbeitgeber nicht möglich sein, die Zulässigkeit einer rückwirkenden Änderung von Sozialplanansprüchen allein dadurch zu erwirken, dass er nach Abschluss des ersten Sozialplans mehr oder weniger überzeugend Zweifel am weiteren Bestand der Vereinbarung weckt.[232] Die Arbeitnehmer dürfen so lange auf den Sozialplan vertrauen, wie ihnen nicht beide Betriebspartner in dafür geeigneter Art und Weise erklärt haben, dass es zu Verschlechterungen kommen wird.

Eine abgeschwächter Vertrauenstatbestand ist in Anlehnung an die Rechtsprechung des BVerfG zur Rückwirkung staatlicher Gesetze auch dann anzunehmen, wenn die ursprüngliche Rechtslage aufgrund der bisherigen Regelung unklar und verworren war.[233] Als weiteres Beispiel für einen entkräfteten Vertrauens-

---

[228] Ähnlich *Meyer*, Abänderung, S. 143.

[229] A. A. *Meyer*, Anm. zu BAG v. 28.08.1996, AP Nr. 104 zu § 112 BetrVG 1972.

[230] BAG v. 10.08.1994, BAGE 77, 313, 327 f. mit zust. Anm. von *Pottmeyer*, SAE 1995, S. 304, 308.

[231] A. A. jedenfalls für den Fall, dass die Verhandlungen zeitnah zum ersten Sozialplanabschluss aufgenommen werden, *Meyer*, Abänderung, S. 143.

[232] BAG v. 10.08.1994, BAGE 77, 313, 327 f. mit zust. Anm. von *Pottmeyer*, SAE 1995, S. 304, 308.

[233] BAG v. 05.10.2000, AP Nr. 141 zu § 112 BetrVG 1972; *Hess/Schlochauer/Glaubitz-Hess* § 77 Rn. 57 m. w. N.

tatbestand dient in Literatur[234] und Rechtsprechung[235] die Beendigung des ersten Sozialplans. Was das BAG unter einem „abgelaufenen" Sozialplan versteht, ist jedoch fraglich. Ein Sozialplan endet in der Regel durch Zweckerreichung, wenn die Betriebsänderung, die er begleitet, durchgeführt worden ist. Da in diesem Fall keine Weitergeltung seiner Regelungen eintritt und die Ansprüche aus dem Sozialplan sämtlich bereits erfüllt worden sind, stellt sich die Frage, wo der Anknüpfungspunkt für eine tatbestandliche Rückanknüpfung sein soll. Selbst wenn sich nachträglich herausstellt, dass die Betriebsänderung einen größeren Umfang hat als bei Sozialplanaufstellung angenommen und vom Sozialplan erfasst worden ist, so hat dies lediglich zur Folge, dass ein neuer Sozialplan für den nicht erfassten Teil der Betriebsänderung aufgestellt werden muss. Gemeint sein muss demnach der seltene Fall eines befristeten Sozialplans, dessen Regelungen gem. § 77 Abs. 6 BetrVG nach seinem Ablauf weitergelten. Wie bereits erläutert worden ist, stehen die im Weitergeltungsstadium entstehenden Ansprüche nicht unter dem Vorbehalt einer späteren Abänderung. Von einer generellen Entkräftung des Vertrauensschutzes kann nicht ausgegangen werden.[236] Da der Fristablauf im Sozialplan allen Arbeitnehmern bekannt gemacht wurde, ist das Vertrauen in den Bestand der Sozialplanregelungen über diesen Zeitpunkt hinaus aber tatsächlich nicht schutzwürdig. Anders ist die Rechtslage, wenn das Ende des Sozialplans nicht durch Fristablauf, sondern in einer Störung der Geschäftsgrundlage seinen Grund findet. In diesem Fall ist das Vertrauen der Arbeitnehmer nicht von vornherein abgeschwächt.

Schließlich stellt sich die Frage, ob sich auch derjenige auf schutzwürdiges Vertrauen berufen darf, der trotz des bestehenden Sozialplans eine Kündigungsschutzklage erhoben hat.[237] Für eine abschließende Beurteilung dieser Frage muss auf den Einzelfall verwiesen werden. Allgemein kann aber festgestellt werden, dass die Nichterhebung der Kündigungsschutzklage bei weitem nicht die einzig denkbare Vertrauensinvestition darstellt. Es ist durchaus vorstellbar, dass ein Arbeitnehmer Bedenken hinsichtlich der Sozialauswahl hat, die zu dem Ausspruch der Kündigung zu diesem Zeitpunkt geführt hat, aber dennoch für den Fall, dass seine Klage keinen Erfolg haben sollte, auf den Bestand des Sozi-

---

[234] GK-*Kreutz* § 77 Rn. 198; *Meyer*, Anm. zu BAG v. 28.08.1996, AP Nr. 104 zu § 112 BetrVG 1972; *ders.*, Abänderung, S. 142 für den Fall, dass sich die nachfolgenden Verhandlungen über Gebühr hinziehen; *Richardi-Richardi* § 77 Rn. 130.

[235] BAG v. 05.10.2000, AP Nr. 141 zu § 112 BetrVG 1972; vgl. stellvertretend für viele Literaturstimmen *Richardi-Richardi* § 77 Rn. 130.

[236] So stellt auch das BAG in einer Entscheidung v. 18.04.1989 (AP Nr. 2 zu § 1 BetrAVG Betriebsvereinbarung) im Recht der betrieblichen Altersversorgung bei einer Neuregelung nach Kündigung auf die gleichen Vertrauensschutzerwägungen ab, wie bei einer einvernehmlichen Abänderung; zustimmend *Griebeling*, Festschrift für Ahrend, S. 214.

[237] Gegen einen Vertrauensschutz in diesem Fall *Meyer*, Abänderung, S. 143.

alplanes vertraut und zum Beispiel im Hinblick auf die versprochene Abfindung einen nicht so angenehmen anderen Arbeitsplatz ablehnt.

3.) Kein Vertrauensschutz bei fehlender Rückwirkung

Fraglich ist, ob auch dann ein schützenswerter Vertrauenstatbestand vorliegt, wenn der abändernde Sozialplan nicht an Tatbestände anknüpft, die in der Vergangenheit bereits begonnen wurden, sondern nur zukünftig entstehende Ansprüche ungekündigter Arbeitnehmer reduziert. Die Versäumung der Klagefrist aus den §§ 4 Abs. 1, 7 KSchG ist in diesen Fällen nicht zu befürchten. Es ist auch eher unwahrscheinlich, dass die Arbeitnehmer bereits in diesem Stadium im Vertrauen auf später eventuell entstehende Sozialplanansprüche unumkehrbare Entscheidungen für ihr späteres Leben vornehmen. Ebenso wenig wie ein in den Betrieb eintretender Arbeitnehmer sich darauf verlassen kann, dass eine dort vorgefundene, ihm günstige betriebliche Regelung auf Dauer fortbesteht, kann ein von einer Betriebsänderung betroffenes Belegschaftsmitglied darauf vertrauen, dass der zwischen den Betriebspartnern vereinbarte Sozialplan für alle Zeit Bestand hat. Als Rechtsnormen wirken Betriebsvereinbarungen und Sozialpläne unabhängig vom Willen der normunterworfenen Arbeitnehmer auf deren Arbeitsverhältnisse ein. Die Betriebspartner begeben sich durch die erstmalige Regelung eines bestimmten Tatbestandes nicht ihrer Regelungsmacht und damit ihrer Befugnis, den Tatbestand für die Zukunft neu zu regeln.[238] Einschränkungen der Eingriffsmöglichkeiten ergeben sich bei dieser Fallgruppe deshalb nur aus dem Grundsatz der Verhältnismäßigkeit.[239]

4.) Der Vertrauensschutz zugunsten des Arbeitgebers

Da sich die Normwirkung des Sozialplans auch auf den Arbeitgeber erstreckt, ist dessen Vertrauen in den Bestand der Norm bei einer rückwirkenden Abänderung zu seinen Lasten grundsätzlich ebenfalls schutzwürdig.[240] Dieses Schutzes bedarf es allerdings dann nicht, wenn der Arbeitgeber sich als Partei des Normenvertrages mit der Abänderung einverstanden erklärt hat.[241] Nur wenn die Einigungsstelle zu Lasten des Unternehmers über die Sozialplanänderung entschieden hat, ist der Arbeitgeber schutzbedürftig. Das ist – bei richtigem Verständnis der Loslösungsmöglichkeiten – nur beim Vorliegen einer Geschäftsgrundlagenstörung zum Nachteil der Arbeitnehmer, etwa bei einer unvorhersehbar hohen Geldentwertung im Katastrophenfall, denkbar. Mangels praktischer Relevanz

---

[238] BAG v. 24.03.1981, BAGE 35, 160, 167 f.

[239] Im Ergebnis ähnlich aber mit einem klärungsbedürftigen Hinweis auf einen vertraglichen Besitzstand begründet: *Hilger*, Anm. zu BAG v. 24.03.1981, AP Nr. 12 zu § 112 BetrVG 1972.

[240] Vgl. *Richardi*, Kollektivgewalt, S. 433.

[241] So auch *Jaeckle*, Ablösung, S. 217 f. m. w. N.

bedarf der Vertrauensschutz zugunsten des Arbeitgebers somit hier keiner weitergehenden Untersuchung.

IV. Zusammenfassung der Ergebnisse in Thesen

1. Ein Betriebsratsmandat für ausgeschiedene Mitarbeiter ist immer dann anzuerkennen, wenn das Betriebsverfassungsgesetz die Betriebspartner zu Regelungen ermächtigt, die sich kraft Natur der Sache auf den Zeitraum nach Beendigung des Arbeitsverhältnisses erstrecken. Da Sozialpläne häufig Regelungen enthalten, die das Ausscheiden von Mitarbeitern aus dem Betrieb begleiten sollen, erstreckt sich die Befugnis zur Abänderung von Sozialplänen prinzipiell auch auf die Verschlechterung der Rechtspositionen bereits ausgeschiedener Arbeitnehmer.

2. Dem Betriebsrat eines untergegangenen Betriebes steht die Kompetenz zur Änderung von bereits bestehenden Sozialplänen jedenfalls dann zu, wenn die abändernde Vereinbarung mit dem Untergang des Betriebes in Zusammenhang steht.

3. Weil die §§ 111 ff. BetrVG keine Verpflichtung der Betriebspartnern zur Aufstellung eines Sozialplans begründen, steht der Schutzzweck des Sozialplans einer den Arbeitnehmern nachteiligen Abänderung des Normenvertrages nicht entgegen, solange dadurch die Position der Arbeitnehmer im Vergleich zu ihrer Situation vor der ersten Vereinbarung zumindest nicht verschlechtert wird.

4. Bereits entstandene Ansprüche auf Sozialplanleistungen fallen in den Schutzbereich des über § 75 BetrVG mittelbar wirkenden Art. 14 GG. Anwartschaftsrechte auf Leistungen aus Sozialplänen existieren nicht, da vor der vollständigen Erfüllung des Entstehungstatbestandes keine Rechtsposition der Erwerbers vorliegt, die vom Arbeitgeber nicht mehr zerstört werden kann. Soweit ein Sozialplan lediglich mit Wirkung für die Zukunft verändert wird, ist der Schutzbereich des Art. 14 GG deshalb nicht tangiert.

5. Die Kürzung von Sozialplanansprüchen stellt einen teilweisen Entzug der aus dem Sozialplan resultierenden Rechte und nicht die abstrakt-generelle Festlegung von Rechten und Pflichten dar. Aus diesem Grund liegt eine Enteignung und keine Inhalts- und Schrankenbestimmung vor. Allerdings sind in ersetzenden Sozialplänen, z. B. wenn der Zeitpunkt der Fälligkeit der Ansprüche verschoben wird, auch Inhalts- und Schrankenbestimmungen denkbar.

6. An die Stelle des Allgemeinwohls treten bei der Rechtfertigung einer Kürzung bereits entstandener Ansprüche auf Sozialplanleistungen die Interessen des Betriebes und der verbleibenden Belegschaft. Da aus Sozialplänen in aller Regel auf Geld gerichtete Forderungen resul- resultieren, darf darauf nur dann zuge-

griffen werden, wenn die Beschaffung von Geldern, die für die Sicherung des Wohls des Betriebes und der Belegschaft gebraucht werden, anders nicht möglich ist. Wird der Zweck der Enteignung in angemessener Zeit nicht realisiert, entfällt ihre Legitimation. Dies hat zur Folge, dass im abändernden Sozialplan geregelt sein muss, dass den betroffenen Arbeitnehmern ihre Ansprüche in voller Höhe wieder eingeräumt werden, wenn die angestrebte Sanierung scheitert. Selbst bei einem Erfolg der Sanierungsmaßnahmen kommt eine endgültige Kürzung nur dann in Betracht, wenn absehbar ist, dass das sanierte Unternehmen auf Dauer unfähig bleiben wird, die vollen Sanierungslasten zu tragen.

7. Bei einer Kürzung der in aller Regel auf Geld gerichteten Sozialplanleistungen zum Zwecke der Überwindung von Finanzengpässen ist die Zahlung einer Entschädigung zum vollen Verkehrswert gleichbedeutend mit der Belassung der Ansprüche und ist deswegen nicht sinnvoll. Es reicht aus, wenn sich die Kürzung nur auf den Teil der Forderung bezieht, um den der nominelle Wert der Forderung die notwendige Entschädigung überschreitet. Da eine bloß nominelle Entschädigung unzulässig ist, kommt die vollständige Entziehung der Ansprüche nicht in Betracht.

8. Die Interessenabwägung im Rahmen der Verhältnismäßigkeitsprüfung hat zum Ergebnis, dass die Kürzung bereits entstandener Ansprüche nur bei einer existentiellen Gefahr für das Unternehmen zulässig ist. An den Nachweis der Existenzgefahr sind die Anforderungen zu stellen, die von der Rechtsprechung für die einseitige Kürzung einer Versorgungszusage durch den Arbeitgeber entwickelt worden sind. Der Rechtsprechung zur einseitigen Kürzung von Versorgungszusagen können auch die Anforderungen entnommen werden, die im Rahmen der Prüfung der Geeignetheit und der Erforderlichkeit an eine Sozialplankürzung zu stellen sind. Voraussetzung ist demnach die Erstellung eines Sanierungsplans, der eine gerechte Lastenverteilung unter Heranziehung sämtlicher Beteiligter vorsieht, wobei die Waren- und Kreditgläubiger des Unternehmens nicht zum Kreis derjenigen gehören, die an den Sanierungslasten zu beteiligen sind. Bei konzerngebundenen Unternehmen kann es unter bestimmten Voraussetzungen zu einem sogenannten Berechnungsdurchgriff kommen.

9. Auch wenn Sozialpläne nur für die Zukunft verschlechtert werden, ist eine Verhältnismäßigkeitsprüfung durchzuführen. Beurteilungsobjekt sind dabei nicht die Auswirkungen auf einzelne Arbeitnehmer; die Regelung ist vielmehr nur dann unwirksam, wenn sie das Übermaßverbot zulasten der regelungsbetroffenen Gruppe generell verletzt.

10. Die Regeln zur Rückwirkung von Gesetzen werden bei der Kürzung bereits entstandener Ansprüche von den spezielleren Regelungen des Art. 14 GG verdrängt. Anders ist die Rechtslage im Bereich der tatbestandlichen Rückanknüpfung, da Art. 14 GG in diesem Fall nicht einschlägig ist. Eine unechte Rückwirkung liegt regelmäßig dann vor, wenn vor dem Entstehen von Sozialplanan-

Sozialplanansprüchen an in der Vergangenheit im Rahmen einer Betriebsänderung vorgenommene belastende individualrechtliche Maßnahmen andere Rechtsfolgen geknüpft werden.

11. Da die für den Vertrauensschutz maßgeblichen Vertrauensinvestitionen oft schon vor dem Entstehen der Sozialplanansprüche getätigt werden, müssen bei einer tatbestandlichen Rückanknüpfung an die Interessen des Betriebes im Rahmen der Interessenabwägung die gleichen Anforderungen wie bei der Kürzung von bereits entstandenen Ansprüchen gestellt werden. Die besondere Situation der Sozialplangläubiger verlangt in diesen Fallkonstellationen ebenfalls das Vorliegen einer existentiellen Gefahr für das Unternehmen, soweit der grundsätzlich bestehende Vertrauensschutz nicht ausnahmsweise entkräftet worden ist, etwa weil die Betroffenen mit den Kürzungen rechnen mussten.

12. Bei einer Verschlechterung von Sozialplanabfindungen ungekündigter Arbeitnehmer kommt ein Vertrauensschutz in der Regel nicht in Betracht.

13. Bei einer Sozialplanänderung durch die Einigungsstelle genießt auch der Arbeitgeber prinzipiell Vertrauensschutz. Allerdings liegt ab dem Zeitpunkt, in dem ihm das Wiederaufleben des Mitbestimmungsrechts bekannt geworden ist, kein schutzwürdiges Vertrauen mehr vor.

V. Fazit

Die Untersuchung der Grenzen der betrieblichen Normsetzungsmacht bei der Änderung von Sozialplänen hat gezeigt, dass die Betriebspartner grundsätzlich zu weitreichenden Eingriffen befugt sind. Soweit die abändernde Vereinbarung nur für die Zukunft Wirkung zeigt, besteht lediglich eine Bindung an den Grundssatz der Verhältnismäßigkeit. Erfasst die Verschlechterung dagegen auch solche Arbeitnehmer, die von der Betriebsänderung schon betroffen wurden, erhöht sich das Schutzniveau schlagartig. In Anbetracht der Interessen der Normunterworfenen sind an Kürzungen strenge Voraussetzungen zu stellen. Die von den Arbeitnehmern zu diesem Zeitpunkt regelmäßig bereits vorgenommenen Vertrauensinvestitionen dürfen nur bei Vorliegen einer existentiellen Krise des Unternehmens enttäuscht werden. Ist eine solche Notlage allerdings gegeben, muss zugunsten des öffentlichen Interesses an der Erhaltung des Unternehmens und zum Schutz der verbleibenden Arbeitnehmer sogar ein Eingriff in bereits entstandene Ansprüche zugelassen werden. Mit Blick auf die Ergebnisse der vorangegangenen Kapitel kann somit als Gesamtergebnis festgestellt werden, dass die Abänderung eines einmal aufgestellten Sozialplans in erster Linie bei Einigkeit der Betriebspartner über die Notwendigkeit der Änderung, also nur unter solchen Voraussetzungen möglich ist, die die Interessen der Normunterworfenen bereits bei der Frage nach der Möglichkeit einer Abänderung so weit als möglich schützen. Nur in den eng begrenzten Ausnahmefällen einer Störung der Geschäftsgrundlage kann ein widerstrebender Vertragspartner zu einer Neuregelung gezwungen werden. Und auch in diesem Fall garantiert die im Nichteinigungsfall zuständige Einigungsstelle den bestmöglichen Schutz der Arbeitnehmerinteressen. Sind diese Hürden allerdings genommen, steht den Betriebspartnern vor allem wenn Belange von öffentlichem Interesse für die Abänderung sprechen der oben beschriebene relativ große Regelungsspielraum zur Verfügung.

G. Besondere Sozialplantypen

Die bisherigen Untersuchungen waren sämtlich auf den Einzelsozialplan, d. h. auf einen Sozialplan, der im Hinblick auf eine konkrete Betriebsänderung aufgestellt wird und nach deren Durchführung endet, bezogen. In der Rechtsprechung und Literatur ist jedoch nahezu einhellig anerkannt, dass der Ausgleich und die Abmilderung von Nachteilen, die Arbeitnehmern im Zuge von Betriebsänderungen entstehen, auch ohne Bezugnahme auf eine konkrete Betriebsänderung geregelt werden können.[1] Solche Sonderformen von Sozialplänen sind der Gegenstand des sechsten Kapitels. Im Anschluss an eine kritische Darstellung der verschiedenen Regelungstypen – einschließlich Zulässigkeitsprüfung – sollen etwaige Besonderheiten im Hinblick auf die Abänderbarkeit der Vereinbarungen untersucht werden.

I. Die verschiedenen Regelungstypen

In der Praxis sind vor allem solche Vereinbarungen von Bedeutung[2], die sich pauschal auf kommende Betriebsänderungen beziehen. Sie enthalten zum einen Verfahrensregelungen wie beispielsweise die zwingende Einschaltung externer Schlichter (etwa des Präsidenten des LAG gem. § 112 Abs. 2 S. 1 BetrVG), die Regelung des Verfahrens vor der Einigungsstelle gem. § 76 Abs. 4 BetrVG, die Errichtung einer ständigen Einigungsstelle gem. § 76 Abs. 1 S. 2 BetrVG oder die Erteilung eines Verhandlungsmandates an den Gesamtbetriebsrat zum Abschluss eines Sozialplans gem. § 50 Abs. 2 S. 1 BetrVG.[3] Zum anderen können sie materielle Ausgleichsregelungen beinhalten, aus denen sich für die von zukünftigen Betriebsänderungen betroffenen Arbeitnehmer Ansprüche ergeben. Möglich sind außerdem materiell-abstrakte Regelungen, wie etwa Abfindungsbemessungsrichtlinien. Durch die beschriebenen Vereinbarungen soll der Rahmen für spätere, dann im Zusammenhang mit einer konkreten Betriebsänderung stehende Sozialplanverhandlungen abgesteckt werden. Wegen dieser Zielsetzung wird der dargestellte Regelungstyp in den folgenden Ausführungen in

---

[1] *Richardi-Annuß* § 112 Rn. 64; *Bauer*, DB 1994, S. 217, 225; GK-*Fabricius/Oetker* §§ 112, 112a Rn. 103; *Fitting* §§ 112, 112a Rn. 80; *Galperin/Löwisch* § 112 Rn. 23 f.; *Hartung*, DB 1976, S. 2064 ff.; *Hess/Schlochauer/Glaubitz- Hess* § 112 Rn. 104; *Rumpff/Boewer*, Mitbestimmung, S. 370 f. m. w. N.; *Vogt*, Sozialpläne, S. 280, 287 ff.

[2] Vgl. *Rancke*, Betriebsverfassung und Unternehmenswirklichkeit, S. 59, der solche Sozialpläne in 39-46 % aller Großunternehmen vermutet.

[3] Die Regelungsmöglichkeiten sind *Meyer*, NZA 1996, S. 239, 241 entnommen; *Fuchs*, Der Sozialplan, S. 94 f., sieht darin die einzig zulässige Form des Rahmensozialplans.

Übereinstimmung mit der in der Literatur[4] vorherrschenden Terminologie als Rahmensozialplan bezeichnet werden.

Wenn ein für eine konkret geplante Betriebsänderung aufgestellter Sozialplan in seinem Anwendungsbereich von vornherein auf noch nicht geplante künftige Betriebsänderungen ausgedehnt wird, handelt es sich um die Kombination eines Einzel- mit einem Rahmensozialplan. *Meyer*[5] und *Luding*[6] sehen in solchen Vereinbarungen eine eigenständige Regelungsform. In der rechtlichen Beurteilung beider Teile der Vereinbarung ergeben sich aber durch die Verbindung selbst nach der Ansicht von *Meyer*[7] und *Luding*[8] keine Besonderheiten. Vor diesem Hintergrund verwundert der Vorwurf an das BAG[9], es hätte die Frage behandeln müssen, wie ein solcher zweigliedriger Sozialplan rechtsdogmatisch einzuordnen ist. Angesichts fehlender Konsequenzen der Verbindung bedarf es keiner gesonderten Beurteilung oder auch nur Bezeichnung dieser Regelungsform.[10]

Problematischer sind dagegen solche Vereinbarungen, die eine noch nicht geplante, aber in groben Umrissen schon abschätzbare Betriebsänderung abschließend regeln wollen. In Anlehnung an die vom BAG[11] verwendete Terminologie soll in diesem Zusammenhang von vorsorglichen Sozialplänen die Rede sein.

---

[4] Vgl. *Richardi-Annuß* § 112 Rn. 64; *Bauer*, DB 1994, S. 117, 225; *Birk*, ZfA 1986, S. 73, 90; *Fitting* §§ 112, 112a Rn. 80; *Galperin/Löwisch* § 112 Rn. 23a. Die Terminologie ist insoweit jedoch uneinheitlich. Das BAG bezeichnet jede, losgelöst von einer konkreten Betriebsänderung abgeschlossene Vereinbarung mit sozialplanähnlichem Inhalt als vorsorglichen Sozialplan, vgl. BAG v. 10.08.1994, BAGE 77, 313, 324 f.; ebenso z. B. *Hartung*, DB 1976, S. 2064 ff.; *Meyer*, NZA 1996, S. 239; *ders.*, Anm. zu BAG v. 26.08.1997, AP Nr. 117 zu § 112 BetrVG 1972, Bl. 1130; auch *Richardi-Annuß* § 112 Rn. 63 f. verwendet diesen Begriff als Oberbegriff für alle Sonderformen; andere bezeichnen die fragliche Vereinbarung als prophylaktischen Sozialplan (*Krejci*, Sozialplan, S. 36 ff.), als Schubladen- (*Kaven*, Das Recht des Sozialplans, S. 136) oder Dauersozialplan (*Däubler*, NZA 1985, S. 545, 546 f.; *Ohl*, Sozialplan, S. 63 ff.; *Birk*, ZfA 1986, S. 73, 90 Fn. 97 bei materiell-konkreten Regelungen). Vereinbarungen, die materielle Regelungen enthalten, werden wegen des naheliegenden Vergleichs mit tarifvertraglichen Rationalisierungsschutzabkommen als betriebliche Rationalisierungsschutzabkommen bezeichnet, vgl. z. B. *Knuth*, Dokumentation, S. 185.

[5] *Meyer*, NZA 1996, S. 239, 242; *ders.*, Anm. zu BAG v. 26.08.1997, AP Nr. 117 zu § 112 BetrVG 1972, Bl. 1130, bezeichnet diese Regelungsform als Dauersozialpläne.

[6] *Luding*, Beendigung, S. 164 f.

[7] Ein solcher „Dauersozialplan“ soll auch der Entscheidung des BAG v. 26.08.1997 zugrundegelegen haben. *Meyer* (Nachträgliche Abänderung, S. 56) überprüft dennoch jeden Teil dieses zweigliedrigen Sozialplans getrennt und zieht auch sonst keine Konsequenzen aus seiner Einteilung.

[8] *Luding*, Beendigung, S. 165.

[9] *Meyer*, Anm. zu BAG v. 26.08.1997, AP Nr. 117 zu § 112 BetrVG 1972, Bl. 1130.

[10] Vgl. auch *Däubler/Kittner/Klebe-Däubler* §§ 112, 112a Rn. 132.

[11] BAG v. 26.08.1997, BAGE 86, 228, 237; BAG v. 19. 01.1999 = AP BetrVG 1972 § 113 Nr. 37; ebenso *Richardi-Annuß* § 112 Rn. 64; *Fitting* §§ 112, 112a Rn. 80.

Wie sich im weiteren Verlauf der Untersuchung zeigen wird, ist die Zulässigkeit dieser Sozialpläne äußerst fragwürdig.

In einem Beschluss vom 01.04.1998 hat das BAG[12] den Begriff „vorsorglich aufgestellter Sozialplan" verwandt. In dem der Entscheidung zugrundeliegenden Fall waren die Betriebspartner unsicher, ob bei der Kündigung eines Auftrags über bestimmte Dienstleistungen und der Neuvergabe dieses Auftrags an einen anderen Auftragnehmer ein Betriebsübergang vom bisherigen auf den neuen Auftragnehmer, oder wegen der vom bisherigen Auftragnehmer ausgesprochenen Kündigungen eine Betriebsänderung vorlag. Aus diesem Grund vereinbarten sie für den Fall, dass es sich um eine Betriebsänderung handelte, einen Sozialplan. Rechtlich betrachtet stand die Wirksamkeit dieser Vereinbarung unter einer sogenannten uneigentlichen Bedingung oder Scheinbedingung. Das Rechtsgeschäft hing nicht, wie bei einer echten Bedingung, von einem noch ungewissen zukünftigen Ereignis ab. Vielmehr stand seine Wirksamkeit schon fest, die Parteien wussten das nur nicht, weil sie über das Vorliegen der tatsächlichen oder rechtlichen Voraussetzungen im Unklaren waren.[13] Die Dokumentation einer solchen Ungewissheit im Sozialplan ist grundsätzlich zulässig. Es handelt sich um einen Sozialplan, dessen Wirksamkeit unter der Voraussetzung steht, dass die subjektiv ungewisse Tatsache oder Rechtslage objektiv gegeben ist.[14] Um Verwechslungen vorzubeugen, sollte in diesem Fall allerdings nicht von einem vorsorglichen Sozialplan gesprochen werden. Eine gesonderte Untersuchung solcher Vereinbarungen ist im Rahmen der vorliegenden Arbeit unnötig, da sie über die Tatsache hinaus, dass die Wirksamkeit unter einer Scheinbedingung steht, keine Besonderheiten aufweisen. Die nachfolgenden Untersuchungen beschränken sich deshalb auf zwei Regelungstypen, den Rahmensozialplan und den vorsorglichen Sozialplan.

II. Die Rechtsgrundlage

Dass § 112 BetrVG nicht die Rechtsgrundlage des Rahmensozialplans darstellt, wird nahezu einhellig anerkannt. Mangels Bezugnahme auf eine konkrete, im Planungsstadium befindliche Betriebsänderung liegen die Voraussetzungen des § 112 BetrVG nicht vor.[15] Das Bundesarbeitsgericht[16] hat Rahmensozialpläne in

---

[12] BAG v. 01.04.1998, AP Nr. 123 zu § 112 BetrVG 1972 mit zust. Anm. von *Meyer*, Bl. 8 ff.
[13] *Richardi-Annuß* § 112 Rn. 66; *Löwisch*, Festschrift für Dieterich, S. 345, 346; *Medicus*, Allgemeiner Teil, § 52 AbS. 1 1., Rn. 829.
[14] *Löwisch*, Festschrift für Dieterich, S. 345, 346 f.
[15] BAG v. 25.10.1983, Az. 1 AZR 225/82, Juris-Nr. KARE 266150303 (26.06.2003); BAG v. 29.11.1983, BAGE 44, 260, 265; BAG v. 26.08.1997, BAGE 86, 228, 233; *Bopp/Gross*, Mitbestimmung des Betriebsrates, F S. 255; *Däubler/Kittner/Klebe-Däubler* §§ 112, 112a Rn. 130; GK-*Fabricius/Oetker* §§ 112, 112a Rn. 103; *Fitting* §§ 112, 112a Rn. 80; *Fuchs*, Sozial-

mehreren Entscheidungen dennoch für möglich gehalten, ohne die Frage ihrer Zulässigkeit ausdrücklich zu erörtern. Nach ganz herrschender Ansicht erstreckt sich die umfassende Regelungskompetenz der Betriebspartner, die in § 77 Abs. 3 BetrVG und § 88 BetrVG zum Ausdruck kommt, auch auf die Befugnis zum Abschluss freiwilliger Sozialpläne.[17] Zu den sozialen Angelegenheiten gehören alle Leistungen, die der Arbeitgeber mit Rücksicht auf das Arbeitsverhältnis erbringt. Deshalb ergibt sich die Regelungsbefugnis für die Aufstellung von Rahmensozialplänen jedenfalls dann aus § 88 BetrVG, wenn die Einräumung konkreter Ansprüche für den Fall der späteren Durchführung einer Betriebsänderung Gegenstand der Vereinbarung ist.[18] Einer ausdrücklichen Ermächtigung zum Abschluss freiwilliger Betriebsvereinbarungen für den Bereich der §§ 111 ff. BetrVG bedarf es vor diesem Hintergrund nicht.

Vor allem *Rumpff/Boewer*[19] vertreten eine abweichende Ansicht. Sie gehen davon aus, dass das Betriebsverfassungsgesetz den Abschluss von Sozialplänen ohne Bezug zu einer konkreten Betriebsänderung verbiete, sofern es sich nicht um schuldrechtlich wirkende Vereinbarungen über die Formen der Zusammenarbeit handele. Sozialplanregelungen seien nach dem Wortlaut des § 112 Abs. 1 BetrVG auf Nachteile zu beziehen, die den Arbeitnehmern aus einer konkreten Betriebsänderung entstehen. Die Aufstellung ständiger oder vorsorglicher Sozialpläne entbehre demnach einer Ermächtigungsgrundlage und sei daher unzulässig. Lediglich eine freiwillige Vereinbarung über die Formen der Zusammenarbeit bei einer späteren Betriebsänderung sei mit Blick auf das Gebot des § 2 Abs. 1 BetrVG rechtmäßig. Damit unterstellen *Rumpff/Boewer* dem § 112 Abs. 1 BetrVG einen abschließenden Charakter. Die §§ 111 ff. BetrVG sind jedoch lediglich insoweit abschließend, als es um die Erzwingbarkeit einer Sozi-

---

plan, S. 94 f.; *Hunold*, Personalanpassung, S. 139; *Meyer*, NZA 1996, S. 239, 241; *Rumpff/Boewer*, Mitbestimmung, S. 370 f.

[16] BAG v. 25.10.1983, Az. 1 AZR 225/82, Juris-Nr. KARE 266150303 (26.06.2003); BAG v. 29.11.1983, BAGE 44, 260, 265; BAG v. 13.07.1993, Az. 1 ABR 2/93, Juris-Nr. KARE 412820403 (26.06.2003); BAG v. 10.08.1994, BAGE 77, 313, 324 f.; BAG v. 26.08.1997, BAGE 86, 228, 233 ff. mit zust. Anm. von *Ehrich*, EwiR 1998, S. 869 f; bestätigt von BAG v. 19.01.1999, AP BetrVG 1972 § 113 Nr. 37.

[17] Vgl. insoweit die Darstellung des Regelungsgegenstandes im ersten Kapitel unter VII. 1. Die abweichenden Ansichten von *Kreutz* und *Richardi* (a. a. O.) führen in dieser Frage nicht zu abweichenden Ergebnissen.

[18] *Richardi-Annuß* § 112 Rn. 81; *Däubler/Kittner/Klebe-Däubler* §§ 112, 112a Rn. 130; *ders.*, NZA 1985, S. 545, 547; *Fitting* §§ 112, 112a Rn. 80; *Galperin/Löwisch* § 112 Rn. 23a; *Löwisch/Flüchter*, Anm. zu BAG v. 26.08.1997, EzA Nr. 96 zu § 112 BetrVG 1972, Bl. 13, 14; *Meyer*, NZA 1996, S. 239, 241 f.; *Vogt*, Sozialpläne, S. 78.

[19] Vgl. *Rumpff/Boewer*, Mitbestimmung, S. 370 f. Allerdings soll der Betriebsrat die im Rahmensozialplan festgelegten Leistungen bei einer Betriebsänderung als Mindeststandard verlangen können; ähnlich *Fuchs*, Sozialplan, S. 94 f. und *Röder/Baeck*, Interessenausgleich und Sozialplan, S. 134 Fn. 521.

alplanregelung und die unternehmerische Entscheidung über eine betriebsändernde Maßnahme geht. Insoweit bleibt der Unternehmer, wie sich aus § 113 Abs. 1 BetrVG ergibt, sogar dann frei, wenn er im Interessenausgleich etwas anderes zugesagt hat.[20] Darüber hinaus sind freiwillige Zusagen des Unternehmers wie sonst auch zulässig.[21] Die Ansicht von *Rumpff/Boewer* muss deshalb abgelehnt werden.

Ohl[22] geht davon aus, dass es sich beim Rahmensozialplan weder um die Ausübung des Mitbestimmungsrechtes gemäß den §§ 111 ff. BetrVG noch um eine freiwillige Betriebsvereinbarung gemäß § 88 BetrVG handelt. Zur Begründung weist er darauf hin, dass die Leistungen aus dem Rahmensozialplan erst bei Durchführung einer konkreten Betriebsänderung gefordert werden könnten, in einem Moment also, in dem sie auch mitbestimmungsrechtlich erzwingbar wären. Praktische Konsequenzen soll die fehlende Rechtsgrundlage aber nicht zeitigen. *Ohl* hat ganz richtig bemerkt, dass im Zeitpunkt des Eintritts der Bedingung im Rahmensozialplan das Mitbestimmungsrecht auf Aufstellung eines Sozialplans entsteht. Da sogar *Ohl* selbst nicht davon ausgeht, dass dieses Mitbestimmungsrecht durch den Rahmensozialplan verbraucht wird, spricht diese Tatsache aber nicht gegen eine Einordnung des Rahmensozialplans als freiwillige Betriebsvereinbarung. Es kann demnach davon ausgegangen werden, dass Rahmensozialpläne ihre Rechtsgrundlage in § 88 BetrVG finden.

Vor dem Hintergrund des Streits um die Zulässigkeit von nicht normativ wirkenden schuldrechtlichen Abreden in Betriebsvereinbarungen fragt sich allerdings, ob sich aus § 88 BetrVG auch die Zuständigkeit zur Regelung formeller Fragen, insbesondere zur Vereinbarung von Bemessungsrichtlinien[23] ergibt. Die zumindest insoweit lückenhafte gesetzliche Regelung legt in § 77 Abs. 4 BetrVG jeder Betriebsvereinbarung normative Wirkung bei. Schuldrechtliche Vereinbarungen der Betriebspartner fallen somit nach dem Wortlaut des Geset-

---

[20] *Löwisch*, Festschrift für Dieterich, S. 345, 348.

[21] *Löwisch/Flüchter*, Anm. zu BAG v. 26.08.1997, EzA Nr. 96 zu § 112 BetrVG 1972, Bl. 13, 14; *Löwisch*, Festschrift für Dieterich, S. 345, 348.

[22] *Ohl*, Sozialplan, S. 64.

[23] Ähnlich wie bei der Kontroverse um die Rechtnatur der Richtlinien gem. § 95 BetrVG (vgl. zum Streitstand GK-*Kraft* § 95 Rn. 3 ff.) stellt sich die vorgelagerte Frage, ob die Bemessungsrichtlinien normativ auf die Arbeitsverhältnisse einwirken oder ob ihnen nur zwischen den Betriebspartnern verpflichtende Wirkung zukommt. Dass die Betriebspartner den Arbeitnehmern bei der Aufstellung von Bemessungsrichtlinien eben keine einklagbaren Ansprüche einräumen wollten, spricht gegen eine normative Wirkung. Nicht die Arbeitnehmer, sondern nur der Betriebsrat soll sich auf die Einhaltung der Vereinbarung berufen und diese auch gerichtlich durchsetzen können.

zes nicht unter den Begriff der Betriebsvereinbarung.[24] Letztlich ist diese Erkenntnis aber nur von terminologischer Bedeutung. Verneint man die Möglichkeit, schuldrechtliche Vereinbarungen in Betriebsvereinbarungen zu treffen, so wäre der Teil des Rahmensozialplans, der formelle Regelungen enthält, als Regelungsabrede zu verstehen. Zur Vereinbarung von Regelungsabreden sind die Betriebspartner im Rahmen ihrer funktionalen Zuständigkeit befugt, soweit keine zwingenden gesetzlichen oder tariflichen Bestimmungen entgegenstehen und die Angelegenheit nicht ausdrücklich der Regelung durch betrieblichen Normenvertrag vorbehalten ist.[25] Wenn die Betriebspartner gem. § 88 BetrVG zur Festlegung von Ausgleichsleistungen für die Durchführung noch nicht geplanter Betriebsänderungen berechtigt sind, dann gehört die Festlegung von Richtlinien über die Zuteilung von Ausgleichsleistungen an die betroffenen Arbeitnehmer ebenfalls in ihren Zuständigkeitsbereich. Bei der Beendigung von Regelungsabreden sind die entsprechenden Vorschriften über die Betriebsvereinbarung analog anzuwenden, sofern sich nicht aus dem fehlenden normativen Charakter der Regelungsabreden etwas anderes ergibt.[26] Die Frage, ob es sich bei den nicht normativ wirkenden Regelungen eines Rahmensozialplans um Betriebsvereinbarungen oder Regelungsabreden handelt, kann deshalb unbeantwortet bleiben. Gleiches gilt für betriebsverfassungsrechtliche Regelungen in Rahmensozialplänen, die – soweit das BetrVG nicht sowieso eine spezielle Ermächtigung enthält – von den Betriebspartnern immer dann vereinbart werden können, wenn zwingende Vorschriften des BetrVG nicht entgegenstehen.[27]

Ob es sich auch beim vorsorglichen Sozialplan ebenfalls um eine Betriebsvereinbarung gem. § 88 BetrVG oder um einen Sozialplan gem. den §§ 112, 112a BetrVG handelt, hängt davon ab, ob die in groben Umrissen absehbare Betriebsänderung im Sinne der §§ 111 ff. BetrVG bereits geplant war. Nach Ansicht des BAG[28], das die Figur des vorsorglichen Sozialplans anlässlich einer Entscheidung vom 26.08.1997 konstruiert hat, ist ein Merkmal des vorsorglichen Sozialplans, dass er dann vereinbart wird, wenn die konkrete Betriebsänderung zwar in „groben Umrissen" abschätzbar, aber eben noch nicht „geplant" ist. Wenn es also zur Definition des vorsorglichen Sozialplans gehört, dass sich die Betriebsänderung noch nicht in dem für das Entstehen des Mitbestimmungsrechtes er-

---

[24] So vor allem *Kreutz*, Betriebsautonomie, S. 46; ebenso *Birk*, ZfA 1986, S. 73, 79, 90 f.; a. A. mit vielen weiteren Nachw. u. a. auf die Rechtsprechung des BAG *Fitting* § 77 Rn. 50 m. w. N.

[25] Vgl. *Birk*, ZfA 1986, S. 73 ff., 84 f.; *Fitting* § 77 Rn. 220.

[26] Vgl. dazu *Fitting* § 77 Rn. 225 m. w. N.; enger GK-*Kreutz* § 77 Rn. 21.

[27] *Fitting* § 77 Rn. 48 m. w. N.

[28] BAG v. 26.08.1997, BAGE 86, 228, 233; zust. BAG v. 19.01.1999, AP BetrVG 1972 § 113 Nr. 37; so wohl auch *Fitting* §§ 112, 112a Rn. 80, der allerdings missverständlicherweise meint, in diesem Stadium müsse der Arbeitgeber bereits über den Interessenausgleich verhandeln; zust. auch ErfK-*Hanau/Kania* §§ 112, 112a Rn. 15.

forderlichen Planungsstadium befindet, so kann nur § 88 BetrVG die Rechtsgrundlage sein.[29]

III. Die Bindungswirkung

Für die Frage der Abänderbarkeit des Rahmensozialplans und des vorsorglichen Sozialplans ist von besonderer Bedeutung, ob das auf Sozialplanaufstellung gerichtete Mitbestimmungsrecht durch diese Vereinbarungen verbraucht wird. Falls dies nicht der Fall ist, kann der Betriebsrat bei der späteren Durchführung einer Betriebsänderung die Abänderung der freiwilligen Betriebsvereinbarung durch einen ablösenden Sozialplan einseitig erzwingen. Nach ganz überwiegender Ansicht[30] wird durch die Aufstellung eines Rahmensozialplans das Mitbestimmungsrecht nicht verbraucht, weil in der Vereinbarung ansonsten ein unzulässiger Verzicht auf das Mitbestimmungsrecht liegen würde. Mitbestimmungsrechte sind im Gegensatz zu vermögenswerten Rechten als pflichtgebundene Befugnisse aus unabdingbaren und zumindest auch dem Allgemeinwohl dienenden gesetzlichen Regelungen grundsätzlich nicht für die Zukunft verzichtbar[31].

Soweit die Betriebspartner in der Vereinbarung den Arbeitnehmern für den Fall der Durchführung einer Betriebsänderung Ansprüche eingeräumt haben, kann jedoch nicht davon ausgegangen werden, dass es sich um eine bloße Absichtserklärung handelt, die bei Planung einer konkreten Betriebsänderung ihre Wirksamkeit verlieren soll. Die Betriebspartner haben dem Rahmensozialplan demnach eine Bindungswirkung beigelegt, die dazu führt, dass der Arbeitgeber so lange an die Vereinbarung gebunden bleibt, wie diese Geltungskraft besitzt.[32] Sind im Rahmensozialplan materielle Leistungen vorgesehen, werden dadurch die im eigentlichen Sozialplan auszugleichenden wirtschaftlichen Nachteile ab-

---

[29] *Ehrich*, Anm. zu BAG v. 26.08.1997, EwiR 1998, S. 870.

[30] BAG v. 29.11.1983, BAGE 44, 260, 265; *Richardi-Annuß* § 112 Rn. 64; *Bauer*, DB 1994, S. 117, 225; *Birk*, ZfA 1986, S. 73, 90; *Däubler/Kittner/Klebe-Däubler* §§ 112, 112a Rn. 131; *ders.*, NZA 1985, S. 545, 546 f.; *Fitting* § 112, 112a Rn. 80; *Fuchs*, Sozialplan, S. 94; *Galperin/Löwisch* § 112 Rn. 23a; *Hess/Schlochauer/Glaubitz- Hess* § 112 Rn. 104; *Ohl*, Sozialplan, S. 64; *Rumpff/Boewer*, Mitbestimmung, S. 371; für den Interessenausgleich vgl. *Bopp/Gross*, Mitbestimmung des Betriebsrates, F S. 256; anders *Hartung*, DB 1976, S. 2064, 2065; gegen einen Verbrauch des Mitbestimmungsrechtes durch den Rahmensozialplan auch das BAG v. 26.08.1997, BAGE 86, 228, 238; zust. BAG v. 19.01.1999, AP Nr. 37 zu § 113 BetrVG 1972; für den Interessenausgleich: BAG v. 29.11.1983, BAGE 44, 260, 265; zustimmend BAG v. 26.08.1997, BAGE 86, 228, 233 ff.

[31] *Däubler*, NZA 1985, S. 545, 546 f.; vgl. auch *Wiese*, RdA 1968, S. 455, 457 f.

[32] *Galperin/Löwisch* § 112 Rn. 23a; *Rumpff/Boewer*, Mitbestimmung, S. 371.

gemildert. Die Regelungen in Rahmensozialplänen fungieren damit praktisch als Mindestbedingungen, die .[33]

Ob der vorsorgliche Sozialplan zu einem Verbrauch des Mitbestimmungsrechtes gemäß den §§ 112 f. BetrVG führt, ist in Rechtsprechung und Literatur umstritten. Einigkeit besteht nur im Hinblick auf die weiterbestehenden Pflichten des Arbeitgebers gem. den §§ 111 S. 1, 112 Abs. 2 BetrVG zur Unterrichtung des Betriebsrates über eine geplante Betriebsänderung, zur Beratung derselben mit dem Betriebsrat und zum Versuch der Aufstellung eines Interessenausgleichs.[34] Das BAG[35] vertritt den Standpunkt, dass der vorsorgliche Sozialplan das Mitbestimmungsrecht auf Aufstellung eines Sozialplans verbrauche. Die Literatur[36] hat sich dem in der Mehrzahl nicht angeschlossen. Im Folgenden sollen die Argumente für und wider den Verbrauch des Mitbestimmungsrechtes durch einen vorsorglichen Sozialplan erörtert werden.

1. Die Möglichkeit effektiverer Interessenwahrnehmung

In erster Linie muss gefragt werden, ob der unabhängig von einer konkret geplanten Betriebsänderung aufgestellte Sozialplan ebenso wie der Einzelsozialplan den gesetzlichen Zielsetzungen der §§ 111 ff. BetrVG gerecht wird. Die Ermessensleitlinien für die Einigungsstelle gem. § 112 Abs. 5 BetrVG zeigen, dass dem Gesetzgeber beim Sozialplan keineswegs eine abstrakte, sondern eine

---

[33] *Richardi-Annuß* § 112 Rn. 64 f.; *Bauer*, DB 1994, S. 117, 225; *Däubler/Kittner/Klebe-Däubler* §§ 112, 112a Rn. 131; *Löwisch/Flüchter*, Anm. zu BAG v. 26.08.1997, EzA Nr. 96 zu § 112 BetrVG 1972, Bl. 13, 14; *Löwisch*, Festschrift für Dieterich, S. 345, 347; *Rumpff/Boewer*, Mitbestimmung, S. 371.

[34] BAG v. 29.11.1983, BAGE 44, 260, 265; BAG v. 13.07.1993, Az. 1 ABR 2/93, Juris-Nr. KARE 412820403 (26.06.2003); BAG v. 19. 01.1999, AP Nr. 37 zu § 1143 BetrVG 1972; *Däubler/Kittner/Klebe-Däubler* §§ 112, 112a Rn. 132a; *Ehrich*, Anm. zu BAG v. 26.08.1997, EwiR 1998, S. 870; MünchArbR-*Matthes* § 362 Rn. 7; *Röder/Baeck*, Interessenausgleich und Sozialplan, S. 135.

[35] So in einem obiter dictum BAG v. 26.08.1997, BAGE 86, 228, 233 ff. mit zust. Anm. von *Ehrich*, EwiR 1998, S. 869 f; bestätigt von BAG v. 19.01.1999, AP Nr. 37 zu § 113 BetrVG 1972 mit zust. Anm. von *Meyer*; zust. auch *Luding*, Beendigung, S. 151 f.

[36] Vgl. vor allem *Löwisch/Flüchter*, Anm. zu BAG v. 26.08.1997, EzA Nr. 96 zu § 112 BetrVG 1972, Bl. 13, 16 und überwiegend wortgleich *Löwisch*, Festschrift für Dieterich, S. 345, 348 f.; *Richardi-Annuß* § 112 Rn. 64; *Däubler/Kittner/Klebe-Däubler* §§ 112,112a Rn. 132a; *Meyer*, Anm. zu BAG v. 26.08.1997, AP Nr. 117 zu § 112 BetrVG 1972, Bl. 1132 f., der allerdings eine Ausnahme für solche Sozialplanregelungen machen will, die anlässlich einer konkreten Betriebsänderung aufgestellt worden sind und sich auf eine weitere noch nicht geplante aber absolut gleichartige Betriebsänderung erstrecken; *Rumpff/Boewer*, Mitbestimmung, S. 370 f.; a. A. ErfK-*Hanau/Kania* §§ 112, 112a Rn. 15; MünchArbR-*Matthes*, § 362 Rn. 7; *Waltermann*, ZfA 2000, S. 567, 620.

auf den konkreten Einzelfall bezogene Regelung vorschwebte.[37] Auch der Wortlaut des § 112 Abs. 1 S. 2 BetrVG („Nachteile, die ... infolge der geplanten Betriebsänderung entstehen") offenbart, dass es um den Ausgleich oder die Milderung der konkret zu erwartenden Nachteile geht. Das BAG[38] hat diese Einzelfallbezogenheit grundsätzlich anerkannt. Ein unzulässiger Verzicht auf das Mitbestimmungsrecht liegt seiner Ansicht nach dann vor, wenn sich eine Vereinbarung auf Betriebsänderungen bezieht, deren Vornahme, Gegenstand, Ausmaß und Rahmenbedingungen noch völlig ungewiss sind. Wie das BAG richtig erkennt, fehlen dem Betriebsrat in einem solchen Fall die für eine ordnungsgemäße Interessenabwägung notwendigen Kenntnisse.

Die streitige Frage lautet also nicht, ob eine Sozialplanregelung überhaupt Einzelfallbezug aufweisen, sondern wie stark der Bezug zu einer konkreten Betriebsänderung sein muss. Die Antwort kann nur ausgehend vom Betriebsverfassungsgesetz gesucht werden. § 112 BetrVG sieht das Mitbestimmungsrecht erst dann als ausgeübt und damit als verbraucht an, wenn anlässlich einer sich bereits im Planungsstadium befindenden Betriebsänderung Sozialplanregelungen getroffen wurden. Das BAG[39] hält eine Ausdehnung dieser gesetzlichen Regelung auf erst in groben Umrissen absehbare Betriebsänderungen für geboten. Seiner Ansicht nach lassen sich die Interessen der Arbeitnehmer in diesem Vorstadium besser durchsetzen. Dadurch, dass der Betriebsrat noch nicht über das Mitbestimmungsrecht gemäß § 112 BetrVG verfüge, sei seine Position nicht geschwächt. Er unterliege keinem Zwang, sich bereits vor der konkreten Planung einer Betriebsänderung auf einen vorsorglichen Sozialplan einzulassen und entsprechende Vorschläge des Arbeitgebers zu akzeptieren. Wenn der Betriebsrat jedoch "in guten Zeiten" eine günstige Gelegenheit für eine Regelung sehe, die später, wenn eine konkrete Betriebsänderung bevorsteht, möglicherweise so nicht mehr zu erreichen wäre, biete ihm der vorsorgliche Sozialplan die Möglichkeit, diese Chance zu nutzen. Die mit der frühzeitigen Regelung verbundenen Risiken könne der Betriebsrat dadurch begrenzen, dass er einem vorsorglichen Sozialplan nur für solche Entwicklungen zustimmt, die er überblicken zu können glaubt. Für den Arbeitgeber dagegen liege der Anreiz, sich auf einen vorsorglichen Sozialplan einzulassen darin, dass dadurch künftige Kosten früher kalkulierbar würden und in Grenzfällen zu erwartende Auseinandersetzungen über das Bestehen eines Mitbestimmungsrechts vorbeugend vermieden würden. Diese positiven Auswirkungen zeitigt der vorsorgliche Sozialplan nach Ansicht des BAG jedoch nur dann, wenn er beide Parteien binden kann. Bestünde ledig-

---

[37] *Däubler*, NZA 1985, S. 545, 546; vgl. dazu *Berenz*, Neuregelung, S. 38 f.; vgl. zur Leitbildfunktion des § 112 AbS. 5 die Ausführungen im dritten Kapitel unter IV 4. d) 4.).

[38] BAG v. 26.08.1997, BAGE 86, 228, 238; zust. BAG v. 19.01.1999, AP Nr. 37 zu § 113 BetrVG 1972.

[39] BAG v. 26.08.1997, BAGE 86, 228, 233 ff. mit zust. Anm. von *Ehrich*, EwiR 1998, S. 869 f.

lich die Möglichkeit, den Arbeitgeber zu verpflichten, so dass das Leistungsvolumen des vorsorglichen Sozialplans zwar nicht mehr unterschritten, vom Betriebsrat aber durch Ausübung seines Mitbestimmungsrechts nach § 112 BetrVG noch erweitert werden könne, dann gäbe es für den Arbeitgeber keinen Grund mehr, sich auf eine solche Vereinbarung einzulassen.

Diesen Ausführungen des BAG kann nur teilweise beigetreten werden. Es mag tatsächlich zutreffen, dass bisweilen die Arbeitnehmerinteressen durch eine Sozialplanaufstellung im Vorstadium der Planung einer Betriebsänderung besser gewahrt werden können als zu einem späteren Zeitpunkt. Es ist aber nicht ersichtlich, dass diese Vorteile regelmäßig mit der Aufstellung eines vorsorglichen Sozialplans verbunden sind. Den Grund für die in „guten Zeiten" eher erreichbare günstige Sozialplanregelung soll wohl die psychisch und zeitlich entspannte Situation im Vorfeld der Planung einer Betriebsänderung darstellen. Diese Umstände können sich auf die Verhandlungsposition der Arbeitnehmer aber auch nachteilig auswirken, etwa weil dem Unternehmer sein Vorhaben nicht wirklich dringend erscheint und eine störungsfreie Durchführung der erst grob absehbaren Betriebsänderung ihm deshalb noch keine hohen Sozialplanleistungen wert ist, oder weil beide Betriebspartner die den Arbeitnehmern drohenden Nachteile falsch einschätzen.[40]
Durch die Vorverlagerung der Sozialplanaufstellung verstärkt sich außerdem der ohnehin für beide Seiten problematische spekulative Charakter des Sozialplans. Zu Recht geht die in der Literatur vorherrschende Ansicht[41] davon aus, dass erst wenn eine konkrete Betriebsänderung in Rede steht deren betriebliche, personelle und wirtschaftliche Daten, wie z. B. die Arbeitsmarktlage und die wirtschaftliche Entwicklung des Unternehmens erkennbar sind. Nach diesen Anhaltspunkten sollten sich aber Inhalt und Dotierung des Sozialplans richten. Die Tatsache, dass der Betriebsrat nicht zur vorzeitigen Sozialplanaufstellung gezwungen ist und den Sozialplan nur für solche Entwicklungen zu akzeptieren braucht, die er überblicken zu können glaubt, ist insoweit unerheblich. Ein Verzicht auf das Mitbestimmungsrecht ist selbst dann unzulässig, wenn der Betriebsrat ihn in bestem Wissen und Gewissen vornimmt. Das BetrVG hat die Entstehung der Rechte aus den §§ 111 ff. BetrVG nicht zur Disposition der Betriebspartner gestellt. In dieser Hinsicht muss der Betriebsrat vor sich selbst, bzw. müssen die Arbeitnehmer vor ihrem Betriebsrat geschützt werden.

---

[40] Dass die Aufstellung eines Sozialplans ohne den Anlass einer konkreten Betriebsänderung für den Arbeitgeber problematisch sein kann, zeigt die „dringende Warnung", die *Hunold* (Personalanpassung, S. 139) diesbezüglich an die Adresse der Unternehmer sendet.

[41] Vgl. *Richardi-Annuß* § 112 Rn. 64; *Däubler*, NZA 1985, S. 545, 546 f.; *Löwisch/Flüchter*, Anm. zu BAG v. 26.08.1997, EzA Nr. 96 zu § 112 BetrVG 1972, S. 13, 16; *Meyer*, NZA 1996, S. 239, 241 f.; a. A. *Hartung*, DB 1976, S. 2064 f.

Der vom BAG in den Mittelpunkt seiner Argumentation gestellte Gewinn an Planungssicherheit verliert im Hinblick auf die notwendige Grenzziehung zwischen vorsorglichem Sozialplan und Rahmensozialplan ebenfalls an Überzeugungskraft.[42] Ist eine Betriebsänderung in „groben Umrissen" bereits absehbar, wenn feststeht, dass in den nächsten Jahren Rationalisierungsbedarf entstehen könnte? Müssen für sich unterschiedlich schnell entwickelnde Wirtschaftszweige unterschiedliche Grenzen gelten? Das BAG fasst offenbar in erster Linie eine zeitliche Grenze ins Auge. Die ist aber schwer zu ziehen.[43] Verlässliche Kriterien sind nicht ersichtlich.[44]

Schließlich ist der aus den aufgeführten Gründen abzulehnende Verbrauch des Mitbestimmungsrechtes durch Aufstellung eines vorsorglichen Sozialplans auch nicht notwendig. Die Interessen der Beteiligten an einer möglichst frühen Sozialplanaufstellung können bei zweckentsprechender Auslegung des Begriffs der geplanten[45] Betriebsänderung in § 112 BetrVG durch die Aufstellung eines gewöhnlichen Sozialplans ausreichend gewahrt werden. Es wird allgemein davon ausgegangen, dass die Planung der Betriebsänderung für das Entstehen des Mitbestimmungsrechtes zu einer gewissen Reife gediehen sein, der Unternehmer also im Prinzip entschlossen sein muss, eine bestimmte Betriebsänderung durchzuführen. Bloße Vorüberlegungen stellen keine Planung im Sinne von § 111 BetrVG dar.[46] Sobald der Unternehmer aber eine Entscheidung und sei es eine bedingte, getroffen hat, entstehen die Mitbestimmungsrechte gem. den §§ 111 ff. BetrVG. Wie andere unternehmerische Pläne kann auch der Plan einer Betriebsänderung verschiedene Planvarianten enthalten. Dass schon ein solcher, in der endgültigen Ausführung noch variabler Plan die Unterrichtungspflicht auslöst, weil der prinzipielle Entschluss, jedenfalls eine der Varianten durchzuführen, bereits

---

[42] *Löwisch/Flüchter*, Anm. zu BAG v. 26.08.1997, EzA Nr. 96 zu § 112 BetrVG 1972, S. 13, 15 befürchten zu Recht, dass die Zulässigkeit eines vorsorglichen Sozialplans verbunden mit der Unsicherheit hinsichtlich der Grenzziehung für die Unternehmer Anlass sein könnte, vorsorgliche Sozialpläne künftig so zu formulieren, dass alle denkbaren Fälle umfasst werden.

[43] In der maßgeblichen Entscheidung waren 1,5 Jahre im Spiel. Ist aber ein Zeitraum von 2-3 Jahren ebenfalls hinzunehmen? Vgl. dazu *Löwisch/Flüchter*, Anm. zu BAG v. 26.08.1997, EzA Nr. 96 zu § 112 BetrVG 1972, S. 13, 15; überwiegend wortgleich *Löwisch*, Festschrift für Dieterich, S. 345, 348 f.

[44] So auch *Meyer*, Anm. zu BAG v. 26.08.1997, AP Nr. 117 zu § 112 BetrVG 1972, Bl. 1135.

[45] Das Erfordernis einer „geplanten" Betriebsänderung darf nicht so verstanden werden, dass nur eine in völliger wirtschaftlicher Freiheit getroffene unternehmerische Entscheidung diese Voraussetzung erfüllt. Der Begriff wird zu Recht weit ausgelegt. Auch durch äußere Umstände bedingte Entscheidungen sind „geplant". In solchen Fällen liegt der Betriebsänderung ebenfalls eine Willensentscheidung des Unternehmers zugrunde. Selbst in Katastrophensituationen sind unterschiedliche „Bewältigungsstrategien" denkbar, vgl. *Däubler/Kittner/Klebe-Däubler* § 111 Rn. 115, 25 m. w. Nachweisen auf Literatur und Rechtsprechung

[46] *Fitting* § 111 Rn. 107; *Richardi/Richardi-Annuß* § 111 Rn. 145 m. w. N., vgl. dazu auch *Schliemann* in: Sozialplan, S. 73, 76 f.

bereits vorliegt, wird kaum jemand[47] bestreiten. Das Wort „geplant“ soll vor allem sicherstellen, dass der Betriebsrat zu einem möglichst frühen Termin unterrichtet wird.[48] Das bedeutet, dass eine frühzeitige Sozialplanaufstellung den gesetzlichen Zielen nicht zuwiderläuft und deshalb auch ein Plan mit Planvarianten tauglicher Gegenstand von Interessenausgleich und Sozialplan ist.[49] Bei Vorliegen eines solchen Planes können somit beide Vereinbarungen in einem Zuge verhandelt und beschlossen werden. Auf diese Art wird festgelegt, welche Wege die Betriebsänderung beschreiten wird und welche Sozialplanleistungen dadurch jeweils ausgelöst werden. Rechtssystematisch gesehen stellt ein solcher „vorsorglicher“ Sozialplan ein bedingtes Rechtsgeschäft dar, weshalb von einem aufschiebend bedingten Sozialplan die Rede sein sollte. Liegt noch kein Plan mit Planvarianten vor, kann nur ein Rahmensozialplan vereinbart werden. Eine solche Betriebsvereinbarung nimmt späteren Sozialplanverhandlungen im Idealfall aber ebenfalls viel an „negativer Spannung“.[50]

Als Ergebnis bleibt festzuhalten, dass die betriebsverfassungsgesetzliche Regelung der §§ 111 ff. BetrVG nicht von einem Verbrauch des Mitbestimmungsrechtes durch einen vorsorglichen Sozialplan ausgeht und eine solche Vereinbarung zur effektiven Interessenwahrnehmung auch nicht notwendig ist.

2. Der Vergleich mit tariflichen Rationalisierungsschutzabkommen

Das BAG[51] geht davon aus, dass der Gegenstand des Sozialplans einer abstrakt-generell auf künftige Fälle bezogenen Regelung grundsätzlich zugänglich ist. Diesen Unterschied zum Interessenausgleich offenbare der Vergleich mit tariflichen Rationalisierungsschutzabkommen, deren Inhalt oft den Charakter eines Sozialplans habe. Mit der Aufstellung eines vorsorglichen Sozialplans verzichte der Betriebsrat deshalb nicht auf Beteiligungsrechte, sondern nehme ihre Ausübung vorweg.

Der Vergleich mit tariflichen Rationalisierungsschutzabkommen ist zur Begründung der Zulässigkeit vorsorglicher Sozialpläne jedoch kontraproduktiv. Gem. § 112 Abs. 1 S. 4 BetrVG ist der Tarifvorbehalt des § 77 Abs. 3 BetrVG im Sozialplanrecht nicht anwendbar. Das bedeutet u. a., dass ein tarifvertragliches Rationalisierungsschutzabkommen dem späteren Abschluss eines Sozialplans nicht

---

[47] A. A. wohl *Meyer*, Anm. zu BAG v. 26.08.1997, AP Nr. 117 zu § 112 BetrVG 1972, Bl. 1129.

[48] BAG v. 14.09.1976, AP Nr. 2 zu § 113 BetrVG 1972; *Bopp/Gross*, Mitbestimmung des Betriebsrates, F S. 222; *Däubler/Kittner/Klebe-Däubler* § 111 Rn. 115.

[49] *Löwisch/Flüchter*, Anm. zu BAG v. 26.08.1997, EzA Nr. 96 zu § 112 BetrVG 1972, S. 13, 19 f.; *Löwisch*, Festschrift für Dieterich, S. 345, 352 f.

[50] *Löwisch*, Festschrift für Dieterich, S. 345, 353.

[51] BAG v. 26.08.1997, BAGE 86, 228, 233 ff. mit zust. Anm. von *Ehrich*, EwiR 1998, S. 869 f.

entgegensteht. Der Arbeitgeber ist trotz eines solchen Abkommens verpflichtet, bei einer geplanten Betriebsänderung das Interessenausgleichsverfahren durchzuführen und einen Sozialplan abzuschließen.[52] Das Rationalisierungsschutzabkommen beinhaltet somit wegen des Günstigkeitsprinzips nur Mindeststandards für den Ausgleich oder die Abmilderung von Nachteilen, die den Arbeitnehmern im Zuge der Durchführung einer Betriebsänderung entstehen können. Es liegt daher eher eine Vergleichbarkeit mit dem Rahmensozialplan vor, die gerade kein Argument für den Verbrauch des Mitbestimmungsrechtes durch vorsorgliche Sozialpläne abgeben kann. Ganz im Gegenteil: Der Verbrauch des Mitbestimmungsrechtes durch einen vorsorglichen Sozialplan würde zu dem Ergebnis führen, dass ein ursprünglich auf § 88 BetrVG basierender Sozialplan eine Obergrenze für die im Fall der Betriebsänderung vom Arbeitgeber zu erbringenden Leistungen festlegen kann. Ein Haustarifvertrag mit dem gleichen Inhalt hat diese Möglichkeit nicht, obwohl er als Norm über betriebliche Fragen gem. § 3 Abs. 2 TVG ebenfalls alle Arbeitnehmer erfassen kann.[53] Dieses Ergebnis widerspricht dem – im Sozialplanrecht allerdings durch § 112 Abs. 1 S. 4 BetrVG entwerteten - Grundsatz, dass der Tarifvertrag im Vergleich zum betrieblichen Normenvertrag höherrangiges Recht darstellt.[54]

3. Die fehlenden Anpassungsmöglichkeiten

Gegen die Zulässigkeit vorsorglicher Sozialpläne spricht weiterhin die bereits angesprochene Verstärkung des spekulativen Charakters des Sozialplans. *Däubler*[55] hat in diesem Zusammenhang auf die Gefahr einer Veränderung der Verhältnisse zwischen dem Abschluss des Sozialplans und der Durchführung der Betriebsänderung hingewiesen. Das BAG[56] maß diesem Einwand jedoch kein entscheidendes Gewicht zu. Bei wesentlichen Änderungen zwischen der Aufstellung eines vorsorglichen Sozialplanes und der Durchführung der Betriebsänderung besteht seiner Meinung nach die Möglichkeit, den Sozialplan nach den Grundsätzen der Lehre von der Geschäftsgrundlage anzupassen.

Dieser Argumentation ist entschieden entgegenzutreten. Wie die Erörterungen im dritten Kapitel gezeigt haben, ist eine Berufung auf die Lehre von der Ge-

---

[52] *Hess/Schlochauer/Glaubitz- Hess* § 112 Rn. 62; *Fitting* § 112, 112a Rn. 172 f.; *Röder/Baeck*, Interessenausgleich und Sozialplan, S. 140; *Rumpff/Boewer*, Mitbestimmung, S. 378 f., der darauf hinweist, dass der Tarifvertrag durch § 112 AbS. 1 S. 4 BetrVG nicht seinen Charakter als übergeordnete Norm verliert, weshalb das Günstigkeitsprinzip Anwendung finde (strittig).

[53] *Löwisch/Flüchter*, Anm. zu BAG v. 26.08.1997, EzA Nr. 96 zu § 112 BetrVG 1972, S. 13, 17; *Löwisch*, Festschrift für Dieterich, S. 345, 350.

[54] *Löwisch/Flüchter*, Anm. zu BAG v. 26.08.1997, EzA Nr. 96 zu § 112 BetrVG 1972, S. 13, 17; *Löwisch*, Festschrift für Dieterich, S. 345, 350.

[55] *Däubler*, NZA 1985, S. 545, 546.

[56] BAG v. 26.08.1997, BAGE 86, 228, 233 ff.

schäftsgrundlage bei vorhersehbaren Entwicklungen in der Regel nicht möglich. Dass sich die Verhältnisse bis zur Durchführung einer bisher nur in groben Umrissen abschätzbaren Betriebsänderung ändern können, wird in den allermeisten Fällen vorhersehbar sein. Mit der Zunahme des spekulativen Charakters der Vereinbarung verringert sich demnach die Möglichkeit, sich bei Veränderungen auf eine Störung der Geschäftsgrundlage berufen zu können. Geht man davon aus, dass der vorsorgliche Sozialplan jedenfalls mit Eintritt der Betriebsänderung ins Planungsstadium wie der gewöhnliche Einzelsozialplan zu behandeln und deshalb unkündbar ist, sind *Däublers* Bedenken mehr als berechtigt.[57] Die allzu frühe Bindung kann sich für beide Seiten als fatal erweisen. Außerdem setzt sich das BAG mit seinem eigenen Befriedungsargument in Widerspruch. Bei Zulässigkeit vorsorglicher Sozialpläne wären Auseinandersetzungen zwischen den Betriebspartnern über das Vorliegen einer Geschäftsgrundlagenstörung oder die Reichweite der erforderlichen Anpassung vorprogrammiert.[58] Die angestrebte Befriedung lässt sich stattdessen durch eine Vorwegnahme der im Vorhinein regelbaren formellen Fragen wenigstens teilweise erreichen.[59]

4. Die Aufspaltung von Interessenausgleich und Sozialplan

Problematisch ist im Zusammenhang mit dem Verbrauch des Mitbestimmungsrechtes durch einen vorsorglichen Sozialplan auch der bereits im ersten Kapitel unter VII. 2. b) dargestellte innere Zusammenhang zwischen dem Interessenausgleich und dem Sozialplan. Nach der Vorstellung des Gesetzgebers soll zunächst im Interessenausgleich die Vermeidung von Nachteilen für die Belegschaft versucht werden. Nur soweit das misslingt, sollen im Sozialplan Maßnahmen getroffen werden, die diese Nachteile ausgleichen oder abmildern. Der Arbeitgeber wird durch die bevorstehenden Sozialplanverhandlungen motiviert, im Interessenausgleich eine möglichst arbeitnehmerfreundliche Betriebsänderung zu vereinbaren. Der zeitliche Zusammenhang zwischen Interessenausgleich und Sozialplan ist demnach eine Voraussetzung für die Steuerungsfunktion des Sozialplans.[60] Überdies wäre auch dem Arbeitgeber nur in Maßen damit gedient, zwar den Sozialplan vorab aufstellen zu können, aber dennoch einen Interessenausgleich versuchen zu müssen.[61] Die Aufspaltung von Interessenausgleich und So-

---

[57] Eine einseitige Loslösung vom vorsorglichen Sozialplan halten auch *Löwisch/Flüchter*, Anm. zu BAG v. 26.08.1997, EzA Nr. 96 zu § 112 BetrVG 1972, S. 13, 18 f. und *Löwisch*, Festschrift für Dieterich, S. 345, 352 für unmöglich

[58] *Meyer*, Anm. zu BAG v. 26.08.1997, AP Nr. 117 zu § 112 BetrVG 1972, Bl. 1134.

[59] Ähnlich *Meyer*, Anm. zu BAG v. 26.08.1997, AP Nr. 117 zu § 112 BetrVG 1972, Bl. 1135; *ders.*, Anm. zu BAG v. 19.01.1999, AP Nr. 37 zu § 113 BetrVG 1972, Bl. 7.

[60] *Däubler*, NZA 1985, S. 545, 546 f.

[61] *Löwisch/Flüchter*, Anm. zu BAG v. 26.08.1997, EzA Nr. 96 zu § 112 BetrVG 1972, S. 13, 16; *Löwisch*, Festschrift für Dieterich, S. 345, 349 f.; aus diesem Grund warnt *Schliemann* in: Sozialplan, S. 73, 88 die Arbeitgeber vor der Aufstellung von Rahmensozialplänen.

zialplan spricht somit ebenfalls gegen die Zulässigkeit vorsorglicher Sozialpläne.

5. Formelle Bedenken

Weiterhin sind ausgehend vom hier vertretenen Standpunkt hinsichtlich der Rechtsnatur des Sozialplans formelle Bedenken gegen die Konstruktion des BAG vorzubringen. Unstreitig handelt es sich beim vorsorglichen Sozialplan zunächst um eine freiwillige Betriebsvereinbarung gem. § 88 BetrVG. Das Mitbestimmungsrecht kann aber prinzipiell nur durch die Aufstellung eines echten Sozialplans verbraucht werden. Um diesen Widerspruch aufzulösen verstehen *Löwisch/Flüchter* das BAG dahingehend, dass es den vorsorglichen Sozialplan zwischen der freiwilligen und auf § 88 BetrVG gestützten Erweiterung eines über § 112 Abs. 5 BetrVG hinausgehenden Sozialplans und dem Rahmensozialplan ansiedelt. Wie der Rahmensozialplan treffe auch der vorsorgliche Sozialplan Regelungen über Ausgleichsmaßnahmen bei künftigen Betriebsänderungen. Wie der freiwillig im Zuge einer konkreten Betriebsänderung aufgestellte Sozialplan gelte er als Ausübung des Mitbestimmungsrechtes des Betriebsrates gem. § 112 BetrVG.[62]

Wie im ersten Kapitel unter V. bereits ausgeführt worden ist, muss jedoch die einvernehmliche Erweiterung des Sozialplans über das in § 112 Abs. 5 BetrVG vorgesehene Volumen hinaus ebenfalls auf § 112 BetrVG gestützt werden. Der Ansatz von *Löwisch/Flüchter* muss deshalb verworfen werden. Davon abgesehen ist es nur schwer vorstellbar, dass sich eine freiwillige Betriebsvereinbarung mit dem Eintritt der Betriebsänderung in das erforderliche Planungsstadium in einen Sozialplan gem. § 112 Abs. 1 S. 2 BetrVG verwandelt. Nicht nur die dogmatische Begründung dieser Verwandlung sondern auch die Frage, welche Rechtsfolgen die Beendigung der Vereinbarung nach sich ziehen soll, bleibt offen. Der vorsorgliche Sozialplan müsste bis zum Eintritt der Betriebsänderung ins Planungsstadium ordentlich und ohne Nachwirkung[63] kündbar sein. Nach diesem Zeitpunkt müsste er sich dann in einen unkündbaren Sozialplan verwandeln. Was geschehen soll, wenn das erforderliche Planungsstadium während des Ablaufs der Kündigungsfrist eintritt, ist unklar. Diese Überlegungen zeigen, dass die Konstruktion des vorsorglichen Sozialplans auch aus formellen Gründen wenn nicht unmöglich, dann doch nur schwer nachvollziehbar ist. Es fehlt an einem überzeugenden dogmatischen Konstrukt.

---

[62] *Löwisch*, Festschrift für Dieterich, S. 345, 347.

[63] So MünchArbR-*Matthes* § 362 Rn. 7; a. A. ohne Auseinandersetzung mit der Problematik *Meyer*, Anm. zu BAG v. 19.01.1999, AP Nr. 37 zu § 113 BetrVG 1972, Bl. 8.

6. Der Vergleich mit § 87 Abs. 1 Nr. 3 BetrVG

Fraglich ist, ob sich die Bedenken gegen die Verkürzung des Mitbestimmungsrechtes durch einen Hinweis auf die Zulässigkeit einer vorsorglichen Regelung möglicherweise notwendig werdender Überstunden gem. § 87 Abs. 1 Nr. 3 BetrVG entkräften lassen.[64] Wie der insoweit maßgeblichen Entscheidung vom 02.03.1982[65] zu entnehmen ist, beschränkt sich die Zulässigkeit vorsorglicher Überstundenregelungen auf gleichliegende, immer wieder auftretende Fälle, bei denen die Einschaltung des Betriebsrates in jedem Einzelfall außerordentliche Schwierigkeiten bereiten würde.[66] Die Vorwegnahme eines Mitbestimmungsrechtes begegnet bei der Regelung solcher repetitiven Fälle keinen Bedenken, da die Interessen der Belegschaft ohne weiteres zu überblicken sind. Bei zukünftigen Betriebsänderungen fehlt es jedoch an einer ähnlichen Gleichförmigkeit der entscheidungserheblichen Umstände.[67] Der theoretisch denkbare Fall einer interessengerechten Regelung der durch eine spätere Betriebsänderung eintretenden Nachteile durch einen vorsorglichen Sozialplan ändert nichts an der Tatsache, dass für die Betriebspartner nicht vorhersehbar ist, wie sich beispielsweise die finanzielle Lage des Unternehmens oder die Arbeitsmarktlage bis zur Durchführung der Betriebsänderung entwickelt. Der Verbrauch des Mitbestimmungsrechtes kann nicht im Nachhinein danach beurteilt werden, ob sich die Umstände erwartungsgemäß entwickelt haben.[68] Schon die im Sozialplanrecht für die Parteien besonders bedeutsame Rechtssicherheit verbietet ein solches Vorgehen. Die Zulässigkeit der vorsorglichen Regelung möglicherweise notwendig werdender Überstunden kann demnach nicht zur Begründung der Zulässigkeit vorsorglicher Sozialpläne verwandt werden.

7. Die Unvereinbarkeit mit dem Insolvenzrecht

Gemäß § 124 Abs.1 InsO können solche Sozialpläne, die nicht früher als drei Monate vor dem Eröffnungsantrag aufgestellt wurden, vom Betriebsrat mit dem Ziel widerrufen werden, einen neuen Sozialplan aufzustellen, dessen Leistungen dann gem. § 123 Abs. 2 InsO Masseverbindlichkeiten sind. Ließe man mit dem BAG vorsorgliche Sozialpläne zu, die das Mitbestimmungsrecht schon vor der Planung einer konkreten Betriebsänderung verbrauchen (1,5 Jahre in dem Fall, der der Entscheidung des BAG 01.04.1998 zugrunde lag), so stiege das Insolvenzrisiko für die Arbeitnehmer erheblich an. Sie müssten im Insolvenzfall

---

[64] So BAG v. 26.08.1997, BAGE 86, 228, 233 ff.

[65] BAG v. 02.03.1982, AP Nr. 6 zu § 87 BetrVG 1972 Arbeitszeit.

[66] *Löwisch/Flüchter*, Anm. zu BAG v. 26.08.1997, EzA Nr. 96 zu § 112 BetrVG 1972, S. 13, 15; *Löwisch*, Festschrift für Dieterich, S. 345, 349.

[67] *Löwisch/Flüchter*, Anm. zu BAG v. 26.08.1997, EzA Nr. 96 zu § 112 BetrVG 1972, S. 13, 16; *Löwisch*, Festschrift für Dieterich, S. 345, 349; ähnlich *Birk*, ZfA 1986, S. 73, 91 Fn. 102.

[68] So aber *Meyer*, Anm. zu BAG v. 26.08.1997, AP Nr. 117 zu § 112 BetrVG 1972, Bl. 1133; *ders.*, NZA 1996, S. 239, 243.

mangels Widerrufsrecht ihre Ansprüche als Insolvenzgläubiger verfolgen. Darüber hinaus würde der Ausgleich zwischen den verschiedenen Gläubigern und die Aufstellung sinnvoller Sanierungspläne erschwert. Begegnen ließe sich dem nur dadurch, dass man vorsorglichen Sozialplänen, wenn mehr als 3 Monate nach ihrer Aufstellung der Insolvenzfall eintritt, die Wirksamkeit abspricht. Das aber lässt sich dogmatisch kaum begründen.[69] Die Anerkennung vorsorglicher Sozialpläne ist demnach mit dem Insolvenzrecht nicht vereinbar.

8. Die Förderung von Sozialplänen durch die Bundesanstalt für Arbeit

Sozialplanmaßnahmen, die der Eingliederung von Arbeitnehmern dienen, die infolge einer geplanten Betriebsänderung von Arbeitslosigkeit bedroht sind, können gem. den §§ 254 ff. SGB III durch Zuschüsse der Bundesanstalt für Arbeit gefördert werden. Das Vorliegen der Förderungsvoraussetzungen gem. § 255 Abs. 1 SGB III lässt sich jedoch nur im Planungsstadium einer konkreten Betriebsänderung beurteilen.[70] Durch einen unabhängig von einer konkret geplanten Betriebsänderung aufgestellten Sozialplan, könnten die Förderungsvoraussetzungen höchstens zufällig erfüllt werden. Aus diesem Grund kommen auch Beratung und Vorabentscheidung gem. § 256 SGB III nur nach dem Entstehen des Mitbestimmungsrechtes in Betracht. Die Förderungsmöglichkeiten der §§ 254 ff. SGB III sprechen demnach ebenfalls gegen die Zulässigkeit vorsorglicher Sozialpläne.

9. Zwischenergebnis

Ist eine konkrete Betriebsänderung geplant, kann der vorsorgliche Sozialplan den Betriebsrat nicht binden. Als eigenständige Regelungsform, zu deren Definition der Verbrauch des Mitbestimmungsrechtes gehört, ist der vorsorgliche Sozialplan deshalb unzulässig.

IV. Die Abänderbarkeit von Rahmensozialplänen

Da es sich bei Rahmensozialplänen um freiwillige Betriebsvereinbarungen handelt, gelten im Hinblick auf eine nachträgliche Änderung der Vereinbarungen die Regeln über die Abänderung freiwilliger Betriebsvereinbarungen. Eine Darstellung der Abänderbarkeit von Betriebsvereinbarungen kann im Rahmen dieser Untersuchung jedoch nicht geleistet werden. Die nachfolgenden Ausführun-

---

[69] *Löwisch/Flüchter*, Anm. zu BAG v. 26.08.1997, EzA Nr. 96 zu § 112 BetrVG 1972, S. 13, 18; *Löwisch*, Festschrift für Dieterich, S. 345, 351.

[70] *Löwisch/Flüchter*, Anm. zu BAG v. 26.08.1997, EzA Nr. 96 zu § 112 BetrVG 1972, S. 13, 18 f.; *Löwisch*, Festschrift für Dieterich, S. 345, 351 f.; vgl. zu den Förderungsvoraussetzungen *Löwisch*, RdA 1997, S. 287, 290.

gen beschränken sich deshalb auf Besonderheiten, die mit dem Regelungsgegenstand des Rahmensozialplans in Zusammenhang stehen.

Wie im ersten Kapitel unter VIII. bereits dargestellt worden ist, sind Betriebsvereinbarungen grundsätzlich durch eine einvernehmliche Vereinbarung der Betriebspartner abänderbar. Gem. § 112 Abs.1 S. 3 BetrVG kann die ersetzende Vereinbarung grundsätzlich auch ein Einzelsozialplan sein.[71] Besonderheiten gelten jedoch für Sozialpläne, die auf einem Spruch der Einigungsstelle basieren. Die Einigungsstelle kann keine Kürzung der den Arbeitnehmern nach einem Rahmensozialplan zustehenden Ansprüche beschließen. Wie schon ausgeführt worden ist, wird der Arbeitgeber durch die Einräumung von materiellen Ansprüchen in Rahmensozialplänen wirksam verpflichtet. Es handelt sich insoweit nicht um eine bloße Absichtserklärung, die bei Eintritt der Betriebsänderung ins Planungsstadium zwischen den Betriebspartnern neu zu verhandeln wäre. Die Einigungsstelle wird eingeschaltet, wenn sich die Betriebspartner nicht über den Inhalt eines möglichen Sozialplans einigen können. Ihre Entscheidungsbefugnis reicht über den Auftrag zur Aufstellung eines Sozialplans nicht hinaus. Sie ist nicht befugt, freiwillige Betriebsvereinbarungen abzuändern, in denen der Arbeitgeber Zusagen für kommende Betriebsvereinbarungen gemacht hat. Soweit der Arbeitgeber verbindliche Zusagen gemacht hat, ist der Regelungsgegenstand der Einigungsstelle verschlossen.[72]

Auch wenn der Rahmensozialplan verfahrensrechtliche Regelungen enthält, die auf Spezialermächtigungen basieren, bietet das erzwingbare Mitbestimmungsrecht des Betriebsrats gem. den §§ 112 f. BetrVG keine Rechtsgrundlage, auf der eine Änderung erzwungen werden könnte. Abstrakt-materielle Regelungen, etwa zur Frage der Bemessung von Abfindungen, gehören dagegen zum originären Regelungsgegenstand eines Sozialplans. Aus diesem Grund kann die Einigungsstelle im Rahmen ihres Ermessens zugunsten der Arbeitnehmer von dem insoweit für den Betriebsrat nicht verbindlichen Rahmensozialplan abweichen.

V. Zusammenfassung der Ergebnisse in Thesen

1. Unabhängig von einer konkret geplanten Betriebsänderung vereinbarte Sozialpläne sind, jedenfalls soweit sie materielle Augleichsleistungen vorsehen, als freiwillige Betriebsvereinbarungen im Sinne des § 88 BetrVG einzuordnen.

---

[71] Ebenso z. B. *Däubler/Kittner/Klebe-/Däubler* §§ 112, 112a Rn. 131; anders wohl *Meyer*, NZA 1996, S. 239, 243.

[72] So auch *Ohl*, Sozialplan S. 65; *Däubler*, NZA 1985, S. 545, 546 f.; *Birk*, ZfA 1986, S. 73, 91 f. spricht sich allgemein dafür aus, dass die Einigungsstelle nur insoweit eine eigene Entscheidung treffen darf, als der Gegenstand nicht bereits durch die Betriebspartner im Rahmensozialplan geregelt ist.

2. Weil ein Verzicht auf künftig entstehende Mitbestimmungsrechte unzulässig ist, kann der Betriebsrat trotz der vorausgegangenen Vereinbarung eines Rahmensozialplans die Aufstellung eines Einzelsozialplans erzwingen, sobald eine Betriebsänderung konkret geplant wird. Der Rahmensozialplan ist demnach zwar nicht abschließend, wohl aber verbindlich und setzt damit einen Mindeststandard für den Ausgleich oder die Abmilderung der den Arbeitnehmern durch die Betriebsänderung entstehenden Nachteile.

3. Auch durch einen vorsorglichen Sozialplan kann das Mitbestimmungsrecht nicht verbraucht werden. Dadurch entfällt der vorsorgliche Sozialplan als eigenständige Regelungsform. Dies ist unschädlich, weil entgegen der Ansicht des Bundesarbeitsgerichts mit dem vorsorglichen Sozialplan nicht die Möglichkeit einer effektiveren Interessenwahrnehmung durch den Betriebsrat verbunden ist. Vor allem wegen des im Vergleich zum Einzelsozialplan noch verstärkten spekulativen Charakters der Vereinbarung bietet der vorsorgliche Sozialplan auch in Bezug auf den Gesichtspunkt der Planungssicherheit keinen Vorteil. Neben formellen Bedenken spricht gegen die Zulässigkeit vorsorglicher Sozialpläne außerdem die Entkoppelung von Interessenausgleich und Sozialplan mit ihren fatalen Folgen für die Steuerungsfunktion des Sozialplans. Überdies ist er mit dem Recht des Sozialplans in der Insolvenz und den §§ 254 ff. SGB III unvereinbar.

4. Hinsichtlich der Abänderbarkeit von Rahmensozialplänen ist auf die Regeln über die Änderung freiwilliger Betriebsvereinbarungen zu verweisen. Besonderheiten ergeben sich daraus, dass die Vereinbarung gem. § 112 Abs.1 S. 3 BetrVG auch durch einen Einzelsozialplan modifiziert werden kann. Allerdings ist der Einigungsstelle eine Kürzung, der den Arbeitnehmern nach dem Rahmensozialplan zustehenden Ansprüche verwehrt. Auch wenn der Rahmensozialplan verfahrensrechtliche Regelungen enthält, die auf Spezialermächtigungen basieren, bietet das erzwingbare Mitbestimmungsrecht des Betriebsrats gem. den §§ 112 f. BetrVG keine Rechtsgrundlage, auf der eine Änderung erzwungen werden könnte. Lediglich bei abstrakt-materiellen Regelungen (z. B. Bemessungsrichtlinien) kann die Einigungsstelle von dem insoweit für den Betriebsrat nicht verbindlichen Rahmensozialplan zugunsten der Arbeitnehmer im Rahmen ihres Ermessens abweichen.

VI. Fazit

Das Ergebnis der Untersuchung möglicher Sonderformen von Sozialplänen hat ergeben, dass die Betriebspartner das Mitbestimmungsrecht auf Aufstellung eines Sozialplans nicht im Vorhinein verbrauchen können. Es ist jedoch möglich, durch die Aufstellung eines Rahmensozialplans den formellen und materiellen Rahmen der späteren Sozialplanverhandlungen abzustecken. Auf diese Art können die Betriebspartner Mindeststandards für die Behandlung der Arbeitnehmer bei der Durchführung von Betriebsänderungen setzen. Allerdings kann bei der Vereinbarung eines Rahmensozialplans, der unabhängig von einer konkret geplanten Betriebsänderung aufgestellt wird und in der Regel auf einen längeren Zeitraum angelegt ist, ein gesteigertes Bedürfnis nach einer einseitigen Loslösungsmöglichkeit bestehen. Dem wird dadurch Rechnung getragen, dass der Rahmensozialplan als freiwillige Betriebsvereinbarung gem. § 77 Abs. 5 BetrVG ordentlich kündbar ist. Da das Mitbestimmungsrecht auf Aufstellung eines Einzelsozialplans vom Schicksal der Rahmenvereinbarung unabhängig ist, muss die Beeinträchtigung der Belange der von einer Betriebsänderung betroffenen Arbeitnehmer insoweit nicht befürchtet werden.

H. Literaturverzeichnis

I. Aufsätze und Monographien

Adomeit, Klaus: Zur Rechtsnatur der Betriebsvereinbarung. Mit Folgerungen für ihre Entstehung, Aufhebung und Kündbarkeit, BB 1962, S. 1246-1251

ders.: Rechtsquellenfragen im Arbeitsrecht, 1969 (zit.: *Adomeit*, Rechtsquellenfragen)

Ahrend, Peter/Förster, Wolfgang/Rühmann, Jochen: Die abändernde und ablösende Betriebsvereinbarung – Instrumente zur Anpassung betrieblicher Versorgungsregelungen – Zugleich eine Besprechung des Beschlusses des Großen Senats des Bundesarbeitsgerichts vom 16.09.1986, BB 1987, Beilage 7, S. 1-20

Alexy, Robert: Theorie der juristischen Argumentation. Die Theorie des rationalen Diskurses als Theorie der juristischen Begründung, 3. Auflage, 1996 (zit.: *Alexy*, Theorie der juristischen Argumentation)

Bachof, Otto: Die Prüfungs- und Verwerfungskompetenz der Verwaltung gegenüber dem verfassungswidrigen und dem bundesrechtswidrigen Gesetz, AöR 87 (1962), S. 1-48

Bauer, Jobst-Hubertus: Aktuelle Probleme des Personalabbaus im Rahmen von Betriebsänderungen. Teil I, DB 1976, S. 217-227

ders.: Betriebsänderungen. Planung, Interessenausgleich, Sozialplan, Einigungsstelle, Protestaktionen, Abfindungen, Kündigungen, 1992 (zit.: *Bauer*, Betriebsänderungen)

Bauschke, Hans-Joachim: Zur Problematik des arbeitsrechtlichen Gleichbehandlungsgrundsatzes, RdA 1985, S. 72-78

Becker, Friedrich: Interessenausgleich und Sozialplan, BlStSozArbR 1974, S. 54-61

Beckschulze, Martin: Der Wiedereinstellungsanspruch nach betriebsbedingter Kündigung, DB 1998, S. 417-422

Beitzke, G.: Nichtigkeit, Auflösung und Umgestaltung von Dauerrechtsverhältnissen, 1948 (zit.: *Beitzke*, Nichtigkeit)

Belling, Detlev W./Hartmann, Christian: Die Tarifbindung in der Insolvenz, NZA 1998, S. 57-70

Berenz, Claus: Die Neuregelung des Sozialplans durch das Gesetz über arbeitsrechtliche Vorschriften zur Beschäftigungsförderung vom 26. April 1985, Diss. Köln 1991 (zit.: *Berenz*, Neuregelung)

Beseler, L.: Abänderung eines abgeschlossenen Sozialplans, in: Sozialplan, 1994, S. 219-239 (zit.: *Beseler* in: Sozialplan)

Beuthien, Volker: Zweckerreichung und Zweckstörung im Schuldverhältnis, 1969 (zit.: *Beuthien*, Zweckerreichung)

ders.: Interessenausgleich und Sozialplan im Konkurs. Sozialer Fortschritt oder Bankrott der Konkursordnung?, RdA 1976, S. 147-161

ders: Sozialplan und Unternehmensverschuldung. Gedanken im Anschluss an die Entscheidung des Großen Senats des BAG vom 13.12.1978, 1980

ders.: Der Sozialauftrag des Sozialplans – Arbeitsplatzabfindung und arbeitsvertragliche Risikoverteilung, ZfA 1982, S. 181-205

ders.: Sozialpläne und kein Ende?, in: Das Betriebsverfassungsgesetz auf dem Prüfstand, 1983, S. 71-75

Biberacher, Hansjörg: Betriebliche Rechtssetzungsmacht, 1983

Bickel, Dietrich: Die normative Wirkung von Betriebsvereinbarungen, ZfA 1971, S. 181-195

Biedenkopf, Kurt H.: Grenzen der Betriebsautonomie, 1964

Birk, Rolf: Innerbetriebliche Absprachen – Typen und Rechtswirkung -, ZfA 1986, S. 73-108

Bleckmann, Albert: Zur Entwicklung des Subventionsverwaltungsrechts, in: Verhandlungen des 55. Deutschen Juristentages – Hamburg 1984, Band I, Gutachten, 1984, S. D 93-115 (zit.: *Bleckmann* in: Verhandlungen des 55. Deutschen Juristentages)

Blomeyer, Wolfgang: Das Übermaßverbot im Betriebsverfassungsrecht, in: 25 Jahre Bundesarbeitsgericht, München, 1979, S. 17-36 (zit.: *Blomeyer* in: 25 Jahre BAG) *ders.*: „Die Billigkeitskontrolle“ der abändernden Betriebsvereinbarung über betriebliche Ruhegelder, DB 1984, S. 926-934

ders.: Die kollektivfreie Individualsphäre. Persönlichkeitsschutz im kollektiven Arbeitsrecht, in: Beiträge zum Schutz der Persönlichkeit und ihrer schöpferischen Leistungen, Festschrift für Heinrich Hubmann zum 70. Geburtstag, 1985, S. 23-40 (zit.: *Blomeyer*, Festschrift für Hubmann)

ders.: Kündigung und Neuabschluss einer Betriebsvereinbarung über teilmitbestimmungspflichtige Sozialleistungen, DB 1985, S. 2506-2510

ders.: Ansätze zu einer Dogmatik des Betriebsrentenrechts nach 25 Jahren BetrAVG und einer ersten Gesetzesreform (RRG 1999), RdA 2000, S. 279-287

Brox, Hans: Einschränkung der Irrtumsanfechtung, 1960 (zit.: *Brox*, Irrtumsanfechtung)

Bundesminister der Justiz (Hrsg.): Abschlußbericht der Kommission zur Überarbeitung des Schuldrechts, 1992

Bydlinski, Franz: Kontrahierungszwang und Anwendung allgemeinen Zivilrechts, JZ 1980, S. 378-385

ders.: Zulässigkeit und Schranken „ewiger“ und extrem langdauernder Vertragsbindung, 1991 (zit.: *Bydlinski*, Vertragsbindung)

Canaris, Claus-Wilhelm: Funktionelle und inhaltliche Grenzen kollektiver Gestaltungsmacht bei der Betriebsvereinbarung, AuR 1966, S. 129-140

Chiotellis, Aristide: Rechtsfolgenbestimmung bei Geschäftsgrundlagenstörungen in Schuldverträgen, 1981 (zit.: *Chiotellis*, Rechtsfolgenbestimmung)

Christodoulou, Phoebus: Vom Zeitelement im Schuldrecht, Diss. Hamburg 1968

Däubler, Wolfgang: Verschlechterung der Arbeitsbedingungen durch Betriebsvereinbarung?, AuR 1984, S. 1-28

ders.: Nachträgliche Kürzung von Sozialplanansprüchen?, NZA 1985, S. 545-551

ders.: Eine bessere Betriebsverfassung? – Der Referentenentwurf zur Reform des BetrVG, AuR 2001, S. 1-8

Deggau, Hans-Georg: Die Geschäftsgrundlage. Eine methodische Irritation der Zivilrechtsdogmatik. Alternative Lösungswege in der Geschäftsgrundlagenlehre, in: Recht und Risiko. Juristische und ökonomische Analysen, 1988, S. 216-251 (zit.: *Deggau* in: Recht und Risiko)

Ditfurth, Hoimar von: Die Einbeziehung subjektiv-öffentlicher Berechtigungen, insbesondere sozialversicherungsrechtlicher Positionen, in den Schutz der Eigentumsgarantie, 1994

Dorndorf, Eberhard: Sozialplan im Konkurs. Der Zusammenhang von Betriebsänderung, Kündigung und Sozialplan im Konkurs und der Rang der Abfindungsansprüche, 1978 (zit.: *Dorndorf*, Sozialplan und Konkurs)

Drukarczyk, Jochen: Zum Problem der „wirtschaftlichen Vertretbarkeit" von Sozialplänen, RdA 1986, S. 115-119

Düwell, Franz Josef: Umstrukturierung von Unternehmen – legislatorische Defizite und rechtspolitische Forderungen, AuR 1994, S. 257-360

Durchlaub, Wolfgang: Kürzung des Sozialplanes im Falle wirtschaftlicher Schwierigkeiten, DB 1980, S. 496-498

Engisch, Karl: Einführung in das juristische Denken, 9. Aufl., 1997

ders.: Die Einheit der Rechtsordnung, 1935

Eschenbach, Jürgen: Der verfassungsrechtliche Schutz des Eigentums, 1996

Fecht, Gabriele: Neuverhandlungspflichten zur Vertragsänderung. unter besonderer Berücksichtigung des bundesdeutschen Rechts und der UN-Kodizes über Technologietransfer und das Verhalten transnationaler Unternehmen, 1988 (zit.: *Fecht*, Neuverhandlungspflichten)

Feudner, Bernd: Übergangs- und Restmandat des Betriebsrats, BB 1996, S. 1934-1937

Fikentscher, Wolfgang: Die Geschäftsgrundlage als Frage des Vertragsrisikos, 1971 (zit.: *Fikentscher*, Geschäftsgrundlage)

Finsinger, Jörg/Simon, Jürgen: Vertragsbruch und Schadensersatz bei Leistungserschwernis. Am Beispiel der Lehre vom Wegfall der Geschäftsgrundlage, in: Recht und Risiko. Juristische und ökonomische Analysen, 1988, S. 114-152 (zit.: *Finsinger/Simon* in: Recht und Risiko)

Flatow, Georg: Betriebsvereinbarung und Arbeitsordnung. Eine arbeitsrechtliche Studie, 2. Auflage, 1923 (zit.: *Flatow*, Betriebsvereinbarung und Arbeitsordnung)

Fuchs, Harald: Der Sozialplan nach dem Betriebsverfassungsgesetz 1972, 1977 (zit.: *Fuchs*, Sozialplan)

Gagel, Alexander/Vogt, Norbert: Beendigung von Arbeitsverhältnissen. Sozial- und steuerrechtliche Konsequenzen, 5. Auflage, 1996 (zit.: *Gagel/Vogt,* Beendigung)

Gamillscheg, Franz: Die Grundrechte im Arbeitsrecht, AcP 164 (1964), S. 385-445

ders.: Die Differenzierung nach der Gewerkschaftszugehörigkeit, 1966 (zit.: *Gamillscheg*, Differenzierung)

ders.: Die Solidarität als Rechtsbegriff, in: Festschrift für Erich Fechner zum 70. Geburtstag, 1973, S. 135-153 (zit.: *Gamillscheg,* Festschrift für Fechner)

Gaul, Björn: Gestaltungsspielraum bei Sozialplanabfindungen, DB 1998, S. 1513-1519

Gaul, Dieter: Freiheit und Grenzen einer kollektivrechtlichen Gestaltung durch Betriebsvereinbarung, BB 1984, S. 931-933

Gernhuber, Joachim (Hrsg.): Handbuch des Schuldrechts: in Einzeldarstellungen, Band. 8, Das Schuldverhältnis. Begründung und Änderung. Pflichten und Strukturen. Drittwirkungen, 1989 (zit.: *Gernhuber,* Schuldverhältnis)

Gierke, Otto: Deutsches Privatrecht, 1. Band, Allgemeiner Teil und Personenrecht, 1895 (zit.: *Gierke,* Deutsches Privatrecht)

Gift, Emil: Der Sozialplan, in: Das Arbeitsrecht der Gegenwart. Jahrbuch für das gesamte Arbeitsrecht und die Arbeitsgerichtsbarkeit, Band 15 (1977), S. 51-74 (zit.: *Gift* in: Das Arbeitsrecht der Gegenwart, Bd. 15 (1977))

ders.: Erfahrungen mit dem Sozialplan aus der Sicht eines Richters, RdA 1984, S. 300-302

Gitter, Wolfgang: Möglichkeiten der Fortentwicklung des Rechts der sozialen Sicherheit zwischen Anpassungszwang und Bestandsschutz, NZA 1984, S. 137-144

Griebeling, Gert: Bestandsschutz und Billigkeitskontrolle in der betrieblichen Altersversorgung aus der Sicht des Bundesarbeitsgerichts, in: Betriebliche Altersversorgung in der Diskussion zwischen Praxis und Wissenschaft, Festschrift zum 60. Geburtstag von Peter Ahrend, 1992, S. 208-220 (zit.: *Griebeling,* Festschrift für Ahrend)

Grunsky, Wolfgang: Sozialplan und Konkurs des Arbeitgebers, RdA 1978, S. 174-180

Haarmann, Wilhelm: Wegfall der Geschäftsgrundlage bei Dauerrechtsverhältnissen, 1979, (zit.: *Haarmann*, Geschäftsgrundlage)

Hänlein, Andreas: Die Legitimation betrieblicher Rechtsetzung, NZA 2003, S. 26-32

Häsemeyer, Ludwig: Geschäftsgrundlage und Vertragsgerechtigkeit, in: Privatautonomie, Eigentum und Verantwortung, Festgabe für Hermann Weitnauer zum 70. Geburtstag, 1980, S. 67-84 (zit.: *Ludwig,* Festgabe für Weitnauer)

Hammen, Horst: Die „richterliche Inhaltskontrolle" von Betriebsvereinbarungen (Sozialplänen) durch das Bundesarbeitsgericht insbesondere aus revisionsrechtlicher Sicht, RdA 1986, S. 23-30

Hanau, Peter: Die Probleme der Mitbestimmung des Betriebsrats über den Sozialplan, ZfA 1974, S. 89-121

ders.: Möglichkeiten der Sanierung von Unternehmen durch Maßnahmen im Unternehmens-, Arbeits-, Sozial-, und Insolvenzrecht, in: Verhandlungen des vierundfünfzigsten Deutschen Juristentages Nürnberg 1982, Band I, Gutachten, 1982, S. E 1-120 (zit.: *Hanau* in: Verhandlungen des 54. Deutschen Juristentages)

ders.: Rechtswirkungen der Betriebsvereinbarung, RdA 1989, S. 207-211

ders.: Die Reform der Betriebsverfassung, NJW 2001, S. 2513-2519

Hanau, Peter/Arteaga, Marco S.: Gehaltsumwandlung zur betrieblichen Altersversorgung. Direktversicherung, Direktzusage, Unterstützungskasse, Pensionskasse, 1999 (zit.: *Hanau/Arteaga,* Gehaltsumwandlung)

Hanau, Peter/Preis, Ulrich: Die Kündigung von Betriebsvereinbarungen, NZA 1991, S. 81-93

Hansen, Joachim: Der Entstehungszeitpunkt des Anspruchs auf eine Sozialplanabfindung, NZA 1985, S. 609-612

Hartung, Manfred: Die Risiken vorsorglicher Sozialpläne, DB 1976, S. 2064-2067

Hedemann, Justus Wilhelm: Die Flucht in Generalklauseln. eine Gefahr für Recht und Staat, 1933 (zit.: *Hedemann,* Generalklauseln)

Heinze, Meinhard: Der Sozialplan in Konkurs und Vergleich, DB 1974, S. 1814-1820

Hemmer, Edmund: Sozialpläne und Personalanpassungsmaßnahmen. eine empirische Untersuchung, 1997 (zit.: *Hemmer*, Sozialpläne)

Herschel, Wilhelm: Entwicklungstendenzen des Arbeitsrechts, RdA 1956, S. 161-168

ders.: Sinn und Grenzen der Vereinbarungsbefugnis der Tarifvertragsparteien, in: Verhandlungen des 46. Deutschen Juristentages Essen 1966, Band II (Sitzungsberichte), 1967, S. D 7-D 32 (zit.: *Herschel* in: Verhandlungen des 46. Deutschen Juristentages)

ders.: Überindividualrechtliche Elemente im Privatrecht, in: Recht und Staat – Festschrift für Günther Küchenhoff zum 65. Geburtstag am 21.8.1972, 1972, S. 545-259 (zit.: *Herschel,* Festschrift für Küchenhoff)

ders.: Der Pensionär in der Betriebsverfassung, in: Festschrift für Marie Luise Hilger und Hermann Stumpf zum 70. Geburtstag, 1983, S. 311-315 (zit.: *Herschel*, Festschrift für Hilger und Stumpf)

Hey, Christopher: Wegfall der Geschäftsgrundlage bei Tarifverträgen, ZfA 2002, S. 275-294

Heßhaus, Andrea: Kündigung und Wegfall der Geschäftsgrundlage im Tarifvertragsrecht, 1997 (zit.: *Heßhaus,* Tarifvertragsrecht)

Hilger, Marie-Luise: Vertragsauslegung und Wegfall der Geschäftsgrundlage im betrieblich-kollektiven Bereich, in: Festschrift für Karl Larenz zum 80. Geburtstag am 23. April 1983, 1983, S. 241-255 (zit.: *Hilger,* Festschrift für Larenz)

Hilger, Marie-Luise/Stumpf, Hermann: Ablösung betrieblicher Gratifikations- und Versorgungsordnungen durch Betriebsvereinbarung, in: Arbeitsleben und Rechtspflege, Festschrift für Gerhard Müller, 1981 (zit.: *Hilger/Stumpf,* Festschrift für Müller)

Hönn, Günther: Kompensation gestörter Vertragsparität. Ein Beitrag zum inneren System des Vertragsrechts, 1982 (zit.: *Hönn*, Vertragsparität)

Horn, Norbert: Neuverhandlungspflicht, AcP 181 (1981), S. 255-287

Hoyningen-Huene, Gerrick von: Die Billigkeit im Arbeitsrecht. Ein Beitrag zur rechtsdogmatischen Präzisierung der Billigkeit im Zivilrecht - dargestellt am Beispiel des Arbeitsrechts, 1978 (zit.: *v. Hoyningen-Huene*, Billigkeit)

ders.: Ablösende Betriebsvereinbarungen für ausgeschiedene Arbeitnehmer, Pensionäre und leitende Angestellte?, RdA 1983, S. 225-233

ders.: Fehlerhafte Betriebsvereinbarungen und ihre Auswirkungen auf Arbeitnehmer, DB 1984, Beilage Nr. 1, S. 1-12.

ders.: Die wirtschaftliche Vertretbarkeit von Sozialplänen – zugleich eine Rahmenformel zur Berechnung des Sozialplanvolumens, RdA 1986, S. 102-115

ders.: Die Inhaltskontrolle von Betriebsvereinbarungen der betrieblichen Altersversorgung, BB 1992, S. 1640-1646

Hueck, Götz: Die Betriebsvereinbarung : Wesen – Inhalt – Wirkung, 1952 (zit.: *Hueck*, Betriebsvereinbarung)

ders.: Der Grundsatz der gleichmäßigen Behandlung im Privatrecht, 1958 (zit.: *Hueck*, Grundsatz)

ders.: Gleichbehandlung und Billigkeitskontrolle, in: Gedächtnisschrift für Rolf Dietz, 1973, S. 241-267 (zit.: *Hueck*, Gedächtnisschrift für Dietz)

Hunold, Wolf: Personalanpassung in Recht und Praxis. Eine Anleitung zur Lösung betrieblicher Probleme bei rückläufiger Beschäftigung, 2. Auflage, 1992 (zit.: *Hunold*, Personalanpassung)

Ipsen, Hans Peter: Europäisches Gemeinschaftsrecht, 1972

Jacobi, Erwin: Grundlehren des Arbeitsrechts, 1927

Jaeckle, Hans-Günther: Die Ablösung kollektiver Ordnungen, Diss. Freiburg im Breisgau 1969

Jellinek, Georg: Gesetz und Verordnung. Staatsrechtliche Untersuchungen auf rechtsgeschichtlicher und rechtsvergleichender Grundlage, Neudruck der Ausgabe Freiburg 1887, 1964 (zit.: *Jellinek*, Gesetz und Verordnung)

Jhering, Rudolph von: Der Zweck im Recht, Band I, 3. Auflage, 1893

Jobs, Friedhelm: Gerichtliche Billigkeitskontrolle bei abändernden Betriebsvereinbarungen?, AuR 1986, S. 147-148

Kalb, Werner: Die Beendigung des Arbeitsverhältnisses bei Betriebsstillegung, RdA 1965, S. 367-372

Kallrath, Simone: Gerichtliche Kontrolle von Betriebsvereinbarungen, 1997 (zit.: *Kallrath*, Betriebsvereinbarungen)

Karakatsanis, Alexander: Die kollektivrechtliche Gestaltung des Arbeitsverhältnisses und ihre Grenzen, 1963 (zit.: *Karakatsanis,* Gestaltung)

Kaven, Michael: Das Recht des Sozialplans – Ein Leitfaden zur Aufstellung und Durchführung von Sozialplänen, 1977 (zit.: *Kaven,* Das Recht des Sozialplans)

Kegel, Gerhard: Empfiehlt es sich, den Einfluß grundlegender Veränderungen des Wirtschaftslebens auf Verträge gesetzlich zu regeln und in welchem Sinn? (Geschäftsgrundlage, Vertragshilfe, Leistungsverweigerungsrecht), Gutachten für den 40. Deutschen Juristentag, in: Verhandlungen des vierzigsten Deutschen Juristentages, Band I (Gutachten), 1953, S. 135-236 (zit.: *Kegel* in: Verhandlungen des 40. Deutschen Juristentages)

Kegel, Gerhard/Rupp, Hans/Zweigert, Konrad: Die Einwirkung des Krieges auf Verträge in der Rechtsprechung Deutschlands, Frankreichs, Englands und den Vereinigten Staaten von Amerika, 1941 (zit.: *Kegel/Rupp/Zweigert,* Einwirkung)

Kelsen, Hans: Allgemeine Staatslehre, Nachdruck 1993

Kessal-Wulf, Sibylle: Die Innenverbände. Am Beispiel Publikumsgesellschaft, Franchising, Mitarbeiterbeteiligung und Betriebsverband, 1995 (zit.: *Kessal-Wulf,* Innenverbände)

Kessen, Martin: Der Inhalt des Sozialplans, Diss. Köln 1997

Kirchhof, Ferdinand: Private Rechtsetzung, 1987

Kirchner, Hildebert: Abkürzungsverzeichnis der Rechtssprache, 5. Auflage, 2003

Knorr, Gerhard: Der Sozialplan im Widerstreit der Interessen, 1995 (zit.: *Knorr,* Sozialplan)

Knuth, Matthias: Ausgewählte und kommentierte Dokumentation von Betriebsvereinbarungen und Protokollen der Einigungsstellen, in: Zustandekommen und Analyse von Betriebsvereinbarungen und praktische Erfahrungen mit Einigungsstellen, 4. Band, 1984 (zit.: *Knuth*, Dokumentation)

Köbler, Ralf: Die „clausula rebus sic stantibus" als allgemeiner Rechtsgrundsatz, 1991 (zit.: *Köbler*, „clausula rebus sic stantibus")

Köhler, Helmut: Unmöglichkeit und Geschäftsgrundlage bei Zweckstörungen im Schuldverhältnis, 1971, (zit.: *Köhler,* Unmöglichkeit)

ders.: Grundprobleme der Lehre von der Geschäftsgrundlage, JA 1979, S. 498-506

ders.: Zur ökonomischen Analyse der Regeln über die Geschäftsgrundlage, in: Allokationseffizienz in der Rechtsordnung – Beiträge zum Travemünder Symposium zur ökonomischen Analyse des Zivilrechts – 23.-26. März 1988, 1989, S. 148-162 (zit.: *Köhler* in: Allokationseffizienz)

ders.: Rückwirkende Vertragsanpassung bei Dauerschuldverhältnissen?, in: Festschrift für Ernst Steindorff zum 70. Geburtstag am 13. März 1990, 1990, S. 611-641 (zit.: *Köhler,* Festschrift für Steindorff)

ders.: Die Lehre von der Geschäftsgrundlage als Lehre von der Risikobefreiung, in: 50 Jahre Bundesgerichtshof – Festgabe aus der Wissenschaft – Band I. Bürgerliches Recht, 2000, S. 295-327 (zit.: *Köhler* in: 50 Jahre Bundesgerichtshof)

Körnig, Jürgen: Der Rang des Sozialplananspruchs im Konkurs (I), DB 1975, S. 1411-1416

Koller, Ingo: Die Risikozurechnung bei Vertragsstörungen in Austauschverträgen. Eine Untersuchung zur Rechtsfortbildung auf dem Gebiet der materiellen Leistungserschwerung, Zweckstörung sowie Schadensersatzhaftung bei Sach- und Dienstleistungen, 1979 (zit.: *Koller,* Risikozurechnung)

Konzen, Horst: Gleichbehandlungsgrundsatz und personelle Grenzen der Kollektivautonomie, in: Arbeitsleben und Rechtspflege, Festschrift für Gerhard Müller, 1981, S. 245-263 (zit.: *Konzen,* Festschrift für Müller)

ders.: Der Regierungsentwurf des Betriebsverfassungsreformgesetzes, RdA 2001, S. 76-92

Kraemer, Hans-Jörg: Die Kündigung aus wichtigem Grund nach altem und neuem Recht, NZM 2001, S. 553-556

Krejci, Heinz: Der Sozialplan. Ein Beitrag zu Recht und Praxis der Betriebsvereinbarung, 1983 (zit.: *Krejci*, Sozialplan)

Kreutz, Peter: Kritische Gedanken zur gerichtlichen Billigkeitskontrolle von Betriebsvereinbarungen, ZfA 1975, S. 65-84

ders.: Grenzen der Betriebsautonomie, 1979 (zit.: *Kreutz,* Betriebsautonomie)

ders.: Grenzen der Sozialplangestaltung (im Lichte der jüngeren Rechtsprechung), in: Recht und Rechtserkenntnis: Festschrift für Ernst Wolf zum 70 Geburtstag, 1985, S. 309-334 (zit.: *Kreutz*, Festschrift für Wolf)

Krückmann, Paul: Clausula rebus sic stantibus, Kriegsklausel, Streikklausel, AcP 116 (1918), S. 157-481

Krüger, Wolfgang: Das Anwartschaftsrecht – ein Faszinosum, JuS 1994, S. 905-909

Lange, Heinrich: Ausgangspunkt, Wege und Mittel zur Berücksichtigung der Geschäftsgrundlage, in: Festschrift zum 70. Geburtstag von Paul Gieseke, 1958, S. 21-58 (zit.: *Lange*, Festschrift für Gieseke)

Larenz, Karl: Geschäftsgrundlage und Vertragserfüllung. Die Bedeutung „veränderter Umstände“ im Zivilrecht, 3. Auflage, 1963 (zit.: *Larenz,* Geschäftsgrundlage)

Lehmann, Heinrich: Mißbrauch der Geschäftsgrundlage, JZ 1952, S. 10-13

Lembke, Gerd: Vorherschbarkeit und Geschäftsgrundlage. Eine Untersuchung über die Bedeutung der Vorhersehbarkeit und der Erkennbarkeit für den Rechtsbehelf des Fehlens oder Wegfalls der Geschäftsgrundlage, Diss. Köln 1991 (zit.: *Lembke*, Vorhersehbarkeit)

Liedmeier, Norbert: Die Auslegung und Fortbildung arbeitsrechtlicher Kollektivverträge, 1991 (zit.: *Liedmeier*, Auslegung)

Lingemann, Stefan: Betriebsänderungen nach neuem BetrVG, NZA 2002, S. 934-945

Littbarski, Sigurd: Neuere Tendenzen zum Anwendungsbereich der Lehre von der Geschäftsgrundlage, JZ 1981, S. 8-14

Löwisch, Manfred: Möglichkeiten und Grenzen der Betriebsvereinbarung, AuR 1978, S. 97-108 *ders.*: Sozialplanleistungen und Gleichbehandlungsgebot, in: Arbeitsleben und Rechtspflege: Festschrift für Gerhard Müller, 1981, S. 301-308 (zit.: *Löwisch*, Festschrift für Müller)

ders.: Die Beteiligungsrechte in wirtschaftlichen Angelegenheiten auf dem Prüfstand, in: Das Betriebsverfassungsgesetz auf dem Prüfstand, 1983, S. 57-63 (zit.: *Löwisch* in: Das Betriebsverfassungsgesetz auf dem Prüfstand)

ders.: Die Anpassung der Arbeitsentgelte an die Insolvenzsituation de lege lata und de lege ferenda, ZGR 1984, S. 272-292

ders.: Die Flankierung von Sozialplänen durch die Bundesanstalt für Arbeit (§§ 254 ff. SGB III), RdA 1997, S. 287-293

ders.: Tariföffnung bei Unternehmens- und Arbeitsplatzgefährdung, NJW 1997, S. 905-911

ders.: Der „vorsorgliche Sozialplan". eine zweifelhafte Rechtsfigur, in: Richterliches Arbeitsrecht, Festschrift für Thomas Dieterich zum 65. Geburtstag, 1999, S. 345-353 (zit.: *Löwisch*, Festschrift für Dieterich)

Luding, Jens: Beendigung und Veränderung von Sozialplänen, 2002 (zit.: *Luding*, Beendigung)

Maschke, Hermann: Die Rangordnung der Rechtsquellen, 1932

Matthes, Hans-Christoph: Die Einigungen nach den §§ 72 ff. BetrVG und ihre Auswirkungen auf das Einzelarbeitsverhältnis, DB 1967, S. 1175-1181

ders.: Die neuere Rechtsprechung des Bundesarbeitsgerichts zu Sozialplänen, in: Das Arbeitsrecht der Gegenwart – Jahrbuch für das gesamte Arbeitsrecht und die Arbeitsgerichtsbarkeit – Nachschlagewerk für Wissenschaft und Praxis, Band 32 , 1995, S. 83-94 (zit.: *Matthes* in: Das Arbeitsrecht der Gegenwart, Bd. 32 (1995)

ders.: Betriebsübergang und Betriebsteilübergang als Betriebsänderung, NZA 2000, S. 1073-1077

Mayer-Maly, Theo: Zehn Jahre Bundesarbeitsgericht, RdA 1969, S. 441-443

Medicus, Dieter: Vertragsauslegung und Geschäftsgrundlage, Festschrift für Werner Flume zum 70. Geburtstag – 12. September 1978, 1978, S. 295-647 (zit.: *Medicus*, Festschrift für Flume) *ders.*: „Geld muß man haben“ – Unvermögen und Schuldnerverzug bei Geldmangel, AcP 188 (1988), S. 489-510

Meier, Hans-Georg: Die Sozialplanabfindung: Verloren bei Eigenkündigung? – Entschädigung für Besitzstandsverlust oder Übergangsbeihilfe?, NZA 1995, S. 769-771

Merten, Philip W.: Die Regelungsbefugnisse der Betriebspartner erörtert am Beispiel der ablösenden Betriebsvereinbarung, 2000 (zit.: *Merten*, Regelungsbefugnisse)

Meyer, Cord: Abänderung von Sozialplanregelungen, NZA 1995, S. 974-984

ders.: Sozialplanregelungen in Treuhandunternehmen, Diss. Potsdam 1995 (zit.: *Meyer*, Sozialplanregelungen)

ders.: Die nachträgliche Abänderung von Sozialplanregelungen, 1996 (zit.: *Meyer*, Abänderung)

ders.: Die Dauersozialpläne als neuartige Regelungsform des Sozialplans, NZA 1996, S. 239-245

ders.: Die Nachwirkung von Sozialplänen gem. § 77 VI BetrVG. Unter besonderer Berücksichtigung der unterschiedlichen Regelungsformen, NZA 1997, S. 289-294

Meyer-Cording, Ulrich: Die Rechtsnormen, 1971

Michalski, Lutz: Zur Rechtsnatur des Dauerschuldverhältnisses, JA 1979, S. 401-409

Moritz, Heinz Peter: Der „gestufte“ Eigentumsschutz sozialversicherungsrechtlicher Positionen, Jura 1987, S. 643-646

Nägele, Stefan: Die Renaissance des Wiedereinstellungsanspruchs, BB 1998, S. 1686-1689

Naendrup, Peter-Hubert: Einseitige Kürzung von Sozialplänen – Zur Bestandskraft kollektivvertraglicher Vereinbarungen, AuR 1984, S. 193-204

ders.: Zur fristlosen Kündigung des Sozialplans der ARBED Saarstahl GmbH, 1985 (zit.: Naendrup, ARBED Saarstahl)

Nause, Helmut: Die Grenzen der Regelungsbefugnis von Arbeitgeber und Betriebsrat gegenüber dem einzelnen Arbeitnehmer bei Abschluß von Betriebsvereinbarungen, Diss. Göttingen 1982 (zit.: *Nause,* Regelungsbefugnis)

Nebel, Andreas: Die Normen des Betriebsverbandes am Beispiel der ablösenden Betriebsvereinbarung, 1989 (zit.: *Nebel*, Betriebsvereinbarung)

Neef, Klaus: Betriebsübergang und Betriebsänderung, NZA 1994, S. 97-102

Neef, Klaus/Schrader, Peter: Betriebsübergang und Sozialplanregelung, NZA 1998, S. 804-809

Nelle, Andreas: Neuverhandlungspflichten. Neuverhandlungen zur Vertragsanpassung und Vertragsergänzung als Gegenstand von Pflichten und Obliegenheiten, 1993 (zit.: *Nelle,* Neuverhandlungspflichten)

Nick, Thomas: Konzernbetriebsrat und Sozialplan im Konzern. Zugleich ein Beitrag zur Entwicklung einer interessendualistischen Konzernverfassung, 1992 (zit.: *Nick,* Konzernbetriebsrat)

Nicklisch, Fritz: Ergänzende Vertragsauslegung und Geschäftsgrundlagenlehre – ein einheitliches Rechtsinstitut zur Lückenausfüllung?, BB 1980, S. 949-953

Nipperdey, Hans Carl u. a.: Die Rechtsprechung des Reichgerichts zum Arbeitsrecht, 1. Band, 1926 (zit.: *Nipperdey* in: Die Rechtsprechung des Reichsgerichts zum Arbeitsrecht, Bd. 1)

ders.: Vertragstreue und Nichtzumutbarkeit der Leistung, 1921 (zit.: *Nipperdey,* Vertragstreue)

Oertmann, Paul: Die Geschäftsgrundlage. ein neuer Rechtsbegriff, 1921 (zit.: *Oertmann,* Geschäftsgrundlage)

Oetker, Hartmut: Die Mitbestimmung der Betriebs- und Personalräte bei der Durchführung von Berufsbildungsmaßnahmen - Zugleich ein Beitrag zu den Schranken der Mitbestimmung, 1986 (zit.: *Oetker,* Mitbestimmung)

ders.: Das Dauerschuldverhältnis und seine Beendigung. Bestandsaufnahme und kritische Würdigung einer tradierten Figur der Schuldrechtsdogmatik, 1994 (zit.: *Oetker*, Dauerschuldverhältnis)

ders.: Die Kündigung von Tarifverträgen, RdA 1995, S. 82-103

Ohl, Heinrich: Der Sozialplan. Recht und Praxis kompensatorischer Leistungen für den Verlust des Arbeitsplatzes, 1977 (zit.: *Ohl,* Sozialplan) *ders.*: Zum Abfindungsrecht bei betriebsbedingtem Verlust des Arbeitsplatzes, AuR 1980, S. 108-113

Ossenbühl, Fritz: Der Eigentumsschutz sozialrechtlicher Positionen in der Rechtsprechung des Bundesverfassungsgerichts. Eine Zwischenbilanz, in: Festschrift für Wolfgang Zeidler, Band 1, 1987, S. 625-671 (zit.: *Ossenbühl*, Festschrift für Zeidler)

ders.: Inhaltsbestimmung des Eigentums und Enteignung – BVerfGE 83, 201, JuS 1993, S. 200-203

Osterloh, Lerke: Abgrenzung zwischen Sozialbindung und Enteignung – Probleme der Systematik grundrechtlichen Eigentumsschutzes, JuS 1992, S. L 9-16

Otto, Hansjörg: Der Sozialplan als Gegenstand neuer gesetzgeberischer Initiativen, ZfA 1985, S. 71-99

ders.: Die Kündigung des Tarifvertrages aus wirtschaftlichen Gründen, in: Arbeitsrecht in der Bewährung, Festschrift für Otto Rudolf Kissel zum 65. Geburtstag, 1994, S. 787-812 (zit.: *Otto*, Festschrift für Kissel)

Paschke, Marian: Das Dauerschuldverhältnis der Wohnraummiete – Grundfragen der privatautonomen Gestaltung des Wohnraummietverhältnisses, 1991 (zit.: *Paschke*, Dauerschuldverhältnis)

Peer, Gundula Maria: Die Rechtsfolgen von Störungen der Geschäftsgrundlage. ein Vergleich zwischen § 313 RegE eines Schuldrechtsmodernisierungsgesetzes und dem geltenden deutschen und österreichischen Recht sowie modernen Regelwerken, in: Jahrbuch Junger Zivilrechtswissenschaftler 2001. Das neue Schuldrecht, 2001, S. 61-83 (zit.: *Peer* in: Das neue Schuldrecht)

Pfarr, Heide M.: Mitbestimmung bei der Ablösung und der Verschlechterung allgemeiner Arbeitsbedingungen, BB 1983, S. 2001-2010

Pfarr, Heide M./Kittner, Michael: Solidarität im Arbeitsrecht, RdA 1974, S. 284-295

Picker, Eduard: Fristlose Kündigung und Unmöglichkeit, Annahmeverzug und Vergütungsgefahr im Dienstvertrag – Teil 1, JZ 1985, S. 641-652

Rancke, Friedbert: Betriebsverfassung und Unternehmenswirklichkeit. Eine Analyse von Organisation und Formen der betrieblichen Arbeitnehmermitbestimmung in der Praxis von Großunternehmen und Konzernen, 1982 (zit.: *Rankke*, Betriebsverfassung und Unternehmenswirklichkeit)

Renck, Ludwig: Zum Anwendungsbereich des Satzes „lex posterior derogat legi priori", JZ 1970, S. 770-771

Reuter, Dieter: Der Sozialplan – Entschädigung für Arbeitsplatzverlust oder Steuerung unternehmerischen Handelns?, 1983 (zit.: *Reuter*, Sozialplan)

ders.: Möglichkeiten und Grenzen einer Auflockerung des Tarifkartells, ZfA 1995, S. 1-94

Richardi, Reinhard: Kollektivgewalt und Individualwille bei der Gestaltung des Arbeitsverhältnisses, 1968 (zit.: *Richardi*, Kollektivgewalt)

ders.: Sozialplan und Konkurs, 1975

ders.: Sozialplan im Konkurs, DB 1976, Beilage 6

ders.: Der Anspruch auf den Sozialplan bei Betriebsänderungen, NZA 1984, S. 177-182

Richardi, Reinhard/Annuß, Georg: Neues Betriebsverfassungsgesetz. Revolution oder strukturwahrende Reform?, DB 2001, S. 41-46

Rieble, Volker: Die Kontrolle des Ermessens der betriebsverfassungsrechtlichen Einigungsstelle entwickelt aus einem Vergleich der Kontrolle behördlichen, gerichtlichen und privaten Ermessens, 1990 (zit.: *Rieble*, Kontrolle)

Röder, Gerhard/Baeck, Ulrich: Interessenausgleich und Sozialplan, 3. Auflage, 2001

Rossmanith, Gerhard: Betriebliche Mitbestimmung – Beschlußverfahren – Rechtschutzinteresse, AuR 1982, S. 339-346

Roth, Günter H.: Der Zivilprozess zwischen Rechtsklärung und Rechtsschöpfung, in: Festschrift für Walther J. Habscheid zum 65. Geburtstag – 6. April 1989, 1989, S. 253-261 (zit.: *Roth*, Festschrift für Habscheid)

Rothoeft, Dietrich: Faktoren der Risikoverteilung bei privatautonomem Handeln, AcP 170 (1970), S. 230-244

Rüfner, Wolfgang: Die Differenziertheit sozialrechtlicher Positionen und der Anspruch der Eigentumsgarantie, in: Verfassungsrechtlicher Eigentumsschutz sozialer Rechtspositionen. 2. Sozialrechtslehrertagung, 1982, S. 169-192 (zit.: *Rüfner* in: Eigentumsschutz)

Rumpff, Klaus/Boewer, Dietrich: Mitbestimmung in wirtschaftlichen Angelegenheiten und bei der Unternehmens- und Personalplanung, 3. Aufl., 1990 (zit.: *Rumpff/Boewer,* Mitbestimmung)

Sachs-Wendt, Michael: Zu den Folgen von Gleichheitsverstößen in Tarifverträgen, RdA 1989, S. 25-35

Säcker, Franz-Jürgen: Gruppenautonomie und Übermachtkontrolle im Arbeitsrecht, 1972 (*Säcker*, Gruppenautonomie)

Scharmann, Gisela: Die ablösende Betriebsvereinbarung, 1988 (zit.: *Scharmann*, Betriebsvereinbarung)

Schaub, Günter/Schindele, Friedrich: Kurzarbeit - Massenentlassung - Sozialplan, 1993 (zit.: *Schaub/Schindele,* Kurzarbeit)

Schlachter, Monika: Die Rechtsstellung des widersprechenden Arbeitnehmers bei Betriebsübergang, NZA 1995, S. 705-711

dies.: Gleichheitswidrige Tarifnormen, in: Tarifautonomie für ein neues Jahrhundert, Festschrift für Günter Schaub zum 65. Geburtstag, 1998, S. 651-673 (zit.: *Schlachter,* Festschrift für Schaub)

Schliemann, Harald: Dauersozialplan – Einzelfallregelung, in: Sozialplan, 1994, S. 73-93 (zit.: *Schliemann* in: Sozialplan)

Schlüter, Martin: Die konkursrechtliche Behandlung der Sozialplanansprüche und der Ausgleichsansprüche nach § 113 BetrVG, 1977 (zit.: *Schlüter,* Sozialplanansprüche)

Schmidt-De Caluwe, Reimund: Der Eigentumsschutz sozialer Rechtspositionen – zu einer funktionsgesteuerten Auslegung des Art. 14 I GG, JA 1992, S. 129-137

Schnorr, Gerhard: Die für das Arbeitsrecht spezifischen Rechtsquellen, 1969 (zit.: *Schnorr,* Rechtsquellen)

Schwerdtner, Peter: Fürsorgetheorie und Entgelttheorie im Recht der Arbeitsbedingungen. ein Beitrag zum Gemeinschafts- und Vertragsdenken im Individualarbeitsrecht und allgemeinem Zivilrecht, 1970 (zit.: *Schwerdtner,* Fürsorgetheorie)

ders.: Die Änderung kollektivrechtlich begründeter Ruhegeldberechtigungen – Eine Auseinandersetzung mit dem Urteil des Bundesarbeitsgerichts vom 30.11.1973, ZfA 1975, S. 171-206 *ders.*: Der Bestandsschutz von Arbeitsverhältnissen. Versuch einer Zwischenbilanz, DB 1979, Beilage 12

Siebert, Wolfgang: Kollektivnorm und Individualarbeitsrecht im Arbeitsverhältnis, in: Festschrift für Hans Carl Nipperdey zum 60. Geburtstag, 1955, S. 119-145 (zit.: *Siebert*, Festschrift für Nipperdey)

Steinmeyer, *Heinz-Dietrich*: Betriebliche Altersversorgung und Arbeitsverhältnis – Das betriebliche Ruhegeld als Leistung im arbeitsvertraglichen Austauschverhältnis, 1991 (zit.: *Steinmeyer*, Altersversorgung)

Stober, Rolf: Verfassungsrechtlicher Eigentumsschutz sozialer Rechtspositionen. Grundlinien der einschlägigen Rechtsprechung des Bundesverfassungsgerichts, des Bundessozialgerichts und der anderen obersten Gerichte, in: Verfassungsrechtlicher Eigentumsschutz sozialer Rechtspositionen. 2. Sozialrechtslehrertagung Bielefeld, 1982, S. 10-97 (zit.: *Stober* in: Eigentumsschutz)

Stolleis, Michael: Der Schutz der Vermögensrechte des Bürgers gegenüber dem Staat aus verfassungsrechtlicher Sicht, in: Verfassungsrechtlicher Eigentumsschutz sozialer Rechtspositionen. 2. Sozialrechtslehrertagung Bielefeld, 1982, S. 104-131 (zit.: *Stolleis* in: Eigentumsschutz)

Stötter, Victor: Versuch zur Präzisierung des Begriffs der mangelhaften Geschäftsgrundlage. Die rechtstheoretische Bewältigung des Problems der mangelhaften Geschäftsgrundlage in den letzten vier Jahrzehnten, AcP 166 (1966), S. 149-187

Thiele, Wolfgang: Bemerkungen zur Kündigung von Gesamtvereinbarungen, RdA 1968, S. 424-427

ders.: Zur gerichtlichen Überprüfung von Tarifverträgen und Betriebsvereinbarungen, in: Festschrift für Karl Larenz zum 70. Geburtstag, 1973, S. 1043-1062 (zit.: *Thiele*, Festschrift für Larenz)

Travlos-Tzanetatos, Spyridon-Dimitros: Die Regelungsbefugnis der Betriebspartner und ihre Grenzen zum Einzelarbeitsverhältnis. Zugleich ein Beitrag zu der Problematik der Innenschranken der Betriebsautonomie, Teildruck, Diss. Berlin 1973, S. 1043-1062 (zit.: *Travlos-Tzanetatos*, Regelungsbefugnis)

Ulmer, Peter: Wirtschaftslenkung und Vertragserfüllung – Zur Bedeutung staatlicher Lenkungsmaßnahmen für die vertragliche Geschäftsgrundlage, AcP 174 (1974), S. 167-201

Vogt, Aloys: Sozialpläne in der betrieblichen Praxis. Bedeutung, Voraussetzungen und inhaltliche Gestaltung bei geplanten Betriebsänderungen i. S. der Paragraphen 111-113 BetrVG, Abgrenzung zu Interessen- und Nachteilsausgleich und zu tariflichen Rationalisierungsschutzabkommen, 2. Auflage, 1981 (zit.: *Vogt,* Sozialpläne)

ders.: Der Sozialplan – wirtschaftlicher Nachteils- und/oder sozialer Lastenausgleich, BlStSozArbR 1982, S. 232-237

Wackerbarth, Ulrich: Entgelt für Betriebstreue, Diss. Köln 1996

Waltermann, Raimund: Kollektivvertrag und Grundrechte, RdA 1990, S. 139-143

ders.: Rechtsetzung durch Betriebsvereinbarung zwischen Privatautonomie und Tarifautonomie, 1996, Tübingen (zit.: *Waltermann,* Rechtsetzung)

ders.: Ablösende Betriebsvereinbarung für Ruheständler?, NZA 1998, S. 505-510

Weber, Ulrich/Burmester, Antje: Die Ermessensentscheidung der Einigungsstelle bei Sozialplänen und ihre arbeitsgerichtliche Überprüfung, BB 1995, S. 2268-2271

Weber, Ulrich/Ehrich Christian: Die aktuelle Rechtsprechung des Bundesarbeitsgerichts zur Gleichbehandlung bei Sozialplanabfindungen, BB 1997, S. 1530-1537

Weitnauer, Hermann: Der Sozialplan im Konkurs, ZfA 1977, S. 111-166

Wendt, Rudolf: Eigentum und Gesetzgebung, 1985

Werner, Fritz: Zum Verhältnis von gesetzlichen Generalklauseln und Richterrecht, 1966 (zit.: *Werner,* Generalklauseln)

Weyers, Hans-Leo: Über die „Unmittelbarkeit" als Rechtsbegriff, JZ 1991, S. 999-1003

Wieacker, Franz: Gemeinschaftlicher Irrtum der Vertragspartner und Clausula rebus sic stantibus – Bemerkungen zur Theorie der Geschäftsgrundlage, in: Festschrift zum 60. Geburtstag von Walter Wilburg, 1965, S. 229-255 (zit.: *Wieacker,* Festschrift für Wilburg)

Wiedemann, Herbert: Normsetzung durch Vertrag, in: Richterliches Arbeitsrecht, Festschrift für Thomas Dieterich zum 65. Geburtstag, 1999, S. 661-682 (zit.: *Wiedemann,* Festschrift für Dieterich)

Wiedemann, Herber/Peters, Harald: Neuere Rechtsprechung zur Bedeutung des Gleichheitssatzes für Tarifverträge, RdA 1997, S. 100-108

Wieling, Hans: Der Motivirrtum ist unbeachtlich! Entwicklung und Dogmatik des Irrtums im Beweggrund, Jura 2001, S. 577-585

Wiese, Günther: Beendigung und Erfüllung von Dauerschuldverhältnissen, in: Festschrift für Hans Carl Nipperdey zum 70. Geburtstag – 21. Januar 1965, Band I, 1965, S. 837-851 (zit.: *Wiese,* Festschrift für Nipperdey, Band I)

ders.: Zum Verzicht auf Befugnisse nach dem Betriebsverfassungsgesetz, RdA 1968, S. 455-458

Willemsen, Heinz Josef: Arbeitnehmerschutz bei Betriebsänderungen im Konkurs. Zur Anwendung der §§ 111 ff. BetrVG bei Insolvenz des Arbeitgebers, 1980 (zit.: *Willemsen,* Arbeitnehmerschutz)

ders.: Zulässigkeit und Grenzen der Pauschalierung von Sozialplanabfindungen, ZIP 1981, S. 1058-1063

ders.: Die Anfechtung vorkonkurslicher Sozialpläne, ZIP 1982, S. 649-653

Willoweit, Dietmar: Störungen sekundärer Vertragszwecke, JuS 1988, S. 833-840

Winderlich, Ute: Sozialplan und Betriebsänderung. Gedanken zum Wegfall der Geschäftsgrundlage, BB 1994, S. 2483-2488

Wollgast, Kay: Geltung, Wirkung und Nachwirkung von Betriebsvereinbarungen, 1999 (zit.: *Wollgast*, Betriebsvereinbarungen)

Zöllner, Wolfgang: Aufbau und Grenzen des Bestandsschutzes, in: Verhandlungen des zweiundfünfzigsten Deutschen Juristentages Wiesbaden 1978, Band I, Gutachten, 1978 (zit.: *Zöllner* in: Verhandlungen des 52. Deutschen Juristentages)

ders.: Das Wesen der Tarifnormen, RdA 1964, S. 443-450

ders.: Die Rechtsnatur der Tarifnormen nach deutschem Recht. Zugleich ein Beitrag zur Abgrenzung von Rechtsetzung und Privatautonomie, 1966 (zit.: *Zöllner*, Rechtsnatur) *ders.*: Flexibilisierung des Arbeitsrechts, ZfA 1988, S. 265-291

II. Lehrbücher

Degenhart, Christoph: Staatsrecht I. Staatsorganisationsrecht, 18. Auflage, 2002 (zit.: *Degenhart*, Staatsrecht I)

Enneccerus, Ludwig/Lehmann, Heinrich: Schuldrecht. Lehrbuch des Bürgerlichen Rechts, Zweiter Band, 15. Auflage, 1958 (zit.: *Enneccerus/Lehmann*, Schuldrecht)

Esser, Josef/Schmidt, Eike: Schuldrecht, Band I, Allgemeiner Teil, Teilband 1, Entstehung, Inhalt und Beendigung von Schuldverhältnissen, 8. Auflage, 1995 (zit.: *Esser/Schmidt*, Schuldrecht AT I/1)

dies.: Schuldrecht, Band I, Allgemeiner Teil, Teilband 1, Entstehung, Inhalt und Beendigung von Schuldverhältnissen, 7. Auflage, 1992 (zit.: *Esser/Schmidt*, Schuldrecht AT I/1, 7. Auflage)

Fikentscher, Wolfgang: Schuldrecht, 9. Auflage, 1997

Flume, Werner: Allgemeiner Teil des Bürgerlichen Rechts, 2. Band, Das Rechtsgeschäft, 4. Auflage, 1992 (zit.: *Flume*, Rechtsgeschäft)

Hoyningen-Huene, Gerrick von: Betriebsverfassungsrecht, 5. Auflage, 2002

Hueck, Alfred/Nipperdey, Hans Carl: Lehrbuch des Arbeitsrechts, 2. Band, Kollektives Arbeitsrecht, 1. Halbband, 7. Auflage, 1967 (zit.: *Hueck-Nipperdey*, Lehrbuch des Arbeitsrechts II/1)

Larenz, Karl: Lehrbuch des Schuldrechts, Erster Band, Allgemeiner Teil, 14. Auflage, 1987 (zit.: *Larenz*, Schuldrecht AT 1)

ders.: Methodenlehre der Rechtswissenschaft, 6. Auflage, 1991 (zit.: *Larenz*, Methodenlehre)

Lorenz, Stephan/Riehm, Thomas: Lehrbuch zum neuen Schuldrecht, 2002

Maurer, Hartmut: Allgemeines Verwaltungsrecht, 14. Auflage, 2002

Medicus, Dieter: Bürgerliches Recht. Eine nach Anspruchsgrundlagen geordnete Darstellung zur Examensvorbereitung, 19. Auflage, 2002 (zit.: *Medicus*, Bürgerliches Recht) *ders.*: Allgemeiner Teil des BGB, 8. Auflage, 2002 (zit.: *Medicus*, Allgemeiner Teil)

Neumann-Duesberg, Horst: Betriebsverfassungsrecht, 1960 (zit.: *Neumann-Duesberg*, Betriebsverfassungsrecht)

Pawlowski, Hans-Martin: Methodenlehre für Juristen. Theorie der Norm und des Gesetzes, 3. Auflage, 1999

Pieroth, Bodo/Schlink, Bernhard: Grundrechte. Staatsrecht II, 18. Auflage, 2002 (zit.: *Pieroth/Schlink,* Staatsrecht II)

Schäfer, Hans-Bernd/Ott, Claus: Lehrbuch der ökonomischen Analyse des Zivilrechts, 1968

Westermann, Harry (Begr.): Sachenrecht, 7. Auflage, 1998 (zit.: *Westermann*, Sachenrecht)

Wolff, Hans J./Bachof, Otto/Stober, Ralf: Verwaltungsrecht, Band I, 11. Auflage, 1999

Zöllner, Wolfgang/Loritz, Karl-Georg: Arbeitsrecht, 5. Auflage, 1998

III. Kommentare und Handbücher

Andresen, Boy-Jürgen u. a.: Arbeitsrecht der betrieblichen Altersversorgung mit sozialversicherungsrechtlicher Grundlegung, Teil II, 1. Auflage, 1999 (zit.: *Andresen/Förster/Rößler/Rühmann,* Arbeitsrecht der betrieblichen Altersversorgung II)

Arbeitsrecht-Blattei: Systematische Darstellungen (SD), Hrsg. *Dieterich, Thomas* u. a., Band 8 und 9, Stand: 114. Lieferung, Juni 2002 (zit.: AR-Blattei SD-Bearb.)

Blomeyer, Wolfgang/Otto, Klaus: Gesetz zur Verbesserung der betrieblichen Altersversorgung, 2. Auflage, 1997 (zit.: *Blomeyer/Otto*, BetrAVG)

Bopp, Peter/Gross, Christoph: Mitbestimmung des Betriebsrats bei Betriebsänderungen und Personalreduzierung – Handbuch für die Praxis, 1994 (zit.: *Bopp/Gross,* Mitbestimmung des Betriebsrats)

Däubler, Wolfgang/Kittner, Michael/Klebe, Thomas (Hrsg.): Betriebsverfassungsgesetz mit Wahlordnung, §§ 321-325 UmwG, §§ 121-128 InsO und EBR-

Gesetz. Kommentar für die Praxis, 8. Auflage, 2002 (zit.: *Däubler/Kittner/Klebe*-Bearbeiter)

Dauner-Lieb, Barbara u. a. (Hrsg.): Schuldrecht – Erläuterungen der Neuregelungen zum Verjährungsrecht, Schuldrecht, Schadensersatzrecht und Mietrecht, 2002 (*Dauner-Lieb/Heidel/Lepa/Ring*-Bearb.)

Erfurter Kommentar zum Arbeitsrecht: Hrsg.: *Dieterich, Thomas/Hanau, Peter/Schaub, Günter*, 3. Auflage, 2003 (zit.: ErfK-Bearb.)

Fabricius, Fritz u. a. (Hrsg.): Betriebsverfassungsgesetz. Gemeinschaftskommentar, Bd. II §§ 74-132 mit Kommentierung des BetrVG 1952 und des Sozialplangesetzes, 5. Auflage, 1995 (zit.: GK-Bearb., 5. Aufl.)

Fabricius, Fritz u. a. (Hrsg.): Betriebsverfassungsgesetz. Gemeinschaftskommentar, Bd. II §§ 74-132 mit Kommentierung des BetrVG 1952, 6. Auflage, 1998 (zit.: GK-Bearb., 6. Aufl.)

Fabricius, Fritz u. a. (Hrsg.): Betriebsverfassungsgesetz. Gemeinschaftskommentar, Band II §§ 74-132 mit Kommentierung des BetrVG 1952, 7. Auflage, 2002 (zit.: GK-Bearb.)

Fitting, Karl u. a.: Betriebsverfassungsgesetz. Handkommentar, 21. Auflage, 2002 (zit.: *Fitting*-Bearb.)

Hess, Harald/Schlochauer, Ursula/Glaubitz, Werner: Kommentar zum Betriebsverfassungsgesetz, 5. Auflage, 1997 (zit.: *Hess/Schlochauer/Glaubitz*-Bearb.)

Hess, Harald/Weis, Michaela/Wienberg, Rüdiger: Kommentar zur Insolvenzordnung mit EGInsO, Band 1, Insolvenzordnung, 2. Auflage, 2001 (zit.: *Hess/Weis/Wienberg*, InsO)

Galperin, Hans (Begr.)/*Löwisch, Manfred:* Kommentar zum Betriebsverfassungsgesetz, Band II, Regelung der Mitbestimmung (§§ 74-132), 6. Auflage, 1982 (zit.: *Galperin/Löwisch*)

Gnade, Albert/Kehrmann, Karl/Schneider, Wolfgang/Klebe, Thomas/Ratayczak: Betriebsverfassungsgesetz. Basiskommentar mit Wahlordnung, 10. Auflage, 2002 (zit.: *Gnade*, BetrVG)

Henssler, Martin/Graf von Westphalen, Friedrich: Praxis der Schuldrechtsreform, 2001 (zit.: *Henssler/v. Westphalen*-Bearb.)

Jarass, Hans D./Pieroth, Bodo: Grundgesetz für die Bundesrepublik Deutschland. Kommentar, 6. Auflage, 2002 (zit.: *Jarass/Pieroth*-Bearb.)

Küchenhoff, Günther: Betriebsverfassungsgesetz. Kommentar, 3. Auflage, 1979 (zit. *Küchenhoff*, BetrVG)

Löwisch, Manfred/Kaiser, Dagmar: Taschenkommentar zum Betriebsverfassungsgesetz, 5. Auflage, 2002 (zit.. *Löwisch/Kaiser*)

Maunz, Theodor/Dürig, Günter: Kommentar zum Grundgesetz, Band II, Art. 11-19, Stand: 42. Ergänzungslieferung Februar 2003 (zit.: *Maunz/Dürig*-Bearb.)

Münchener Handbuch zum Arbeitsrecht: Hrsg.: *Richardi, Reinhard/Wlotzke, Otfried*, Band 1. Individualarbeitsrecht I, 2. Auflage, 2000 (zit.: MünchArbR-Bearb., Bd. 1)

Münchener Handbuch zum Arbeitsrecht: Hrsg.: *Richardi, Reinhard/Wlotzke, Otfried*, Band 3, Kollektives Arbeitsrecht, 2. Auflage, 2000 (zit.: MünchArbR-Bearb., Bd. 3)

Münchener Kommentar zum Bürgerlichen Gesetzbuch: Band 1, Allgemeiner Teil, §§ 1-240 AGB-Gesetz, 4. Auflage, 2001; Band 2a, Schuldrecht Allgemeiner Teil, §§ 241-432 FernAbsG, 4. Auflage, 2001; Band 5, Schuldrecht Besonderer Teil III, §§ 705-853 Partnerschaftsgesellschaftsgesetz, Produkthaftungsgesetz, 3. Auflage, 1997 (zit.: MünchKomm-Bearb.)

Münch, Ingo von/Kunig, Philip (Hrsg.): Grundgesetz-Kommentar, Band 1 (Präambel bis Art. 19), 5. Auflage, 2000 (zit.: *Münch/Kunig*-Bearb.)

Palandt, Otto: Bürgerliches Gesetzbuch, 62 Auflage, 2003 (zit.: *Palandt*-Bearb.)

Richardi, Reinhard: Betriebsverfassungsgesetz mit Wahlordnung, 8. Auflage, 2002 (zit.: *Richardi*-Bearb.)

Schmidt-Bleibtreu, Bruno/Klein, Franz: Kommentar zum Grundgesetz, 9. Auflage, 1999 (zit.: *Schmidt-Bleibtreu/Klein*, GG)

Sachs, Michael (Hrsg.): Grundgesetz, Kommentar, 3. Auflage, 2003 (zit.: *Sachs*-Bearb.)

Schaub, Günter/Koch, Ulrich/Linck, Rüdiger: Arbeitsrechtshandbuch. Systematische Darstellung und Nachschlagewerk für die Praxis, 10. Auflage, 2002 (zit.: *Schaub*-Bearb.)

Siebert, Gerd/Becker, Knut/Wendt, Bärbel: Betriebsverfassungsgesetz. Kommentar für die Praxis, 8. Auflage, 1999 (zit.: *Siebert*-Bearb.)

Soergel, Hans Theodor (Begr.): Bürgerliches Gesetzbuch mit Einführungsgesetz und Nebengesetzen, Band 2, Allgemeiner Teil 2 (§104-240), 13. Auflage, 1999; Band 2, Schuldrecht I (§ 241-432), 12. Auflage, 1990 (zit.: *Soergel*-Bearb.)

Soergel, Hans Theodor (Begr.): Bürgerliches Gesetzbuch mit Einführungsgesetz und Nebengesetzen, Band 2, Schuldrecht I (§ 241-610), 10. Aufl., 1967 (zit.: *Soergel*-Bearb., 10. Auflage)

Staudinger, Julius von: J. von Staudingers Kommentar zum Bürgerlichen Gesetzbuch mit Einführungsgesetz und Nebengesetzen, Buch 2, Recht der Schuldverhältnisse, Einleitung zu §§ 241 ff; §§ 241-243, 13. Auflage, 1995 (zit.: *Staudinger*-Bearb.)

Staudinger, Julius von: J. von Staudingers Kommentar zum Bürgerlichen Gesetzbuch: mit Einführungsgesetz und Nebengesetzen, Band II, Recht der Schuldverhältnisse, Teil 1a § 241, §§ 243-248, 11. Auflage, 1967; Band II, Recht der Schuldverhältnisse. Teil 1b § 242, 11. Auflage, 1961 (zit.: *Staudinger*-Bearb., 11. Auflage)

Stege, Dieter/Weinspach, F. K./Schiefer, Bernd: Betriebsverfassungsgesetz, Handkommentar für die betriebliche Praxis, 9. Auflage, 2002 (zit.: *Stege/Weinspach/Schiefer*, BetrVG)

Weber, Ulrich/Ehrich, Christian/Hörchens, Angela: Handbuch zum Betriebsverfassungsrecht, 2. Auflage, 2003 (zit.: *Weber/Ehrich/Hörchens*)

Weiss, Manfred/Weyand, Joachim: Betriebsverfassungsgesetz, 3. Auflage, 1994 (zit.: *Weiss/Weyand*)

Oetker, Hartmut/Wank, Rolf/Wiedemann, Herbert: Tarifvertragsgesetz, 6. Auflage, 1999 (zit.: *Oetker/Wank/Wiedemann*-Bearb., TVG)

IV. Urteilsanmerkungen

Belling, Detlev W.: Anmerkung zu BAG vom 11.08.1993, § 112 BetrVG 1/94, EWiR 1994, S. 17-18

Braun, Johann: Wegfall der Geschäftsgrundlage - BGH, WM 1978, 322, JuS 1979, S. 692-697

Buchner, Herbert: Gemeinsame Anmerkung zu den Urteilen des Bundesarbeitsgerichts vom 20.11.1970 – 1 AZR 408 und 409/69, SAE 1972, S. 69-72

Grunsky, Wolfgang: Anmerkung zu BAG vom 14.12.1978, AP Nr. 2 zu § 7 BetrAVG

Herrmann, Elke: Wirksamkeit einer ablösenden Betriebsvereinbarung – Änderung einer Ruhegeldordnung, Anmerkung zu BAG vom 22.05.1990, SAE 1992, S. 295-230

Herschel, Wilhelm: Anmerkung zu BAG vom 08.12.1981, AP Nr. 1 zu § 1 BetrAVG Ablösung

Hilger, Marie-Luise: Anmerkung zu BAG vom 24.03.1981, AP Nr. 12 zu § 112 BetrVG 1972

Hoyningen-Huene, Gerrick von: Anmerkung zu BAG vom 10.08.1994, AP Nr. 86 zu § 112 BetrVG 1972

Hueck, Götz: Anmerkung zu BAG vom 10.12.1971, AP Nr. 154 zu § 242 BGB Ruhegehalt

Löwisch, Manfred: Anmerkung zu BAG vom 14.02.1984, SAE 1985, S. 324-326

ders.: Gemeinsame Anmerkung zu BAG vom 23.08.1988, AP Nr. 45 und 46 zu § 112 BetrVG 1972

Mayer-Maly, Theo: Anmerkung zu BAG vom 24.03.1981, SAE 1982, S. 80 f.

Meyer, Cord: Anmerkung zu BAG vom 26.08.1997, AP Nr. 117 zu § 112 BetrVG 1972

ders.: Anmerkung zu BG vom 19.01.1999, AP Nr. 37 zu § 113 AP BetrVG

Oetker, Hartmut: Anmerkung zu BAG vom 13.12.1994, EWiR 1995, S. 913-914

Reuter, Dieter: Anmerkung zu BAG vom 13.03.1975, AP Nr. 167 zu § 242 BGB Ruhegehalt

ders.: Gemeinsame Anmerkung zum BAG-Beschluß vom 8.12.1981 – 3 ABR 53/80 – und zum BAG-Urteil vom 8.12.1981 – 3 AZR 518/80, SAE 1983, S. 201-204

Richardi, Reinhard: Anmerkung zu BAG vom 17.11.1998, AP Nr. 162 zu § 242 BGB Gleichbehandlung

Säcker, F.J.: Anmerkung zu BAG vom 30.01.1970, SAE 1970, S. 269-273

Schulin, Bertram: Anmerkung zu BAG vom 17.02.1981, SAE 1982, S. 47-49

Schwabe, Jürgen: Anmerkung zu BVerfG vom 09.01.1991, JZ 1991, S. 777-779

Uhlenbruck, Wilhelm: Anmerkung zu BAG v. 08.07.1972, AP Nr. 157 zu § 242 BGB Ruhegehalt

Wiedemann, H./Willemsen, Heinz-Josef: Anmerkung zu BAG vom 08.12.1976, AP Nr. 3 zu § 112 BetrVG 1972

Wieling, Hans: Wegfall der Geschäftsgrundlage bei Revolutionen? – BGH NJW 1984, 1746, JuS 1986, S. 272-274

Wolf, Hammen: Anmerkung zu BAG vom 09.12.1981, SAE 1982, S. 301-30

Studien zum Arbeitsrecht und zur Arbeitsrechtsvergleichung

Herausgegeben von Manfred Weiss und Spiros Simitis

Band 1 Sebastian Fritzsche: Die Vereinbarkeit des Arbeitnehmer-Entsendegesetzes sowie der erfassten Tarifverträge mit höherrangigem Recht. 2001.

Band 2 Arnd Hermann: Outplacement. Eine Untersuchung der individualvertraglichen Gestaltung und kollektivarbeitsrechtlichen Aspekte eines neuen Instruments des Personalabbaus. 2001.

Band 3 Christoph Schmid: Das Personalrecht der Europäischen Zentralbank. Grundlagen und Grenzen der rechtlichen Bindungen der Europäischen Zentralbank unter besonderer Berücksichtigung der Bereiche Arbeitnehmervertretung, Kündigungsschutz und Datenschutz. 2002.

Band 4 Charis Chaldoupis: Auswirkungen neuer Technologien auf die Tarifautonomie. Funktionsfähigkeit und Legitimität qualitativer Tarifpolitik anhand der Rationalisierungsentwicklungen im industriellen Produktionsbereich. 2003.

Band 5 Robert Kretzschmar: Die Rolle der Koalitionsfreiheit für Beschäftigungsverhältnisse jenseits des Arbeitnehmerbegriffs. Zur Abgrenzung abhängiger von selbständiger Beschäftigung und zur Eröffnung kollektiver Handlungsformen für selbständig Beschäftigte durch Art. 9 Abs. 3 GG. 2003.

Band 6 Thilo Mahnhold: Compliance und Arbeitsrecht. Insiderrechtliche Verhaltenskonzepte im nationalen und multinationalen Unternehmen. 2004.

Band 7 Nicole Löblich: Transformation des kollektiven Arbeitsrechts in der Tschechischen Republik. 2004.

Band 8 Lena Huth: Voraussetzungen und Grenzen nachträglicher Sozialplanänderungen. 2004.

www.peterlang.de

FSC
www.fsc.org
MIX
Papier | Fördert gute Waldnutzung
FSC® C083411

Kolibri 360 GmbH
Ferdinand-Jühlke-Straße 7
99095 Erfurt, Deutschland
produktsicherheit@kolibri360.de

Druck:
CPI Druckdienstleistungen GmbH
im Auftrag der
Kolibri 360 GmbH
Ferdinand-Jühlke-Str. 7
99095 Erfurt